이한우의

태종실록

재위 18년

새로운 해석, 예리한 통찰

이한우의 태종실록

재위 18년

이한우 옮김

삶과 세계에 대한 뿌리 깊은 지혜,
그 치밀한 기록

2001년부터 2007년까지 7년 동안『조선왕조실록』을 완독했으니 완독을 끝마친 지 10년이 지났다. 그동안 관심은 사서삼경을 거쳐 진덕수(眞德秀)의『대학연의(大學衍義)』,『심경부주(心經附註)』에 이어 지금은『문장정종(文章正宗)』그리고 반고(班固)의『한서(漢書)』번역으로 확장돼왔다.

원점인 2001년으로 돌아가보자. 나는 왜『조선왕조실록』을 다 읽기로 결심한 것일까? 그것은 다름 아닌 선조들의 정신세계를 탐구해 우리의 정신적 뿌리를 확인해보려는 것이었다. 그런데 정작 7년간의 실록 읽기가 끝났을 때는 이룬 것보다 앞으로 해야 할 일이 많음을 깨달았다. 우리 선조들의 뛰어난 능력과 치열했던 삶의 태도를 확인했지만 그 뿌리를 제대로 알지 못했던 것이다. 그래서 완독을 끝내자마자 시작한 것이 한문(漢文) 공부다. 위에서 언급한 책들은 한문 공부를 마치고서 우리나라에 번역되지 않은 탁월한 한문책들을 엄선해 우리말로 옮긴 것이다. 이때 중요한 것은 '우리말'이다.

우리말이란 대한민국에서 일정한 교육을 받은 사람들이 편안하게 쓰는 말을 뜻한다. 과도한 한자 사용을 극복하고 지나친 순우리말 또한 일정하게 거리를 뒀다. 그리고 쉬운 말로 풀어 쓸 수 있는 한자어는 가능한 다 풀어냈다. 그래서 나는 '덕(德)'이라는 말은 '은덕(恩

德)'이라고 할 때 외에는 쓰지 않는다. '다움'이 우리말이다. 부덕(不德)도 그래서 '부덕의 소치'라고 하지 않고 '임금답지 못한 때문'이라고 옮긴다.

특히 정치를 다룬 역사서에서 중요한 용어가 '의(議)'와 '논(論)'이다. 그런데 실록 원문에서는 분명히 이 둘을 엄밀하게 구분해 '의지(議之)', '논지(論之)'라고 표현했는데, 번역 과정에서 의(議)도 의논이라고 번역하고 논(論)도 의논이라 번역하면 이는 원문의 뜻을 크게 왜곡하는 것이다. 의(議)란 책임 있는 의견을 내는 것을 말한다. 의정부(議政府)를 논정부(論政府)라고 해서는 안 되는 것과 같다. 논(論)은 일반적으로 책임을 떠나 어떤 사안에 대한 논리적 진단을 하는 것이다. 오늘날 '논객(論客)'이 그런 경우다. 그러나 '의객(議客)'이란 말은 애당초 성립할 수가 없다. 다만 법률과 관련해서는 의(議)보다 논(論)이 중요하다. 그래서 '논죄(論罪)'나 '논핵(論劾)'이라는 말은 현실적 구속력을 갖는다. 재판은 의견을 내는 것이 아니라 기존 법률에 입각해 죄의 경중을 논리적으로 가려내는 일이라는 점에서 논(論)이지 의(議)가 아닌 것이다. 이처럼 기존의 실록 번역은 예나 지금이나 정치에서 대단히 중요한 역할을 할 수밖에 없는 의(議)와 논(論)을 전혀 구분하지 않아 의미를 제대로 전달하지 못한다. 사실 이런 예는 일일이 거론하기 힘들 만큼 많다.

이런 우리말화(化)에 대한 생각을 직접 번역으로 구현해내면서 다시 실록을 읽어보았다. 기존의 공식 번역은 한자어가 너무 많고 문투도 1970년대 식이다. 이래가지고는 번역이 됐다고 할 수가 없다. 게다가 너무 불친절해서 역주가 거의 없다. 전문가도 주(註)가 없으면 정확히 읽을 수 없는 것이 실록이다. 진덕수의 『문장정종』 번역을 통해 한문 문장의 문체에 어느 정도 눈을 뜨게 된 것도 실록을 다시 번역해야겠다는 결심을 부추겼다. 특히 실록의 뛰어난 문체가 기존의 번역 과정에서 제대로 드러나지 못했다는 인식이 있었기 때문에 이 점을 개선하는 데 많은 노력을 쏟았다. 그리고 사소한 오역은 그냥 두더라도 심한 오역은 주를 통해 바로잡았다. 누구를 비판하려는 것이 아니라 미래를 향한 개선의 기대를 담은 것이다.

물론 이런 언어상의 문제 때문에 실록 번역에 뛰어든 것은 아니다. 실은 삶에 대한, 그리고 세계에 대한 깊은 지혜를 얻고 싶어서다. 이런 기준 때문에 여러 왕의 실록 중에 『태종실록(太宗實錄)』을 번역하기로 결심했다. 일기를 포함한 모든 실록 중에서 『태종실록』이야말로 어쩌면 오늘날 우리에게 반드시 필요한 지혜를 담고 있는지 모른다고 생각했기 때문이다.

지난 10년간 사서삼경과 진덕수의 책들을 공부하고 옮기는 과정에서 공자의 주장에 대해 새롭게 눈뜰 수 있었다. 그것은 다름 아닌 '일[事]'의 중요성이다. 성리학이 아닌, 공자의 주장으로서의 유학은 리더가 일하는 태도를 가르치는 이론이다. 기존의 학계는 성리학의 부정적 영향 때문인지 유학을 철학의 하나로만 국한해서 가르치는 경향이 있다. 그러나 내가 공부한 바에 따르면 공자는 리더의 바람직한 모습 그리고 그런 리더가 되기 위한 수양 과정을 지독할 정도로 치밀하게 이야기하고 가르쳤던 인물이다.

　이런 깨우침에 기반을 두고서 이번에는 공자가 제시했던 지도자상을 태종이 얼마나 체화하고 구현했는지를 확인하고 싶었다. 이런 부분들을 주를 통해 드러낼 것이다. 그렇게 할 때 경학과 역사가 통합된 경사(經史) 통합적인 공부가 될 수 있다.

　그렇다면 '왜 세종이 아니고 태종인가?'라는 질문을 던질 수 있겠다. 물론 세종의 리더십을 탐구하는 것도 대단히 중요하다. 그러나 그의 아버지 태종의 리더십을 충분히 탐구하지 않으면 세종에 대한 탐구는 피상적인 데 그칠 우려가 있다. 따라서 이 작업은 추후 세종의 리더십을 제대로 탐구하기 위한 기초 작업이기도 하다는 점을 밝혀둔다.

이 책에는 새로운 시도가 담겨 있다. '실록으로 한문 읽기'라는 큰 틀에서 번역을 진행했다. 월 단위로 원문과 연결 독음을 붙인 것도 그 때문이다. 번역문 중에도 어떤 말을 번역했는지를 대부분 알 수 있게 표시했고 번역 단위도 원문 단위와 거의 일치하기 때문에 어떤 문장을 어떻게, 심지어 어떤 단어를 어떻게 옮겼는지를 남김없이 알 수 있도록 했다. 물론 '착할 선(善)', '그 기(其)', '오를 등(登)' 수준의 뜻풀이는 생략했다. 아무런 의미가 없기 때문이다. 이러한 장치를 통해 조금이라도 살아 있는 한문을 익히고 우리 역사와 조상들의 사고방식을 가까이하는 데 도움이 되기를 바란다.

역주는 워낙 방대한 작업이기 때문에 앞에서 언급했다고 해서 다시 언급하지 않는 것이 아니라 그때그때 필요하면 중복되더라도 다시 달았다. 편집의 아름다운 완결성을 다소 희생하더라도 독자들의 읽는 재미와 속도를 감안했기 때문이다.

재위 1년 단위로 한 권씩 묶어 태종의 재위 기간 18년—18권을 기본으로 하고, 태조와 정종 때의 실록에 있는 기록과 세종 때의 실록에 담긴 상왕으로서의 기록을 묶은 1권을 별권으로 삼아 모두 19권으로 구성했다. 이를 통해 우리 사회에 태종의 리더십에 대한 제대로 된 탐구가 시작되기를 기대한다.

21세기북스 김영곤 대표의 결단이 없었다면 이 책은 세상에 나오지 못했을 것이다. 이 자리를 빌려 깊이 감사드린다. 더불어 계획 초기부터 함께 방향을 고민했던 정지은 이사와 편집 실무자들에게도 고맙다는 말을 전한다. 그리고 함께 공부하는 즐거움을 누리고 있는 우리 논어등반학교 대원들께 진심으로 고맙다는 말을 전하고 싶다. 마지막으로 내 글쓰기 작업의 원동력인 가족들에게도 깊은 감사를 올린다.

서울 상도동 보심서실(普心書室)에서

탄주(灘舟) 이한우

| 일러두기 |

1. 실록은 무엇보다 인물과 역사적 배경이 중요하기 때문에 문맥에서 필요한 범위 내에서 충실하게 주(註)를 달았다.

2. 기존의 번역 중 미세한 오역이나 번역이 누락된 경우는 번역의 어려움을 감안해 지적하지 않았지만 중대한 오역이거나 향후 한문 번역에서 같은 잘못이 빈복될 수 있다고 판단되는 경우에는 주를 통해 지적했다.

3. 간혹 역사적 흐름에 대한 설명이 필요한 경우 간략한 내용을 주로 달았다. 그러나 독자들의 해석과 평가에 영향을 미치지 않도록 최소한의 범위에서만 언급했다.

4. 『논어(論語)』를 비롯해 동양의 고전들을 인용한 경우가 많은데 기존의 번역에서는 출전을 거의 밝히지 않았다. 그러나 당시 우리 선조들이 실제 정치를 행사하는 데 고전의 도움을 얼마나 받았는지를 알려면 그들의 말과 글 속에 동양 고전들이 얼마나 자연스럽게 녹아 있는지를 살피는 것이 중요하다. 하여 확인 가능한 고전 인용의 경우 주를 통해 그 전거를 밝혔다.

5. 분량이 워낙 방대하기 때문에 설사 앞서 주를 통해 언급한 바 있더라도 다시 찾아보는 번거로움을 덜기 위해 중복이 되더라도 다시 주를 단 경우가 있음을 밝혀둔다.

6. '원문 읽기를 위한 도움말'의 경우 단조로운 문장은 그대로 두고 한문 문장의 독특한 구조를 보여주는 구문에 초점을 맞췄다.

7. 한자는 대부분 우리말로 풀어쓰고 대괄호([ ]) 안에 독음과 함께 한자를 표기했다. 그래서 '천명(天命)'이라고 표기한 경우도 있지만 대부분 '하늘의 명[天命]'이라는 방식으로 표기했다. 또한 한자 단어의 경우 독음을 붙여쓰기로 표기하여 한문 문장을 이해하는 데 도움이 되고자 했다.

8. 문단 맨 앞의 'ㅇ' 표시는 같은 날 다른 기사임을 구분한 것이다.

차례

들어가는 말·4

일러두기·10

태종 18년 무술년
1월

一月

임자일(壬子日) 초하루에 상이 백관(百官)을 거느리고 제정(帝正-황제의 정월)을 요하(遙賀)[1]했다.

○ 곡산군(谷山君) 연사종(延嗣宗)과 동지총제(同知摠制) 이유(李愉)를 보내 경사(京師)에 가서 사은(謝恩)하게 했다. 저포(苧布)·마포(麻布) 100필을 사종이 가는 길에 주었으니, 이는 대개 단(段)·나(羅)를 사서 조복(朝服)을 만들고자 함이었다.

○ 근정전(勤政殿)에서 사신들에게 연회(宴會)를 베풀었다. 상이 태평관(太平館)에 가서 사신을 청해 경복궁(景福宮)에 맞이해, 안마(鞍馬-안장 갖춘 말)를 내려주고 이어서 근정전(勤政殿)에서 연회를 베풀었다. 군기감(軍器監)에 명해 불꽃놀이[放火] 기구를 근정문(勤政門)
_{방화}
바깥뜰에 설치하게 해서, 저물 무렵이 되자 연회를 마치고 사신과 더불어 근정문에 나아가 불꽃놀이를 구경했다. 화염(火焰)이 하늘에 치솟고 폭음(暴音)이 궁정(宮庭)을 뒤흔드니, 사신과 두목(頭目) 등이 심히 기이하게 여겨 찬탄하기를 그치지 않았다. 밤이 되어서야[抵夜]
_{저야}
사신이 태평관(太平館)으로 돌아갔다.

○ 백관(百官)이 처음으로 조로(朝路-조회하러 갈 때 신하들이 오가는

---

1 정조(正朝)·동지(冬至)·탄일(誕日)에 먼 지방에 나가 있는 사신(使臣)이나 수령(守令)이 전패(殿牌)에 절하며 임금에게 하례(賀禮) 드리는 일을 말하는데, 여기서는 외방의 제후(諸侯)가 황제에게 하례 드리는 예를 말한다.

길)에서 사모(紗帽)를 착용했다.

계축일(癸丑日-2일)에 왕세자(王世子)가 태평관(太平館)에서 사신(使臣)들에게 연회를 베풀었다.

○ 사재 주부(司宰注簿) 장정필(張貞弼), 직장(直長) 김인덕(金忍德)을 파직(罷職)하고, 사약(司鑰-궁궐문 자물쇠 담당) 권거(權巨)를 의금부(義禁府)에 가두었다. 초하룻날 밤에 환궁해 내전(內殿)에 들어갈 때 사재감(司宰監)에서 바친 생솔 횃불[生松炬]이 밝지 못했기 때문
<small>생송 거</small>
이다. 4일 만에 풀어주었다.

갑인일(甲寅日-3일)에 대언(代言)에게 연회를 열어주었는데, 원일(元日-정월 초하루) 연회에 일이 바빠[事劇] 참여하지 못했기 때문이다.
<small>사극</small>

을묘일(乙卯日-4일)에 박신(朴信)을 판우군도총제부사(判右軍都摠制府事-우군도총제부 판사)로 삼았다.

○ 골간올적합(骨看兀狄哈)이 와서 토산물을 바쳤다.

병진일(丙辰日-5일)에 사신에게 저포(苧布)·마포(麻布) 등의 물건을 주었다. 저포·마포가 각각 20필이었고, 인삼(人蔘)이 30근이었고, 만화석(滿花席)이 6장이었고, 만화침석(滿花寢席)이 6장이었고, 후지(厚紙)가 200장이었고, 전통(箭筒)이 2개였고, 녹비화(鹿皮靴)·정투구(精套具)·초피호슬(貂皮護膝)이 각각 1개였고, 석등잔(石燈盞)이 1벌이었다. 천호(千戶) 유용(劉庸)·황귀(黃貴) 등 6인과 역사(力士) 조종

16

(趙鍾) 등 8인과 가인(家人) 삼복(三福) 등 4인에게 저포가 각각 1필이었고, 마포가 각각 2필이었고, 분투(分套)가 각각 1개였다. 또 12승(升) 마포 4필과 속옷[裏衣]을 초피(貂皮)로 만든 사각(斜脚)을 황귀(黃貴)에게 부쳐 황엄(黃儼)에게 선물로 보냈으니, 귀(貴)는 엄(儼)의 조카다. 12승(升) 저포와 마포 2필을 유용(劉庸)과 귀에게 더 내려주었다. 중궁(中宮)이 내관(內官) 김문후(金文厚)를 시켜 사신에게 12승(升) 저포·마포 각각 2필과 11승(升) 저포·마포 각각 3필을 주었다.

○ 정의궁주(貞懿宮主) 권씨(權氏)[2]가 10승(升) 저포(苧布)·마포(麻布) 각각 5필과 석등잔(石燈盞-흰 돌로 만든 등잔) 1벌 및 분곽(粉藿) 등의 물건을 사신이 돌아가는 데 맡겨 권파파(權婆婆)[3]에게 보답 인사를 했다.

○ 상이 태평관(太平館)에 가서[如] 사신(使臣)들을 전별(餞別)했다.

무오일(戊午日-7일)에 육선재(陸善財)가 경사(京師)로 돌아가니, 상이 백관을 거느리고 모화루(慕華樓)에 나가 전송하고 그 참에 말 1필과 안구(鞍具-안장에 딸린 여러 기구)를 주었다.

○ 형조정랑(刑曹正郎) 홍복흥(洪復興)을 의금부(義禁府)에 가두었다. 진무소(鎭撫所)에서 아뢰기를, 복흥(復興)이 운(運)[4]을 지은 [作運] 갑사(甲士)를 제 마음대로 잡아서 구금(拘禁)하고 또 그 종을

---

2 태종의 후궁으로, 권홍(權弘)의 딸이다.
3 중국 황실에 있던 고려 출신 여인이다.
4 군사(軍士)를 대오(隊伍)로 편성할 때 묶는 단위, 또는 물화(物貨)를 운송(運送)할 때 묶는 단위를 말한다.

가두었다고 했기 때문이다. 이튿날 풀어주었다.

○ 병조에 명해 2월부터 각 도 시위군(侍衛軍)이 번상(番上)하는 것을 정지시켰다.

기미일(己未日-8일)에 채방사(採訪使)를 평안도(平安道)·황해도(黃海道)에 보냈다. 은산(殷山)·태천(泰川)의 채방사(採訪使)는 판전농시사(判典農寺事-전농시 판사) 사공제(司空濟)였고, 곡산(谷山) 등지의 채방판관(採訪判官)은 사재 주부(司宰注簿) 김귀룡(金貴龍)이었다.

이에 앞서 공조(工曹)에서 아뢰었다.

"한 해마다 (명나라에) 진헌(進獻)에 이바지할 백은(白銀)은 700여 냥으로, 국가(國家)에서 이어 대기가 어렵습니다. 청컨대 각 도의 은석(銀石)이 있는 땅에 채방사를 나눠 보내서 부근 각 고을 군민(軍民)을 모아 취련(吹鍊)하게 하소서."

상이 그것을 따라 이때에 이르러 나눠 보냈다. 이에 내자 주부(內資注簿) 김윤하(金允河)에게 명해 말했다.

"네가 귀룡(貴龍)을 따라가서[隨去] 은(銀) 캐는 기술을 배워라."

또 동부대언(同副代言) 성엄(成揜)에게 명해 말했다.

"은장(銀匠)을 많이 뽑아서 사공제와 귀룡 등에게 부탁해 은(銀) 캐는 기술을 널리 배우게 한 뒤에 김해(金海)·서산(瑞山) 두 지역의 은(銀)을 캐도록 하라."

뒤에 조말생(趙末生)이 아뢰어 말했다.

"윤하(允河)가 귀룡을 따라가 이미 은(銀)을 캐는 기술을 배우고 있습니다. 청컨대 은장(銀匠)을 경주(慶州)로 보내 판관(判官) 반영(潘

18

泳)으로 하여금 거느리고 가서 김해의 은(銀)을 캐게 하고, 윤하를 보내 서산의 은(銀)을 캐게 하소서."

가르쳐 말했다.

"경상도는 더위 기운이 먼저 닥치고 농사일이 바야흐로 시작되니 아직 후일을 기다리도록 하라. 서산의 경우라면 때에 맞춰[及時]캐는 것이 마땅하다."

그래서 영을 내려 윤하로 하여금 가서 캐도록 했다.

○ 도총제(都摠制) 박자청(朴子靑)을 보내 궁온(宮醞-술)을 가지고 가서 황주(黃州)에서 사신(使臣)들을 위로하게 했고, 그 참에 가르쳐 말했다.

"전날 사신들이 벽제역(碧蹄驛)·마산역(馬山驛) 두 역(驛)을 거쳐 동파역(東坡驛)에서 유숙했는데, 이 역은 소슬해서[蕭條] 평안하게 유숙했는지 여부를 알지 못해 지금까지도 염려스럽다. 이 뜻을 사신(使臣)에게 말하라. 또 광록소경(光祿少卿) 한확(韓確)의 녹봉(祿俸)은 비록 명문(明文-증서)으로 내린 바가 없으나 다른 황친(皇親)들의 예에 의거해 이미 일찍이 시행하고 있으니, 이 또한 사신들에게 말해 황제(皇帝)에게 전달해 아뢰게 하라[轉奏]."

경신일(庚申日-9일)에 사헌부에서 예조판서 변계량(卞季良), 참판 허조(許稠)와 좌랑 설순(偰循) 등의 죄를 탄핵했다.

애초에 설순이 진헌 물목(進獻物目)을 승문원(承文院)에 이문(移文)할 때, 오미자(五味子) 100근(斤)을 잘못 추가했다. 계량(季良) 등이 스스로 발각하고 승정원에 나아와 상달(上達)하니, 상이 말했다.

"빨리 발각했으니 잘했다."

(그런데) 이때에 이르러 헌사(憲司)에서 그들이 직무에 치밀하지 못했다[不敬]고 해 죄를 청하니, 상이 조말생(趙末生)·하연(河演) 등에게 물어 말했다.

"이 죄는 용서하지 않는 것이 마땅하지만, 그러나 계량과 조(稠)가 예조의 직임에 합당하고 또 청렴하고 빈한(貧寒)한데 녹(祿)을 받지 못하면 어찌 되겠느냐?"

말생(末生)이 대답해 말했다.

"중대한 일에 관계됐으니 죄는 용서할 수 없습니다. 만약 권한이 없는 직임으로 옮긴다면 그 녹(祿)을 받을 수 있고, 또한 족히 징계가 될 수 있을 것입니다."

상이 또 예조판서에 누가 적당할는지 물으니 말생 등이 대답해 말했다.

"조용(趙庸)이 병들었으나 지금 이미 치유됐고, 김여지(金汝知)도 감당할 만합니다."

상이 말했다.

"그렇다."

다만 순(循)만을 파직하라고 명했다.

임술일(壬戌日·11일)에 황희(黃喜)를 판한성부사(判漢城府事), 윤향(尹向)을 형조판서(刑曹判書), 정진(鄭鎭)⁵을 공조판서(工曹判書), 김여

―――――――

5 개국공신 조준의 사위다.

지(金汝知)를 예조판서(禮曹判書), 조용(趙庸)을 우군도총제(右軍都摠制), 변계량(卞季良)을 예문관대제학(藝文館大提學), 허조(許稠)를 개성유후사 부유후(開城留後司副留後), 신상(申商)을 예조참판(禮曹參判), 이적(李迹)을 공조참판(工曹參判)으로 삼았다.

○ 상이 세자(世子)를 거느리고 인덕궁(仁德宮-상왕궁)에 나아가 술자리를 마련하고, 지극히 즐기다가 저물 무렵에야 마쳤다.

○ 명해 이제부터 종친(宗親) 이하의 예장(禮葬)[6]에는 석실(石室)을 없애고 회격(灰隔)을 쓰도록 했다.

계해일(癸亥日-12일)에 내자시윤(內資寺尹) 권상온(權尙溫)을 의금부(義禁府)에 내렸다.

사헌부에서 아뢰었다.

"상온(尙溫)이 일찍이 안성(安城) 수령(守令)이었을 때, 두곡(斗斛-용량 단위)을 파서 깎아 내 깊고 크게 만들어서 백성에게 무겁게 거둬, 사사로이 남에게 주었습니다. 빌건대 직첩(職牒)을 거두고 그 까닭을 안문(安問)하소서."

이에 앞서 수원부사(水原府使) 박강생(朴剛生, 1369~1422년)[7]이 영

---

6 나라에서 2품 이상의 대신(大臣)이나 종친(宗親)이 죽었을 때 예(禮)를 갖춰 지내는 장사(葬事)를 말한다. 예장도감(禮葬都監)에서 상등(上等-정·종1품)·중등(中等-정2품)·하등(下等-종2품)으로 나눠 산역군인(山役軍人)과 석회(石灰)·관곽(棺槨) 등을 지급했다.

7 1390년(공양왕 2년) 문과에 급제해 예문검열(藝文檢閱)에 보직됐다. 1392년 조선이 개국되자 호조전서에 임명됐으나 사퇴했다. 1408년(태종 8년) 진위사(陳慰使) 서장관으로 명나라에 가서 세자에 대해 보고를 잘함으로써 황제의 환심을 사게 하고, 돌아와 태종으로

내(領內) 각 고을의 두곡(斗斛)을 바르게 교정(校正)하다가, 안성의 말[斗]이 작다고 해서 그 밑바닥을 파내고 낙인(烙印)을 고쳤다. 안성의 아전이 그 말을 가지고 경강(京江-한강) 풍저창(豐儲倉)에 왔는데, 창(倉)의 관원(官員)이 그 말이 크다고 해 잡아서 호조(戶曹)에 보고했다. 이는 강생(剛生)이 간리(奸吏)의 꾀를 살피지 못했던 때문으로, 애초에 영관(領官)인 수원(水原)의 말을 그 제도보다 지나치게 크게 해놓았으나 그 근원을 바로잡지 못한 것이었을 뿐, 상온의 죄는 아니었다. 대사헌 박습(朴習) 등이 그 사실을 가리지 못하고 호방(戶房)의 호장기관(戶長記官)[8]과 그 양반(兩班)을 지나치게 형벌하기에 이르러, 압슬(壓膝-무릎 압박형)해서 강제로 추국(推鞫)해 공사(供辭)를 받은 것이었다. (그리하여) 상온의 야관(冶官)을 대청(大廳)의 창(窓) 북쪽에 두고, 야장(冶匠)에게 지시해 화인(火印)을 위조해서 고의로 말을 크게 만들었다는 죄를 뒤집어씌웠고, 안성(安城)의 아전이 그 고통을 참지 못해 드디어 거짓으로 자복(自服)했다. 헌부(憲府)에서 소장(疏狀)을 갖춰 상온을 친히 국문(鞫問)할 것을 청하니, 상온이 그 아들 택(擇)을 시켜 실봉(實封-봉투에 넣은 소장)을 가지고 신문고(申聞鼓)를 쳐서 억울함을 호소하게 했다.

'신(臣)이 지난해 9월부터 헌사(憲司)의 규탄(糾彈)을 당해서, 한 적

부터 미두(米豆)를 하사받고 이어 선공감역(繕工監役)이 됐다. 1412년 앞서 지인주사(知仁州事)로 있을 때 부정사건에 연루돼 태형(笞刑)을 받고 사임했다. 수원부사로 재직 중이던 1417년 한양으로 올라가는 과천현감(果川縣監) 윤돈(尹惇)의 전별연(餞別宴)에서 금천현감(衿川縣監) 김문(金汶)이 과음해 죽은 일로 인해 사헌부의 탄핵을 받고 파직됐다가, 뒤에 다시 등용돼 세종 때 안변도호부사(安邊都護府使)를 지냈다.

8   지방의 속현(屬縣)이나 향(鄕)·소(所)·부곡(部曲)의 호장(戶長) 출신 아전을 말한다.

이 없는 일을 가지고 추국(推鞫)하기를 그치지 않습니다. 억울함을 당해도 호소할 길이 없고 사정(事情)이 절박하니 어찌해야 할지를 알지 못하겠습니다. 엎드려 바라건대 상께서 자비로움을 내려 살펴서, 다른 고을에도 공적으로 바로잡도록 특별히 명해서 원통하고 억울한 사정을 풀게 하소서.'

그 조목(條目)은 모두 여덟이었다. 상이 읽기를 끝마친 뒤 상온을 의금부에 가두고 여덟 조목(條目)을 추핵(推覈)하라고 명했다. 형조참판 이지강(李之剛), 좌사간대부(左司諫大夫) 현맹인(玄孟仁)에게 명해 강생·상온의 옥사(獄事)를 잡치(雜治)[9]하게 했다.

○ 동지총제(同知摠制) 왕린(王麟)을 파직(罷職)했으니, 사헌부에서 린(麟)이 그 말의 귀[耳]를 베어 진헌(進獻)하지 않으려 했다고 아뢰었기 때문이다.

갑자일(甲子日-13일)에 원목부(圓木符)[10]를 만들었다.

병조판서 김한로(金漢老) 등이 아뢰었다.

"봄가을 강무(講武) 때와 성문(城門) 밖에서 경숙(經宿-임금이 밖에서 밤을 지냄)할 때, 어명(御命)을 받고 행재소(行在所-임금이 머무

---

9 나라에서 중죄인(重罪人)을 심문할 때 대간(臺諫)의 관원과 육조(六曹)의 관원이 합동으로 심문하는 일을 말한다. 이때 위관(委官:재판장)은 임금이 임시로 임명했다. 나중에는 육조 가운데 형조(刑曹)만이 참여하게 돼 삼성잡치(三省雜治)라는 말이 생겼다.
10 성문(城門)을 여닫을 때 사용하는 신부(信符)다. 나무로 둥글게 만들어서 '신부(信符)'라는 2자(字)를 전자(篆字)로 새겼는데, 갑(甲)에서 계(癸)까지의 자호(字號)를 새긴 10개의 좌부(左符)·우부(右符)를 서로 맞춰 징험의 표로 삼았다.

는 곳)에서 오는 자와 중궁(中宮)의 명(命)을 받고 때에 맞춰 행재소에 나아가는 자가 마침 성문이 닫히는 때를 당하면 반드시 파루(罷漏)를 기다려서 출입해야 하므로, 내외(內外)의 명(命)이 계류(稽留)되니 실로 이치에 맞지 않습니다[無藝]. 신 등이 삼가 고전(古典)을 상고하니, 『문헌통고(文獻通考)』에 이르기를 '당(唐)나라 개원(開元-현종 연호) 6년에 궁전문(宮殿門)·성문(城門)에 교어부(交魚符-관리가 휴대하던 신부의 하나)·순어부(巡魚符-관리가 휴대하던 신부의 하나)를 주고 좌상(左廂)·우상(右廂)에 개문부(開門符)·폐문부(閉門符)를 주어, 아울러 좌부(左符)는 내전(內殿)에 바치고 우부(右符)는 감문(監門)에서 이를 맡았다'라고 했고, 또 이르기를 '천자(天子)가 순행(巡幸)할 때 경사(京師)의 동도(東都)에 목계부(木契符-나무로 만든 신부)를 주는 것은, 진수(鎭守)를 무겁게 하고 출납(出納)을 삼가려는 것이다'라고 했으며, 또 이르기를 '송(宋)나라 신종(神宗) 희령(熙寧) 9년에 제동부(諸銅符-동으로 만든 신부) 34부(副) 만들어서 삼사(三司)로 하여금 좌계부(左契符)를 제문(諸門)에 주게 했다'라고 했습니다. 『당서(唐書)』 「백관지(百官志)」에 이르기를 '성문랑(城門郎) 4인이 경성(京城)·황성(皇城)의 궁전(宮殿) 여러 문(門)을 여닫는 부절(符節)을 맡아서, 관약(管鑰-자물쇠)을 받들어 출납(出納)한다'라고 했습니다. 이로 말미암아 본다면 성문(城門)을 여닫을 때 반드시 부계(符契)를 쓰는 것은 옛날의 공통된 제도입니다. 비옵건대 원목부(圓木符) 10부(副)를 제조하되 '신부(信符)' 2자를 전자(篆字)로 새기고 자호(字號)를 새겨서, 이를 한가운데로 나눠 부(符)마다 감합(勘合-서로 맞춰봄)하는 예에 의거해 좌부(左符) 5개[隻]는 행재소에 바치고 또 5개는 중궁(中

宮)에 바치며 우부(右符) 10개는 본조(本曹)에 갈무리하게 해서, 행행(行幸)할 때마다 유도(留都-도성을 머물러 지킴)하는 감순 총제(監巡撫制), 삼군진무(三軍鎭撫), 본조 낭청(本曹郎廳) 각각 1원(員)과 사약(司鑰) 1원이 부(符)를 가지고서 밤에 행재소 방면의 문(門)을 지키다가, 어명(御命)을 받은 자가 좌부(左符)를 받아서 이르면 그 우부(右符)와 감합(勘合)해서 신부(信符)를 증험해 문(門)을 열어 들이게 합니다. 중궁(中宮)의 명(命)을 받아 좌부(左符)를 받고 나가면 본조(本曹)의 입직 낭청(入直郎廳)에서 말을 주어 전송(傳送)하는데, 성문(城門)에 모여 지키는 인원(人員)이 전의 부(符)를 감합(勘合)하는 예에 의해 문(門)을 열고 내보낸다면 거의 임금의 명령이 지체되지 않고 성문(城門)의 금절(禁節)도 엄해질 것입니다."

그것을 따랐다. 이에 앞서 상이 행재소에 있으면서 가르쳐 말했다.

"매번 긴요한 일 때문에 사람을 서울에 보내도 밤이 깊어 성문(城門)에 들어가지 못하기 때문에 늦어지게 된다. 만약 큰 사고라도 있으면 더욱 안 될 일이다."

드디어 병조로 하여금 고제(古制)를 상고해서 상정(詳定)하게 했다.

○ 참부(站夫)[11]를 추가로 정(定)했다.

전 광주 교수관(廣州教授官) 피자휴(皮子休) 등이 진언(陳言)했다.

"수참의 민호(民戶)를 더 정해서 선군(船軍)의 예에 의거해 좌령(左領)·우령(右領)으로 나누소서."

---

11 수참(水站)에서 일하는 수부(水夫)나 역참(驛站)에서 일하는 역부(驛夫)를 말한다.

병조에서 교지(教旨)를 받고 의정부(議政府)·제조(諸曹)와 실상에 맞게 토의해[擬議] 아뢰었다.

의의

"수참(水站)이 있는 곳인 각 고을의 군적(軍籍)을 상고하니, 충청도 충주(忠州)가 27명이요, 강원도 원주(原州)가 57명이요, 경기의 천녕 (川寧)이 80명, 양근(楊根)이 72명, 광주(廣州)가 75명, 과천(果川)이 46명, 금천(衿川)이 52명으로, 도합 409명입니다. 우도(右道)의 수참 (水站)은 조수(潮水)로써 배가 가므로 역역(力役)이 가볍고 편하나, 좌 도(左道) 가운데 과천(果川) 흑석참(黑石站)에서 충주(忠州) 금천참(金 遷站)까지의 6참(六站)은 조전(漕轉)이 자못 많고 또 왜객인(倭客人) 이 왕래해서 사무가 많고 무겁습니다. 위의 각 참(站) 수부(水夫)는 전(前)의 수가 각각 20명이니 이제 매 참(站)에다 정군(正軍) 10명을 더 정하고 각각 봉족(奉足) 2명을 주어서, 1령(領)마다 15명으로 좌령 (左領)·우령(右領)을 나눠 입번(立番)시키는 것이 어떠하겠습니까?"

그것을 따랐다.

○ 황해도 참로 찰방(站路察訪) 이명보(李明保)가 기민(飢民)을 진제 (賑濟)해줄 것을 청했다. 보고는 이러했다.

'도에서 관장하는 각 참(站)의 인민(人民)이 본국(本國-조선) 사신 과 상국 사신의 왕래로 말미암아 매년 실농(失農)했는데, 또 전년의 수재(水災)로 인해 화곡(禾穀)이 여물지 않았습니다. 이로 말미암아 공사(公私)에 묵은 빚[宿債]이 많고 무거우니 그 생활이 가엾습니다.

숙채

그중에 경천참(敬天站)의 참부들은 저 충손(蟲損)의 재앙으로 인해 실농(失農)이 더욱 심합니다. 청컨대 진제(賑濟)의 예에 의거해서, 동 선참(洞仙站) 이상 8참(八站)에 갈무리한 황두(黃豆) 각각 3선씩과,

경천참에 갈무리한 충손(蟲損)한 황두(黃豆) 4석씩을 내어 장(醬)을 담가서 기민(飢民)을 진제하게 하소서.'

보고한 대로 하라고 명했다.

○ 판광주목사(判廣州牧事-광주목 판사) 우희열(禹希烈)이 글을 올렸는데, 대략 이러했다.

'신이 가만히 듣건대 요(堯)임금과 (은나라를 세운) 탕왕(湯王)이 다스리던 시대에도 큰물과 가뭄의 재앙을 면하지 못했으나 백성이 굶주리거나 추위에 떨지 않았던 것은, 재앙에 대비해 평소의 준비가 있었기 때문이라 했습니다. 또 (춘추 시대) 정(鄭)나라에서 경수(涇水-강 이름)를 파서 백성이 그 이익을 얻었고, (한나라 때) 문옹(文翁)[12]이 물 내려가는 구멍을 파서 사람들이 그 은혜를 마음속에 간직했습니다. 역대에 수리(水利)를 일으켜 민생(民生)을 후하게 한 것이 사책(史冊)에 실려 있어 지금 모두 살펴볼 수 있습니다. 신이 어둡고 어리석은데도 성은(聖恩)을 잘못 입어[謬蒙] 지위가 재상(宰相)에 이르렀으니, 실로 분수에 넘칩니다. 그러나 나이가 많아 늙고 또 질병(疾病)에 걸려, 비록 규곽(葵藿)[13]의 정성은 있으나 돌아보면 털끝만큼의 도움[涓埃之補]도 없었습니다. 삼가 관견(管見)을 조목별로 뒤에 열거하니, 엎드려 바라건대 상재(上裁)하시어 시행하소서.

하나, 신(臣)이 근래 전라도 김제군(金堤郡) 벽골제(碧骨堤)를 보니, 사방 둘레가 2식(息)이 넘고[有奇] 수문(水門)이 다섯이 있는데 큰 내

---

12 중국 한(漢)나라 경제(景帝) 때 촉(蜀)의 군수(郡守)로, 수리사업에 능했다.
13 해바라기처럼 임금을 바라보는 것을 말한다.

[大川]와 같아서 1만여 경(頃)을 관개(灌漑)할 수 있었습니다. 옛사
람이 처음 제언(堤堰)을 쌓아 수리(水利)를 일으킨 (이래로) 그 공(功)
이 심히 컸으니, 갑오년(甲午年)에 수축(修築)한 이후 둑 아래 넓은 들
에는 화곡(禾穀)이 무르익어 이를 바라보면 구름과 같습니다. 그러나
몇 군데는 통(筒-물이 흘러가는 수로)을 잇댄 것이 견실(堅實)하지 못
해 전지 70여 경(頃)이 아직도 다 개간(開墾)되지 못하고 있으니 진
실로 한스럽습니다. 바라건대 일찍이 축조(築造)에 경험이 있는 전 지
김제군사(知金堤郡事-김제군 지사) 김방(金倣)을 파견해서, 그 고을 수
령(守令)과 함께 통(筒)을 잇댄 곳과 수구(水口)가 무너진 곳을 단단
하게 쌓게 하는 것이 어떠하겠습니까?

　하나, 신이 고부(古阜)의 땅 눌제(訥堤)를 보건대 옛날에는 3대 수
문(水門)을 설치했으니, 그 동쪽 수문(水門)은 부령현(扶寧縣) 동쪽
방면으로 1식(息)여 리(里) 흘러 들어가고, 가운데 수문은 부령현 서
쪽 방면으로 흘러 들어가고, 서쪽 수문은 보안현(保安縣) 남쪽 방면
으로 흘러 들어가서, 관개(灌漑)의 이익이 1만여 경(頃)이었습니다. 이
로 본다면 이익은 많고 손해가 적은 것을 가히 알 수 있고, 또 도랑
[溝洫]의 옛터를 분명히 상고할 수가 있습니다. 혹자(或者)는 이에 말
하기를 "둑 안에 있는 전지는 수침(水浸)해 사용하지 못한다. 또 둑
언덕은 낮은데 전야(田野)는 높아서, 비록 개간(開墾)하고자 하더라
도 장차 쓸모가 없을 것이다"라고 합니다. 그러나 비 온 뒤에 수침(水
浸)의 해는 며칠에 지나지 않으니, 즉시 아래로 흘러내려 가서 곡식
에 손해된 것은 없었습니다. 이제 부안병마사(扶安兵馬使) 한계흥(韓
繼興)과 그 현(縣)에 사는 전 호군(護軍) 김당(金堂)·이민(吏民) 등이

개축(改築)하기를 매우 바라니, 전 현감(縣監) 곽휴(郭休)를 보내서 고쳐 수축해서 권농(勸農)하도록 명하심이 어떠하겠습니까?

하나, 벽골제(碧骨堤) 아래 진지(陳地-묵은 땅)가 거의 6,000여 결(結)이고 눌제(訥堤) 아래 진지(陳地)가 1만여 결(結)이어서, 다만 그곳의 거민(居民)을 가지고서는 능히 다 경작할 수 없습니다. 경상도는 인구가 조밀하고 땅이 협착해 그 경작할 땅이 없으니, 혁거(革去)한 사사노자(寺社奴子) 700~800명을 뽑아 옮겨 살게 해서 각 고을의 묵은 곡식과 소[牛隻] 200여 마리를 무역해주어 국농소(國農所)[14]
_{우척}
를 더 설치하는 것이 어떠하겠습니까?

하나, 눈이 녹은 물[雪水]은 오곡(五穀)의 정기(精氣)입니다. 매년
_{설수}
9월에 얼음이 얼기 전 보(洑)나 제언(堤堰)을 더 쌓아 얼음이나 눈의 물을 저장했다가, 다음해 이른 봄에 넉넉하게 관개(灌漑)해야 합니다. 민생(民生)을 두텁게 하는 양책(良策)은 칠사(七事)[15]의 조획(條畫)인데, 그[七事] 안에서는 다만 "권과농상(勸課農桑)"[16]이라고만 일컫고
_{칠사}
있기 때문에 수령(守令)들이 농사(農事)의 근본을 알지 못해서 가을 겨울의 철이 바뀌는 때에 마음을 써 축조(築造)를 더하지 않다가 혹은 죄(罪)를 얻는 자도 있습니다. 이제부터 수령이 체대(遞代)할 때 해

---

14 나라에서 경영하는 농장(農場)이다. 노예(奴隷)를 집단으로 사역(使役)시켰는데, 곡식 종자(種子)와 소를 지급해 경작시켰다.
15 수령이 지켜야 할 일곱 가지 조목이다. 즉 농상성(農桑盛)·호구증(戶口增)·학교흥(學校興)·군정수(軍政修)·부역균(賦役均)·사송간(詞訟簡)·간활식(姦猾息)이 그것이다. 암행어사가 지방관을 감찰할 때도 이를 척도로 삼았다.
16 농업과 잠상(蠶桑)을 권해 일으키는 것을 말한다.

유문자(解由文字)[17] 안에 "어느 수령은 어느 해 어느 철에 옛터에 더 축조한 것이 몇 군데이고 새로운 터에 축조한 것이 몇 군데이며, 물을 저장한 것이 몇 척(尺)이고 관개(灌漑)한 땅이 몇 결(結)이다"라는 것을 일일이 갖춰 써서 시행해 감사(監司)에게 보고하고, 감사가 척간(擲奸-부정을 캐어냄)해서 출척(黜陟)에 빙고하게 하소서.'

상이 그것을 읽어보고 박습(朴習)에게 물었다.

"벽골제(碧骨堤)는 경이 관찰사가 됐을 때 쌓은 것인데, 그 이익이 얼마쯤 되던가?"

습(習)이 대답해 말했다.

"둑 위에 있는 땅은 침몰된 것이 비록 많지만, 둑 아래에서는 이익이 거의 3배나 됐습니다. 근처의 백성이 모두 금을 그어서 푯말을 세웠으나 아직도 다 개간하지 못했습니다."

상이 탄복해 말했다.

"이처럼 넓은 땅을 여러 해 동안 개간하지 못하다가 지금에야 개간할 수 있게 된 것도 백성의 운(運)이다."

습이 말했다.

"신이 볼 때 이러한 때를 맞아 지김제군사(知金堤郡事) 김방(金倣)을 차견(差遣)해서 그 역사를 감독시킨다면 백성의 힘을 수고롭게 하지 않고도 그 일을 능히 이룰 수 있을 것입니다. 그는 쓸 만한 사람입니다."

---

17 관원들이 전직(轉職)할 때 재직중(在職中)의 회계·물품 출납에 대한 책임을 해제받던 증명서로, 인수인계가 끝난 뒤 호조나 병조에 보고해서 이상이 없으면 이조에 통지해 해유 문자를 발급했다.

상이 물어 말했다.

"나이가 얼마인가?"

습이 대답해 말했다.

"중년의 사람입니다."

(상이) 말했다.

"어느 고을 사람인가?"

습이 대답해 말했다.

"광주(光州) 사람입니다. 김제군수(金堤郡守)가 됐을 때, 관찰사 권진(權軫)이 작은 죄를 범했다고 해 파직(罷職)시켰습니다."

상이 또 물었다.

"출신(出身)이 어떠한가?"

좌대언(左代言) 이명덕(李明德)이 대답해 말했다.

"일찍이 생원(生員)·진사(進士)가 됐습니다."

상이 말했다.

"내가 듣건대 윤전(尹琠)의 아들 흥의(興義)도 가히 쓸 만한 사람이라 한다. 이 두 사람의 이름을 적어두었다가 뒤에 서용(敍用)하는 것이 마땅하다."

그 참에 이명덕 등에게 가르쳐 말했다.

"이은(李殷)은 노인(老人)이지만 공사(公事)를 꺼리지 않으니, 경상도에 이문(移文)해서 노인으로 하여금 올라오지 말고 도내의 제언(堤堰)을 순찰(巡察)하게 하라. 또 경기에 이문(移文)해서 희열(希烈)로 하여금 경기의 제언(堤堰)을 순찰(巡察)하게 하라."

또 명해 말했다.

"각 도의 수령(守令)들이 양반(兩班)과 인리(人吏-말단관리)의 말을 듣고 제언(堤堰)을 파괴해 고기를 잡는 경우가 많은데, 이것은 기강이 없고 잔열(殘劣)한 사람들이다. 지금부터는 진실로 이러한 수령이 있으면 조율(照律)해 논죄하라."

○ 금주령(禁酒令)을 내렸다.

상이 말했다.

"무지한 사람들이 술을 마시고 즐거움에 빠져 앞으로의 계획을 염려하지 않는다. 이제부터는 노병(老病)에 약을 쓰는 경우를 제외하고 공사(公私)의 연음(宴飲)을 하나같이 모두 금단(禁斷)하라."

동부대언(同副代言) 성엄(成揜)이 대답해 말했다.

"지난겨울에 신이 (사헌부) 집의(執義)가 됐을 때 이미 금주(禁酒)한다고 이문(移文)했습니다."

상이 말했다.

"지금은 이미 해가 바뀌었으니[改歲] 다시 금하는 것이 마땅하다."

○ 김문발(金文發)을 황해도 도관찰사(黃海道都觀察使)로 삼았다. 문발(文發)이 배사(拜辭-지방직을 받은 신하가 떠나기 전 임금에게 하는 하직 인사)하고 장차 떠나려 하니, 상이 불러서 만나보며 말했다.

"경이 근년에 외방(外方-지방)에 출사(出仕)했는데, 이제 또 지방으로 가게 됐다고 근심하지 말라."

문발이 대답해 말했다.

"신이 이번에 가는 일에는 직임이 절제사(節制使)를 겸했으니, (군사의 일을) 잘 아는 사람 한두 명을 데리고 가기를 청합니다."

상이 이를 허락하고 관련해 물었다.

"또 말할 일이 없는가?"

문발이 대답해 말했다.

"황해도는 사신(使臣)의 내왕으로 인해 역마(驛馬)가 피곤하고 쇠약하니, 만약 불우(不虞)의 변(變)이 있으면 이를 감당하기 어렵습니다. 청컨대 사마(私馬)를 가지고 가게 하소서."

이를 허락했다. 김문발은 부임한 지 얼마 안 돼[未幾] 병으로 사직했다.

○ 여진(女眞=女直) 최사하(崔士下) 등이 글을 올렸는데 대략 이러했다.

'이제 경원(慶源)을 다시 두고[復] 성자(城子-성곽)를 새로 설치한 것은 우리와 오래도록 교통(交通)하려는 뜻인 것 같습니다. 청컨대 (여진과 조선의) 남녀가 서로 혼인하게 하소서.'

상이 이명덕(李明德)에게 명했다.

"사람들이 점차 많아지기를 기다려서 그 소원을 따르는 것이 좋겠다. 이러한 뜻을 전해 유시(諭示)하라."

○ 함길도 도관찰사(咸吉道都觀察使) 유사눌(柳思訥)이 무비(武備)를 이습(肄習-연습)할 사건을 조목별로 올렸다.

'하나, 방패(防牌)는 방어하는 기구로서 옛날 간순(干盾-방패)의 유제(遺制)이니, 병진(兵陣-군대의 진용) 안에 실로 없어서는 안 되는 것입니다. 근래 본도에서 교지(敎旨)를 받고 제작한 것이 아울러 모두 246부인데, 그 금고(金鼓-징과 북)의 진퇴(進退)하고 용약(踊躍)하는 법을 본래 연습하지 않다가 하루아침에 거병(擧兵)해 쓴다면 장차 그 손발을 어떻게 둘지도 모를 것입니다. 신의 어리석은 생각으로는, 함흥부(咸興府)의 대장(隊長)·대부(隊副)가 맡은 일이 없이 다만 사령(使令)의 구실만을 하고 있으니, 빌건대 그 대장·대부 아울러 180명을 3번(番)으로 나눠 방패(防牌)의 법(法)을 연습하게 한다면 거의 이름과 실제가 어긋나지 않을 것입니다. 바라건대 병조로 하여금 그 법을 밝게 익힌 자 1인을 골라서 훈련(訓鍊)하도록 하면 거의 편리할 것 같습니다. 평양부(平壤府)에서도 이러한 예에 의거해 훈련 연습하는 것이 어떠하겠습니까?

하나, 편전(片箭)은 우리나라의 장기(長技)로서 그 무기의 오늬[括] 가 지극히 정교(精巧)해서 비록 보통 사람들로 하여금 쏘게 하더라도 오히려 먼 곳에까지 미칠 수 있으니, (적의) 예봉(銳鋒)을 꺾고 적진(敵陣)을 무너뜨릴 수 있는 것으로는 이와 같은 것이 없습니다. 그 제작은 단지 관부(官府)에서만 하고 사장(私藏)한 것은 백에 한둘도 없으며, 간혹 연습 삼아 쏘는 자가 있더라도 소용이 없습니다. 신의 어리석은 생각으로는, 여러 도(道)의 별패(別牌)가 달마다 번상(番上)해 시위(侍衛)할 때 바라건대 매 1인으로 하여금 각각 편전(片箭) 10매와 통아(筒兒)를 가지고 가게 해서 점고(點考)할 때 아울러 기록해 병조(兵曹)에 전보(傳報)하고, 병조에서는 점병(點兵)할 때 그 능하고 능하지 못한 것을 시험한다면 몇 년이 가지 않아 편전(片箭)을 모두 잘 쏘게 될 것입니다. 각 진(鎭)의 군관(軍官)과 각 고을의 수성군(守城軍)과 각 포(浦)의 기선사관(騎船射官-수군 사수)도 또한 이러한 예에 의거해 고찰해서 연습시키는 것이 어떠하겠습니까?

하나, 봄가을의 중월(仲月)에 무예(武藝)를 훈련 연습하는 것은 이미 나타난 법령이 있습니다만, 각 고을 수령(守令)들이 다만 부서기회(簿書期會)[18]만을 급하게 여길 뿐이어서 봉행(奉行)하는 자가 있지 않습니다. 빌건대 향교(鄕校) 서도(書徒)의 예에 의거해서 장차 별패(別牌)와 시위진군(侍衛鎭軍)에서 봄가을의 중월(仲月)에 각각 그 능부(能否)를 병마도절제사(兵馬都節制使)에 전보(傳報)하고, 병마도절제사는 그 고하(高下)의 등급을 상고해서 병조(兵曹)에 전보(傳報)하는 것을 항식(恒式)으로 삼게 하소서. 그 가운데 탁월하게 뛰어난 자가 있으면 뽑아서 시위(侍衛)에 충당해 그 나머지 사람들을 권면하는 것이 어떠하겠습니까?'

봉교의윤(奉敎依允)[19]했다.

○ 유사눌(柳思訥)이 또 보고했다.

'병조(兵曹)에서 봉교(奉敎)해 행이(行移)한 것 안에, 이번 봄에 도절제사(都節制使)로 하여금 경원(慶源)에 들어가서 동정성자(東井城子)의 터를 수리하게 할 일에 대해 신이 편의한 일의 조건을 삼가 갖춰 아룁니다.

하나, 도절제사(都節制使)가 경원(慶源)에 들어갈 때, 군마(軍馬)의 수가 적으면 다만 약함을 보일 뿐이요 수를 많이 영솔(領率)하면 저들이 의심하는 생각을 잘못 내어[曲生] 반드시 소동이 있을 것입
곡생
니다. 경원병마사(慶源兵馬使)가 단기(單騎)로 바로 들어가 그 성터를

---

18 회계(會計)를 장부(帳簿)에 기입해서 조정에 보고하는 일을 말한다. '부서(簿書)'란 전곡(錢穀)을 출납하는 장부(帳簿)다.

19 올라온 보고를 그대로 윤허하는 것을 말한다.

헤아린 뒤 성대(城臺) 1척(尺)마다 기둥을 세워, 도내 각 고을의 군인 및 부근 강원도의 군인을 가지고 아무 고을[某州] 군인이 몇 명이라고 거짓으로 군인의 액수(額數)를 늘여 쓴 것을 붙임으로써 다시 설치(設置)할 의사를 보이고, 도절제사(都節制使)로 하여금 들어가지 말게 하는 것이 어떠하겠습니까?

하나, 금년에는 벼가 풍년이 들지 못해 백성의 식량(食糧)이 넉넉하지 못한데, 지난해 봄에 정평(定平)의 성자(城子)를 쌓고 금년에 금(金)을 캔 데다가 다시 경원(慶源)의 성자(城子)를 쌓는다면 민력(民力)이 심히 곤고(困苦)할 것입니다. 빌건대 동정성자의 수축(修築)을 정지하는 것이 어떠하겠습니까?'

그것을 모두 따랐다.

○ 세자가 편찮다고 해서 (서연을) 정강(停講)했다. 빈객(賓客) 변계량(卞季良)이 말했다.

"근래에 사신(使臣)으로 인해 오랫동안 강론(講論)을 쉬었고[闕] 또 새해에 공부를 시작하지 않으니, 가만히 저하(邸下)를 위해 애석하게 여깁니다. 배움은 날로 나아가는 것[日進=日新]을 귀하게 여기니, 청컨대 날마다 포시(晡時-저녁 무렵)를 기다려 강론을 듣도록 하소서."

세자가 편찮은 것이 심하다고 대답했다. 빈객(賓客)이 다시 강론하기를 청하니, 세자가 말했다.

"그렇다면 빈객(賓客)과 대간(臺諫)은 나가서 기다리라. 몸의 기운이 회복되면 낮에 배운 것을 익히겠다."

빈객들이 말했다.

"처음에 편찮다고 말씀하셨으나 다시 배운 것을 익히겠다 하시니

[溫故], 저희[某等]는 깊이 감사합니다. 또 편찮다는 말씀을 듣고 감히 강론하기를 청하는 것은 어리석고 미혹한 듯합니다. 그러나 그만두지 못하는 것은 저하(邸下)의 덕(德)을 보필하고자 함이니, 청컨대 모름지기 강론을 듣도록 하소서."

세자가 대답해 말했다.

"내가 감히 빈사(賓師)의 말을 꺼리겠는가? 내가 진실로 기꺼이 들을 것이다. 옛날에 매번 조정(朝廷)에서 나를 욕하는 말이 있었는데, 빈객들도 아마[其] 그것을 알 것이다."

빈객들이 이 말을 심히 기뻐해, 청하기를 다섯 차례나 한 뒤에야 강론을 들었다. 세자가 말했다.

"나의 기침(起寢)과 진선(進膳)의 절차를 서연관(書筵官)에 고(告)하는 것은 어찌하여 그전대로 하고 그만두지 않는가?"

보덕(輔德) 조서로(趙瑞老)가 말했다.

"이에 앞서 저희가 이 일을 박은(朴訔)에게 고(告)했더니 은(訔)이 말하기를, '이게 무슨 말인가? 세자에게 유익한 일이라면 그만둘 수 없다. 세자가 어찌하여 날마다 하는 일을 가지고 다른 사람이 알 것을 꺼려서 중지시키고자 하는가?'라고 했습니다."

변계량이 또한 말했다.

"옛날 정자(程子)[20]가 천자(天子)에게 아뢰기를 '궁중(宮中)의 일을 모두 경연관(經筵官)으로 하여금 알게 하소서'라고 했습니다. 천자의 존귀함으로도 오히려 이와 같았는데, 하물며 저부(儲副-세자)이겠습

---

20 송(宋)나라 학자 정호(程顥)를 가리킨다.

니까? 저희도 이 일이 저하(邸下)에게 유익하다고 여깁니다. 기거(起居)와 선수(膳羞-수라)는 존위(尊位)의 대절(大節)이니, 근시(近侍)로 하여금 알게 하지 않을 수 없습니다."

세자가 말했다.

"그렇다."

을축일(乙丑日-14일)에 찬성(贊成) 이원(李原)이 군사(軍士)의 사의(事宜-일의 마땅함)를 아뢰었다. 아뢰어 말했다.

"보충군(補充軍)은 모두 병조(兵曹)에 속해 있는데, 사람이 많고 일이 번잡해 병조에서 제대로[能] 고찰(考察)할 수 없습니다. 청컨대 각 영(領)에 나눠 소속시켜서 호군(護軍)으로 하여금 각각 그 영(領)을 다스리게 하고 병조에서 통제(統制)하고 고찰한다면, 일이 간편해지고 부오(部伍-군진의 대오(隊伍))의 법이 바로잡히게 될 것입니다."

상이 말했다.

"그렇다. 이 법은 매우 좋다."

원(原)이 아뢰어 말했다.

"시위(侍衛)·별패(別牌)의 정군(正軍)은 모두 다 봉족(奉足)을 거느리는데, 시위군(侍衛軍)은 비를 빌거나 날씨가 춥거나 농사짓는 때는 모두 풀어주는 까닭에 혹은 2년에 한 차례씩 혹은 3년에 두 차례씩 번상(番上)하나, 별패(別牌)는 1년 안에 혹은 두 차례씩 번상(番上)하니, 일하고 쉬는 것[勞逸]이 고르지 못합니다. 청컨대 별패와 시위를 합계(合計)해서 윤차(輪次)로 시위하게 하는 것이 어떠하겠습니까?"

상이 말했다.

"별패호(別牌戶)는 이미 일찍이 완호(完護)²¹하게 했다. 금후로는 각 도에서 별패(別牌)를 취재(取才-인재 선발)해서 갑사(甲士) 중에 빠진 수에 보충하고, 별패가 아닌 자는 갑사에 들어오지 못하게 하라."

그 참에 병조에 명해 시행하게 했다.

병인일(丙寅日-15일)에 사헌 장령(司憲掌令) 박안신(朴安臣), 지평(持平) 신자근(申自謹)을 의금부(義禁府)에 내렸다.

의금부에서 아뢰었다.

"두 사람이 권상온(權尙溫)의 죄를 잘못 추국(推鞫)했습니다."

마침내 명해 옥(獄)에 내려 상온(尙溫)과 함께 빙문(憑問)하게 했다.

정묘일(丁卯日-16일)에 전영우(全英祐)·한월(韓越)을 의금부(義禁府)에 내렸다. 영우(英祐) 등이 격고(擊鼓)해 신정(申呈)하니, 의금부에 명해 추핵(推覈)하게 한 것이다. 형조에 (명해) 그 노비의 송사(訟事)를 지체시킨 이유로 인해 합사(合司-여러 관아가 함께 행동함)해서 피혐(避嫌)케 했다가, 이에 형조좌랑(刑曹佐郎) 김효정(金孝貞)에게 명해 의금부에 갇힌 사람들이 범한 죄를 국문(鞫問)하는 데 참여하게 했다.

○사헌부 대사헌 박습(朴習), 참판(參判) 이관(李灌), 부윤(府尹) 김분(金汾), 전 부정(副正) 서적(徐勣)을 의금부에 내렸다. 관(灌)은 경기

---

21 나라에서 돌봐주어 잘살게 해주는 것을 말한다.

도관찰사로 있을 때 박강생(朴剛生)이 두곡(斗斛-말과 휘)을 바로잡지 못한 죄를 규찰하지 않았고, 분(汾)은 경기 관찰사로 있을 때 조모(祖母)의 무덤 앞에 석인(石人)을 세우고자 해서 반인(伴人-수행인)과 석공(石工)에게 말을 주고 안성(安城)에 보내서 돌을 구함으로써 상온(尙溫)으로 하여금 객사(客舍)의 섬돌을 파내 석인을 만들어 보내게 했으며, 적(勣)은 일찍이 형조정랑으로 있을 때 풍저창(豐儲倉)의 보고를 바탕으로 상온·강생의 죄를 추국하고서는 다만[止] 이전(吏典)만 논했고, 습(習)은 대사헌으로서 상온의 죄를 변정(辨正)할 때 바르게 하지 못했다. 그래서 모두 가둬 일의 실상을 가려내도록 명했다.

○ 의금부 제조(義禁府提調) 이원(李原)·김점(金漸) 등이 아뢰어 말했다.

"신 등이 김분(金汾)을 안문(按問)할 때 점(漸)이 그가 범한 죄를 극심하게 문초하니, 분(汾)이 점을 노려보며[目] 말하기를 '국가(國家)에 간여된[干] 죄도 아닌데 어찌 재상(宰相)을 이처럼 심하게 국문(鞫問)하는가?'라고 하면서 굳이 변명(辯明)하고 불복(不服)했습니다."

상이 말했다.

"분이 자신이 범한 죄를 숨기는 것은 그 임금을 속이려는 것이다. 게다가 의금부로 하여금 나를 속이게 하려고 하는 것인가? 속히 조율(照律)하도록 하라."

무진일(戊辰日-17일)에 사헌집의(司憲執義) 장윤화(張允和), 장령(掌令) 유빈(柳濱), 지평(持平) 권조(權照)를 의금부(義禁府)에 내렸으니,

이들 역시 권상온(權尙溫)의 죄를 잘못 추국(推鞫)한 때문이다.

○ 청주목사(淸州牧使) 김매경(金邁卿), 판관(判官) 윤번(尹璠), 충주판관(忠州判官) 장안지(張安之), 진천현감(鎭川縣監) 진운수(秦云壽), 죽산현감(竹山縣監) 김종서(金宗瑞)에게 각각 태(笞) 50대를 때려 환임(還任-직임에 돌려보냄)시키고, 판충주목사(判忠州牧使-충주목 판사) 한옹(韓雍), 전 청주판관(淸州判官) 송포(宋褒)는 논하지 말라고 명했다. 행대(行臺) 정길흥(鄭吉興)이, 매경(邁卿) 등이 제언(堤堰)을 수축(修築)하지 않았다고 아뢰었기 때문이다.

○ 형조낭청(刑曹郞廳)에 명해 조로(朝路)에 조례(皂隷-하인)를 거느리게 했다.

형조에서 아뢰어 말했다.

"각 조(曹)의 낭청(郞廳)은 모두 조례(皂隷)를 거느리나, 본조(本曹)의 장수(杖首)[22]는 사헌부(司憲府) 소유(所由)[23]의 예와 마찬가지로 거느리고 다닐 수 없게 되어 있으므로 인졸(引卒-거느리고 다니는 하인)이 없어 불편합니다. 청컨대 장수(杖首)의 원수(元數-정원)를 없애고 낭청(郞廳)에 배종(陪從)하는 조례(皂隷)로 삼는 것이 어떠하겠습니까?"

---

22 형부(刑部)에 26명이 배속되었으며, 죄수를 체포·연행·치죄하는 과정에서의 잡역을 담당했던 것으로 보이며, 명칭상 죄인에게 실제 태형(笞刑)을 가하는 일이 주임무였던 것 같다. 고려 때 만들어진 직책으로, 조선 시대에도 대장(大杖)·나장(羅將)으로 이름이 바뀌어 계속 존재했다.
23 사헌부에 속한 형관(刑官)의 졸도(卒徒)로, 조선 시대에 죄인을 잡아들이는 일을 맡아보았다.

그것을 따랐다.

기사일(己巳日-18일)에 이조에서 각 도가 천거(薦擧)한 유일(遺逸)[24]
을 올렸다. 상이 말했다.

"한 고을에서 모두 '뛰어나다[賢]'고 한다면 정말 현량(賢良)일 것
이다. 그러나 양지현(陽智縣)에서 천거한 고운발(高雲發)의 경우는 내
가 일찍이 그 실상을 아는데, 문자(文字)도 알지 못하고 남보다 뛰어
난 재주도 없었다. 각 도에서 천거한 사람이 운발(雲發)과 같다면 그
뛰어난 정도를 알 수가 있다. 지금 현량(賢良)을 찾는 것은 국가를 다
스려서 화기(和氣)를 가져오게 하고자 함이다. (앞으로는) 관찰사(觀察
使)로 하여금 천거한 사람의 이름 아래에 그 재행(才行)을 적도록 하
고, 이조에서 그 부적(簿籍-장부)을 만들어 서용(敍用)하게 하라."

○ 풍문(風聞)으로써 탄핵(彈劾)하는 것을 거듭 금지했다.

상이 조말생(趙末生) 등에게 말했다.

"내가 일찍이 대간(臺諫)으로 하여금 풍문(風聞)을 듣고서 사건을
고발하지 말라고 했으나, 대간에서 여러 번 가볍게 사건을 일으켜
이 법을 어겼다. 나라 사람들이 어찌 나더러 거간(拒諫-간언을 물리
침)한다고 하지 않겠는가? 너희들은 나의 뜻을 알 것이다."

말생(末生)이 말했다.

---

24 임금의 버림을 받아 등용(登用)되지 못하고 초야(草野)에 묻힌 어질고 착한 선비다. 천재
지변(天災地變)이 있으면 화기(和氣)를 상(傷)한 원인이 됐다고 해서 서용(敍用)했다.

"이것은 태조(太祖)의 성헌(成憲-이뤄진 법)이고 또 상께서 여러 번 명해 금단(禁斷)했으나, 이제 박습(朴習) 등이 풍문(風聞)으로 유순도(庾順道)의 말을 듣고 권상온(權尙溫)의 죄를 추핵(推覈)했습니다."

이명덕(李明德)이 말했다.

"앞으로는 대소 관리(大小官吏)가 비록 헌사(憲司)의 탄핵을 받더라도 죄를 받는 날이 이르기 전에는 모두 직사에 나아오도록 하소서."

상이 말했다.

"그렇지 않다. 정권(政權)이 대간(臺諫)에게 다 돌아가는 것은 부당하나, 대간에서 권력이 없는 것 또한 부당하다. 이러한 세상을 당해 대간에 권력이 없다면 탐오(貪汚)하고 포악(暴惡)한 자를 능히 제어하지 못할 것이다. 이제부터는 대소 관리가 헌사(憲司)의 탄핵을 받거든, 만약 자기의 죄가 없다면 격고(擊鼓)해 신문(申聞)해서 바로잡도록 하라."

경오일(庚午日-19일)에 수원부사(水原府使) 조뢰(趙賚), 전 부사(府使) 허반석(許磐石)을 의금부(義禁府)에 내렸다. 두 사람이 박강생(朴剛生)의 모의에 내통해 수원 고을 안에 있는 미곡중기(米穀重記)[25]를 없앴기 때문이다.

○ 갇혀 있던 박습(朴習)·장윤화(張允和)·박안신(朴安臣)·유빈(柳濱)·신자근(申自謹)·권조(權照)를 풀어주었다.

---

25 전곡(錢穀)의 출납(出納)을 기재(記載)하는 장부를 말한다.

습(習)이 옥중(獄中)에 있으면서 글을 올려, 권상온(權尙溫) 사건 중에서 의심할 만한 점이 여섯 가지가 있다고 논하고 또 언로(言路)의 막힘을 말했다. 글이 올라가자 상이 읽어보고 내관(內官) 최한(崔閑)을 시켜 가르쳐 말했다.

"사헌부(司憲府)에서 사건을 말하는 것은 직분상 당연히 해야 할 일이기 때문이요 두 사람에게 사사로이 원수진 것이 아니니, 글 안에서 말한 것이 어찌 곧지[直] 않겠는가? 그러나 의금부(義禁府)에서 추문(推問)하자는 청(請) 또한 어찌 잘못이겠는가? 이 뜻을 습에게 전해 일깨워주도록 하라."

그러고는 명해 습·윤화(允和)·안신(安臣)·빈(濱)·자근(自謹)·조(照)를 보증을 받고 석방했다[保放].

○ 이관(李灌)을 파직(罷職)하고 김분(金汾)은 외방부처(外方付處)했다.

의금부(義禁府)에서 조율(照律)하니 관(灌)의 죄는 장(杖) 70대에 해당했는데, 다만 그 직만을 없애라고 명했다. 분(汾)과 서적(徐勣)의 죄는 장(杖) 80대에 해당했는데, 분은 다만 외방(外方)에 자원부처(自願付處)시키고, 적(勣)은 태조(太祖)의 원종공신(原從功臣)이라는 이유로 논하지 말라고 명했다.

신미일(辛未日·20일)에 이조판서 심온(沈溫), 참판(參判) 탁신(卓愼) 등이 의정부(議政府)에서 관권(官權)을 침범한 잘못을 아뢰었다. 아뢰어 말했다.

"의정부에서 절일사(節日使)[26]의 소낙점장(小落點狀)[27]을 고과(考課)하지 않았다고 해서 사인(舍人)을 시켜 본조(本曹) 녹사(錄事)의 종을 가두었습니다."

상이 말했다.

"좌의정(左議政)·우의정(右議政)이 육조(六曹)의 공사(公事)에 참여하는 것은 일찍이 이뤄진 법[成法]에 있는가?"
<small>성법</small>

승정원(承政院)에서 아뢰어 말했다.

"좌의정·우의정은 다만 전형(銓衡-인사 선발)에만 참여하고, 육조 안에서 보통 시행하는 공사(公事)에는 참여하는 것을 허락하지 않습니다."

상이 말했다.

"그렇다면 정부(政府)의 잘못이다."

(의정부) 사인(舍人)을 불러 이를 물으니, 사인 권도(權蹈)·심도원(沈道源)이 나아와 아뢰었다.

"좌의정이 이르기를 '내가 판이조사(判吏曹事)인데 녹사(錄事)가 낙점장(落點狀)을 고(告)하지 않았기 때문에 녹사의 종을 가두었으니, 실로 내가 한 것이다'라고 했습니다."

온(溫)이 말했다.

---

26 황제의 생일에 맞춰 보내는 사신이다.

27 당상관(堂上官)의 관직을 임시로 임명할 때 이조(吏曹)나 병조(兵曹)에서 단독으로 세 사람의 후보자[三望]를 올려 임금의 낙점(落點)을 받는 문서(文書)를 말한다. 전조(銓曹)<small>삼망</small>에서 의정부와 협의하지 않고 시행하는 낙점법(落點法)이므로 '소낙점장(小落點狀)'이라 했다.

"이조의 공사(公事) 때문에 녹사의 종을 가두더라도 본조(本曹)의 장무(掌務)로 하여금 가두는 것은 괜찮습니다. 그러나 사인(舍人)으로 하여금 가두게 했다면 이것은 정부의 첨의(僉議-여러 명의 공통 의견)일 것입니다. 그렇지 않다면 그 사인은 정부의 사인이 아니라 바로 좌상(左相)의 사인일 뿐입니다."

승정원에서 아뢰어 말했다.

"정부에서 실로 잘못했으니 빌건대 사인(舍人)의 가노(家奴)를 가두소서."

상이 말했다.

"신하가 임금에게 죄를 지으면 그 가노를 가두는 법은 어느 시대의 고사(古事)인지 알지 못하겠다. 경 등이 고사를 알지 못하는 것도 아닌데, 이러한 계문(啓聞)은 무엇인가? 신하가 죄를 지으면 바로 그 사람을 가두는 것이 실로 마땅하지 않겠는가?"

조말생(趙末生) 등이 황공해 능히 대답하지 못했다. 상이 말했다.

"좌상의 명은 바로 이조의 공사(公事)요, 또 공사(公事)의 작은 과실이니, 마땅히 (그 죄를) 논하지 말라."

○ 명해 이제부터 표문(表文)·전문(箋文)의 부본(副本)과 주본(奏本)은 상에게 계문(啓聞-보고)하지 말고 대신 서압(署押)하게 하는 것을 항식(恒式)으로 삼게 했다.

○ 예조에 명해 오도리(吾都里) 이호심파(李好心波)에게 옷을 내려 주게 하고, 그 참에 후대(厚待)하라고 명했다.

임신일(壬申日-21일)에 채방 부사(採訪副使)를 나눠 보냈다. 평안도에는 호군(護軍) 백환(白環)을, 강원도에는 전 부사(副使) 윤흥의(尹興義)를 보냈다.

계유일(癸酉日-22일)에 예조에서 혼인(婚姻)의 예를 바로잡을 것을 청했다.

애초에 상이 예조에 명해 말했다.

"혼인(婚姻)하는 집에서 3일 만에 유밀과상(油蜜果床)을 차리는 것은 실로 폐법(弊法-폐단이 되는 법)이다. 또 그 나머지 음식을 거둬 시아버지·시어머니의 집에 보내는 것 또한 심히 예가 아니다[非禮]. 여러 고전(古典)을 상고해 참작해서 아뢰라."

이때에 이르러 예조(禮曹)에서 말씀을 올렸다.

"삼가 고전(古典)을 상고하니, 혼인(婚姻)은 정시(正始-바른 시작)의 도리로서 군자(君子)가 중하게 여기는 바입니다. 그러나 혼인하는 집에서 친영(親迎)[28]하는 날 저녁에 동뢰(同牢)[29]해 합근(合卺-잔을 주고받는 일)할 때 세 잔[爵]으로 그치고, 날이 밝아서 신부(新婦)가 시아버지와 시어머니를 뵐 때는 신붓집에서 찬(饌)을 갖춰 시아버지와 시어머니를 공궤(供饋)할 뿐이었습니다. (그런데) 지금은 혼인하는 집에서 사위를 맞이하는 날 저녁에 성찬(盛饌)을 차려 먼저 사위의 종자(從者)를 먹이고, 또 3일 만에 유밀과상(油蜜果床)을 차려 '대탁(大

---

28 혼인과 관련된 육례(六禮)의 하나로, 신랑이 신부를 맞이하는 일을 말한다.
29 신랑·신부가 신방(新房)에 들기 전에 술잔을 나누고 음식을 먹는 의식이다. 이때 남은 음식은 싸서 본가(本家)로 보냈다.

卓'이라 부르는데 거의 사방으로 1장(丈-12자)이 되니, 이로써 사위와 신부에게 잔치하고 그 나머지 음식을 시아버지와 시어머니의 집에 보냅니다. 이미 예전(禮典)에 어그러졌고 방헌(邦憲)에도 간범(干犯)되니, 혼인에서의 정시(正始)의 도리가 아닙니다. 빌건대 모두 엄격히 금지하소서. 그 사위를 맞이한 다음날에 외인(外人)으로 하여금 대반(對飯-마주하고서 음식을 먹는 일)하게 하는데, 친족(親族) 외의 하객(賀客)이 문전을 메운 채 술을 마시고 음식을 먹고 연락(燕樂)하는 것 또한 고례(古禮)가 아닙니다. 아울러 금지하고 규리(糾理)해서 혼인의 예를 바로잡고, 감히 범(犯)하는 자가 있거든 '교지부종률(教旨不從律)'로써 논죄하소서."

그것을 따랐다.

○ 예조에서 또 아뢰었다.

"일본(日本) 객인(客人)이 오면 금침(衾枕-이부자리와 베개)을 주어 두텁게 대우합니다. (이처럼) 이미 전례(前例)가 있는데도 올량합(兀良哈)·올적합(兀狄哈)에 이르러서는 모두 지휘(指揮)를 지낸 사람이라도 홀로 금침(衾枕)을 주지 않으니, 그 교린(交隣)의 도리에 두텁고 엷은 것이 고르지 않는 듯합니다. 청컨대 일본 객인의 예에 의거해 금침을 지급함으로써 후의(厚意)를 보이소서."

그것을 따랐다.

○ 형조정랑(刑曹正郎) 홍복흥(洪復興)을 가두었으니, 한월(韓鉞)의 노비 사건을 오래 지체시키고 결절(決絶-판결)하지 않았기 때문이다. 사흘이 지나서 풀어주었다.

○ 올량합(兀良哈) 9인과 골간올적합(骨干兀狄哈) 등이 와서 토산물

을 바쳤다.

을해일(乙亥日·24일)에 일본국(日本國) 일향주태수(日向州太守) 원원구(源元久)의 사인(使人)이 와서 토산물을 바쳤다.

○ 일본국(日本國) 종상성사무씨(宗像成社務氏)의 사인(使人)이 와서 토산물을 바쳤다.

○ 송악(松嶽)·감악(紺嶽)의 제사를 금지하지 말라고 명했다.

상이 예조(禮曹)에 명해 말했다

"잡인(雜人)들이 송악(松嶽)·감악(紺嶽)에 치제(致祭)하는 습속(習俗)이 이미 오래되었으니, 갑자기 변경하기가 어려울 것이다. 만약 무지한 서인(庶人)들이 어쩌다가 시령(時令·절기)이 고르지 못 한 때를 만나 질병(疾病)이라도 나게 되면 반드시 송악·감악의 제사 때문이라고 구실[辭]을 삼을 것이다. 아직 금하지 말고 점차로 (풍속이) 바뀌기를 기다리도록 하라."

○ 한성소윤(漢城少尹) 이하(李賀)를 의금부(義禁府)에 내렸다. 하(賀)가 일찍이 장령(掌令)으로 있을 때 권상온(權尙溫)이 객사(客舍)의 섬돌[階石]을 캐내었다고 동료(同僚)에게 고(告)해 풍문공사(風聞公事)[30]의 금령(禁令)을 범했기 때문이다.

○ 장흥고 직장(長興庫直長) 이사문(李思文)을 보방(保放)하라고 명

---

30 헌부(憲府)에서 풍문(風聞)으로 들은 사실을 가지고 탄핵하는 일을 말한다. 여러 가지 폐단이 많았으므로 국가에서 금지시켰다.

했다. 사문(思文)이 그 고(庫)의 다모(茶母)[31]와 간통했으므로 헌사(憲司)에서 잡아 가두었는데, 이때에 이르러 그 장모[妻母] 김씨(金氏)가 신정(申呈)했기 때문에 마침내 보방(保放)하라고 명했다.

병자일(丙子日-25일)에 박습(朴習) 등을 의금부(義禁府)에 다시 내렸다.

이에 앞서 헌부(憲府)에서 권상온(權尙溫)이 환상(還上)을 나눠줄 때 휘[斛-10말]의 나머지 곡식[斛餘]을 끌어다 사사로이 쓴 것을 탄핵하니 상온(尙溫)이 대답해 말했다.

"나눠줄 때 모두 전석(全石)이었으므로 헤아리지 않고 주었는데, 어찌 휘의 나머지 곡식을 얻을 수 있겠습니까?"

의금부(義禁府)에서 아뢰어 말했다.

"상온이 곡초(穀草)의 가미(價米-값으로 쳐주는 쌀)를 쓴 사건을 직납(直納)한 사람이나 대납(代納)한 사람 등에게 물어서 그 사실을 추궁한다면 허실(虛實)을 자세히 알 수 있을 것입니다. 휘의 나머지 곡식이 있었는지 없었는지는 청컨대 본부(本府) 관원(官員)을 보내 경기(京畿) 경력(經歷)과 같이 환상(還上)을 받아낸 사람들에게 묻게 해서 그 고쳐 헤아렸는지의 여부를 안험(按驗)하소서."

명해 진무(鎭撫) 이효인(李孝仁)을 안성(安城)에 보내 사실을 조사하라고 했더니, 상온이 과연 옳았기 때문에 다시 습(習) 등을 가두고 안문(按問)했다.

---

31 관청의 식모(食母) 노릇을 하는 천비(賤婢)다.

○ 강원도 도관찰사 홍여방(洪汝方)이 와서 매[鷹子] 1련(連)을 바쳤다.
용자

정축일(丁丑日-26일)에 성녕대군(誠寧大君) 종(種)이 완두창(豌豆瘡)이 나서 병이 위독하니, 상이 총제(摠制) 성억(成抑)에게 명해서 향(香)을 받들고 흥덕사(興德寺)에 나아가 정근(精勤)[32]하고 기도(祈禱)하게 했다. 승정원(承政院)에 명해 점을 잘 치는[善卜] 자들을 불러
선복
모아 종(種)의 길흉(吉凶)을 물어보게 하니, 판수[盲人] 한각운(韓覺
맹인
云)·정신오(鄭信悟) 등이 점을 치고 모두 "길(吉)합니다"라고 했다. 검교 판내시부사(檢校判內侍府事) 김용기(金龍奇)가 성녕대군(誠寧大君)의 구병원장(求病願狀)[33]을 싸서 받들고 절령(岊嶺) 나한전(羅漢殿)에 갔으니, 병이 날로 심해지기[日臻] 때문이다. 청성군(靑城君) 정탁(鄭
일진
擢)이 『주역(周易)』으로 점을 쳐서 상에게 올리자 충녕대군(忠寧大君)이 나아와 이를 풀이하기를 심히 분명하게 하니, 세자(世子)가 마음으로 감복하고 좌우(左右) 신하들이 모두 감탄하며 찬미했다.

○ 참찬(參贊) 김점(金漸)을 보내 경사(京師-북경)에 가서 성절(聖節)을 하례하게 했다. 점(漸)이 장차 떠나려 하자 상이 내관(內官) 최한(崔閑)을 시켜 점과 서장관(書狀官)·통사(通事)·압물(押物)·타각부(打角夫) 등을 위로하고 일깨워 말했다.

---

32 승려들을 모아서 정성들여 비는 일을 말한다.
33 임금이나 귀인(貴人)이 병이 들었을 때 부처의 공덕으로 병을 낫게 해달라고 기원(祈願)하는 글을 적은 서장(書狀)이다.

"내가 불러서 만나보고자 했으나 마침 아이가 아파 결국 그리하지 못했다. 각자 스스로 몸을 잘 지키고 소중히 해 갔다 오라."

따로 인삼(人蔘) 20근, 저포(苧布) 10필을 내려주니, 점이 아뢰어 말했다.

"황제가 금릉(金陵-남경)에 있을 때는 우리나라 사신(使臣)이 기일 보다 3개월 앞서 출발해 가는 것이 적절했습니다. (그런데) 지금은 황제가 북경(北京)에 있으니 기일보다 3개월 앞서간다면 사신(使臣)의 왕래가 앞뒤로 서로 잇따라서 역로(驛路)가 쉬지 못할 것이며, 또 제소(帝所-황제가 머무는 곳)에 미리 들어가 할 일 없이 여러 날 머무르는 것도 적절치 못할 것 같습니다. 황제가 만약 영구히 북경(北京)에 도읍한다면, 이제부터는 다만 시기에만 미치도록 하소서. 신이 이러한 뜻을 가지고 예부(禮部)에 진달(陳達)하는 것이 어떻겠습니까?"

가르쳐 말했다.

"우리나라에서 사대(事大)하는 성심(誠心)으로는 경(卿)의 말이 옳다. 그러나 나는 그것이 우리나라에서 황제(皇帝)의 기거(起居)를 엿본다고 할까 두려울 뿐이다. 즉시 이 뜻을 정부(政府)에서 토의해 아뢰어라."

유정현(柳廷顯)·박은(朴訔) 등이 말했다.

"신들의 뜻도 상의 가르침과 같습니다."

한상경(韓尙敬)이 말했다.

"우리나라에서 사대(事大)하기를 성심(誠心)으로 하는데 무엇을 염려하겠습니까?"

상이 점에게 명했다.

"상황에 맞춰가며[臨機] 시행하라."
임기

○ 왕녀(王女)가 형조판서 윤향(尹向)의 아들 계동(季童)에게 시집 갔다[適]. 왕녀는 곧 신녕옹주(信寧翁主) 신씨(辛氏)의 딸이다.
적

무인일(戊寅日·27일)에 이천현감(利川縣監) 민소(閔逍)를 의금부(義禁府)에 내렸으니, 그 또한 권상온(權尙溫)의 사건을 잘못 추핵(推劾) 한 때문이다.

기묘일(己卯日·28일)에 옥에 갇혀 있던 조뢰(趙賚)·허반석(許磐石)을 풀어주었다.

신사일(辛巳日·30일)에 박습(朴習)이 그 아들 의보(義甫)를 시켜서 격고(擊鼓)해 신정(申呈)하게 했다. 대략 이러했다.

"요즈음 권상온(權尙溫)·박강생(朴剛生)이 경기(京畿) 지방에 수령 (守令)으로 나가 정사를 어지럽히고 백성을 침요(侵擾)한 것이 실로 한두 가지가 아니었습니다. 신이 언책(言責)의 직책에 있으면서 감히 입을 다물고 있지 못해, 그 조건(條件)을 가지고 추국(推鞫)해 따졌 습니다. 상온이 미욱함을 고집해[執迷] 자복하지 않고 반드시 사건 집미
의 정상을 갖춰서 아뢰고 죄를 청했는데, 어찌 감히 없는 죄를 얽어 맞춰서 그 죄를 만들었겠습니까? 상온이 그 까닭을 살피지 않고 다 만 죄를 면하고자 해 갑자기 이렇게 신소(申訴)하니, 신 등을 옥(獄) 에 내리고 이어서 신 등에게 풍문공사(風聞公事)한 죄를 문책(問責) 했습니다. 어리석은 신은 낭패스러워[隕越] 몸 둘 바를 알지 못하겠
운월

습니다. 엎드려 상의 재결(裁決)을 바랍니다."

그 조목이 모두 일곱 가지였는데, 모두 상온이 말과 되를 깎아서 파낸 사건을 가리킨 것이었다. 상이 성녕대군(誠寧大君)의 병 때문에 정사를 보지 않았기 때문에 아뢰지 못하다가, 뒤에 수일 만에야 마침내 아뢰었다. 상이 읽어보고 습(習)을 승정원(承政院)으로 불러서 글을 올린 뜻을 물으니, 습이 대답해 말했다.

"상온이 범한 죄를 신 등이 다 국문(鞫問)하지 못했습니다. 만약 무망(無妄)한 죄에 저촉되면 신이 어찌 실망하지 않겠습니까? 이 때문에 글을 올렸습니다."

상이 말했다.

"나는 이미 의금부(義禁府)로 하여금 그 전말(前末)을 국문(鞫問)하게 했는데, 무슨 일이 정상을 캐내는 데 미진하고 또 무슨 일이 정상을 자복하는 데 미진했기에 글을 올렸는가?"

그 참에 안성(安城)의 관리를 지나치게 형벌한 것을 문책하고 또 공초(供招)한 것에 의거해 잘못된 것을 지적하니, 습이 대답하지 못하고 다만 "신이 잘못했습니다"라고 했다.

壬子朔 上率百官 遙賀帝正.
임자 삭 상 솔 백관 요하 제정

遣谷山君延嗣宗 同知摠制李愉如京師 謝恩也. 授苧麻布百匹于
견 곡산군 연사종 동지총제 이유 여 경사 사은 야 수 저마포 백필 우

嗣宗之行 蓋欲買段羅 以製朝服也.
사종 지행 개 욕매 단라 이제 조복 야

宴使臣于勤政殿. 上如太平館 請迎使臣於景福宮 贈以鞍馬 仍
연 사신 우 근정전 상여 태평관 청영 사신 어 경복궁 증이 안마 잉

設宴於勤政殿. 命軍器監 設放火之具於勤政門外庭 至暮宴罷 與
설연 어 근정전 명 군기감 설 방화 지구 어 근정문 외정 지모 연파 여

使臣御勤政門 觀放火 火焰橫空 聲振宮庭 使臣及頭目等甚奇之
사신 어 근정문 관 방화 화염 횡공 성진 궁정 사신 급 두목 등 심 기지

讚服無已. 抵夜使臣還太平館.
찬복 무이 저야 사신 환 태평관

百官始着紗帽於朝路.
백관 시착 사모 어 조로

癸丑 王世子宴使臣于太平館.
계축 왕세자 연 사신 우 태평관

罷司宰注簿張貞弼 直長金忍德職. 囚司鑰權巨于義禁府 以
파 사재 주부 장정필 직장 김인덕 직 수 사약 권거 우 의금부 이

初一日夜 還入殿時 司宰監所進生松炬不明也 四日而釋之.
초일일 야 환 입전 시 사재감 소진 생송 거 불명 야 사일 이 석지

甲寅 賜代言宴 以元日宴 因事劇不與故也.
갑인 사 대언 연 이 원일 연 인 사극 불여 고야

乙卯以朴信(爲)判右軍都摠制府事.
을묘 이 박신 위 판우군도총제부사

骨看兀狄哈來獻土物.
골간올적합 내헌 토물

丙辰 贈使臣苧麻布等物. 苧麻布各二十匹 人蔘三十斤 滿花席
병진 증 사신 저마포 등물 저마포 각 이십 필 인삼 삼십 근 만화석

六張 滿花寢席六張 厚紙二百張 箭筒二 鹿皮靴 精套具 豹皮護膝
육장 만화침석 육장 후지 이백 장 전통 이 녹피화 정투구 표피호슬

一 石燈盞一事. 千戶劉庸 黃貴等六人 力士趙種等八人 家人三福
일 석등잔 일사 천호 유용 황귀 등 육인 역사 조종 등 팔인 가인 삼복

等四人 苧布各一匹 麻布各二匹 分套各一. 又將十二升麻布四匹
등 사인 저포 각 일필 마포 각 이필 분투 각 일 우 장 십이 승 마포 사필

及裏衣所造豹皮斜脚 付于黃貴 贈遣于黃儼. 貴 儼之姪也. 加賜
급 이의 소조 표피 사각 부우 황귀 증견 우 황엄 귀 엄 지질야 가사

十二升苧麻布二匹于劉庸 黃貴. 中宮使內官金文厚贈使臣十二升
십이 승 저마포 이필 우 유용 황귀 중궁 사 내관 김문후 증 사신 십이 승

苧麻布各二匹 十一升苧麻布各三匹.
저마포 각 이필 십일 승 저마포 각 삼필

貞懿宮主權氏將十升苧麻布各五匹 石燈盞一事及粉藿等物 付
정의궁주 권씨 장 십승 저마포 각 오필 석등잔 일사 급 분곽 등물 부

使臣回報權婆婆.
사신 회보 권 파파

上如太平館餞使臣.
상 여 태평관 전 사신

戊午 陸善財還京師 上率百官 出慕華樓餞之 仍贈馬一匹鞍具.
무오 육선재 환 경사 상 솔 백관 출 모화루 전지 잉 증마 일필 안구

囚刑曹正郎洪復興于義禁府. 鎮撫所啓復興擅自拘執作運甲士
수 형조정랑 홍복흥 우 의금부 진무소 계 복흥 천자 구집 작운 갑사

又囚其奴故也. 翼日釋之.
우 수 기노 고야 익일 석지

命兵曹 自二月停各道侍衛軍番上.
명 병조 자 이월 정 각도 시위군 번상

己未 遣探訪使于平安 黃海道. 殷山 泰川探訪使 判典農寺事
기미 견 채방사 우 평안 황해도 은산 태천 채방사 판전농시사

司空濟; 谷山等處探訪判官 司宰注簿金貴龍.
사공제 곡산 등처 채방 판관 사재 주부 김귀룡

先是 工曹啓: "一年進獻所供白銀七百餘兩 國家難繼. 請於各道
선시 공조 계 일년 진헌 소공 백은 칠백여 냥 국가 난계 청어 각도

銀石所在之地 分遣探訪 聚附近各官 軍民吹鍊."
은석 소재 지지 분견 채방 취 부근 각관 군민 취련

上從之 至是分遣. 乃命內資注簿金允河曰: "爾隨去貴龍 學探銀
상 종지 지시 분견 내명 내자 주부 김윤하 왈 이 수거 귀룡 학채은

之術." 又命同副代言成揜曰: "多抄銀匠 囑於司空濟 貴龍等 廣學
지술 우명 동부대언 성엄 왈 다초 은장 촉어 사공제 귀룡 등 광학

探銀之術 然後探金海 瑞山 兩地之銀."
채은 지술 연후 채 김해 서산 양지 지은

後趙末生啓曰: "允河隨貴龍 已學探銀之術. 請送銀匠於慶州 使
후 조말생 계왈 윤하 수 귀룡 이학 채은 지술 청송 은장 어 경주 사

判官潘泳率行 探金海之銀; 以金允河往探瑞山之銀."

판관 반영 솔행 채 김해지은 이 김윤하 왕채 서산 지은

　教曰: "慶尙道暑氣先入 農務方始 姑待後日 至於瑞山 當及時而

교왈 경상도 서기 선입 농무 방시 고대 후일 지어 서산 당 급시 이

探也." 仍令允河往探之.

채야 잉령 윤하 왕채 지

　遣都摠制朴子青 齎醞慰使臣于黃州 仍教曰: "前日使臣歷碧蹄

견 도총제 박자청 재온 위 사신 우 황주 잉 교왈 전일 사신 역 벽제

馬山兩驛 宿東坡驛. 此驛蕭條 未知安宿與否 迨今爲慮 陳此意於

마산 양역 숙 동파역 차역 소조 미지 안숙 여부 태금 위려 진 차의 어

使臣. 且光祿少卿韓確祿俸 雖無明降 依他皇親例 已曾施行 亦

사신 차 광록 소경 한확 녹봉 수무 명강 의 타 황친 례 이증 시행 역

信於使臣 轉奏皇帝."

신어 사신 전주 황제

　庚申 司憲府劾禮曹判書卞季良 參判許稠及佐郎偰循等罪.

경신 사헌부 핵 예조판서 변계량 참판 허조 급 좌랑 설순 등죄

　初 偰循移文進獻物目于承文院 誤加五味子百斤. 季良等自覺 詣

초 설순 이문 진헌 물목 우 승문원 오가 오미자 백근 계량 등 자각 예

承文院上達 上曰: "覺擧之速 善矣." 至是 憲司以不敬其職請罪 上

승문원 상달 상왈 각거 지속 선의 지시 헌사 이 불경 기직 청죄 상

問趙末生 河演等曰: "此罪宜不宥 然季良與稠合於禮曹之任 且

문 조말생 하연 등왈 차죄 의 불유 연 계량 여 조 합어 예조 지임 차

淸寒未受祿奈何?" 末生對曰: "關係重事 罪不可宥. 若遷無權要

청한 미 수록 내하 말생 대왈 관계 중사 죄 불가유 약천 무 권요

之職 則受其祿而亦足以懲." 又問: "禮曹判書誰可當之?" 末生等

지직 즉 수 기록 이 역 족이 징 우문 예조판서 수 가당 지 말생 등

對曰: "趙庸病今已瘳矣 金汝知亦可以當之." 上曰: "然." 只命罷循

대왈 조용 병 금이 추의 김여지 역 가이 당지 상왈 연 지명 파순

職.

직

　壬戌 以黃喜(爲)判漢城府事 尹向刑曹判書 鄭鎭工曹判書 金汝知

임술 이 황희 위 판한성부사 윤향 형조판서 정진 공조판서 김여지

禮曹判書 趙庸右軍都摠制 卞季良藝文館大提學 許稠開城留後司

예조판서 조용 우군도총제 변계량 예문관대제학 허조 개성유후사

副留後 申商禮曹參判 李迹工曹參判.

부유후 신상 예조참판 이적 공조참판

　上率世子詣仁德宮 置酒極歡 抵暮乃罷.

상 솔 세자 예 인덕궁 치주 극환 저모 내 파

　命自今宗親以下禮葬 除石室用灰隔.

명 자금 종친 이하 예장 제 석실 용 회격

癸亥 下內資寺尹權尙溫于義禁府. 司憲府啓: "尙溫曾守安城
계해　하　내자시　윤　권상온　우　의금부　　　사헌부　계　　상온　증　수　안성

掘削斗斛而深大之 重斂於民 私贈於人. 乞收職牒 按問其故."
굴삭　두곡　이심대지　중렴　어민　사증　어인　걸수　직첩　안문　기고

先是 水原府使朴剛生 平校領內各官斗斛 以安城斗爲小而掘
선시　수원부사　박강생　평교　영내　각관　두곡　이　안성　두　위소　이굴

其底 改烙印. 安城吏將其斗來京江豐儲倉 倉官以其斗之大 執報
기저　개낙인　안성리장기두래　경강　풍저창　창관　이기두지대　집보

戶曹. 是剛生不察奸吏之謀 初使領官水原之斗大過其制 不澄其源
호조　시강생　불찰　간리지모　초사　영관　수원지두　대과　기제　부징　기원

故耳 非尙溫之罪也. 大司憲朴習等不分其實 戶房 戶長記官與 其
고이　비상온　지죄야　대사헌　박습　등불분　기실　호방　호장기관　여기

兩班過刑 以至壓膝 强推取辭 羅織尙溫設治官廳窓北 敎冶匠火印
양반　과형　이지압슬　강추취사　나직　상온　설치　관청창북　교　야장　화인

僞造 故作大斗之罪 安城之吏不忍其苦 遂誣服. 憲府具狀請親問
위조　고작　대두지죄　안성지리　불인기고　수무복　헌부　구장　청친문

尙溫 尙溫使其子擇將實封 擊鼓訴冤曰: '臣自去年九月 爲憲司
상온　상온　사기자　택장실봉　격고　소원왈　신자　거년구월　위헌사

所糾 將無作有推鞫不已 負屈莫伸 情迫事切 罔知所爲. 伏望上慈
소규　장무작유　추국불이　부굴막신　정박사절　망지소위　복망　상자

垂察 特命公正他官 以伸冤抑.'
수찰　특명　공정　타관　이신　원억

其條凡八. 上覽訖 命囚尙溫于義禁府 推覈八條 命刑曹參判
기조　범팔　상람흘　명수　상온　우　의금부　추핵　팔조　명　형조참판

李之剛 左司諫大夫玄孟仁 雜治剛生 尙溫之獄.
이지강　좌사간대부　현맹인　잡치　강생　상온지옥

罷同知摠制王麟職 司憲府啓麟割其馬耳 不欲進獻也.
파　동지총제　왕린　직　사헌부　계린할기마이　불욕　진헌야

甲子 造圓木符. 兵曹判書金漢老等啓: "春秋講武時及門外經宿
갑자　조　원목부　병조판서　김한로　등계　춘추　강무　시급　문외　경숙

有承命來自行在所 與夫承中宮之命及期詣行在所者 敵黨門閉 則
유　승명　내자　행재소　여부　승중궁　지명급기　예　행재소　자　적당　문폐　즉

必待罷漏 乃通出入 內外之命 以致稽留 實爲無藝. 臣等謹稽古典
필대　파루　내통　출입　내외　지명　이치　계류　실위　무예　신등　근계　고전

文獻通考曰: '唐開元六年 宮殿門 城門給交魚符 巡魚符; 左廂
문헌통고　왈　당　개원　육년　궁전　문　성문　급　교어부　순어부　좌상

右廂給開門符 閉門符 竝左符進內 右符監門掌之.' 又曰: '天子巡幸
우상　급　개문부　폐문부　병좌부　진내　우부　감문　장지　우왈　천자　순행

則京師東都給木契符者 以重鎭守 愼出納.' 又曰: '宋神宗 熙寧九年
즉　경사　동도　급　목계부　자　이중　진수　신출납　우왈　송신종　희령　구년

造諸銅符三十四副 令三司給左契符諸門.' 唐百官志曰: '城門郎
조 제동부 삼십 사부 영 삼사 급 좌계부 제문 당 백관지 왈 성문랑

四人 掌京城 皇城宮殿諸門開闔之節 奉管鑰而出納之.' 由是觀之
사인 장 경성 황성 궁전 제문 개합 지절 봉 관약 이 출납 지 유시 관지

城門開閉之時 必用符契者 古之通制也. 乞造圓木符一十副 篆刻
성문 개폐 지시 필용 부계 자 고지 통제 야 걸조 원목부 일십 부 전각

信符二字而中分之 每符依勘合例 刻字號 左符五隻進行在所 又
신부 이자 이 중분 지 매부 의 감합 례 각 자호 좌부 오척 진 행재소 우

五隻進中宮. 右符十隻藏之本曹 每當行幸之時 留都監巡揔制
오척 진 중궁 우부 십척 장지 본조 매당 행행 지시 유도 감순 총제

三軍鎭撫 本曹郎廳各一員及司鑰一人齎符 夜直於行在方面之門 有
삼군 진무 본조 낭청 각 일원 급 사약 일인 재부 야직 어 행재 방면 지문 유

承命者 受左符而至 則合其右符 以驗信符而開門納之. 承中宮之命
승명자 수 좌부 이지 즉 합 기 우부 이험 신부 이 개문 납지 승 중궁 지명

受左符而出 則本曹入直郎廳 給馬傳送 而城門會直人員 依前合符
수 좌부 이출 즉 본조 입직 낭청 급마 전송 이 성문 회직 인원 의전 합부

開門出之 則庶幾君命不滯 而門禁亦嚴矣."
개문 출지 즉 서기 군명 불체 이 문금 역 엄의

　　從之. 先是 上在行在所敎曰: "每以緊要事 遣人于京 因夜深未入
종지 선시 상재 행재소 교왈 매이 긴요 사 견인 우경 인 야심 미입

城門 以致遲緩 若有大故 尤爲 未便." 遂令兵曹稽古制詳定.
성문 이치 지완 약유 대고 우위 미편 수령 병조 계 고제 상정

　　加定站夫. 前廣州敎授官皮子休等陳言: "水站之民加定 依船軍
가정 참부 전 광주 교수관 피자휴 등 진언 수참 지민 가정 의 선군

例 分爲左右領." 兵曹承敎 與議政府 諸曹擬議啓曰: "水站在處
례 분위 좌우 령 병조 승교 여 의정부 제조 의의 계왈 수참 재처

各官 軍籍相考 忠淸道忠州二十七名, 江原道原州 五十七名 京畿
각관 군적 상고 충청도 충주 이십 칠명 강원도 원주 오십 칠명 경기

川寧八十名 楊根七十二名 廣州七十五名 果川四十六名 衿川
천녕 팔십 명 양근 칠십 이명 광주 칠십 오명 과천 사십 육명 금천

五十二名 合四百九名. 右道水站潮水行船 力役輕便 左道自果川
오십 이명 합 사백 구명 우도 수참 조수 행선 역역 경편 좌도 자 과천

黑石站 至忠州 金遷站六站 漕轉頗多 又倭客人往返 事務多重. 右
흑석참 지 충주 금천참 육참 조전 파다 우 왜 객인 왕반 사무 다중 유

各站水夫 前數各二十名 今於每站加定正軍十名 各給奉足二名 每
각참 수부 전수 각 이십 명 금어 매참 가정 정군 십명 각급 봉족 이명 매

一領十五名 分爲左右領 立番何如?" 從之.
일령 십오 명 분위 좌우 령 입번 하여 종지

　　黃海道站路察訪李明保請賑飢. 報曰: '道掌各站人民 因本國
황해도 참로찰방 이명보 청 진기 보왈 도 장 각참 인민 인 본국

使臣及上國使臣往來 每年失農 且因前年水災 禾穀不實. 因此
사신 급 상국 사신 왕래 매년 실농 차 인 전년 수재 화곡 부실 인차

公私宿債多重 其生理可惜. 其中敬天站夫 因蟲損之災 失農尤甚.
공사 숙채 다중 기 생리 가석 기중 경천참 부 인 충손 지재 실농 우심

請依賑濟例 出洞仙以上八站所藏 黃豆各三石及敬天站所藏 蟲損
청의 진제 례 출 동선 이상 팔참 소장 황두 각 삼석 급 경천참 소장 충손

黃豆四石 造醬以賑飢民.' 命如其所報.
황두 사석 조장 이진 기민 명 여기 소보

判廣州牧事禹希烈上書 略曰:
판광주목사 우희열 상서 약왈

'臣竊聞 以堯湯之世 未免水旱之災 然民不飢寒者 由備災有素
신 절문 이 요탕 지세 미면 수한 지재 연 민 불 기한 자 유 비재 유소

也. 且鄭國鑿涇水 而民獲其利; 文翁穿湺口 而人懷其惠. 歷代興
야 차 정국 착 경수 이 민 획 기리 문옹 천 수구 이 인 회 기혜 역대 흥

水利 而厚民生者 載諸史冊 今皆可考. 臣以昏愚 謬蒙聖恩 位至
수리 이후 민생 자 재저 사책 금개 가고 신 이 혼우 유몽 성은 위지

宰相 實踰涯分 而桑楡已晚 且嬰疾病 雖有葵藿之誠 顧乏涓埃之補
재상 실유 애분 이 상유 이만 차 영 질병 수유 규곽 지성 고핍 연애 지보

謹以管見 條列于後 伏望上裁施行.
근 이 관견 조열 우후 복망 상재 시행

一 臣近見全羅道金堤郡 碧骨堤 四方周回 二息有奇 水門有五如
일 신 근견 전라도 김제군 벽골제 사방 주회 이식 유기 수문 유오 여

大川 可灌萬餘頃. 古人始築堤堰 以興水利 其功甚大. 甲午年修築
대천 가관 만여경 고인 시축 제언 이흥 수리 기공 심대 갑오년 수축

以後 堤下廣野 登場禾穀 望之如雲 然數處連筒 不得堅實 田七十
이후 제하 광야 등장 화곡 망지 여운 연 수처 연통 부득 견실 전 칠십

餘頃 尙未盡墾 誠可恨也. 願遣曾經造築者 前知金堤郡事金倣 與
여경 상 미진 간 성 가한 야 원견 증경 조축 자 전 지김제군사 김방 여

其官守令 連筒及水口決毁處 堅築何如?
기관 수령 연통 급 수구 결훼 처 견축 하여

一 臣見古阜之地訥堤 古置三大水門. 其東水門則流注扶寧縣
일 신견 고부 지지 눌제 고치 삼대 수문 기동 수문 즉 유주 부령현

東面一息餘里 中門則流注扶寧縣西面 西門則流注保安縣南面
동면 일식 여리 중문 즉 유주 부령현 서면 서문 즉 유주 보안현 남면

灌漑之利 幾乎萬餘頃. 以此觀之利多害小可知矣. 且其溝洫古基
관개 지리 기호 만여경 이차 관지 이다 해소 가지 의 차 기 구혁 고기

分明可考. 或者乃曰: "堤內之田 水浸不用. 又堤岸卑而田野高
분명 가고 혹자 내왈 제내 지전 수침 불용 우 제안 비 이 전야 고

雖欲開墾 將無所用." 然雨後水浸之害 不過數日 隨卽流下 無所損
수욕 개간 장무 소용 연 우후 수침 지해 불과 수일 수즉 유하 무소 손

穀. 今扶安兵馬使韓繼興 其縣接前護軍金堂及吏民等 顒望改築
命遣前縣監郭休 改修築勸農何如?

一 碧骨堤下陳地 幾乎六千餘結; 訥堤下陳地 萬餘結 但以其處
居民 未能盡耕. 慶尙道 人稠地窄 其無所耕 革去寺社奴子七八百
名 抄出移置 以各官陳穀 牛隻二百餘首貿易給之 加置國農所何如?

一 雪水 五穀之精. 每年九月氷凍前 洑堤堰加築 貯氷雪水 翼年
早春 周足灌漑. 厚民之良策 七事條畫內 徒稱勸課農桑 故守令
不知農事之本 於秋冬之交 不爲用心加築 或有得罪者. 自今守令
遞代之際 解由文字內 某守令某年某節 舊基加築幾處 新基造築
幾處 貯水幾尺 灌漑幾結 開具施行 以報監司 監司擲奸 以憑黜陟.'

上覽之 問於朴習曰:"碧骨堤 卿爲觀察使時所築也. 所利幾許?"
習對曰:"堤上之田 所沒雖多 堤下所利 幾至三倍. 近處之民皆
畫標 而今猶 而未盡墾也."上嘆曰:"如此廣地 累年不墾 今而得墾
民之命也."

習曰:"臣當是時 差如金堤郡事 金倣監督其役 不勞民力 而能成
其事 此可用人也."上問曰:"行年幾何?"習對曰:"中年人也."曰:
"何鄕人也?"習對曰:"光州人也. 爲金堤郡守 觀察使權軫以犯小罪
罷職."上又問:"從何出身?"左代言李明德對曰:"曾爲生員進士
矣."上曰:"予聞 尹珹之子 興義亦可用人也. 書此二人之名 後當
敍用."

仍敎李明德等曰: "李殷 老人也 而不憚公事. 移文慶尙道 毋令
老人上來 而巡察道內堤堰. 又移文於京畿 使禹希烈巡察京畿
堤堰." 又命曰: "各道守令聽兩班 人吏之言 破堤堰而捉魚者頗多
此無紀綱殘劣之人也. 自今以後 苟有如此守令 照律論罪."

下禁酒令. 上曰: "無知之人 飮酒耽樂 不慮將來之計. 自今以後
帝老病用藥外 公私宴飮 一皆禁斷." 同副代言成揜對曰: "去年冬
臣爲執義時 已移禁酒之文." 上曰: "今已改歲 亦當禁也."

以金文發爲黃海道都觀察使. 文發拜辭將行 上召見曰: "卿近年
出仕於外 今者亦有此行 勿以爲憂." 文發對曰: "臣之此行 職兼
節制 請率行素知一二人." 上許之 因問曰: "無乃亦有所言之事乎?"
文發對曰: "黃海道 因使臣來往 驛馬困弱 儻有不虞之變 難以當之.
請將私馬以行." 許之. 文發 赴任未幾 以病辭.

女直崔士下等上書 略曰:

'今復慶源 新設城子 似與吾等永永交通 請男女相婚.' 上命
李明德曰: "待人物漸盛 從其所願可 以此意傳諭.

咸吉道都觀察使柳思訥條上武備肄習事件:

'一 防牌 捍禦之具 古干盾之遺制也. 兵陣之間 固不可無. 近來
本道奉敎制作 共計二百四十六部. 其金鼓進退 踴躍之法 素不肄習
而一朝擧而用之 將無所措其手足矣. 臣愚以謂 咸興府隊長 隊副
無有所主之事 而徒爲使令之役 乞以其隊長 隊副幷一百八十名

分爲三番 肄習防牌之法 庶不乖於名實矣. 願令兵曹 擇明習其法者
분위 삼번 이습 방패 지법 서 불괴 어 명실 의 원령 병조 택 명습 기법 자

一人 俾之訓鍊 似爲便益. 平壤府亦依此例訓習何如?
일인 비지 훈련 사위 편익 평양부 역 의 차례 훈습 하여

一 片箭 我國之長技 其機括至爲精巧 雖使庸人射之 猶可及遐
일 편전 아국 지 장기 기기 괄 지위 정교 수사 용인 사지 유 가급 하

摧鋒陷陣 莫若此也. 其制作 只在官府 而於私藏百無一二 間或有
최봉 함진 막 약차 야 기 제작 지재 관부 이어 사장 백무 일이 간혹 유

習射者 且無所施矣. 臣愚以謂 諸道別牌 逐月番上侍衛. 願令每
습사 자 차 무소시 의 신우 이위 제도 별패 축월 번상 시위 원령 매

一人各齎片箭一十枚與筒兒 點考時幷錄傳報兵曹 兵曹點兵時試以
일인 각재 편전 일십 매 여 통아 점고 시 병록 전보 병조 병조 점병 시 시이

能否 則不出數年 而片箭之射 皆爲善矣. 各鎭軍官 各官守城軍與
능부 즉 불출 수년 이 편전 지사 개위 선의 각진 군관 각관 수성군 여

各浦騎船射官 亦依此例 考察肄習何如?
각포 기선사관 역 의 차례 고찰 이습 하여

一 春秋仲月 訓習武藝 已有著令. 然各官守令徒以簿書期會爲急
일 춘추 중월 훈습 무예 이유 저령 연 각관 수령 도이 부서기회 위급

而未有奉行者. 乞依鄕校書徒例 將別牌侍衛鎭軍 春秋仲月 各以
이 미유 봉행 자 걸의 향교 서도 례 장 별패 시위 진군 춘추 중월 각이

所長能否 傳報兵馬都節制使 兵馬都節制使考其高下等第 傳報
소장 능부 전보 병마도절제사 병마도절제사 고 기 고하 등제 전보

兵曹 以爲恒式 其有卓異者 選充侍衛 以勸其餘何如?'
병조 이위 항식 기유 탁이 자 선충 시위 이권 기여 하여

奉敎依允.
봉교의윤

思訥又報曰: '兵曹奉敎行移內 今春令都節制使慶源入去 東井
사눌 우 보왈 병조 봉교 행이 내 금춘 영 도절제사 경원 입거 동정

城子修基事 臣謹具便宜事件以聞.
성자 수기 사 신 근구 편의 사건 이문

一 都節制使慶源入去時 軍馬數小 徒爲示弱 數多率領 則彼人
일 도절제사 경원 입거 시 군마 수소 도위 시약 수다 솔령 즉 피인

曲生疑意 必有搔動. 慶源兵馬使以單騎直至 度其城基 以道內各官
곡생 의의 필유 소동 경원 병마사 이 단기 직지 도 기 성기 이 도내 각관

軍人及附近江原道軍人 每城臺一尺 某州軍人幾名 虛張軍額 標牓
군인 급 부근 강원도 군인 매 성대 일척 모주 군인 기명 허장 군액 표방

立柱 以示復置之意 勿令都節制使入去何如?
입주 이시 부치 지 의 물령 도절제사 입거 하여

一 今年禾未登場 民食不足. 去年春 築定平城子 今年探金 又築
일 금년 화미 등장 민식 부족 거년 춘 축 정평 성자 금년 채금 우축

慶源城子 則民力甚困. 乞寢東井城子修築何如?'
경원 성자 즉 민력 심곤 걸침 동정 성자 수축 하여

上皆從之.
상 개 종지

世子以未寧停講. 賓客卞季良曰: "近因使臣 久闕講論. 且新年不
세자 이 미녕 정강 빈객 변계량 왈 근인 사신 구궐 강론 차 신년 불

始學 竊爲邸下惜之. 學貴於日進 請待日晡聽講." 世子答以未寧甚.
시학 절위 저하 석지 학귀어 일진 청대 일포 청강 세자 답이 미녕 심

賓客更請講 世子曰: "然則賓客 臺諫出待. 體氣舒平 日午溫故."
빈객 갱 청강 세자 왈 연즉 빈객 대간 출대 체기 서평 일오 온고

賓客等曰: "初以未寧辭之 又欲溫故 某等深謝. 且聞未寧之辭 敢爲
빈객 등 왈 초이 미녕 사지 우욕 온고 모등 심사 차문 미녕 지사 감위

請講 似乎愚惑 然非爲已 欲補邸下之德也 請須聽講." 世子答曰:
청강 사호 우혹 연비위이 욕보 저하 지덕야 청수 청강 세자 답왈

"吾敢憚賓師之語乎? 予固喜聽. 古有每廷辱我之語 賓客其知之
오 감탄 빈사 지어호 여고 희청 고유 매정 욕아 지어 빈객 기 지지

矣." 賓客深喜是言 請之至五 然後聽講. 世子曰: "吾之起寢進膳之
의 빈객 심희 시언 청지 지오 연후 청강 세자 왈 오지 기침 진선 지

節 告于書筵官 何因仍不已乎?" 輔德趙瑞老曰: "前此某等告此事
절 고우 서연관 하인 잉 불이 호 보덕 조서로 왈 전차 모등 고 차사

于朴訔 訔曰: '是何言 也? 於世子有益之事 不可已也. 世子乃何
우 박은 은왈 시 하언 야 어 세자 유익 지사 불가 이야 세자 내하

日用所爲 忌外人之知 欲止之乎?" 卞季良亦曰: "昔 程子奉天子曰:
일용 소위 기 외인 지지 욕 지지호 변계량 역왈 석 정자 봉 천자 왈

'宮中之事 皆使經筵官知.' 以天子之尊 尙且如此 況儲副乎? 某等
궁중 지사 개사 경연관 지 이 천자 지존 상차 여차 황 저부 호 모등

亦謂 此事有益於邸下 而起居膳羞 尊位之大節 使近侍不可不知."
역위 차사 유익 어 저하 이 기거 선수 존위 지 대절 사 근시 불가 부지

世子曰: "然."
세자 왈 연

乙丑 贊成李原啓軍事事宜. 啓曰: "補充軍皆屬兵曹 人多事煩
을축 찬성 이원 계 군사 사의 계왈 보충군 개속 병조 인다 사번

兵曹不能考察. 請分屬各領 使護軍各治其領 兵曹統察 則事簡而
병조 불능 고찰 청 분속 각령 사 호군 각치 기령 병조 통찰 즉 사간 이

部伍之法正矣." 上曰: "然. 此法甚良." 原啓曰: "侍衛 別牌正軍皆
부오 지법 정의 상왈 연 차법 심량 원 계왈 시위 별패 정군 개

率奉足. 侍衛軍則祁寒 農月皆放 故或二年一度 或三年二度番上;
솔 봉족 시위군 즉 기한 농월 개방 고혹 이년 일도 혹 삼년 이도 번상

別牌則一年之內 或再度番上 勞逸不均. 請別牌 侍衛合計 輪次
별패 즉 일년 지내 혹 재도 번상 노일 불균 청 별패 시위 합계 윤차

侍衛何如?" 上曰: "別牌戶已曾完護 今後各道別牌取才 補於甲士
시위 하여　　　상왈　별패 호이증 완호　금후 각도 별패 취재　보어 갑사

闕數 非別牌者 毋得入甲士." 仍命兵曹施行.
궐수 비 별패 자 무득입 갑사　잉 명 병조 시행

丙寅 下司憲掌令朴安臣 持平申自謹于義禁府. 義禁府啓二人
병인 하 사헌 장령 박안신 지평 신자근 우 의금부　의금부 계 이인

誤推權尙溫之罪 乃命下獄 使與尙溫憑問.
오추 권상온 지죄 내명 하옥 사여 상온 빙문

丁卯 下全英祐 韓越于義禁府. 英祐等擊鼓申呈 命義禁府推覈
정묘 하 전영우 한월 우 의금부　영우 등 격고 신정 명 의금부 추핵

以聞. 刑曹因其奴婢滯訟之故 合司避嫌 乃命刑曹佐郎金孝貞 參問
이문 형조 인 기 노비 체송 지고 합사 피혐 내명 형조좌랑 김효정 참문

義禁府囚人所犯.
의금부 수인 소범

下司憲府大司憲朴習 參判李灌 府尹金汾 前副正徐勣于義禁府.
하 사헌부대사헌 박습 참판 이관 부윤 김분 전 부정 서적 우 의금부

灌爲京畿都觀察使 不糾剛生斗斛不正之罪; 汾爲京畿觀察使時
관위 경기 도관찰사 불규 강생 두곡 부정 지죄 분위 경기 관찰사 시

欲立石人於祖母墳前 給馬於伴人石工 送安城以求之; 尙溫掘得
욕립 석인 어 조모 분전 급마 어 반인 석공 송 안성 이 구지 상온 굴득

客舍砌石 造石人輪之; 勣嘗爲刑曹正郎 因豐儲倉所報 推尙溫
객사 체석 조 석인 수지 적 상위 형조정랑 인 풍저창 소보 추 상온

剛生之罪 止論吏典; 習以大司憲 辨尙溫之罪不明 故 命皆囚之
강생 지죄 지논 이전 습이 대사헌 변 상온 지죄 불명 고 명개 수지

以辨事情.
이변 사정

義禁府提調李原 金漸等啓曰: "臣等按問金汾之時 漸極問所犯
의금부 제조 이원 김점 등 계왈 신등 안문 김분 지시 점 극문 소범

汾目漸曰:'非罪干國家 何鞫問宰相如此之甚也?' 强辨不服." 上曰:
분목점왈 비죄간 국가 하 국문 재상 여차 지심야 강변 불복 상왈

"汾隱諱所犯 以欺其君 又欲使義禁府欺我乎? 其速照律."
분 은휘 소범 이기 기군 우 욕사 의금부 기아 호 기속 조율

戊辰 下司憲執義張允和 掌令柳濱 持平權照于義禁府 亦以誤推
무진 하 사헌 집의 장윤화 장령 유빈 지평 권조 우 의금부 역이 오추

尙溫之罪也.
상온 지죄 야

命淸州牧使金邁卿 判官尹璠 忠州判官張安之 鎭川縣監秦云壽
명 청주목사 김매경 판관 윤번 충주 판관 장안지 진천현감 진운수

竹山縣監金宗瑞各笞五十 還任; 判忠州牧使韓雍 前淸州判官宋襃
죽산현감 김종서 각 태 오십 환임 판충주목사 한옹 전 청주판관 송포

勿論. 行臺鄭吉興啓邁卿等不修堤堰也.
물론 행대 정길흥 계 매경 등 불수 제언 야

命刑曹郎廳 於朝路率皂隷. 刑曹啓曰: "各曹郎廳 皆率皂隷 而
명 형조 낭청 어 조로 솔 조례 형조 계왈 각조 낭청 개 솔 조례 이

本曹杖首 如司憲府所由之例 未得率行 無引卒未便. 請除杖首元數
본조 장수 여 사헌부 소유 지례 미득 솔행 무인졸 미편 청제 장수 원수

爲郎廳 陪皂隷何如?" 從之.
위 낭청 배 조례 하여 종지

己巳 吏曹上各道薦舉遺逸. 上曰: "一鄉皆曰賢 則眞爲賢良. 然
기사 이조 상 각도 천거 유일 상왈 일향 개왈 현 즉 진위 현량 연

陽智縣所舉高雲發 予曾知其實 未解文字 無過人之才. 各道舉人如
양지현 소거 고운발 여 증지 기실 미해 문자 무 파인 지재 각도 거인 여

雲發則其賢可知矣. 今搜訪賢良 欲治國家以致和氣也. 令觀察使
운발 즉 기현 가지 의 금 수방 현량 욕치 국가 이치 화기 야 영 관찰사

於舉人名下 書其才行 吏曹成其簿籍敍用."
어 거인 명하 서기 재행 이조 성기 부적 서용

申禁風聞彈劾. 上謂趙末生等曰: "予曾令臺諫 毋以風聞發事
신금 풍문 탄핵 상위 조말생 등왈 여 증령 대간 무이 풍문 발사

臺諫屢輕生事 以干此法. 國人豈不以予爲拒諫? 爾等乃知予意."
대간 누경 생사 이간 차법 국인 기 불이 여위 거간 이등 내지 여의

末生曰: "此太祖之成憲 而又上屢命禁斷. 今朴習等風聞庾順道
말생 왈 차 태조 지 성헌 이우 상 누명 금단 금 박습 등 풍문 유순도

之言 以推權尙溫之罪." 李明德曰: "今後大小官吏 雖被憲司之劾
지언 이추 권상온 지죄 이명덕 왈 금후 대소관리 수 피 헌사 지핵

不及被罪之日 皆令就仕." 上曰: "不然. 政權不當盡歸臺諫 臺諫亦
불급 피죄 지일 개령 취사 상왈 불연 정권 부당 진귀 대간 대간 역

不當無權. 今當此世 臺諫無權 不能制貪暴. 自今以後 大小官吏被
부당 무권 금당 차세 대간 무권 불능 제 탐포 자금 이후 대소관리 피

憲司之劾 若無己罪 擊鼓申聞以正之."
헌사 지핵 약무 기죄 격고 신문 이정지

庚午 下水原府使趙賚 前府使許盤石于義禁府. 以二人通同
경오 하 수원부사 조뢰 전 부사 허반석 우 의금부 이 이인 통동

朴剛生之謀 而去水原官中米穀重記故也.
박강생 지모 이거 수원 관중 미곡 중기 고야

釋朴習 張允和 朴安臣 柳濱 申自謹 權照囚. 習在獄中 上書論
석 박습 장윤화 박안신 유빈 신자근 권조 수 습 재 옥중 상서 논

尙溫之事 有可疑者六 且言言路之塞. 書上覽之 使內官崔閑傳敎
상온 지사 유 가의 자육 차언 언로 지색 서상 람지 사 내관 최한 전교

曰: "以司憲府言事 職分之當爲 非私讎二人也. 書內所言 豈不直
왈 이 사헌부 언사 직분 지 당위 비 사수 이인 야 서내 소언 기 부직

哉? 然義禁府推問之請 亦豈非耶? 將此意傳諭於智." 仍命保放智
재 연 의금부 추문 지청 역 기비 야 장 차의 전유 어습 잉 명 보방 습

允和 安臣 濱 自謹 照.
윤화 안신 빈 자근 조

罷李灌職 金汾外方付處. 義禁府照律灌罪 應杖七十 命只罷
파 이관 직 김분 외방부처 의금부 조율 관죄 응 장 칠십 명 지 파

其職; 汾及徐勛罪 應杖八十 命汾只於外方自願付處; 勛以太祖
기직 분급 서적 죄 응 장 팔십 명 분 지어 외방 자원부처 적 이 태조

原從功臣勿論.
원종공신 물론

辛未 吏曹判書沈溫 參判卓愼等啓議政府侵官之失. 啓曰:
신미 이조판서 심온 참판 탁신 등계 의정부 침관 지 실 계왈

"議政府以不課節日使小落點狀 令舍人囚本曹錄事之奴." 上曰:
의정부 이 불과 절일사 소 낙점장 영 사인 수 본조 녹사 지 노 상 왈

"左右議政之與於六曹公事 曾有成法乎?" 承政院啓云: "左右議政
좌우의정 지 여어 육조 공사 증유 성법 호 승정원 계운 좌우의정

但與於銓衡 不許與於曹中常行公事." 上曰: "然則政府非矣." 召
단 여어 전형 불허 여어 조중 상행 공사 상왈 연즉 정부 비의 소

舍人問之 舍人權蹈 沈道源進啓: "左議政云: '吾判吏曹事 而錄事
사인 문지 사인 권도 심도원 진계 좌의정 운 오 판이조사 이 녹사

不告落點狀 故囚錄事奴 實予之所爲也.'" 溫曰: "以吏曹公事 囚
불고 낙점장 고수 녹사 노 실 여지 소위 야 온왈 이 이조 공사 수

錄事之奴 則令本曹掌務囚之可也 而令舍人囚之 是政府之僉議也.
녹사 지 노 즉 영 본조 장무 수지 가야 이 영 사인 수지 시 정부 지 첨의 야

不然 舍人非政府之舍人 乃左相之舍人也."
불연 사인 비 정부 지 사인 내 좌상 지 사인 야

承政院啓: "政府實非 乞囚舍人家奴."
승정원 계 정부 실 비 걸수 사인 가노

上曰: "臣有罪君 囚其家奴 不知何代古事乎. 卿等非不知古事 乃
상왈 신 유죄 군 수 기 가노 부지 하대 고사 호 경등 비 부지 고사 내

以此聞何也? 臣有罪 直囚其人 不亦可乎?" 趙末生等惶恐不能對.
이 차문 하야 신 유죄 직수 기인 불역 가호 조말생 등 황공 불능 대

上曰: "左相之命則是吏曹之公事 且公事之小失 宜勿論."
상왈 좌상 지 명즉 시 이조 지 공사 차 공사 지 소실 의 물론

命自今表箋副本及奏本 除啓聞 代押以爲恒式.
명 자금 표전 부본 급 주본 제 계문 대압 이위 항식

命禮曹 賜衣于吾都里李好心波 仍命厚待.
명 예조 사의 우 오도리 이호심파 잉 명 후대

壬申 分遣採訪副使. 平安道護軍白環; 江原道前副使尹興義.
임신 분견 채방 부사 평안도 호군 백환 강원도 전 부사 윤흥의

癸酉 禮曹請正婚姻之禮.
계유 예조 청정 혼인 지례

初 上命禮曹曰: "婚姻之家 於三日設油蜜果床 實爲弊法. 又撤其
초 상명예조왈 혼인 지가 어 삼일 설 유밀과상 실위 폐법 우철기

餕餘 送于舅姑之家 甚爲非禮. 稽諸古典 參酌以聞."
준여 송우 구고 지가 심위 비례 계제 고전 참작 이문

至是 禮曹上言: "謹稽古典 婚姻 正始之道 君子重之. 然婚姻之
지시 예조 상언 근계 고전 혼인 정시 지도 군자 중지 연혼인 지

家 親迎之夕 同牢合巹 三爵而止. 及厥明 婦見舅姑 婦家具饌饋于
가 친영 지석 동뢰 합근 삼작 이지 급궐명 부현 구고 부가 구찬 궤우

舅姑而已. 今婚姻之家 親迎之夕 設盛饌 先饋壻之從者 又於三日
구고 이이 금 혼인 지가 친영 지석 설 성찬 선궤 서지 종자 우어 삼일

設油蜜果床 稱爲大卓 幾至方丈 以燕壻婦. 將其餕餘 送于舅姑之
설 유밀과상 칭위 대탁 기지 방장 이연 서부 장기 준여 송우 구고 지

家 旣違禮典 又干邦憲 非婚姻正始之道 乞皆痛禁. 其迎壻 翼日
가 기위 예전 우간 방헌 비 혼인 정시 지도 걸개 통금 기 영서 익일

使外人對飯 親族外賀客塡門 酒食燕樂 亦非古禮. 竝行禁理 以正
사 외인 대반 친족 외 하객 전문 주식 연락 역비 고례 병행 금리 이정

婚姻之禮 敢有犯者 以敎旨不從論罪."
혼인 지례 감유 범자 이 교지부종 논죄

從之.
종지

禮曹又啓: "日本客人來 則給衾枕以厚待. 已有前例 至於兀良哈
예조 우계 일본 객인 내 즉급 금침 이후대 이유 전례 지어 올량합

兀狄哈 皆經指揮人也 獨不給衾枕 其於交隣之道 似乎厚薄不均.
올적합 개경 지휘 인야 독불급 금침 기어 교린 지도 사호 후박 불균

請依日本客人例 給衾枕以示厚意."
청의 일본 객인 례 급 금침 이시 후의

從之.
종지

囚刑曹正郎洪復興 以韓鉞奴婢淹滯不決也. 三日而釋之.
수 형조정랑 홍복흥 이 한월 노비 엄체 불결 야 삼일 이 석지

兀良哈九人及骨看兀狄哈等來獻土物.
올량합 구인 급 골간올적합 등 내헌 토물

乙亥 日本國日向州太守源元久使人來獻土物.
을해 일본국 일향주태수 원원구 사인 내헌 토물

日本國 宗像成社務氏使人來獻土物.
일본국 종상성사무씨 사인 내헌 토물

命勿禁松嶽 紺嶽之祭. 命禮曹曰: "雜人之致祭于松嶽 紺嶽 習俗
명 물금 송악 감악 지제 명 예조 왈 잡인 지 치제 우 송악 감악 습속

已久 難以遽變. 若無知庶人 幸遇時令不和 致有疾病 必以禁松嶽
이구 난이 거변 약 무지 서인 행우 시령 불화 치유 질병 필 이 금 송악

紺嶽之祭爲辭. 姑且無禁 以待漸變."
감악 지 제 위사 고차 무금 이대 점변

下漢城少尹李賀于義禁府. 賀嘗爲掌令 以尙溫掘客舍階石 告於
하 한성 소윤 이하 우 의금부 하 상위 장령 이 상온 굴 객사 계석 고어

同僚 犯風聞之禁故也.
동료 범 풍문 지 금 고야

命保放長興庫直長李思文. 思文奸其庫茶母 憲司執而囚之. 至是
명 보방 장흥고 직장 이사문 사문 간 기고 다모 헌사 집 이 수지 지시

以其妻母申呈 乃命保放.
이 기 처모 신정 내 명 보방

丙子 復下朴習等于義禁府.
병자 부하 박습 등 우 의금부

先是 憲府劾權尙溫還上分給之時 取斛餘而私用 尙溫答曰:
선시 헌부 핵 권상온 환상 분급 지시 취 곡여 이 사용 상온 답왈

"分給之時 皆以全石 不量而給 安得斛餘?" 義禁府啓曰: "尙溫 用
분급 지시 개 이 전석 불량 이급 안득 곡여 의금부 계왈 상온 용

穀草價米之事 問於直納代納人等 以窮其實 備知虛事. 至於斛餘
곡초 가미 지사 문어 직납 대납 인등 이궁 기실 비지 허사 지어 곡여

有無 請遣本府官員 同京畿經歷 問於還上受出之人 驗其改量
유무 청견 본부 관원 동 경기 경력 문어 환상 수출 지인 험 기 개량

與否." 命遣鎭撫李孝仁于安城覈實 尙溫果職 故復囚習等按問.
여부 명견 진무 이효인 우 안성 핵실 상온 과직 고부수 습 등 안문

江原道都觀察使洪汝方來獻鷹子一連.
강원도 도관찰사 홍여방 내헌 응자 일련

丁丑 誠寧大君裮發剜豆瘡疾篤 命摠制成抑奉香就興德寺 精勤
정축 성녕대군 종 발 완두창 질독 명 총제 성억 봉향 취 흥덕사 정근

祈禱之. 命承政院召集善卜者 問裮吉凶 盲人韓覺云 鄭信悟等卜之
기도 지 명 승정원 소집 선 복자 문 종 길흉 맹인 한각운 정신오 등 복지

皆曰吉. 檢校判內侍府事金龍奇齎奉誠寧大君求病願狀 如岊嶺
개 왈길 검교 판내시부사 김용기 재봉 성녕대군 구병 원장 여 절령

羅漢殿 以病日臻也. 靑城君鄭擢以易占進於上 忠寧大君就解之
나한전 이병 일진 야 청성군 정탁 이 역점 진어 상 충녕대군 취 해지

甚明 世子心服之 左右皆嘆美之.
심명 세자 심복 지 좌우 개 탄미 지

遣參贊金漸如京師 賀聖節也. 漸將行 上使內官崔閑慰諭漸及
견 참찬 김점 여 경사 하 성절 야 점 장행 상 사 내관 최한 위유 점 급

書狀官 通事 押物 打角夫等曰: "予召見 適因兒子未寧未果. 各自
서장관 통사 압물 타각부 등왈 여 소견 적인 아자 미녕 미과 각자

保重往還."
보중 왕환

別賜人蔘二十斤 苧布一十匹. 漸啓曰: "帝在金陵時 我國使臣
별사 인삼 이십 근 저포 일십 필 점 계왈 제 재 금릉 시 아국 사신

前期三月而發行可也 今帝在北京 前期三月而發行 則使臣往來
전기 삼월 이 발행 가야 금 제 재 북경 전기 삼월 이 발행 즉 사신 왕래

前後相望 驛路不息 且預入帝所 曠日淹留 似乎不可. 帝若永都
전후 상망 역로 불식 차 예입 제소 광일 엄류 사호 불가 제 약 영도

北京 則自今但令及期而已. 臣欲以此意 達於禮部何如?"
북경 즉 자금 단영 급기 이이 신 욕 이차의 달어 예부 하여

教曰: "以吾國事大之誠心 卿言是也. 然予恐其以我國窺皇帝之
교왈 이 오국 사대 지 성심 경언 시야 연 여 공 기이 아국 규 황제 지

起居耳. 卽將此意 議於政府以聞." 柳廷顯 朴訔等曰: "臣之意 亦
기거 이 즉 장 차의 의어 정부 이문 유정현 박은 등 왈 신지의 역

如上教." 韓尙敬曰: "以我國事大之誠心 何慮乎?" 上命漸曰: "臨機
여 상교 한상경 왈 이 아국 사대 지 성심 하려 호 상명 점왈 임기

施行."
시행

王女適刑曹判書尹向子癸童. 女卽信寧翁主辛氏之出也.
왕녀 적 형조판서 윤향 자 계동 여 즉 신녕옹주 신씨 지 출 야

戊寅 下利川縣監閔逍于義禁府 亦以誤推尙溫之事也.
무인 하 이천현감 민소 우 의금부 역 이 오추 상온 지 사야

己卯 釋趙賚 許盤石囚.
기묘 석 조뢰 허반석 수

辛巳 朴習使其子義甫擊鼓申呈. 略曰: "間者 尙溫 剛生出守畿甸
신사 박습 사 기자 의보 격고 신정 약왈 간자 상온 강생 출수 기전

亂政擾民 固非一端. 臣職在言責 不敢緘默 以其條件 推而詰之.
난정 요민 고 비 일단 신직 재 언책 불감 함묵 이기 조건 추 이 힐지

尙溫執迷不服 則必具事情以聞請罪 何敢羅織所無 以成其罪乎?
상온 집미 불복 즉 필구 사정 이문 청죄 하감 나직 소무 이성 기죄 호

尙溫不察其由 徒欲免罪 遽爾申訴 下臣等于獄 仍責臣等以風聞之
상온 불찰 기유 도욕 면죄 거이 신소 하신등 우옥 잉책 신등 이 풍문 지

罪 臣愚隕越 措躬 無地. 伏望上裁."
죄 신우 운월 조궁 무지 복망 상재

其條凡七 皆指尙溫斗升削掘等事也. 上以誠寧之疾 不視事 故
기조 범칠 개지 상온 두승 삭굴 등사 야 상이 성녕 지질 불시사 고

未啓 後數日乃啓. 上覽之 召習于承政院 問上書之意 習對曰:
미계 후 수일 내계 상 람지 소습 우 승정원 문 상서 지의 습 대왈

"尙溫所犯 臣等未畢鞫問. 若抵無妄之罪 則臣豈不缺望? 是以
상온 소범 신등 미필 국문 약 저 무망 지죄 즉 신 기불 결망 시이

上書."
상서

上曰: "予已令義禁府鞫其首末 而何事未盡得情 又何事未盡輸情
상 왈   여 이령 의금부 국기 수말 이 하사 미진 득정 우 하사 미진 수정

而乃上書乎?"
이 내 상서 호

仍責其過刑安城之吏 據取供稱之失 習不能對 但曰: "臣誤矣."
잉 책기 과형 안성 지리 거취 공칭 지실 습 불능 대 단 왈   신 오의

태종 18년 무술년
2월

二月

　을유일(乙酉日-4일)에 성녕대군(誠寧大君) 종(褈)이 졸(卒)했다. 종(褈)은 임금의 제4자(第四子)로 어렸으나 총명하고 지혜로웠으며, 용모가 단정하고 깨끗했으며 행동거지가 공순(恭順)했다. 상과 정비(靜妃)가 끔찍이 사랑해[絶愛] 항상 궁중에 두고 옆에서 떠나지 못하게 했다. 나이 12세에 총제(摠制) 성억(成抑, 1386~1448년)[1]의 딸에게 장가들었으나 일찍이 궁위(宮闈-궁궐의 내전)를 나가지 않았는데, 이때에 이르러 창진(瘡胗)에 걸렸다. 바야흐로 병이 심해지니 신(神)에게 제사 지내지 아니함이 없었고, 마음을 다해 기도(祈禱)했다. 충녕대군(忠寧大君)이 의원(醫員) 원학(元鶴)을 거느리고 밤낮으로 항상 종(褈)의 곁에 있으면서 자세히 방서(方書-의학서)를 궁구(窮究)해 일찍이 손에서 놓지 않았으며 친히 약이(藥餌)를 잡고 병을 구료(救療)하니, 양전(兩殿-임금과 궁전)이 그 지성에 감복했다. 졸(卒)하게 되니 나이 14세였다.

　상이 철선(輟膳-수라를 들지 않음)하고 통도(痛悼-심히 애도함)해 조회와 저자를 3일 동안 정지하고, 예조참판 신상(申商)과 공조참판 이적(李迹)에게 명해 호상(護喪-상례를 도움)하게 하고 부정윤(副正尹)

1　할아버지는 정당문학(政堂文學) 성여완(成汝完)이고, 아버지는 예조판서 성석인(成石因)이다.

승(昇)으로 하여금 상(喪)을 주장하게 했다. 빈장도감(殯葬都監)을 세워 사(使)·부사(副使)·판관(判官) 각각 2원(員)이 그 상(喪)을 다스렸는데, 상제(喪制)는 한결같이 『문공가례(文公家禮)』[2]를 따랐다. 이틀이 지나서 미명(未明)에 그 영구(靈柩)가 돈화문(敦化門)으로부터 나와서 사제(私第)에서 염빈(殮殯)했다.

종(種)은 충성스럽고 효성스러우며 형제간에 우애함이 천성(天性)에서 나왔고, 배움에 부지런하고 활을 잘 쏘았으며 다른 기호(嗜好)는 없었다.

정해일(丁亥日-6일)에 경기 도관찰사(京畿都觀察使) 김자지(金自知), 강원도 도관찰사(江原道都觀察使) 홍여방(洪汝方)이 전(箋-짧은 글)을 받들고 몸소 스스로 진위(陳慰-위로를 드림)했는데, 두 사람은 이에 앞서 서울에 와 있었기 때문이다.

○ 개성유후사(開城留後司)로 이어(移御)할 것을 토의했다. 상이 말했다.

"옛날에 점치는 자가 말하기를 '무년(戊年-무자가 들어가는 해)에 액(厄)이 있다' 하더니, 과연 금년 또한 무년(戊年-무술년)이다. 지금의 흉변(凶變)이 이 궁 때문은 아니겠지만, 그러나 내가 이 궁에 거주하니 마음이 실로 평안하지 못하다. 그래서 유후사(留後司)로 피방(避方)하고자 하는데, 어떠하겠는가?"

---

2 『주자가례』라고도 한다. 송나라 주자가 가정에서 지켜야 할 예의범절에 관해 저술한 책이다. 관혼상제에 관해 자세히 수록한 책으로, 궁궐부터 일반 서민까지 지켜야 할 덕목을 잘 정리해놓았다.

대언(代言) 등과 정부·육조에서 모두 좋다고 하니, 드디어 도총제 (都摠制) 박자청(朴子靑)을 보내 (개경) 경덕궁(敬德宮)을 수즙(修葺- 수리)하게 했다. 상이 슬퍼함이 심해 종(種)이 놀던 곳을 차마 보지 못해서 드디어 이어(移御)하고자 한 것이니, 승정원(承政院)에 뜻을 전해 말했다.

"내가 옮겨가고자 하는 것은 나의 애통하고 답답하게 맺힌 마음 [鬱結之情]을 씻어내려는[寫] 것이다. 마땅히 서운관(書雲觀)으로 하여금 날짜를 골라 아뢰도록 하라."

이에 이양달(李陽達) 등이 길일(吉日)을 골라서 바치니, 바로 이달 초10일 신묘(辛卯)였다. 유후사(留後司)에 명해 배종시위(陪從侍衛) 는 대간(臺諫)·형조(刑曹)에서 각각 1원(員)씩으로 하고, 상호군(上護 軍)·대호군(大護軍)·호군(護軍)·내금위(內禁衛)·내시위(內侍衛)·삼군 갑사(三軍甲士)로 (호종)하며, 각사(各司)는 곧 분사(分司)[3]하게 했다. 세자(世子)가 나와서 사람들에게 말했다.

"상께서 애통해하시며 철선(輟膳)한 지가 여러 날이어서 형세상 병 이 나실 것 같은데, 장차 어찌할 것인가?"

말을 마치고 눈물을 흘리니, 여러 신하도 슬퍼해 탄식하지 않는 자 가 없었다.

무자일(戊子日-7일)에 형조에서 소(疏)를 올렸다. 소는 이러했다.

---

3 관아(官衙)를 나눠 설치하는 제도다. 임금이 도성(都城)을 떠나 다른 곳에 장기간(長期間) 머물 때, 각사(各司)는 관아를 나눠 두 곳에서 일을 보았다.

'의원(醫員)이 맡은 임무는 진실로 병세를 정밀하게 진찰해 약이(藥餌)를 바치는 것입니다. (그런데) 지금 성녕대군(誠寧大君)의 병이 위급해 졸(卒)하기에 임했는데, 의원 양홍달(楊弘達)·이주(李舟)·조청(曹聽)·원학(元鶴)·박거(朴居) 등이 오히려 병의 증세를 정밀하게 진찰해 그 증상을 분명하게 말하지 않았으니, 병세를 진찰하고 약을 바치는 데 온 마음을 쓰지 않은 것이 명백합니다. 위에 열거한 의원(醫員) 등은 그 직첩(職牒)을 거두고 그 이유를 국문(鞫問)함으로써 후래(後來)를 징계시켜야 할 것입니다.'

사간원(司諫院)에서 소를 올려 말했다.

'신 등이 가만히 생각건대 병세를 진찰해 약을 쓰는 것은 인명(人命)에 관계된 바이므로 그 일이 심히 무거우니, 의원 된 자는 마땅히 마음을 다해 정밀하게 진찰해야 할 것이요 조금도 소홀히 할 수가 없습니다. (그런데) 성녕대군의 병의 증세는 은미(隱微)해 알기 어렵지도 않았고, 창진(瘡胗)이라는 병은 사람마다 함께 경험하는 바입니다. 하물며 의업(醫業)을 일삼는 사람들은 반드시 그 이치와 기술에 밝을 것이니, 그 마음을 다했다면 어찌 불의의 변고에 이르렀겠습니까? 양홍달·원학·박거는 의원이 된 지 이미 오래여서 경험하고 겪은 것이 모두 많은데도 안일하게 삼가지 않아서 큰 변고에 이르게 했으니, 그 불충한 마음을 품은 것을 진실로 헤아릴 수가 없습니다. 엎드려 바라건대, 전하께서는 유사(攸司)에 명령을 내려 그 직첩을 회수하고 그 사유를 국문해 그 죄를 징계하소서.'

상이 말했다.

"홍달(弘達) 등이 어찌 마음을 오로지하지 않았겠느냐? 다만 이는 천명(天命)이니, 어찌 의원을 탓하겠느냐? 또 의원이 마음을 쓰지 않은 것 또한 천명이다. 상소 안에 말한 '불충(不忠)'이란 화기(和氣)를 상하게 하는 말이다. 뒤에 대언(代言) 등을 보게 되면 나의 뜻을 유시(諭示)하겠다. 내가 근래에 작은 병이 있어 뜸을 떠서 치료하고자 생각하고 있었는데, 홍달 등이 탄핵을 당했다는 말을 듣고 아직 뜸을 뜨지 못했다. 이제 과연 죄를 청하는 글을 보니, 홍달 등이 삼가지 못한 죄를 비록 용서하지 못한다고 하더라도 후일에 또한 얼마든지 죄를 줄 수 있다. 즉시 지금 불러서 나오게 하라."

조말생(趙末生)이 어명을 받들어 홍달을 부르고, 또 판서(判書) 윤향(尹向), 헌납(獻納) 권맹손(權孟孫) 등을 불러서 상의 뜻을 전해 일깨워주었다. 맹손(孟孫)이 말했다.

"따로 다른 의원들이 있는데 하필 홍달입니까?"

말생(末生)과 향(向)이 말했다.

"홍달 등 외에는 달리 양의(良醫)가 없습니다."

○ 창녕부원군(昌寧府院君) 성석린(成石璘) 등이 수라[膳]를 들 것을 청했다. 상이 성녕대군(誠寧大君)의 병이 위독해지면서부터 지금에 이르기까지 철선(輟膳)했기 때문이다. 석린(石璘)과 청성부원군(淸城府院君) 정탁(鄭擢), 평양부원군(平陽府院君) 김승주(金承霔), 봉녕부원군(奉寧府院君) 복근(福根), 영의정 유정현(柳廷顯), 좌의정 박은(朴訔), 우의정 한상경(韓尙敬), 육조(六曹) 판서(判書)·참판(參判), 삼군총제(三軍摠制) 등이 대궐에 나아와 아뢰어 말했다.

"전하께서 대군(大君)이 병에 감염된 후부터 여러 날 수고하고 심려하셨으며 이제 또 슬퍼하시어 수척하고 여러 날 동안 철선(輟膳)

하셨으니, 하물며 중궁(中宮)께서 상심하고 탄식하는 마음이야 어찌 이루 말할 수가 있겠습니까? 그러나 사람이 장수(長壽)하고 요사(夭死-요절)함은 하늘이 정한 데 달렸으니, 청컨대 대의(大義)로써 슬픔을 절제하시어 조금이라도 수라를 드소서."

가르쳐 말했다.

"나는 대군(大君)이 병을 얻은 뒤로부터 여러 날 옷을 벗고 자지 않았다. 하물며 지금은 유명(幽明)이 영원히 갈렸으니, 비록 수라를 들고자 하더라도 얼굴 모습이 눈에 선해[森然] 잊지 못하겠다. (그러나) 경 등이 은근하게 와서 권하니 지금 수라를 들려고 할 뿐이다."

석린에게 따로 일깨워 말했다.

"내가 경(卿)을 만난 지가 지금까지 18년이니, 내가 비록 말하지 않더라도 경이 어찌 모르겠는가?"

석린이 부복(俯伏)하고 상이 수라를 드는지의 여부를 살폈다[問].

○ 의정부에서 아뢰어 말했다.

"전하께서 유후사(留後司)에 옮겨 거둥하시는데, 백관(百官)으로 하여금 분사(分司)해서 수가(隨駕)하게 하셨지만, 왕지(王旨)에서 본부(本府)를 거론하지 않으시니 신 등은 이곳에 있습니다만, 별로 시행할 일이 없으니 청컨대 수가(隨駕)해서 가게 해주소서."

가르쳐 말했다.

"서로 교대해 내왕하라."

○ 검교 한성윤(檢校漢城尹) 최덕의(崔德義)가 대군(大君)의 장일(葬日-장례일)을 골라서 바치니 5월 21일 경신(庚申)이었는데, 흉(凶)해도 곧 3인을 부르게 될 것이라고 했다.

가르쳐 말했다.

"경신일(庚申日) 외에 다른 길일(吉日)은 없는가?"

이양달(李陽達)이 대답해 말했다.

"이달부터 9월까지 장일(葬日)은 비록 많으나, 아무개[某人]를 부르거나 해친다[呼損]는 말이 자못 많습니다. 다만 경신일만은 조금[稍] 길(吉)합니다."

가르쳐 말했다.

"일단[姑]은 조금 길한 날을 골라서 임시로 장사지냈다가[權葬], 10월까지 미뤄 온전히 길한 날[純吉]을 골라서 영원히 장사지내는 것이 어떠하겠는가?"

양달(陽達) 등이 대답했다.

"그것도 괜찮습니다."

가르쳐 말했다.

"속히 임시로 장사지낼 날과 영구히 장사지낼[永葬] 날을 고르도록 하라."

양달이 임시로 장사지낼 날을 5월 10일 기미(己未)로 고르고, 영구히 장사지낼 날을 명년(明年) 정월 초4일 기유(己酉)로 골랐다. 가르쳐 말했다.

"5월까지 기다려서 임시로 장사지내는 것은 오래도록 성안에 빈렴(殯殮)해야 하니 늦은 것 같다. 3월·4월 두 달 사이에 어찌 길일(吉日)이 없겠는가?"

양달 등이 길일(吉日)을 골랐지만, 길일을 얻지 못했다. 상이 정부와 육조를 불러 가르쳐 말했다.

"높고 낮은 지위에 있는 사람들[大小之人]이 장서(葬書)에서 꺼리
는 바에 미혹돼 모두 순전히 길한 날을 고르고자 한다. 그러므로 비
록 진실로 효자(孝子)라고 하더라도 혹은 오래도록 정역(征役)에 종
군해서 여러 달 동안 돌아오지 못한 경우도 있고, 혹은 사사로운 일
로 인해 오래도록 다른 지방으로 가게 된 경우도 있어, 그 어버이로
하여금 햇볕에 드러낸 채 장사지내지 않기에 이르기도 한다. 옛사람
이 이를 염려해 천자(天子)는 7개월, 제후(諸侯)는 5개월, 대부(大夫)
는 3개월, 사(士)는 달을 넘기는 것[踰月]을 제도로 정했다. 정자(程
子-정이천)·주자(朱子-주희)도 이미 이를 말했으니, 정자·주자의 말
이 어찌 근거가 없겠느냐? (그런데) 지금 세상의 사람들은 장서(葬書)
에 꺼리는 바에 미혹되기 때문에 양달 등이 아직도 순전히 길한 날
을 고르지 못하고 있다. 나는 이러한 때에 일정한 법(法)을 크게 세
우겠으니, 실상을 감안해 토의해서 아뢰어라."

유정현(柳廷顯)·박은(朴訔)·한상경(韓尙敬) 등이 말했다.

"아무개[某人]를 부르고[呼] 아무개[某人]를 해친다[損]는 말은 모
두 요망하고 허탄(虛誕)한 설(說)입니다. 사람이 죽는다면 혼(魂)은
올라가고 뼈는 썩으니, 어찌 산 사람을 부를 리가 있겠습니까? 그러
나 전하께서 꺼리시는 바에 속하는 것이 있다면 허탄한 논이라고 할
수는 없습니다. 다만 전하께서 꺼리는 것만을 피해서, 3개월에 장사
지내고 여러 장서(葬書)를 불태우는 것을 길이 항식(恒式)으로 삼으
소서. 만약 몰래 장서를 쓴다면 '요사스러운 글을 감춘 율[藏妖書律]'
로 죄를 논하소서."

찬성(贊成) 이원(李原), 참찬 성발도(成發道), 예조판서 김여지(金汝

知), 이조판서 심온(沈溫), 형조판서 윤향(尹向), 공조판서 정진(鄭鎭), 예조참판 신상(申商), 병조참의(兵曹參議) 남금(南琴), 공조참의 이도 (李韜) 등이 말했다.

"장서(葬書)에 꺼리는 바는 모두 신 등이 믿지 않는 바입니다. 그러나 전하께서 꺼리시는 바에 속하는 것이 있다면 허탄한 논이라고 할 수는 없으니, 전하께서 꺼리는 바를 피해 임시로 장사를 지냈다가 명년 정월 초4일까지 기다려 영구히 장사지내는 것이 좋겠습니다. 여러 장서(葬書)를 불태우는 것 또한 모두 신 등이 바라는 바입니다."

가르쳐 말했다.

"삼의정(三議政)의 말한 바는 모두 사리에 부합한다. 그러나 죽은 아이의 장례는 찬성 이하의 말을 따르겠다. 나 자신에 대해서도 모름지기 정자·주자의 3개월 제도를 따르라."

상이 또 물었다.

"예로부터 성곽(城廓)·궁궐(宮闕)의 제도는 무엇에 근거한 것인가?"

박은이 말했다.

"성곽·궁궐은 천문(天文)·지리(地理)에 따라서 방위(方位)를 정하는데, 천문·지리는 오행(五行)⁴의 이치를 논하니 없다고 할 수 없습니다. 신 등이 불태워버리고자 하는 것은 장서(葬書)입니다."

상이 물었다.

---

4   만물을 생성하는 금(金)·목(木)·수(水)·화(火)·토(土)의 5원소(元素)를 바탕으로 한 이론이다. 오행상생(五行相生)과 오행상극(五行相克)의 이치로써 만물을 지배한다고 한다.

"음양지리(陰陽地理)의 법은 어느 시대에 시작됐는가? 중국에서도 땅을 골라서 장사지내는 법이 있는가?"

김여지가 말했다.

"동진(東晉) 때 도간(陶侃, 259~334년)⁵이라는 자가 처음 음양지리의 법을 제정했습니다."

유정현이 말했다.

"신이 일찍이 중국에 봉명(奉命)해 사신으로 갔더니, 밭머리와 내 언덕에 사람의 무덤이 서로 잇달아 있었습니다. 이로써 본다면 중국의 사람은 지리(地理)를 택하지 않는 것입니다."

가르쳐 말했다.

"장서(葬書)는 비록 불태우는 것이 마땅하다 하더라도, 명년 정월 이전에 불태우겠는가 이후에 하겠는가?"

유정현·박은·한상경·정역(鄭易) 등이 말했다.

"대군(大君)의 장례에 3개월의 제도를 준용하지 않는다면, 명년 정월까지 기다려 영구히 장사지낸 뒤에 이를 불태워도 괜찮을 것입

---

5 동진(東晉) 여강(廬江) 사람이다. 어려서 아버지를 잃고 가난하게 살았다. 현리(縣吏)가 된
   뒤 거듭 승진해서 남만장사(南蠻長史)에 올랐다. 장창(張昌)과 진민(陳敏), 두도(杜弢) 등
   을 격파하고 형주자사(荊州刺史)에 올라 무창(武昌)에 주둔했다. 왕돈(王敦)의 시기를 심
   하게 받아 광주자사(廣州刺史)로 좌천됐는데, 일이 없으면 아침저녁으로 벽돌을 들면서
   운동을 했다. 왕돈이 패한 뒤 형주로 돌아왔다. 성제(成帝) 함화(咸和) 2년(327년) 소준
   (蘇峻)이 반란을 일으키자 경도(京都)의 수비가 비게 됐는데, 온교(溫嶠)와 유량(庾亮)이
   그를 천거해서 맹주로 삼고 소준에 저항해 목을 베고 건강(建康)을 수복했다. 형주와 강
   주(江州)의 자사를 지냈으며, 교주(交州)와 광주, 영주(寧州), 강주의 제군사(諸軍事)를 맡
   았다. 음양(陰陽)과 지리(地理)에 능통했고 근면역행(勤勉力行)한 행실로 유명했다. 41년
   동안 장상(將相)의 자리에 있으면서 임금의 자리를 엿볼 기회도 있었지만, 젊었을 때 날
   개가 부러지는 꿈을 꾸었던 일을 생각하면서 스스로를 억제했다. 동진의 주석(柱石)으로
   지목됐다.

니다."

이원·김여지 등이 말했다.

"이러한 잡서(雜書)는 옛사람들이 모두 의심한 것이니, 만약 따르지 않으려고 한다면 정월 이전에 불태우는 것이 좋고 이후에도 괜찮습니다."

상이 여러 부원군(府院君)을 불러서 실상을 감안해서 토의해 아뢰도록 하니, 성석린(成石璘)이 말했다.

"장서(葬書)에 꺼리는 바는 모두 요언(妖言)이니, 경학(經學)에 밝고 행실을 닦는 인주(人主)가 아니라면 어찌 이러한 물음이 있겠습니까? 옛날에 세 가지 흉(凶)한 것을 꺼림이 있었는데, 지금은 모두 꺼리지 않는데도 흉사(凶事)가 없으니 이로써 징험할 수 있습니다. 이제 대군(大君)의 장례는 장서(葬書)에 구애되지 말고 3개월의 제도를 따르는 것이 좋겠습니다. 전하의 뜻이 이원 등이 말한 바를 따르고자 한다면 이 또한 방해될 것이 없습니다. 장서(葬書)를 불태우는 일과 같은 것은 진실로 바꿀 수 없는 논의이니, 하필이면 정월 이후를 기다리겠습니까? 맹자(孟子)가 말하기를 '그것이 도(道)가 아닌 것을 안다면 어찌 내년을 기다리겠는가?'라고 했습니다."

의령부원군(宜寧府院君) 남재(南在), 평양부원군(平陽府院君) 김승주(金承霔), 흥녕부원군(興寧府院君) 안경공(安景恭) 등이 말했다.

"대군(大君)의 장례는 마땅히 석린의 말과 같이 해야 하지만, 저 장서(葬書)의 경우로써 말한다면 옛사람이 만든 것이니 불태울 수가 없습니다. 쓰고 쓰지 않음은 각각 그 마음에 달려 있습니다."

이양달 등이 임시로 장사지낼 날을 골라서 바치니, 바로 4월 초

4일 갑신(甲申)이었다. 상이 갑신(甲申)에 꺼리는 바를 물으니, 양달이 대답했다.

"이날은 다만 본명인(本命人)[6]과 임진(壬辰)에 난 사람에게만 흉사가 있으나, 주상(主喪)하는 자는 본명인(本命人)이 아니고 비록 임진(壬辰)에 난 사람이라 하더라도 장일(葬日)을 당해 피한다면 함께 흉사(凶事)가 없을 것입니다."

가르쳐 말했다.

"이날 영장(永葬)한다면 옛사람의 3개월 제도에 부합한다."

경인일(庚寅日-9일)에 의정부에서 개성유후사(開城留後司)에 이어(移御)하는 날짜와 시기[日期]를 다시[改] 점칠 것을 청했다.

상이 유후사에 행차하려고 하니 조말생(趙末生)이 아뢰어 말했다.

"종묘(宗廟)에 고(告)하는 축문(祝文)은 무슨 뜻으로 지어야 합니까?"

상이 말했다.

"제릉(齊陵)[7]에 배례(拜禮)한다고 지으라."

유정현(柳廷顯)·박은(朴訔) 등이 대궐에 나아와 아뢰어 말했다.

"오늘은 바람과 비가 크게 일어 기후가 상(祥)스럽지 못합니다. 신 등의 하찮은 몸으로도 오히려 기후의 이상이 혐의쩍은데, 하물며 전하께서는 여러 날 편찮으시어 땀이 나오는 것이 그치지 않는데 어떻

---

6 죽은 사람과 태어난 해의 간지(干支)가 같은 사람을 말한다.
7 태종의 친어머니인 신의왕후(神懿王后) 한씨(韓氏)의 능(陵)이다.

겠습니까? 또 도로가 진흙탕이어서 길을 가기도 심히 어려우니, 명일 동가(動駕)하는 것이 진실로 적당치 못합니다. 청컨대 3~4일을 한정해 원기를 돋우어 20일까지 기다려서 동가한다면, 전하께서도 거의 조금이라도 편해지실 수 있고 어가를 따르는 사람들도 길을 가는 데 어려움이 없을 것입니다."

가르쳐 말했다.

"도로가 진흙탕이라면 대소 인원(大小人員)들이 어찌 걱정하고 괴로워함이 없겠는가? 경 등이 말한 바를 따르겠다."

○ 성석린(成石璘) 등이 다시 육선(肉膳-고기반찬 수라)을 들 것을 청했다. 석린(石璘)과 유정현(柳廷顯)·박은(朴訔)이 아뢰어 말했다.

"상께서 성녕대군(誠寧大君)이 병든 이후로부터 여러 날 철선(輟膳)하시니, 원기가 정상을 잃어서 편찮으시기에 이르렀습니다. 이제 비록 맑은 죽을 드신다고 하더라도 어찌 원기를 돕겠습니까? 비록 친상(親喪)이라 하더라도 병이 나면 술을 마시고 고기를 먹는 것이 옛 제도입니다. 평상시에도 날을 꺼려[忌日] 육선(肉膳)을 먹지 아니하면 원기에 굶주림이 있는데, 하물며 여러 날 철선(輟膳)한 경우이겠습니까? 바라건대 육선(肉膳)을 드소서."

상이 말했다.

"경 등이 말하는 바는 심히 이치에 합한다. 지금까지 아직 느긋한 마음[寬心]을 가지지 못한 것이 나의 단점이다. 어찌 육선(肉膳)을 먹을 날이 없겠는가?"

신묘일(辛卯日-10일)에 경복궁(景福宮)으로 이어(移御)했다. 상이 조말생(趙末生)에게 일러 말했다.

"중궁(中宮)과 더불어 경복궁(景福宮)과 신궁(新宮)에 이어(移御)하고자 하며, 후일을 기다려서 유후사(留後司)에 행차하겠다."

이양달(李陽達) 등을 시켜 길방(吉方-길한 방위)을 고르게 하니, 양달(陽達)이 말했다.

"신궁(新宮)은 정동(正東)이니 금년의 길방(吉方)이 아닙니다. 경복궁은 신방(申方)과 유방(酉方)의 사이에 있으니, 바로 길방(吉方)입니다."

○ 뜻을 전해 말했다.

"총지종(摠持宗)[8]은 오로지 밀원(密員-밀교)의 방술(方術)로써 둔갑(遁甲)하고 사람을 구료한다고 해서 설치한 것인데, 이 종파의 중들은 그 직임을 알지 못하니 이제부터 그 직함(職銜)과 사사(寺社)의 주지(住持)를 차하(差下-벼슬 임명)하지 않도록 하라."

임진일(壬辰日-11일)에 형조의 원리(員吏)에 명해 모두 직에 나오게 했다. 한월(韓鉞)이 격고(擊鼓)해서 신소(申訴)했기 때문에 합사(合司-여러 관사가 함께 행동함)해서 피혐(避嫌)했기 때문이다.

○ 경덕궁(敬德宮)에 정사 보는 곳을 짓는 것을 토의했다.

상이 의정부에 일러 말했다.

---

8   불교 칠종십이파(七宗十二派)의 하나다. 신라 문무왕(文武王) 때 혜통대사(惠通大師)가 개종(開宗)한 것으로, 뒤에 남산종(南山宗)과 합해 총남종(摠南宗)이 된다.

"국가에서 서운관(書雲觀)의 학술(學術)을 마련한 것은 길흉(吉凶)을 점치자는 것이다. 그러나 그 업(業)을 정밀하게 배워 그 길흉을 먼저 예고하는 자가 없었는데, 하물며 역사기록에 자세히 실린 이궁(離宮)에 피방(避方)하는 일이겠느냐? 이제 내가 즉위한 지 18년 동안에 그 길흉(吉凶)과 피방(避方)을 고하는 자가 없었다. 내가 어찌 내 아들이 죽었다고 해서 말하겠느냐? 또 유후사(留後司)에는 정부·육조(六曹)를 접견(接見)할 장소가 없으니, 내가 가고자 하는데 정사를 보는 장소를 영선(營繕)하는 것이 어떠하겠느냐?"

유정현(柳廷顯)·박은(朴訔)·한상경(韓尙敬) 등이 대답해 말했다.

"역대에 모두 두 도읍(都邑)이 있었으니, 성주(成周-주나라)는 만세에 우러러 본받는 바인데 호경(鎬京)·낙양(洛陽)이 있었고, 지금 황제도 또한 남경(南京)·북경(北京)의 두 서울이 있습니다. 국가에서 유후사(留後司)를 어찌 버리고 수리하지 않겠습니까? 정사를 보는 장소를 영선하는 것은 의리상으로 해로울 것이 없습니다."

○ 장흥군(長興君) 마천목(馬天牧)을 내시위 절제사(內侍衛節制使)로 삼았다. 절제사 이징(李澄)이 입직(入直)했다가 마음대로 스스로 바깥으로 나가서 표적(標的)을 쏘고 유희(遊戲)하며 군법(軍法)을 업신여겼다. 병조에서 그 죄를 청했기 때문에 마침내 천목(天牧)으로 대신하게 했다.

○ 형조에서 판수[盲人]·무녀(巫女)의 죄를 청했다. 아뢰어 말했다.
맹인

"판수 중에 점치는 자들이 그 업(業)에 정밀하지 못해서 이에 성녕대군(誠寧大君)이 목숨을 연장한다[延命]고 계문(啓聞)했고, 또 국
연명
무(國巫-나라의 무당) 가이(加伊)는 능히 기양(祈禳-푸닥거리)했으나 화

(禍)를 면하지 못했으며, 무녀(巫女) 보문(寶文)은 병세를 살피지 않고 궁위(宮闈)에서 잡신(雜神)에게 음사(淫祀-내력이 바르지 못한 귀신에게 제사 지내는 것)해서 불측(不測)한 데 이르렀습니다. 청컨대 모두 법대로 처치하소서."

명해 판수와 가이(加伊)를 제외하고 보문은 율(律)에 의거해 죄를 다스리게 했다.

○ 형조에 뜻을 내려 말했다.

"무녀(巫女) 보문(寶文)은 유형(流刑-유배형) 3,000리를 속(贖)바치게 하고 다만 외방(外方)에 부처(付處)하라."

완두창(豌豆瘡) 사신(祀神)을 세속에서 크게 꺼렸기 때문에 죄를 준 것이다.

○ 상이 말했다.

"내가 성녕대군(誠寧大君)의 집을 주어 절로 삼고, 그 대군(大君)의 옹주(翁主-대군의 부인) 집은 궁궐 근처에 짓고자 하는데 어떠하겠는가?"

대언(代言) 하연(河演) 등이 대답해 말했다.

"집을 주어서 절로 삼는 것은 그 이치를 알지 못하겠습니다만, 도성(都城) 안에서 집을 주어 절로 삼는다면 그 종말에는 여염(閭閻)과 다를 바가 없게 될 것입니다. 청컨대 성녕대군의 분묘(墳墓) 근처에 암자(庵子)를 지어서 중을 거주하게 하소서."

상이 옳게 여겼다.

계사일(癸巳日-12일)에 경상도 진주(晉州) 남강(南江)의 물이 연일(連

日) 누렇게 흐려졌다.

갑오일(甲午日-13일)에 어가(御駕)가 개성유후사(開城留後司)에 행차했다. 저녁에 원평(原平)의 광탄(廣灘)에 머무르니, 정비(靜妃)가 따라서 이르렀다. 각사(各司)에서도 1원(員)씩 분사(分司)해서 시위(侍衛)했다.

○ 하정사(賀正使) 김만수(金萬壽)가 북경(北京)에서 돌아왔다. 통사(通事) 송성립(宋成立)이 행재소(行在所)의 병부(兵部) 차부(箚付)⁹를 전사(傳寫)해서 바쳤는데, 글은 이러했다.

'행재소 병부(兵部)에서 경사스럽고 상(祥)스러운 일 때문에 행재소의 예부(禮部) 자문(咨文)에 의준(依准)하건대 "영락(永樂) 15년 11월 27일에 당해(當該) 섬서(陝西) 지방에서 서토(瑞兎-상서로운 상징의 토끼)를 가지고 와서 바쳤다. 검은 바탕에 검은 털이 선명하고 순결(純潔)해서 윤기가 흐르기를 검은 구름이나 검은 구슬과 같았고 금빛 나는 눈동자가 찬연하게 빛을 뿜으면서 광채를 발하니 옛날 이래로 드물게 있는 바요, 또 영지(靈芝-버섯의 일종으로 상서롭게 여겨졌음)·선초(仙草-먹으면 신선이 된다는 영묘한 풀)가 시대에 호응해 나타나므로 진실로 상등(上等)의 상서(祥瑞)가 된다. 실로 황제의 지극한 인(仁)과 거룩한 덕(德)에 응한 것이니, 국가의 억만년 동안 태평한 징후가 되는 것이다. 중국 경사(京師)에 있는 문무백관(文武百官)들이 표(表)를 올려 경하(慶賀)하는 이외에도, 마땅히 천하(天下)의 여러

---

9   관청에서 공사(公事)를 처판(處辦)하려고 가지고 있는 공문서를 말한다.

사(司)의 아문(衙門)에 행이(行移)해 한가지로 알게 하는 것이다"라고
했습니다.

또 행재소의 예부(禮部) 자문(咨文)에 의준(依准)하건대 "공경히 조
정(朝廷)에서 북경(北京) 궁전(宮殿)을 영건(營建)할 때를 만나 영락(永
樂) 15년 11월 초2일에 봉천전(奉天殿)[10]·건청궁(乾淸宮)을 일으켜
세웠는데, 본월 초8일에 당해(當該) 태령후(泰寧候) 진규(陳珪) 등이
상주(上奏)하기를 '두 곳에서 갖춰 오색(五色)의 서광(瑞光)과 경사스
러운 구름이 자욱하게 끼고 천기(天氣)와 지기(地氣)가 뒤섞여 유동
(流動)하며 빛이 하늘을 꿰뚫었다'라고 했고, 초9일에 금수하(金水河)
의 얼음이 어는 것이 이상스러운 상서로서 여러 형상을 갖추었으며
이로부터 이상스러운 상서가 연일 나타나기를 18일에까지 이르자 진
규(陳珪) 등이 다시 상주(上奏)하기를 '상서로운 구름이 광채를 나타
내니, 천기(天氣)와 지기(地氣)가 성하게 난무(亂舞)하는데 연기도 아
니고 구름도 아닌 것이 오색(五色)이 빙빙 서리어 공중에 떠서 하늘
을 아름답게 하고, 변화해 늘어났다가 줄어들었다가 하면서 궁정 사
이에 가득 찼다. 상서로운 구름이 안에서 나오고 오색(五色)의 서광
(瑞光)이 둥글기가 달덩이와 같았는데, 똑바로 어좌(御座)에 당해서
그 빛 가운데 찬연하게 오색(五色)의 천화(天花)가 옥(玉)빛 찬란하
게 빛나고 번쩍번쩍 비치니, 흰한 빛이 꿰뚫어 통해서 별이 달의 밝
은 빛에 어울리고 유동해 두루 빛나다가 이윽고 큰 허공으로 올라가
버렸다'라고 했다. 두 번씩이나 궁원(宮苑)에 그 위를 덮어서 비춰 지

---

10 북경(北京) 자금성(紫禁城)의 전각(殿閣)이다.

금 황제가 임어(臨御)하는 전정(殿庭)에 종일 걷히지 않았으므로, 관리·군인·공장(工匠)의 여러 사람이 눈으로 함께 보고 모두 기뻐하며 날뛰다가 일에 나가고 공역에 나갔으니, 이것은 상등의 상서로서 실로 태평 시대에 응한 것이다. 22일에 문무 군신(文武群臣)이 표(表)을 올려 칭하(稱賀)한 이외에도 천하(天下)의 여러 사(司)의 아문(衙門)이 한가지로 알게 하는 것이다'라고 했습니다.'

을미일(乙未日-14일)에 (어가(御駕)가) 임진(臨津)나루 북쪽에 머물렀다.

병신일(丙申日-15일)에 어가(御駕)가 개성유후사(開城留後司)에 이르니 경덕궁(敬德宮)에서 하련(下輦-어가에서 내림)했다.

정유일(丁酉日-16일)에 함길도 병마도절제사(咸吉道兵馬都節制使)의 경력(經歷) 김최(金最)를 파직했다.

함길도 찰방(咸吉道察訪) 정용(鄭容)이, 도절제사 이지실(李之實)이 군기(軍器)를 정련(精鍊)하지 아니한 죄를 청하니 상이 말했다.
"지실은 재상이라 가볍게 교대시킬 수 없으니 논하지 말라."
마침내 최(最)를 파직했다. 경상도 찰방 유승연(柳承淵)이 병마도절제사 박실(朴實)·신열(辛悅), 수군도절제사(水軍都節制使) 우박(禹博) 등이 군기를 정련하지 아니한 죄를 청하니, 논하지 말라고 명하고 그 요속(僚屬)들을 율(律)에 의거해 죄를 논하게 했다.

경자일(庚子日-19일)에 의정부·육조(六曹)에서 육선(肉膳)을 들 것을 청했다. 아뢰어 말했다.

"선왕(先王-옛날의 뛰어난 임금)이 제정한 예제(禮制)는 미치지 아니할[不及] 수도 없고 또한 지나칠[過] 수도 없으니[11], 또한 왕(王)이 너무 의지하거나 꺼려서도 안 됩니다. 철선(轍膳)하신 지 이미 오래이니 청컨대 육선(肉膳)을 들도록 하소서."

허락하지 않았다.

○ 희천군(熙川君) 김우(金宇)가 졸(卒)했다. 우(宇)는 (평안도) 희천(熙川)의 토호(土豪)요, 강계 만호(江界萬戶) 영비(英庇)의 아들이다. 옛 이름은 도길(都吉)인데, 무재(武才)가 있었으나 글자를 알지 못했으며 재물을 탐내고 색(色)을 좋아했다. 그러나 상이 잠저(潛邸)에 있을 때부터 시종(侍從)의 노고가 있었고, 상이 즉위하게 되자 좌명공신(佐命功臣)의 대열에 참여할 수 있었다. 여러 관직을 거쳐 도총제(都摠制)에 이르러 졸(卒)했다. 3일 동안 철조(轍朝)하고 양정(襄靖)이라는 시호를 내려주었다.

신축일(辛丑日-20일)에 의정부·육조(六曹)에서 대궐에 나아와 육선(肉膳)을 들 것을 청했으나 허락하지 않았다. 상이 말했다.

"내가 죽은 아들에게 이미 할 수 있는 일이 없다. 다만 세속(世俗)에 따라서 30일 동안 소선(素膳-육선을 들지 않음)하는 것이니, 여러 경(卿)은 더는 나와서 청하지 말라."

---

11 과유불급(過猶不及)이니, 곧 적중해야 한다[中]는 말이다.

○상호군(上護軍) 조정(趙定)을 함길도(咸吉道)에 보냈다.

지난 정유년 5월 초7일에 함길도 도순문사(咸吉道都巡問使)가, 백두산(白頭山) 북쪽에서 온 흠차(欽差-황제가 보냈다는 뜻) 진대인(眞大人)의 반인(伴人) 여직(女直) 소이옹불화(所伊雍不花)가 여직(女直)의 글로써 북청(北靑)에 사는 숙부(叔父) 아이불화(阿伊不花)에게 사사로이 통(通)한 서장(書狀)을 가지고 아뢰니, 상이 조정(趙定)에게 명해 이를 보게 했다. 그 글은 이러했다.

'나는 갑인년에 호파두(胡波豆-호발도(胡拔都))에게 사로잡혀 중국에 들어왔습니다. 지금 여직(女直) 대인(大人)을 배종(陪從)해 백두산 북쪽의 새 목책성(木柵城)에 왔는데, 우리 쪽에서 소문을 듣건대 숙부께서 종제(從弟) 강길(康吉) 등과 사이좋게 잘 지낸다니 내가 나가서 서로 만나보고자 하나 진대인(眞大人)이 어찌 즐겨 나를 보내겠습니까? 숙부께서 강길로 하여금 좋은 말 2필을 말굽 박아 가지고 오게 하면 내가 마땅히 색깔이 좋은 단필(段匹)을 보내겠습니다.'

정(定)이 그 글의 뜻을 아뢰니 상이 말했다.

"이와 같은 글을 몰래 통(通)한 까닭이 무엇이냐?"

정이 대답해 말했다.

"강길은 바로 아이불화(阿伊不花)의 아들입니다. 비단 이 무리뿐 아니라 운상(雲尙) 등 10여 호(戶)도 옛날 호파두(胡波豆)의 난(難)[12]

---

12 여진(女眞)의 추장(酋長) 호발도(胡拔都)가 고려 우왕(禑王) 8년(1382년)에 동북면(東北面)에 침입해서 고려민(高麗民)을 노략질해 간 사건을 말한다.

을 피해 갑산(甲山)으로 들어왔는데, 저들의 지경과 가깝습니다. 이제 이러한 소식을 서로 통하니, 일이 심히 기밀에 속합니다. (그러니) 갑산에 주거(住居)하는 사람들을 심처(深處)에 이사시키는 것이 좋겠습니다."

상이 정에게 명해 갑산에 사는 강길(康吉)·운상(雲尙) 등 각호(戶)를 쇄출(刷出)해 심원(深遠)한 여러 주(州)에 옮겨두게 하고, 그 농작(農作)의 소출은 숙고(稤庫-궁방의 창고)의 쌀로 서로 바꿔주게 했다. 조정이 장차 떠나려 하는데, 도진무(都鎭撫) 이원(李原)·연사종(延嗣宗)과 형조판서 윤향(尹向) 등이 아뢰어 말했다.

"이제 농사철을 당해 이사할 수가 없으니, 빌건대 농한기를 기다리게 하소서."

상이 옳게 여겨서 정에게 명해 말했다.

"네가 가서 이 사람들의 호수(戶數)를 먼저 알아보고, 만약 인구(人口)의 숫자 가운데 쓸 만한 사람이 있을 것 같으면 올려 보내라. 내가 장차 직사(職事)를 맡기겠다. 그 쓸데없는 노약(老弱)한 사람은 북청(北青) 등지로 옮겨두라."

정이 복명(復命)해 말했다.

"강길(康吉)·운상(雲尙) 등 13호(戶)는 북청으로 이미 옮겨두었고, 그 가운데 시위(侍衛)를 감당할 만한 자는 오직 운회야(雲回也) 등 몇 사람뿐이었습니다."

○ 도성에 남아 있는[留都] 전함재추(前銜宰樞)[13]들이 문안(問安)하

---

13 종2품 이상의 한량(閑良)·기로(耆老)들을 말한다. 전함재추의 수는 태조(太祖) 때는 40여

는 것을 금지하고, 유도(留都)하는 대소 인원(大小人員)들에게 명해 연고가 있어서 어쩔 수 없이 출입(出入)할 자는 의정부에 나아가 그 연고를 고(告)하게 하고 세자전(世子殿)에 진퇴(進退)하는 것을 금지 했다.

계묘일(癸卯日-22일)에 다시 지해풍군사(知海豐郡事-해풍군 지사)를 두고 비로소 개성유후사(開城留後司) 유후(留後)·부유후(副留後) 중 에서 1인으로 하여금 경기 도관찰사(京畿都觀察使)를 겸임하게 했다.

이에 앞서 해풍(海豐)·개성(開城)·송림(松林)·덕수(德水)가 모두 유 후사에 속했는데, 이때에 이르러 해풍 출신으로 서울에 사는 양반 (兩班)들이 신정(申呈)했다.

'본읍(本邑)은 삼한(三韓) 시대에는 정주목(貞州牧)이었는데, 중고 (中古)에는 강등시켜 승천부(昇天府)로 삼았다가 그 후에 또 강등시 켜 군(郡)으로 삼았습니다. 산천(山川)이 영이(靈異)한 덕택으로 제릉 (齊陵)을 봉안(奉安)하니 여러 사람이 어향(御鄕)[14]의 예에 의거해 호 (號)를 더하도록 바라는데, 근일에 도리어 군호(郡號)를 없애고 유후 사에 소속시켜 영원토록 향호(鄕號)를 잃게 하니 백성이 실망합니다. 빌건대 임내(任內)의 덕수(德水)를 본읍(本邑)에 환속(還屬)시키고, 그 대로 군호(郡號)를 회복시켜 수령(守令)을 두도록 하소서.'

명이었으나, 태종(太宗) 때에는 70여 명이었다.

14 왕가(王家)의 선원대향(璿源大鄕), 황비(皇妣)의 내외향(內外鄕), 황조비(皇祖妣)·황증조비 (皇曾祖妣)의 내향(內鄕), 왕비(王妣)의 내외향 등을 총칭한 것이다.

그것을 따르고, 마침내 전 소윤(少尹) 장우인(張友仁)을 지군사(知郡事)로 삼았으며, 송림현(松林縣)을 임단현(臨湍縣)에 소속시키고 오직 개성현(開城縣)만 그대로 유후사에 소속시켰다. 앞서 유후사에는 4현(縣)이 소속됐기 때문에 중국 조정(朝廷) 사신(使臣)의 지응(支應-음식이나 물품 지원)을 능히 판비(辦備-준비)할 수 있었는데 지금 속현(屬縣)을 다시 그 옛 고을에 합치니 지응해 판비하기가 곤란했으므로, 마침내 유후(留後)·부유후(副留後) 중에서 경기감사를 겸임하는 [帶=兼] 법을 세워 유후사 부근의 주(州)·군(郡)을 서로 모아서 지응하게 한 것이다.
　　　　　　대　겸

갑진일(甲辰日-23일)에 의원(醫員) 양홍달(楊弘達)을 파직(罷職)해서 4품으로 한정하고, 원학(元鶴)·박거(朴居) 등의 직첩을 거두고 강등시켜 전의 조교(典醫助敎)로 삼았다.

애초에 형조와 사간원(司諫院)에서 소(疏)를 올려 홍달(弘達) 등이 성녕대군(誠寧大君)의 병증을 분명히 말하지 않았던 죄를 청했으나 상이 윤허하지 않았다가, 이때에 이르러 판서 윤향(尹向) 등이 대궐에 나아와 굳게 청했기 때문이다.

○ 강원도 도관찰사(江原道都觀察使) 홍여방(洪汝方)이 글을 올려 최천명(崔天命)·송저(宋儲) 등의 죄를 청했다. 글은 이러했다.

'(주나라) 문왕(文王)의 원유(苑囿-임금의 동산)에는 꼴 베고 나무하고 꿩 잡고 토끼 잡는 자가 거기에 가지 않음이 없었습니다. 맹자(孟子)가 이를 말한 것은, 당시 군주(君主-제나라 선왕)의 잘못을 위해 폐단을 구제하려고 말을 꺼낸 것입니다. 비록 거기에 가도록 했더라도 진실로 인신(人臣-남의 신하 된 자)의 마음이 있는 자라면 어찌 친행(親行)하는 장소를 범하고도 꺼리지 않겠습니까? 도내의 횡성(橫城)·선암(扇巖) 등지는 산이 깊고 땅이 메말라서 짐승들이 번식하고 초목(草木)이 거칠고 무성해 참으로 사냥할 땅이라 이르겠습니다. 일찍이 강무(講武)할 장소로 정했으나, 지난해 봄에 전하께서 함께 즐기는 어짊[同樂之仁=與民偕樂]과 더러움을 감싸주는 아량[包荒之量][15] 으로써 상소(常所)를 혁파해 없애고 사람들에게 나무를 베어 전지(田地)로 경작하도록 허락하셨습니다. 그러나 인신(人臣)의 마음이 있는 자는 이러한 명이 있다고 해 갑자기 자기의 사전(私田)으로 삼을 수 없습니다. 교지(敎旨)를 내린 지 얼마 되지 않아 전 호군(護軍) 최천명(崔天命) 등 10여 인이 즉시 들어가 가옥(家屋)을 지은 것이 모두 10여 호(戶)였지만 현감(縣監) 송저(宋儲)는 실로 좌시(坐視)하며 아무렇지 않게 여겼으니[恝然], 군신(君臣)과 상하(上下)의 분수가 같을 수 있겠습니까? 그 불경(不敬)함이 심했습니다. 신이 이미 저(儲)를 그 직(職)에서 파면하고 집을 지은 자도 율(律)에 따라 벌을 차등 있게 논했지만, 그러나 이것으로써 그만둘 수가 없습니다. 엎드려 바라건대. 전하께서는 유사(攸司)로 하여금 저 등을 국문(鞫問)하게 해서 후래(後來)를 징계시키소서.'

---

15 『주역(周易)』 태괘(泰卦) 구이(九二-밑에서 두 번째 양효)의 효사(爻辭)에 "구이는 광명정대한 도량으로써 더러운 것과 무식한 백성을 포용해[包荒] 내버리지 않으니, 붕당이 사라진다"에서 유래했다. 태괘의 구이는 내괘의 중심이 되는 양효로서 그 성질이 강건해 더럽고 무식한 백성을 포용할 수 있으니 이는 그 마음 씀이 한없이 광대하기 때문이며, 모든 생명을 공명정대하게 대하기 때문에 붕당이 사라진다는 뜻이다.

가르쳐 말했다.

"최천명 등은 죄를 논하고 송저는 더는 거론하지 말라."

병오일(丙午日·25일)에 형조판서 윤향(尹向)과 예조참판 신상(申商)
이 표문(表文)과 전문(箋文)[16]을 받들고 중국 경사(京師)로 갔다. 표문
(表文)은 이러했다.

'성명(聖明)이 황제의 자리에 계시니 협기(協氣-화합의 기운)가 고
르게 흐르고 조화(造化)가 거듭 신령스러움을 따라서 아름다운 상
서(祥瑞)가 다 이르렀습니다. 조림(照臨-통치의 빛)이 미치는 곳에서
는 춤을 추고 기뻐하기를 오로지 같이합니다. 역대로 지극한 다스림
을 이룬 때를 보면 반드시 상서롭고 경사스러운 응험(應驗)이 있었으
나, 대개 한 가지 물건이 겨우 보였지 오늘날처럼 아울러 이른 적은
없었습니다. 이미 서토(瑞兎-상서로운 토끼)가 영이(靈異)를 이루고, 또
선초(仙草)의 이삭을 뽑고, 구름이 옥전(玉殿)에 드리우고, 오색(五色)
의 천기(天氣)와 지기(地氣)가 찬란하고, 얼음이 금하(金河)에서 얼어
여러 형상이 포열(布列)한 모습을 이루었습니다. 이는 대개 성심(誠
心)이 밝게 하늘에 이르는 것을 나타내고 실로 영세(永世)의 커다란
평안에 밑바탕을 두니, 경사(慶事)가 종팽(宗祊-종묘사직)에 넘치고
일이 간책(簡策)에 빛납니다. 삼가 생각건대, 황제폐하(皇帝陛下)께서
는 온공(溫恭)하고 준철(濬哲)하고 강건(剛健)하고 순수하고 정미(精

---

16 중국에 대한 사대문서(事大文書)로, 국왕이 중국의 황제에게 올리는 글을 표문이라 하고,
    황태후·황후 또는 황태자에게 올리는 글을 전문이라 했다. 예부에 올리는 글은 자문(咨
    文)이라고 했다.

微)해, 제작(製作-제례작악)이 백왕(百王) 중에 으뜸이 되고 예악문물(禮樂文物)이 다 아름답습니다. 은사(恩私)가 팔표(八表-온 천하)에 미쳐서 날고 헤엄치고 움직이고 심어져 있는 것이 다 평안합니다. 이에 빛나는 상서의 내림이 거듭 겹치는 바가 되어서 칭송하는 소리가 차고 넘치기에 이르렀습니다.

엎드려 생각건대, 신은 외람되게 용렬(庸劣)한 자질로서 다행히 창성한 시대를 만나 자취가 조그마한 동쪽 나라에 머물러 있어 비록 달려가 하례(賀禮)하는 데 참여하지는 못하나, 마음은 공북(拱北)[17]에 깊으니 수(壽-장수)하고 강녕(康寧)하도록 축원을 갑절이나 드립니다.'

향(向) 등이 배사(拜辭)하니, 뜻을 전해 말했다.

"부경(赴京)해서 만약 황엄(黃儼)이 마필(馬匹)을 바꾼 일에 관해 묻는 사람이 있으면 마땅히 대답하기를, '우마(牛馬)를 역환(易換)하는 것은 우리나라에서 금지된 바이나, 황엄은 사사로이 출입(出入)하지 않고 봉명(奉命)한 사람으로서 그 값을 가지고 바꾸고자 하는 까닭에 많지 않은 숫자를 바꾸도록 허락했다'라고 하라. 또 지난번에 경상도(慶尙道)에서 왜인(倭人)들에게 사로잡혔던 중국 사람 남자 부욱(符旭)과 여자 진불노(陳佛奴) 등을 데려와서 중국 조정에 해송(解送)하자 예부(禮部)에서 주문(奏聞)하기를, '조선국(朝鮮國)에서 일본(日本)과 친교(親交)해서, 피로(被擄)되었던 사람들을 송환(送還)했으

---

17 『논어(論語)』 「위정(爲政)」편에 나오는 말이다. "공자가 말했다. '정치를 빼어남으로 하는 것은 비유하자면 북극성이 자기 자리에 머물러 있으면 뭇별들이 그것에게로 향하는 것과 같다[子曰 爲政以德 譬如北辰 居其所 而衆星共之[=拱之]].'"

니 청컨대 일본과 친교한 죄를 문책하소서'라고 했는데, 황제가 말하기를 '중국 조정의 인물(人物-사람과 물건)을 사서 보내오는데, 무슨 죄가 있는가?'라고 했다고 한다. 이제 만약 다시 묻는 자가 있거든 마땅히 대답하기를, '전하가 사대(事大)하는 정성으로 피로(被擄)되었던 중국 조정의 인물을 사서 보내온 것이다'라고 하라."

정미일(丁未日-26일)에 큰바람이 불었다.

무신일(戊申日-27일)에 상이 제릉에 참배했다.

기유일(己酉日-28일)에 전 경상도 도관찰사(慶尙道都觀察使) 이은(李殷)이 늙었다고 해서 글을 올려 전리(田里-고향 마을)로 돌아가기를 구하니, 그것을 따랐다. 은(殷)은 영천(永川) 사람인데, 나이가 늙었으나 자식이 없었다. 매번 제언(堤堰)의 이로움을 가지고 상에게 진달(陳達)해 두 번 감사(監司)의 직임을 받았는데, 제방(堤防)을 쌓아 물을 끌어들여 간혹 이익이 있었으나 지세(地勢)를 살피지 않고 백성을 독촉해 취역(就役)시켰기 때문에 백성이 이를 많이 원망했다. 이때에 이르러 나이가 74세로서 글을 올려 전리(田里)로 돌아가기를 구했으나, 그 마음 쓰는 것을 따져보면 침체(沈滯)돼 등용되지 않았기 때문에 만약 글을 올려 걸귀(乞歸)[18]하면 상이 반드시 머물러 두어 다시 임명할 것이라고 생각했던 것이다. 은이 이미 윤허(允許)를 받게 되자

---

18 사직을 청한다는 말인데, 걸해골(乞骸骨)이라고도 한다.

깊이 이를 후회했다.

○ 병조판서 김한로(金漢老)가 세자(世子)를 궁(宮-임금) 곁에 나아가도록 할 것을 청했으나 윤허하지 않았다. 아뢰어 말했다.

"세자는 유도(留都)하며 감국(監國)[19]하는 것이 직책이지만, (이미) 옛날에 구종수(具宗秀)와 몰래 불의(不義)한 짓을 행했습니다. 전하께서 간절히 책망해 허물을 고쳤으나 그 허물을 고친 것이 오래가지 못했으므로, 신은 전날의 마음이 다시 싹틀까 두렵습니다."

○ 세자(世子)가 보덕(輔德) 조서로(趙瑞老, 1382~1445년)[20]에게 일러 말했다.

"내가 표적(標的-과녁)을 쏘고자 하는데 어떠한가?"

서로(瑞老)가 말했다.

"대군(大君)의 상(喪)이 이미 삼칠(三七-21일)을 지났으니 쏠 수가 있습니다."

세자가 내사복문(內司僕門) 밖으로 나가서 230여 보(步)를 쏘았다.

○ 의정부·육조(六曹)에서 육선(肉膳)을 들도록 청했으나 윤허하지 않았다.

경술일(庚戌日-29일)에 대마도(對馬島)의 종정무(宗貞茂)가 사신으로 보낸[使送] 사미시라(沙彌時羅)에게 쌀 40석(石)을 내려주었다.
사송

---

19 임금이 일시적으로 멀리 행행(行幸)할 때 세자가 도성(都城)에 남아서 대신 정치를 보살피는 일을 말한다.

20 1405년(태종 5년) 문과에 급제해서 이조좌랑·사헌부지평(司憲府持平) 등을 역임했다. 형제로는 조서강(趙瑞康)·조서안(趙瑞安)이 있다.

애초에 사미시라가 중국의 절강(浙江) 등의 지방에 침구(侵寇)해 진불노(陳佛奴)를 노략질해서 아내로 삼고 남자 부욱(符旭)을 종으로 삼았다. 정유년(丁酉年-1417년) 9월에 진불노 등을 거느리고 경상도 부산포(富山浦)에 와서 정박해 물건을 무역하고 팔았다. 만호(萬戶) 김종선(金從善)이 잡곡(雜穀) 20여 석을 주고 부욱을 사고, 진불노를 몰래 유인해 도망치도록 해서 사연을 갖춰 아뢰었다. 즉시 사역원 주부(司譯院注簿) 김중저(金仲渚)를 보내 진불노·부욱을 거느리고 와서 요동(遼東)으로 해송(解送)했다.

이때에 이르러 사미시라가 와서 그 아내를 요구하니, 예조좌랑 권극화(權克和)를 초현역(招賢驛)에 보내 맞이해 사미시라에게 일러 말했다.

"우리나라는 사대(事大)하는 나라이므로 중국 사람을 우리의 지경에 머물러 둘 수가 없다. 네가 약탈해 온 남녀는 모두 이미 요동으로 송환했다."

그 참에 쌀을 내려주니 사미시라가 기뻐했다.

○ 장윤화(張允和) 등으로 하여금 장형(杖刑)을 차등 있게[有差] 속(贖)할 것을 명하니, 권상온(權尙溫) 등에게 장형 100대를 속(贖)하게 하고 모두 고신(告身)을 수탈(收奪)했다.

윤화(允和) 등은 남의 죄를 실입(失入)[21]한 것에 연좌되고, 상온(尙

---

21 죄인을 판결할 때 법조문보다 지나치게 무겁게 벌을 과하는 것을 말한다. 반대는 실출(失出)이다.

溫)은 다만 관고(官庫)의 쌀을 내어 사사로이 향교(鄕校)와 인리(人吏-관리)에게 준 죄에만 연좌됐다. 의금부(義禁府)에서 조율(照律)하니, 집의(執義) 장윤화는 장(杖) 60대, 장령(掌令) 유빈(柳濱)은 90대, 박안신(朴安臣)은 70대, 지평(持平) 권조(權照)는 60대였으나 아울러 모두 속(贖)을 거두고 고신(告身)을 거둬 빼앗았고, 내자시윤(內資寺尹) 권상온과 한성소윤(漢城少尹) 이하(李賀)는 각각 장(杖) 100대를 속(贖)하게 하고 모두 직첩(職牒)을 거두었다. 대사헌(大司憲) 박습(朴習)은 원종공신(原從功臣)이고 지평(持平) 신자근(申自謹)과 수원부사(水原府使) 박강생(朴剛生) 등은 태조(太祖)의 원종공신의 아들이라 해서 모두 다만 그 직(職)만 파면했다. 상온·강생(剛生) 등은 모두 망령되게 조사(朝士)와 결탁하기를 좋아하고 권귀(權貴)에 붙좇아 아부해서 세상에 쓰이는 바가 되니, 탐욕하고 방종하며 불법(不法)을 저지르다가 드디어 더럽고 욕된 이름을 얻게 됐다.

○ 의금부(義禁府)에서 전 수원부사(水原府使) 박강생(朴剛生), 조뢰(趙賚)·허반석(許盤石) 등이 휘의 나머지 곡식[斛餘]을 사사로이 쓴 곡여 죄를 청하니, 논하지 말라고 명했다. 강생(剛生)은 태조의 원종공신(原從功臣)의 아들이고, 뢰(賚)[22]는 개국공신(開國功臣)의 아들이고, 반석(盤石)은 자기에게 들인 것이 아니라고 해서 모두 면죄해주었다. 유순도(庾順道)는 장(杖) 100대를 속(贖)하게 하고 직첩을 거두는 것은 면제했으니, 순도(順道)가 안성(安城) 수령으로 있을 때 전 수령

_____

22 조인옥(趙仁沃)의 아들이다.

상온이 곡초(穀草)를 대납(代納)[23]한 사건을 박습에게 망령되게 말했기 때문이다.

○ 이천현감(利川縣監) 민소(閔逍)에게 태(笞) 50대를 속(贖)하고 직임에 돌아가게 했다.

---

23 공물(貢物)을 바칠 때 특정인(特定人)이 서울에 와서 대신 바친 뒤 지방에 내려가서 백성들에게 그 값을 징수하던 것으로, 폐단이 많아서 이를 금지시켰다.

乙酉 誠寧大君褈卒. 褈 上之第四子 幼而聰慧 容貌 端潔 擧止
을유　성녕대군　종졸　종　상지제사자　유이총혜　용모　단결　거지

恭順. 上與靜妃絶愛之 常在宮中 不離於側. 年十二 娶摠制成抑
공순　상여정비절애지　상재궁중　불리어측　연십이　취총제성억

之女 然未嘗出于宮闈 至是患瘡疹 方疾痛 靡神不擧 盡心祈禱.
지녀　연미상출우궁위　지시환창진　방질통　미신불거　진심기도

忠寧大君率醫員元鶴 日夜常在褈側 褈究方書 未嘗釋手 親執藥餌
충녕대군　솔의원원학　일야상재종측　종구방서　미상석수　친집약이

救療 兩殿感其至情.
구료　양전감기지정

及卒 年十四. 上輟膳痛悼 停朝市三日. 命禮曹參判申商
급졸　연십사　상철선통도　정조시삼일　명예조참판신상

工曹參判李迹護喪 以副正尹昇主喪. 立殯葬都監 使副使 判官各
공조참판　이적호상　이부정윤승주상　입빈장도감　사부사　판관각

二員治其喪 喪制一依文公家禮. 越翼日未明 以其柩出自敦化門
이원치기상　상제일의문공가례　월익일미명　이기구출자돈화문

殯于私第. 褈忠孝友弟 出於天性 勤學善射 無他嗜好.
빈우사제　종충효우제　출어천성　근학선사　무타기호

丁亥 京畿都觀察使金自知 江原道都觀察使洪汝方奉箋親自陳慰
정해　경기　도관찰사　김자지　강원도　도관찰사　홍여방　봉전　친자　진위

二人前此來京故也.
이인　전차　내경　고야

議移御開城留後司. 上曰: "昔卜者曰: '戊年有厄.' 果是 今年亦
의　이어　개성유후사　상왈　석　복자왈　무년유액　과시　금년역

戊年也. 今之凶變 非此宮之故也 然予住此宮 心實不平 予欲避方
무년야　금지흉변　비차궁지고야　연여주차궁　심실불평　여욕피방

于留後司何如?" 代言等及政府 六曹皆以爲可 遂遣都摠制朴子靑
우　유후사　하여　대언등급정부　육조개이위가　수견도총제　박자청

修葺敬德宮. 上哀甚不忍見褈 所遊之處 遂欲移御 傳旨承政院
수즙　경덕궁　상애심불인견종　소유지처　수욕이어　전지승정원

曰: "予欲移幸 以寫我哀慟鬱結之情 宜令書雲觀擇日以聞." 於是
왈　여욕이행　이사아애통울결지정　의령서운관택일이문　어시

李陽達等擇吉以進 乃本月初十日辛卯也. 命留後司 陪奉侍衛 臺諫
이양달 등 택길 이진 내 본월 초 십일 신묘 야 명 유후사 배봉 시위 대간

刑曹各一員 上大護軍 護軍 內禁衛 內侍衛 三軍甲士 各司則分司.
형조 각 일원 상 대호군 호군 내금위 내시위 삼군갑사 각사 즉 분사

世子出語人曰: "上哀痛 輟膳累日 勢若成疾 將若之何?" 言訖涕下
세자 출어 인 왈 상 애통 철선 누일 세 약 성질 장 약지하 언흘 체하

群臣莫不悲歎.
군신 막불 비탄

戊子 刑曹上疏. 疏曰:
무자 형조 상소 소왈

'醫員之任 固當精於診候 以進藥餌. 今者 誠寧大君疾革臨卒
의원 지임 고당 정어 진후 이진 약이 금자 성녕대군 질혁 임졸

醫員楊弘達 李舟 曹聽 元鶴 朴居等尙不精診證候而明言其狀 其不
의원 양홍달 이주 조청 원학 박거 등 상부 정진 증후 이 명언 기상 기불

用心於診候 進藥明矣. 上項醫員等 收其職牒 鞫問其由 以懲 後來.'
용심 어 진후 진약 명의 상항 의원 등 수기 직첩 국문 기유 이징 후래

司諫院上疏曰:
사간원 상소 왈

'臣等竊謂 診候命藥 人命所關 其事甚重 爲醫者所當盡心精察而
신등 절위 진후 명약 인명 소관 기사 심중 위의 자 소당 진심 정찰 이

不可忽也. 誠寧大君疾證 非隱微難知 而瘡胗之疾 人人所共經驗
불가 홀야 성녕대군 질증 비 은미 난지 이 창진 지 질 인인 소공경협

也. 況業醫之人 必明知其理術矣. 盡其心則安有致不意之變乎?
야 황 업의 지인 필 명지 기 이술 의 진 기심 즉 안유 치 불의 지 변호

楊弘達 元鶴 朴居爲醫已久 經歷悉多 而乃安然不敬 以致大變
양홍달 원학 박거 위의 이구 경력 실 다 이 내 안연 불경 이치 대변

其懷不忠之心 眞不可測. 伏望殿下 命下攸司 收其職牒 鞫問其由
기회 불충 지심 진 불가측 복망 전하 명하 유사 수기 직첩 국문 기유

以懲其罪.'
이징 기죄

上曰: "弘達等豈不專心? 只是天命 何咎醫員? 且醫員之不用心
상왈 홍달 등 기불 전심 지시 천명 하구 의원 차 의원 지 불용심

亦是命也. 疏內所言不忠者 感傷和氣之言也. 後見代言等則諭以
역시 명야 소내 소언 불충 자 감상 화기 지언야 후견 대언 등 즉 유이

予意. 予近有小疾 心欲灸治 聞弘達等被劾 未得灸也 今果見請罪
여의 여 근유 소질 심욕 구치 문 홍달 등 피핵 미득 구야 금 과견 청죄

之書. 弘達等不愼之罪 雖不可宥 後日亦可罪也 卽令召出."
지서 홍달 등 불신 지죄 수 불가유 후일 역 가죄 야 즉령 소출

趙末生承命召弘達 又召判書尹向 獻納權孟孫等 傳諭上旨. 孟孫
조말생 승명 소 홍달 우 소 판서 윤향 헌납 권맹손 등 전유 상지 맹손

曰: "亦有他醫 何必弘達?" 末生及向曰: "弘達等外 無他良醫."
왈 역유 타의 하필 홍달 말생 급향왈 홍달 등외 무타 양의

昌寧府院君成石璘等請進膳. 上自誠寧疾革 以至于今輟膳. 石璘
창녕부원군 성석린 등청 진선 상자 성녕 질혁 이지 우금 철선 석린

及淸城府院君鄭擢 平陽府院君金承霆 奉寧府院君福根 領議政
급 청성부원군 정탁 평양부원군 김승주 봉녕부원군 복근 영의정

柳廷顯 左議政朴訔 右議政韓尙敬 六曹判書參判 三軍摠制等詣闕
유정현 좌의정 박은 우의정 한상경 육조판서 참판 삼군총제 등 예궐

啓曰: "殿下自大君感疾之後 累日勞慮 今又哀毀 曠日輟膳 況在
계왈 전하 자 대군 감질 지후 누일 노려 금우 애훼 광일 철선 황재

中宮傷歎之心 豈可勝言? 然人之壽夭 在於天定 請以大義節哀 小
중궁 상탄 지심 기가 승언 연 인지 수요 재어 천정 청이 대의 절애 소

可進膳."
가 진선

敎曰: "予自大君得疾之後 累日不脫衣而寢 況今幽明永隔 雖欲
교왈 여자 대군 득질 지후 누일 불 탈의 이침 황금 유명 영격 수욕

進膳 面目在眼 森然不忘. 卿等慇懃來勸 今欲進膳耳." 又別諭石璘
진선 면목 재안 삼연 불망 경등 은근 내권 금욕 진선 이 우 별유 석린

曰: "予之遇卿 十八年于玆矣. 予雖不言 卿豈不知哉?" 石璘俯伏問
왈 여지 우경 십팔년 우자 의 여수 불언 경기 부지 재 석린 부복 문

上進膳與否.
상 진선 여부

議政府啓曰: "殿下移幸留後司 使百官分司隨駕 而王旨不擧本府
의정부 계왈 전하 이행 유후사 사 백관 분사 수가 이 왕지 불거 본부

臣等在此 別無行事 請隨駕以行."
신등 재차 별무 행사 청 수가 이행

敎曰: "相代來往."
교왈 상대 내왕

檢校漢城尹崔德義擇大君葬日以獻 五月十一日庚申 凶則呼三人
검교 한성윤 최덕의 택 대군 장일 이헌 오월 십일일 경신 흉 즉 호 삼인

也. 敎曰: "庚申日外 無他吉日乎?" 李陽達對曰: "自是月至九月
야 교왈 경신일 외 무타 길일 호 이양달 대왈 자 시월 지 구월

葬日雖多 呼損某人之言頗多. 但庚申日稍吉." 敎曰: "姑擇稍吉
장일 수다 호손 모인 지언 파다 단 경신일 초길 교왈 고 택 초길

之日權葬 從十月而推之 擇純吉之日而永葬如何?" 陽達等對曰:
지일 권장 종 십월 이 추지 택 순길 지일 이 영장 여하 양달 등 대왈

"是亦可也." 敎曰: "速擇權葬之日與永葬之日." 陽達擇權葬日五月
시역 가야 교왈 속 택 권장 지일 여 영장 지일 양달 택 권장일 오월

十日己未也 擇永葬日明年正月初四日己酉也.
십일 기미 야 택 영장일 명년 정월 초사일 기유 야

敎曰: "待五月而權葬 則久殯城內 似乎緩也. 三四兩月之間 豈無
吉日乎?" 陽達等擇吉日而未得. 上召政府 六曹敎曰: "大小之人
惑於葬書所忌 皆欲擇純吉之日 故雖眞孝子 或久從征役 累月不返;
或因私事 久適他方 至使其親曝露而不葬. 古人慮此 定天子七月
諸侯五月 大夫三月 士踰月之制. 程子朱子亦已言之. 程朱子之言
豈無所據乎? 今世之人 惑於葬書所忌 故陽達等未擇純吉之日. 予
於此時 大建一定之法 擬議以聞."

柳廷顯 朴訔 韓尙敬等曰: "呼某人損某人之言 皆妖誕之說也.
人死則魂升骨朽 安有呼生人之理乎? 然有屬殿下之忌 則不可虛論
但避殿下之忌 三月而葬. 焚諸葬書 永爲恒式 如有潛用葬書 以
藏妖書律論之."

贊成李原 參贊成發道 禮曹判書金汝知 吏曹判書沈溫 刑曹判書
尹向 工曹判書 鄭鎭 禮曹參判申商 兵曹參議南琴 工曹參議李韜等
曰: "葬書所忌 皆臣等所不信也. 然屬殿下之忌 則不可虛論 避殿下
之忌權葬 待明年正月初四日 永葬可也. 焚諸葬書 亦皆臣等之願
也."

敎曰: "三議政所言 皆合於理 然亡兒之葬 從贊成以下之言 至於
予身 須從程朱三月之制." 上又問曰: "自古有城郭宮闕之制 何所據
乎?" 朴訔曰: "城郭宮闕 從天文地理 以定方位 天文地理 論五行之
理 不可無也. 臣等所欲焚者 葬書也." 上問: "陰陽地理之法 始於

何代歟? 中原亦有擇地而葬之之法乎?"
하대 여   중원 역유 택지 이 장지 지법 호

金汝知曰: "東晉時 有陶侃者 始制陰陽地理之法." 柳廷顯曰: "臣
김여지 왈   동진 시유 도간 자 시제 음양 지리 지법   유정현 왈   신

嘗奉使中原 田頭川岸 人塚纍纍. 以是觀之 中原之人不擇地理也."
상 봉사 중원   전두 천안   인총 유류   이시 관지   중원 지인 불택 지리 야

敎曰: "葬書雖當焚之 焚於明年正月以前乎? 以後乎?"
교왈   장서 수 당 분지   분어 명년 정월 이전 호   이후 호

柳廷顯 朴訔 韓尙敬 鄭易等曰: "大君之葬 不遵三月之制 則待
유정현   박은   한상경   정역 등왈   대군 지장 부준 삼월 지제   즉대

明年正月永葬之後焚之可也." 李原 金汝知等曰: "有此雜書 故人皆
명년 정월 영장 지후 분지 가야   이원   김여지 등왈   유차 잡서 고인 개

有疑. 如欲不從 則正月以前焚之可也 以後亦可也."
유의   여욕 부종   즉 정월 이전 분지 가야 이후 역 가야

上召諸府院君 令擬議以聞 成石璘曰: "葬書所忌 皆妖言也. 非
상 소제 부원군   영 의의 이문   성석린 왈   장서 소기 개 요언 야   비

經明行修之主 安有此問乎? 古有三凶之忌 今皆不忌 尙無凶事 是
경명행수 지주 안유 차문 호   고유 삼흉 지기 금개 불기 상무 흉사 시

其驗也. 今於大君之葬 不拘葬書 而從三月之制可也. 殿下之意
기험 야   금어 대군 지장 불구 장서 이종 삼월 지제 가야   전하 지의

欲從李原等所言 是亦無妨也. 至若葬書之焚 誠不易之論也. 何必
욕종 이원 등 소언 시역 무방 야   지약 장서 지분 성불역 지론 야   하필

待正月以後乎? 孟子曰: '如知其非道 何待來年?'"
대 정월 이후 호   맹자 왈   여지기 비도 하대 내년

宜寧府院君南在 平陽府院君金承霔 興寧府院君安景恭等曰:
의령부원군   남재   평양부원군   김승주   흥녕부원군   안경공 등왈

"大君之葬 當如石璘之言也. 若夫葬書 古人所成 不可焚也. 用不用
대군 지장 당여 석린 지언 야   약부 장서 고인 소성 불가분 야   용 불용

各在其心." 李陽達等擇權葬日以獻 乃四月初四日甲申也. 上問
각재 기심   이양달 등 택 권장 일 이헌   내 사월 초사일 갑신 야   상문

甲申所忌 陽達對曰: "此日但於本命人及壬辰生人有凶 然主喪者非
갑신 소기   양달 대왈   차일 단어 본명인 급 임진 생인 유흉 연 주상 자비

本命 雖有壬辰生人 當葬日避之 則俱無凶也."
본명 수유 임진 생인 당 장일 피지 즉 구무 흉야

敎曰: "此日永葬 則合古人三月之制也."
교왈   차일 영장 즉 합 고인 삼월 지제 야

庚寅 議政府請改卜開城留後司移御日期. 上欲幸留後司 趙末生
경인 의정부 청 개복 개성유후사 이어 일기   상 욕행 유후사   조말생

啓曰: "告宗廟祝文 以何意製之?" 上曰: "以拜齊陵製之." 柳廷顯
계왈   고 종묘 축문 이 하의 제지   상왈   이배 제릉 제지   유정현

朴訔等詣闕啓曰：“今日風雨大作 以臣等之小身 猶嫌氣候之異 況
殿下累日不寧 汗出未止？且道路泥濘 行路甚難 明日動駕 誠爲
未便. 請限三四日養氣 待二十日動駕 則殿下庶可小寧 隨駕之人亦
無行路之難.”

　教曰：“道路泥濘 大小之人 豈無愁苦乎？從卿等所言.”

　成石璘等復請進肉膳. 石璘與柳廷顯 朴訔啓曰：“上自誠寧得疾
之後 累日輟膳 元氣失常 故至於未寧. 今雖進淡粥 何補元氣？雖
親喪 病則飮酒食肉 古之制也. 平常忌日不食肉 氣有所餒 況累日
輟膳乎？願進肉膳.” 上曰：“卿等所言 甚合於理 迨今未得寬心者
予之所短也. 豈無食肉之日乎？”

　辛卯 移御于景福宮. 上謂趙末生曰：“欲與中宮移御景福宮與
新宮 姑待後日幸留後司 使李陽達等擇吉方.” 陽達曰：“新宮則正東
非今年之吉方也. 景福宮正在辛酉間 乃吉方也.”

　傳旨曰：“摠持宗專以密員之術 遁甲救人而設 右宗僧人不知其任
自今其職銜及寺社住持 勿令差下.”

　壬辰 命刑曹員吏皆就職. 以韓鈇擊鼓申訴 合司避嫌故也.

　議營敬德宮視事之所. 上謂議政府曰：“國家設書雲觀術學 以占
吉凶也. 然無精學其業 而先告其吉凶者 況史記具載離宮避方之事.
今予卽位十八年 而無告其吉凶避方者 予豈以吾子之亡 而言乎？
且留後司無接見政府 六曹之所 予欲往焉而營繕視事之所如何？”

柳廷顯 朴訔 韓尙敬對曰: "歷代皆有二都 成周萬世之所仰法 而
유정현 박은 한상경 대왈 역대 개유 이도 성주 만세 지 소앙 법 이

有鎬京 洛陽 今皇帝亦有南北二京. 國家留後司 豈可棄而不修乎?
유 호경 낙양 금황제 역유 남북 이경 국가 유후사 기가 기이 불수 호

營繕視事之所 不害於義."
영선 시사 지소 불해 어의

以長興君馬天牧爲內侍衛節制使. 節制使李澄入直 擅自出外
이 장흥군 마천목 위 내시위 절제사 절제사 이징 입직 천자 출외

射的遊戲 以慢軍法. 兵曹請其罪 乃以天牧代之.
사적 유희 이만 군법 병조 청 기죄 내이 천목 대지

刑曹請盲人巫女之罪. 啓曰: "盲人卜者不精其業 乃以誠寧延命
형조 청 맹인 무녀 지죄 계왈 맹인 복자 부정 기업 내이 성녕 연명

啓聞. 且國巫加伊不能祈禳免禍; 巫女寶文不察病勢 淫祀雜神於
계문 차 국무 가이 불능 기양 면화 무녀 보문 불찰 병세 음사 잡신 어

宮闈 以致不測. 請皆置於法." 命除盲人及加伊外 寶文依律處罪.
궁위 이치 불측 청개 치어 법 명제 맹인 급 가이 외 보문 의율 처죄

下旨刑曹曰: "巫女寶文 除流三千里收贖 只於外方付處." 剜豆瘡
하지 형조 왈 무녀 보문 제유 삼천리 수속 지어 외방부처 완두창

祀神 世俗之大忌 故罪之.
사신 세속 지 대기 고 죄지

上曰: "予欲捨誠寧家爲寺. 其大君翁主家 欲造於宮近處何如?"
상왈 여 욕사 성녕 가위사 기 대군 옹주 가 욕조 어궁 근처 하여

代言河演等對曰: "捨家爲寺 其理不可知 然都城內捨家爲寺 則
대언 하연 등 대왈 사가 위사 기리 불가지 연 도성 내 사가 위사 즉

其終與閭閻無異. 請誠寧墳墓近處 營庵居僧." 上然之.
기종 여 여염 무이 청 성녕 분묘 근처 영암 거승 상 연지

癸巳 慶尙道晉州南江水黃濁連日.
계사 경상도 진주 남강 수 황탁 연일

甲午 駕幸開城留後司 夕次原平廣灘 靜妃隨至. 各司一員分司
갑오 가행 개성유후사 석차 원평 광탄 정비 수지 각사 일원 분사

侍衛.
시위

賀正使金萬壽回自北京. 通事宋成立傳寫行在兵部箚付以獻
하정사 김만수 회자 북경 통사 송성립 전사 행재 병부 차부 이헌

辭曰:
사왈

'行在兵部爲禎祥事 準行在禮部咨: "永樂十五年十一月二十七日
행재 병부 위 정상 사 준 행재 예부 자 영락 십오 년 십일월 이십 칠일

該陝西以瑞兔來獻 黑質玄毫 鮮明純潔 藹若玄雲 黑玉金眸 粲然
해 섬서 이 서토 내헌 흑질 현호 선명 순결 애 약 현운 흑옥 금모 찬연

騰輝布彩 自古以來所稀有也. 又有靈芝仙草 應時而見 誠爲上瑞
등휘 포채　　자고이래 소희유 야　우유 영지 선초　응시 이현 성위 상서

實應皇帝至仁聖德 爲國家萬萬年太平之徵. 在京文武百官上表
실응 황제 지인 성덕　위 국가 만만 년 태평 지징　재경 문무 백관 상표

慶賀外 合行天下諸司衙門 一體知會."
경하 외 합행 천하 제사 아문　일체 지회

又準行在禮部咨: "伏遇朝廷營建 北京宮殿 永樂永樂十五年
우 준행재 예부 자　복우 조정 영건　북경 궁전　영락 영락 십오 년

十一月初二日 起立奉天殿 乾淸宮. 本月初八日 該奉寧侯陳珪等
십일월 초이일 기립 봉천전 건청궁　본월 초팔일 해 봉녕후 진규 등

奏: '二處俱見五色瑞光 慶雲藹藹 綑縕流動 輝徹霄漢.' 初九日
주　이처 구현 오색 서광　경운 애애　인온 유동　휘철 소한　초구 일

金水河氷凝異瑞 體具諸象. 自是異瑞連日呈見 至十八日. 陳珪等
금수하 빙응 이서　체구 제상　자시 이서 연일 정현　지 십팔일　진규 등

復奏: '慶雲[24]呈彩 氤氳繽紛 非烟非雲 五色輪囷 浮空麗霄 變化
부주　경운 정채　인온 빈분　비연비운　오색 윤균　부공 여소　변화

舒卷 彌滿殿間 慶雲內出 五色瑞光 團圓如月 正當御座 光中粲然
서권 미만 전간　경운 내출　오색 서광　단원 여월　정당 어좌　광중 찬연

五色天花 瑤璨燁煜 輝耀洞徹 星融月朗 流動徧爥 已而升騰太虛.'
오색 천화 요찬 엽욱　휘요 통철　성융 월랑　유동 편촉　이이 승등 태허

兩度宮苑掩映其上 今所御殿庭 終日不收. 官軍工匠 群目共觀 皆
양도 궁원 엄영 기상　금 소어 전정　종일 불수　관군 공장　군목 공관 개

喜懽踴躍 趨事赴功 斯爲上瑞 實應大平. 二十二日 文武群臣上表
희환 용약　추사 부공　사 위 상서　실응 대평　이십 이일　문무 군신 상표

稱賀外 天下諸司衙門一體知會.'"
칭하 외 천하 제사 아문 일체 지회

乙未 次于臨津渡北.
을미 차우 임진도 북

丙申 駕至開城留後司 下輦于敬德宮.
병신 가지 개성유후사　하련 우 경덕궁

丁酉 罷咸吉道兵馬都節制使經歷金最職. 咸吉道察訪鄭容
정유 파 함길도　병마도절제사　경력 김최 직　함길도 찰방 정용

請都節制使李之實不鍊軍器之罪 上曰: "之實 宰相 不可輕代
청 도절제사 이지실 불련 군기 지죄 상왈　지실 재상 불가 경대

勿論." 乃罷最職. 慶尙道察訪柳承淵請兵馬都節制使朴實 辛悅
물론　내 파 최직　경상도 찰방 유승연 청 병마도절제사 박실　신열

---

24 원문에는 卿雲으로 돼 있지만 확인 결과 慶雲의 잘못이다.
　　　　　　경운　　　　　　　　　　　　　경운

水軍都節制使禹博等不鍊軍器之罪 命勿論 其僚屬依律論罪.

庚子 議政府 六曹請進肉膳. 啓曰:"先王制禮 不可不及 亦不可
過也. 且王無傍忌 輟膳已久 請進肉膳." 不許.

熙川君金宇卒. 宇 熙川土豪 江界萬戶英庇子也. 古名都吉 有
武才不識字 貪財好色 然自上潛邸時 有侍從之勞. 及卽位 得與
佐命之列 累官至都摠制. 卒 輟朝三日 贈諡襄靖.

辛丑 議政府 六曹詣闕請進肉膳 不許. 上曰:"予於死子 已無
可爲 但從世俗 素膳三十日 諸卿無復 進請.

遣上護軍趙定于咸吉道. 去丁酉年五月初七日 咸吉道都巡問使
將白頭山北來欽差眞大人伴人 女眞所伊雍不花以女眞書 私通北靑
住敎父 阿伊不花書狀以聞 上命趙定見之. 其書曰:

'我於甲寅年 爲胡波豆所擄入中國. 今陪女眞大人 來于白頭山
北新木柵城 我側聞 叔伯與從弟康吉等好在喜喜 我欲出去相見 眞
大人豈肯送我? 叔伯使康吉蹄好馬二匹持來 則我當送色好段匹.'

定以其書意啓 上曰:"如此書 潛通何也?" 定對曰:"康吉卽
阿伊不花之子也. 非惟此輩 雲尙等十餘戶 昔避胡波豆之難 入來
甲山 近於彼境 今此消息相通 事甚機密. 以甲山住居人移徙于深處
可也."

上命定刷出 甲山住康吉 雲尙等各戶 移置深遠諸州 其農作所出
以稼庫之米相換以給. 定將行 都鎭撫李原 延嗣宗 刑曹判書尹向

等啓曰: "今當農月 不可移徙 乞待農隙." 上然之 命定曰: "汝往
등 계왈　금당 농월　불가 이사　걸대 농극　상 연지　명정왈　여왕

先知此人等戶數 若人口數 如有可用者上送 予將以任職事. 其無用
선지 차인 등 호수　약 인구수　여유 가용 자상송　여 장이임 직사　기 무용

老弱 宜移置于北靑等處." 定復命曰: "康吉 雲尙等十三戶 已移置
노약　의 이치 우 북청 등처　정 복명 왈　강길　운상 등 십삼 호　이 이치

于北靑. 其中侍衛可當者 唯雲回也等數人."
우 북청　기중 시위 가당 자　유 운회야 등 수인

禁留都前銜宰樞問安. 命留都大小人員有故不得已出入者 進
금 유도 전함 재추 문안　명 유도 대소인원 유고 부득이 출입 자　진

議政府告其故 禁進退世子殿.
의정부 고 기고 금 진퇴 세자전

癸卯 復置知海豐郡事. 始 以開城留後司留後副留後中一人 兼
계묘 부치 지해풍군사　시 이 개성유후사 유후 부유후 중 일인 겸

京畿都觀察使.
경기 도관찰사

先是 海豐 開城 松林 德水 皆屬留後司 至是 海豐京在兩班申呈
선시 해풍 개성 송림 덕수 개 속 유후사 지시 해풍 경재 양반 신정

曰: '本邑在三韓時 爲貞州牧 中古降爲昇天府 其後又降爲郡. 以
왈　본읍 재 삼한 시 위 정주목 중고 강위 승천부 기후 우 강위 군　이

山川靈異之德 奉安齊陵 僉望依御鄕例加號 近日反去郡號 屬于
산천 영이 지덕 봉안 제릉 첨망 의 어향 례 가호 근일 반거 군호 속우

留後司 永失鄕號 百姓缺望. 乞將任內德水 還屬本邑 仍復郡號 置
유후사 영실 향호 백성 결망　걸장 임내 덕수 환속 본읍 잉복 군호 치

守令.'
수령

從之 乃以前少尹張友仁爲知郡事. 以松林縣屬於臨湍 唯開城縣
종지 내 이 전 소윤 장우인 위 지군사　이 송림현 속어 임단 유 개성현

仍屬留後司. 前此 留後司以四縣爲屬 故能辦朝廷使臣支應 今以
잉속 유후사　전차 유후사 이 사현 위속 고 능판 조정 사신 지응 금 이

屬縣 復合其舊 難以應辦 乃立留後 副留後中帶京畿監司之法 以
속현 부합 기구 난이 응판 내 입 유후 부유후 중 대 경기 감사 지법 이

留後司附近州郡 相聚支應.
유후사 부근 주군 상취 지응

甲辰 罷醫員 楊弘達職限四品. 收元鶴 朴居等職牒 降爲典醫
갑진 파 의원 양홍달 직한 사품　수 원학 박거 등 직첩 강위 전의

助敎.
조교

初 刑曹及司諫院上疏請弘達等不明言誠寧疾證之罪 上不允
초 형조 급 사간원 상소 청 홍달 등 불 명언 성녕 질증 지죄 상 불윤

至是 判書尹向等詣闕固請故也.
_{지시 판서 윤향 등 예궐 고청 고야}

江原道都觀察使洪汝方上書 請崔天命 宋儲等罪. 書曰:
_{강원도 도관찰사 홍여방 상서 청 최천명 송저 등 죄 서왈}

'文王之囿 芻蕘雉兔者無不往焉. 孟子此言 特爲時君之失 救弊
_{문왕 지 유 추요 치토 자 무불 왕언 맹자 차언 특위 시군 지 실 구폐}

而發也. 雖使往焉 苟有人臣之心者 其犯親幸之所而不忌乎? 道內
_{이 발야 수사 왕언 구유 인신 지심 자 기범 친행 지소 이 불기 호 도내}

橫城扇巖等地 山深土薄 禽獸蕃滋 草木荒穢 眞可謂蒐狩之地 曾定
_{횡성 선암 등지 산심 토박 금수 번자 초목 황예 진 가위 수수 지지 증정}

講武之所. 往年春 殿下以同樂之仁 包荒之量 革去常所 許人伐木
_{강무 지소 왕년 춘 전하 이 동락 지인 포황 지량 혁거 상소 허인 벌목}

耕田 然有人臣之心者 不可以有是令 而遽爲己私也. 下旨未幾 前
_{경전 연유 인신 지심 자 불가이 유 시령 이 거위 기사 야 하지 미기 전}

護軍崔天命等十餘人卽入搆屋 凡十餘戶 縣監宋儲亦坐視恝然
_{호군 최천명 등 십여 인 즉입 구옥 범 십여 호 현감 송저 역 좌시 괄연}

君臣上下之分 其若是乎? 其不敬甚矣. 臣已將宋儲罷其職 造家者
_{군신 상하 지분 기 약시 호 기 불경 심의 신 이장 송저 파 기직 조가 자}

亦依律論罰有差 然不可以此而止也. 伏望殿下 令攸司鞫問儲等
_{역 의율 논벌 유차 연 불가 이차 이지 야 복망 전하 영 유사 국문 저등}

以懲後來.'
_{이징 후래}

敎曰: "崔天命等論罪 宋儲更勿擧論."
_{교왈 최천명 등 논죄 송저 갱물 거론}

丙午 遣刑曹判書尹向 禮曹參判申商 奉表箋如京師. 表曰:
_{병오 견 형조판서 윤향 예조참판 신상 봉 표전 여 경사 표왈}

'聖明御極 協氣旁流 造化鍾神 嘉祥畢至 照臨 所曁 蹈舞惟均.
_{성명 어극 협기 방류 조화 종신 가상 필지 조림 소기 도무 유균}

歷觀至治之時 必得禎符之應 然皆一物之僅見 未有今日之駢臻. 旣
_{역관 지치 지시 필득 정부 지응 연개 일물 지 근현 미유 금일 지 병진 기}

瑞兔之效靈 又仙草之擢秀 雲垂玉殿 爛五色之氤氳 氷合金河 宛
_{서토 지 효령 우 선초 지 탁수 운수 옥전 난 오색 지 인온 빙합 금하 완}

諸象之布列. 蓋彰誠心之昭格 實基永世之太平. 慶衍宗祊 事光
_{제상 지 포열 개창 성심 지 소격 실기 영세 지 태평 경연 종팽 사광}

簡策. 欽惟皇帝陛下溫恭濬哲 剛健粹精 制作冠於百王 禮樂文物之
_{간책 흠유 황제폐하 온공 준철 강건 수정 제작 관어 백왕 예악 문물 지}

盡美; 恩私被於八表 飛潛動植之咸寧. 玆膺景貺之稠重 以致頌聲
_{진미 은사 피어 팔표 비잠 동식 지 함녕 자응 경황 지 조중 이치 송성}

之洋溢. 伏念 臣猥將庸質 幸際昌辰 迹凝鼇東 雖阻參於趨賀 情深
_{지 양일 복념 신 외장 용질 행제 창진 적응 이동 수 조참 어 추하 정심}

拱北 倍申祝於壽康.'
공북 배신 축어 수강

  向等拜辭 傳旨曰: "赴京 如有人問黃儼馬匹易換事 當答曰:
향 등 배사 전지왈 부경 여유 인문 황엄 마필 역환 사 당 답왈

'牛馬易換 是我國所禁. 黃儼則非私出入 是奉命之人 將其價欲換
우마 역환 시 아국 소금 황엄 즉 비사 출입 시 봉명 지인 장 기가 욕환

故以不多之數 許令易換.' 又曩者以慶尙道來被倭擄唐人男符旭
고 이 부다 지수 허령 역환 우 낭자 이 경상도 내 피 왜로 당인 남 부욱

女陳佛奴等 解送朝廷 禮部奏曰: '朝鮮國與日本交親 將被擄人等
여 진불노 등 해송 조정 예부 주왈 조선국 여 일본 교친 장 피로인 등

送還 請問與日本交親之罪.' 帝曰: '朝廷人物 買得送來 有何罪焉?'
송환 청문 여 일본 교친 지죄 제왈 조정 인물 매득 송래 유 하죄 언

今如復有問之者 當答曰: '殿下以事大之誠 被擄朝廷人物 買得
금 여 부유 문지 자 당 답왈 전하 이 사대 지성 피로 조정 인물 매득

送來.'"
송래

  丁未 大風.
정미 대풍

  戊申 上拜齊陵.
무신 상 배 제릉

  己酉 前慶尙道都觀察使李慇以老上書 乞歸田里 從之. 慇 永川
기유 전 경상도 도관찰사 이은 이로 상서 걸귀 전리 종지 은 영천

人也 年老無子. 每以堤堰之利達于上 再受監司之任 築防導水
인야 연로 무자 매 이 제언 지리 달우 상 재수 감사 지임 축방 도수

間或有利 然不察地勢 督民就役 故民多怨之. 至是 年七十四 上書
간혹 유리 연 불찰 지세 독민 취역 고민 다원 지 지시 연 칠십 사 상서

乞歸田里 原其設心 以沈滯不見用 若上書乞歸 則上必留之再任也.
걸귀 전리 원 기 설심 이 침체 불견용 약 상서 걸귀 즉 상 필 유지 재임 야

旣蒙允許 深悔之.
기몽 윤허 심 회지

  兵曹判書金漢老請進世子於宮側 不允. 啓曰: "世子留都監國
병조판서 김한로 청진 세자 어궁 측 불윤 계왈 세자 유도 감국

職也. 然昔日與具宗秀潛行不義 殿下切責改過. 其改過未久 臣恐
직야 연 석일 여 구종수 잠행 불의 전하 절책 개과 기 개과 미구 신 공

前日之心復萌矣."
전일 지심 부맹 의

  世子謂輔德趙瑞老曰: "吾欲射的如何?" 瑞老曰: "大君之喪 已過
세자 위 보덕 조서로 왈 오 욕 사적 여하 서로 왈 대군 지상 이과

三七日 可以射矣." 世子出內司僕門 射二百三十餘步.
삼칠일 가이 사 의 세자 출 내사복 문 사 이백 삼십 여보

議政府 六曹請進肉膳 不允.

庚戌 賜對馬島宗貞茂使送沙彌時羅米四十石.

初 時羅寇上國浙江等地面 掠陳佛奴爲妻 男符旭爲奴. 於丁酉

九月 率佛奴等 來泊慶尙道富山浦貿販. 萬戶金從善給雜穀二十

餘石 買符旭 陰誘陳佛奴使逃 具辭以聞. 卽遣司譯院注簿金仲渚

率佛奴 符旭以來 解送遼東. 至是 時羅來求其妻 遣禮曹佐郞

權克和于招賢驛 迎謂時羅曰: "我國 事大之國 不可以中國之人留

我境也. 爾之掠來男女 俱已送赴遼東." 仍賜米 時羅喜焉.

命張允和等贖杖有差 權尙溫等贖杖一百 竝收奪告身. 允和等坐

出入人罪 尙溫只坐出官庫之米 私給鄕校及人吏. 義禁府照律 執義

張允和杖六十 掌令柳濱九十 朴安臣七十 持平權照六十 竝皆收贖

收奪告身 內資寺尹權尙溫 漢城少尹李賀 各贖杖一百 皆收職牒.

大司憲朴習以原從功臣 持平申自謹 水原府使朴剛生等以太祖

原從功臣之子 皆只罷其職. 尙溫 剛生等皆以妄說結朝士 趨附媚

權貴 見用於世 貪縱不法 遂被汚辱之名.

義禁府請前水原府使朴剛生 趙賚 許盤石等私用斛餘之罪 命

勿論. 剛生爲太祖原從功臣之子 賚爲開國功臣之子 盤石 以不入

己 俱免. 庚順道 贖杖一百 除收職牒 以順道守安城之時 以前守

權尙溫 穀草代納事 妄言於朴習也.

贖利川縣監閔逍笞五十 還任.

태종 18년 무술년
3월

三月

　신해일(辛亥日) 초하루에 사헌부(司憲府)에서 판충주목사(判忠州牧事-충주목 판사) 한옹(韓雍), 판관(判官) 장안지(張安之)가 경원창(慶源倉)을 수리하지 않은 죄를 청하니, 논하지 말라고 명했다.

　임자일(壬子日-2일)에 최이(崔迤)를 개성유후사 유후(開城留後司留後), 이도분(李都芬)을 우군도총제(右軍都摠制), 허조(許稠)를 개성유후사 부유후(開城留後司副留後) 겸 경기 도관찰사(京畿都觀察使), 이추(李推)를 황해도 도관찰사(黃海道都觀察使), 원민생(元閔生)을 공안부윤(恭安府尹), 허지(許遲)를 한성부윤(漢城府尹), 이발(李潑)을 호조참판(戶曹參判), 윤계동(尹季童)을 영평군(鈴平君)으로 삼았다.

　민생(閔生)은 사람됨이 정교(精巧)하고 지혜로우며[巧慧] 구변(口辯)이 좋고 중국어[華語]를 잘해, 상이 중국 조정의 사신들과 이야기할 때는 반드시 민생으로 하여금 전달하게 했다. 황제도 또한 그를 사랑해, 중국 서울에 가게 되면 비밀리에 가까이 더불어 이야기하고 여러 번 금백(金帛-금과 비단)을 내려주었다.

　○ 명해 경상도(慶尙道)의 흥리(興利-상업) 왜인(倭人)을 나눠 두게 했다[分置].

　병조에서 경상도 수군도절제사(慶尙道水軍都節制使)의 첩정(牒呈)에 의거해 아뢰어 말했다.

"부산포(富山浦)에 와서 거주하는 왜인들이 혹은 상고(商賈-상인)라 칭하고 혹은 유녀(遊女-몸을 파는 여인)라 칭하면서 일본 객인(客人)들이나 흥리 왜선(興利倭船-일본 상선)이 이르러 정박하면 서로 모여 지대(支待)하고 남녀가 섞여 즐기는데, 다른 포(浦)에 이르러 정박하는 객인들도 술을 사거나 바람을 기다린다고 핑계하며[託以=托以] 여러 날을 끌면서 머물러 허실(虛實)을 엿보고 난언(亂言)하며 폐단을 일으킵니다. 빌건대 좌도(左道) 염포(鹽浦)와 우도(右道) 가배량(加背梁)에다 각각 왜관(倭館)을 설치해, 항거(恒居-장기 거주) 왜인들을 쇄출(刷出)해서 나눠 두어 거주하면서 살게 하는 것이 어떠하겠습니까?"

명해 말했다.

"본도(本道-해당 도, 즉 경상도)로 하여금 나눠 둘 즈음에 인심(人心)이 들떠 움직이지 않게 하라."

계축일(癸丑日-3일)에 동부대언(同副代言) 성엄(成揜)에게 명해 진관사(津寬寺)에 가서 성녕대군(誠寧大君)을 위해 수륙재(水陸齋)를 베풀게 하니, 향(香)을 받들고서 갔다. 사제(賜祭-제사를 내려줌)하는 교서(敎書)는 이러했다.

'아아! 오래 살거나 일찍 세상을 떠남이 가지런하지 못한 것은 천명(天命)을 받은 것이라 바꿀 수 없고, 부모 자식의 지극한 은정(恩情)은 천성(天性)에 뿌리를 둔 것이라 그칠래야 그칠 수 없는 것이다. 이는 마침내 사람의 마음이 본래 갖고 있는 것이라 사람마다의 길흉화복에 앞서 이미 정해져 있도다.

생각건대, 네가 태어난 해가 을유년(乙酉年-1405년)이었으니 지금 14살이라, 일찍이 단 하루라도 나의 곁을 떠난 적이 없었다. 내가 수라를 들려고 하면 네가 반드시 먼저 맛보았고, 내가 활 쏘는 것을 구경하고자 하면 네가 반드시 수행(隨行)해 모든 일상을 반드시 너와 함께했도다. (그런데) 지금은 그만 끝나버렸으니 무엇으로 내 마음을 삼겠는가!

아아! 슬프고 괴롭도다. 모습이 늘 단정하고 깨끗해 아무런 흠결도 없었고, 총명(聰明)하고 온아(溫雅)하며 효도하고 공손함이 너의 행실이었다. 글을 읽어 늘 익히고 활쏘기를 배워 여러 번 과녁에 적중했었지. 장가를 들이고 또 대군(大君)으로 봉해주었으니, 장차 어른이 되어 나의 쇠로(衰老)함을 위로하리라 여겼도다. 아아! 이제 그만 끝났으니 이를 어찌해야 한다는 말인가? 네가 처음 병들었을 때는 어린아이들에게 늘 있는 일이라 여겼다가, 병이 이미 위독해지자 후회한들 어쩔 수가 있었겠는가? 혹시 기도(祈禱)를 제대로 하지 않아서인가? 혹시 의료(醫療)가 잘못되었음인가? 눈부시게 흰 너의 얼굴 눈앞에 그대로 있고, 낭랑하고 곱디고운 너의 목소리 아직도 귓전에 그대로 있다.

아아! 슬프고 괴롭도다. 나와 중궁(中宮), 너의 죽음을 통곡하나 이 또한 이제 그만이구나. 너는 효성(孝誠)스러운 마음으로 죽음에 임해서도 어버이를 걱정했으니, 한(恨)스러움을 삼키는 것을 구천지하(九泉地下)에서라도 그만둘 수 있으랴! 너는 나의 아들이 되어 이미 효도하고, 또 재주가 있어 자식의 직분(職分)을 싫어하지 않았지. 목숨이 길고 짧은 운수(運數)는 실로 하늘에서 나오고 너의 죄는 아니니, 네가 어찌 그것을 한스러워하랴! 나는 너의 아비가 되지만, 염(斂)할 때 의금(衣衿-옷과 이부자리)을 볼 수가 없고, 빈(殯)에서 네 관(棺)을 어루만져보지도 못하고, 하관할 때[窆]도 또 그 구덩이에 반드시 임석(臨席)할 수가 없으니, 천승(千乘-제후)의 군주(君主)라면서 도리어 필부(匹夫)의 자식 사랑함만도 못하도다. 내가 정(情)을 잊어서가 아니라 형세상으로 그러한 것일 뿐이다. 내가 한(恨)스러워하는 것이 어찌 그것으로 끝이겠는가!

아아! 슬프고 괴롭도다. 이에 유사(攸司-해당 부서)에 명해 너의 직질(職秩)을 높이고 너에게 시호(諡號)를 내려주어 은수(恩數)의 융성함을 상례(常例)보다 다르게 하려 한다. 이제 근신(近臣)을 보내 진관사(津寬寺)에서 수륙재(水陸齋)를 두어 네 명복(冥福)을 빌고, 또 치부(致賻)하고 전(奠)을 드려 말로써 권하며 음향하게 하련다.

아아! 말에는 끝이 있으나 정(情)에는 끝이 없는데, 너는 그것을 아는가? 어찌 그것을 알지 못하는가?'

변계량(卞季良)의 글이다. 양전(兩殿)의 슬퍼함과 애통함이 지극해, 무릇 성녕대군(誠寧大君)을 천도(薦導)하는 일이라면 하지 않은 바가 없었다. 상이 교서(敎書)를 읽다가 반(半)쯤 이르러 자신도 모르게 흐느껴 울었고, 차마 끝까지 읽지 못해 마침내 그것을 물리치며 말했다.

"나의 속마음과 뜻을 남김없이 다 드러냈도다."

○ 여러 대언(代言)에게 뜻을 전해 말했다.

"내가 죽은 자식을 위해 할 만한 일이 없으니, 시속(時俗)의 제도를 따르고자 하는 것이다. (그런데) 지금 중궁(中宮)이 편찮고 또 삼의정(三議政)이 매일 육선(肉膳)을 들도록 청하니, 내가 대신(大臣)들을 수고롭게 할까 두렵다. 그래서 오는 5, 6일에 마땅히 육선(肉膳)을 허락하겠다."

○ 처음으로 준원전(濬源殿)[1] 직(直) 2인을 두었으니, 함길도 도관찰사(咸吉道都觀察使)의 보고를 따른 것이다.

갑인일(甲寅日-4일)에 예문관 대제학(藝文館大提學) 변계량(卞季良)을 불러서 귀신(鬼神)의 이치를 물었다. 두 대군(大君)을 시켜 귀신이 감응(感應)하는 이치를 물으니, 계량(季良)이 대답했다.

"귀신은 본래 저세상에 있는 것이 아니어서 제사를 지내면 와서 흠향하는 것입니다. 그에 맞는 정성이 있으면 그에 맞는 귀신이 있고, 그에 맞는 정성이 없으면 그 귀신이 없는 것입니다. 내가 정성과 삼감[誠敬]을 다하면, 귀신이 나의 정성과 삼감으로부터 이뤄져 와서 감응하는 것입니다."

상이 말했다.

"이 설(說)은 불씨(佛氏-불교)의 사리분신(舍利分身)[2]의 설(說)과 서

---

1 조선 시대에는 국조 태조의 어진을 봉안하고 제향하는 진전을 서울에는 문소전(文昭殿) 한 곳, 외방에는 전주의 경기전(慶基殿), 영흥의 준원전(濬源殿), 경주의 집경전(集慶殿), 평양의 영숭전(永崇殿), 개성의 목청전(穆淸殿) 등 다섯 곳에 두고 유지했다. 환조의 옛집이자 태조 이성계가 태어난 곳에 세워진 준원전은 외방의 태조진전 가운데 가장 먼저 성립되었다. 태조의 태를 묻었던 용연(龍淵) 자리를 메우고, 태를 전라도 진산군 만인산(萬仞山)으로 옮긴 후 건립했다. 1398년(태조 7년) 왕의 어진을 함주의 준원전에 봉안했고, 여러 산릉과 동일하게 1년 여섯 차례 속절에 사신을 보내 제사를 지내게 했다. 이때인 1418년(태종 18년)에 준원전직(濬源殿直) 2인을 두고 영전(影殿)을 관리하고 분향하게 했다.

2 부처나 수행이 높은 스님이 열반에 든 뒤 화장을 하면 몸에서 구슬 모양의 단단한 유골

로 비슷하다."

이는 대개 상이 성녕대군(誠寧大君)의 죽음을 비통해서 이런 물음이 있은 것이다.

을묘일(乙卯日-5일)에 천둥이 치고 비가 내리고 또 바람이 불었다.

○ 형조참판 이지강(李之剛), 정랑(正郞) 노귀상(盧龜祥)·홍복흥(洪復興), 좌랑(佐郞) 곽정(郭貞) 등을 파직(罷職)하고 정랑 고약해(高若海)를 외방부처(外方付處)했다.

애초에 성녕대군(誠寧大君)이 창진(瘡疹)에 걸려 병이 위독해지자 무녀(巫女) 보문(寶文)이 궁중(宮中)에서 술과 음식을 차려놓고 귀신에게 향사(享祀)하고 기도했다. 이종(李褈)이 졸(卒)하게 되자, 혹자(或者)가 말했다.

"창진(瘡疹)의 병에는 술과 음식으로 귀신에게 제사 지내서는 안 됩니다. 보문이 술과 음식을 차려놓고 귀신에게 제사 지냈기 때문에 이러한 변고가 있었습니다."

이에 보문을 형조에 내려 다스리게 했다. 보문의 죄는 교형(絞刑)에 해당했으나 명해 한 등을 내려 시행하게 하니 그 죄가 장형(杖刑)에 해당됐는데, 지강(之剛) 등이 장(杖)을 때리지 않고 그 죄를 속(贖) 받고자 하다가 성녕대군의 반당(伴儻-수종인) 등이 이를 아뢴 뒤

─────────

이 나오는데, 이것을 사리(舍利)라고 일컫는다. 불교에서는 사리가 나오면 탑이나 부도를 세워 봉안하고 그것을 신앙의 대상으로 삼았다. 사리분신(舍利分身)이란 이러한 사리가 여러 개로 나뉘는 신비한 현상을 가리킨다.

에야 장(杖)을 때렸고, 그 유형(流刑-유배형)의 죄도 검률(檢律)³이 조율(照律)한 것에 의거해서 속(贖)을 거두었다. 반당(伴儻) 등이 다시 아뢰자, 형조에서 깨닫고 곧 아뢰어 보문을 유배할 것을 청했다.

이때에 이르러 사간원(司諫院)에서 소(疏)를 올렸는데, 대략 이러했다.

'무녀(巫女) 보문이 재화(財貨)를 얻기를 탐해 사술(邪術)을 궁중(宮中)에서 마음대로 행해 큰 변고(變故)를 가져왔으니, 죄가 불충(不忠)에 간여돼 온 나라의 신민(臣民)이 함께 분개하고 원망하는 바입니다. 비록 상의 자비(慈悲)를 입어 그 죄를 말감(末減-감등)했으나 법(法)을 잡은 관리된 자는 마땅히 그 죄를 청해 법에 밝게 돼야 하는데, 참판 이지강과 장무 정랑(掌務正郎) 고약해 등은 다만 검률(檢律)이 조율(照律)한 것에 의해 유형(流刑)의 죄를 속(贖) 받았으니 인신(人臣)으로서 충성하고 삼가는 뜻이 없었습니다. 빌건대, 명하여 유사(攸司)에 내려서 그 직첩(職牒)을 거두고 그 사유를 국문(鞫問)해 그 죄를 바로잡으소서. 전 참의(參議) 이중배(李中培)와 노구상·홍복흥·곽정 등이 비록 방장(房掌-담당)은 아니나 아무렇지도 않게[恝然]
좌시(坐視)할 뿐 기꺼이 마음을 다 써서 죄를 청하지 않았으니, 이들도 모두 마땅하지 못합니다. 청컨대 상께서 재결(裁決)해 시행하소서. 그 보문의 불충(不忠)한 죄는 율(律)에 의거해 과단(科斷)하고, 국무당(國巫堂) 가이(加伊)도 먼 지방에 유배해 그 죄를 징계하소서.'

봉교(奉敎)해 지강 등은 파직하고, 약해는 외방부처(外方付處)하고,

---

3 형조(刑曹)와 지방 관아에서 형률을 보는 종9품 벼슬을 가리킨다.

중배·보문·가이는 다시 거론하지 말게 했다. 유정현(柳廷顯)·박은(朴
블) 등이 아뢰어 말했다.

"보문을 먼 지방에 부처(付處)하면 사술(邪術)을 마음대로 행해 외
방 사람들이 복종할 것이니, 그렇다면 어찌 곤궁(困窮)한 경계가 있
겠습니까? 청컨대 먼 지방의 관비(官婢)로 정해서 그 악(惡)을 징계
하소서."

마침내 보문을 경상도 울산(蔚山)의 관비(官婢)로 유배했는데, 미
처 가지도 않았는데 성녕대군을 근수(根隨-수종)하던 무리가 보문을
구타해 몰래 죽였다[潛殺].
잠살

병진일(丙辰日-6일)에 의정부·육조(六曹)에서 양전(兩殿)에 육선(肉
膳)을 드리니 성녕대군 이 졸(卒)한 지 이미 35일째였다.

○ 이에 앞서 상이 조말생(趙末生)에게 비밀리에 일러 말했다.

"세자가 지난 정유년(丁酉年-1417년)에 전 중추(中樞) 곽선(郭璇)
의 첩 중에 이름이 어리(於里)라고 하는 자를 빼앗아 전(殿) 안에 들
였다가, 일이 발각돼 쫓겨나게 했다. 어느 날 청평군 궁주(淸平君宮
主)⁴, 평양군 궁주(平壤君宮主)⁵ 등이 와서 중궁(中宮)을 만나보는데
내가 마침 이르니, 평양군 궁주가 말하기를 '세자전(世子殿)에서 유모
(乳母)를 구해 어쩔 수 없이 이를 보냈습니다'라고 했다. 중궁이 놀라
서 말하기를 '이게 어떤 유아(乳兒)냐?'라고 하니, 궁주가 말하기를

---

4 태종의 제1녀 정순공주(貞順公主)다.
5 태종의 제2녀 경정공주(慶正公主)다.

'어리가 낳은 아이입니다'라고 했다. 그 까닭을 들으니 한로(漢老-김한로)의 처가 한로의 말을 따라 종비(從婢)를 청탁해서 (어리를) 데리고 들어가 바쳤다고 했다."

그 참에 말생(末生)에게 가르쳐 말했다.

"세자가 어릴 때 체모(體貌)가 장대해서, 장차 학문(學問)이 이뤄지면 종묘사직(宗廟社稷)을 맡길 만하다고 생각해 항상 가르치고 깨우치는 방도에 부지런히 했다. (그런데) 지금 이미 수염(鬚髥)이 방불(髣髴)하며 또한 이미 자식이 있으나, 학문을 좋아하지 않고 황음(荒淫)하기가 날로 심하다. 역대의 인주(人主) 가운데 태자(太子)에게 사의(私意)를 가지고 이를 바꾼 자가 있었고 참언(讒言)을 써서 이를 폐(廢)한 자도 있었는데, 내가 일찍이 이를 거울삼아 이런 짓을 하지 않겠다고 맹세했었다. 그러나 세자의 행동이 이와 같음에 이르렀으니 어찌하겠는가, 어찌하겠는가? 태조(太祖)께서 너그럽고 어진 [寬仁] 큰 그릇으로써 개국(開國)한 지 오래되지 않아, 그 손자에 이르러 이미 이와 같은 자가 있으니 장차 어찌하겠는가?"
_{관인}

그러고는 몰래 눈물을 떨어뜨리며 말했다.

"죽은 자식 성녕(誠寧)은 내 가문(家門)에서 체면을 세워준 아이다. 매번 중국의 사신에게 술을 청(請)할 때, 중국 사신 황엄(黃儼) 등은 주선(周旋-일 처리)하는 사이에도 주의해서 보고 심히 그를 사랑했다. 장차 성취(成就)시켜서 노경(老境)을 위로하려 생각했는데, 불행하게 단명(短命)했으니 무엇으로 마음을 잡겠느냐?"

말생이 대답했다.

"세자께서 학문(學問)을 일삼지 않으시고 소인(小人)을 가까이하시니, 대소 신료(大小臣僚) 중에 실망하지 않는 자들이 없습니다. 이제 또 이와 같으니, 진실로 작은 연고가 아닙니다. 마땅히 한로를 죄주어 후래(後來)를 경계시키소서."

상이 말했다.

"세자의 불의(不義)한 연고 때문에 죄를 받은 자가 하나둘이 아니니, 내가 참으로 부끄럽다. 우선 오로지 이를 가르쳐서 스스로 새사람 되기를 기다리고, 오늘 일은 마땅히 누설하지 말도록 하라."

○ (개경) 천수사(天水寺) 서쪽 산등성이에 행차해 영의정 유정현(柳廷顯), 좌의정 박은(朴訔) 두 사람이 한경(漢京)으로 돌아가는 것을 전별(餞別)하고, 내구마(內廐馬)를 각각 1필씩 내려주며 말했다.

"경 등은 이 말을 타고서 양경(兩京-한양과 개경)을 왕래하라."

두 사람이 대답해 말했다.

"상의 덕(德)이 이와 같으시니, 만약 이 말을 타고 한 번이라도 불의(不義)를 행한다면 마땅히 재앙이 자손에까지 미칠 것입니다."

정현(廷顯)과 은(訔) 등에게 명해 말했다.

"지난번에 간신(奸臣) 구종수(具宗秀)의 사건이 발각되던 날에 나는 우러러 조종(祖宗)의 적루(積累)한 간난(艱難)을 생각하고 어떻게할 수가 없어서 황희(黃喜)를 불러 종수(宗秀)의 죄악과 세자의 실덕(失德)을 모조리 말했는데, 희(喜)가 대답하기를 '종수의 한 짓은 매와 개의 일에 지나지 않을 뿐이고, 세자의 실덕은 나이가 어린 때문입니다. 나이가 어린 때문입니다'라며 두 번씩이나 말하면서 조금도 [略] 다른 말이 없었다. (그리고) 지금 김한로(金漢老)는 세자의 장인이면서도 사직(社稷)의 대체(大體)를 생각지 아니하고 몰래 간휼(奸

132

譎)한 계책을 꾸며 어리(於里)를 도로 바쳤다. 이 두 사람의 죄는 마땅히 법대로 처치해야 할 것이다. 내가 아직도 숨기고 차마 그 일을 드러내지 못한 채 세자가 스스로 새사람이 되기만을 기다리니, 두 경(卿)은 마땅히 누설(漏洩)하지 말도록 하라. 만약 세자가 끝내 잘못을 고치지 않는다면 이것은 그가 자취(自取)하는 것이니, 그 종말이 어찌 되겠는가? 좌의정은 나보다 나이가 적으나 영의정은 나이가 이미 많다. 그러나 죽고 사는 것은 나이의 늙고 젊음에 관계없으니, 두 경(卿)은 마땅히 그리 알라."

두 사람이 대답해 말했다.

"한로와 희의 죄는 숨겨서 참을 수가 없으니, 진실로 밝게 바로잡아 후래(後來)를 엄하게 하는 것이 마땅합니다."

상이 말했다.

"일단은 서서히 해서 세자가 스스로 새사람 되는 날을 기다리는 것이 좋을 것이다."

의견을 내는 자들이 말했다.

"은이 오랫동안 정권(政權)을 맡아서 뇌물을 많이 받았으니 일이 어떻게 모두 이치에 맞았겠는가? 이에 말하기를, '재앙이 자손에게까지 미칠 것이다'라고 한 것은 실로 지나치지 않는가?"

정사일(丁巳日-7일)에 쇄권색(刷卷色)[6]에 명해 공부(貢賦)[7]를 상정(詳

---

6 도망친 노비를 잡아들이는 일을 맡은 관아다.
7 지방의 특산물을 나라에 물납(物納)하는 현물세이다.

定)하게 해서, 의정부·육조(六曹)와 같이 토의해 시행하게 했다.

　무오일(戊午日-8일)에 온정(溫井)에서 목욕(沐浴)하는 것을 토의했다.

　이에 앞서 상이 조말생(趙末生) 등에게 명해 말했다.

　"내가 평소[素] 병이 있어 4월 초에 평산(平山)의 온천에 가서 이를 치료하고자 하는데, 이르러 유숙(留宿)하는 곳에서 그곳의 곡식들을 상하게 할까 두렵다. 장차 그 소출(所出)을 헤아려 이를 갚아주거나 혹은 한전(閑田)을 주려고 한다. 나의 지극한 뜻을 본받아서 먼저 사람을 시켜, 이르러 유숙할 땅의 거주민(居住民)에게 가서 타이르기를 땅을 갈아 곡식 심는 것을 하지 말도록 하라."

　그래서 이때에 이르러 다시 말생(末生)에게 일러 말했다.

　"일찍이 의원(醫員)의 말을 들으니 온정(溫井)에 목욕(沐浴)하라는 건의가 있었다. 의원의 말을 믿고서 이러한 행차가 있다면 문(門)을 열어 적(賊)을 끌어들이는 재앙[開門引賊之禍]이 있을까 두렵고, 또 내가 때로는 마음을 느긋하게 하지[寬心] 못해서, 온정(溫井)의 행차를 정지하고자 하는데 어떠하겠는가?"

　말생이 대답해 말했다.

　"전하께서는 평소 풍질(風疾)이 있으시고 또 오랫동안 답답하고 근심함[鬱悒]이 쌓였기 때문에, 신은 전하께서 목욕(沐浴)하시어 병을 없애고 답답하고 근심하는 마음을 풀어내시기 바랍니다. (그러나) 만약 전하께서 하시고자 하지 않는다면 누가 감히 억지로 권하겠습니까?"

○ 승정원(承政院)에 뜻을 전해 말했다.

"내가 보니 보은사(報恩寺) 고개에 소나무가 무성했다[芃芃]. 일찍
이 이 땅에 대사(對射)[8]할 곳이 있으리라는 것을 알았으니, 열흘 뒤
에 친히 가겠다. 내금위(內禁衛)·내시위(內侍衛)에 명해 나눠 활을 쏘
게 하고, 또 아무 날에나 도진무(都鎭撫), 병조 당상(兵曹堂上)과 여러
재상(宰相)을 모아서 나눠 쏘게 하며 그 유사(攸司)로 하여금 관탕
(官帑-나라 창고 혹은 그 저장물)과 그 술을 많이 준비하게 하라. 또 들
으니, 말을 검열(檢閱)하는 목장(牧場)에 노루가 많이 있으며 내구(內
廐-대궐 내 마구간)에 있는 어린 말 한두 필이 있다고 하니, 아무 날
에나 가서 시험해 쏘도록 하겠다. 성균관(成均館)에도 소나무가 무성
하고 땅이 넓어서 대사(對射)할 곳이 있으니, 내가 어려서 글을 읽을
때 항상 그 가운데서 놀고 즐겼다. 지금 가서 보고 싶지만, 문묘(文
廟-공자 사당)가 가까이 있으므로 감히 갈 수가 없다."

말생이 이에 관탕(官帑)을 써서[書] 바쳤는데, 피장(皮張-가죽)이
그 태반을 차지하니 가르쳐 말했다.

"피물(皮物)을 없애고, 오로지 활과 화살만 쓰라."

말생이 활 20개와 화살 20통(筒)으로 의견을 내자 상이 말했다.

"딱 알맞다."

○ 평안도 도절제사(平安道都節制使) 조흡(曹恰)이 방어(防禦)할 사
의(事宜)를 올렸다. 보고는 이러했다.

'강계도(江界道)에 있는 이산(理山)·여연(閭延)과 삭주도(朔州道)에

---

8 두 패로 나눠 활을 쏘는 것을 말한다.

있는 창성(昌城)·벽동(碧潼)과 의주도(義州道)에 있는 인산(麟山)·용천(龍川)은 모두 강변(江邊)에 있어 방어에 긴요(緊要)한 곳인데도 군기(軍器-무기)의 수가 적으니 진실로 염려스럽습니다. 청컨대 계수관(界首官)에서 저장한 군기를 적당히 헤아려 나눠주소서.'

그것을 따랐다.

○ 오도리(吾都里) 동풍지(童風只)에게 종이 100권(卷)을 내렸으니, 노모(老母) 때문에 이러한 청이 있었다.

기미일(己未日-9일)에 우박이 내렸다.

○ 내관(內官) 황도(黃稻)를 평산(平山) 온정(溫井)에 보냈다.

이에 앞서 도관찰사 김문발(金文發)이, 상이 장차 온정(溫井)에 행차한다는 말을 듣고 농민(農民)들을 뽑아서 온정과 도로를 수리했는데, 상이 이를 듣고 크게 노해 말했다.

"내가 온정(溫井)에 행차하고자 했다면 반드시 전지(傳旨)가 있었을 것이다. (그런데) 지금 문발(文發)이 마음대로 억측해서[臆料] 백성을 사역시켜 폐단을 빚었다."
억료

그 참에 대언(代言) 등에게 물었다.

"경들이 전(傳)하여 알리지 않았는가?"

모두 말했다[僉曰].
첨왈
"그런 일이 없었습니다."

마침내 도(稻)를 시켜 가서 살펴보게 했다. 도가 돌아와 수령(守令)들이 수즙(修葺-수리)하면서 폐단을 빚은 사건을 아뢰었다. 황해도 경력(黃海道經歷) 안종신(安從信)을 불러 그 백성을 번거롭게 한 까닭을 물으니, 종신(從信)이 대답해 말했다.

"신이 가서 평산 온정을 보니 어실(御室)이 기울어져 장차 무너지겠기에, 신이 그대로 볼 수가 없어서 평산군수로 하여금 잠정적으로 수즙(修葺)하게 했습니다."

상이 말했다.

"일이 비록 이처럼 신자(臣子-신하)가 반드시 해할 것이라 하더라도 임금의 명령을 어기고 행했으니 마땅히 죄를 주어야 하겠지만, 그러나 일단은 서서히 하라."

경신일(庚申日-10일)에 서운관(書雲觀)에 명해 성녕대군(誠寧大君)의 장일(葬日)을 다시 고르게 했다.

상이 말했다.

"경(卿)·사(士)·서인(庶人)이 장사지내는 달은 각각 정한 기한이 있다."

서운관에서 음양(陰陽)의 금기(禁忌)에 구애돼 아뢰어 말했다.

"3월 안에는 길일(吉日)이 없고, 다만 4월 초5일 을유(乙酉)가 보통으로[平] 길(吉)할 뿐입니다."

마침내 여러 대언(代言)과 일자(日者-점쟁이) 최덕의(崔德義)·이양일(李良一) 등을 불러서 내전(內殿)에 들어가 친히 가르쳐 말했다.

"법(法)을 후세에 내리자면 마땅히 종실(宗室)에서 비롯되어야 한다. 성녕(誠寧)의 장사를 4월 초5일로 정하라. 또 사람의 목숨의 길고 짧음은 모두 하늘의 정한 바인데, 어찌 음양(陰陽)에 구애되어 꺼리는 이치가 있겠느냐? 내가 장통일 추산서(葬通日推算書)를 남겨두겠으니, 그 나머지 글은 모두 불태우라. 만약 요망하고 허탄(虛誕)한 장서(葬書)를 갈무리한 것이 있으면 서운관으로 보내도록 해 모두 불태워버려라."

찬성(贊成) 이원(李原)과 대제학(大提學) 변계량(卞季良) 등이 '태세(太歲-그해의 간지(干支))가 본명(本命-태어난 해의 간지)을 누른다'[9]는 데 의거하면 전하(殿下)가 꺼리는 바에 속한다고 해서, 오는 기해년 정월 통길일(通吉日)[10]을 써서 장사지낼 것을 청했다.

○ 지신사(知申事) 조말생(趙末生)과 대언(代言) 이명덕(李明德)·김효손(金孝孫) 등을 불러서 보고 말했다.

"내가 성녕(誠寧)의 장사에 대해 3개월의 제도에 따르고자 하나 서운관(書雲觀)에서 음양(陰陽)의 금기(禁忌)에 구애돼, 4월 안에 길일(吉日)이 없고 오로지 이달 초5일 만이 조금 길(吉)한데 다만 태세(太歲=大歲)가 나의 본명(本命)을 누른다고 해서, 물러서 명년 정월
대세
초4일을 골랐다. 내가 이러한 말을 믿지 않으니, (과거에) 이미 그러했던 일을 가지고 말하는 것이다. 조인벽(趙仁璧)·조영무(趙英茂)·이화(李和)·이원계(李元桂) 등이 모두 자손이 매우 많은 사람이다. 그 자손 중에 어찌 태세(太歲)가 본명(本命)을 누르는 사람이 없겠는가마는, 그러나 아직 태세가 누르기 때문에 먼저 죽은 자가 있지 않았다. 신미년(辛未年-1391년)에 선비(先妣-돌아가신 어머니)께서 병을 얻자

---

9 태세압본명법(太歲壓本命法)을 말하는 것으로, 당년의 태세(太歲)와 망인(亡人)의 본명(本命)으로써 동총(動塚-매장, 이장 등)의 길흉(吉凶)과 연운(年運)을 가려내는 법이다.
10 꺼림이 없이 통(通)하는 길일(吉日)을 말한다.

내가 곁에서 모시고 임종(臨終)을 보았고 날짜를 골라서 장사지냈는데, 이해가 나의 태세가 누르는 때였다. 무자년(戊子年-1408년)에 우리 태조(太祖)를 장사지낼 때 그 장일(葬日)이 상왕(上王-정종)의 본명(本命)을 누르는 날이었으나 송종(送終-장사)의 예를 행했다.

내가 즉위한 이후로부터 혹은 내[川]가 마르고 혹은 돌이 옮겨지고 혹은 바다가 붉어져 무릇 괴이(怪異)한 일이 많았으니, 한 책에 이르기를 '임금을 바꿀 징조'라고 했다. 그러나 내가 즉위한 지 지금에 18년이지만 아직 흉해(凶害)로서 큰 것이 없었다. 어찌 이 글이 호순신(胡舜臣)[11]에 미치지 못하겠느냐? 이러한 여러 조목은 모두 믿을 수 없는 것이 명백한 증험(證驗)이다. 또 내가 옛날에 유순도(庾順道)를 불러서 보고 진안군(鎭安君, 1354~1393년) · 익안군(益安君, ?~1404년)의 팔자(八字)로써 그 길흉(吉凶)을 물었더니 순도(順道)가 대답하기를 '살아남는다'라고 했으며, 또 산 사람을 가지고는 죽는다고 했다. 이로써 본다면 비록 성요(星曜-별을 보고 점치는 것)라고 하더라도 또한 혹은 믿을 수가 없다. 옛날부터 경(卿) · 사(士) · 서인(庶人)의 장례(葬禮)가 있어왔으나 서인들은 음양(陰陽)이 꺼리는 것에 구애돼 옛 제도를 따르지 않는다. 법(法)을 후세에 남기고자 한다면 마땅히 종실(宗室)에서 비롯해야 한다. 이제 성녕(誠寧)의 장사는 선왕(先王)의 제도에 따라서 4월 초5일로 정하겠다. 이러한 뜻을 정부와 육조(六曹) 및 이양일(李良一) · 고중안(高仲安)에게 유시(諭示)하고, 이제부터는 잡스러운 말[雜言]을 진언(進言)하지 말게 하라."

---

11 중국 송(宋)나라 때의 음양지리(陰陽地理) 학자다.

○ 상이 효령대군(孝寧大君)에게 명해 승정원(承政院)에 물었다.

"성녕(誠寧)을 위해 종사(宗嗣-종실의 후사)를 세워 제사를 받들게 하고자 한다. 군왕(君王)의 아들이 후사(後嗣)가 없이 졸(卒)하면 형제(兄弟)의 아들 중에서 종사(宗嗣)를 세워 제사를 받드는 것이 어떠하겠느냐? 옛 제도를 상고해서 아뢰어라."

충녕대군(忠寧大君)과 조말생(趙末生)이 여러 고전(古典)을 상고했으나 그 제도를 찾지 못했다.

○ 조계청(朝啓廳)을 궁(宮) 서쪽에 지었다.

○ 강원도 회양(淮陽) 등지의 채방부사(採訪副使) 윤흥의(尹興義)가 금(金) 137냥 4전(錢)을 바치고, 황해도 채방판관(黃海道採訪判官) 김귀룡(金貴龍)이 금 7냥 5전을 바치고, 평안도 채방부사(平安道採訪副使) 백환(白環)이 금 1근(斤) 8냥 5전과 지재연(地滓鉛) 117근을 바치니, 모두 공조(工曹)에 내렸다.

계해일(癸亥日-13일)에 황룡(黃龍)이 경기 교동현(喬桐縣) 수영(水營)의 우물 가운데 나타났다. 수군첨절제사(水軍僉節制使) 윤하(尹夏)가 보고했다.

'수영(水營) 앞에 우물이 있는데, 선군(船軍) 등이 물을 긷고자 우물가로 갔더니 황색(黃色) 대룡(大龍)이 우물을 가득 채우며 나타났는데 허리의 크기가 기둥과 같았습니다. 우물의 둘레는 12척 5촌이요, 길이는 2척 3촌입니다.'

○ 세자(世子)가 내사복문(內司僕門) 밖으로 나가서 표적(標的)을 쏘았다.

○ 성녕대군(誠寧大君) 이종(李褈)에게 증시(贈諡-죽은 후에 시호를 내림)해서 변한소경공(卞韓昭頃公)이라 했다.

예조에서 아뢰어 말했다.

"졸(卒)한 성녕대군 종은 위(魏)나라 종실(宗室) 풍도공(豐悼公)과 진(晉)나라 종실 요동도혜왕(遼東悼惠王)과 송(宋)나라 종실 임천무열왕(臨川武烈王)에게 증시(贈諡)한 예에 의거해서 나라 이름을 아울러 칭하는 것이 어떠하겠습니까?"

그것을 따랐다.

그 참에 가르쳐 말했다.

"진안군(鎭安君) 방우(芳雨)와 익안군(益安君) 방의(芳毅)의 시호 또한 이러한 예에 의거해 시행하라."

마침내 종에게 증시(贈諡)해 변한소경공으로 하고, 정효공(定孝公) 방우(芳雨)에게는 진한(辰韓)을 더하고 공정공(恭靖公) 방의(芳毅)에게는 마한(馬韓)을 더했다.

갑자일(甲子日-14일)에 큰바람이 불고 비가 내렸다.

○ (황해도) 봉산(鳳山) 사람들이 신루(新樓)를 지을 서까래[椽木]를 조운(漕運)하다가 배가 패몰(敗沒-침몰)하니 빠져 죽은 사람이 28명이었다.

○ 대마도(對馬島) 종정무(宗貞茂)가 사람을 보내 약(藥)을 구했다. 평도전(平道全)이 일찍이 휴가(休暇)를 얻어 가서 종정무를 만나보았는데, 이제 반인(伴人) 피도지(皮都知)를 보내 대궐에 나아와 글을 바

쳤다. 글은 이러했다.

'종정무가 지난해 9월에 풍병(風病)이 일어나 거의 죽을 뻔했으나, 지난 2월에 조금 차도가 있었습니다. 빌건대 청심원(淸心元)·소합원(蘇合元)과 제반 약재(藥材)를 반인(伴人)에게 맡겨 보내주소서.'

또 도전(道全)의 말을 전(傳)했다.

"전에 종정무가 병이 없을 때는 적선(賊船)이 살마주(薩摩州)를 지나 강남(江南)으로 향(向)했습니다. 이제 적인(賊人)들이 의견을 내기를 '상장(上將)이 나왔고 종정무도 병들었다. 살마주(薩摩州)를 지난다고 성언(聲言)하고는 마침내 조선(朝鮮)의 지경을 지나가자'라고 하니, 혹시라도 범경(犯境)할까 심히 염려스럽습니다. 마땅히 국가(國家-중국)에 상달(上達)해서 각 포(浦)의 병선(兵船)으로 하여금 방어하고 수비하는 데 삼가도록 하소서."

상이 도전의 글을 읽어보고 말했다.

"저들이 비록 약(藥)을 구하지만, 어찌 복용법을 알겠는가?"

병조참판 이춘생(李春生) 등이 아뢰어 말했다.

"지금 왜변(倭變)이 염려스러우니, 기마역자(騎馬驛子)[12]를 각 도에 보내 방어를 튼튼하게 하소서."

가르쳐 말했다.

"기마역자를 보낸다면 그 형세가 심히 급한 것이므로 외방(外方-지방)에서 반드시 놀라서 소요(搔擾)할 것이다. 다만 이문(移文)해서 알리는 것이 마땅하다."

---

12 나라에서 긴급한 일이 있을 때 동원해서 각도로 파견하는 역노(驛奴)를 말한다.

○ 종정무(宗貞茂)가 있는 곳에 소합원(蘇合元)·청심원(淸心元)·보명단(保命丹)·양비원(養脾元)·정기산(正氣散) 따위의 약(藥)과 소주(燒酒)를 적당히 헤아려서 자세히 기록해, 예조의 서계(書契)를 지금 말미[由]를 받고 들어가는 우원(禹元)에게 주어서 보냈다. 또 우원에게 바다를 건너는 데 필요한 양식 및 소금과 장(醬), 어미를 봉양(奉養)할 물건과 양미(糧米)도 적당히 헤아려 주었다.

을축일(乙丑日-15일)에 바람이 불고 우박이 내렸다.

○ 심종(沈淙-심덕부의 아들이자 심온의 동생)이 (황해도) 토산현(兎山縣)에서 죽었다. 종(淙)은 임금의 동모제(同母弟) 경선궁주(慶善宮主)에게 장가들어[尙] 청원군(靑原君)에 봉(封)해졌으나, 회안군(懷安君) 방간(芳幹)과 사통(私通)하다가 일이 발각돼 쫓겨나서 유배 갔는데, 이때에 이르러 병으로 죽었다.

○ 일본(日本) 대마도(對馬島) 좌위문대랑(左衛門大郞)이 황감(黃柑-노란 감귤)을 바쳤다. 대랑(大郞)은 (또) 평도전(平道全)이 보내준 감자(柑子) 320개를 바쳤다.

○ 사헌부(司憲府)에서 양홍달(楊弘達)·박거(朴居)와 무녀(巫女) 가이(加伊)를 율(律)에 의거해 (처벌을) 시행할 것을 청했으나, 들어주지 않았다.

정묘일(丁卯日-17일)에 사헌부(司憲府)에서 소(疏)를 올렸다. 소는 이러했다.

'전 형조참판 이지강(李之剛), 전 참의(參議) 이중배(李中培), 전 정랑(正郞) 홍복흥(洪復興)·노귀상(盧龜祥)·고약해(高若海), 전 좌랑(佐郞) 곽정(郭貞) 등이 법관(法官)으로서 무녀(巫女) 보문(寶文)의 죄를 논하는데, 불충(不忠)으로써 (그 죄를) 논하지 않았으니 크게 마땅하지 않습니다. 장죄(杖罪)에 이르러서도 속(贖)을 거둬 성안(成案)하고자 했으니 더욱 마땅하지 않습니다. 하물며 약해(若海)는 방장(房掌)으로서 당상(堂上)에게 고(告)하지도 않고 마음대로 속(贖)을 거두고자 했으니, 죄가 진실로 작지 않습니다. 그런데도 약해를 다만 외방(外方)에 부처(付處)했고 지강·중배·복흥·구상·곽정은 다만 그 직(職)을 파면했으니, 이같이 한다면 법(法)을 집행하는 관원에게 어찌 경계가 되겠습니까? 청컨대 율(律)에 의거해 시행함으로써 후래(後來)를 경계시키소서.'

가르쳐 말했다.

"지강 등은 이미 간원(諫院)의 탄핵을 당해 정부·육조(六曹)에서 함께 토의해 좌죄(坐罪-처벌)했으니 다시 청(請)하지 말라."

장령(掌令) 박헌(朴軒)이 아뢰어 말했다.

"성녕대군(誠寧大君)의 병은 은미(隱微-미미)해 알기가 어려운 증세가 아닌데도 양홍달(楊弘達) 등이 모두 말하기를 '이미 나았다' 하면서 약(藥)을 짓는 데[命藥] 정성을 다하지 않았습니다. 창진(瘡疹)의
병은 귀신이나 능히 구(救)할 수 있는 바가 아니라는 것을 보통 사람도 함께 아는 바인데, 무녀(巫女) 보문(寶文)은 구차스럽게 재물(財物)을 탐해서 궁금(宮禁-대궐) 안에서 마음대로 사술(邪術)을 행해 큰 변고(變故)를 가져왔습니다. 궁금 안에서도 오히려 또 이와 같은데, 하물며 무지한 서인(庶人)들에게야 어디에선들 하지 않겠습니까? 아

울러 법대로 처치해 후래(後來)를 징계시키소서."

가르쳐 말했다.

"이미 벌써 좌죄(坐罪)했으니, 다시 청(請)하는 것은 마땅하지 않다."

경오일(庚午日·20일)에 별전(別殿)에 나아가 정사를 보았다[視事]. 상이 성녕(誠寧)이 졸(卒)하면서부터 정사를 보지 않다가, 이날 비로소 별전에 나아가 정사를 보았다. 정상(鄭尚)이 오랫동안 향곡(鄕曲)에 머물다가 사간(司諫)으로서 들어가 조계(朝啓)에 참여하니, 상이 상(尚)에게 일러 말했다.

"여러 해 동안 얼굴을 보지 못했는데, 근래에 물러가 있던 곳이 어느 향(鄕)이었는가?"

상이 대답해 말했다.

"홍주(洪州)입니다."

상이 좌우(左右)를 돌아보며 말했다.

"사간(司諫)은 내가 (고려 시대 때) 삼관(三館)[13]에 있을 때 동료였다."

그 참에 물었다.

"지금 나이가 얼마인가?"

대답했다.

"61세입니다."

___
13 성균관(成均館)·예문관(藝文館)·교서관(校書館)을 가리킨다.

상이 말했다.

"그렇구나! 나도 마음속으로 일찍이 61~2세를 넘지 않았으리라 생각했다."

대언(代言) 하연(河演)이 아뢰어 말했다.

"투화(投化-귀화)한 왜인(倭人) 등이 와서 우리나라에 거주하는 것이 한두 해가 아닌데도 오히려 나라에 기대어 자생(資生-기생)하니, 그 지응(支應-지원)하는 비용이 적지 않습니다. 청컨대 이제부터 더는 양식을 주지 마소서."

가르쳐 말했다.

"이 사람들이 처음에 우리나라에 와서 가산(家産)을 익히지 않았을 때는 양식을 주어 궁핍함을 도와주는 것[補乏]이 마땅하다. (그러나) 이미 우리나라의 일을 익혀 그 생활을 꾸린다면 전지를 경작해서 먹는 것이 바람직하다. 식량을 우리나라에 의탁하는 것을 항례(恒例)로 삼는다면 끝없는 욕심을 어느 때에 그만두겠느냐? 근자에 평도전(平道全)이 동생 피랑(皮郞)에게 글을 주어 보내기를 적인(賊人)들이 배 150척을 만들어 중국을 약탈하고자 한다 하니, 그들이 왕래할 때 생길 변방의 환(患)을 이루 다 말할 수 있겠는가? 우리나라에서는 평도전 등으로 인해 지금까지 보전할 수 있었는데, 이것은 단지 권도(權道-임시방편)의 뜻이다. 적(賊)들이 대대적으로 불의(不義)한 짓을 함부로 행하니 마땅히 스스로 멸망할 터이지만, 만약 스스로 멸망하지 않는다면 승냥이와 이리 같은 포악함을 어느 때에 그만두겠느냐? 만약 중국에서 우리나라와 교통(交通)하는 것을 알고 있는데도 중국의 우환을 구하지 않는다면, 비단 사대(事大)의 정성이 없을 뿐 아니라 그 종말에는 반드시 복심지질(腹心之疾)[14]이 있을 것이니, 내가 이 때문에 걱정을 그치지 못한다."

○ 각 도 도관찰사(都觀察使)에 명해 현량(賢良)을 찾아 이름을 자세히 써서 아뢰게 하니, 강원도에서 40인이고, 경상도에서 51인이고, 전라도에서 86인이고, 충청도에서 8인이고, 평안도에서 12인이고, 함길도에서 20인이고, 경기도에서 50인이고, 황해도에서 2인이었다.

○ 무공(武工)[15]을 거관(去官)[16]하는 법(法)을 세웠다.

예조에서 아뢰었다.

"각처의 제향(祭享) 때 무공(武工)이 부족하니, 빌건대 각사(各司)로 하여금 이전(吏典)에서 거관(去官)해 대장(隊長)·대부(隊副)로 된 자와 사령(使令)에서 거관(去官)해 군기감(軍器監) 별군(別軍)으로 된 자 가운데 120인을 정해서 재랑방(齋郎房)의 예에 의거해 좌우번(左右番)으로 나눈 뒤 매 도목(都目-인사고과)에서 2인씩[式] 거관하게 하는 것이 어떠하겠습니까?"

가르쳐 말했다.

"사령(使令)에서 거관한 사람 안에, 나이가 어려 업(業)을 익히기에 마땅한 사람을 숫자가 찰 때까지 한하여 정해서 보내고, 계문(啓聞-보고)에 의거해서 거관하게 하라."

---

14 덮어버릴 수 없는 깊은 걱정과 근심을 말한다.

15 조선 시대에, 봉상시(奉常寺)에 딸린 악공(樂工)이다. 병조(兵曹)에서 뽑힌 소년(少年)들로 구성돼, 제례악(祭禮樂)을 아뢸 때 무무(武舞)를 추었다.

16 임기가 차서 벼슬을 떠나 다른 관직으로 옮기는 일을 말한다.

신미일(辛未日-21일)에 정사를 아뢰는 여러 경(卿)에게 술잔을 내려 주었다. 좌부대언(左副代言) 원숙(元肅)이 앞으로 나와서 아뢰어 말했다.

"신이 지난해 지양근군사(知楊根郡事-양근군 지사)에서 뽑혀 대언(代言)에 임명되니, 신의 노모(老母)가 감격해 종일 울었습니다. 성은(聖恩)이 깊고 무거우니 보답할 길이 없습니다."

말을 마치고 눈물을 흘리니, 상이 말했다.

"네 말이 진실로 옳다. 내가 옛날에 승선(承宣-승지 혹은 대언)에 임명되자, 태조(太祖)께서는 당시 수상(首相)으로서 나라를 맡고 계셨지만, 오히려 또 감격하고 기뻐해 눈물을 흘리셨다."

그러고는 눈물을 머금었다[含淚].

○ 병조에서 한경(漢京)의 군영(軍營)을 만들 것을 청하며 아뢰어 말했다.

"조성(造成)할 재목(材木)이 이미 강변에 도착해 여러 날을 쌓아놓고 있습니다. 청컨대 우선 군기월과(軍器月課)[17]를 정지해서 본감(本監)의 군인과 본조(本曹)에 속한 보충군(補充軍) 등으로써 부역(赴役)시키고, 나무를 옮기고 돌을 옮기고 터를 닦을[開基] 때에 이르거든 경기 각 포(浦)의 당번선군(當番船軍)[18]으로 하여금 아울러 부역시키소서. 좌변(左邊)은 선공감(繕工監)으로 하여금 감독시키고 우변(右邊)은 군기감(軍器監)으로 하여금 감독시키며, 병조참의(兵曹參議) 남

---

17 각 도의 주(州)·군(郡)·현(縣)에 부과해서 매달 상공(常貢)하도록 한 군수물자를 말한다.
18 번(番)을 당해 입역(立役)하는 선군(船軍)을 말한다.

금(南琴)으로 하여금 그 능하고 능하지 않은 것을 살피게 하소서."

상이 말했다.

"크게 토목(土木)의 역사(役事)를 일으키는 것이 아니겠느냐?"

병조참판(兵曹參判) 이춘생(李春生)이 대답해 말했다.

"비록 그렇다 하더라도 만약 백성의 힘이 아니면 능히 판비(辦備)할 수가 없습니다."

상이 말했다.

"내가 일찍이 나무를 수송하는 역사를 보았는데, 비록 나무 하나를 옮기더라도 사람의 숫자가 심히 많았다. 만약 강변(江邊)에서 깎고 다듬은 뒤에 실어 들인다면 재목(材木)이 가벼워지고 인력(人力)도 나누게 돼, 며칠이 가지 않아 이뤄질 것이다. 또 토목(土木)의 역사는 몹시 더운 철에 일으킬 수가 없으니, 4월을 당하거든 역사를 끝내는 것이 좋겠다. 모름지기 터 닦기를 먼저 하라."

○ 사헌부(司憲府)에서 판진주목사(判晉州牧事-진주목 판사) 유염(柳琰, ?~?)[19]의 죄를 청했으나 명해 논하지 말라고 했다.

아뢰어 말했다.

"염(琰)이 진주에 있으면서, 강주진(江州鎭)이 이미 혁파됐으나 오히려 진무(鎭撫)의 취라치(吹螺赤-군중에서 소라를 부는 사람)를 정(定)해 폐단을 일으킨 일이 많았습니다. 함부로 군인(軍人)을 뽑고 또 진

---

19 1389년(공양왕 1년) 김저(金佇)의 옥사 때 문하시중 이림(李琳)의 손녀사위로서 연좌돼 유배됐다.

주(晉州)·합천(陜川)·함안(咸安) 등지의 취적인(吹笛人-군중에서 피리를 부는 사람)과 창기(倡妓)를 거느리고는 두 번이나 사냥을 갔습니다. 노야(爐冶-대장간)를 세 곳에 설치해서 증여(贈與)해 보낼 도자(刀子-칼)를 만들고 낫을 만들어 화매(和賣-백성과 거래함)함으로써 공공연히 허비하며 썼습니다. 사냥하는 날이 오래돼 군인들의 양식이 떨어지면 백성에게서 거둬들여 이를 주었으니, 재상(宰相)으로서 상께서 백성을 걱정하시는 것을 체현할 뜻이 조금도 없었습니다. 교서관(校書館) 교리(校理) 양권(梁權)은 진주 판관(晉州判官)이 돼 유염과 통해, 같이 백성에게서 군량(軍糧)과 피물(皮物)·마제철(馬蹄鐵-말발굽에 박은 쇠) 따위의 물건을 거둬들여 공공연하게 폐단을 일으켰으니 아울러 모두 부당합니다. 율(律)에 의거해 죄를 논함으로써 탐욕스럽고 더러운 자를 징계하소서."

상이 말했다.

"염은 나의 동년(同年-과거 동기)인데, 어찌 사냥 좋아하기를 이렇게까지 하는가?"

조말생(趙末生)이 대답해 말했다.

"염이 더욱 좋아하는 것은 매[鷹]입니다."

상이 말했다.

"제대로 매를 받지도[臂鷹-매를 팔뚝에 얹는 것] 못하면서 매를 좋아하는 자가 자못 많다. 옛날에 정희계(鄭熙啓)가 이와 같았는데, 염도 매를 좋아하는 자라 하겠다. 범한 죄가 비록 많지만 내버려 두고 논하지 말라."

다만 권(權)만 파직시켰다.

150

○ 이조(吏曹)·병조(兵曹)에 명해 지난해에 직첩(職牒)을 거둔 자의 이름을 자세히 써서 아뢰게 했다.

상이 조말생(趙末生) 등에게 물어 말했다.

"전날 유정현(柳廷顯)·박은(朴訔)의 말을 들으니, 말하기를 '유영(柳穎)이 죄를 얻어 가련합니다'라고 했다. 영(穎)의 죄가 합당한지를 알지 못하겠다."

말생(末生)이 대답해 말했다.

"합당합니다."

상이 말했다.

"정현(廷顯) 등이 말한 바는 오로지 영만을 가리키는 것이 아니라 직첩(職牒)을 거둔 여러 사람을 가리켜서 한 말이다."

○ 호조판서 정역(鄭易)이 태조(太祖)의 어진(御眞)과 공신(功臣)의 화상(畫像)을 사훈각(思勳閣)에 안치할 것을 청했으나 윤허하지 않았다. 상이 말했다.

"감히 태조의 바람을 고칠 수가 없다."

마침내 공신·정부·예조의 의견에 따라 당시의 의견들을 다시 상고하게 했다.

○ 춘등(春等-봄철)·추등(秋等-가을철)에 부시(賦詩)하는 법(法)을 토의했다.

우부대언(右副代言) 원숙(元肅)이 아뢰어 말했다.

"수가(隨駕-어가를 따름)하는 문신(文臣)의 수가 적으니, 청컨대 유도(留都)하는 문신 등으로 하여금 춘등의 시(詩)를 짓게 하소서."

상이 말했다.

"내가 듣건대, 옛날에 한 사람이 시(詩)를 짓고자 하면 방 안에다 서책(書冊)을 널리 펼쳐놓았다고 한다. 지금 시(詩)를 짓는 선비도 이 같이 한다면 그 재주가 어찌 진전될 리가 있겠느냐?"

숙(肅)이 대답해 말했다.

"옛날에는 글제[題]를 내면 각각 그 집에 있으면서 사흘을 기한으로 해서 지었습니다. (그런데) 지금은 수교(受敎)하고 아사일(衙仕日-관아에 출사하는 날)에 조방(朝房)[20]에 모여서 시간을 한정해 짓게 합니다."

상이 말했다.

"이 법이 심히 마땅하다."

계유일(癸酉日-23일)에 도총제(都摠制) 김만수(金萬壽)에게 장(杖) 90대를 때리고 이산진(伊山鎭)으로 유배를 보냈다.

애초에 조말생(趙末生)이 아뢰어 말했다.

"지난해 김여하(金慮遐)가 옥(獄)을 뛰어넘어 도망쳐 지금 평양(平壤)에 있습니다. 도망쳐 나갈 때 어찌 정상을 아는 사람이 없었겠습니까? 이미 나갔으니 또한 어찌 몸을 숨겨주는 집이 없었겠습니까? 당사자는 본가(本家)에서 이미 죄를 속(贖)바쳤으나, 정상을 알고 있던 사람에 대해서는 추국(推鞫)하지 않을 수 없습니다. 의금부(義禁

---

20 조신(朝臣)들이 조회(朝會)를 기다리기 위해 아침에 각사(各司)별로 모이던 방으로, 대궐(大闕) 문밖에 있었다.

府)로 하여금 잡아 와서 정상을 알고 있던 사람을 문초하게 하소서."

그것을 따랐다. 김만수를 의금부에 내려서 대간(臺諫)과 형조(刑曹)에 명해 잡치(雜治-합동 문초)하게 했다. 여하(慮遐)가 공초(供招-범죄 진술서)를 바쳤다.

'단천지사(端川知事)였을 때 감사(監司)에게 차사(差使-사자 임명)를 받고 갑산 만호(甲山萬戶) 장온(張蘊)이 범한 죄를 추핵(推覈)했는데, 온(蘊)이 갑산 지역인 우라한(亐羅漢)에 나가 있으면서 그 땅을 동량북(東良北)의 땅이라 망칭(妄稱)하고 비단을 의금부(義禁府)에 바쳤으므로, 스스로 의혹해서 도망쳐 나와 7촌숙(七村叔) 김만수 집에 숨어서 10일 머문 뒤에 서흥(瑞興)에 있는 만수 첩(妾)의 집에 가 있다가 지금 바로 붙잡혔습니다.'

만수가 공초를 바쳤다.

'저의 아비가 정주(定州) 덕찰창 만호(德察倉萬戶)였을 때 왜인(倭人)이 들어와 침탈했기 때문에 죄를 얻어 간혔는데, 여하의 어미가 친히 스스로 공궤(供饋)하고 돌보아서 목숨을 보존했습니다. 아비가 말하기를 "나는 늙어서 능히 은혜에 보답할 수가 없다. 내 자손(子孫)이 되는 자는 마땅히 이 은혜에 보답해야 한다"라고 했습니다. 지난해 8월 14일에 여하가 도망쳐 우리 집으로 왔기에 머물러 두었다가, 뒤에 반당(伴儻) 박세련(朴世連)에게 주어 서흥(瑞興)에 있는 첩의 집에 보냈습니다. 나라에서 배문(排門-범인의 집에 죄목을 써 붙이는 것)하고 분벽(粉壁-범인의 집 담벼락을 하얗게 칠하는 일)해서 끝까지 찾는 사람을 용은(容隱-범인을 숨겨줌)한 것이 사실입니다.'

여하는 일찍이 도망 중일 때 대명률(大明律)에 의거해 그 죄를 속

(贖)바쳤던 까닭에 다만 영천(永川)에 유배됐고, 호군(護軍) 장신계(張臣桂)는 장(杖) 100대를 맞고 천안(天安)으로 유배됐다. 신계(臣桂)는 여하를 몰래 숨겨준 자였다. 박은(朴訔)이 사사로이 조정(朝廷)에서 말했다.

"만수는 재상(宰相)으로서 임금의 곁에서 모시면서도 도망친 죄인을 숨겨주었으니 죄가 너무나 크다. 비록 그렇지만 오륜(五倫) 가운데 붕우(朋友)도 하나의 조목이 있으니 만수는 붕우(朋友)를 환란(患難)에서 구하고자 후일의 책임을 돌아보지 않았다. 국가를 위한 계책으로는 이런 사람이 없어서는 안 되는 것이다. 하물며 여하의 죄는 종사(宗社)에 관계되지 아니하고, 만수와 신계는 또 모두 친속(親屬)이 되지 않는가?"

갑술일(甲戌日·24일)에 신효창(申孝昌)을 좌군도총제(左軍都摠制), 이유(李愉)를 형조참판으로 삼았다. 효창(孝昌)이 한경(漢京)으로부터 와서 사은(謝恩)하니 상이 말했다.

"내가 관안(官案)[21]을 보는 것은, 경(卿)이 산인(散人)이 된 것을 알지 못해서가 아니라 다만 여러 해 병으로 누워 있었기 때문이다. 근래에 또 듣건대 제생원 제조(濟生院提調)가 되었다 하니, 이제 총제(摠制)로 삼는 것은 일조일석(一朝一夕)의 생각이 아니다."

효창이 사례해 말했다.

---

21 벼슬아치의 이름을 적은 문안(文案)이다. 관리(官吏)의 성적을 매겨 포폄(褒貶)의 참고자료로 삼기 위한 것이다.

"신이 여러 해 병을 얻어 거의 죽을 뻔했으나 온전히 상의 덕택에 힘입어 겨우 목숨을 보존해 이어왔습니다. (그런데) 이제 지나치게 상의 덕을 입었으니, 어찌 은총의 명(命)이 이와 같음에 이르리라고 생각이나 했겠습니까[圖]?"

○ 평안도 도관찰사가 판의주목사(判義州牧事-의주목 판사) 박초(朴礎)의 죄를 청했으나 윤허하지 않았다. 보고는 이러했다.

'초(礎)와 지선천군사(知宣川郡事-선천군 지사) 권수기(權守紀) 등이 군인을 뽑아 보내 다른 지경에서 사냥했습니다. 수기(守紀)는 신이 이미 율(律)에 의거해 장(杖) 100대를 때리고 파직(罷職)했는데, 초 또한 율에 의거해서 죄줄 것을 청합니다.'

○ 대마주(對馬州) 종정무(宗貞茂)의 대관(代官) 좌사구리(佐沙仇里)의 사인(使人)이 예물(禮物)을 바쳤다.

○ 장서(葬書)를 거둘 것을 명했다.

예조에서 아뢰어 말했다. "장서(葬書)는 경외(京外)에 알려 모두 서운관(書雲觀)에 모으되, 만약 갈무리해 숨기고 내놓지 않는 자는 '금서(禁書)를 수장(收藏)한 율(律)'에 의해 논하소서."

이에 앞서 (상이) 명해 말했다.

"중외(中外)의 경사(經師)[22]들이 각각 서로 틀린 장서(葬書)를 가지고 있어서, 음양(陰陽)의 금기(禁忌)에 구애돼 해가 지나도록 장사지내지 않는 자가 자못 많으니 진실로 마음이 아프다. 서운관으로 하여금 장서(葬書)의 가장 긴요한 것만을 골라 장통일(葬通日)을 중외

---

22 풍수(風水)·지리(地理)를 업(業)으로 삼는 사람을 말한다.

(中外)에 반포하게 하고, 그 나머지 요사스럽고 허탄(虛誕)하고 긴요하지 않은 책은 모조리 불태워 없애라."

이때에 이르러 이를 거둬들였다.

○ 명해 산군(山郡-산을 가진 군)들로 하여금 양봉통(養蜂筒)을 설치하게 했다.

호조에서 아뢰어 말했다.

"각 도의 공안(貢案)에 붙인 1년의 청밀(淸蜜)·황랍(黃蠟)의 원수(元數)를 납공(納貢)에 두루 충족시킨 수에 준해 계산해서, 산(山)이 있는 각 고을에 의거해 나눠 정해서 양봉(養蜂)하게 하되, 그 가부를 시험하소서."

그것을 따랐다.

○ 박거(朴居)를 의금부(義禁府)에 내리고 승정원(承政院)에 뜻을 전해 말했다.

"내가 듣건대 박거가 한경(漢京)에 있으면서 말하기를 '무악(毋嶽)의 깊은 골짜기 등지에 개들이 무리를 지어 장작을 진 노인을 물어서 죽였다'라고 해서 인심을 현혹시켰다고 한다. 유도(留都)한 의금부(義禁府)로 하여금 그 사실을 추국하고 심문하게 해서, 만약 허사(虛事)라고 공초(供招)하거나 혹은 승복(承伏)하지 않거든 잡아서 유후사(留後司)로 보내라."

경기 도관찰사(京畿都觀察使) 허조(許稠)가 마산 역승(馬山驛丞) 최소(崔김)의 보고에 의거해 병조에 관문(關文)을 보냈다.

'나쁜 개 15마리 정도가 무악(毋嶽)의 석혈(石穴)에 있는데, 새벽녘이나 저물녘에 무리를 지어 짖어대고 매번 사람을 상하게 하려 하니

청컨대 사람을 시켜 잡게 하소서.'

병조에서 아뢰니 가르쳐 말했다.

"그 보고한 바와 같다면, 분의금부(分義禁府-의금부 분사)에서 거를 잡아들이고 내거족인(來居族人) 심유근(沈有根)과 중 신찬(信贊) 등도 체포하라."

(또) 가르쳐 말했다.

"거는 실없는 사람이다. 세 사람의 죄가 같은가, 같지 않은가?"

마침내 조말생(趙末生)이 대답해 말했다.

"같습니다."

가르쳐 말했다.

"처음에 발설한 사람은 죄를 더해야 하지 않겠느냐? 조율해 아뢰어라."

말생(末生)이 대답해 말했다.

"거의 죄는 마땅히 요언(妖言)의 율(律)에 둬야 하는데, 요언의 죄는 참형(斬刑)에 해당합니다. 세 사람의 죄는 모두 같으니, 청컨대 의금부(義禁府)에 내려 다시 추국(推鞫)해서 조율(照律)하소서."

상이 그것을 따르고, 그 참에 명했다.

"마산 역승(馬山驛丞)을 잡아 와서 그 개가 사람을 상한 사실을 물어보고, 보고한 바가 거짓이라면 거 등의 예에 의거해 논죄하라."

정축일(丁丑日·27일)에 역사(役事)에 나온 군인(軍人)들을 놓아주었다. 뜻을 전해 말했다.

"때가 밭을 갈고 씨를 뿌리는 철을 당했으니, 백성을 사역시킬 수가 없다. 신루(新樓)를 지을 재목(材木)을 전수(轉輸)하는 군인들을 모두 놓아 (집으로) 보내라."

○사간원(司諫院)에서 김만수(金萬壽)·김여하(金慮遐) 등의 죄를 청했다. 소는 이러했다.

'신 등이 가만히 생각건대, 인신(人臣-남의 신하 된 자)의 직분은 충성과 곧음[忠直]보다 큰 것이 없습니다. 충성하기 때문에 일에 진력(盡力)하지 아니함이 없고, 곧기 때문에 일에 정당(正當)하지 아니함이 없습니다. 여하(慮遐)가 도망침에 나라에서 배문(排門)하고 분벽(粉壁)해서 그를 잡으려 한 것은 지극하다고 이를 만합니다. 이는 사람마다 마땅히 분주하고 바쁘게 고(告)해서 잡아야 마땅한 자입니다. 하물며 만수(萬壽)는 성은(聖恩)을 지나치게 입어 지위가 2품에 이르렀으니 마땅히 충성을 다하고 정성을 다해서 만에 하나라도 보답하기를 생각해야 하는데, 이것은 돌아보지 않은 채 도리어 작은 은혜로 대의(大義)를 저버렸습니다. 죄인을 용은(容隱)하고 관(官)에 고(告)하지 않은 채 비호(庇護)해 돌보기를 여러 달 동안 하다가, 사람을 주어 길을 가르쳐서 몰래 먼 지방으로 보냈습니다. 그리고 장신계(張臣桂)·장흥(張興) 등으로 하여금 이를 본받게 하기를 꺼리지 않았으니, 그의 불충(不忠)하고 곧지 못함이 심합니다. 여하 같은 자도 의금부에서 사유(事由)를 핵문(覈問)할 때를 당해 그 정상을 다 실토했으면 곧은 것인데, 자기 죄에 스스로 의혹을 품고 도망쳐서 숨어 면하기를 꾀했으니 그의 곧지 못함 또한 심합니다. (그런데) 지금 전하께서는 특별히 너그러운 법전(法典)에 따라서 그 죄를 말감(末減)하시니 악(惡)을 징계하고 후래(後來)를 경계시키는 뜻에 있어 충분

158

치 못한 점[所歉]이 있습니다. 엎드려 바라건대 전하께서는 만수·여
하 등의 죄를 율(律)에 의거해 시행하시어 신민(臣民)의 소망을 위로
하신다면 심히 다행함을 이기지 못할 것입니다.'

들어주지 않았다.

○ 명해 관기(官妓)가 양부(良夫-양인 남편)에게 시집가서 낳은 남자
는 도청(都廳-임시 관청)에 속(屬)하게 했다. 예조에서 관습도감(慣習
都監)의 첩정(牒呈)에 의거해, 여기(女妓)가 양부(良夫)에게 시집가서
낳은 여자는 연화대(蓮花臺)에 소속시키고 남자는 도청(都廳)에 소속
시키자고 하니 상이 말했다.

"연화대(蓮花臺)는 외방(外方)의 관기(官妓)로서 마땅한 자를 골라
내 이를 시키고, 도청(都廳)은 그 보고한 내로 따르라."

기묘일(己卯日-29일)에 서리가 내렸다.

○ 지사역원사(知司譯院事-사역원 지사) 강방우(姜邦祐)를 보내서 왜
인(倭人)에게 사로잡혔던 중국 사람 하령(夏寧) 등 4인을 요동(遼東)
으로 압송(押送)했다.

辛亥朔 司憲府請判忠州牧事韓雍 判官張安之以慶源倉不修之罪
신해 삭 사헌부 청 판충주목사 한옹 판관 장안지 이 경원창 불수 지죄

命勿論.
명 물론

壬子 以崔迤爲開城留後司留後 李都芬右軍都摠制 許稠
임자 이 최이 위 개성유후사 유후 이도분 우군도총제 허조

開城留後司副留後兼京畿都觀察使 李推黃海道都觀察使 元閔生
개성유후사 부유후 겸 경기 도관찰사 이추 황해도 도관찰사 원민생

恭安府尹 許遲漢城府尹 李潑戶曹參判 尹季童鈴平君. 閔生爲人
공안부윤 허지 한성부윤 이발 호조참판 윤계동 영평군 민생 위인

巧慧辯給 善華語 上與朝廷使臣語 必使閔生傳之 帝亦愛之 赴京則
교혜 변급 선 화어 상 여 조정 사신 어 필사 민생 전지 제 역 애지 부경 즉

密邇與語 屢賜金帛.
밀이 여어 누사 금백

命分置慶尙道興利倭人.
명 분치 경상도 흥리 왜인

兵曹據慶尙道水軍都節制使牒呈啓曰:
병조 거 경상도 수군도절제사 첩정 계왈

“富山浦來居倭人 或稱商賈 或稱遊女 日本客人及興利倭船到泊
부산포 내거 왜인 혹칭 상고 혹칭 유녀 일본 객인 급 흥리 왜선 도박

則相聚支待 男女交懽 他浦到泊客人 亦來沽酒 託以待風 累日淹留
즉 상취 지대 남녀 교환 타포 도박 객인 역 래 고주 탁이 대풍 누일 엄류

窺覘虛實 亂言作弊. 乞於左道鹽浦 右道加背梁 各置倭館 刷出
규첨 허실 난언 작폐 걸 어 좌도 염포 우도 가배량 각치 왜관 쇄출

恒居倭人 分置居生何如?”
항거 왜인 분치 거생 하여

命曰: “令本道分置之際 毋致人心浮動.”
명왈 영 본도 분치 지제 무치 인심 부동

癸丑 命同副代言成揜如津寬寺 爲誠寧大君設水陸齋 故奉香
계축 명 동부대언 성엄 여 진관사 위 성녕대군 설 수륙재 고 봉향

以往也. 賜祭教書曰:
이왕 야 사제 교서 왈

160

'嗚呼! 壽夭之不齊 稟之天命而不可易; 父子之至恩 本乎天性而
오호 수요 지부제 품지 천명 이불가역 부자 지지은 본호 천성 이

不容已. 此乃人心之所固有 而氣數之前定者也.
불용 이 차내 인심 지소고유 이 기수 지 전정 자야

惟汝之生 歲在乙酉 今十有四年矣 未嘗一日離於吾之左右.
유 여지생 세재 을유 금십유 사년의 미상 일일 이어 오지 좌우.

予欲進膳 汝必先嘗; 予欲 觀射 汝必隨行 凡有起居 必與汝俱.
여욕 진선 여필 선상 여욕 관사 여필 수행 범유 기거 필여여 구

今也已矣 何以爲心?
금야 이의 하이 위심

嗚呼痛哉! 姿相端潔 無有缺虧; 聰明溫雅 孝悌是行; 讀書時習
오호 통재 자상 단결 무유 결휴 총명 온아 효제 시행 독서 시습

學射屢中. 俾之有室 又封大君 謂將成人 慰我衰老. 嗚呼已矣 曷其
학사 누중 비지 유실 우봉 대군 위장 성인 위아 쇠로 오호 이의 갈기

奈何?
내하

汝始病矣 謂爲童稚之常事 病旣篤矣 雖悔何及? 禱祀之闕歟?
여 시병 의 위위 동치 지 상사 병 기독 의 수회 하급 도사 지 궐여

醫療之誤歟?
의료 지 오여

皎皎汝面 常在目前 琅琅汝言 尙在耳傍.
교교 여면 상재 목전 낭낭 여언 상재 이방

嗚呼痛哉! 予與中宮 哭汝之哀 亦已焉哉? 以汝孝誠 臨絕思親
오호 통재 여여 중궁 곡 여지애 역 이 언재 이여 효성 임절 사친

飮恨泉下 其有已耶?
음한 천하 기유 이야

汝爲吾子 旣孝且才 無慊子職. 脩短之數 實出於天 非汝之罪 汝
여위 오자 기효 차재 무겸 자직 수단 지수 실출어 천 비 여지죄 여

其奚憾?
기해감

我爲汝父 斂不得視衣衿 殯不得撫其棺 窆又必不得臨其壙. 以
아위 여부 염 부득 시 의금 빈 부득 무 기관 폄우 필 부득 임 기광 이

千乘之主而反不如匹夫之愛子 非我忘情 勢使然爾. 予之爲恨 其又
천승 지주이반 불여 필부 지 애자 비아 망정 세 사연 이 여지 위한 기우

何極?
하극

嗚呼痛哉! 爰命攸司 崇汝之秩 贈汝以諡 恩數之隆 異於常例. 今
오호 통재 원명 유사 숭 여지질 증 여이 시 은수 지륭 이어 상례 금

遣近臣津寬之寺 修設水陸 以資冥福 且致賻 奠 辭以侑之.
견 근신 진관 지사 수설 수륙 이자 명복 차 치부 전 사이 유지

嗚呼! 言有盡而情不可終 汝其知也耶? 其其不知也耶?'
오호 언유진 이정 불가종 여기지 야야 기기 부지 야야

卞季良之辭也. 兩殿悲哀之極 凡薦導誠寧之事 無所不至. 上覽
변계량 지사야 양전 비애 지극 범천도 성녕 지사 무 소부지 상람

敎書至半 不覺嘘唏 不忍終篇 乃却之曰: "予之情意盡矣."
교서 지반 불각 허희 불인 종편 내 각지왈 여지 정의 진의

傳旨于諸代言曰: "予爲亡子 無可爲事 欲從俗制. 今中宮未寧 而
전지 우제 대언왈 여위 망자 무 가위사 욕종 속제 금 중궁 미녕 이

又三議政每日請進肉膳 予恐勞大臣 故來五六日 當許肉膳."
우 삼의정 매일 청진 육선 여공로 대신 고내 오륙일 당허 육선

初置 濬源殿直二人 從咸吉道都觀察使之報也.
초치 준원전 직 이인 종 함길도 도관찰사 지 보야

甲寅 召藝文館大提學卞季良 問鬼神之理. 使兩大君問鬼神感應
갑인 소 예문관대제학 변계량 문 귀신 지리 사 양대군 문 귀신 감응

之理 季良對曰: "鬼神非本在彼 而祭則來享也. 有其誠 則有其神
지리 계량 대왈 귀신 비본 재피 이제 즉 내향 야 유 기성 즉유 기신

無其誠 則無其神. 我致誠敬 則鬼神成於我之誠敬而來格也." 上曰:
무 기성 즉무 기신 아치 성경 즉 귀신 성어 아지 성경 이내격 야 상왈

"此說與佛氏舍利分身之說相類." 蓋上悲痛誠寧 有是問也.
차설 여 불씨 사리분신 지설 상류 개상 비통 성녕 유 시문 야

乙卯 雷雨且風.
을묘 뇌우 차풍

罷刑曹參判李之剛 正郎盧龜祥 洪復興 佐郎郭貞等職 正郎
파 형조참판 이지강 정랑 노귀상 홍복흥 좌랑 곽정 등직 정랑

高若海外方付處.
고약해 외방부처

初 誠寧大君患瘡疹疾篤 巫女寶文於宮中 設酒食享鬼神禱之. 及
초 성녕대군 환 창진 질독 무녀 보문 어 궁중 설 주식 향 귀신 도지 급

禫卒 或曰: "瘡疹之疾 不可以酒食祀神也. 寶文設酒食祀神 故有
종졸 혹왈 창진 지질 불가 이 주식 사신 야 보문 설 주식 사신 고유

是變." 乃下寶文于刑曹治之. 寶文罪應絞 命減一等施行 其罪當杖.
시변 내 하 보문 우 형조 치지 보문 죄 응교 명감 일등 시행 기죄 당장

之綱等不杖而欲贖其罪 誠寧伴儻白之 然後杖之. 其流罪 依檢律
지강 등 부장 이 욕속 기죄 성녕 반당 백지 연후 장지 기유죄 의 검율

照律而收贖. 伴儻等更白 乃啓請流寶文. 於是 司諫院上疏 略曰:
조율 이 수속 반당 등 갱백 내 계청 유 보문 어시 사간원 상소 약왈

'巫女寶文貪得財貨 恣行邪術於宮中 以致大變 罪干不忠 擧國
무녀 보문 탐득 재화 자행 사술 어 궁중 이치 대변 죄간 불충 거국

臣民所共憤怨也. 雖蒙上慈 末減其罪 爲執法之官者 宜請其罪
신민 소공분 원야 수몽 상자 말감 기죄 위 집법 지 관자 의청 기죄

162

明置於法 而參判李之剛 掌務正郎高若海等只從檢擧照律而贖流罪
명치 어법 이 참판 이지강 장무 정랑 고약해 등지종 검율 조율 이속 유죄

無人臣忠敬之意. 乞命下攸司 收其職牒鞫問其由 以正其罪. 前
무 인신 충경 지의 걸 명하 유사 수기 직첩 국문 기유 이정 기죄 전

參議李中培及龜祥 復興 貞等 雖非房掌[23] 恝然坐視 不肯用心請罪
참의 이중배 급 귀상 복흥 정 등 수비 방장 괄연 좌시 불긍 용심 청죄

是皆不當. 請上裁施行. 其寶文不忠之罪 依律科斷 國巫加伊亦竄
시개 부당 청 상재 시행 기 보문 불충 지죄 의율 과단 국무 가이 역찬

遐方 以懲其罪.'
하방 이징 기죄

奉教:"罷之綱等職 若海外方付處 中培 寶文 加伊更勿擧論."
봉교 파 지강 등직 약해 외방부처 중배 보문 가이 갱물 거론

柳廷顯 朴訔等啓曰:"寶文付處遐方 恣行邪術 外人服從. 然則安有
유정현 박은 등 계왈 보문 부처 하방 자행 사술 외인 복종 연즉 안유

窮困之戒乎? 請定遐方官婢 以懲其惡." 乃配寶文慶尙道蔚山官婢
궁곤 지 계호 청정 하방 관비 이징 기악 내 배 보문 경상도 울산 관비

未行 誠寧根隨之徒 歐寶文潛殺之.
미행 성녕 근수 지도 구 보문 잠살 지

丙辰 議政府 六曹獻肉膳于兩殿 誠寧之卒 已三十五日矣.
병진 의정부 육조 헌육선 우 양전 성녕 지졸 이 삼십 오일 의

先是 上密謂趙末生曰:"世子去丁酉年 奪前中樞郭璇之妾 名
선시 상 밀위 조말생 왈 세자 거 정유년 탈 전 중추 곽선 지첩 명

於里者 入殿內 事覺見黜. 一日 清平君宮主 平壤君宮主等來見中宮
어리 자 입 전내 사각 견출 일일 청평군 궁주 평양군 궁주 등 내견 중궁

予適至 平壤君宮主曰:'世子殿求乳母 不得已送之.' 中宮驚曰:'是
여 적지 평양군 궁주 왈 세자전 구 유모 부득이 송지 중궁 경왈 시

何乳兒?' 宮主曰:'於里之産.' 聞其所以 是漢老之妻 從漢老之言
하 유아 궁주 왈 어리 지산 문기 소이 시 한로 지처 종 한로 지언

託以從婢 率入納之也."
탁이 종비 솔입 납지 야

仍教末生曰:"世子自幼體壯 謂將學問有成 可託宗社 常勤教誨
잉교 말생 왈 세자 자유 체장 위장 학문 유성 가탁 종사 상근 교회

之方. 今已鬚髯髳髳 亦旣有子 不好學問 荒淫日甚. 歷代人主之於
지방 금이 수염 방불 역기 유자 불호 학문 황음 일심 역대 인주 지어

太子 以私意易之者有之; 用讒言廢之者亦有之 予嘗鑑此 誓不爲
태자 이 사의 역지 자유지 용 참언 폐지 자 역유지 여상 감차 서 불위

---

23 房堂으로 잘못돼 있어 바로잡았다.
필담

之. 然世子之行 至於如此 奈何奈何? 以太祖寬仁之大器 開國未久

至其孫已有如此 其將奈何?"

因潸然下淚曰: "亡息誠寧 予家門洗面子也. 每於天使請酒之時

天使黃儼等屬視周旋之間 甚愛之 謂將成就 以慰老境 不幸短命

何以爲心?" 末生對曰: "世子不事學問 狎昵小人 大小臣僚罔不

缺望 今又如此 誠非細故. 宜罪漢老 以戒後來."

上曰: "以世子不義之故 被罪者非一 予實有慙. 姑惟敎之 以待

自新 此事宜勿宣洩."

幸天水寺徐岡 餞領議政柳廷顯 左議政朴訔. 二人還漢京 賜

內廏馬各一匹曰: "卿等乘此馬 往來兩京." 二人對曰: "上德如此 若

騎此馬 行一不義 當殃及子孫也."

命廷顯 訔等曰: "往者 奸臣具宗秀事覺之日 予仰思祖宗積累之

艱難 無可奈何 召黃喜 悉言宗秀之惡與世子之失 喜對曰: '宗秀

所爲 不過鷹犬之事耳 若世子之失則年少年少.' 再言而略無他語.

今漢老以世子之舅 不思社稷之大體 陰謀譎計 還納於里. 此二人之

罪 宜置於法 予尙隱忍不暴其事 以待世子自新 兩卿宜勿漏洩. 若

世子不改過 則是其自取 其終如之何? 左議政年少於予 而領議政

則然已老矣. 然死生無老少 兩卿宜知之."

二人對曰: "漢老與喜之罪 不可隱忍 誠宜明正 以嚴後來."

上曰: "姑徐之 以待世子自新之日可也."

議者曰: "嘗久典政權 多受賄賂 豈事皆合理? 乃曰殃及子孫
不亦過乎?"

丁巳 命刷卷色詳定貢賦 與議政府 六曹同議施行.

戊午 議溫井沐浴.

先是 上命趙末生等曰: "我素有疾 欲於四月之初 往浴平山溫泉
以治之 恐於至宿之處 傷其禾稼 將量其所出而償之 或以閒田賜之.
體予至懷 先使人往諭至宿之地居民 毋令耕稼." 故 至是復謂末生
曰: "曾聽醫言 有沐浴溫井之計 信醫言而有此行 則恐有開門引賊
之禍. 且予時未寬心 欲停溫井之行何如?" 末生對曰: "殿下素有
風疾 且久積鬱悒 故臣欲殿下沐浴去疾 以寬鬱悒. 若殿下不欲 則
誰敢强勸?"

傳旨承政院曰: "予望 報恩寺嶺 松木芃芃. 曾知此地有對射之處
十日後親往 命內禁衛 內侍衛分射. 又一日 會都鎭撫 兵曹堂上及
諸宰相分射 其令攸司 多備官帑與酒. 又聞閱馬牧場多有獐 內廏
有兒馬一二匹 一日出往試習. 成均館 亦松盛地闊 有對射之處 予
幼讀書時 常遊樂於其中. 今欲往觀 然以文廟在近不敢." 末生 乃
書官帑以進 皮張居其太半 教曰: "除皮物 全用弓箭." 末生 擬以 弓
二十 箭二十筒 上曰: "適中矣."

平安道都節制使曹恰上防禦事宜. 報曰: '理山 閭延之於江界道
昌城 碧潼之於朔州道 麟山 龍川之於義州道 皆在江邊 防禦緊要之

處 而軍器數少 誠爲可慮. 請以界首官所藏軍器 量宜分給.' 從之.
처 이 군기 수소 성위 가려 청이 계수관 소장 군기 양의 분급 종지

賜吾都里童風只紙百卷 爲老母有是請也.
사 오도리 동풍지 지백권 위노모유시청야

己未 雨雹.
기미 우박

遣內官黃稻于平山溫井.
견 내관 황도 우 평산 온정

先是 都觀察使金文發 聞將幸溫井 抄農民修治溫井與道路 上
선시 도관찰사 김문발 문 장행 온정 초 농민 수치 온정 여 도로 상

聞之大怒曰: "予欲幸溫井 必有傳旨. 今 文發臆料 役民作弊." 仍問
문지 대로왈 여 욕행 온정 필유 전지 금 문발 억료 역민 작폐 잉문

代言等曰: "卿等無乃傳通乎?" 僉曰: "無之." 乃使稻往審之 稻還啓
대언 등왈 경등 무내 전통호 첨왈 무지 내사 도 왕심 지 도환계

守令修葺作弊事件. 召前黃海道經歷安從信 問其煩民之故 從信
수령 수즙 작폐 사건 소전 황해도 경력 안종신 문기 번민 지고 종신

對曰: "臣往觀平山溫井 御室傾圮將頹 臣不可任視 使平山守暫
대왈 신 왕관 평산 온정 어실 경비 장퇴 신 불가 임시 사 평산 수 잠

修葺之." 上曰: "事 雖如此 爲臣子者 違君命而行之 當置於罪 然姑
수즙 지 상왈 사 수여차 위신자자 위 군명 이 행지 당치 어죄 연고

徐之."
서지

庚申 命書雲觀 更擇誠寧大君葬日. 上曰: "卿士庶人葬月 各有
경신 명 서운관 갱택 성녕대군 장일 상왈 경사 서인 장월 각유

定限." 書雲觀拘於陰陽禁忌 啓曰: "三月之內無吉日 唯四月初五日
정한 서운관 구어 음양 금기 계왈 삼월 지내무 길일 유 사월 초오일

乙酉平吉耳." 及召諸代言及日者崔德義 李良一等入內親敎曰:
을유 평길 이 급소 제 대언 급 일자 최덕의 이양일 등 입내 친교 왈

"垂法後世 當自宗室始. 誠寧之葬 定爲四月初五日. 且人之壽夭 皆
수법 후세 당자 종실 시 성녕 지 장 정위 사월 초오일 차 인지 수요 개

天所定 豈有陰陽拘忌之所致歟? 予存葬通日推算書 其餘書皆焚之.
천 소정 기유 음양 구기 지 소치 여 여존 장통일추산서 기여 서개 분지

如有藏妖誕葬書者 俾輪書雲觀皆燒之." 贊成李原 大提學卞季良等
여유 장 요탄 장서 자 비수 서운관 개 소지 찬성 이원 대제학 변계량 등

據太歲壓本命 屬殿下之忌 請用來己亥年正月通吉日葬之.
거 태세압본명 속 전하 지기 청용 내 기해년 정월 통길일 장지

召見知申事趙末生 代言李明德 金孝孫等曰: "予於誠寧之
소견 지신사 조말생 대언 이명덕 김효손 등왈 여어 성녕

葬 欲從三月之制 書雲觀拘於陰陽禁忌 以四月內無吉日 唯本月
장 욕종 삼월 지제 서운관 구어 음양 금기 이 사월 내무 길일 유 본월

初五日稍吉 但以大歲壓予本命 退擇明年正月初四日. 予不信此言
초오일 초길 단이 대세 압여 본명 퇴택 명년 정월 초사일 여 불신 차언

以已然之事言之.
이 이연 지사 언지

趙仁璧 趙英茂 李和 李元桂等 皆子孫衆多之人. 其子孫 豈無
조인벽 조영무 이화 이원계 등 개 자손 중다 지인 기 자손 기무

太歲壓本命之人乎? 然未有以太歲之壓而先亡也. 歲在辛未 先妣
태세압본명 지인호 연 미유 이 태세 지압 이 선망 야 세재 신미 선비

得病 予侍側見終 擇日而葬. 是年予之太歲壓也. 歲在戊子 葬我
득병 여 시측 견종 택일 이장 시년 여지 태세 압야 세재 무자 장아

太祖 其葬日壓上王本命日 而行送終之禮. 自予卽位以後 或川渴
태조 기 장일 압 상왕 본명 일 이행 송종 지례 자여 즉위 이후 혹 천갈

或移石 或海赤 凡怪異之事多矣 而一書云: '易王之兆.' 然予卽位
혹 이석 혹 해적 범 괴이 지사 다의 이 일서 운 역왕 지조 연여 즉위

十八年于兹 尙無凶害 夫豈此書不及胡舜臣乎?
십팔 년 우자 상무 흉해 부 기 차서 불급 호순신 호

此數條皆不信之明驗也. 且予昔召見庾順道 將鎭安君 益安君
차 수조 개 불신 지 명험 야 차 여석 소견 유순도 장 진안군 익안군

八字 問其吉凶 順道答以生存 而又以生人爲死.
팔자 문기 길흉 순도 답이 생존 이우 이 생인 위사

由是觀之 雖星曜亦或未可信也. 古有卿士庶人之葬禮 而庶人
유시 관지 수 성요 역 혹 미가 신야 고유 경사 서인 지 장례 이 서인

拘於陰陽之忌 不遵古制. 欲垂法後世 則當自宗室始 今誠寧之
구어 음양 지기 부준 고제 욕 수법 후세 즉 당자 종실 시 금 성녕 지

葬 從先王之制 定爲四月初五日. 以 此意諭於政府 六曹及李良一
장 종 선왕 지제 정위 사월 초오일 이 차의 유어 정부 육조 급 이양일

高仲安 自今以後 毋進雜言."
고중안 자금 이후 무진 잡언

上命孝寧大君 問於承政院曰: "欲爲誠寧立宗奉祀. 君王之子
상 명 효령대군 문어 승정원 왈 욕위 성녕 입종 봉사 군왕 지자

無後而卒 以兄弟之子 立宗奉祀何如? 稽古制以聞." 忠寧大君與
무후 이졸 이 형제 지자 입종 봉사 하여 계 고제 이문 충녕대군 여

趙末生稽諸古典 而未得其制.
조말생 계저 고전 이 미득 기제

構朝啓廳於宮西.
구 조계청 어 궁서

江原道淮陽等處 採訪副使尹興義獻金一百三十七兩四錢;
강원도 회양 등처 채방 부사 윤흥의 헌금 일백 삼십 칠 양 사전

黃海道採訪判官金貴龍獻金七兩五錢; 平安道採訪副使白環獻金
황해도 채방 판관 김귀룡 헌금 칠 양 오전 평안도 채방 부사 백환 헌금

一斤八兩五錢 地滓鉛一百七十斤 皆下工曹.
일근 팔양 오전　지재연 일백 칠십 근 개 하 공조

癸亥 黃龍見于京畿喬桐縣水營井中. 水軍僉節制使尹夏報曰:
계해 황룡 현우 경기 교동현 수영 정중　수군 첨절제사 윤하 보왈

'水營前有井 船軍等欲汲水就邊 黃色大龍滿井而見 腰大如柱 井圓
수영 전 유정 선군 등욕 급수 취변 황색 대룡 만정 이현 요 대 여주　정원

十二尺五寸 深二尺三寸.'
십이 척 오촌 심 이척 삼촌

世子出內司僕門外射的.
세자 출 내사복 문 외 사적

贈誠寧大君裡爲卞韓昭頃公.
증 성녕대군 종 위　변한소경공

禮曹啓曰: "卒誠寧大君裡 依魏宗室豐悼公 晉宗室遼東悼惠王
예조 계왈　졸 성녕대군 종 의 종실 풍도공 진 종실 요동도혜왕

宋宗室臨川武烈王贈諡例 國名竝稱何如?" 從之. 仍敎曰: "鎭安君
송 종실 임천무열왕 증시 례 국명 병칭 하여　종지 잉 교왈　진안군

芳雨 益安君芳毅之諡 亦依此例施行." 乃贈裡爲卞韓昭頃公.
방우 익안군 방의 지시 역 의 차례 시행　내 증 종 위 변한소경공

定孝公芳雨加辰韓 恭靖公芳毅加馬韓.
정효공 방우 가 진한　공정공 방의 가 마한

甲子 大風雨.
갑자 대풍 우

鳳山人漕運新樓所造椽木敗船 溺死二十八名.
봉산 인 조운 신루 소조 연목 패선 익사 이십팔 명

對馬島宗貞茂遣人求藥. 平道全 曾乞暇 往見宗貞茂 今送伴人
대마도 종정무 견인 구약　평도전 증 걸가 왕견 종정무 금 송 반인

皮都知 詣闕獻書 辭曰: '宗貞茂 去年九月發風病幾死 去二月
피도지 예궐 헌서 사왈　종정무 거년 구월 발 풍병 기사 거 이월

小差. 乞將淸心元 蘇合元 諸般藥材 付伴人送之.' 又傳道全之言曰:
소차 걸장 청심원 소합원 제반 약재 부 반인 송지　우전 도전 지언 왈

"在前貞茂無病時 賊船過薩摩州向江南. 今賊人議曰: '上將出來
재전 정무 무병 시 적선 과 살마주 향 강남　금 적인 의왈　상장 출래

貞茂亦病. 聲言過薩摩州 逐過行朝鮮地境.' 儻或犯境 甚可慮也.
정무 역병 성언 과 살마주 수 과행 조선 지경　당혹 범경 심 가려 야

宜達於國家 令各浦兵船謹於防守."
의 달어 국가 영 각포 병선 근어 방수

上覽道全之書曰: "彼雖求藥 安知服法乎?" 兵曹參判李春生
상 람 도전 지서 왈　피 수 구약 안지 복법 호　병조참판 이춘생

啓曰: "今倭變可慮 送騎馬驛子於各道 堅實防禦." 敎曰: "送
계왈　금 왜변 가려 송 기마역자 어 각도 견실 방어　교왈　송

騎馬驛子則其勢甚急 外方必驚擾矣 但當移文知會."
_{기마역자 즉 기세 심급 외방 필 경요 의 단당 이문 지회}

宗貞茂處 若蘇合元 淸心元 保命丹 養脾元 正氣散等藥及燒酒
_{종정무 처 약 소합원 청심원 보명단 양비원 정기산 등 약 급 소주}

酌量具錄禮曹書契 授今受由入歸禹元以送. 且禹元過海糧鹽醬
_{작량 구록 예조 서계 수 금수 유 입귀 우원 이송 차 우원 과해 량 염장}

養母之物糧米 亦宜酌量給之.
_{양모 지물 양미 역 의 작량 급지}

乙丑 風雨雹.
_{을축 풍 우박}

沈淙死于兎山縣. 淙尙上之同母弟慶善宮主 封靑原君 與懷安君
_{심종 사우 토산현 종 상 상지 동모제 경선궁주 봉 청원군 여 회안군}

芳幹私通 事覺竄黜 至是病死.
_{방간 사통 사각 찬출 지시 병사}

日本對馬島左衛門大郞獻黃柑. 大郞因平道全 獻柑子三百二十
_{일본 대마도 좌위문대랑 헌 황감 대랑 인 평도전 헌 감자 삼백 이십}

箇.
_개

司憲府請楊弘達 朴居及巫女加伊依律施行 不聽.
_{사헌부 청 양홍달 박거 급 무녀 가이 의율 시행 불청}

丁卯 司憲府上疏. 疏曰:
_{정묘 사헌부 상소 소왈}

'前刑曹參判李之剛 前參議李中培 前正郞洪復興 盧龜祥 高若海
_{전 형조참판 이지강 전 참의 이중배 전 정랑 홍복흥 노귀상 고약해}

前佐郞郭貞等以法官 論巫女寶文之罪 而不以不忠論 大爲不當.
_{전 좌랑 곽정 등 이 법관 논 무녀 보문 지죄 이 불이 불충 논 대위 부당}

至於杖罪 亦欲收贖而成案 尤不當也. 況若海以房掌 不告堂上 擅
_{지어 장죄 역욕 수속 이 성안 우 부당 야 황 약해 이 방장 불고 당상 천}

欲收贖 罪固不小 而若海但付處外方 之綱 中培 復興 龜祥 貞則只
_{욕 수속 죄고 불소 이 약해 단 부처 외방 지강 중배 복흥 귀상 정 즉지}

罷其職. 如此則執法之官 何以爲戒? 請依律施行 以戒後來.'
_{파 기직 여차즉 집법 지관 하이 위계 청 의율 시행 이계 후래}

敎曰:"之綱等已被諫院之劾 政府 六曹共議坐罪 不可更請."
_{교왈 지강 등 이 피 간원 지핵 정부 육조 공의 좌죄 불가 갱청}

掌令朴軒啓曰:"誠寧之疾 非隱微難知之證 弘達等皆曰已愈 而
_{장령 박헌 계왈 성녕 지질 비 은미 난지 지증 홍달 등 개왈 이유 이}

不精命藥. 瘡疹之疾 非神之所可能救者 常人之所共知也 而巫女
_{부정 명약 창진 지질 비 신 지 소가능구 자 상인 지 소공지 야 이 무녀}

寶文苟貪財物 宮禁之內恣行邪術 以致大變. 宮禁之內尙且如此 況
_{보문 구탐 재물 궁금 지내 자행 사술 이치 대변 궁금 지내 상차 여차 황}

於無知庶人 何所不爲? 竝置於法 以懲後來."
어 무지 서인 하 소불위 병치 어법 이징 후래

教曰: "旣已坐罪 不宜更請."
교왈 기이 좌죄 불의 갱청

庚午 御別殿 視事. 上自誠寧之卒不視事 是日始御殿視事. 鄭尙
경오 어 별전 시사 상자 성녕 지졸 불시사 시일 시 어전 시사 정상

久居鄕曲 以司諫入參朝啓 上謂尙曰: "隔年不見面目 近者退適
구거 향곡 이 사간 입참 조계 상위 상왈 격년 불견 면목 근자 퇴적

何鄕?" 尙對曰: "洪州." 上顧左右曰: "司諫 予之三館時同僚也."
하향 상 대왈 홍주 상고 좌우 왈 사간 여지 삼관 시 동료 야

仍問曰: "行年幾何?" 對曰: "六十一歲." 上曰: "諾. 予心曾謂不過
잉 문왈 행년 기하 대왈 육십 일세 상왈 낙 여심 증위 불과

六十一二."
육십 일이

代言河演啓曰: "投化倭人等來居我國 非一二年矣 而猶賴國家
대언 하연 계왈 투화 왜인 등 내거 아국 비 일이년 의 이유 뢰 국가

資生 其支費不貲 請自今勿復給糧."
자생 기 지비 부자 청 자금 물부 급량

教曰: "此人等初來我國 不習家産之時 宜給糧以補乏. 旣習我國
교왈 차인 등 초래 아국 불습 가산 지시 의 급량 이 보핍 기습 아국

之事 而已成其生 可以耕田而食也. 寄食我國 以爲恒例 則無窮
지사 이 이성 기생 가이 경전 이 식야 기식 아국 이위 항례 즉 무궁

之欲 何時而已乎? 近者平道全與弟皮郎書 賊人等造船一百五十
지욕 하시 이 이호 근자 평도전 여제 피랑 서 적인 등 조선 일백 오십

隻 欲掠中國 其於往來 邊鄙之患可勝言哉? 我國因平道全等 至今
척 욕략 중국 기어 왕래 변비 지환 가 승연 재 아국 인 평도전 등 지금

得保 此特權時之意也. 賊等多逞不義 宜當自滅. 若不自滅 則豺狼
득보 차 특권 시 지의 야 적등 다령 불의 의당 자멸 약불 자멸 즉 시랑

之暴 何時而已乎? 儻中國知我國交通而不救中國之患 則非特無
지포 하시 이 이호 당 중국 지 아국 교통 이 불구 중국 지환 즉 비특 무

事大之誠 其終必有腹心之疾. 予以此慮之無已."
사대 지성 기종 필유 복심 지질 여 이 차려 지 무이

命各道都觀察使搜訪賢良 具名以聞 江原道四十人 慶尙道
명 각도 도관찰사 수방 현량 구명 이문 강원도 사십 인 경상도

五十一人 全羅道八十六人 忠淸道八人 平安道十二人 咸吉道二十人
오십 일인 전라도 팔십 육인 충청도 팔인 평안도 십이 인 함길도 이십 인

咸吉道二十人 京畿五十人 黃海道二人.
함길도 이십 인 경기 오십 인 황해도 이인

立武工去官之法. 禮曹啓: "各處祭享時 武工不足 乞令各司 吏典
입 무공 거관 지법 예조 계 각처 재향 시 무공 부족 걸령 각사 이전

去官爲隊長 隊副者 使令去官爲軍器監別軍者 定百二十人 依齋郞

房例 分爲左右番 每都目 二人式去官何如?" 敎曰: "使令去官人內

年少習業可當人 盈數爲定限送 依啓聞內去官."

辛未 賜酌啓事諸卿. 左副代言元肅就前啓曰: "臣於去年 以

知楊根郡事 擢拜代言 臣之老母 感泣終日 聖恩深重 無由報答."

言訖涕泣 上曰: "汝言誠是. 予昔拜承宣 太祖方以首相當國 猶且

感悅而下涕." 仍含淚焉.

兵曹漢京軍營啓曰: "造成材木 已到江邊 積之累日. 請姑停軍器

月課 利本監軍人及曹屬補充軍等赴役. 至於輸木輸石 開基時以

京畿各浦當番船軍幷役 左邊則使繕工監監督; 右邊則使軍器監

監督 使兵曹參議南琴察其能否."

上曰: "無乃大動土木之役乎?" 兵曹參判李春生對曰: "雖然若非

民力 未能辦也." 上曰: "予曾見輸木之役 雖輸一木 人數甚衆. 若於

江邊 斲鍊輸入 則 材木輕而人力分 役事不日而成矣. 且土木之役

不可興於苦熱 當四月畢役可也. 須以開基爲先."

司憲府請判晉州牧事柳琰罪 命勿論. 啓曰: "琰在晉州 江州鎭旣

革 尙定鎭撫吹螺赤 多作弊事. 濫抄軍人 且率晉州 陜川 咸安等處

吹笛人及倡妓 再行田獵. 置爐冶三所 做贈送刀子造鎌和賣 公然

賣用. 田獵日久 軍人絶糧 收斂於民以給之 殊無宰相體上憂民意.

校書校理梁權爲晉州判官 通同柳琰 斂民軍糧及皮物馬蹄鐵等物

公然作弊 竝皆不當. 依律論罪 以懲貪汚." 上曰: "琰 予之同年也.
공연 작폐 병개부당 의율 논죄 이징 탐오 상왈 염 여지 동년 야

何好田獵之如此乎?" 趙末生對曰: "琰之尤好者鷹也." 上曰: "不能
하호 전렵 지여차 호 조말생 대왈 염지 우호자 응야 상왈 불능

臂鷹 而好鷹者頗多. 昔鄭熙啓如是 琰亦好鷹者也. 所犯雖多 置而
비응 이호응 자 파다 석 정희계 여시 염 역 호응 자야 소범 수다 치이

勿論." 只罷權職.
물론 지파 권직

命吏兵曹 將往年收職牒者具名以聞. 上問趙末生等曰: "前日聞
명 이병조 장 왕년 수 직첩 자 구명 이문 상문 조말생 등왈 전일 문

柳廷顯 朴訔之言曰: '柳穎得罪 可憐也.' 未知穎之罪當乎否?" 末生
유정현 박은 지언 왈 유영 득죄 가련 야 미지 영지 죄당 호부 말생

對曰: "當也." 上曰: "廷顯等所言 非獨指穎也 指諸衆人收職牒者而
대왈 당야 상왈 정현 등 소언 비독 지영 야 지제 중인 수 직첩 자이

言也."
언야

戶曹判書鄭易請安太祖眞及功臣畫像於思勳閣 不允. 上曰: "非
호조판서 정역 청안 태조 진급 공신 화상 어 사훈각 불윤 상왈 비

敢改太祖之願." 乃從功臣 政府 禮曹之議 更考其時之議.
감개 태조 지원 내종 공신 정부 예조 지의 갱고 기시 지의

議春秋等賦試法. 右副代言元肅啓曰: "隨駕文臣數小 請使留都
의 춘추등 부시 법 우부대언 원숙 계왈 수가 문신 수소 청사 유도

文臣等賦春等詩." 上曰: "予聞 古有一人欲賦詩 則於房內廣披
문신 등부 춘등 시 상왈 여문 고유 일인 욕 부시 즉어 방내 광피

書冊. 今賦詩之士 亦皆如此 則其才安有長進之理乎?" 肅對曰:
서책 금 부시 지사 역개 여차 즉 기재 안유 장진 지리 호 숙 대왈

"古者出題 則各在其家 限三日而賦. 今則受敎衙仕日 會於朝房
고자 출제 즉 각재 기가 한 삼일 이부 금즉 수교 아사일 회어 조방

限時而賦." 上曰: "此法 甚當."
한시 이부 상왈 차법 심당

癸酉 杖都摠制金萬壽 九十 流于伊山鎭.
계유 장 도총제 김만수 구십 유우 이산진

初 趙末生啓曰: "前年 金慮遐越獄而逃 今在平壤. 逃出之日
초 조말생 계왈 전년 김여하 월옥 이도 금재 평양 도출 지일

豈無知情之人? 旣出亦豈無藏身之家? 當身則本家已贖罪矣 然
기무 지정 지인 기출 역 기무 장신 지가 당신 즉 본가 이 속죄 의 연

知情人則不可不推 使義禁府捉來 問知情人." 從之.
지정 인즉 불가 불추 사 의금부 착래 문 지정 인 종지

下金萬壽于義禁府 命臺諫 刑曹雜治之. 慮遐納招曰: '端川知事
하 김만수 우 의금부 명 대간 형조 잡치 지 여하 납초 왈 단천 지사

172

時 受監司差使 推甲山萬戶張蘊所犯 蘊出在甲山地境亏羅漢 忘以
시 수 감사 차사 추 갑산 만호 장온 소범 온 출재 갑산 지경 우라한 망이

彼土東良北地 納段於義禁府 自惑逃出 隱於七寸叔金萬壽家 留
피토 동량북 지 납단 어 의금부 자혹 도출 은어 칠촌 숙 김만수 가 유

十日後 去瑞興萬壽妾家 今乃被捉.'
십일 후 거 서흥 만수 첩가 금내 피착

萬壽納招云: '吾父爲定州德察倉萬戶時 因倭人入侵 得罪被囚
만수 납초 운 오부 위 정주 덕찰창 만호 시 인 왜인 입침 득죄 피수

慮遇之母親自饋養存命. 父曰: "吾老矣 不能報恩. 爲吾子孫者
여하 지 모 친자 궤양 존명 부 왈 오 노의 불능 보은 위 오 자손 자

當報此恩." 前年八月十四日 慮遇逃來吾家留之 後授伴儻朴世連
당보 차은 전년 팔월 십사일 여하 도래 오가 유지 후수 반당 박세련

送于瑞興妾家. 國家排門 粉壁窮推之人容隱是實.'
송우 서흥 첩가 국가 배문 분벽 궁추 지인 용은 시실

慮遇曾在逃時 依大明律贖其罪 故只流于永川 護軍張臣桂杖
여하 증 재도 시 의 대명률 속 기죄 고지 유우 영천 호군 장신계 장

一百 流于天安. 臣桂亦容隱慮遇者也. 朴嘗私言於朝曰: "萬壽以
일백 유우 천안 신계 역 용은 여하 자야 박은 사언 어조 왈 만수 이

宰相 侍君之側 容匿案逃 罪莫重焉. 雖然 五倫之中 朋友居一 萬壽
재상 시 군지측 용익 안도 죄 막중 언 수연 오륜 지중 붕우 거일 만수

欲救朋友於患難 而不顧後日之責 爲國家之計 不可無此等人也. 況
욕구 붕우 어 환난 이 불고 후일 지책 위 국가 지계 불가 무 차등 인 야 황

慮遇之罪 不關於宗社 而萬壽 臣桂 又皆爲親屬乎?"
여하 지죄 불 관어 종사 이 만수 신계 우개 위 친속 호

甲戌 以申孝昌爲左軍都摠制 李愉刑曹參判. 孝昌自漢京來謝. 上
갑술 이 신효창 위 좌군도총제 이유 형조참판 효창 자 한경 내사 상

曰: "予見官案非不知卿之爲散人 但爲累年病臥故也. 近又聞爲
왈 여견 관안 비 부지 경지 위 산인 단 위 누년 병와 고야 근 우문 위

濟生院提調 今之爲摠制者 非一朝一夕之慮也." 孝昌謝曰: "臣累年
제생원 제조 금지위 총제 자 비 일조일석 지려 야 효창 사왈 신 누년

得病 幾乎死矣 全賴上德 僅保連命. 今過蒙上德 豈圖寵命之至於
득병 기호 사의 전뢰 상덕 근보 연명 금 과몽 상덕 기도 총명 지 지어

如此乎?"
여자 호

平安道都觀察使請判義州牧事朴礎罪 不允. 報云: '礎及
평안도 도관찰사 청 판의주목사 박초 죄 불윤 보운 초 급

知宣川郡事權守紀等抄送軍人 田于他境. 守紀則臣已依律 杖一百
지선천군사 권수기 등 초송 군인 전우 타경 수기 즉신 이 의율 장 일백

罷職 礎亦請依律罪之.'
파직 초 역청 의율 죄지

對馬島宗貞茂代官佐沙仇里 使人獻禮物.

命收葬書. 禮曹啓: "葬書京外知會 皆聚書雲觀. 若藏匿不出者
依收藏禁書律論." 前此命曰: "中外經師 各有相錯葬書 拘於陰陽
禁忌 而經年未蒙者頗多 誠可痛心. 令書雲觀擇葬書最要者 以
藏通日頒布中外 其餘妖誕不緊之書 悉皆燒毀." 至是收之.

命令山郡置養蜂筒. 戶曹啓: "將各道貢案 付一年淸蜜黃蠟元數
準計納貢周足之數 依山各官 分定養蜂 試其可否." 從之.

下朴居于義禁府. 傳旨承政院曰: "予聞 朴居在漢京言 毋嶽深洞
等處 狗子成儻 咬殺負薪老人 眩惑人心. 令留都義禁府推問其事
若招虛事 或不承伏 執送留後司." 京畿都觀察使許稠據馬山驛丞
崔召之報 移關兵曹曰: "惡狗十五餘 留在於母嶽石穴 晨昏群吠 每
欲傷人 請使人捕之." 兵曹以啓 教曰: "如其所報 分義禁府執朴居
來居族人沈有根 僧信贄等亦逮焉." 教曰: "居無實人也. 三人罪 同
歟否?" 末生對曰: "同." 教曰: "初發言之人 無乃加有罪乎? 照律
以聞." 末生對曰: "居 罪當置妖言律 妖言之罪當斬. 三人之罪皆同
然請下義禁府 更推照律." 上從之. 因命曰: "執馬山驛丞以來 問其
狗子傷人之事 所報虛 則依居等例論罪."

丁丑 放赴役軍人. 傳旨曰: "時當耕種 不可役民 新樓營構材木
轉輸軍人 一皆放遣."

司諫院請金萬壽 金慮遐等罪. 疏曰:

'臣等竊謂 人臣之職莫大於忠直. 忠故於事無不盡; 直故於事無
신등 절위 인신 지직막대어 충직 충고 어사 무부진 직고 어사무

不當. 慮遐之逃也 國家排門 粉壁 其推之者 可謂極矣. 是宜人人
부당 여하 지도야 국가 배문 분벽 기 추지 자 가위 극의 시의 인인

之所當奔忙告捕者也 況萬壽過蒙聖恩 位至二品 宜盡忠效誠 思報
지 소당 분망 고포 자야 황 만수 과몽 성은 위지 이품 의진충 효성 사보

萬一 不此之顧 反以小惠 以負大義 容隱罪人 不告於官 庇養數朔
만일 불 차지고 반 이소혜 이부 대의 용은 죄인 불고 어관 비양 수삭

給人指路 潛送遐方 而使張臣桂 張興等效之不忌 其爲不忠不直
급인 지로 잠송 하방 이사 장신계 장흥 등 효지 불기 기위 불충 부직

甚矣. 若慮遐者 亦當義禁府覈問事由之時 盡輸其情則直矣 惑於
심의 약 여하 자 역당 의금부 핵문 사유 지시 진수 기정 즉직의 혹어

己罪 逃匿規免 其爲不直亦甚矣.
기죄 도닉 규면 기위 부직 역 심의

今殿下特從寬典 末減其罪 其於懲惡戒後之義 有所歉焉. 伏望
금 전하 특종 관전 말감 기죄 기어 징악 계후 지의 유 소겸 언 복망

殿下 將萬壽 慮遐等罪 依律施行 以慰臣民之望 不勝幸甚.'
전하 장 만수 여하 등죄 의율 시행 이위 신민 지망 불승 행심

不聽.
불청

命官妓嫁良夫生男屬都廳. 禮曹據慣習都監牒呈 女妓嫁良夫
명 관기 가 양부 생남 속 도청 예조 거 관습도감 첩정 여기 가 양부

所生 女屬蓮花臺; 男屬都廳. 上曰: "蓮花臺以外方官妓可當者
소생 여 속 연화대 남 속 도청 상 왈 연화대 이 외방 관기 가당 자

選揀爲之 都廳從其所報."
선간 위지 도청 종기 소보

己卯 隕霜.
기묘 운상

遣知司譯院事康邦祐 押送被倭擄唐人夏寧等四人于遼東.
견 지사역원사 강방우 압송 피 왜로 당인 하령 등 사인 우 요동

태종 18년 무술년
4월

四月

신사일(辛巳日) 초하루에 서리가 내렸다.

○ 별전(別殿)에 나아가 술자리를 베풀고 한상경(韓尙敬)을 전별(餞別)했으니, 한경(漢京-한양)에 가기 때문이다. 겸해서 정사를 아뢰던 신료(臣僚)들에게 음식을 먹이고, 상경(尙敬)에게 말 1필을 내려주었다.

○ 상이 말했다.

"성녕(誠寧)이 졸(卒)한 것은 제 명(命)이 아니었다."

이원(李原)이 대답해 말했다.

"목숨이 길고 짧은 이치[脩短之理]는 실로 하늘에 관계되니, 바라건대 전하께서는 마음을 너그러이 하소서. 진실로 죽을 자라면 비록 의원(醫員)이라 하더라도 구할 수가 없습니다. 근래 강회중(姜淮仲)의 처(妻)가 임신했는데 양홍달(楊弘達)이 배 가운데 덩어리가 생겼다고 생각해서 뜸을 뜨니, 낙태(落胎)한 뒤에야 그가 아들을 가졌던 것을 알게 됐습니다."

박은(朴訔)이 말했다.

"승여(乘輿)가 옮겨온 지 오래됐습니다. 대소 신료(大小臣僚)가 오래도록 어가(御駕)를 돌이키지 않으리라 생각해, 가족을 거느리고 온 자도 있습니다. 바라건대 환도(還都)하는 날을 정하시어 인심(人心)을 하나로 해서 뜬말을 그치도록 하소서. 또 유후사(留後司-개경)에서 길거리에서 사모(紗帽)를 쓰는 것은 편안하지 않은 것 같습니다."

상이 말했다.

"여름을 지나 환도할 계책이 이미 정해진 것을 여러 대언(代言)이 함께 아는 바인데, 어찌하여 뜬말이 있는가?"

조말생(趙末生)이 대답해 말했다.

"교지(敎旨)를 받들어 이미 군영(軍營)을 지었으니, 이것이 그 분명한 증험(證驗)입니다."

상이 말했다.

"어찌 반드시 군영(軍營)이겠느냐? 종묘(宗廟)와 사직(社稷)도 거기에 있다. 이를 버리고 어디로 가겠느냐? 유후사(留後司)도 도읍지(都邑地)인데, 사모(紗帽)를 쓰고 길을 가는 것이 또 무슨 편안치 않은 것이 있겠는가?"

은(訔)이 말했다.

"이같이 할 경우 남경(南京)과 북경(北京)이 있는 것 같습니다."

상이 말했다.

"천하의 군왕(君王)들은 옛날에 양도(兩都)를 가졌으니, 이곳을 칭해 도읍(都邑)이라 한들 무슨 상관이 있겠는가[何害=何傷]?"
_{하해   하상}

여러 경(卿)이 모두 나가니, 은이 앞으로 나아와 밀계(密啓-비밀 보고)해 말했다.

"신효창(申孝昌)이 임오년(壬午年-1402년)에 승녕부윤(承寧府尹)이 돼 태조(太祖)를 따라가서 돌아오지 않았으니 서용(敍用)하지 않는 것이 마땅한데, 이번에 도총제(都摠制)에 임명하는 것은 옳지 못합니다."

상이 말했다.

"경의 말이 옳다. 내가 마침내 깜빡했다. (그런데) 정관(鄭貫)·신자근(申自謹)은 어찌해서 서용(敍用)했는가? 이런 일은 사인(舍人-의정부 비서실장)을 시켜 계문(啓聞)하게 할 일이지, (정승이) 친히 나와서 밀계(密啓)하는 것은 마땅하지 않다."

○ 각사(各司)에 명해 서로 번갈아 한경(漢京)에 왕래하게 했다.

○ 금(金)이 나는 곳을 고(告)한 사람에게 상을 주었다.

채방부사(採訪副使) 윤흥의(尹興義)가 아뢰어 말했다.

"춘천(春川)에서 금이 나는 곳은 회양 호장(淮陽戶長) 박현룡(朴玄龍)이 고(告)한 바이고, 낭천(狼川)에서 금(金)이 나는 곳은 현인(縣人) 전 낭장(郎將) 김용검(金龍儉)이 고한 바이며, 금성(金城)에서 금이 나는 곳은 현령(縣令) 고습(高襲)이 고한 바이고, 평강(平康)에서 금이 나는 곳은 현감(縣監) 박서(朴曙)가 고한 바입니다. 위 항목의 사람들을 포상(褒賞)해서 후인(後人-뒤에 오는 사람들)을 권장하소서."

가르쳐 말했다.

"은(銀)은 역역(力役)이 배가 많으나 그 이익과 수량이 적은데, 금은 그 이익이 조금 많다. 금으로써 은을 대신해 공납하게 하는 것이 좋겠다. 그러나 장차 무슨 말로 대신하고자 하겠는가? 포상(褒賞)하는 일을 정부·육조에 내려서 실상을 감안해서 토의해 거듭 아뢰어라."

이조에서 아뢰었다.

"박현룡은 그 신역(身役)을 면제하고, 김용검은 관직으로 상을 주고, 박서·고습은 그 진고(陳告)한 곳을 취련(吹煉)해서 시험하게 한 뒤에 가자(加資)해 포상해야 할 것입니다."

그것을 따랐다.

○ 명해 안변 기관(安邊記官) 김지순(金之純), 장교(將校) 이춘(李春)의 역(役)을 면제해주었다.

함길도 도관찰사 유사눌(柳思訥)이 안변부사(安邊府使) 이식(李植)의 정보(呈報-보고)에 의거해 일렀다.

'김지순·이춘 등이 본역(本役)을 면하고자 소모(召募-불러 모음)에 응하기를 구해서 경원(慶源) 땅에 입거(入居)했습니다. 지순(之純)의 조부(祖父)는 일찍이 홍적(紅賊-홍건적)의 난(亂)에 공로가 있었고, 또 태조(太祖)를 따라 인월(引月) 싸움[1]에 나갔습니다. 대개 궁벽(窮僻)하고 거친 땅에는 사람들이 입거(入居)하기를 어려워하는 바인지라 모두 바라지 않는데, 이춘은 궁벽하고 거친 땅을 꺼리지 아니하고 소모(召募)에 응해 입거(入居)하고자 했으니, 그 원하는 바에 따라서 역을 면제시켜 들여보내는 것이 어떠하겠습니까?'

명해 정부와 육조(六曹)에서 실상에 맞게 토의해 아뢰게 했는데, 드디어 그 역(役)을 면제해주었다.

임오일(壬午日-2일)에 경덕궁(敬德宮) 신루(新樓)가 이뤄졌다.

---

1 고려 말 왜구(倭寇)를 크게 물리친 운봉(雲峰) 싸움을 말한다. 인월(引月)은 운봉현에 있던 역명(驛名)이다.

○ 한양에 머물러 있는 사헌부(司憲府)에서 소(疏)를 올려 환도(還都)를 청했다. 소는 이러했다.

'신 등이 관사(官司)를 나눠 환경(還京)할 때 길에서 보니 귀천(貴賤)의 남녀가 소나 말에 짐을 싣고서 길에 끊이지 않았는데[絡繹], 평상시에 비하면 10여 배나 되는 무리이니 그 사이에 어찌 폐단이 없겠습니까? 입경(入京)한 이래 또 보니, 수가(隨駕)한 인민(人民)들 가운데 홀로 사는 자의 집은 여름을 지난다면 거의 다 허물어 없어져서 돌아오더라도 머물 데가 없습니다. 더군다나 도성(都城)에 있는 인민(人民)들은 취화(翠華)²를 우러러 바라는 마음이 간절하니, 어찌 다만[啻] 영아(嬰兒-어린 아기)만이 부모(父母)를 그리워하겠습니까? 우러러 바라는 마음이 이와 같은데, 소빈(小民)의 폐단이 또 저와 같습니다. 엎드려 생각건대 전하(殿下)께서 특히 밝은 말씀을 내려서, 빨리 거가(車駕)를 돌이켜 여망(輿望)에 부응(副應)하소서.'

조말생(趙末生) 이명덕(李明德) 등이 머물러 두고 아뢰지 않았다. 김효손(金孝孫)·원숙(元肅) 등이 말했다.

"헌부(憲府)에서 폐단을 토의해 소를 올렸으니 아뢰지 아니할 수 없다."

말생(末生)과 명덕(明德)이 말했다.

"일찍이 상의 가르침[上敎]을 들었으니 아뢸 수 없다."

또 (말생과 명덕은) 사사로이 스스로 말했다.

"이미 처자(妻子)를 거느리고 큰 집에 평안히 사는데, 만약 헌부(憲

---

2 물총새 깃으로 장식한 임금의 기(旗)인데, 곧 임금의 거가(車駕)를 가리킨다.

府)의 상소에 따라 갑자기 환경(還京)하게 된다면 처자와 가산(家産)을 어떻게 운수(運輸)하겠는가?"

상이 내관(內官) 최한(崔閑)을 시켜 육조(六曹)에 물어 말했다.

"내가 이 도읍(都邑)에 액(厄)을 피해서 온 것이 아니라 작은아이의 연고로 마음이 편안할 만한 곳이 없어서 걱정하는 마음을 너그러이 하고자 한 것일 뿐이다. (그런데) 지금 누각[樓觀]을 짓는 것은 실로 장구(長久)한 도리가 아니다. 만약 사신(使臣)이 월강(越江)한다는 보고가 있다 해도 영접(迎接)할 곳이 있지 않으니, 비가 오면 장막(帳幕)을 가지고 이를 접대할 수가 없다. 근래에 소민(小民-일반 백성)의 말을 들으니 모두 내가 빨리 돌아오기를 바란다고 하는데, 양경(兩京) 안에 부녀(婦女)의 행렬이 서로 도로에 잇닿아 있으니 어찌 폐단이 없겠는가? 4월이 비록 액달[厄朔]이라 하더라도 하반(下半)에는 해(害)가 없을 것이다. 15일 이후 20일 전에 내가 환도(還都)하고자 하니, 그 가부(可否)를 토의하라."

박은(朴訔)이 말했다.

"신이 전날에 아뢴 것은 한경(漢京) 사람들이 거가(車駕)를 우러러 바라는 까닭에서지 이해(利害)를 가지고 아뢴 것이 아니며, 또 여름을 지낼 계획을 알지 못했습니다."

김한로(金漢老)가 말했다.

"마땅히 아래에서부터 그 가부를 진달(陳達)하게 하소서."

집의(執義) 허규(許揆), 사간(司諫) 정상(鄭尙), 이조참의 남금(南琴) 등이 말했다.

"4월은 전하의 액달이니, 만약 5월의 절기에 들어간다면 액달은

피할 수가 있습니다. 4월이 지나고 5월이 오면, 씨를 뿌리는 일[付種=
播種]은 이미 끝나고 제초(除草)는 아직 시작되지 않을 것입니다. 이
런 때를 맞아 환도(還都)한다면 양쪽으로 온전히 해가 없을 것입
니다."

장흥군(長興君) 마천목(馬天牧)이 말했다.

"5월에 동가(動駕)한다면 4월의 액(厄)을 피할 수가 있습니다. 5월
이면 길가의 전지(田地)가 모두 일궈지겠지만, 또한 한지(閑地)가 많으
니 어찌 그 연(輦)에서 내릴 곳이 없을까 염려하겠습니까?"

박은, 김한로, 예조판서 김여지(金汝知), 총제(摠制) 윤유충(尹惟忠),
호조참의 이정간(李貞幹) 등이 말했다.

"양경(兩京)의 제도는 예로부터 있었습니다. 이제 우리 전하께서
액(厄)을 피해 오셨다가 액달이 지나지 않았는데 환도(還都)하는 것
은 진실로 옳지 않습니다. 더군다나 길가의 전지에 잠시라도 연(輦)
에서 내릴 곳이 없다면, 가을을 기다려서 환도(還都)하는 것이 어찌
안 되겠습니까?"

한(閑)이 들어가 아뢰자 가르쳐 말했다.

"내가 처음에 온 것은, 액(厄)을 피하려는 것이 아니라 걱정하는
마음을 너그러이 하고자 함이었다. 그러나 이 도읍(都邑)으로 옮겨온
지 이제 이미 60여 일이 지났으니, 나는 장부(丈夫)로서도 오히려 눈
물을 거둘 날이 없는데 하물며 중궁(中宮)에게 있어서는 어찌 마음
을 평안히 가질 때가 있겠는가? 그러므로 중궁과 이미 환도(還都)할
계책을 정했다. 또한 나는 형제(兄弟)가 많지 않은 것이 아님에도 아
직까지 상종(相從)하는 사람들이 없으니, 지금 환도(還都)하고자 하

는 것은 상왕(上王)을 배종(陪從)하고자 함이다. 만약 '길가의 전지가 다 망친다'라고 한다면 직로(直路)로 가지 않는 것이 좋겠다. 사람들은 내가 한경(漢京)에 돌아가지 않으리라고 말하나, 한경은 태조께서 도읍한 곳으로서 종묘(宗廟)·사직(社稷)이 거기에 있는데 내가 어찌 돌아가지 않겠느냐? 이달 20일에 반드시 돌아갈 것이니, 다시 여러 말 하지 말고 날짜를 정해서 아뢰어라."

은(訔) 등이 안 된다고 고집하니 가르쳐 말했다.

"2월이 나의 액달인데, 2월의 액(厄)이 어찌 4월까지 이어지겠느냐? 가령 4월에 액이 있다고 하더라도 나는 이미 늙었으니 어찌 족히 염려하겠는가? 더구나 내가 애초에 온 것도 병을 피하고자 함이 아니었다는 것은 경(卿)이 아는 바다. 근래에 며칠 비가 오니, 별패(別牌) 등이 막사(幕舍)를 빈 땅에 세웠으나 그 고초가 적지 않으므로 진무(鎭撫)에게 명해 궁가(宮家)에 들어오도록 했다. 또 길가의 집들을 보니 모두 기울어져 위험한데, 하물며 심처(深處)에 있어서겠느냐? 만약 집이 허물어져 사람이 죽는다면 이 또한 염려스럽다. 나의 자손(子孫)이 많이 한경(漢京)에 있으니 생각하고 그리워하는 마음이 양쪽에서 서로 조림(照臨)하는데, 하물며 대소 인원(大小人員)들이 처자(妻子)를 버리고 부모(父母)를 떠났으니 어찌 원망하고 탄식하는 마음이 없겠느냐? 내가 대의(大義)로써 결단해 돌아가고자 하니, 다시 강권해 말하지 말라."

은이 대답해 말했다.

"신 등이 전하께 여름을 지내도록 하고자 하는 것은 다름이 아니라 액(厄)을 피하고자 함이니, 4월이 지나지 않아 갑자기 환도(還都)

하는 것은 진실로 미편(未便)합니다. 만약 전하께서 액달을 헛되다고 논(論)하신다면 어찌 반드시 환도(還都)하는 날짜를 고르겠습니까?"

한로(漢老)가 말했다.

"전하께서 금년에 큰 액(厄)이 있었던 까닭에 대군(大君)의 우환(憂患)을 당하셨습니다. 신 등이 바라는 바는 오로지 여름을 지내고자 하는 것뿐 아니라 동지(冬至) 전까지 기한을 삼고자 합니다."

말생이 말했다.

"대소(大小-지위가 높고 낮은) 사람들 가운데 본래 집이 없는 자는 모두 그 장소에 안정하고 본래 집이 있는 자는 아울러 모두 수즙(修葺-수리)하는데, 어찌 집이 허물어져 사람이 죽을 염려가 있겠습니까? 더군다나 모두 번(番)을 갈아서 왕래하는데 무슨 원망을 말함이 있겠습니까?"

상이 다시 꾸짖어 물으며 말했다.

"내가 애초에 온 것은 피병(避病)하고자 함이 아니었다. 경들이 모두 나더러 여름을 지내도록 하고자 하는데, 무슨 이익이 있는가?"

말생과 명덕 등이 대답해 말했다.

"신 등이 전하께 여름을 지내도록 하고자 하는 것은 다름이 아니라 이 도읍에 머물러 날이 오래되고 달이 깊어지면 대군(大君)을 애통(哀痛)해하는 마음이 거의 풀릴까 해서입니다. 이제 만약 환도(還都)한다면, 전하께서 생각하고 그리워하는 마음을 금하지 못해 상심(傷心)함이 더욱 심해질 것입니다."

가르쳐 말했다.

"내가 이 도읍에 온 지 60여 일인데 아직 눈물을 거둔 날이 없었다. 비록 한경(漢京)에 이르더라도 무엇이 다르겠는가? 내가 돌아가고 싶은 생각이 많이 있는데도 경들은 모두 나더러 여름을 지내게 하고자 하니, 내가 만약 여름을 지낸다면 번거롭게 하지 말라."

말생 등이 얼굴에 기쁨을 나타냈으나, 한참 후에 검교 한성윤(檢校 漢城尹) 최덕의(崔德義) 등을 불러 환도(還都) 날짜를 고르도록 명하니, 동가(動駕)는 초8일이고 하연(下輦-연에서 내림)은 11일이었다. 상이 최한을 시켜 서운관(書雲觀)이 택일(擇日)한 글을 가지고 가서 승정원(承政院)에 보이게 하고 말했다.

"내가 듣건대 거둥(擧動)은 인군(人君)의 대절(大節-큰 의례)이라 하는데, 지금 나의 이 행차는 고기 잡고 사냥하는 거둥이 아니다."

말생·명덕 등이 말했다.

"명일(明日)부터 헤아리더라도 다만 5일밖에 떨어져 있지 않으니, 각 역(驛)의 말이 모조리 오기는 어려울 것 같습니다."

가르쳐 말했다.

"내가 속히 환도(還都)하고자 하는 것은 다름 아니라 인심(人心)을 따르려는 것이다. 이제 너희들이 나더러 여름을 지내게 하고자 하는데, 여기에 무슨 이익이 있는지 알지 못하겠다. 여름을 지낼 술을 이 도읍에서는 많이 빚을 수 있기 때문인가? 내 지위에서도 오히려 능히 권속(眷屬-가족 친지)을 다 데리고 오지 못했는데, 하물며 이제 소민(小民)들은 처자(妻子)를 버리고 부모(父母)를 떠난 자가 자못 많으니 어찌 완취(完聚-다 모여서 사는 것)하고자 하는 마음이 없겠느냐? 사람의 향배(向背)를 알지 않을 수가 없다."

말생·명덕 등이 대답해 말했다.

"백성이 어찌 싫어하겠습니까? 또 무슨 폐단이 있겠습니까? 이제 수가(隨駕)하는 사람들 가운데 크고 작고 할 것 없이 모두 대번(代番-남의 번을 대신함)하거나 장번(長番-장기간 번을 서는 것)하는 자로 하여금 다 처자(妻子)를 거느리고 오게 했으니, 누가 감히 원망하고 탄식하겠습니까? 부모처자가 먼 지방에 있는 자가 자못 많고, 남녀 가운데 이미 장성해 아내가 있고 가정이 있는 자도 많은데, 비록 한경(漢京)에 가더라도 오히려 서로 만나볼 수 없는 사람이 있으니 마땅히 머물러서 여름을 지내소서."

하연(河演)·김효손(金孝孫)·원숙(元肅)이 말했다.

"근신(近臣)과 사리를 아는 사람 중에는 그런 사람이 반드시 없겠지만, 그 무지하고 가난하며 고독한[單寒] 군민(軍民)은 부부(夫婦)가 각각 있으니 모두 반드시 싫어할 것입니다. 그러나 상체(上體-옥체)의 풍질(風疾) 병세는 온정(溫井)에서 탕목(湯沐)하는 것이 마땅합니다. 또 창덕궁(昌德宮)은 마음을 상하게 하는 땅이니, 마땅히 이곳에 머물러 근심하는 마음을 너그러이 하소서."

가르쳐 말했다.

"그렇다. 사리를 아는 자는 잠시라도 임금을 원망하는 마음이 없겠지만, 내가 돌아가고자 하는 것은 (일반) 백성의 소망에 따르려는 것이다. 즉시 숙차(宿次-머물러 밤을 지냄)할 땅을 기록해 아뢰어라."

병조와 공조에서 각각 소속 사(司)로 하여금 수가(隨駕)할 일을 다스리게 하니 대소(大小)의 사람들이 이를 듣고 모두 기뻐하면서도, 오히려 상의 마음이 중간에 변할까[中變] 두려워했다. 말생이 말했다.

"한 집안의 폐단을 말한다면, 비단 가산(家産)을 이미 실어왔을 뿐 아니라 장(醬)단지에 이르기까지도 실어왔는데, 만약 갑자기 환도(還都)한다면 장차 어찌하겠습니까?"

원숙이 말했다.

"나는 짐 싣는 말을 잃었으니, 장차 어찌해야 하겠습니까?"

상이 승정원(承政院)에 물어 말했다.

"내가 듣건대 박은(朴訔)이 너희들에게 말하기를 '전날 취(醉)했기 때문에 계사(啓事)할 때 능히 다 말하지 못했다'라고 했다는데, 무엇을 지적해 말한 것인가?"

명덕·효손 등이 대답해 말했다.

"신 등이 은의 말을 들으니, 근래 한경(漢京)에서 왔는데, 족속(族屬)이 전별(餞別)해주는 통에 여러 날 과음(過飮)해서 길을 오는 중에 원기(元氣)가 없어진 데다가 들어온 다음날에 또 상 앞에서 과음해서 술에 취했기 때문에 계사(啓事)한 것이 모두 명백하지 못했다고 했습니다."

최한이 물었다.

"좌의정이 아뢴 것이 무슨 따위의 일이었습니까?"

명덕이 말했다.

"하나는 사모(紗帽)에 관한 일이고, 하나는 한경(漢京)의 사람들이 거가(車駕)를 바란다는 일이었습니다."

최한이 또 물어 말했다.

"다만 이것뿐이었습니까?"

명덕이 말했다.

"또 한 가지 일이 더 있었습니다."

한이 더는 묻지 않고 일어서니, 명덕도 일어나 한을 따라가며 귀에다 대고 말했다. 사관(史官)이 따라가서 명덕의 뒤에 이르러 서니, 명덕이 손짓해서 물러가게 하며 듣지 못하도록 했다. 명덕이 말을 끝마치고 마침내 말했다.

"대개 은이 이러한 말을 발(發)한 것은 전하께서 자기의 말 때문에 한경(漢京)에 돌아가고자 할까 해서입니다."

한이 아뢰니, 가르쳐 말했다.

"은이 이 말을 한 것은 자기의 말을 발명(發明-변명)한 것이요, 내가 빨리 돌아가고자 하는 것은 은의 말 때문이 아니라 본래 이러한 계책이 있었던 것이다. 한경(漢京) 사람들이 서동부언(胥動浮言)[3]하는 것은 모두 내가 환도(還都)하리라 여기는 것이니, 내가 이 말을 듣고 감동(感動)을 이기지 못했다. 한경(漢京)도 여름을 지낼 술을 빚을 수 있으리라."

말생이 대답해 말했다.

"한경(漢京)도 그러할 것입니다."

가르쳐 말했다.

"요사이 기후(氣候)가 이상해 전날에 서리가 내렸는데, 백성이 원망하고 탄식하는 소치(所致)일까 한다."

말생이 대답해 말했다.

"전하께서 즉위한 이래 천변지괴(天變地怪)가 자주 보였으나, 아직 이어지는 재앙은 없었습니다. 기후가 이상한 것이 어찌 백성이 원망

---

3 인심이 들뜨고 거짓말이 퍼진다는 말이다.

한 때문이겠습니까?"

김효손이 말했다.

"지난해 4월에 비가 오고 눈이 내려 철을 잃었지만, 지금까지 이어지는 재앙은 없었습니다. 신 등이 전하께 여름을 지내시게 하고자 하는 것은, 이달에 온정(溫井)에 목욕(沐浴)하시어 묵은 병을 치료해 없애고 가을을 기다려서 환도(還都)하자는 것입니다."

가르쳐 말했다.

"그렇다면 너희들의 말을 따르고자 하니 지비(支費-지원)하는 물건을 실어 보내라. 경기와 황해도에 이문(移文)해서 농민(農民)들에게 폐단을 일으키지 말게 하고, 또 관찰사와 각 고을의 수령(守令) 등으로 하여금 현신(現身-와서 인사함)하지 말게 하라."

○ 전라도 도관찰사(全羅道都觀察使)가 제주(濟州)에 둔전(屯田)을 둘 것을 청했으니, 제주 도안무사(濟州都安撫使)의 정보(呈報)에 의거해 아뢰었다.

'매년 여러 곳에 세 차례 제향(祭享)하거나 진상마(進上馬)·공마(貢馬)·공물(貢物)을 보내는 데, 바다를 건너가는 동안의 양식과 바람을 기다리는 동안의 양식이 듭니다. 이같이 1년에 소비되는 것이 1,000여 석인데, 때 없이 싸우는 군사의 양식(糧食)을 도와서 부족한 것을 보충하기가 실로 어려우니 청컨대 전례(前例)에 의거해 둔전(屯田)을 두소서.'

상이 말했다.

"이문(移文)해 폐단이 없이 경작하게 하라."

호조에서 실상에 맞게 토의해 아뢰어 말했다.

"비단 제주(濟州)뿐 아니라 그 밖에 사객(使客)이 번다(煩多)한 각 고을에서도 창고의 쌀과 콩을 많이 내어서 지대(支待-지응)하는데, 심한 고을에서는 전조(田租)를 무겁게 거두므로 백성에게까지 그 폐단이 미칩니다. 둔전의 종자(種子)가 많지 않으므로 예(例)대로 차등 있게 수를 정하고, 향리(鄕吏)·일수(日守)·관노비(官奴婢)로 하여금 번(番)을 나눠 경작하게 하는 것이 어떠하겠습니까?"

상이 말했다.

"여러 달 크게 가문다면 반드시 진언(陳言)하는 자가 있을 것이니, 일단은 멈추도록 하라."

계미일(癸未日-3일)에 편전(便殿)에 나아가 정사를 보았다. 상이 대언(代言) 등에게 물어 말했다.

"내가 질병이 있어 탕욕(湯浴)을 하고자 하는데, 그러나 바로 농사철을 당해 내가 행차한다면 큰 폐단이 있을 것이기 때문에 감히 실행하지 못하겠다."

대언 등이 청해 말했다.

"상께서 평소 풍기(風氣)가 있으니 마땅히 때에 맞춰 치료해야 하고, 또 탕욕해서 병을 치료하는 것은 한기(寒氣)와 열기(熱氣)가 엇비슷한 3, 4월이 바로 그 시기입니다. 비록 농사철을 당했더라도 병 치료는 어쩔 수 없는 것입니다. 상께서 평상시 행차할 적에도 금법(禁法)을 엄하게 세워서 군마(軍馬)로 하여금 전지(田地)를 밟지 못하게 했는데, 지금 잡스러운 차비(差備)를 없애고 행차한다면 어찌 폐단이 있겠습니까?"

두 번 세 번 청하니 상의 뜻이 드디어 결정됐다. 상이 비통하고 슬퍼함이 지나쳤기 때문에 상에게 행차를 권해 거의 마음을 누그러트리고자 함이었다. 상호군(上護軍) 조치(趙菑)를 보내서 행차 때 지나면서 숙차(宿次-머묾)할 곳을 살펴보고 오도록 명했다.

갑신일(甲申日-4일)에 의원(醫員) 양홍달(楊弘達)·박거(朴居)·조청(曹聽)·원학(元鶴)을 의금부(義禁府)에 가두었다. 애초에 상이 최한(崔閑)을 시켜 승정원에 전해 말했다.

"성녕(誠寧)이 졸한 것은 비록 '죽고 사는 것이 명(命)에 있다'고는 하나, 발병(發病)하던 초기를 당해 허리와 등이 몹시 아팠는데, 의원 박거 등이 병세를 진찰하고 말하기를 '풍증(風證)이니 인삼순기산(人蔘順氣散)을 마시게 해야 합니다'라고 해서 따랐더니 땀을 지나치게 많이 흘렸다. 또 감응원(感應元)·대금음자(對金飲子)를 바쳤으나 창진(瘡疹)이 이미 발생해 병세가 위태롭기에 이르자, 또 말하기를 '이는 곧 창진에는 흔히 있는 일입니다'라고 하고는 약(藥)을 꺼리고 한 첩(貼)도 바치지 않았다. 아! 슬프다. 생각지도 않다가 하룻저녁에 이 지경에 이르렀다. 지금 의서(醫書)를 보니 허리와 등이 몹시 아픈 것은 두창(豆瘡)이 발생하기 전의 초기 증상이었고, 또 창진(瘡疹)의 증세가 순조롭지 못한 뒤에도 능히 구원할 수 있는 약(藥)으로서 방서(方書-의서)에 보이는 것이 하나가 아니었다. 의원이라는 자가 진실로 능히 마음을 써서 정밀하게 살피고 알맞음에 따라 변통(變通)해서 그 서로 부합되는 약(藥)을 청했다면 어찌 변통할 수 있는 이치가 없었겠는가? 대개 약이(藥餌)의 일을 극진히 해서 유감이 없게 했으나

194

갑자기 대고(大故)를 면치 못했다면, 이는 하늘에서 명(命)을 받은 것이 그러한 것이다. (그러나) 창진은 사람들이 함께 경험하는 바요, 미묘해서 살피기 어려운 것이 아니다. 의원 등이 처음에는 풍증(風證)이라 해서 그 상극(相克)되는 약을 바쳤다가, 나중에는 증세에 순응한다 해서 능히 구할 수 있는 처방을 쓰지 않았으니, 거의 열흘을 고생하다가 사망하기에 이르렀다. 이것이 어찌 인사(人事)의 잘못이 아니겠느냐? 이것이 내가 몹시 슬퍼해서 능히 스스로 마음을 누그러트리지 못하는 까닭이다.

전날 이원(李原)이 말하기를 '목숨의 길고 짧은 이치는 오직 하늘에 있을 뿐이요, 의원이 능히 구할 수 있는 바가 아닙니다'라고 했는데, 이는 원(原)이 평소에 스스로 생각하기를 '죽고 사는 이치는 각각 명(命)을 받은 바가 있으니 사람의 힘으로 능히 할 수 있는 바가 아닌데, 어찌 성녕(誠寧)이 졸(卒)했다고 해서 의원에게 죄를 돌리겠는가'라고 했다가 마음속에 품은 바를 숨기지 않고 진달(陳達)한 것이니 가히 곧다[直]고 이를 만하다. (그러나) 이는 진실로 내가 마음으로 애통해하고 한스러워하는 데는 그만한 이유가 있다는 것을 알지 못해서 그런 것이다. 너희들은 항상 내 곁에 있어서 그 성녕(誠寧)이 졸(卒)할 때 들은 것이 익숙하고 아는 것이 상세할 것이니, 마땅히 널리 타일러서 대소 신민(大小臣民)으로 하여금 의원들이 기꺼이 마음을 쓰지 않았던 사실을 다 알게 해야 할 것이다. (그런데) 지금 이에 입을 다물고 말하지 않아서 대신(大臣)에 이르기까지도 오히려 들어서 알지 못하게 하니, 너희들의 간교(奸巧)함이 지극하다. 너희들은 다만 간교(奸巧)함을 가지고 한 몸의 벼슬을 잇고 있는 자들이다.

성녕(誠寧)이 졸한 지가 이제 이미 60여 일인데, 하루라도 눈물을 흘리지 않은 적이 일찍이 없었다. 즉시 옥관(獄官)에게 명해 의원을 가둬 묶고 그 까닭을 국문(鞫問)해서 후래(後來)를 징계해도 지나친 것이 아니건만, 비록 그렇다고 하더라도 반드시 이를 말하는 자가 있을 것이니 내가 어찌 속히 하고자 하겠는가?"

조말생(趙末生)이 대답해 말했다.

"성녕(誠寧)이 졸하는 날, 충녕대군(忠寧大君)이 밖으로 나와서 신(臣)에게 말하기를 '박거 등이 이르기를 "창진(瘡疹)의 증세로는 이것이 가장 순조롭다"해서 반드시 나을 것이라고 생각했는데, 증세를 변하게 할 약(藥)을 한 번도 바치지 아니해서 이 지경에 이르렀다'라고 했습니다. 신이 이 말을 듣고 즉시 정부·육조(六曹)에 전해 유시(諭示)해 이미 또 진위(陳慰)했으니, 대소 신료(大小臣僚) 중에서 누가 전하의 뜻을 알지 못하겠습니까? 전날 이원이 계사(啓事)할 때에 신과 하연(河演)이 이를 변별(辨別)하고자 했으나 자리를 피해 부복(俯伏)하느라 계달(啓達)하지 못하고 나갔으니, 신 등이 진실로 죄가 있습니다."

상이 충녕대군(忠寧大君)을 시켜 가르침을 전해 말하게 했다.

"내가 너희들이 잘못됐다[爲曲]고 한 것은 다름이 아니라 대신(大臣)들로 하여금 나의 뜻을 알지 못하게 해서 마침내 '죽을 사람은 의원이 구원할 바가 못 된다'는 말을 발(發)하게 한 때문이다. 내가 의자(醫者)에게 어찌 그 직임에 봉사하기를 다했는데도 죽음에 이르렀다고 해서 죄를 주겠는가? 양홍달은 경안궁주(慶安宮主)가 병(病)이 났을 때 열(熱)이 나는 증세였는데도 정기산(正氣散)을 바쳐 병을 위독하게 만들고는, 그가 졸(卒)하자 말하기를 '신이 의료를 업(業)으로 한 이래 이와 같은 병은 보지 못했습니다'라고 해서 사람의 자식이 아닌 것이 졸(卒)하기에 이른 것에 비유했다. 내가 친히 방서(方書)를 보니 열이 나는 증세에 보약(補藥)을 먹이면 괴로워하는 데 이른다고 분명하게 갖춰 실려 있었으나, 나는 도리어 천명(天命)이니 어찌하겠는가 하고 생각했다. 또 소경(昭頃-성녕대군의 시호)이 처음에 병이 났을 때 허리와 등이 몹시 아팠는데, 양홍달 등이 '풍진(風疹)'이라고 해 정기산(正氣散)을 먹여서 땀을 흘리게 했다. 두통(頭痛)에 땀을 흘리게 하면 사는 경우가 하나이고 죽는 경우가 열이라는 말이 여러 창진(瘡疹)의 방서(方書)에 실려 있다. 처음으로 증세가 나타났을 때 불휘(不諱-죽음)함이 있을까 염려해서 증세를 변(變)하게 할 약(藥)을 많이 바쳤는데, 박거가 생각하기를 '황랍색(黃蠟色-밀랍 색깔)은 순조로운 증세이니 약(藥)으로 치료하는 것은 심히 불가(不可)하다' 하고는 마침내 증세를 변하게 할 약(藥)을 먹이지 않았다. 그처음에는 창진(瘡疹)을 가지고 풍증(風證)이라 했고, 그 증세가 나타나자 회랍색(灰蠟色)을 가지고 황랍색(黃蠟色)이라 해서 불우(不虞-예기치 못함)의 변(變)에 이르게 했다. 지금까지 60여 일 동안 눈에 눈물이 그친 적이 없었다. 나는 그들을 가쇄(枷鎖-형틀과 자물쇠)해서 옥에 내려 소경(昭頃)의 원수를 갚고자 하는데 어떠한가?"

말생(末生)이 아뢰어 말했다.

"이원이 아뢴 바는 뜻이 의원(醫員)을 죄주는 데 있었기 때문에 말이 강회중(姜淮仲)의 처의 죽음에 미쳤습니다. 가쇄(枷鎖)해 옥에 내려서 율(律)에 의거해 죄를 처단함으로써 대소 신료(大小臣僚)의 소망에 답(答)하는 것이 신 등의 소원(所願)입니다. 비록 외사(外事-궁 밖의 일)라도 그 직책에 삼가지 못했다면 죄를 과(科)하는 것이 나라의 상헌(常憲)인데, 하물며 내사(內事-궁 안의 일)에 삼가지 않아 변(變)에 이르게 했으니, 비록 어리석은 부녀와 철없는 어린아이[愚婦童稚]라도 오히려 모두 알 것입니다."

가르쳐 말했다.

"반드시 말하는 자가 있을 것이니, 우선 기다리겠다."

이때에 이르러 정부·육조(六曹)·대간(臺諫)에서 그 죄를 바로잡도록 청하고, 또 이원이 양홍달 등 4인이 약이(藥餌)를 잘못 바쳐서 대군(大君)을 졸(卒)하게 만든 죄를 갖춰 청하니 상이, 의원(醫員)들이 약(藥)을 쓰는 데 마음을 다하지 아니한 사실들을 일일이 열거했다.

"을미년에 경안궁주(慶安宮主)의 병증이, 열(熱)이 나고 괴로움이 심해 눈을 치뜨고 손이 뒤틀리니 홍달(弘達)이 말하기를 '이 같은 병증은 의가(醫家)에서 아직 알지 못하는 것입니다'라고 하면서 양위탕(養胃湯)·평위산(平胃散)을 바쳤다. 내 마음에 보통 증세가 아니라고 생각해 남에게 알려질까 부끄러워했으나, 졸(卒)한 뒤에 내가 방서(方書)를 보니 눈을 치뜨고 손이 뒤틀리는 것은 바로 발열(發熱)하는 증세에 있었다. 성녕군(誠寧君)의 창진(瘡疹)이 발(發)하던 처음에 허리와 등이 아팠는데, 조청·원학 등이 풍증(風證)이라고 아뢰며 인삼순기산(人蔘順氣散)을 바쳐 땀을 흘리게 했다. 뒤에 의서(醫書)의 두진문(豆疹門)을 보니, 또한 허리와 등의 아픈 것이 실려 있었다. 또 병이 위독하던 날에 이미 증세가 변해서 안색이 회백색(灰白色)이 됐는데, 박거가 말하기를 '이것은 바로 순조로운 증세입니다. 안색이 황랍색

(黃蠟色)이 되면 최상의 증세입니다'라고 했다. 이 사람들이 비록 고의로 해치려는 생각이 없었다고 하더라도, 실로 이것은 마음을 쓰지 않아서 그러한 것이다."

헌부(憲府)에 명해 그 죄를 일일이 국문(鞫問)해서 아뢰게 했다.

○총제(摠制) 권희달(權希達)에게 출사(出仕)하라고 명했으니, 온정(溫井)에 호가(扈駕-어가 호종)하기 때문이다.

상이 온정에 가고자 하니, 병조(兵曹)에서 희달(希達)을 유도(留都)하는 반열(班列)에 기록해서 군사(軍士)를 살피게 했다. 상이 승정원(承政院)에 물어 말했다.

"어찌하여 희달로 하여금 유도(留都)하게 하는가?"

조말생이 대답해 말했다.

"희달이 그 장인 유순(柳洵)의 종을 때리고 인하여 유순을 욕하니, 순이 헌부(憲府)에 고(告)했습니다. 헌부에서 희달을 탄핵해서 여러 증견인(證見人)과 대질(對質)하고자 한경(漢京)에 이문(移文)했으나, 증인(證人)이 아직 오지 못했기 때문에 희달이 출사(出仕)하지 못하고 있습니다."

상이 말했다.

"희달은 좌우(左右)에서 떨어질 수가 없다. 돌아오거든 그 죄를 다스리는 것이 마땅하다."

즉시 희달을 불러 이르게 해서, 상이 말했다.

"족장(族長)은 마땅히 공경해야 하는 것인데, 어찌하여 이처럼 광패(狂悖)한가?"

○ 전 황해도 도관찰사(黃海道都觀察使) 김문발(金文發)이 졸(卒)했다. 문발(文發)은 광주(光州) 사람으로 도평의녹사(都評議錄事) 출신인데, 홍무(洪武) 병인년(丙寅年)에 전라도 원수(全羅道元帥)를 따라 왜구(倭寇)를 남원(南原)·보성(寶城)에서 쳐서 공로가 있었다. 이로 말미암아 이름이 알려져서 돌산 만호(突山萬戶), 순천부사(順天府使)에 제배됐다. 여러 번 승첩(勝捷)을 보고했기 때문에 드디어 탁용(擢用)되기에 이르러, 경기·충청도·경상도·전라도의 수군도절제사(水軍都節制使)를 두루 역임했다. 사람됨이 공손하고 청렴하며 간묵(簡默-말수가 적음)했으니, 졸한 나이는 60세다. 아들은 승평(昇平)이다.

○ 명해 소경공(昭頃公)의 분묘(墳墓) 곁에 암자를 짓게 했다. 분묘는 고양현(高陽縣) 북쪽 산리동(酸梨洞)에 있었는데, 암자를 대자암(大慈菴)이라 이름하고 노비 20구(口)와 전지 50결(結)을 소속시켰다. 명해 전 도총제(都摠制) 조용(趙庸)에게 묘지(墓誌)를 짓고 대제학(大提學) 변계량(卞季良)에게 신도비명(神道碑銘)을 짓게 하서, 직예문관(直藝文館) 성개(成槪)로 하여금 이를 모두 쓰게 했다. 개(槪)에게 흑마포(黑麻布)·백저포(白苧布) 각각 2필씩을, 각수(刻手-조각공) 김유지(金有知)와 중 명호(明昊) 등 3인에게는 쌀과 콩 아울러 10석을 내려 주었다.

병술일(丙戌日-6일)에 신루(新樓) 아래에서 정사를 보고, 이어서 술자리를 베풀었다.

상이 눈물을 흘리면서 말했다.

"태의(太醫-내의원) 양홍달(楊弘達)·박거(朴居)·원학(元鶴) 등이 일찍이 경안궁주(慶安宮主)가 졸(卒)할 적에 아뢰기를 '이 병은 신들이 아직 보지 못한 바요, 의서(醫書)에서도 아직 논한 적이 없습니다'라고 했다. 나의 뜻에는 '어찌 사람의 자식이 돼서 이와 같은 병에 걸렸는가?'라고 말하는 것 같아서 심히 부끄럽고 한스러웠다. 그 후에 의서(醫書)를 보니, 거기에 이르기를 '열기(熱氣)를 잘못 다스리면 손과 발이 위비(痿痺-손발이 저림)한다'라고 돼 있었다. 이제 이번의 성녕대군(誠寧大君)의 병은, 허리와 등이 아프니 모두 말하기를 '풍증(風證)입니다'라고 하면서 인삼순기산(人蔘順氣散)을 복용시켰고, 증세가 변하게 되자 또 말하기를 '순조로운 증세입니다'라고 했지만, 흉변(凶變)에 이르렀다. 내가 의서(醫書)를 보니, 창진(瘡疹)의 병을 풍증(風證)으로 다스린다면 죽는 경우가 열이고 사는 경우가 하나라고 했다. 이로써 말한다면 죄를 용서할 수가 없으나, 율(律)에 따라서 다스린다면 다만 '업(業)을 정밀하게 하지 못했다'라고 이를 뿐이고, 이 직임(職任)을 대신할 자도 얻기가 어려울 것이다."

사헌집의(司憲執義) 허규(許揆) 등이 홍달·박거 등의 죄를 핵문(覈問)해서 참형(斬刑)으로 조율(照律)했다.

상이 말했다.

"죄가 비록 이에 이르렀다 하더라도 어찌 가볍게 죽일 수 있겠느냐?"

마침내 홍달은 폐(廢)해 서인(庶人)으로 만들고, 박거·조청·원학은 전의감(典醫監) 영사(令史)에 소속시켰다. 정부와 육조(六曹)·대간(臺諫)에서 장차 홍달 등을 율(律)에 의거해 죄를 결단하고자 해서 두 번 세 번 청(請)하기에 이르렀으나 윤허(允許)하지 않았다.

○ 좌사간 대부(左司諫大夫) 정상(鄭尙)이 아뢰어 말했다.

"상께서 초야(草野)의 미천한 선비를 내버려 두지 않고 간관(諫官)의 직임에 제수하시니, 소신(小臣)이 품은 생각을 모조리 진술(陳述)할 것을 청합니다."

상이 말했다.

"좋다. 앞으로 나아와 말하라."

상(尙)이 말했다.

"지금 토목(土木)의 역사(役事)를 일으켜 크게 조계루(朝啓樓)를 짓고 여름을 이 도읍(都邑)에서 지내신다면, 한경(漢京)의 인민이 안정(安定)되는 바를 알지 못해 모자(茅茨-띠 지붕, 즉 일반 서민의 집)·여사(廬舍)가 반드시 조잔(彫殘)하기에 이를 것이니 폐단이 이보다 심할 수 없습니다. 더군다나 한경은 종묘(宗廟)·사직(社稷)이 있는 곳이니 오래 비워둘 수 없으며, 송도(松都)는 전조(前朝-고려)의 남긴 폐허(廢墟)이니 액(厄)을 피할 수 없습니다. 바라건대 전하께서는 온정(溫井)에서 병을 치료한 뒤 5월에 철이 바뀌거든 속히 한경으로 돌아가서 백성의 뜻을 안정시키소서."

상이 말했다.

"내가 액(厄)을 피해서가 아니라 우연히 왔을 뿐이다. 애초에 경중(京中)에 돌아가고자 했으나, 다른 의견이 있었으므로 일단은 서서히 하기로 한 것이다. 내가 온정(溫井)에 행차해 장차 다시 생각해보겠다. 사간(司諫)의 말이 옳다."

○ 상이 여러 대언(代言)에 명해 허조(許稠)에게 물어 말했다.

"신묘년간(辛卯年間-1411년)에 경(卿)이 예조참의(禮曹參議)로 있을 때, 장생전(長生殿)⁴을 개칭(改稱)해 사훈각(思勳閣)이라 해서 태조(太祖)의 신어(神御-어진)와 공신(功臣)의 영정(影幀)을 모시고자 했는데, 무슨 까닭으로 일을 묻어두고[事寢] 시행하지 않았는가?"

사침

조(稠)가 아뢰어 말했다.

"고전(古典)에 없는 바였기 때문에 의정부와 여러 공신(功臣)으로 하여금 같이 토의하게 했다가 중지됐습니다."

상이 말했다.

"아들이 되어서 충성하고자 하고 효도하고자 하는데, 누가 이러한 마음이 없겠는가마는, 그러나 고제(古制)에 없다면 할 수가 없다. 내 뜻에는 여러 공신(功臣)이 반드시 말하기를 '태조(太祖)의 제도를 혁파하는 것이다'라고 할까 봐서 여러 공신(功臣)에게 명해 가부(可否)를 토의하게 한 것인데, 대체 어찌 알지 못하는가? 그러나 지금 모두 말하기를 '일을 중지한 까닭을 알지 못하겠습니다'라고 하니 잘못이다. 다시 이 법을 세우고자 하는 자가 어찌 고금(古今)에 통달(通達)해서[通今達古] 말하겠는가?"

통금달고

조가 다시 아뢰어 말했다.

"그때를 당해 신이 명(命)을 받고 장생전(長生殿)의 이름을 『옥해(玉海)』 등 옛글에서 뒤졌지만, 마침내 찾아내지 못했습니다. 한(漢)나라·당(唐)나라의 능연각(凌烟閣)⁵·기린각(麒麟閣)⁶의 제도를 뽑아

---

4 조선조 초엽에 개국공신(開國功臣)의 화상(畫像)을 모시던 곳이다.

5 중국 당(唐)나라 태종 때에 공신(功臣)들의 초상(肖像)을 그려서 걸어두었던 누각(樓閣)이다.

6 중국 전한(前漢)의 무제(武帝)가 기린을 잡을 때에 세운 누각으로, 선제(宣帝)가 공신(功

서 정랑(正郞) 변계손(卞季孫)으로 하여금 정승(政丞) 한상경(韓尙敬)에게 고(告)하게 해 바로 글로써 아뢰었습니다. (상께서) 명해 사훈각(思勳閣)이라 고치게 하고, 이어서 전(奠)을 드리는 예(禮)를 토의해서 정하게 했습니다. (그때) 하륜(河崙)이 말하기를 '어느 시대인들 공신(功臣)이 없겠습니까? 대(代)마다 공신이 있어서 수시로 전각(殿閣)을 세운다면, 비록 장의동(藏義洞)의 땅을 다 채우더라도 부족할 것입니다'라고 하니, 이런 아룀을 듣고서 일이 중지됐습니다."

상이 말했다.

"그러나 한(漢)나라·당(唐)나라의 공신(功臣)이 어찌 20여 인, 30여 인에 그쳤는가? 우리나라 공신(功臣)의 수는 50여 인에 이르는데 종묘(宗廟)에 배향(配享)된 자는 오직 4인뿐이다. 나의 일은 한(漢)나라·당(唐)나라·송(宋)나라 왕조의 일과 합치하니, 나는 그것을 궁구(窮究)해 시행하겠다. 다시 여러 공신이 모두 함께 토의하라. 한 정승(韓政丞-한상경) 등은 모두 그 일을 알지 못한다고 하지만 그때에 내가 그 얼굴들을 보았고, 정역(鄭易)이 고금(古今)에 통달(通達)하지 못했으면서도 고론(高論)을 청종(聽從)하고서 이에 대해 망언(妄言)한 것일 뿐이다."

○ 박은(朴訔)이 신효창(申孝昌)의 죄를 청했다. 아뢰어 말했다.

"효창(孝昌)이 임오년(壬午年-1402년)에 태조(太祖)를 따라가 동북면(東北面)에서 큰 변란(變亂-조사의의 난)을 일으키고도 지금까지 목숨을 보전한 것은 요행이었습니다. (그런데) 지금 또 등급을 뛰어넘어

臣) 11명의 상(像)을 그려 이 각상(閣上)에 걸어두었다.

수직(受職-직임을 받음)하는 것은 의리상으로 옳지 못합니다."

상이 말했다.

"신효창·정용수(鄭龍壽)는 승녕부(承寧府)[7]로서 호종(扈從)했을 뿐이요, 음모에 참여한 죄는 없었기에 그때도 전혀 논하지 않았다."

은(訔)이 말했다.

"효창·용수(龍壽)가 비록 병사를 맡지는 않았으나, 유악(帷幄-지휘부 막사) 가운데에 참여했으니 그 죄가 심히 크다고 하겠습니다."

상이 말했다.

"효창·용수가 먼저 기밀과 변란을 통지했으니 그가 모의에 참여하지 않은 것은 분명하다. 비록 (태조께서) 행행(行幸)한 곳 안에 있었다 하더라도, 어찌 유악(帷幄)의 음모에 참여했다고 논할 수 있겠느냐?"

은이 말했다.

"두 사람이 만약 음모에 참여하지 않았다면 마땅히 힘써 그 불가(不可)함을 진달(陳達)했어야 하고, 태조(太祖)께서 들어주지 않았다면 마땅히 몸을 빼서 도망쳐 와야 하는데, 일찍이 이러한 생각은 하지 않고 시종 수가(隨駕)했습니다. 그때를 당해 그 변란(變亂)이 성공했더라면 반드시 논공행상(論功行賞)을 얻었을 것이니, 그가 왕법(王法)에서는 사면(赦免)받는 것이 마땅하지 않습니다. (게다가) 지금 수직(受職)하는 것은 실로 옳지 못합니다."

---

7   조선조 태조(太祖)가 선위(禪位)한 뒤에, 그에 대한 공봉(供奉)과 기타 일체의 사무를 맡아보았던 관아다.

상이 말했다.

"비록 그렇다 해도 그때의 공의(公議)는 이와 같지 않았다."

의정부 사인(議政府舍人) 권도(權蹈)가 대궐에 나아와 말씀을 올렸다.

"효창·박만(朴蔓)이 옛날에 태조(太祖)를 따라가 동북면의 변란을 꾸며서 일으켰으니, 그 죄는 오로지 같아서 경중(輕重)이 있을 수 없습니다. 만(蔓)은 폐해 서인(庶人)으로 삼고 그 자손(子孫)은 금고(禁錮)한 지 이미 여러 해입니다. (그런데) 효창은 이제 도총제(都摠制)로 제배(除拜)하니, 전하께서 효창에게 특별히 어진 은전(恩典)을 내려 그 몸을 보전(保全)케 하셨습니다. 신 등은 죄줄 것을 청하고자 하는 것이 아닙니다. 직질(職秩-품계)이 정2품에 이르니 실로 상벌(賞罰)의 도리에 부합하지 않는 점이 있습니다. 바라건대 전하께서 재택(裁擇-잘 가려 선택함)하소서."

상이 말했다.

"옛날에 변란을 부채질한[扇亂=煽亂] 무리는 오로지 효창뿐만 아니고 용수도 참여했다. 내가 일찍이 용수의 아들 관(貫)을 첨총제(僉摠制)로 삼아 가선대부(嘉善大夫-종2품) 판광주목사(判廣州牧事-광주목 판사)에 이르게 했는데, 경 등이 지금 효창의 일을 말하니 그렇다면 용수에게도 어떻게 재택(裁擇)해야 할지 그것을 참작해 아뢰어라."

도(蹈)가 정부에 고(告)하니, 은이 대궐에 나아와 말씀을 올렸다.

"신이 효창에게 극형(極刑)을 가(加)하고자 하는 것이 아니라 박만의 죄와 같은 율(律)로써 시행하기를 바란 것이었습니다. '죄줄 것을 청하고자 하는 것이 아니다'라는 말은 사인(舍人)이 말씀을 올리는 과정에서 잘못한 것입니다. 신 등이 효창에 대해 어찌 그 직(職)을 도로 빼앗는다고 해서 만족하겠습니까? 엎드려 바라건대, 용수·효창을 모두 박만의 죄와 같은 율(律)로써 시행해 신민(臣民)의 소망에 부응하소서!"

가르쳐 말했다.

"내가 정관(鄭貫)을 가지고 말한 것은, 경 등으로 하여금 그 죄를 청하게 하려는 것이 아니라 다만 이를 빌려서 경 등의 청을 막으려는 것일 뿐이다. 효창의 아들 자근(自謹)은 사헌 지평(司憲持平)에 이르렀고, 용수의 아들 관은 판광주목사(判廣州牧事)에 이르렀다. 이러한 때를 당해 한 사람만을 가지고 그 불가(不可)함을 말할 수는 없다. 금일의 청(請)은 늦은 것 같다."

은이 마침내 물러갔다.

○ 상이 어배동(於背洞) 본궁(本宮)에 나아가 태조 영전(太祖影殿)과 재궁(齋宮)의 터를 상지(相地-땅을 살피는 일)해서 정했다. 상이 일찍이 조말생(趙末生)에게 명해 말했다.

"어배동 본궁은 태조께서 왕이 되신[龍興] 땅이니, 차마 황폐(荒廢)해져 구롱(丘壟-언덕)이 되게 할 수 없다. 영전(影殿)을 짓고자 하니, 네가 이에 가서 보라."

이때에 이르러 상이 유한우(劉旱雨)를 거느리고 상지(相地)해 정했다[相定].

무자일(戊子日-8일)에 평산(平山) 온정(溫井)에 행차했다. 어가(御駕)

가 선의문(宣義門)을 나가자, 목촌(木村) 교외로 말을 몰아 금교역(金郊驛) 하상봉(下上峯)에 이르러 말을 머물게 하고 눈물을 흘렸다[出涕]. 냇가에서 주정(晝停)[8]하고서 여러 대언(代言)과 여러 재상(宰相)을 불러서 말했다.

"나의 이번 행차는 비단 목욕(沐浴)뿐 아니라 대개 성녕(誠寧)이 졸(卒)한 것으로 인해 마음이 답답하고 막힌 바가 있어서 근심하고 피로한 병(病)을 이루게 되었으므로 이에 동가(動駕)하고자 해서 말하기를 '출유(出遊)해서 나의 근심을 풀겠다'라고 했을 뿐이다. (그런데) 이제 이곳에 이르러 산에 올라 멀리 바라보니, 감개(憾慨)가 더욱 깊어 근심을 푸는 데[寬憂] 아무런 도움이 안 된다. 마음이 오히려 평안치 못하고 몸의 기운이 지치고 고달파서, 비록 온정(溫井)에 이른다고 하더라도 능히 목욕할 수 없을 것 같다. 또 모맥(麰麥)이 이미 익고 서직(黍稷)이 바야흐로 자라서 바로 농사철을 당했으니, 실로 마땅하지 못한 점이 있다. 내가 어가(御駕)를 돌이키고자 하는데 어떠하겠는가?"

김한로(金漢老)·이원(李原)·조말생(趙末生) 등이 대답해 말했다.

"오늘 시종(侍從)은 모두 농민들이 아닌데 무슨 폐단이 있겠습니까? 또 거둥(擧動)은 큰일이니, 이미[業已] 동가(動駕)하셨는데 갑자기 돌이킬 수는 없습니다. 바라건대 전하께서는 온천(溫泉)에서 목욕해 깊은 병을 없애고, 유람하시는 사이에 근심하는 마음을 점차 없애소서. 날마다 근심하는 마음을 누그러뜨린다면 장차 종사(宗社) 생

---

8 임금이 멀리 거둥할 때 잠깐 머물러서 낮수라를 드는 것을 말한다.

령(生靈-백성)의 복(福)이 될 것입니다."

상이 말했다.

"경들의 말이 이와 같으니 내가 일단은 그것을 따르겠다."

드디어 기탄(岐灘)을 건너 유숙(留宿)했다.

○ 진무소(鎭撫所)에 명해 금방(禁防-금지 명령)을 엄하게 세우라고 했다.

매번 양맥(兩麥-보리와 밀) 밭머리에 근장(近仗)·나장(螺匠)·사령(使令) 등을 세워서, 사람이 걷거나 말이 가는 데 밭을 가로질러 들어가는 자를 보면 반드시 붙잡아서 진무소(鎭撫所)에 붙여 논죄(論罪)하게 했다.

기축일(己丑日-9일)에 비가 내렸다.

○ 궁으로 돌아왔다.

상이 말했다.

"비가 오면 군사들이 위용(威容)을 잃는다[失容]. 또 애초에 궁으로 돌아가고자 했으나, 다만[第] 재상과 대언(代言)들이 청했기 때문에 여기에까지 이르렀다. 그러나 바로 농사철을 당했으니, 지응(支應)하는 데 폐단이 있을 것이며 또 양맥(兩麥)이 들에 널려 있는데[披野] 어찌 밟혀서 입게 될 손실이 없겠느냐?"

드디어 어가(御駕)를 궁으로 돌리라고 명했다.

신묘일(辛卯日-11일)에 사헌부(司憲府)에서 경상도 도관찰사(慶尙道都觀察使) 우균(禹均)의 죄를 청했다.

균(均)이 쥘부채[摺扇]를 육조(六曹)와 대간(臺諫)에 증여했는데, 사
헌집의(司憲執義) 허규(許揆) 등이 아뢰어 말했다.
_{접선}

"사물(私物)을 만들어 권귀(權貴)에게 아첨하는 것은 이미 교지(敎
旨)로 금지하고 있습니다. 균이 각 고을의 대나무를 거두고 공인(工
人)을 모아서, 부채를 만들어 증여해 소사(所司)에까지 이르렀습니다.
백성의 폐단을 돌아보지 않고 마음대로 인정(人情)을 행했으니 청컨
대 죄를 주소서."

윤허(允許)하지 않았다.

사헌부에서 또 청했다.

"함길도 도관찰사 유사눌(柳思訥)이 성녕대군(誠寧大君)이 졸(卒)했
을 때 진위(陳慰-임금에게 위로를 올리는 일)하는 전문(箋文)을 바치는
일을 도내(道內)에 이문(移文)하지 않았으니, 청컨대 죄를 주소서."

논하지 말라고 명했다.

○ 명해 박거, 심유근, 중 신찬에게 각각 장(杖) 100대를 때렸다. 의
금부에서 조율(照律)하니 박거, 심유근, 중 신찬이 말을 만들어 여러
사람을 혹(惑)하게 한 죄는 참형(斬刑)에 해당했으나, 명해 등급을 줄
이게 했다. 상이 원숙(元肅)에게 물어 말했다.

"박거 등이 장형을 받았는가, 안 받았는가?"

숙(肅)이 대답해 말했다.

"이미 장형에 처했습니다."

상이 말했다.

"장형으로 인해 죽지나 않을까? 그 수를 줄이지 못한 것이 후회스
럽다."

○ 남성군(南城君) 홍서(洪恕)가 아뢰어 말했다.

"사고개(沙古介) 등지에 개들이 무리를 이루니 8, 9마리가 떼를 지어 항상 시체를 먹고 매번 사람을 만나면 에워싸서 짖어대며 그를 물어서, 홀로 경유(經由)해 가는 자가 심히 괴로워합니다."

상이 갑사(甲士) 10여 기(騎)에 명해 이를 쏘게 했다.

○ 예조에서 제주(濟州)의 문선왕(文宣王)⁹ 석전제(釋奠祭) 의식과 한라산제(漢拏山祭) 의식을 올렸다. 석전제 의식은 각 도 계수관(界首官)의 예(例)에 의거하게 하고, 한라산제는 나주(羅州) 금성산(錦城山)의 예에 의거해 여러 사전(祀典)에 실어 봄가을에 제사를 지내게 했다.

○ 창덕궁 군영을 지었다.

○ 사헌부에서 신효창(申孝昌) · 정용수(鄭龍壽)의 죄를 청했는데, 상소는 이러했다.

'반역(叛逆)한 신하는 몸이 죽었는지 살았는지를 관계하지 않고 때가 옛날인지 지금인지를 가리지 않고 모두 (끝까지) 토죄(討罪)해야 합니다. 임오년에 신효창(申孝昌) · 정용수(鄭龍壽) 등이 동북면(東北面)의 역모(逆謀)에 참여했으니, 그들과 박만(朴蔓)의 죄는 서로 상하(上下)가 없으며 왕법(王法)에서 용서할 수 없는 것입니다. 특별히 전하의 너그럽고 어진 은전(恩典)을 입어 성명(性命-생명)을 보전할 수 있었던 것은 오히려 요행이라 할 것입니다. (그런데) 어찌 이름과 지위

---

9 공자(孔子)의 존호(尊號)다. 중국 당(唐)나라 현종(玄宗)이 개원(開元) 27년(739년)에 추증(追贈)했다.

를 조정(朝廷)에 드러내서 천록(天祿)을 함께 누리게 할 수 있겠습니까? 지금 효창이 자급(資級)을 뛰어넘어 도총제(都摠制)의 직을 받으니, 이는 단지 악(惡)을 징계할 길이 없을 뿐 아니라 상벌(賞罰)의 전장(典章)이 없는 것 또한 성대(盛代-성대한 시대)의 궐전(闕典-제도에서 누락된 것)입니다. 엎드려 바라건대, 전하께서는 대의(大義)로 결단하시어, 효창은 그 작첩(爵牒)을 거두고 그 사유를 국문(鞫問)해서 그 죄를 바로잡고, 용수의 직첩(職牒)과 공신녹권(功臣錄卷) 또한 거둬들이도록 하며, 아울러 둘 다 자손(子孫)을 금고(禁錮)[10]해서『춘추(春秋)』에서 주의(誅意-마음속의 악을 꾸짖음)한 법(法)을 보이소서.'

상이 이를 읽어보고서 말했다.

"이 사람들의 죄가 종묘(宗廟)와 사직(社稷)에 관계된다면 내가 어찌 고식적(姑息的)으로 처리하겠는가? 만약 그 실상에 의심스러운 점이 남아 있다면, 내가 어찌 헌부(憲府)·대신(大臣)의 청이라고 해 갑자기 이를 따르겠는가? 내가 생각건대, 박만(朴蔓)은 그때 수장(首將)이었으니 진실로 그 죄를 면하기가 어려우나, 용수·효창은 사세(事勢)에 핍박(逼迫)당했을 뿐이다. 당초에 나의 명(命)을 받들고 따라갔을 때 어찌 변란(變亂)이 불측(不測)한 데서 일어날 줄 알았겠는가? 변란이 비록 생각지도 않은 데서 일어났으나, 그들이 태조(太祖)를 버리고 올 수 있었겠는가? 더군다나 이 사람들은 문득 사건의 기밀(機密)을 나에게 몰래 통보해서 마침내 국가를 보전할 수 있게 했으니, 나는 국가에 공이 없었던 것이 아니라고 생각한다. 옛날 한(漢)나

---

10 벼슬길을 막는 것을 말한다.

라 문제(文帝) 때 회남여왕(淮南厲王-한나라 고조의 아들 유장(劉長))이 교만하고 사치해서 법을 범하자 문제가 이를 폐해 촉(蜀)에 유배시켰는데, 원앙(袁盎, ?~기원전 148년)[11]이 간언하기를 '신은 폐하(陛下)께서 동생을 죽였다는 이름을 얻게 될까 두렵습니다'라고 했다. 이제 내가 효창의 일이 종묘(宗廟)·사직(社稷)에 관계된다 하면서 죄를 물을 뜻을 내린다면 대소신료(大小臣僚)는 반드시 한목소리로 죽이고자 할 것이요 원앙의 설(說)은 듣지 못할 것이니, 이것이 내가 망설이고 결단하지 못하는 까닭이다. 효창 등이 과연 죽일 만한 죄가 있는지를 알지 못하겠다."

마침내 의정부·삼공신(三功臣)·육조(六曹)·대간(大諫)에 내려 토의하게 하니, (이에) 모두 말했다.

"청컨대 (사헌부에서) 장신(狀申)한 대로 시행하고, 박만·임순례(任純禮)는 그 사유를 국문(鞫問)해서 그 죄를 밝게 바로잡아 후래(後來)를 경계시키소서."

봉교(奉敎)했다.

"용수·만·순례는 논하지 말고, 효창은 다만 그 직을 파면시키라."

---

11 원앙(爰盎)이라고도 쓴다. 처음에 낭중(郎中)이 됐는데, 직간(直諫)을 잘해 이름이 조정에 알려졌다. 제상(齊相)과 오상(吳相)을 역임했으며, 오왕이 특히 후대했다. 평소 조조(鼂錯)과 사이가 좋지 않았는데, 경제(景帝)가 즉위한 후 조조가 어사대부(御史大夫)가 되자 관리를 시켜 원앙이 오왕의 뇌물을 받아먹었다고 엮어 넣도록 해서 서인(庶人)이 되었다. 조조의 삭번(削藩)정책으로 오초(吳楚)가 반란을 일으키자, 황제에게 조조를 죽여 오나라에 사과하라는 건의를 했다. 오초가 격파된 뒤 초상(楚相)으로 있다가, 등용되지 못하자 병을 핑계로 사직했다. 나중에 양효왕(梁孝王)을 황제의 후사로 결정하는 일을 중지하라고 간언을 올렸다가, 안릉(安陵)의 곽문(郭門) 밖에서 양효왕이 보낸 자객의 손에 죽임을 당했다.

여러 대언(代言)에 명해 말했다.

"너희들은 직질(職秩)이 비록 통정대부(通政大夫-정3품 당상)이나 큰일에 참여해서 결정하니[參決] (2품 이상의) 재상(宰相)들과 다름이 없다. 나의 말을 밝게 들어라. 전날 좌의정이 효창의 죄를 청하고 사인(舍人)으로 하여금 상언(上言)하게 했는데, 사인은 다만 파직(罷職)하라고만 말했다. 그 후 정승은 바로 사인이 상언하기를 잘못했다고 말했으니, 사인(舍人)을 잡아 와서 가두고 물어본 뒤에야 들어와 그 전말을 전했다. 지금은 마침내 그렇지 못하니, 나는 아직 그 실상을 알지 못하겠다."

임진일(壬辰日-12일)에 서교(西郊)로 행차해 경천(敬天)·옥련(玉蓮) 등지에서 사냥하고, 저녁때에 이르러 궁으로 돌아왔다. 검교 한성윤(檢校漢城尹) 강문진(姜文進)에게 쌀·콩 10석과 주과(酒果)를 내려주었다. 문진(文進)의 집은 경천사(敬天寺) 동쪽에 있는데, 상이 제릉(齊陵)에 여묘(廬墓)살이 할 때 문진이 오가며 정성을 다했다. (그래서) 이날 상이 문진의 집을 바라보고 이러한 하사(下賜)가 있었다.

계사일(癸巳日-13일)에 내관(內官) 김중귀(金重貴)를 보내 인덕궁(仁德宮)에 문안(問安)했다. 상왕(上王)이 마음의 병을 얻어 잘 잊고[善忘] 음식을 들지 않았기 때문이다.

○ 유정현(柳廷顯)·박은(朴訔)이 대궐에 나아와 신효창(申孝昌)의 죄를 청하니, 상이 정현(廷顯)·은(訔)에게 일러 말했다.

"옛사람이 이르기를 '협박을 받아 따른 자는 다스리지 않는다

214

[脅從罔治]"¹²라고 했다. 용수·효창 등이 동북면(東北面)으로 간 것은 스스로 한 짓이 아니니 더는 죄를 청하지 말라."

(두 사람이) 대답해 말했다.

"그때를 당해 박만(朴蔓)은 실로 협박으로 인해 따라갔으나, 용수·효창 같은 경우에는 태조(太祖)의 행차를 따라가 하루 자고 이틀 자는 사이에 충분히 그 사변(事變)을 알았을 터이면서도, 이미 능히 도망치지 못했고 또 사람을 보내 고(告)하지도 못했으니 어찌 협박에 의해 따라간 자에 비하겠습니까? 그들이 다른 마음을 가졌던 것은 말하지 않아도 알 수가 있습니다. 나무가 한 짓도 아니요 또 돌이 한 짓도 아니니, 진실로 하늘과 땅 사이에 용납할 수 없는 죄입니다. 신등은 그때를 당해 법대로 처치하는 것이 마땅하다고 생각했으나 전하께서 효심(孝心)으로 차마 주륙(誅戮)을 가하지 못하고 지금까지 목숨을 보전케 했으니, 이는 전하의 너그럽고 넓으며 불쌍히 여기는 마음[寬弘惻怛之心]이었습니다. 비록 능히 법대로 처치하지 못한다 하더라도, 또한 박만의 예에 의거해 직첩(職牒)을 거두고 먼 지방에 유배 보내 조정(朝廷)에 발을 붙이지 못하게 하는 것이 오히려 그들에게는 다행일 것입니다."

상이 말했다.

"경 등이 말하는 효심(孝心)이 무엇을 가리키는지 모르겠다. 영의정은 공신(功臣)이 아니니까 그렇다 쳐도, 좌의정의 경우에는 공신이니 충분히 그 당시의 일을 알 수 있을 것이다. 언관(言官)도 효창의

---

12 『서경(書經)』「하서(夏書)·윤정(胤征)」편에 나오는 말이다.

죄를 법대로 처치하고자 청했으나 내가 응하지 않았다. 경 등이 나더러 효심(孝心)으로 효창의 무리를 주멸하지 않는다고 말한다면, 당시에 주륙(誅戮)을 받은 자가 자못 많은데 그들의 죄는 오직 무엇이었는가? 이제 효창 등을 법대로 처치한다면, 당시 수가(隨駕)한 자 중에 박문숭(朴文崇) 등 10여 인이 남아 있는데 어찌 홀로 용수·효창뿐이겠는가?"

은이 대답해 말했다.

"신 등이 아뢰는 효심(孝心)이란, 임오년(壬午年)을 당해 용수·효창이 마땅히 그 주륙(誅戮)을 받아야 하는데도 죄를 면한 것을 뜻합니다. 신 등이 생각건대 그 당시에 태조(太祖)께서 위에 계셨기 때문에 차마 주륙을 가하지 못하셨으니, 전하의 효심(孝心)에 무엇을 여기에 더하겠습니까? 그때에 지녔던 마음이 아직까지도 남아 있습니다. 지금의 경우로 말한다면, 혹은 상직(上直)을 궐(闕)하고 혹은 노비(奴婢)를 오결(誤決)해서 무릇 장죄(杖罪)를 범하는 자들은 모두 직첩을 거두는데 효창 등에 이르러서는 다만 그 직만을 파면하니, 이는 죄에 경중(輕重)의 차별이 없고 상벌(賞罰)의 전장(典章)이 없는 것입니다. 청컨대 박만의 예에 의거해 조정(朝廷)에서 자취를 끊어냄으로써[屏跡] 신민(臣民)의 소망에 부응(副應)하소서."
_{병적}

상이 말했다.

"나는 성녕(誠寧)이 졸(卒)한 뒤에 정신이 없어졌으나[耗喪] 효창_{모상} 등의 일에 이르러서는 잠시라도 잘못 판단하지 않았다. 그 임오년에 그 죄를 청함이 마땅한데도 청하지 않아서, 용수는 홀로 당당하게 전해 그 아들에게 이르렀고 효창은 숙질(宿疾)이 이미 나아 오랫동안 제생원 제조(濟生院提調)가 됐다. 내가 친히 관안(官案)을 잡고 도총제(都摠制) 직을 제수했으니 잠시라도 죄를 청하지 말라. 효창의 일은 말생·명덕(明德)이 자세히 알 것인데, 어찌 지금에 이르기까지 어지럽게 하면서 번거로움을 꺼리지 않는가?"

○ 사간원(司諫院)에서 소(疏)를 올려 말했다.

'신 등이 가만히 생각건대, 정용수(鄭龍壽)·신효창(申孝昌)과 박만(朴蔓)·임순례(任純禮)의 죄는 나라 사람이 함께 베어야 하는 것이요, 천지신기(天地神祇)가 용납하지 않는 바입니다. 이번에 정부(政府)·공신(功臣)과 각 조(曹)에서 헌사(憲司)의 상신(上申)한 바에 따라 법대로 처치해야 한다는 의견을 냈으나, 전하께서 특별히 너그러운 법전에 따라 다만[止] 효창의 직(職)만 정지시키니 신 등은 깊은 유감(有憾)입니다. 예로부터 난적(亂賊)의 사람이 그 머리를 보전해 하늘과 땅[覆載]¹³ 사이에 몸을 용납한 자는 아직까지 없었으니, 상의 은혜를 지나치게 입어 토죄(討罪)를 면하고 구차하게 삶을 누려서 [偸生=苟生] 오늘날에 이른 것 또한 다행이라 하겠습니다. 엎드려 바라건대, 전하께서는 종묘(宗廟)·사직(社稷)의 계책으로 헌부(憲府)의 청에 의거해서 4인에 대해 그 죄를 밝게 바로잡아 큰 모범[大法]을 드리우소서.'

회보(回報)하지 않았다.

○ 금산(禁山-함부로 벌목을 금지한 나라의 산)의 송충이[松蟲]를 잡았다.

---

13 하늘은 덮어주고[覆] 땅은 실어준다[載]고 했다.

갑오일(甲午日-14일)에 신루(新樓) 아래에 나아가 술자리를 베풀고 일을 아뢴 신료(臣僚)들에게 음식을 대접했으며, 겸해서 유정현(柳廷顯)을 위로했으니 한경(漢京)에서 왔기 때문이다.

○ 의정부 사인(議政府舍人) 권도(權蹈)의 직(職)을 없앴다. 사헌부에서 도(蹈)가 박은(朴訔)의 말을 계달(啓達)하는 과정에서 착오(錯誤)가 있었다고 탄핵해 아뢰었기 때문이다.

○ 유정현(柳廷顯)·박은(朴訔)이 시환(侍宦-곁에서 모시는 환관)과 육대언(六代言)을 물리치고 상 앞에 나아가 비밀리에 일을 아뢰었다.

을미일(乙未日-15일)에 의정부(議政府)에서 소(疏)를 올렸다. 소는 이러했다.

'남의 신하 된 자로서 다른 마음을 가진 자는 하늘과 땅이 용납하지 않는 바요 고금(古今)에서 용서하지 않는 바입니다. 정용수(鄭龍壽)·신효창(申孝昌)이 지난번[向=向者] 임오년에 전하께서 승녕부(承寧府)의 직임을 맡겼으나 마침내 그 직임에 헌신하지 않고 동북면(東北面)의 변란(變亂)을 꾸며서 일으켰는데, 그 흉계(凶計)를 과연 실행했다면 사직(社稷)이 어찌 금일(今日)에 이를 수가 있었겠습니까? 전하께서 특별히 어질고 효도하는 정성으로 내버려 두고 묻지 않았으나, 여러 신하가 지금에 이르기까지 말하지 않은 것은 실로 신 등의 죄입니다. 그러나 난적(亂賊)을 토멸(討滅)하는 도리는 때가 옛날이든 지금이든 가리지 않는 바이니, 바라건대 전하께서는 신 등이 늦게 말하는 죄를 꾸짖으시되 용수·효창의 몸과 처자(妻子)를 사방 변지(邊地-변경)에 물리치고 그 가산(家産)을 적몰(籍沒)해서 죄인을 북녘

땅에 정배하는[投畀] 뜻을 보이소서.'
<small>투비</small>

○ 공조판서 정진(鄭鎭) 등이 말씀을 올렸다.

"신 등이 듣건대 남의 신하가 된 자가 용서할 수 없는 죄를 지으면 몸이 죽었든 살았든 관계하지 않고 때가 옛날이든 지금이든 가리지 않으니, 이는 바꿀 수 없는 대전(大典-큰 원칙)입니다. 임오년(壬午年)에 효창(孝昌)·용수(龍壽)는 지위가 재추(宰樞)의 자리에 있으면서 명(命)을 받고 시종(侍從)했는데, 만약 그 군소배(群小輩)가 변란(變亂)을 선동한다면 마땅히 의(義)로써 막되 능히 막을 수 없을 것 같으면 죽음에 이르더라도 변절(變節)하지 않는 것이 진실로 신하 된 자의 큰 절의입니다. 이런 경우에서 그처럼 처신(處身)하지 않는다면 이는 반역(叛逆)이니, 반역했는데도 도리어 상작(賞爵)을 더한다면 오로지 대전(大典)에 어긋남이 있을 뿐입니다. 더욱이 지금 헌부(憲府)의 상신(上申)으로써 다만 그 직을 파면했는데, 이것이 비록 상의 관대한 은의(恩誼)라 하더라도 후세의 신자(臣子)에게 보이는 소이(所以)는 아닙니다. 또 박만(朴蔓)·임순례(任純禮)는 한 지방을 오로지 다스려 그 권력이 진실로 중인(衆人)을 통제하기에 충분했는데도, 도리어 격문(檄文)을 여러 군(郡)에 보내서 수창(首唱)해 무리를 거느렸습니다. 이때에 군소배(群小輩)가 거리낌 없이 제멋대로 행동했다면[肆放] 사직(社稷)이 어찌 금일(今日)에 이르렀겠습니까? 빌건대 4인을 아울러 <small>사방</small> 법대로 처치해 뒤에 오는 사람들에게 보이소서."

○ 사헌 장령(司憲掌令) 박헌(朴軒) 등이 말씀을 올렸다.

"신 등이 가만히 생각건대, 반역(叛逆)한 신하는 하늘과 땅 사이에서 용납되지 않는 바요 종사(宗社)에서 용서하지 않는 바이니, 이는 신민(臣民)들의 불공대천(不共戴天)의 원수입니다. 신효창(申孝昌)·정용수(鄭龍壽)는 죄가 십악(十惡)[14]의 으뜸을 간범(干犯)했으니, 왕법(王法)에서 마땅히 베어야 할 바요 율(律)에 사유(赦宥)의 예(例)가 없습니다. 신 등이 사연을 갖춰 죄를 청하자 명해 정부·공신(功臣)·육조(六曹)에 내려 죄를 토의해서 아뢰게 했으나, 다만 효창의 직을 파면했을 뿐이요 그 나머지는 모두 논(論)하지 말게 하시니 살리기를 좋아하는 다움[好生之德]이 지극하고도 극진하다고 하겠습니다. 그러나 『서경(書經)』에 이르기를 '천명(天命)은 덕(德)이 있기 때문이니 5복(五服)[15]으로 다섯 등급을 밝히고, 천토(天討)는 죄(罪)가 있기 때문이니 5형(五刑)[16]으로 다섯 가지를 쓴다'라고 했습니다. 그렇다면 상벌(賞罰)은 인군(人君)이라도 사사로이 할 수 없습니다. 엎드려 바라건대, 천명(天命)·천토(天討)의 도리를 체화해 효창·용수·박만(朴蔓)·순례(純禮)의 죄를 한결같이 정부·육조·공신의 의견에 의거해 안율(按律)해서 시행하시어 아울러 모두 자손을 금고(禁錮)함으로써 후래(後來)를 경계시키소서."

○ 형조참의(刑曹參議) 안망지(安望之) 등이 말씀을 올렸다.

"신 등이 삼가 반역(叛逆)의 죄(罪)는 왕법(王法)에서 용서하지 않는 바라고 말하고, 이제 의정부·공신(功臣)·육조(六曹)·대간(臺諫)에서 만(蔓)·순례(純禮)·용수(龍壽)·효창(孝昌) 등이 반역한 죄를 법

---

14 『당률소의(唐律疏義)』에 따르면, 모반(謀反)·모대역(謀大逆)·모반(謀叛)·악역(惡逆)·부도(不道)·대불경(大不敬)·불효(不孝)·불목(不睦)·불의(不義)·내란(內亂)을 말한다.

15 천자(天子)·제후(諸侯)·경대부(卿大夫)·사(士)·서민(庶民)의 복색이다.

16 묵형(墨刑)·의형(劓刑)·월형(刖刑)·궁형(宮刑)·대벽(大辟)의 다섯 가지를 말한다.

대로 처치하도록 청하니, 전하께서 오직 차마 하시지 못하는 마음 [不忍之心=仁] 때문에 단지 효창의 직만 파면하게 하시니 신자(臣子) 중에 마음 아파하지 않는 자가 없습니다. 엎드려 바라건대 전하께서는 대의(大義)로써 결단해 한결같이 정부·공신·육조·대간의 청에 따라서 율(律)에 의거해 죄를 정함으로써 후래(後來)를 경계시키소서."

모두 윤허하지 않았다.

○ 사은사(謝恩使) 연사종(延嗣宗), 부사(副使) 이유(李愉)가 북경(北京)에서 돌아와 무역(貿易)한 단자(段子)와 의서(醫書)·약재(藥材) 등의 물건을 바쳤다. 상이 의정부와 육조판서(六曹判書)에게 일러 말했다.

"대개 관복(冠服)은 모름지기 복색(服色)이 있어야 하는데, 각사(各司)의 관복은 모두 초단(綃段)이면서 색깔이 없다. 그래서 사은사(謝恩使)의 행차(行次)에 포자(布子)를 부쳐 보내 역환(易換-교역)하게 했다. 이제 경 등에게 홍단(紅段)을 각각 1필씩 내려주겠으니, 마땅히 관복을 만들어 자손(子孫)들에게 전하도록 하라."

○ 내관(內官) 노희봉(盧希鳳)을 보내 인덕궁(仁德宮-상왕의 궁)에 문병(問病)했다.

애초에 의원 양홍달(楊弘達)이 한경(漢京)에 있으면서 글로써 상왕(上王)의 병이 위독하다고 보고하니, 상이 환도(還都)해 문병하고자해서 내관(內官)을 시켜 입직(入直)한 대언(代言) 이명덕(李明德)에게 뜻을 전해 말했다.

"나의 행지(行止-행동거지)를 어떻게 처신해야 할까?"

명덕(明德)이 아뢰어 말했다.

"전하께서 비록 친히 가시더라도 어찌 능히 수라와 약(藥)을 받들수 있겠습니까? 사람을 시켜[伻] 자주 기거(起居-안부)를 묻는 것만못합니다."

한참 후에 상이 말했다.

"내가 다시 생각해보니 너의 말이 옳지 않다. 상왕(上王)은 나에게는 다른 형제와 비할 바가 아니다. (임금의 뒤를 이은) 후사(後嗣)가 되는 것은 아들이 되는 것이니 아비로 섬기는 것이 예(禮)로써 당연한데, 어찌 아무렇지도 않은 듯이 뒤로 물러나 있을 수 있겠느냐?"

즉시 의정부·육조(六曹)·대언(代言) 등을 불러 그 가부(可否)를 물으니 영의정 유정현(柳廷顯), 찬성(贊成) 이원(李原), 이조판서 심온(沈溫), 예조판서 김여지(金汝知), 공조판서 정진(鄭鎭), 호조판서 정역(鄭易) 등이 말했다.

"송도(松都)는 영구히 있을 땅이 아니니 마침내 반드시 돌아갈 것이요 또 상왕(上王)은 전하에게는 실로 군부(君父)인데, 사람을 시켜문병(問病)하는 것은 예(禮)에 있어서 안 될 일입니다. 만약 대고(大故)에 이른다면 때가 장차 무더운 여름이라서 동가(動駕)해 갔다가돌아오기도 대단히 어렵습니다. 또 비록 음양(陰陽)의 설(說)이라 하더라도 복자(卜者)가 모두 말하기를 '전하의 재액(災厄)은 다만 4월뿐이다'라고 하니, 이제 4월은 이미 다 가고 24일이면 5월의 절기(節期)에 들어가게 되므로 환도(還都)하심이 마땅합니다."

좌의정 박은(朴訔)·병조판서 김한로(金漢老)·대언(代言) 이명덕(李明德) 등이 말했다.

"애초에 송도(松都)에 온 것은 온전히 액(厄)을 피하고자 함이었습니다. 지난 일을 가지고 상고한다면, 무년(戊年)에 액(厄)이 있다고 하는데 이제 친히 가서 문병하고자 하는 것은 실로 옳지 못합니다. 또 전하께서 성녕대군(誠寧大君)이 졸(卒)한 뒤에 상심(傷心)하심이 지극한데, 이제 만약 환도(還都)하시어 성녕대군이 옛날에 놀던 땅을 보고 상왕(上王)의 질병의 고통을 듣는다면 근심하고 피로하심이 더욱 깊어질 것이니 신 등은 전하를 위해 애석하게 여깁니다. 돌아가지 마시고 사람을 보내 문안(問安)하시는 것만 못하며, 만약 어쩔 수 없이 가서 문병한다면 수백 기(騎)를 거느리고 가서 문병하고 즉시 돌아오소서."

정현(廷顯)이 힘써 간쟁(諫爭)해 말했다.

"돌아가시고자 한다면 영구히 환도(還都)하는 것이 좋습니다. 가서 문병하고 즉시 돌아오는 것은 더욱 안 될 일입니다."

상이 두 대군(大君)을 시켜 뜻을 전해 말했다.

"영의정 등이 말한 것은 만세에 바꾸지 못할 정론(正論)이고, 좌의정 등이 말한 것은 일시적으로 임금을 근심하는 지극한 뜻이다. 내가 음양(陰陽)의 금기[拘忌]에 대해 비록 다 믿지는 않지만, 옛날에 원천강(袁天綱)[17]·이순풍(李淳風)[18]·소강절(邵康節, 1011~1077년)[19] 등

---

17 당나라 풍수지리학자다.

18 당나라 풍수지리학자다.

19 이름은 소옹(邵雍)인데, 시호가 강절(康節)이라 주로 소강절(邵康節)로 불린다. 젊어서부터 뜻을 품어 소문산(蘇門山) 백원(百源)에서 독서했다. 북해(北海) 이지재(李之才)가 공성령(共城令)으로 있을 때 하도낙서(河圖洛書)와 천문, 역수(易數)를 배웠다. 스스로 깨우쳐 자득한 것이 많았고, 직접 농사를 지으면서 자급했다. 인종(仁宗) 가우(嘉祐)와 신종

이 음양(陰陽)으로 길흉(吉凶)을 앞서 알았으니 그들이 정(定)한 바는 거짓이 아니었다. 이로써 본다면 마음대로 조치할 수도 없다. 궁가(宮家)를 합(合)해 환도(還都)하는 것을 나의 마음에는 평안치 않게 여기니, 우선 단기(單騎)로 문안(問安)하고 돌아왔다가 가을을 기다려서 환도(還都)하는 것이 나의 뜻이다."

은(旹)·조말생(趙末生)·이명덕(李明德) 등이 말했다.

"진실로 마땅합니다."

정현이 말했다.

"지존(至尊)의 거둥(擧動)은 가벼이 할 수가 없는데, 어찌 단기(單騎)로 홀로 행행(行幸)할 도리가 있겠습니까? 또 대고(大故)에 이른다면 예(禮)에 마땅히 다시 가야 하는데, 만약 그렇게 된다면 바로 농사철을 당할 것이니 불가(不可)하지 않겠습니까? 만약 친히 행행(行幸)해 문안하시고자 한다면 양궁(兩宮-왕과 왕비)이 일시에 환도함이 심히 다행이겠으나, 전하께서는 홀로 가서 문안하고 즉시 돌아오고자 하시니 소신(小臣)의 마음은 깊이 유감(有憾)입니다. 전하께서 신 등으로 하여금 각각 품은 생각을 진달(陳達)하게 하니, 노신(老臣)이 어찌 감히 마음을 다해 대답하지 않겠습니까."

상이 말했다.

(神宗) 희녕(熙寧) 중에 장작감주부(將作監主簿) 등에 임명되었지만 사양하고 일생을 낙양(洛陽)에 숨어살았다. 부필(富弼)과 여공저(呂公著), 사마광(司馬光) 등 구법당(舊法黨)과 사귀면서 시정의 학자로 평생을 마쳤다. 선천학(先天學)을 창시해서 만물은 모두 태극(太極)에서 말미암아 변화 생성된다고 주장했고, 『황극경세서(皇極經世書)』 62편을 지어 천지간 모든 현상의 전개를 수리로 해석하고 그 장래를 예시했다.

"내가 마땅히 상량(商量)하겠다."

두 대군(大君)이 같이 왕지(王旨)를 받들어서 뜻을 전해 말했다.

"중궁(中宮)과 더불어 영구히 한도(漢都)로 돌아가고자 한다."

또 대언(代言) 등에게 가르쳐 말했다.

"이제 상왕(上王)의 병환에 친히 문위(問慰-문안과 위로)를 드리지 않을 수 없고 또 사복시(司僕寺)의 사람들이 모두 말미를 받고자 [受由] 하니, 이로써 본다면 상인(象人)[20]의 폐단이 모두 나의 한 몸으로부터 말미암는 것이다. 하물며 한경(漢京)은 태조(太祖)의 창업(創業)한 땅으로서 종묘·사직이 그곳에 있느니, 오랫동안 비워둘 수가 없다. 돌아가지 않는다면 그만이지만, 돌아간다면 농사가 성해지기 전에 마땅히 돌아가야 한다."

말생·명덕 등이 대답해 말했다.

"상왕(上王)의 병은 풍기(風氣)입니다. 풍증(風證)은 비록 위태로운 지경에 이르렀다가도 나중에는 즉시 나아지니, 반드시 염려할 것은 없습니다. 신 등이 생각건대 중궁(中宮)은 그대로 남으시고, 전하만이 홀로 가서 문병하시고 돌아온다면 양쪽으로 다 온전할 것입니다."

하연(河演)·김효손(金孝孫)·원숙(元肅) 등이 말했다.

"만약 환도(還都)하신다 하더라도 지금의 농사철을 당해서는 더욱 불가(不可)합니다."

상이 말했다.

---

20 나무인형인데, 아무런 능력이나 재주가 없는 사람을 가리킨다.

"그렇다. 중궁(中宮)이 근심을 얻은 땅으로 돌아가고 싶어 하지 않지만, 내 생각으로는 중궁(中宮)은 명빈(明嬪-김구덕 딸로 태종의 후궁)이 있던 구처(舊處)인 장의동(藏義洞)의 궁(宮)에 거처하고 나는 경복궁(景福宮)에 거처하려 한다."

그 참에 박자청(朴子靑)에게 명해 말했다.

"먼저 한경(漢京)으로 가서 경복궁을 수즙(修葺-수리)하라."

자청(子靑)이 장차 떠나려는데, 박은 등이 대군(大君)을 찾아보고 말했다.

"전하께서 처음에 이 도읍(都邑)에 온 것은 상(祥)스럽지 못한 곳을 피하고자 함이었습니다. 이미 상스럽지 못한 곳을 피해 왔다가 다시 상스럽지 못한 곳에 거둥하시니, 전하가 금년(今年)에 액(厄)이 있으므로 신 등은 돌아가서는 안 된다고 생각합니다. 청컨대 이번 행차를 정지하고 다만 마땅히 사람을 시켜서 문병하고 약(藥)을 받들게 할 뿐이요, 비록 불휘(不諱-죽음)의 일이 있더라도 마땅히 이 도읍(都邑)에 있으면서 발상(發喪)하셔야 합니다."

대군(大君)이 아뢰자 상이 두 대군을 시켜 박은 등에게 물었다.

"내가 한경(漢京)에 있을 때 만약 불휘(不諱)의 일이 있다면 어떻게 처리해야 할까?"

은 등이 대답해 말했다.

"비록 한경(漢京)에 계시더라도 마땅히 이를 피(避)해 발상(發喪)해야 합니다. 이러한 때를 당해 남의 신하 된 자가 누가 감히 강청(强請)하겠습니까?"

상이 말했다.

"영의정과 육조(六曹)와 서로 토의해서 아뢰어라. 나는 또 한마디 할 것이 있다."

유정현이 아뢰어 말했다.

"신이 전날 환도(還都)하자고 강청(强請)한 것은 상왕(上王)의 병 때문입니다. 후사(後嗣)가 된 자가 아들이 되었으면 마땅히 친히 약을 드리고 병을 물어야 합니다. 만약 전하가 금년에 액(厄)이 있어 문병하는 것이 불가(不可)하다면 신이 어찌 감히 청하겠습니까? 사람들이 말하기를 무년(戊年)은 전하의 액년(厄年)이라고 하니, 지금 대군(大君)이 졸(卒)한 것이 또한 무년(戊年)의 큰 액(厄)입니다. 그러나 어찌 이것에 그치고 말지를 알겠습니까? 봄여름까지에 한해 액(厄)을 피하고, 사람을 시켜 문병하는 것도 가(可)합니다."

이원·김한로·심온·정역 등도 또한 아뢰어 말했다.

"전하께서 액(厄)이 있다면 친히 행행(行幸)해 문병할 수가 없으니, 사람을 시키는 것이 좋겠습니다."

상이 말했다.

"상왕(上王)의 병을 친히 문병하지 않을 수 없다. 소경(昭頃-성녕대군)의 무덤이 고양(高陽)에 있으니, 만약 직로(直路)로 간다면 무덤이 바라보이는 곳에 있으니 차마 볼 수가 없다. 20일에 출발하고 싶다. 장단진(長湍津)을 건너 화산(華山) 북쪽을 넘고, 23일에 이르러 모화루(慕華樓)에 유숙(留宿)했다가 24일 이른 아침에 문병(問病)하고 돌아온다면 문병하고 액(厄)을 피하는 일을 일거에 겸해서 다하게 된다."

모두 말했다.

"전하의 가르침이 옳습니다."

병조와 진무소(鎭撫所)에서 숙소도(宿所圖)를 바쳤는데, 20일에는 도리릉(都里陵), 21일에는 장단진(長湍津), 22일에는 녹양평(綠楊坪), 23일에는 모화루(慕華樓)였다.

병신일(丙申日-16일)에 노희봉(盧希鳳)이 한경(漢京)에서 돌아와 아뢰어 말했다.

"상왕의 병이 조금 나아졌습니다."

상이 기뻐하며 도총제(都摠制) 유습(柳濕), 총제(摠制) 하경복(河敬復)에게 명해 서교(西郊)에서 사냥하게 했으니, 장차 상왕에게 바치기 위함이었다.

정유일(丁酉日-17일)에 비가 내렸고, 한경(漢京)의 부인(婦人) 한 사람이 벼락에 맞았다.

○ 이징(李澄)을 좌군도총제(左軍都摠制), 이담(李湛)을 동지돈녕부사(同知敦寧府事-돈녕부 동지사), 조용(趙庸)을 예문관대제학(藝文館大提學)·세자좌빈객(世子左賓客) 행 성균대사성(行成均大司成)으로 삼았다.

○ 사람을 보내 인덕궁(仁德宮)에 노루를 바쳤다.

무술일(戊戌日-18일)에 내관(內官) 최룡(崔龍)을 보내 인덕궁(仁德宮)에 문안했다. 노루를 바친 사람이 한경(漢京)에서 돌아와서 아뢰어 말했다.

"상왕의 병세가 조금 나아졌습니다[稍寧]."
이를 기뻐했기 때문에 이런 명이 있었다.

○ 다시 제주(濟州)의 유학 교수관(儒學敎授官)을 임명했다.

예조에서 제주 목관(濟州牧官)의 정문(呈文)에 의거해 말씀을 올렸다.

"주(州)와 임내(任內)의 유생(儒生)이 200여 인인데, 사송(詞訟)과 잡무(雜務)가 번잡해 비록 판관(判官)이 교수관(敎授官)을 겸임하고 있으나 실제로 가르치기 어렵습니다. 청컨대 전례(前例)에 의해 따로 교수관을 임명해서 정의(旌義)·대정(大靜)의 학교도 아울러 고찰하도록 함으로써 문풍(文風)을 떨치게 하소서."

그것을 따랐다.

○ 일본국(日本國) 능주태수(能州太守) 원창청(源昌淸)이 사람을 보내와 토산물을 바치고, 이어서 인삼(人蔘)·백저포(白苧布) 등의 물건을 구했다.

○ 수가(隨駕)하는 사람이 전곡(田穀)을 밟아서 손상시키는 것을 금지하는 법을 세웠다.

가르쳐 말했다.

"내가 행차하면 수종하는 모든 사람이 전곡(田穀)을 밟아서 손상시키니, 이제부터는 법을 세워 이같이 하지 말도록 하라."

병조에서 이에 금지하는 조건을 올렸다.

"하나, 선운(先運-먼저 가는 부대) 이전에는 진무(鎭撫) 2원(員)과 선행(先行)의 찰방(察訪)이, 후운(後運-뒤에 가는 부대) 이후에는 진무

2원과 병조 낭청(兵曹郞廳)과 후행(後行)의 찰방이, 중축(中軸-가운데 대열)에는 병조 낭청과 진무 2원과 의금부(義禁府)에서 각각 사령(使令)을 거느리고 매양 밭머리에서 금지하소서.

하나, 그 범(犯)한 아무개가 내금위(內禁衛)·내시위(內侍衛)·삼군갑사(三軍甲士)면 각각 성중애마(成衆愛馬)[21]가 각각 그들을 총괄해 거느리게 하되 원인(員人) 2품 이상이면 원인의 반당(伴儻)을, 3품 이하이면 당자[當身]를 계문(啓聞)함이 없이 그때 즉시 논죄하며, 노자(奴子)와 구종(丘從)이 밟아서 손상시키면 당자와 주인을 위의 항목의 예에 의해 논죄하고, 내시부(內侍府) 및 궐내(闕內)의 각 차비(差備)도 위의 항목의 예에 의해 논죄하소서.

위와 같이 하는 것이 어떠하겠습니까?"

가르쳐 말했다.

"4품 이상은 노자(奴子)를 논죄하고, 내시부는 그 부(府)에 잡아 보내고, 궐내(闕內)의 각 차비(差備)는 승정원(承政院)에 잡아 보내라. 그 나머지 조건은 아뢴 바에 의해 시행하라."

기해일(己亥日-19일)에 예문관 제학(藝文館提學) 윤사영(尹思永)이 (명나라) 경사(京師)에 갔으니, 천추절(千秋節-황태자 생일)을 하례하기 위함이었다.

---

21 궁궐의 숙위(宿衛)와 근시(近侍)를 맡아보던 관원이다. 고려 때는 사순(司楯)·사의(司衣)·사이(司彝)·내시(內侍)·다방(茶房)·우달치(迂達赤)·속고치(速古赤) 등이었으나, 조선조에 들어와 내금위(內禁衛)·충의위(忠義衛)·충찬위(忠贊衛)·충순위(忠順衛)·별시위(別侍衛) 등에 소속됐다.

○ 이철주(李鐵柱) · 철동(鐵同)을 자원부처(自願付處)시키라고 명했다.

사헌부에서 아뢰었다.

"적신(賊臣) 이무(李茂)의 아들 공유(公裕)가 맹인(盲人)이기 때문에 연좌(緣坐)를 면하는 예를 얻어 유후사(留後司)의 성내(城內)에 거주했었는데, 공유는 이미 죽었으나 그 아들 철주 · 철동 등이 아직도 성내에 있으니 진실로 편치 못합니다. 하물며 전하께서 이 도읍(都邑)에 온 때이겠습니까? 청컨대 외방(外方)에 내쫓으소서."

가르쳐 말했다.

"자원(自願)에 따라 부처(付處)하되, 그들로 하여금 굶주리지 않게 하라."

○ 명해 화자(火者) 박문길(朴文吉)을 사헌부(司憲府)에 내려서 장(杖) 100대를 때리게 했다.

경자일(庚子日·20일)에 어가(御駕)가 도리릉(都里陵)에 머물렀는데, 상이 한경(漢京)에 가서 인덕궁(仁德宮)에 문병하고자 했기 때문이다.

신축일(辛丑日·21일)에 경덕궁(敬德宮)으로 돌아왔다. 상왕이 사람을 보내 병이 나았다고 알려왔기 때문이다. 상이 즉시 내관(內官) 김중귀(金重貴)를 인덕궁(仁德宮)에 보내 도중에서 잡은 노루를 바쳤다.

임인일(壬寅日·22일)에 좌의정 박은(朴訔)이 신효창(申孝昌)의 죄를 청했다. 아뢰어 말했다.

"효창(孝昌)의 죄는 징계하지 않을 수 없습니다."

상이 말했다.

"효창은 역모(逆謀)에 참여하지 않았다."

은(블)이 말했다.

"신 등이 효창·용수(龍壽) 등의 죄를 잘못 알고서 두 번 세 번 청했으니, 황공하기 그지없습니다."

상이 내관(內官) 최한(崔閑)을 시켜 가르침을 전해 말했다.

"대신(大臣)으로서 남의 죄를 잘못 청하다니, 의리에 있어 어찌 되겠는가? 내가 큰 웃음을 그치지 못하겠다."

갑진일(甲辰日-24일)에 회빈문(會賓門) 밖에서 매사냥을 구경하고, 이어서 덕적산(德積山)·진봉산(振鳳山) 등지에서 사냥했다.

○ 일본(日本) 대마도수호(對馬島守護) 종정무(宗貞茂)가 죽었다[死]. 행 사직(行司直) 이예(李藝)를 보내 치제(致祭)하고, 이어서 쌀·콩, 종이를 부의(賻儀)했다. 정무(貞茂)가 대마도에 있을 동안 위엄이 여러 도(島)에 행해지고, 우리 국가(國家)를 향해 충성해서 여러 도적을 금제(禁制)해 자주 변경(邊境)을 침입하지 못하게 했기 때문에 그의 죽음에 특별히 후사(厚賜)한 것이다.

○ 형조와 대간(臺諫)에서 교장(交章)해 신효창(申孝昌) 등의 죄를 청했으나 윤허(允許)하지 않았다.

○ 금주령(禁酒令)을 거듭 밝혔다.

을사일(乙巳日-25일) 밤에 큰비가 내렸다.

병오일(丙午日·26일)에 큰비가 내렸다.

○ 형조와 대간(臺諫)에서 대궐에 나아와 신효창(申孝昌)·정용수(鄭龍壽)의 죄를 청하고 의정부에서도 상장(上章)해 죄를 청했으나 모두 윤허하지 않았다.

정미일(丁未日·27일)에 의정부·육조(六曹)·대간(臺諫)에서 대궐에 나아와 신효창(申孝昌)·박만(朴蔓)·정용수(鄭龍壽)·임순례(任純禮) 등의 죄를 청했으나, 상이 윤허(允許)하지 않았다. 가르침을 전해 말했다.

"난신적자(亂臣賊子)는 다른 사람이라도 그를 죽일 수 있다. 임오년(壬午年)의 일은 지금까지 17년인데, 그사이에 정부·육조의 신하들이 모두 대간(臺諫)을 지냈으면서 효창 등의 죄를 알지 못해서 거론하지 않은 것인가, 술에 취해서 거론하지 않은 것인가? 오늘에 이르러서야 나에게 권(勸)해 이를 죽이려 하니, 모두 간사한 무리다. 이것은 연(燕)나라로써 연(燕)나라를 치는 것이다[以燕伐燕].²² (그래도) 대_{이연} _{벌연}
간(臺諫)은 모두 신진(新進)의 사람이니 오히려 말할 만하지만, 정부·육조에서 어찌 이처럼 억지로 시끄럽게 구는가?"

조말생(趙末生) 등이 대답해 말했다.

"제경(諸卿)과 대간(臺諫)에서 법을 들어 죄를 청하는데, 어찌 감히 간악(奸惡)한 마음을 가지겠습니까?"

---

22 『맹자(孟子)』 「공손추하(公孫丑下)」에 나오는 말로, 무도한 군주가 무도한 군주를 친다는 뜻이다.

상이 소환(小宦) 엄영수(嚴永壽)를 시켜 가르침을 전해 말했다.

"태조(太祖)께서 입북(入北)한 뒤에 효창·용수 등이 피혐(避嫌)하지 않고 시위(侍衛)한 것도 죄가 되는가?"

말생 등이 말했다.

"과연 상의 명(命)이 있고 모의에 참여한 실상이 없다면 죄의 경중(輕重)이 있을 것 같습니다."

이명덕(李明德)은 홀로 말했다.

"이미 도망쳐 오지 않았는데, 무슨 경중(輕重)의 구별이 있겠습니까?"

마침내 효창과 전 부윤(府尹) 안우세(安遇世)와 환자(宦者) 김수징(金壽澄)·조주(趙珠) 등을 한경(漢京)에 부르니, 며칠 만에 효창 등이 이르렀다. 가르쳐 말했다.

"용수·효창 등의 죄는 그 당시에 그 경중(輕重)을 토의해서 논죄했음에도 이제 정부·육조(六曹)·삼성(三省-대간과 형조)에서 날마다 소장(疏章)을 올려 죄를 청하기를 그치지 않는데, 내가 그 실상을 알지 못하고 함부로 하옥(下獄)할 수 없다. 마땅히 그때 태조(太祖)를 시위(侍衛)했던 내관(內官) 김수징·김용기(金龍奇)·최한(崔閑)·김중보(金重寶)·조주(趙珠)와 안우세(安遇世) 등에게 물어야 한다. 또 사약(司鑰) 박영필(朴英弼)이 비록 소인(小人)이라 하더라도 심히 곧아서 나를 속이지 아니할 것이니, 또한 마땅히 나아오게 해서 그 실정을 물어 아뢰어라. 만약 혹시라도 모의에 참여했다면 내가 마땅히 용서하지 않을 것이다."

조말생 등이 가르침을 받들어 우세(遇世)를 문초하니, 우세가 말했다.

"애초에 신이 변현(邊顯)·조홍(趙洪) 등 16인과 별시위(別侍衛)로서 명(命)을 받고 시종(侍從)했는데, 11월 초4일에 김화(金化) 도창역(桃昌驛)에 이르니, 용수와 효창이 비밀리에 나를 불러서 말하기를 '함승복(咸承復)·배상충(裵尙忠)이 북쪽 땅으로 들어가 군마(軍馬)를 뽑으니, 반드시 변란(變亂)이 일어날 것이다. 이같이 좋지 않은 기별(奇別)을 즉시 주상(主上)께 아뢰겠느냐, 그 사건이 발발하기를 기다려서 아뢰겠느냐?'라고 했으므로, 신이 대답하기를 '초야(初夜)에 이 사건을 듣고 어찌 5경(五更)을 기다려서 말하는가?'라고 하고는 즉시 도망쳐 말을 달렸습니다. 초5일 초경(初更)에 대궐에 나아와 바로 아뢰니 상께서 친히 물으시고는 눈물을 흘리셨고, 곧 김옥겸(金玉謙)을 보내 먼저 동북면(東北面)에 들어가서 도순문사(都巡問使)와 각 고을의 수령(守令)을 타일러 군사를 뽑지 말게 하고 순문사(巡問使)로 하여금 인신(印信)을 봉(封)해 즉시 바쳐오게 했습니다. 또 신에게 명하기를 '너는 몰래 가서 사변(事變)을 탐지(探知)하라' 했으므로, 신이 이를 받들고 11월 초8일에 밤을 틈타서 복장을 바꿔 입고 남산역(南山驛) 막차(幕次)에 이르렀습니다. 두 재상(宰相)의 막사(幕舍)를 찾았으나 마침내 발견하지 못하니, 다시 변현을 찾아서 서로 만나고 또 조홍을 만나 상의 교지(敎旨)를 자세히 알리고는 이어서 두 재상에게 전교(傳敎)하도록 약속하고, 말을 끝낸 뒤 몰래 도망쳐 나왔습니다."

수징(壽澄)에게 물으니, 수징이 말했다.

"우세가 도망쳐 돌아간 뒤에 조사의(趙思義)의 당(黨)이 효창과 용수를 태조(太祖)에게 참소(譖訴)해 말하기를 '다른 마음이 있으니 청컨대 이들을 죽이소서'라고 했으나, 태조가 허락하지 않았습니다. 두 사람은 혹은 시선(侍膳-수라를 모심)할 때라도 그 밖의 다른 언동(言動)을 모두 듣거나 볼 수 없었습니다."

대언(代言) 등이 같이 들은 뒤 각인(各人)이 공초(供招)한 것을 글로 써서 최한(崔閑)에게 주어 아뢰었다. 명해 각인을 석방해 되돌려 보내니, 효창이 모자를 벗고 고두(叩頭-머리를 조아림)하며 말했다.

"만약 성명(聖明)이 아니었더라면 어찌 이를 변별(辨別)했겠습니까? 한경(漢京)에 있을 적에 수직(守直)[23]을 당한 지 여러 날이었는데, 지금 이곳에 이르러서도 수직을 당하고 있습니다."

헌사(憲司)에 가르침을 전해 말했다.

"수직(守直)시키지 말라. 이와 같은 공사(公事)를 나는 시행하지 않겠다. 다시 무슨 일을 가지고 우순풍조(雨順風調)[24]를 바라겠느냐?"

최한을 시켜 뜻을 전해 말했다.

"지금 효창 등의 죄를 청하는 자들은 모두 그 실정을 알지 못한다. 그때 정승 조영무(趙英茂)·이무(李茂)·하륜(河崙) 등의 대신이 지극히 상량(商量)해 시행했으나 효창 등은 모의에 참여하지 않았을 뿐이니, 어찌 그들에게 생각이 없었겠느냐? 예로부터 뛰어난 임금[賢君]이 있고 어두운 임금[暗君]이 있었으나, 그 신하들은 그 임금
현군   암군

---

23 죄를 지은 사람이 도망치지 못하도록 헌사(憲司)에서 서리를 보내 그 집을 지키게 하는 일을 가리킨다.

24 기후가 순조로워서 곡식이 잘된다는 말로, 곧 천하가 태평스러운 것을 뜻한다.

의 말을 듣지 않을 수가 없었다. 지금 내가 말하고자 하니 신하들은 이에 (내 말을) 듣는 것이 좋겠다. 여러 신하가 다시 이 일을 청하더라도 나는 따르지 않을 것이고, 내가 따르지도 않는데 여러 신하가 극간(極諫)하다가 마침내 이뤄지지 않는다면 사필(史筆)이 반드시 아름답지 못할 것이다. 대언(代言) 등은 소사(所司)에 나의 뜻을 유시(諭示)하도록 하라."

辛巳朔 陰霜.
신사 삭 음상

御別殿置酒 餞韓尙敬 漢京之行也. 兼饋啓事臣僚 賜尙敬馬
어 별전 치주 전 한상경 한경 지행야 겸궤 계사 신료 사 상경 마

一匹.
일필

上曰: "誠寧之卒 非其命也." 李原對曰: " 脩短之理 實關於天 願
상왈 성녕 지 졸 비 기명 야 이원 대왈 수단 지 리 실 관어 천 원

殿下寬之. 苟死者 雖醫 不能救. 近姜淮仲妻有身 楊弘達以爲腹中
전하 관지 구 사자 수의 불능 구 근 강회중 처 유신 양홍달 이위 복중

成塊 灸之落胎 然後知其有子也." 朴訔曰: "乘輿移幸久矣. 大小
성괴 구지 낙태 연후 지기 유자 야 박은 왈 승여 이행 구의 대소

臣僚意其永不還駕 挈家來者有之. 願定還都日 期以一人心 止
신료 의 기 영불 환가 설가 내자 유지 원정 환도일 기이 일 인심 지

浮言. 又於留後司着紗帽於路 似未便穩."
부언 우어 유후사 착 사모 어로 사 미 편온

上曰: "過夏 還都之計已定 諸代言所共知也. 何有浮言?" 趙末生
상왈 과하 환도 지계 이정 제 대언 소공지 야 하유 부언 조말생

對曰: "奉敎已造軍營 是其明驗." 上曰: "何必軍營? 宗廟社稷
대왈 봉교 이조 군영 시 기 명험 상왈 하필 군영 종묘사직

在焉 捨此何去? 留後司亦都邑也 着帽行路 又何未便之有?" 訔曰:
재언 사차 하거 유후사 역 도읍 야 착모 행로 우 하 미편 지유 은왈

"如此則似有南北京." 上曰: "天下君王 古有兩都 稱此爲都何害?"
여차즉 사유 남 북경 상왈 천하 군왕 고유 양도 칭차 위도 하해

諸卿皆出 訔就前密啓曰: "申孝昌在壬午年爲承寧府尹 從太祖
제경 개출 은 취전 밀계 왈 신효창 재 임오년 위 승녕부윤 종 태조

不返 宜不敍用 今拜都摠制未便." 上曰: "卿言是 予乃忘之. 鄭貫
불반 의 불서용 금배 도총제 미편 상왈 경언 시 여 내 망지 정관

申自謹何以敍用? 此事宜令舍人啓聞 不宜親進."
신자근 하이 서용 차사 의령 사인 계문 불의 친진

命各司 相遞往來漢京.
명 각사 상체 왕래 한경

賞告産金之地者.

探訪副使尹興義啓曰: "春川産金處 淮陽戶長朴玄龍所告也;

狼川産金處 縣人前郞將金龍儉所告也; 金城産金處 縣令高襲所告

也; 平康産金處 縣監朴曙所告也. 上項人等褒賞 以勸後人."

敎曰: "銀則力役倍多 其利數少 金則其利稍多 以金代貢銀可也.

然將何言而欲代乎? 褒賞之事 下政府 六曹擬議申聞."

吏曹啓: "朴玄龍免其身役; 金龍儉賞職; 朴曙 高襲 其陳告處

吹鍊試驗後 加資褒賞." 從之.

命免安邊記官金之純 將校李春役. 咸吉道都觀察使柳思訥據

安邊府使李植呈報云: '金之純 李春等欲免本役 求應召募 入居

慶源之地. 之純之祖 曾有功於紅賊之亂 又從太祖赴引月之戰.

大抵窮荒之地 人所難居 皆不願也 而李春不憚窮荒 欲應募而入居.

從其所願 免役入送如何?' 命政府 六曹擬議申聞 遂免其役.

壬午 敬德宮新樓成.

留都司 憲府上疏 請還都. 疏曰:

'臣等分司還京之時 路見貴賤男女牛駄馬載 絡繹于道 比之常時

十相倍蓰 其間豈無弊乎? 入京以來 又見隨駕人民單獨者之家舍

如過夏則恐破毀之盡 而還無所止矣. 況在都人民瞻望翠華之心之

切 奚啻嬰兒之慕父母乎? 瞻望之心旣如此 小民之弊又如彼 伏惟

殿下 特垂明察 早回車駕 以副輿望.'

趙末生 李明德等留而不啓. 金孝孫 元肅等曰: "憲府議弊上疏
조말생 이명덕 등유이불계 김효손 원숙 등왈 헌부 의폐 상소

不可不啓也." 末生 明德曰: "曾聞上敎 不可啓也." 又私自語曰: "已
불가 불계 야 말생 명덕왈 증문 상교 불가계야 우사자어왈 이

率妻子 安接大廈. 儻從憲府之疏 遽爾還京 則妻子家產 何以輸
솔 처자 안접 대하 당종 헌부 지소 거이 환경 즉 처자 가산 하이 수

乎?"
호

上使內官崔閑問語六曹曰: "予於此都 非避厄而來 以小兒之故
상 사 내관 최한 문어 육조왈 여어 차도 비피액 이래 이 소아 지고

不遑寧處 欲寬憂心耳. 今營樓觀 實非長久之道也. 儻有使臣越江
불황 영처 욕관 우심이 금영 누관 실비 장구 지도야 당유 사신 월강

之報 則未有迎接之所 有雨則不可以帳幕待之也. 近間小民之言
지보 즉미유 영접 지소 유우 즉불가이 장막 대지 야 근간 소민 지언

皆望予之早還 兩京之內婦女之行 相望道路 豈無弊乎? 四月雖是
개 망여지 조환 양경 지내 부녀 지행 상망 도로 기 무폐 호 사월 수시

厄朔 下半則無害. 十五日以後二十日之前 予欲還都 議其可否."
액삭 하반 즉 무해 십오일 이후 이십일 지전 여욕 환도 의기 가부

朴訔曰: "臣之前日所啓者 以漢京之人瞻望車駕之故 而非以
박은 왈 신지 전일 소계 자 이 한경 지인 첨망 거가 지고 이비이

利害啓之也 且不知過夏之計也." 金漢老曰: "宜自下陳可否." 執義
이해 계지 야 차 부지 과하 지계야 김한로 왈 의 자하 진 가부 집의

許揆 司諫鄭尙 吏曹參議南琴等曰: "四月殿下之厄朔 若入五月之
허규 사간 정상 이조참의 남금 등왈 사월 전하 지액삭 약입 오월 지

節 則可避厄朔. 四月過而五月來 則付種已畢 而未始除草. 當此時
절 즉 가피 액삭 사월 과이 오월 래 즉 부종 이필 이 미시 제초 당 차시

還都 則兩全無害." 長興君馬天牧曰: "五月動駕 則可以避四月之厄
환도 즉 양전 무해 장흥군 마천목 왈 오월 동가 즉 가이 피 사월 지액

也. 五月路邊之田盡闢 然亦多閑地 何慮其無下輦之處乎?" 朴訔
야 오월 노변 지전 진벽 연역 다 한지 하려 기무 하련 지처 호 박은

金漢老 禮曹判書金汝知 摠制尹惟忠 戶曹參議李貞幹等曰: "兩京
김한로 예조판서 김여지 총제 윤유충 호조참의 이정간 등왈 양경

之制 自古有之. 今我殿下避厄而來 不過厄朔而還都 誠不可也. 況
지제 자고 유지 금 아 전하 피액 이래 불과 액삭 이 환도 성 불가 야 황

路邊之田 暫無下輦之處 待秋還都 豈其不可?"
노변 지전 잠무 하련 지처 대추 환도 기 기 불가

閑入啓 敎曰: "予之初來 非以避厄 欲寬憂心也. 然移來此都 今
한 입계 교왈 여지 초래 비이 피액 욕관 우심야 연 이래 차도 금

已六十餘日. 以予丈夫 尙無收淚之日 況在中宮 豈有安心之時乎?
이 육십 여일 이여 장부 상무 수루 지일 황재 중궁 기유 안심 지시호

故與中宮已定還都之計. 且予之兄弟 不爲不多 而未有相從之人 今
고 여 중궁 이정 환도 지계 차여지형제 불위 부다 이 미유 상종 지인 금

欲還都者 欲陪上王也. 若曰路邊之田盡闢 則不行直路可矣. 人謂
욕 환도 자 욕배 상왕 야 약왈 노변 지전 진벽 즉 불행 직로 가의 인위

予不還漢京 太祖所都 宗社在焉 予豈不還? 是月二十日必還 勿復
여 불환 한경 태조 소도 종사 재언 여기 불환 시월 이십일 필환 물부

多言 定日以聞."
다언 정일 이문

嘗等固執不可 敎曰: "二月是予之厄朔也. 二月之厄 何延及四月
은 등 고집 불가 교왈 이월 시여지 액삭 야 이월 지액 하 연급 사월

乎? 假使四月有厄 予已老矣 何足慮乎? 況予之初來 非欲避病 卿
호 가사 사월 유액 여 이로 의 하족 려호 황여지 초래 비욕 피병 경

之所知也. 近有數日之雨 別牌等結幕虛地 其若不小 命鎭撫俾入
지 소지 야 근유 수일 지우 별패 등 결막 허지 기약 불소 명 진무 비입

宮家. 又見路邊之家 竝皆傾危 況深處乎? 儻有家頹而人死 則是亦
궁가 우견 노변 지가 병개 경위 황 심처 호 당유 가퇴 이인사 즉 시역

可慮也. 予之子孫 多在漢京 思慕之心 兩地相照 況大小人員去
가려 야 여지 자손 다재 한경 사모 지심 양지 상조 황 대소인원 거

妻子 離父母 豈無怨咨之心乎? 予斷以大義而欲還 勿復强言."
처자 이부모 기무 원자 지심 호 여단 이 대의 이욕환 물부 강언

嘗對曰: "臣等之欲殿下過夏者 無他 欲避厄也. 四月未過 而遽
은 대왈 신등 지욕 전하 과하 자 무타 욕 피액 야 사월 미과 이거

欲還都 誠爲未便. 若殿下虛論厄朔 則還都之日 何必擇乎?" 漢老
욕 환도 성위 미편 약 전하 허론 액삭 즉 환도 지일 하필 택호 한로

曰: "殿下今年有大厄 故見大君之患. 臣等所望者 非獨欲過夏也 欲
왈 전하 금년 유 대액 고견 대군 지환 신등 소망 자 비독 욕 과하 야 욕

以冬至前爲期." 末生曰: "大小之人 本無家者皆安其所; 本有家者
이 동지 전 위기 말생 왈 대소 지인 본 무가 자 개안 기소 본 유가 자

竝皆修葺 安有家頹人死之慮乎? 況皆遞番往來 何怨上之有 乎?"
병개 수즙 안유 가퇴 인사 지려 호 황개 체번 왕래 하 원상 지유 호

上又詰問曰: "予之初來 非欲避病也. 卿等皆欲使予過夏 有何益
상 우 힐문 왈 여지 초래 비욕 피병 야 경등 개 욕사 여 과하 유하익

乎?" 末生 明德等對曰: "臣等欲殿下過夏者 無他留於此都 日久
호 말생 명덕 등 대왈 신등 욕 전하 과하 자 무타 유어 차도 일구

月深 則哀痛大君之心 庶可弛也. 今若還都 則殿下未禁思戀 而
월심 즉 애통 대군 지심 서 가이 야 금약 환도 즉 전하 미금 사련 이

傷心尤切."
상심 우절

敎曰: "予來此都六十餘日 未有收淚之日. 雖至漢京 何以異乎?
교왈 여래 차도 육십 여일 미유 수루 지일 수지 한경 하이 이호

予之欲還多端 而卿等皆欲予過夏 予若過夏 則勿以爲煩."
여 지 욕환 다단 이 경등 개욕여 과하 여약 과하 즉 물이위 번

末生等喜形於色. 俄而 召檢校漢城尹崔德義等 命擇還都之日
말생 등 희형 어색 아이 소 검교 한성윤 최덕의 등 명택 환도 지일

動駕則初八日 下輦則十一日也. 上使崔閑持書雲觀擇日書 以示
동가 즉 초팔일 하련 즉 십일일야 상사 최한 지 서운관 택일 서 이시

承政院曰: "予聞 擧動人君之大節 今予此行 非漁獵之行也." 末生
승정원 왈 여문 거등 인군 지 대절 금여 차행 비 어렵 지행야 말생

明德等曰: "從明日而計之 則只隔五日 各驛之馬 似難悉來."
명덕 등 왈 종 명일 이 계지 즉 지격 오일 각역 지마 사난 실래

敎曰: "予之欲速還都 無他 以其順人心也. 今汝等欲予過夏者
교왈 여 지 욕속 환도 무타 이기 순 인심 야 금 여등 욕여 과하 자

不知有何益乎? 以過夏之酒 多釀於此都乎? 以予之位 尙未能盡輸
부지 유 하익 호 이 과하 지주 다양 어 차도 호 이 여지위 상 미능 진수

眷屬而來 況今小民去妻子 離父母者頗多 豈無完聚之心? 人之
권속 이래 황금 소민 거 처자 이 부모 자 파다 기무 완취 지심 인지

向背 不可不知也."
향배 불가 부지 야

末生 明德等對曰: "民何厭焉? 又何有弊? 今隨駕之人 無大無小
말생 명덕 등 대왈 민하 염언 우하 유폐 금 수가 지인 무대 무소

皆令代番. 長番者 皆率妻子而來 誰敢怨咨? 父母妻子在遐方者
개 령 대번 장번 자 개솔 처자 이래 수감 원자 부모 처자 재 하방 자

頗多 男女旣長 而有室有家者亦多矣. 雖往漢京 尙有未得相見之人
파다 남녀 기장 이 유실 유가 자 역 다의 수왕 한경 상유 미득 상견 지인

也 宜留過夏."
야 의류 과하

河演 金孝孫 元肅曰: "近臣及識理之人 必無之矣. 其無知單寒
하연 김효손 원숙 왈 근신 급 식리 지인 필 무지 의 기 무지 단한

軍民則夫婦各在 皆必厭之. 然上體風氣 宜於溫井湯沐 又昌德之宮
군민 즉 부부 각재 개필 염지 연 상체 풍기 의어 온정 탕목 우 창덕 지궁

傷心之地 宜留此 以寬憂心."
상심 지지 의 유차 이관 우심

敎曰: "然. 識理者則暫無怨上之心也. 予之欲還 以從民望也. 卽
교왈 연 식리 자 즉 잠 무원 상 지심 야 여 지 욕환 이종 민망 야 즉

錄宿次之地以聞."
녹 숙차 지지 이문

兵曹 工曹各令所屬之司 治隨駕之事 大小之人聞之皆喜 而猶恐
병조 공조 각령 소속 지사 치 수가 지사 대소 지인 문지 개희 이 유공

其中變也. 末生曰: "以一家之弊言之 非獨家産之已輸 若遽還都 則
기 중변 야 말생 왈 이 일가 지폐 언지 비독 가산 지 이수 약 거 환도 즉

將何以乎?” 肅曰: “吾失卜馬 將何以乎?”
장 하이 호   숙 왈   오 실 짐마 장 하이 호

上問於承政院曰: “予聞 朴訔言於汝等曰: ‘前日因醉 啓事之時
상 문어 승정원 왈   여문 박은 언어 여등 왈   전일 인취 계사 지시

未能盡言.’ 何所指而言歟?”
미능 진언   하 소지 이언 여

明德 孝孫等對曰: “臣等聞訔之言 近自漢京而來 族屬來餞 累日
명덕 효손 등 대왈   신등 문 은지언 근 자 한경 이래 족속 내전 누일

過飮 路中元氣虧疏 入來翼日 又過飮於上前 因酒酣啓事 皆不
과음 노중 원기 휴소 입래 익일 우 과음 어 상전 인 주감 계사 개 불

明白.”
명백

閔問曰: “左議政所啓者 何等事也?” 明德曰: “一 紗帽之事 一
한 문왈   좌의정 소계 자 하등 사 야   명덕 왈   일 사모 지사 일

漢京之人望車駕之事.” 閔又問曰: “止於此乎?” 明德曰: “亦有一事
한경 지 인망 거가 지사   한 우 문왈   지어 차호   명덕 왈   역유 일사

焉.” 閔不再問而起 明德亦起 追閔觸耳而說. 史官隨至 立於明德之
언   한 불 재문 이기 명덕 역기 추한 촉이 이설 사관 수지 입어 명덕 지

後 明德揮而退之 使不聽. 明德說訖乃曰: “大抵訔之發此言者 恐
후 명덕 휘 이 퇴지 사 불청 명덕 설 흘 내왈   대저 은지 발 차언 자 공

殿下因己之言 而欲還漢京也.”
전하 인 기지언 이 욕환 한경 야

閔以啓 敎曰: “訔之發此言者 發明己言也. 予之欲速還者 非以
한 이계 교왈   은지 발 차언 자 발명 기언 야 여지 욕속 환자 비이

訔之言也 素有此計也. 漢京之人胥動浮言 皆謂予還都. 予聞此言
은지언 야 소유 차계 야 한경 지인 서동부언 개 위여 환도 여문 차언

不勝感動. 漢京亦釀過夏酒乎?”
불승 감동 한경 역양 과하 주호

末生對曰: “漢京亦然.”
말생 대왈   한경 역연

敎曰: “此間氣候不常 前日隕霜 恐民咨怨之所致也.”
교왈   차간 기후 불상 전일 운상 공민 자원 지 소치 야

末生對曰: “殿下卽位以來 天變地怪屢見 尙無後災. 氣候不常 豈
말생 대왈   전하 즉위 이래 천변 지괴 누현 상무 후재 기후 불상 기

民怨所致乎?” 孝孫曰: “去年四月雨雪失節 迨今無後災也. 臣等之
민원 소치 호   효손 왈   거년 사월 우설 실절 태금 무후 재야 신등 지

欲殿下過夏者 是月沐浴溫井 治去宿疾 待秋而還都也.”
욕 전하 과하 자 시월 목욕 온정 치거 숙질 대추 이 환도 야

敎曰: “然則欲從汝等之言 支費之物 可載去也. 移文京畿及
교왈   연즉 욕종 여등 지언 지비 지물 가 재거 야 이문 경기 급

黃海道 勿使農民作弊 又勿令觀察使及各官守令等現身."
황해도 물사 농민 작폐 우 물령 관찰사 급 각관 수령 등 현신

　全羅道都觀察使請置濟州屯田. 據濟州都安撫使呈報云: ‘每年
전라도 도관찰사 청치 제주 둔전 거 제주 도안무사 정보 운 매년

諸處祭享 三度進上馬貢 貢馬 貢物過海糧 待風糧 如此一年所費
제처 제향 삼도 진상마 공 공마 공물 과해 량 대풍 량 여차 일년 소비

約一千餘石 無時助戰軍糧 補乏實難 請依前例置屯田.'
약 일천 여석 무시 조전 군량 보핍 실난 청의 전례 치 둔전

　上曰: "移文無弊耕作." 戶曹擬議啓曰: "非獨濟州 其他使客煩多
상왈 이문 무폐 경작 호조 의의 계왈 비독 제주 기타 사객 번다

各官 多糶倉庫米豆以支待 甚者重斂田租 流弊於民. 屯田種子以
각관 다조 창고 미두 이 지대 심자 중렴 전조 유폐 어민 둔전 종자 이

不多例 差等定數 使鄕吏 日守 官奴婢分番耕作何如?" 上曰: "累月
부다 례 차등 정수 사 향리 일수 관노비 분번 경작 하여 상왈 누월

大旱 則必有陳言者 姑停之."
대한 즉 필유 진언 자 고 정지

　癸未 御便殿視事. 上問代言等曰: "予有疾欲湯浴 然正當農月 予
계미 어 편전 시사 상문 대언 등왈 여 유질 욕 탕욕 연 정당 농월 여

行幸 則大有弊 故不敢." 代言等請曰: "上素有風氣 當及時治療.
행행 즉 대 유폐 고 불감 대언 등 청왈 상 소유 풍기 당 급시 치료

又湯浴治病 三四月 寒熱得中其時也 雖當農月 治病不得已也. 上
우 탕욕 치병 삼사월 한열 득중 기시 야 수당 농월 치병 부득이 야 상

常時行幸 嚴立禁法 使軍馬不踐田地 今除雜差備行幸 豈有弊也?"
상시 행행 엄립 금법 사 군마 불천 전지 금제 잡 차비 행행 기 유폐 야

請之再三 上意遂決. 以上過於悲哀 故勸上行幸 庶幾寬之也. 命遣
청지 재삼 상의 수결 이상 과어 비애 고 권상 행행 서기 관지 야 명견

上護軍趙菑 審觀行幸所過宿次以來.
상호군 조지 심관 행행 소과 숙차 이래

　甲申 囚醫員楊弘達 朴居 曹聽 元鶴于義禁府. 初 上使崔閑 傳于
갑신 수 의원 양홍달 박거 조청 원학 우 의금부 초 상사 최한 전우

承政院曰: "誠寧之卒 雖曰死生有命 然當發病之初 腰背疼痛 醫員
승정원 왈 성녕 지 졸 수왈 사생 유명 연당 발병 지초 요배 동통 의원

朴居等診候曰: ‘風證飮之以人蔘順氣散.’ 出汗過多 又進感應元
박거 등 진후 왈 풍증 음지 이 인삼순기산 출한 과다 우진 감응원

對金飮子 及其瘡疹已發 病勢殆矣則又曰: ‘此乃疹疾之常事.’ 諱藥
대금음자 급기 창진 이발 병세 태의 즉 우왈 차내 진질 지 상사 휘약

而不進一貼. 嗚呼痛哉! 不意一夕至於此也. 今見醫書 腰背疼痛
이 부진 일첩 오호 통제 불의 일석 지어 차야 금견 의서 요배 동통

者 痘疹未發之初證也. 且瘡疹逆證之後 能救之藥 見於方者非一.
자 두진 미발 지 초증 야 차 창진 역증 지후 능구 지약 견어 방자 비일

244

爲醫者苟能用心精察 變通從宜 請其相合之藥 則豈無可變之理也?
위의 자구 능 용심 정찰 변통 종의 청기 상합 지약 즉 기무 가변 지리 야

大抵藥餌之事 極盡無憾 而卒不免於大故 是則稟於天者 然也.
대저 약이 지사 극진 무감 이졸 불면 어 대고 시즉 품어 천자 연야

瘡疹人之所共經驗 非微妙難察者也. 醫員等始則以爲風證 進其
창진 인지 소공경험 비 미묘 난찰 자야 의원 등 시즉 이위 풍증 진기

相克之藥; 終則以爲順證 而不用能救之方 呼苦一旬至於亡 是豈非
상극 지약 종즉 이위 순증 이불용 능구 지방 호고 일순 지어 망 시기비

人事之所失歟? 此予所以痛悼而不能自寬也. 前日李原言曰: '脩短
인사 지소실 여 차 여 소이 통도 이불능 자관 야 전일 이원 언왈 수단

之理 只在於天 非醫員之所能救也.' 是則原平日自以謂: '死生之理
지리 지재어 천 비 의원 지소능 구야 시즉 원 평일 자이위 사생 지리

各有所稟 非人力之所能 何以誠寧之卒 歸罪於醫員乎?' 原以中心
각유 소품 비 인력 지소능 하이 성녕 지졸 귀죄 어 의원 호 원 이 중심

所抱 不諱陳之 可謂直矣. 是眞不知予心之痛恨有由然也. 汝等
소포 불휘 진지 가위 직의 시진 부지 여심 지통한 유 유연 야 여등

常在予側 其於誠寧之卒 聞之熟矣 知之悉矣. 宜當布諭 使大小
상재 여측 기어 성녕 지졸 문지 숙의 지지 실의 의당 포유 사 대소

臣民 咸知醫員之不肯用心 今乃含默不言 至使大臣尙不聞知 汝等
신민 함지 의원 지불긍 용심 금내 함묵 불언 지사 대신 상 불문지 여등

之奸極矣. 汝等徒以奸巧襲身者也. 誠寧之卒 今已六旬 未嘗一日
지간 극의 여등 도이 간교 습신 자야 성녕 지졸 금이 육순 미상 일일

不下淚也. 卽命獄官囚繫醫員 鞫問其故 以懲[25]後來 未爲過也.
불 하루 야 즉명 옥관 수계 의원 국문 기고 이징 후래 미위 과야

雖然必有言之者 予何欲速乎?"
수연 필유 언지 자 여 하 욕속 호

趙末生對曰: "誠寧卒日 忠寧大君出外語臣曰: '朴居等云: "瘡疹
조말생 대왈 성녕 졸일 충녕대군 출외 어신 왈 박거 등 운 창진

之證 此爲最順." 意必愈也 變證之藥 不進一度 以至於此.' 臣聞
지증 차위 최순 의필 유야 변증 지약 부진 일도 이지 어차 신문

是語 卽傳諭於政府 六曹 旣且陳慰 大小臣僚 誰不知殿下之意乎?
시어 즉 전유 어 정부 육조 기차 진위 대소 신료 수 부지 전하 지의 호

前日 李原啓事之時 臣與河演欲辨之 避席俯伏 未啓而出 臣等誠
전일 이원 계사 지시 신여 하연 욕변지 피석 부복 미계 이출 신등 성

有罪焉." 上使忠寧大君傳教曰:
유죄 언 상사 충녕대군 전교 왈

---

25 원문에는 徵으로 돼 있지만, 懲이 맞기에 그렇게 고쳤다.

"予以汝等爲曲者 無他 使大臣不知予志 遂發死者 非醫所救之
여 이 여등 위곡 자 무타 사 대신 부지 여지 수 발사 자 비 의 소구 지

言. 予於醫者 豈以盡稱其職 而致死爲罪乎? 弘達當慶安之病 熱證
언 여어 의자 기이 진칭 기직 이 치사 위죄 호 홍달 당 경안 지병 열증

而進正氣散 以至病極. 其卒以爲: '臣業醫以來 未見如此之疾.'
이진 정기산 이지 병극 기졸 이위 신 업의 이래 미견 여차 지질

比於非人之子 及其卒也 予親見方書 熱症而飮補藥 則至於煩懣
비어 비인 지자 급 기졸 야 여 친견 방서 열증 이음 보약 즉 지어 번민

明明具載. 然予反以爲: '命也如之何?' 又當昭頃之始病也 腰背
명명 구재 연여 반 이위 명야 여지하 우당 소경 지 시병 야 요배

疼痛 弘達等謂風疹也 飮以正氣散而出汗. 以頭痛而出汗 則一生
동통 홍달 등위 풍진 야 음이 정기산 이출한 이 두통 이출한 즉 일생

十死之言 載諸瘡疹之方 及其始發之後 慮有不諱 多進變證之藥.
십사 지언 재제 창진 지방 급 기 시발 지후 여유 불휘 다진 변증 지약

朴居以爲: '黃蠟色是順證也 而治藥甚不可也.' 卒不飮變證之藥.
박거 이위 황랍 색시 순증 야 이 치약 심 불가 야 졸 불음 변증 지약

其初也 以瘡疹而爲風證; 其發也 以灰蠟而爲黃蠟 以致不虞之變
기초 야 이 창진 이위 풍증 기발 야 이 회람 이위 황랍 이치 불우 지변

于今六十餘日 淚不輟眼. 予欲其枷械下獄 以報昭頃之讎如何?"
우금 육십 여일 누 불 철안 여욕 기 가계 하옥 이보 소경 지수 여하

末生啓曰: "李原之所啓 意在罪醫 故言及淮仲之妻之死. 枷械
말생 계왈 이원 지 소계 의재 죄의 고 언급 회중 지처 지사 가계

下獄 依律處罪 以答大小臣僚之望 臣等所願也. 雖外事 不謹其職
하옥 의율 처죄 이답 대소 신료 지망 신등 소원 야 수 외사 불근 기직

則科之以罪者 邦之常憲也. 況內事不謹 以至於變 雖愚婦童稚 尙
즉 과지 이죄 자 방지 상헌 야 황 내사 불근 이 지어 변 수 우부동치 상

皆知之."
개 지지

教曰: "必有言者 姑待之." 至是 政府 六曹 臺諫請正其罪 又李原
교왈 필유 언자 고 대지 지시 정부 육조 대간 청정 기죄 우 이원

具請弘達等四人 誤進藥餌 以致大君之卒之罪. 上枚擧醫員不用心
구청 홍달 등 사인 오진 약이 이치 대군 지졸 지죄 상 매거 의원 불용심

治藥曰: "歲在乙未 慶安宮主病證 發熱苦極 直視手反 弘達曰:
치약 왈 세재 을미 경안궁주 병증 발열 고극 직시 수반 홍달 왈

'如此病證 醫家所未知也.' 進養胃湯 平胃散 予心以謂非常 而愧聞
여차 병증 의가 소미지 야 진 양위탕 평위산 여심 이위 비상 이 괴문

于人. 卒後 予見方書 直視手反 正在發熱之證. 誠寧君發疹之初
우인 졸후 여견 방서 직시 수반 정재 발열 지증 성녕군 발진 지초

腰脊痛 曹聽 元鶴等啓以風證 進人蔘順氣散發汗. 後見醫方豆疹門
요척통 조청 원학 등 계이 풍증 진 인삼순기산 발한 후견 의방 두진문

246

亦載腰脊之痛 又於病極之日 已爲變證 色至灰白; 朴居曰: ‘此乃
順證. 色爲黃蠟 上品之證.’ 此人等雖無故害之情 實是不用心之
致然.” 命憲府究問其罪以聞.

命摠制權希達出仕 以扈駕溫井也. 上欲往溫井 兵曹以希達錄於
留都之列 俾察軍士. 上問承政院曰: “何以使希達留都歟?” 末生
對曰: “歐其舅柳洵之奴 因辱洵. 洵告憲府 憲府劾希達 欲質諸證見
之人 移文漢京 證人時未來也 故希達不仕.” 上曰: “希達不可離於
左右也. 還來則當治其罪.” 卽召希達. 至 上曰: “族長所當敬 何
狂悖如此乎?”

前 黃海道都觀察使金文發卒. 文發 光州人 由都評議錄事出身.
洪武 丙寅 從全羅道元帥 擊倭寇于南原 寶城有功. 由是知名 拜
突山萬戶 順天府使 屢以捷聞 遂至擢用 遍歷京畿 忠淸 慶尙
全羅道水軍都節制使. 爲人恭遜廉簡. 卒年六十. 子昇平.

命創昭頃公墳菴. 墳在高陽縣北酸梨洞 菴號大慈 屬奴婢二十口
田五十結. 命前都摠制趙庸製墓誌 大提學卞季良製神道碑銘 皆使
直藝文館成槪書之. 賜槪黑麻布 白苧布各二匹 刻手金有知 僧明昊
等三人米豆幷十石.

丙戌 視事于新樓下 仍置酒. 上泣曰: “太醫楊弘達 朴居 元鶴
等 昔於慶安之卒啓曰: ‘此疾臣所未嘗見 醫書亦未議論.’ 予意
以爲: ‘乃何爲人之兒 得疾如此?’ 甚愧恨焉. 其後見醫書云: ‘誤治

熱氣 則手足痿痺.' 今此誠寧之疾 腰背疼痛 咸曰: '風證.' 使之服

人蔘順氣散 以致變證 又曰: '順證.' 以至凶變. 予見醫書 瘡疹之疾

若以風證治之 則十死一生. 以此言之 罪不容死 然從律治之 則雖

云業不精矣 代此任者 亦且難得也." 司憲執義許揆等覈弘達 朴居

等罪 以斬照律 上曰: "罪雖至此 豈可輕殺哉?" 乃廢弘達爲庶人

朴居 曹聽 元鶴屬典醫監令史. 政府 六曹 臺諫欲將弘達等依律

斷罪 請至再三不允.

　左司諫大夫鄭尙啓曰: "上不遣草茅賤士 授以諫官之任 小臣之

所懷 請悉陳之." 上曰: "然. 就前說之." 尙曰: "今起土木之役 大作

朝啓樓. 過夏此都 則漢京人民未知所定 茅茨廬舍 必至彫殘[=

凋殘] 弊莫甚焉. 況漢京 宗社之所在 不可久曠; 松都 前朝之遺墟

不可避厄. 望殿下溫井治疾之後 五月入節 則速還漢京 以定民志."

上曰: "予不避厄 偶然來爾. 初 欲還京 中有別議 姑且徐之. 予幸

溫井 將更思之 司諫之言是也."

　上命諸代言問於許稠曰: "昔辛卯年間 卿爲禮曹參議時 以長生殿

改稱爲 思勳閣 欲安太祖神御與功臣之影 何故事寢不行?"

　稠啓曰: "古典所無 故令議政府與諸功臣同議而止."

　上曰: "爲子而欲忠欲孝 誰無此心? 然無古制 不可爲也. 予意

以爲 諸功臣必曰: '革太祖之制.' 故命諸功臣擬議可否 夫豈不知?

然今皆曰不知寢事之由 非也. 欲復立此法者 豈通今達古之言哉?"

稱復啓曰: "當是時也 臣承命稽長生殿名於玉海等古文 竟未得
見. 抄漢唐 凌烟閣 麒麟閣之制 今正郎卞季孫告于政丞韓尙敬 正
書以聞 命改爲思勳閣 仍令議定奠獻之禮. 河崙以爲: '何代無功臣
代有功臣 而隨作殿閣 則雖滿藏義洞地而不足矣.' 聽此啓聞事寢."

上曰: "然. 漢唐功臣 豈止二十 三十餘人? 我國功臣數至五十
餘人 宗廟配享者 唯四人耳. 予之事 合於 漢唐宋朝之事 予其窮究
施行. 又諸功臣皆與議焉 而韓政丞等皆以爲 不知其事 予視其面
鄭易未得通今達古 聽從高論 妄言之耳."

朴訔請申孝昌之罪. 啓曰: "孝昌於壬午年 從太祖於東北面 致有
大變 至今保全幸矣. 今又超等受職 於義未便."

上曰: "孝昌 鄭龍壽 以承寧府扈從而已 無參謀之罪 故其時
勿論."

訔曰: "孝昌 龍壽 雖不操兵 得與帷幄之中 其罪甚大."

上曰: "孝昌 龍壽先通機變 其不參謀明矣. 雖在行幸之內 豈可以
帷幄參謀論之哉?"

訔曰: "二人若不參謀 當力陳不可 太祖不聽 則當挺身逃來 曾
不是慮 而始終隨駕. 當是時 其變若成 則必得功賞 其在王法 不當
蒙赦 今之受職 實爲未便."

上曰: "雖然 其時公議不如此也."

議政府使舍人權蹈詣闕上言曰: "孝昌 朴蔓昔從太祖 搆成東北

之亂 厥罪惟均 無有輕重. 蔓廢爲庶人 子孫禁錮 已多年矣 孝昌則
지란 궐죄유균 무유 경중 만폐위서인 자손 금고 이 다년 의 효창 즉

今拜都摠制. 殿下於孝昌 特賜仁恩 保全其身. 臣等非欲請罪 秩至
금배 도총제 전하 어효창 특사 인은 보전 기신 신등 비욕 청죄 질지

正二品 實有未協於賞罰之道 願殿下裁擇."
정이품 실유 미협 어 상벌 지 도 원 전하 재택

上曰:"昔日扇亂之黨 非獨孝昌 而龍壽亦與焉. 予曾以龍壽之子
상왈 석일 선란 지당 비독 효창 이 용수 역 여언 여증이 용수 지자

貫爲僉摠制 至爲嘉善 判廣州牧事. 卿等今以孝昌之事爲言 若是則
관위 첨총제 지위 가선 판광주목사 경등 금이 효창 지사 위언 약시 즉

於龍壽 又何擇焉? 其參酌以聞."
어 용수 우 하택 언 기 참작 이문

       蹈以告政府. 嘗詣闕上言曰:"臣於孝昌 非欲加極刑耳 願以朴蔓
도 이고 정부 은 예궐 상언 왈 신어 효창 비욕가 극형 이 원이 박만

同律施行. 其曰非欲請罪者 舍人之失於上言也. 臣等之於孝昌 豈
동률 시행 기왈 비욕 청죄 자 사인 지 실어 상언 야 신등 지어 효창 기

以還取其職爲足乎? 伏望將龍壽 孝昌 皆以朴蔓之罪同律施行
이 환취 기직 위족 호 복망 장 용수 효창 개이 박만 지죄 동률 시행

以副臣民之望."
이부 신민 지망

    敎曰:"予以鄭貫爲言者 非欲使卿等請其罪也 但借此以塞卿等之
교왈 여이 정관 위언 자 비욕사 경등 청 기죄 야 단 차차 이색 경등 지

請耳. 孝昌之子自謹 則至爲司憲持平; 龍壽之子貫 則至爲判廣州.
청이 효창 지자 자근 즉 지위 사헌 지평 용수 지자 관 즉 지위 판광주

當此之時 未有一人言其不可 今日之請 似乎緩矣."
당 차지시 미유 일인 언기 불가 금일 지청 사호 완의

    嘗乃退.
은 내 퇴

    上詣於背洞本宮 相定太祖影殿與齋宮之基. 上嘗命趙末生曰:
상 예 어배동 본궁 상정 태조 영전 여 재궁 지기 상 상명 조말생 왈

"於背洞本宮 太祖龍興之地 不忍荒廢爲丘壟. 欲營影殿 汝其往觀."
어배동 본궁 태조 용흥 지지 불인 황폐 위 구롱 욕영 영전 여기 왕관

至是 上率劉旱雨相定.
지시 상 솔 유한우 상정

    戊子 幸平山溫井. 駕出自宣義門 驅木村郊 至金郊驛下上峯 駐馬
무자 행 평산 온정 가출 자 선의문 구 목촌 교 지 금교역 하상봉 주마

出涕. 晝停於川邊 召諸代言及諸宰相曰:" 予之此行 非但沐浴 蓋
출체 주정 어 천변 소제 대언 급제 재상 왈 여지 차행 비단 목욕 개

以誠寧之卒 心有所鬱悒 以成憂勞之疾 乃欲駕言出遊 以寫我憂
이 성녕 지졸 심유 소울읍 이성 우로 지질 내 욕가 언 출유 이사 아우

耳. 今至於此 登山望遠 則憾慨尤深 無益於寬憂. 心尙未平 身氣

勞悴 雖至溫井 似不能浴. 且麰麥已成 黍稷方生 正當農月 實有

未便. 予欲還駕如何?"

金漢老 李原 趙末生等對曰: "今日侍從 皆非農民 有何弊哉? 且

舉動大事 業已動駕 不可遽還也. 願殿下 欲於溫泉 以去沈痾[=

宿疾] 而遊觀之際 愁念漸消 逐日寬慮 將爲宗社生靈之福矣."

上曰: "卿等之言如此 予姑從之."

遂涉歧灘宿焉.

命鎭撫所嚴立禁防 每於兩麥田頭 立近仗螺匠使令等 見人步

馬行橫入於田者 必執付鎭撫所論罪.

己丑 雨.

還宮. 上: "雨則軍士失容. 且初 欲還宮 第因宰相與代言之請

至此 然正當農月 支應有弊. 且兩麥披野 豈無踏損?" 遂命駕還宮.

辛卯 司憲府請慶尙道都觀察使禹均罪. 均以摺扇遺六曹 臺諫

司憲執義許揆等啓曰: "營造私物 以媚權貴 以有敎禁. 均斂各官

之竹 會聚工人 造扇贈與 至於所司 不顧民弊 恣行人情 請罪之."

不允. 司憲府又請: "咸吉道都觀察使柳思訥 於誠寧大君之卒 陳慰

箋文之事 不移文道內 請罪之." 命勿論.

命杖朴居 沈有根 僧信贊各一百. 義禁府照律朴居 沈有根 僧

信贊造言惑衆 當斬 命減等. 上問元肅曰: "朴居等受杖否?" 肅

對曰: "已杖之矣." 曰: "無乃因杖致死乎? 悔不減數也."
대왈　이 장지 의 왈　무내 인장 치사 호　회불 감수 야

南城君洪恕啓曰: "沙古介等處 狗兒成群 八九爲隊 常以人屍
남성군 홍서 계왈　사고개 등처 구아 성군 팔구 위대 상 이 인시

爲食 每遇人圍吠而咬之 獨行經由者 甚病焉."
위식 매 우인 위폐 이 교지 독행 경유 자 심병 언

禮曹上濟州文宣王釋奠祭儀及漢拏山祭儀. 釋奠儀依各道界首官
예조 상 제주 문선왕 석전제 의 급 한라산 제의　석전의 의 각도 계수관

例; 漢拏祭依羅州錦城山例 載諸祀典 春秋致祭.
례　한라 제 의 나주 금성산 예 재 제 사전 춘추 치제

作昌德宮軍營.
작 창덕궁 군영

司憲府請申孝昌 鄭龍壽罪. 疏曰:
사헌부 청 신효창　정용수 죄　소왈

'叛逆之臣 身無存歿 時無古今 皆得而致討者也. 歲在壬午
반역 지신 신 무 존몰 시 무 고금 개 득 이 치토 자야　세재 임오

申孝昌 鄭龍壽等 與東北之謀 其與朴蔓之罪 無相上下 此王法
신효창 정용수 등 여 동북지모 기 여 박만 지죄 무상 상하 차 왕법

所不宥者也. 特蒙殿下寬仁之典 得保性命 猶爲幸矣. 豈可顯揚
소불유 자야　특몽 전하 관인 지전 득보 성명 유위 행의　기가 현양

朝廷 共享天祿者乎? 今 孝昌超受都摠制之職 非惟懲惡之無門
조정 공향 천록 자호　금 효창 초수 도총제 지직 비유 징악 지 무문

賞罰之無章 亦盛代之闕典也. 伏望殿下 斷以大義 將收其爵牒
상벌 지 무장 역 성대 지 궐전 야　복망 전하 단이 대의 장 수 기 작첩

鞫問其由 明正其罪; 龍壽職牒 功臣錄券 亦令收取 竝皆子孫禁錮
국문 기유 명정 기죄　용수 직첩 공신 녹권 역령 수취 병개 자손 금고

以示春秋誅意之法.'
이시 춘추 주의 지법

上覽之曰: "此等人罪 關於宗社 則予何姑息? 若其情有可疑 則予
상 람지 왈　차등 인죄 관어 종사 즉 여 하 고식　약 기정 유 가의 즉 여

豈可以憲府 大臣之請而遽從之哉? 予以爲 朴蔓則其時首將 固難
기가 이 헌부 대신 지청 이 거 종지 재　여 이위 박만 즉 기시 수장 고난

免罪 龍壽 孝昌則迫於勢耳. 當初承予命從行之時 安知變生於不測
면죄 용수 효창 즉 박어 세 이　당초 승 여명 종행 지시 안지 변생 어 불측

哉? 變雖生於不意 其可棄太祖而來乎? 況右人等 輒以事機 潛通
재　변 수 생어 불의 기가 기 태조 이래 호　황 우인 등 첩 이 사기 잠통

於我 竟使國家得全 予則以爲 不無功於國家也. 昔漢文帝時 淮南
어아 경사 국가 득전 여 즉 이위 불무공 어 국가 야　석 한문제 시 회남

厲王驕僭犯法 文帝廢之徙蜀 袁盎諫曰: '臣恐 陛下得殺弟之名.' 今
여왕 교참 범법 문제 폐지 사촉 원앙 간왈　신공 폐하 득 살제 지명　금

252

孝昌之事 關於宗社 予若下問罪之旨 則大小臣僚必同聲欲殺 未得
효창 지사 관어 종사 여약하 문죄 지지 즉 대소 신료 필 동성 욕살 미득

聞袁盎之說 此予所以猶豫而未斷也. 不識孝昌等果有可殺之罪
문 원앙 지설 차여소이 유예 이 미단 야 불식 효창 등 과유 가살 지죄

乎?"
호

乃下議政府 三功臣 六曹 臺諫議之 皆曰: "請依狀申施行 朴蔓
내 하 의정부 삼공신 육조 대간 의지 개왈 청의 장신 시행 박만

任純禮鞫問其由 明正其罪 以戒後來."
임순례 국문 기유 명정 기죄 이계 후래

奉教: "龍壽 蔓 純禮勿論 孝昌止罷其職."
봉교 용수 만 순례 물론 효창 지파 기직

命諸代言曰: "汝等秩雖通政 參決大事 無異於宰相 明聽予言.
명 제 대언 왈 여등 질수 통정 참결 대사 무이 어 재상 명청 여언

前日左議政請孝昌之罪 令舍人上言 舍人 只以罷職爲言. 厥後政丞
전일 좌의정 청 효창 지죄 영 사인 상언 사인 지이 파직 위언 궐후 정승

乃言舍人誤錯上言 則拿囚舍人問之 然後入傳其序也. 今乃不然 則
내언 사인 오착 상언 즉 나수 사인 문지 연후 입전 기서 야 금내 불연 즉

予未知其實也."
여 미지 기실 야

壬辰 幸西郊 畋于敬天 玉蓮等處 至暮還宮. 賜檢校漢城尹
임진 행 서교 전우 경천 옥련 등처 지모 환궁 사 검교 한성윤

姜文進米豆十石與酒果. 文進家在敬天寺東. 上之廬于齊陵也 文進
강문진 미두 십석 여 주과 문진 가재 경천사 동 상지 여우 제릉 야 문진

進退效誠. 是日 上望見文進家 有是賜.
진퇴 효성 시일 상 망견 문진 가 유 시사

癸巳 遣內官金重貴 問安于仁德宮. 以上王得心疾善忘 不進食
계사 견 내관 김중귀 문안 우 인덕궁 이 상왕 득 심질 선망 부 진식

故也.
고야

柳廷顯 朴訔詣闕請申孝昌之罪 上廷顯 訔曰: "古人云: '脅從
유정현 박은 예궐 청 신효창 지죄 상 정현 은왈 고인 운 협종

罔治.' 龍壽 孝昌等東北面之行 非自爲也 勿更請罪."
망치 용수 효창 등 동북면 지행 비 자위 야 물갱 청죄

對曰: "當是時 朴蔓則實因脅從而行 若龍壽 孝昌則隨太祖之行
대왈 당 시시 박만 즉 실인 협종 이행 약 용수 효창 즉 수 태조 지행

於一宿再宿 足以知其事變 旣不能逃 又不送人以告 豈與脅從者
어 일숙 재숙 족이 지기 사변 기 불능 도 우불 송인 이고 기여 협종 자

比乎? 其有異心 不言而可知也. 非木之所爲 且非石之所爲 誠天地
비호 기유 이심 불언 이 가지 야 비목 지 소위 차 비석 지 소위 성 천지

不容之罪也. 臣等以謂 當是時 宜置於法 以殿下之孝心 不忍加誅
불용 지죄야. 신등 이위 당시시 의치 어법 이전하 지효심 불인 가주

至今得保 是殿下寬弘惻怛之心也. 雖不能置之於法 且依朴蔓例 收
지금 득보 시전하 관홍 측달 지심야 수불능 치지 어법 차의 박만 례 수

職牒 竄遐方 使不得接足於朝廷 猶是其幸也."
직첩 찬 하방 사부득 접족 어 조정 유시기행 야

上曰: "卿等所言孝心 未知何謂也. 領議政則非功臣 左議政則乃
상왈 경등 소언 효심 미지 하위 야 영의정 즉비공신 좌의정 즉내

功臣也 足以知當時之事也. 言官亦請孝昌之罪 欲置於法 予不應.
공신 야 족이 지 당시 지사야 연관 역청 효창 지죄 욕치 어법 여 불용

卿等謂 予以孝心而不誅孝昌之徒 則當是時受誅者頗多 其罪惟何?
경등위 여이 효심 이부주 효창 지도 즉당 시시 수주 자파다 기죄 유하

今以孝昌等 置之於法 則當時隨駕者 如朴文崇等 十餘人存焉 豈獨
금 이 효창 등 치지 어법 즉 당시 수가 자 여 박문숭 등 십여 인 존언 기독

龍壽 孝昌而已乎?"
용수 효창 이이 호

僉對曰: "臣等所啓孝心者 當壬午年 龍壽 孝昌 宜受其誅而獲免.
은 대왈 신등 소계 효심 자 당 임오년 용수 효창 의수 기주 이 획면

臣等以爲 當其時 太祖在上 故不忍加誅 殿下之孝心 何以加此乎?
신등 이위 당 기시 태조 재상 고 불인 가주 전하 지효심 하이 가차 호

其時執心 至今尙在. 以今觀之 或關上直 或誤決奴婢 凡作杖罪者
기시 집심 지금 상재 이금 관지 혹월 상직 혹오결 노비 범작 장죄 자

皆收職牒. 至於孝昌等 但罷其職 則罪無輕重之差 而賞罰無章矣.
개 수 직첩 지어 효창 등 단파 기직 즉죄무 경중 지차 이 상벌 무장 의

請依朴蔓例 屛跡朝廷 以副臣民之望."
청의 박만 례 병적 조정 이부 신민 지망

上曰: "予於誠寧之卒 精神耗喪 然至孝昌等事 暫不誤斷. 其在
상왈 여어 성녕 지졸 정신 모상 연지 효창 등사 잠불 오단 기재

壬午 當請其罪而不請 龍壽則巍巍堂堂 傳至其子 孝昌則宿疾已愈
임오 당청 기죄 이 불청 용수 즉 외외 당당 전지 기자 효창 즉 숙질 이유

久爲濟生院提調. 予親執官案 除都摠制之職 暫不請罪. 孝昌之事
구위 제생원 제조 여 친집 관안 제 도총제 지직 잠불 청죄 효창 지사

末生 明德備詳知之 何至於今 紛紛然不憚煩也?"
말생 명덕 비상 지지 하지 어금 분분 연 불탄 번야

司諫院上疏曰:
사간원 상소 왈

'臣等竊謂 鄭龍壽 申孝昌與朴蔓 任純禮之罪 國人所共誅 而
신등 절위 정용수 신효창 여 박만 임순례 지죄 국인 소공주 이

天地神祇之所不容也. 今者 政府功臣諸曹 因憲司所申 議置於法
천지 신기 지 소불용 야 금자 정부 공신 제조 인 헌사 소신 의치 어법

而殿下特從寬典 止停孝昌之職 臣等深有憾焉. 自古 亂賊之人 保
其首領 而容身於覆載之間者 未之有也. 過蒙上恩 免討偸生 以至
今日 其亦幸也. 伏望殿下 以宗社之計 依憲府之請 將四人明正
其罪 以垂大法.'

不報.

捕禁山松蟲.

甲午 御新樓下 置酒餉啓事臣僚 兼慰柳廷顯 來自漢京也.

罷議政府舍人權蹈職. 司憲府劾啓蹈將朴訔之言 啓達有錯誤
故也.

柳廷顯 朴訔辟侍宦及六代言 就上前密啓事.

乙未 議政府上疏. 疏曰:

'人臣有異心者 天地所不容 古今所不赦. 鄭龍壽 申孝昌向在壬午
殿下委以承寧之職 而乃不供其任 搆成東北之 亂 果行其計 則社稷
安得至今日乎? 殿下特以仁孝之誠 置而不問 群臣迄今不言 是實
臣等之罪也. 然討賊之義 時無古今 願殿下 責臣等以稽緩之罪 將
龍壽 孝昌身及妻子 屏諸四裔 籍其家産 以示投畀有北之義.'

工曹判書鄭鎭等上言:

"臣等聞 人臣有不赦之罪 身無存歿 時無古今 此不易之大典也.
歲在壬午 孝昌 龍壽位居宰樞 承命侍從 若其群小扇亂 則當以義
沮之 如其不能 至死不變 固人臣之大節也. 苟於此而不處 則是

叛逆也. 以叛逆而反加爵賞 不惟有乖於大典也 今以憲府所申 只罷
반역 이 반역 이반 가 작상 불유 유괴 어 대전 야 금이 헌부 소신 지파

其職 是雖聖上寬大之恩 非所以示後世臣子也. 且朴蔓 任純禮專制
기직 시수 성상 관대 지은 비 소이시 후세 신자 야 차 박만 임순례 전제

一方 其權力固足以劫衆 而移檄諸郡 反爲唱率. 於斯時也 群小
일방 기 권력 고 족이 겁중 이 이격 제군 반위 창솔 어 사시 야 군소

得肆 則社稷安有至於今日? 乞將四人竝置於法 以示後人."
득사 즉 사직 안유 지어 금일 걸장 사인 병치 어법 이시 후인

司憲掌令朴軒等上言:
사헌장령 박헌 등 상언

"臣等竊謂 叛逆之臣 天地所不容 宗社所不赦 斯乃臣民不共戴天
신등 절위 반역 지신 천지 소불용 종사 소불사 사내 신민 불공대천

之讎也. 孝昌 龍壽罪刊十惡之首 王法所當誅 而律無赦宥之
지수야 효창 용수 죄간 십악 지수 왕법 소당주 이율 무사유 지

例. 臣等具辭請罪 命下政府 功臣 六曹議罪以聞 而只罷孝昌之
례 신등 구사 청죄 명하 정부 공신 육조 의죄 이문 이지파 효창 지

職 餘皆勿論 好生之德 至矣盡矣. 然書曰: '天命有德 五服五章
직 여개 물론 호생지덕 지의 진의 연 서왈 천명 유덕 오복 오장

哉; 天討有罪 五刑五庸哉.' 然則賞罰非人君之所得而私也. 伏惟
재 천토 유죄 오형 오용 재 연즉 상벌 비 인군 지 소득이사 야 복유

體天命天討之義 孝昌 龍壽 蔓 純禮之罪 一依政府 六曹 功臣之義
체 천명 천토 지의 효창 용수 만 순례 지죄 일의 정부 육조 공신 지의

按律施行 竝皆子孫禁錮 以戒後來."
안율 시행 병개 자손 금고 이계 후래

刑曹參議安望之等上言:
형조참의 안망지 등 상언

"臣等謹言 叛逆之罪 王法所不赦也. 今議政府 功臣 六曹 臺諫將
신등 근언 반역 지죄 왕법 소불사 야 금 의정부 공신 육조 대간 장

蔓 純禮 龍壽 孝昌等叛逆之罪 請置於法 殿下但以不忍之心 只罷
만 순례 용수 효창 등 반역 지죄 청치 어법 전하 단이 불인 지심 지파

孝昌之職 臣子罔不痛心. 伏望殿下 斷以大義 一依政府 功臣 六曹
효창 지직 신자 망불통심 복망 전하 단이 대의 일의 정부 공신 육조

臺諫之請 依律定罪 以戒後來."
대간 지청 의율 정죄 이계 후래

皆不允.
개 불윤

謝恩使延嗣宗 副使李愉回自北京 以易換段子與醫書藥材等物
사은사 연사종 부사 이유 회자 북경 이 역환 단자 여 의서 약재 등물

獻. 上謂議政府及六曹判書曰: "大抵冠服須要有色 各司冠服 皆綃
헌 상위 의정부 급 육조 판서 왈 대저 관복 수요 유색 각사 관복 개초

而無色 故於謝恩使行次 付遣布子 使之易換. 今賜卿等紅段各一匹

宜造冠服 以傳子孫."

遣內官盧希鳳 問疾於仁德宮.

初 醫員楊弘達在漢京 以書報上王病劇 上欲還都問病 使內官

傳旨入直代言李明德曰: "予之行止 何以處之?" 明德啓曰: "殿下

雖親行 豈能親奉膳藥乎? 不若伻頻問起居." 俄而 上曰: "予更思

之 汝言不可. 上王之於予 非他兄弟之比也. 爲之後者爲之子 以

父事之 禮當然也. 豈可恝然退在乎?" 卽召議政府 六曹 代言等 問

其可否 領議政柳廷顯 贊成李原 吏曹判書沈溫 禮曹判書金汝知

工曹判書鄭鎭 戶曹判書鄭易等曰: "松都 非永居之地 終必還歸.

且上王之於殿下 實是君父 使人問疾 於禮不可. 若至大故 則時將

酷熱 動駕往還 亦大惟艱. 且雖陰陽之說 卜者皆曰: '殿下之災厄

只四月耳.' 今四月已盡 五月節入于二十四日 宜當還都."

左議政朴訔 兵曹判書金漢老 代言李明德等曰: "初來松都 全以

避厄 以往考之 戊年則有犯 今欲親幸問疾 實爲未便. 且殿下於

誠寧之卒 傷心極矣. 今若還都 見誠寧舊遊之地 聞上王疾病之苦

則憂勞益深矣 臣等爲 殿下惜焉. 不如毋歸而遣人問安 如不得已而

往問 則率數百騎 往問卽還."

廷顯力爭曰: "欲還則永還都可也. 往問卽還 尤爲未便." 上使

兩大君傳旨曰: "領議政等所言 則萬世不易之正論也; 左議政等

所言 則一時憂君之至意也. 予於陰陽拘忌 雖不盡信 然古者袁天綱

李淳風 邵康節等以陰陽 前知吉凶 其所定也不僭. 以此觀之 不可

任置也. 合宮還都 予心未安 姑以單騎問安還來 待秋還都 予之志

也."

誾 末生 明德等曰:"固當." 廷顯曰:"至尊擧動 不可輕易 豈有

單騎獨行之理乎? 且至大故 則禮當更往. 若是則正當農月 無乃

不可? 如欲親幸問安 則兩宮一時還都幸甚. 殿下獨行問安 即欲

還來 小臣之心 深有憾焉. 殿下令臣等各陳所懷 老臣安敢不悉心

以對?"

上曰:"予當商量." 兩大君同奉旨 傳曰:"欲與中宮永還漢都." 且

教代言等曰:"今上王之病 不可不親進問慰 又司僕之人皆欲受由.

以此觀之 衆人之弊 皆因予之一身 況漢京 太祖創業之地 宗廟社稷

在焉 不可久虛. 不歸則已 歸則當歸於盛農前也."

末生 明德等對曰:"上王之病 實風氣也. 風證雖至於殆 而其終

即愈 不須慮也. 臣等以爲 中宮仍在 殿下獨行問疾而還 則兩全矣."

河演 金孝孫 元肅等曰:"若還都 則當此農月 尤不可也."

上曰:"唯中宮不欲還得患之地 然予以爲 中宮則處於藏義洞

明嬪舊處之宮 予則處於景福宮." 因命朴子靑曰:"先往漢京 修葺

景福宮."

子靑將行 朴誾等求見大君曰:"殿下初來此都者 欲避不祥之處

也. 旣避不祥之處 而又幸不祥之處 以殿下今年之有厄 臣等以爲
야 기피불상 지처 이우행불상 지처 이전하 금년 지유액 신등 이위

不可還也. 請停此行 但當伻人問病奉藥而已. 雖有不諱之事 當在
불가 환야 청정 차행 단당 팽인 문병 봉약 이이 수유 불휘지사 당재

此都而發喪也."
차도 이 발상 야

　　大君以啓 上使兩大君問於嘗等曰: "予在漢京之時 儻有不諱之
　　대군 이계 상사양 대군 문어 은등왈 여재 한경 지시 당유 불휘지

事 何以處之?"
사 하이 처지

　　嘗等對曰: "雖在漢京 當避之而發喪也. 當此之時 爲人臣者 誰敢
　　은등 대왈 수재 한경 당피지 이발상 야 당 차지시 위인신자 수감

强之?"
강지

　　上曰: "與領議政及六曹擬議以聞 予亦欲發一言."
　　상 왈 여 영의정 급 육조 의의 이문 여역 욕발 일언

　　柳廷顯啓曰: "臣前日强請還都者 以上王病也. 爲之後者爲之子
　　유정현 계왈 신 전일 강청 환도 자 이 상왕 병야 위지 후자 위지 자

則當親進而問病也. 若殿下以今年之有厄 不可問病 則臣何敢請?
즉 당 친진 이 문병 야 약 전하 이 금년 지유액 불가 문병 즉신 하감 청

人言戊年殿下之厄年 則今大君之卒 是亦戊年之大厄也. 然安知
인언 무년 전하 지액년 즉금 대군 지졸 시역 무년 지대액야 연 안지

止此而已乎? 限春夏避厄 伻人問病可也."
지차 이이 호 한 춘하 피액 팽인 문병 가야

　　李原 漢老 沈溫 鄭易等亦啓曰: "殿下有厄則不可親往問病 伻人
　　이원 한로 심온 정역 등역 계왈 전하 유액 즉불가 친왕 문병 팽인

可也."
가야

　　上曰: "上王之病 不可不親問也. 昭頃之墓 在於高陽 若行直路
　　상 왈 상왕 지병 불가불 친문 야 소경 지묘 재어 고양 약행 직로

則墓在望處 不能忍視. 欲二十日發行 涉長湍津 踰華山北 至
즉 묘재 망처 불능 인시 욕 이십일 발행 섭 장단진 유 화산 북 지

二十三日宿於慕華樓 二十四日凌晨問病還來 則問病避厄 一擧而
이십삼일 숙어 모화루 이십사일 능신 문병 환래 즉 문병 피액 일거 이

兼盡矣."
겸진 의

　　僉曰: "殿下之敎是矣."
　　첨왈 전하 지교 시의

　　兵曹與鎭撫所所獻宿所圖 二十日都里陵 二十一日長湍津
　　병조 여 진무소 소헌 숙소도 이십일 도리릉 이십 일일 장단진

二十二日綠楊坪 二十三日慕華樓也.
이십 이일 녹양평 이십삼일 모화루 야

丙申 盧希鳳回自漢京啓曰: "上王之病小愈." 上喜 命都摠制柳濕
병신 노희봉 회자 한경 계왈 상왕 지병 소유 상희 명 도총제 유습

摠制河敬復 畋于西郊 將以獻上王也.
총제 하경복 전우 서교 장 이헌 상왕 야

丁酉 雨 震一婦人于漢京.
정유 우 진일 부인 우 한경

以李澄爲左軍都摠制 李湛同知敦寧府事 趙庸藝文館大提學
이 이징 위 좌군도총제 이담 동지돈녕부사 조용 예문관대제학

世子左賓客成均大司成.
세자좌빈객 성균 대사성

遣人獻獐于仁德宮.
견인 헌 장 우 인덕궁

戊戌 遣內官崔龍 問安于仁德宮. 獻獐人回自漢京啓曰: "上王
무술 견 내관 최룡 문안 우 인덕궁 헌 장 인 회자 한경 계왈 상왕

病氣稍寧." 喜之 故有是命.
병기 초녕 회지 고유 시명

復差濟州儒學敎授官. 禮曹據濟州牧官呈上言: "州及任內儒生
부차 제주 유학교수관 예조 거 제주 목관 정 상언 주 급 임내 유생

二百餘人 詞訟雜務煩劇 雖以判官兼敎授官 實難敎訓. 請依前例
이백 여인 사송 잡무 번극 수 이 판관 겸 교수관 실난 교훈 청의 전례

別差敎授官 旌義 大靜學校 竝令考察 以振文風." 從之.
별차 교수관 정의 대정 학교 병령 고찰 이진 문풍 종지

日本國 能州太守源昌淸遣人來獻土物 仍求人蔘白苧布等物.
일본국 능주태수 원창청 견인 내헌 토물 잉구 인삼 백저포 등물

立禁隨駕人踏損田穀之法. 敎曰: "予有行幸 則凡隨從之人踏損
입금 수가 인 답손 전곡 지법 교왈 여유 행행 즉범 수종 지인 답손

田穀 自今立法 毋得如此." 兵曹乃上禁止條件:
전곡 자금 입법 무득 여차 병조 내상 금지 조건

"一 先運以前 鎭撫二員及先行察訪; 後運以後 鎭撫二員 兵曹
일 선운 이전 진무 이원 급 선행 찰방 후운 이후 진무 이원 병조

郎廳及後行察訪; 中軸 兵曹郎廳 鎭撫二員 義禁府 各率使令 每
낭청 급 후행 찰방 중축 병조 낭청 진무 이원 의금부 각 솔 사령 매

田頭禁止.
전두 금지

一 其犯某者 內禁 內侍衛 三軍甲士 各成衆愛馬各其摠領員人
일 기범 모자 내금 내시위 삼군갑사 각 성중애마 각기 총령 원인

二品以上員人伴儻 三品以下當身 除啓聞隨卽論罪. 奴子及丘從
이품 이상 원인 반당 삼품 이하 당신 제 계문 수즉 논죄 노자 급 구종

踏損 則當身及主 依上項例論罪 內侍府及闕內各差備 亦依上項例
論罪何如?"

教曰: "四品已上 奴子論罪; 內侍府 執送于其府; 闕內各差備
執送于承政院 其餘條件 依所啓施行."

己亥 遣藝文館提學尹思永如京師 賀千秋也.

命李鐵柱 鐵同自願付處. 司憲府啓: "賊臣李茂子公裕以盲人
得免緣坐之例 居於留後司城內. 公裕已死 而其子鐵柱 鐵同等尙在
城內 誠爲未便. 況殿下今來此都乎? 請黜外方." 教曰: "從自願付處
俾無飢饉."

命下火者朴文吉于司憲府 杖一百.

庚子 駕次都里陵 上欲如漢京 問疾于仁德宮也.

辛丑 還敬德宮 以上王遣人諭以病愈也. 上卽遣內官金重貴于
仁德宮 獻在道所獲獐.

壬寅 左議政朴訔請申孝昌之罪. 啓曰: "孝昌之罪 不可不懲." 上
曰: "孝昌 不與謀." 訔曰: "臣等誤知孝昌 龍壽等罪 請之再三 惶恐
不已." 上使內官崔閑傳教曰: "以大臣誤請人罪 於義何如? 予大笑
不已."

甲辰 觀放鷹于會賓門外 仍獵于德積 振鳳山等處.

日本對馬島守護宗貞茂死. 遣行司直李藝致祭 仍賻米豆紙. 貞茂
之在對馬島也 威行諸島 向慕 國家 禁制群盜 使不得數侵邊境 故

其死也 特厚賜焉.
기사 야 특후사 언

刑曹 臺諫交章請申孝昌等罪 不允.
형조 대간 교장 청신효창 등죄 불윤

申禁酒令.
신 금주령

刑曹 臺諫交章請申孝昌等罪 不允.
형조 대간 교장 청신효창 등죄 불윤

乙巳 夜 大雨.
을사 야 대우

丙午 大雨.
병오 대우

刑曹 臺諫詣闕請孝昌 龍壽之罪 議政府亦上章請罪 皆不允.
형조 대간 예궐 청효창 용수 지죄 의정부 역 상장 청죄 개불윤

丁未 議政府 六曹 臺諫詣闕請孝昌 朴蔓 龍壽 純禮等罪 上不允.
정미 의정부 육조 대간 예궐 청효창 박만 용수 순례 등죄 상불윤

傳教曰: "亂臣賊子 人得而誅之. 壬午之事 于今十七年矣. 其間
전교 왈 난신적자 인 득이 주지 임오 지사 우금 십칠 년의 기간

政府 六曹之臣 皆經臺諫 孝昌等罪 不知而不擧乎? 醉而不擧乎?
정부 육조 지신 개경 대간 효창 등죄 부지 이 불거 호 취 이 불거 호

以至今日 勸予殺之 皆奸詐之徒 是以燕伐燕也. 臺諫皆新進之人
이지 금일 권 여 살지 개 간사 지도 시 이연 벌연 야 대간 개 신진 지인

猶可說也. 政府 六曹何若是强聒也?"
유 가설 야 정부 육조 하 약시 강괄 야

趙末生等對曰: "諸卿臺諫擧法請罪 何敢有奸惡之心乎?"
조말생 등 대왈 제경 대간 거법 청죄 하감 유 간악 지심 호

上使小宦嚴永壽傳教曰: "太祖入北之後 孝昌 龍壽等 不避嫌
상 사 소환 엄영수 전교 왈 태조 입북 지후 효창 용수 등 불 피혐

侍衛 亦且有罪乎?"
시위 역 차 유죄 호

末生等曰: "果有上命 而無與謀之狀 則似有輕重." 李明德獨曰:
말생 등 왈 과유 상명 이 무 여모 지상 즉 사유 경중 이명덕 독왈

"既不逃來 何有輕重之別?"
기 불 도래 하유 경중 지별

乃召孝昌及前府尹安遇世 宦者 趙珠等于漢京. 數日 孝昌等
내 소 효창 급 전 부윤 안우세 환자 조주 등 우 한경 수일 효창 등

至 教曰: "龍壽 孝昌等罪 當其時 議其輕重而論之. 今政府 六曹
지 교왈 용수 효창 등죄 당 기시 의 기 경중 이 논지 금 정부 육조

三省日上章疏 請罪不已 予未知其實 不可妄下 宜問於其時侍衛
삼성 일 상 장소 청죄 불이 여 미지 기실 불가 망하 의 문어 기시 시위

262

太祖內官金壽澄 金龍奇 崔閑 金重寶 趙珠及安遇世等也. 且司鑰
朴英弼雖小人而甚直 必不欺予 亦當進之而問其情實以聞 如或
與謀 予當不宥."

趙末生等奉旨問遇世 遇世曰: "初 臣與邊顯 趙洪等十六人 以
別侍衛受命侍從 十一月初四日至金化桃昌驛 龍壽 孝昌密招予曰:
'咸承復 裴尙忠入北抄軍馬 生變必矣. 如此不好奇別 卽聞于主上
乎? 待其事發乃聞乎?' 臣答曰: '初夜聞此事 何其待五更乃言乎?'
卽逃出馳馬 初五日初更 詣闕直啓 上親問下淚 卽遣金玉謙 先入
東北面 說諭都巡問使及各官守令毋抄軍 巡問使則封印卽上來. 又
命臣曰: '汝則潛往 探知事變.' 臣 奉此 十一月初八日乘夜變服 到
南山驛幕次 尋兩相幕 竟未得見. 又尋邊顯相見 又見趙洪 備宣
上敎 仍約傳敎于兩相. 語訖 潛逃出來." 問壽澄 壽澄等曰: "遇世
逃歸後 趙思義之黨 譖孝昌 龍壽于太祖 '以爲有異心 請殺之.' 太祖
不許. 二人或有侍膳之時 其他言動 皆未得見聞."

代言等同聽各人所供 具書授崔閑以啓 命放各人還歸. 孝昌去帽
叩頭曰: "若非聖明 何以辨之? 在漢京被守直多日 今至於此 被
守直." 傳敎憲司曰: "勿令守直. 如此公事 予不施行 更將何事 望
雨順風調乎?" 使崔閑傳旨曰: "今之請孝昌等罪者 皆未知其實耳.
其時政丞趙英茂 李茂 河崙等大臣 極商量施行 而孝昌等不與焉
豈無其意乎? 自古有賢君 有暗君 然其臣皆不得不聽其君之言. 今

予言之 而臣乃聽之可也. 群臣再請此事 而予不從 予不從 而群臣
여 언지 이 신 내 청지 가야   군신 재청 차사 이 여 부종 여 부종 이 군신

極諫 竟未得成 則史筆必不美矣. 代言等論所司以予意."
극간 경 미득 성 즉 사필 필 불미 의   대언 등유 소사 이 여의

태종 18년 무술년
5월

五月

경술일(庚戌日) 초하루에 상이 제릉(齊陵)에 나아가 단오 별제(端午別祭)를 거행하고, 드디어 열마(閱馬) 등지에서 사냥을 구경했다. 잡은 노루를 내관(內官) 최룡(崔龍)에게 주어 인덕궁(仁德宮)과 성비전(誠妃殿)에 바치게 하고, 또 창녕부원군(昌寧府院君) 성석린(成石璘)에게 내려주었다.

신해일(辛亥日-2일)에 왕세자(王世子)가 와서 알현(謁見)했다. 이에 앞서 상이 말했다.

"오랫동안 세자를 보지 못했으나, 다만 국정(國政)을 비우기[空國] 때문에 불러올 수가 없었다. 세자가 탄일(誕日)에 와서 알현하고자 하지만, 그때는 성녕(誠寧)의 백일재(百日齋)를 당하니 무슨 마음으로 조하(朝賀)를 받겠느냐? 오는 달 초하루에 길을 떠나 초이틀에 이곳에 이르렀다가, 단오(端午) 뒤에 돌아가도록 하라."

임자일(壬子日-3일)에 신루(新樓)에 나아가 정사를 보았는데, 세자가 계사(啓事)에 참여했다. 그 참에 술자리를 마련해 우의정 한상경(韓尚敬)을 맞아 위로하고, 겸해서 정사를 아뢴 신료(臣僚)들에게 음식을 대접했다[餉=供饋].

○ 예조에서 혼인(婚姻)의 사의(事宜)를 올렸다.

"하나, 혼인하는 사람이 공공연히 은대(銀帶)를 띠는 것은 정해진 제도에 어긋남이 있으니, 이제부터 본래 은대(銀帶)를 띠지 못하는 자는 그 시직(時職)·산직(散職)에 따라 각대(角帶)·조아(條兒)를 사용할 것.

하나, 금침(衾枕)은 능단(綾段)으로 만들므로 빈한(貧寒)한 자들이 때를 잃는 탄식이 있으니, 만약 본래 능단을 입지 못하는 자라면 본토(本土)에서 나는 명주[紬]와 면포(綿布)로 만들 것.

하나, 횃불[炬火]은 관직이 높은 자는 60개로, 5~6품 이하는 40개로 할 것.

하나, 신혼(新婚) 저녁에 모포[罽]와 이부자리를 깔고 심지어 자색(紫色) 능단(綾段)도 까는데, 아들·사위가 부모(父母)에게 배례(拜禮)하는 예가 아니니 다만 단석(單席)을 설치할 것."

상이 그것을 따르고 말했다.

"그 금침(衾枕)의 조건은 논하지 말라."

○ 형조와 대간(臺諫)에서 교장(交章-공동 작성)해 신효창(申孝昌)·정용수(鄭龍壽) 등의 죄를 청했다.

'신 등이 효창(孝昌)에게 임오년(壬午年)에 모반(謀叛)한 사건을 물으니 이렇게 답했습니다. "그때 김화(金化)로 나갔다가 변(變)을 듣고 곧 안우세(安遇世)를 보내 아뢰었습니다." 그래서 안우세에게 물으니 이렇게 답했습니다. "임오년 11월에 효창·용수가 모든 일을 오로지 주관했는데, 초4일에 도창역(桃昌驛)에 이르자 4경(更) 4점(點)에 우세와 변현(邊顯)을 불러 말하기를 '배상충(裵尙忠)·함승복(咸承服)이 초군(抄軍-군사를 모음)하는 일로 인해 동북면(東北面)에 들어갔다' 하

268

므로, 이를 듣고 묻기를 '모든 일은 즉시 상달(上達)하는 것이 마땅한데, 어찌하여 초경(初更)에 알고서 4경(四更)에 이르러서야 말을 하는가?'라고 하고서 말을 마치고는 즉시 비밀리에 상경(上京)해서 사변(事變)을 상달(上達)하니, 저에게 명해 되돌아가 변(變)을 정탐하게 했습니다. 이 명을 받들고 초7일에 남산(南山)으로 나아가 밤을 틈타서 비밀리에 변현·조홍(趙洪)을 만나 교지(敎旨)를 전했습니다." 우세의 대답이 이와 같으니, 효창이 비록 말하기를 "김화에 있으면서 우세를 보내 사변(事變)을 상달(上達)했다"라고 하나 우세는 효창 등이 보내서 온 것이 아니었습니다. 또 초군(抄軍)하는 사람이 들어갔다가 돌아오기 전인 초경(初更)에 변(變)을 알고서도 4경(更)에서야 우세에게 처음으로 말했습니다. 사건이 발각됐을 때도 도리어 근심하고 염려하는 정상(情狀)이 없었고, 그 후에 다시 상달(上達)한 형적(形迹)이 한 번도 없었습니다. 또 일의 형세가 어쩔 수 없으면 도망쳐 오는 것이 마땅하고, 그렇지 않으면 충절을 지키고 죽는 것이 또한 마땅한데, 심려하는 바가 이러한 데서 나오지 않았으니 모반(謀叛)이 명백합니다. 한 나라 신민(臣民)의 의리에 하늘을 같이 두고 살 수 없으니, 청컨대 효창·용수를 율(律)에 의거해 시행하소서. 박만(朴蔓)·임순례(任純禮)도 모두 용서할 수 없는 죄인데 그 목숨을 보전하고 있고, 박문숭(朴文崇)·최식(崔湜)·허형(許衡)·이양간(李良幹) 등도 또한 용서할 수 없는 죄인데 특별히 은유(恩宥-은혜로운 사면)를 받아 외람되게 관직을 받고 있으니, 종사(宗社) 대계(大計)에 어찌 되겠습니까? 엎드려 바라건대 전하께서는 신 등이 전일에 아뢴 바에 의거해서 형전(刑典)을 밝게 바로잡으소서.'

윤허하지 않았다.

○ 의금부(義禁府)에 명해 구례현감(求禮縣監) 이분(李芬)을 잡아 오게 했다.

애초에 분(芬)이 전의 주부(典醫注簿)였을 때 황주목사(黃州牧使) 최윤심(崔允深)이 등에 종기가 나서 분에게 명해 치료하게 했다. 이때에 이르러 윤심(允深)이 죽으니, (상이) 가르쳐 말했다.

"사람이 죽고 사는 것은 원래 하늘에서 받는 것이니, 윤심의 죽음은 명(命)이다. 그러나 일찍이 분을 보내 구료(救療)하게 했더니 분이 와서 말하기를 '윤심의 등 종기[背腫]는 둘레 지름이 한 자 남짓한데, 이제 이미 치료했습니다. 비록 완전히 쾌차(快差)하지 못하더라도 반드시 죽지는 않을 것입니다'라고 해 내가 기뻐했건만, 지금 그 부음(訃音)을 듣고서 내가 심히 애통해한다. 인신(人臣)이 어명(御命)을 받고 외방(外方)에 있다가 불행을 당했으니 어찌 애석하지 않겠느냐?"

마침내 의금부에 명해, 분을 잡아 와서 윤심의 종기를 제대로 치료하지 못한 죄를 국문(鞫問)하게 했다.

○ 예조에서 재랑(齋郞)과 왜학 생도(倭學生徒)에 관한 사의(事宜)를 올렸다. 아뢰어 말했다.

"성중처(成衆處)에 소속시킨 자는 만 100일 동안 사진(仕進-벼슬에 나아옴)하지 않으면 군역(軍役)에 채우는 것이 정해진 체제입니다. 그러므로 재랑(齋郞) 등이 말미를 받아 하향(下鄕)해서 일부러 100일을 채우니, 액수(額數-정원)가 날로 줄어들어 대제(大祭)를 행할 때 차비(差備)가 부족합니다. 청컨대 이제부터 비록 만 100일이라 하더라도 논죄해 환속(還屬)하소서. 또 왜어(倭語)를 학습하는 생도(生徒) 등이 사역원(司譯院)에 합속(合屬)된 뒤에 스스로 이르기를 '배우는 것이 일반 한어(漢語)가 아니다'라고 해서, 또한 혹은 말미를 받고 하향(下鄉)해서 일부러 100일을 채우기도 하고, 혹은 연고를 청탁해서 타사(他司)에 소속되어 가기 때문에, 원속 생도(元屬生徒) 11명 가운데 현재 재직하는 자는 4명입니다. 그렇게 타사(他司)에 소속되어 간 자와 만 100일을 채운 자는 아울러 논죄해서 환속(還屬)시켜 학업을 닦도록 하소서."

그것을 따랐다.

계축일(癸丑日-4일)에 김귀보(金貴寶)를 우군총제(右軍摠制)로 삼았다.

○ 전 우군총제(右軍摠制) 김첨(金瞻, 1354~1418년)이 졸(卒)했다. 첨(瞻)은 자(字)가 자구(子具)이고 옛 이름은 구이(九二)인데, 광주(光州) 사람이며 자혜부윤(慈惠府尹) 회조(懷祖)의 아들이다. 10세에 속문(屬文)[1]에 능했고 자라서는 경사(經史-경전과 역사)·제자(諸子-제자백가)에 두루 통하니, 당시 사람들이 그를 일러 '육통증(肉通證-만물박사)'이라고 했다. 병진년(丙辰年-1376년) 과거에 급제해 관직을 두루 거쳐 친어군호군(親禦軍護軍)·예문응교(藝文應敎)에 이르렀다. 임신년(壬申年-1392년) 여름에 정몽주(鄭夢周)를 아첨하며 섬겼다고 해서 유배됐다가 기묘년(己卯年-1399년)에 발탁돼 봉상 소경(奉常少卿)이

---

1 문장을 얽어서 짓는 것을 말한다.

됐고, 몇 해 사이에 갑자기 화요(華要-핵심)의 직임에 옮겨져서 드디어 예문관제학(藝文館提學) 겸 예조전서(禮曹典書)에 제수됐다. 갑신년(甲申年-1404년) 여름에 여직(女直-여진족)의 유민(遺民) 동경(佟景)·왕가인(王可仁) 등이 우리나라 함주(咸州-함흥) 이북이 옛날 요(遼)나라·금(金)나라의 땅이라고 황제(皇帝)에게 아뢰자 황제가 칙서(勅書)를 내려 십처인민(十處人民)²을 수색하게 하니, 상이 첨을 보내 계품(啓稟)해서 그대로 본국(本國)에 속하게 허락해달라고 청했다. 첨이 경사(京師-명나라 수도)에 이르자, 동경 등이 오히려 아둔하고 어리석어 예부(禮部)에 호소하므로 첨이 예부에 고(告)해 말했다.

"만약 요(遼)나라·금(金)나라 지리지(地理志)를 상고한다면 허실(虛實)이 저절로 밝혀질 것입니다."

예부(禮部) 관리가 옳게 여겨 이에 두 나라의 지리지를 상고하니 과연 10처 지명(十處地名)이 없었으므로, 갖춰 사실대로 아뢰었다. 황제가 첨에게 일러 말했다.

"조선(朝鮮)의 땅도 짐(朕)의 법도 안에 있는데[度內], 짐이 무엇 때문에 다투겠는가? 이제 청(請)한 것을 허락하겠다."

첨이 고두(叩頭-머리를 조아림)해 사례(謝禮)했다. 이날 봉천문(奉天

---

2 십처인원(十處人員)이라고도 한다. 삼산(參散) 등 10처(處)를 가리키는데, 계관(溪關-縣城) 만호(萬戶) 영마합(審馬哈), 삼산(參散-北靑) 천호(千戶) 이역리불화(李亦里不花), 독로올(禿魯兀-端川) 천호 동삼합(佟參合)·동아로(佟阿蘆), 홍긍(洪肯-洪原) 천호 왕올난(王兀難), 합란(哈蘭-咸興) 천호 주답실마(朱踏失馬), 대신(大伸-海洋泰神) 천호 고난(高難), 도부실리(都夫失里-海洋) 천호 김화실첩목(金火失帖木), 해동(海童) 천호 동귀동(董貴洞), 아사(阿沙-利原) 천호 주인홀(朱引忽), 알합(斡合-明川立岩) 천호 유설렬(劉薛烈), 아도가(阿都歌) 천호 최교납(崔咬納)·최완자(崔完者)다.

門)에서 시연(侍宴)할 때 첨이 구두로 말했다.

"황제의 의장(儀仗)을 몸소 보니 제왕의 의표[日表]가 밝은데

배신(陪臣-제후의 신하)을 은혜로 대우하니 영광(榮光)이 갑절이

도다.

영서(靈犀)[3]가 못가에 있어 신기한 서기(瑞氣)를 보이고

길들인 코끼리[馴象]가 문전에 다가와 어지러운 행렬을 금하도다.

만세의 옥잔으로 수주(壽酒)를 주거니 받거니 하는데

구성(九成-아홉 곡)으로 된 소악(韶樂-순임금의 음악)은 즐거운 성음

(聲音)을 연주하네.

하정(下情-백성의 실상)이 상달(上達)돼 백성은 유감이 없고

일시동인(一視同仁)[4]하시니 태평세월(太平歲月) 누리네."

태감(太監) 황엄(黃儼)이 이를 아뢰고 나와서 첨에게 말했다.

"그대의 시(詩)에 황제께서 깊이 찬탄하셨다."

사신이 돌아오니 상이 크게 기뻐하며 전지(田地) 50결(結)을 내려

주었고, 첨서승추부사(僉書承樞府事-승추부 첨서사)로 전직시켰다가

참지의정부사(參知議政府事-의정부 참지사)로 승진시켰다.

첨은 평소 민씨(閔氏)들에 당부(黨附)했는데, 민씨가 죄를 얻게 되

자 첨 또한 벼슬에서 쫓겨나 몸을 마쳤다. 첨은 전고(典故)를 잘 알

고 음률(音律)에 자못 밝아서, 의례(儀禮)를 상정(詳定)할 때는 첨이

---

3   영묘한 코뿔소를 말한다. 그 뿔의 가운데 구멍이 있어서 양쪽으로 서로 통하는데, 이는
    백성과 황제 사이에 의사가 서로 소통하고 투합(投合)함을 비유한 것이다.

4   모든 사람을 동등하게 똑같이 보아 사랑한다는 말이다. 당나라 문장가 한유(韓愈)가 지
    은 『원인(原人)』이라는 글에 나오는 말이다.

반드시 참여했고, 또 왕지(王旨)를 받들어 아악(雅樂)을 교정(校正)했다. 그러나 그 학문이 순수하지 못하고 잡되어, 불씨(佛氏-불교)를 좋아하고 도교(道敎)를 받들었다. 일찍이 글을 올려 문묘 석전(文廟 釋奠-공자 제사)에 소를 희생(犧牲)으로 쓰는 것을 없애자고 청했다가 유사(有司)에게 탄핵을 당하니, 사림(士林)에서 이를 비웃었다. 졸할 때 나이가 65세였다. 아들이 하나이니 자경(資敬)이다.

갑인일(甲寅日-5일)에 형조(刑曹)·대간(臺諫)에서 소를 올려 신효창(申孝昌)·정용수(鄭龍壽)·임순례(任純禮)·박만(朴蔓)·허형(許衡)·이양간(李良幹) 등의 죄를 청하니 상이 말했다.

"종전부터 비록 아무리 작은 일이라 하더라도 지극히 공정(公正)해서 사심(私心)을 없애기를 마음먹었으니, 하물며 성녕(誠寧)이 죽은 뒤로부터 날로 더욱 삼가고 조심해[敬愼] 음덕(陰德)을 쌓아서 자손 만세의 계책을 삼고자 하는데 어찌 그 사이에 사심(私心)이 있겠느냐? 위의 사람들은 그때 모의에 참여한 일이 반드시 없었으니, 앞으로는 논하지 말라."

○ 평안도 도절제사(平安道都節制使) 조흡(曹恰)을 파직(罷職)했다. 의금부(義禁府)에서 흡(恰)이 교지(敎旨)를 실착(失錯-착오)해서 적변(賊變)이 없는데도 잘못 군마(軍馬)를 징발한 죄를 청하니, 흡이 원종공신(原從功臣)이라 해서 다만 그 직(職)만 없앴다.

○ 김상려(金尙旅)를 충청도 병마도절제사(忠淸道兵馬都節制使)로 삼았다.

을묘일(乙卯日-6일)에 남교(南郊)에서 사냥을 구경했는데, 세자와 두 대군이 따랐다[從=隨從].

병진일(丙辰日-7일)에 의정부와 육조(六曹)에서 탄일(誕日) 헌수례(獻壽禮)를 청했으나 윤허하지 않았다.

○ 전 의정부 찬성(議政府贊成) 정구(鄭矩)가 졸(卒)했다. 구(矩)는 동래(東萊) 사람으로, 자(字)는 중상(仲常)이고 감찰대부(監察大夫) 양생(良生)의 아들이다. 정사년(丁巳年-1377년) 을과(乙科)에 제2인(第二人)으로 급제해 중외(中外)에서 두루 벼슬했다[歷仕]. 천성이 부지런하고 삼가며 명민(明敏)해서 이르는 곳마다 명성과 공적이 있었다. 또 예서(隸書)·초서(草書)·전서(篆書)를 잘 썼다. 무인년(戊寅年-1398년)에 상이 정안군(靖安君)으로서 판상서사(判尙瑞司)를 겸임하고 있을 때, 강직하고 공정하며 고려(高麗)에 아부하지 않은 자를 얻어 요속(僚屬)으로 삼고자 생각해서 마침내 구를 판교서감사(判校書監事-교서감 판사) 겸 상서소윤(尙瑞少尹)으로 삼았다가 드디어 승지(承旨) 겸 상서윤(尙瑞尹)에 제수했고, 도승지(都承旨)로 옮기고 대사헌(大司憲)으로 승진시켰다가 여러 번 옮겨서 찬성(贊成)에 이르게 했다. 구는 사람됨이 염정(恬靜-편안하고 고요함)하고 낙이(樂易-즐겁고 편안함)했으며 청빈(淸貧)하고 자수(自守-스스로 도리를 지킴)해서 가사(家事-집안 재산)를 마음에 두지[嬰心] 않았다. 비록 자제(子弟)를 대할 적에라도 반드시 띠를 매고서[束帶] 보았으며, 종일 고요한 모습이었고 일찍이 사납거나 노한 모습[暴怒]을 보이지 않았다. 졸(卒)할 때 나이가 69세였다. 철조(輟朝-조회를 정지함)를 3일 동안 했으며,

중관(中官)을 보내 사제(賜祭)하고 시호를 정절(靖節)이라 했다. 아들이 둘이니, 선경(善卿)·효동(孝童)이다.

○ 강원도 도관찰사(江原道都觀察使) 홍여방(洪汝方)이 사직(辭職)했다. 여방(汝方)이 어미의 병(病)으로 사직하니, 남금(南琴)으로 대신하게 했다.

정사일(丁巳日-8일) 밤에 큰비가 내렸다.

무오일(戊午日-9일)에 내시부 검교(內侍府檢校) 3, 4품을 각각 1명씩 줄이고, 7품에서 9품까지를 각각 2명씩 더하고, 검교 통정 지내시부사(檢校通政知內侍府事)에서 조봉(朝奉)·동첨(同僉) 내시부사(內侍府事)까지 품(品)마다 각각 1명씩 없애고, 이어서 내시부(內侍府) 정7품에서 9품까지 품마다 각각 2명씩 더했다.

○ 조질(趙秩)을 좌군도총제(左軍都摠制), 하경복(河敬復)을 좌군동지총제(左軍同知摠制), 유습(柳濕)을 평안도 도절제사(平安道都節制使)로 삼았다.

○ 경승부윤(敬承府尹) 성억(成抑)에게 명해 대자암(大慈菴)에 불사(佛事)를 마련하게 하고, 그 참에 성녕(誠寧)의 묘(墓)에 사제(賜祭-제사를 내려줌)했다. 승정원에 뜻을 전해 말했다.

"소경공(昭頃公-성녕대군 시호)이 평소에 소고기를 좋아했으니 삭망제(朔望祭)에 내가 이를 천신(薦新)하고자 하나, 그 물건이 심히 크니 가볍게 쓸 수가 없다. 내 생각에는 혹은 연빈(燕賓)이 있거나 혹은 종묘(宗廟)에 제사할 때 이를 천신하는 것이 어떠할까 한다."

여러 대언(代言)이 대답해 말했다.

"옳습니다."

또 명해 말했다.

"희생(犧牲)으로 계(雞) 쓰는 것이 예(禮)에 있느냐?"

여러 대언이 말했다.

"계(雞)는 '닭[翰音]'⁵을 말하는데, 희생에 계(雞)를 쓰는 것이 고례(古禮)입니다."

상이 말했다.

"소경공은 닭고기도 좋아했다."

즉시 본궁(本宮) 사람에게 명해 닭을 길러서 5일에 1마리씩 삶아서 천신하는 것을 항식(恒式)으로 삼게 했다.

○ 예조참판(禮曹參判) 신상(申商)이 북경(北京)에서 돌아와 아뢰어 말했다.

"윤향(尹向)이 중도에서 병(病)을 심하게 앓았습니다[病革]."

이에 그 형 파평군(坡平君) 윤곤(尹坤)과 처제(妻弟-처남) 공안부윤(恭安府尹) 홍여방(洪汝方)이 가서 만나볼 것을 청하니, 그것을 따랐다. 상(商)이 또 아뢰어 말했다.

"요동(遼東) 사람이 백두산(白頭山)에서 작은 돌[小石]을 얻어 항상 주머니 속에 넣어두었는데, 그 집에 여러 번 재화(災禍)가 있게 되자 그 돌이 빌미[祟]라고 해서 옛 장소에다 도로 갖다놓았습니다. 며칠

---

5 『주역(周易)』 중부괘(中孚卦-☵)에 나오는 말이다. 또 『예기(禮記)』 「곡례(曲禮)」에서는 닭을 한음(翰音), 개를 갱헌(羹獻)이라고 했다.

이 안 되어 가보니 전보다 조금 더 커졌고, 다른 날 가보니 다시 조금 더 커졌습니다. 그 돌에는 구멍이 있었는데, 매일 술 두 구기[鐥]를 마셨습니다. 요동 도사(遼東都司)에서 이를 아뢰니, 황제가 돌을 얻은 사람에게 물건을 내려주고 중국 경사(京師)로 운수(運輸)해 갔습니다."

상이 말했다.

"이는 실로 요물(妖物)이니, 어찌 상(賞)줄 것이 있겠느냐?"

기미일(己未日-10일)에 세자에게 명해 구전(舊殿)에 나가 거처하게 했다.

세자가 상을 알현(謁見)한 뒤로 상이 세자에게 명해 혹은 조계(朝啓)에 참여하게 하고 혹은 교외(郊外)로 어가(御駕)를 수종(隨從)하게 했으며, 또 매일 상을 모시고 활을 쏘게 했다. 이때에 이르러 상이, 세자가 어리(於里)를 도로 받아들이고 또 아이를 가지게 했다는 소식에 화가 나서 세자로 하여금 구전(舊殿)에 거처하게 하고 나와서 알현하지 못하게 했으며, 그 참에 그 전(殿)의 내관(內官) 신덕해(辛德海)·정징(鄭澄)을 의금부(義禁府)에 가두었다. 이날 신루(新樓)에 나아가 정사를 보고 일이 끝나자 대간(臺諫)과 반열(班列)의 제경(諸卿)이 차례로 나가는데, 박은(朴訔)이 나가려 하자 상이 말했다.

"너희 대언들은 모두 나가라. 내가 좌의정(左議政)과 일을 토의하고자[議事] 한다."

여러 대언이 모두 나가고, 얼마 뒤에 상이 명해 세자전(世子殿) 소환(小宦) 이전기(李全奇)를 의금부에 가두고 신덕해(辛德海)·정징(鄭澄)을 풀어주었다. 좌대언(左代言) 이명덕(李明德)을 불러 말했다.

"지난번에 세자가 곽선(郭璇)의 첩(妾) 어리(於里)를 빼앗아 궁중(宮中)에 들였으나 내가 즉시 쫓아버렸다. 지금 들으니 김한로(金漢老)의 어미가 들어가 숙빈(淑嬪-세자빈)을 만나볼 때 어리를 데리고 몰래 들어가서 아이를 가지게 했고, 또 세자전에 들어가 바깥으로 데리고 나와서 아이를 낳게 한 뒤 도로 세자전 안으로 들였다. 한로(漢老) 등은 나에게 충성하고 사직(社稷)을 위하는 계책인가, 아니면 세자를 사랑해서 하는 짓인가? 또 들으니, 세자가 성녕(誠寧)이 죽었을 때 궁중(宮中)에서 활 쏘는 놀이를 했다고 한다. 동모제(同母弟)의 죽음을 당해 부모가 애통해하는 때에 하는 짓이 이와 같다면 사람의 마음이라고 할 수 있겠느냐? 내가 변중량(卞仲良, ?~1398년)[6]의 마음가짐과 행실[心行]이 부정(不正)하다고 했으나, 아우 변계량(卞季良)은 마음가짐이 곧다[直]고 해서 세자빈사(世子賓師)의 자리에 있게 했다. 아비가 능히 자식을 가르칠 수 없는데 스승이 어찌 능히 가르치겠는가마는, 그러나 세자로 하여금 이 지경에 이르게 했으니 책임

---

6 변계량(卞季良)의 형이며, 태조 이성계(李成桂)의 백형인 이원계(李元桂)의 사위다. 정몽주(鄭夢周)의 문인으로, 고려 말기에 문과에 급제해 밀직사를 지냈다. 1392년(공양왕 4년) 이방원(李芳遠)이 이제(李齊) 등과 함께 스승인 정몽주를 제거하려는 계획을 미리 눈치 채고 이성계에게 문병 가는 것을 말렸으나, 정몽주는 정세를 살피기 위해 이성계의 집에 다녀오다가 이방원의 문객 조영규(趙英珪)·고려(高呂) 등에게 살해됐다. 1394년(태조 3년) 전중경(殿中卿)으로 있을 때 병조정랑 이회(李薈) 등과 함께, 정권과 병권이 조준(趙浚)·정도전(鄭道傳)·남은(南誾) 등에게 다 맡겨진 것은 옳지 못하다는 말을 했다가 순군옥(巡軍獄)에 갇혔고, 곧이어 삭직돼 영해(寧海)로 유배됐다. 1395년 원종공신(原從功臣)에 녹훈됐으며, 1398년 우부승지·우산기상시(右散騎常寺)에 이르렀다. 이해 1차 왕자의 난에 정도전의 일파로 몰려 참살됐다.

이 없을 수 없다."

그 참에 계량(季良)을 불러 뜻을 전해 말했다.

"네 형(兄)은 용렬하고 경(卿)은 훌륭함을 내가 익히 알고 있다. 세자를 가르치는 데 사람을 고르지 않을 수 없으므로, 경(卿)으로 하여금 세자빈객(世子賓客)으로 삼아 선(善)하게 인도하도록 했건만 지금 이처럼 불선(不善)하니, 이는 비록 경(卿)이 알지 못하는 바라 하겠으나 빈사(賓師)가 된 자로서 부끄럽지 아니한가?"

찬성(贊成) 이원(李原)을 불러 말했다.

"옛날에 이무(李茂)를 결죄(決罪)할 때, 구종수(具宗秀)가 그때 의금부 도사(義禁府都事)로 있으면서 공사(公事)를 누설했고 그 후에 궁(宮)의 담장을 뛰어넘어 세자전에 출입했다. 일이 발각되자 내가 이를 싫어해 경(卿)과 황희(黃喜)에게 물으니, 경(卿)은 그 죄를 묻자고 청했으나 희(喜)는 말하기를 '매와 개[鷹犬]의 일에 지나지 않습니다'라고 하고는 더는 죄를 청하지 않았다. 경은 그 일을 잊어버렸는가?"

원(原)이 말했다.

"신(臣)은 잊지 않았습니다."

상이 말했다.

"내가 세자에게 이같이 하는 것은 종사(宗社) 만세(萬世)를 위한 계책이다. 세자의 동모제(同母弟)가 세 사람이었는데, 이제 한 아들은 죽었다. 장자(長子)·장손(長孫)에게 나라를 전하는 것은 고금의 상전(常典)이니 더는 다른 마음은 없으며, 여기에 의심이 있다면 천감(天鑑)에 부합하지 않는 것이다. 마땅히 이 말을 의정(議政)들에게 고

(告)하라."

박은이 원(原)과 더불어 청(請)해 말했다.

"희가 하문(下問)에 대답하는 날을 당해 '매와 개의 일에 지나지 않습니다'라고 했으니, 그 마음을 헤아리기가 어렵습니다. 청컨대 그 까닭을 국문(鞫問)하소서."

상이 말했다.

"내가 승선(承宣-승지) 출신(出身)인 자를 우대하기를 공신(功臣) 대접하는 것과 같이 하기 때문에, 희로 하여금 지위가 2품에 이르게 해 두텁게 대접하는 은의(恩誼)를 온 나라가 아는 바다. 그러나 이 말은 심히 간사하고 굽었으므로[奸曲] 평안도 관찰사(平安道觀察使)
간곡
로 내쳤다가 지금 다시 판한성부사(判漢城府事)로 삼아 그를 멀리했는데[疎之], 어찌 다시 그 죄를 추문(推問)하겠느냐?"
소지

은 등이 다시 청해 말했다.

"희가 상의 은혜를 입고도 올바르게 대답하지 않았으니, 그 간사하기가 이와 같습니다. 그런데 상이 자비를 베풀어 죄를 주지 않는다면 그 밖의 간신(奸臣)들을 어찌 징계하겠습니까?"

상이 말했다.

"마땅히 나아오게 해 물어보아야 하겠다. 그러나 항쇄(項鏁-목에 씌우는 칼) 따위의 일은 없애라."

마침내 의금부 도사(義禁府都事) 김상녕(金尙寧)을 한경(漢京)에 보내 잡아 왔다[拿來]. 또 말했다.
나래

"부인(婦人)은 지아비의 부모(父母)를 중하게 여겨야 한다. 숙빈(淑嬪)은 비록 지아비의 뜻을 따랐으나, 나의 뜻을 어찌 알지 못했는가?

어리(於里)를 몰래 들인 것을 내가 심히 미워한다."

마침내 내관(內官) 정징(鄭澄), 사알(司謁) 차윤부(車允富)에게 명해 말했다.

"한경(漢京)에 가서 숙빈(淑嬪)을 아비 집으로 내보내되, 다만 노비를 주어서 보내라. 그 맏딸과 맏아들은 은혜를 베풀어 전(殿)에 머물게 해서 옛날대로 공급(供給)하라. 막내딸은 그 어미를 따라가 거주하게 하고, 또 그 첩(妾)의 딸들도 숙빈(淑嬪)을 따라가 같이 거주하게 하라. 또 평양군(平壤君-사위 조대림)이 준 비자(婢子)를 빼앗아 전(殿)에 머물게 하라. 정상을 알고 모의에 참여한 시녀 한두 명에게 물어보고 오라."

그 참에 숙빈(淑嬪)에게 가르침을 전해 말했다.

"부인(婦人)은 지아비의 집을 내조(內助)하는데[內], 네가 지난해의 사건 때도 나에게 고하지 않았으므로 내가 책망하니 네가 대답하기를 '분명히 죄가 있습니다. 뒤에는 마땅히 고쳐 행동하겠습니다'라고 했다. (그런데) 지금 너는 이 사건에서도 나에게 고(告)하지 않았으니, 이미 나를 속이고 또 너의 지아비의 부덕(不德)함을 드러낸 까닭으로 내보낸다."

또 한로가 전날에 말미[由]를 받아 한경(漢京)에 갔는데, 이제 소환(召還)해서 오라고 명했다. 상이 심히 미워해 말했다.

"(그자는) 주홍 두꺼비[朱紅蟾]다."

말[馬]을 재촉해 급히 오게 했다. 최한(崔閑)·이명덕(李明德)·하연(河演)·원숙(元肅)·성엄(成揜) 등에게 명해 (김한로에게) 묻게 했다.

"세자가 어리를 또 들여서 아이를 가진 사실을 경(卿)은 알았는가?"

한로가 대답했다.

"신은 실로 알지 못했습니다. 다만 이를 쫓아낼 때를 당해 세자가 근심하고 괴로워해 침식(寢食)을 편히 하지 못하면서, 말하기를 '그녀의 인생이 가엾다'라고 했습니다. 신이 이 말을 듣고 세자의 정(情)을 가련하게 여겨서 그녀로 하여금 연지동(蓮池洞) 집에 와서 거의 1개월가량 살게 했습니다. 그녀가 집을 사서 나가서 거처하게 되자, 신이 구량(口糧-식량)을 주었습니다. 또 날짜는 기억하지 못합니다만, 구종지(具宗之) 등이 복주(伏誅)된 뒤 거의 한 달 만에 한 소환(小宦)이 신의 향교동(鄕校洞) 집에 와서 말하기를 '세자께서 말하기를 "그녀를 만나보고자 하니, 경이 상(上)에게 상달(上達)해 도로 들이게 하라"고 했다'라고 했으나, 신이 틈을 얻지 못해 여러 날 아뢰지 못했습니다. 소환이 또 와서 이미 아뢰었는지의 여부를 묻기에 대답하기를 '아뢰지 못했다'라고 했습니다. 얼마 안 되어 소환이 신을 길에서 보고 말하기를 '세자께서 말하기를 "상이 허락하신다면 괜찮겠지만, 그렇지 않다면 안 되니 마땅히 아뢰지 말라"고 했다'라고 했으므로, 신이 이를 듣고 그만두었습니다. 그녀가 전내(殿內)에 도로 들어갔는지는 알지 못합니다."

명덕(明德) 등이 이에 의거해 아뢰니 상이 말했다.

"경이 알지 못했다고 말하면 그만이지만, 국론(國論)이나 나의 마음으로는 경이 실로 알지 못했다고 하겠는가?"

한로가 대답해 말했다.

"사세(事勢)로 본다면 상의 마음이나 국론(國論)에서는 반드시 신이 알고 있었다고 할 것입니다."

상이 말했다.

"내가 세자에게는 마치 새끼를 키우는 호랑이와 같이 엄하게 하고자 했다. (그런데) 경은 사위를 아껴서 그녀를 거두도록 허락하고 (그녀에게) 양식과 간장을 주었으니, 경은 과연 덕(德)이 있다. 지난번에 경에게 명해 숙빈(淑嬪)에게 세자의 잘못을 고(告)하지 않은 허물을 가르치게 하니 대답하기를 '과연 잘못이 있습니다'라고 해놓고는 이제 다시 전과 같이 나의 명(命)을 따르지 않으니, 이것이 시아비를 중(重)하게 여기는 짓이냐? 지금 이미 사람을 보내 경의 집으로 내쫓았다. 내가 용렬한 자질로서 나라의 임금이 돼, 외척(外戚)에게 변고(變故)가 있었고 골육(骨肉)을 상(傷)하게 해 부왕(父王)에게 죄를 지은 것을 나는 심히 부끄러워한다. 그러나 모두 나의 소치(所致)가 아니었다. (그런데) 이제 또 아들의 처가(妻家) 친척들에게 감히 불선(不善)한 일을 행하고자 하겠는가? 나와 경은 어릴 때부터 교제가 두터웠고, 또 한집안을 이루었다. 경의 나이가 61세이니 나와 경은 사생(死生)의 선후(先後)를 대개 알지 못할 것인데, 세자로 하여금 뛰어나게[賢] 만들어야 경이 그 부귀(富貴)를 평안히 누릴 것이다. (그런데)
지금 경은 어버이에게 효도하고 형제에게 우애하는 것을 가르치지 않고 그로 하여금 불의(不義)한 짓을 하게 했으니, 이씨(李氏)의 사직(社稷)은 어찌 되겠느냐? 경이 한 짓을 만약 바른 대로 진술(陳述)한다면 죄의 경중(輕重)을 내가 마땅히 처리할 것이다. 어찌 꼭 유사(有司)에 내려 이를 묻겠는가?"

한로가 마음으로 의혹을 품어 그 말을 여러 차례 바꿔가며 오히려 알지 못한다고 하니, 그 집으로 돌아가라고 명했다. 한로가 물러가자 명덕 등이 아뢰어 말했다.

"신 등이 이미 그 말을 듣고 그 안색을 보니 한로의 거짓이 드러났습니다. 청컨대 의금부(義禁府)에 내려 그 정상을 국문(鞫問)하소서."

상이 말했다.

"어찌 반드시 유사(攸司)에 내리겠는가? 너희 4대언(代言)이 이미 같이 묻고 들었고 나도 그 곡직(曲直)을 아니, 더는 청하지 말라."

또 한로를 불러서, 여러 대언(代言)에게 명해 정상을 알고 있었는지를 다시 물으니 한로가 말했다.

"오늘 집에 돌아가 계집종에게 물으니 불비(佛婢)가 말하기를 '지난해 세자(世子)의 생일(生日)에 택주(宅主-김한로 어미)께서 전(殿)에 들어갔다가 도로 나올 때, 한 시녀(侍女)가 택주의 일행에 감싸여 나왔습니다'라고 했으므로, 그제야 그 여자가 전(殿)에 들어갔다가 도로 나온 사실을 알았습니다."

얼마 후에 또 말했다.

"지난해 세자의 생일 뒤에도 시녀 한 사람이 모친(母親)을 감싸서 [繞] 나왔다고 들었으므로 불비에게 어떤 여자였는지를 물으니 불비가 말하기를 '뒤에 들어간 여자입니다'라고 했으나, 어리(於里)인지는 알 수 없습니다."

대언(代言) 등이 김한로의 말의 실마리가 일치하지 않는다고 힐문하니, 한로가 반박해 말했다. "그 사실은 오늘 비로소 알았으니, 이에 의거해 갖춰 아뢰어 주시오."

상이 말했다.

"옛날 초궁장(楚宮粧)[7]이 쫓겨날 때도 경은 머물러 두기를 청했으니, 경이 세자(世子)를 위해 안 좋은 일을 꺼리는 마음을 내가 이미 알고 있다. 경이 바른 대로 말하면 경의 죄는 내가 바로 상량(商量)해 처리하겠다."

한로가 말했다.

"(더는) 발명(發明)할 바가 없습니다. 마땅히 정상을 알았던 것으로 하고 죄를 받겠습니다."

그에게 집으로 돌아가라고 명했다.

○ 형조·사헌부·사간원에서 대궐에 나아와 신효창(申孝昌)의 죄를 청했다.

○ 형조·대간(臺諫)에서 소(疏)를 올려 병조판서 김한로(金漢老)의 죄를 청했다. 소는 이러했다.

'아! 우리 세자는 천성이 눈 밝고 귀 밝으며[聰明] 기개와 도량[氣宇]이 영위(英偉)합니다. 지난번에[曩=曩者] 간사한 무리의 유혹으로 인해 전하에게 책망을 받았으나 곧 스스로 허물을 뉘우쳐서 종묘(宗廟)에 맹세해 아뢰고 이어서 전하께 글을 올렸으니, 그 천선(遷善-개과천선)하고 스스로 새사람이 되려는 마음이 가히 지극하다고 이를 만합니다. 이는 종사(宗社) 만세(萬世)의 복(福)이요, 온 나라 신민(臣民)의 공통된 기쁨입니다. (그런데) 지금 한로가 적빈(嫡嬪)의 어버이로서, 전하께서 믿어주고 무겁게 여기는 뜻을 체화하지 않고 종사(宗社)가 부탁한 무거움을 생각지 않은 채 여색(女色)을 전내(殿內)에

---

7 원래 정종의 후궁인 기생이었는데, 양녕이 관계를 맺었다.

출입시키고는 숨기고 아뢰지 않는 데까지 이르렀습니다. 또 친히 물으시는 때를 맞아서는 오히려 알지 못한다고 대답했으니, 상에 대해 충성을 다하는 마음에 있어서 어떠하겠습니까? 종사(宗社) 만세(萬世)의 계책에서 어떠하겠습니까? 세자를 바르게 보필(輔弼)한다는 마땅함에서 어떠하겠습니까? 나라 사람들이 보고 듣는 데 어떠하겠습니까? 그가 불충(不忠)한 마음을 품은 것은 명백합니다. 엎드려 바라건대, 전하께서는 유사(攸司)에 내리도록 명해 그 까닭을 국문(鞫問)하고 그 죄를 올바르게 바로잡으소서.'

경신일(庚申日-11일)에 세자에게 명해 단기(單騎)로 한경(漢京)에 돌아가게 했다가 얼마 후에[旣而=俄而] 소환(召還)했으며, 유도(留都-한양에 머묾)한 병조(兵曹)의 진무소(鎭撫所)에 명해 서연관(書筵官)·숙위사(宿衛司)들이 세자전(世子殿)에 들어가지 못하게 했다.

충녕대군(忠寧大君)이 대자암(大慈庵)에서 불사(佛事)하고 개성(開城)으로 돌아가다가 세자를 마산역(馬山驛) 앞 노상(路上)에서 만났는데, 세자가 화를 내며 말했다.

"어리(於里)의 일을 반드시 네가 아뢰었을 것이다."

대군은 대답하지 않았다. 서로 헤어져 4, 5리쯤 가는데, 별감(別監)이 말을 달려서 소명(召命)을 전하니 세자가 돌아왔다. 세자가 와서 들어가 상을 만나보니, 상이 다시 세자를 심하게 꾸짖었다. 세자가 물러 나왔다가 분(忿)이 몹시 나서 다시 들어가 하소연하고자 했으나, 말투가 부도(不道)한 까닭에 대군이 (부자 사이에) 은의(恩誼)를 상하게 될까 두려워 힘써 만류했다. 세자(世子)가 따르지 않고 꼭 들어가서 하소연하고자 함에 대군이 세자의 소매를 잡고 되풀이해 달래고 깨우쳐주니, 세자가 자못 깨달아 그만두었다. 세자가 한경으로 돌아가서 예전의 분(忿)함을 이기지 못하고 드디어 글을 올렸다.

대군이 세자에 대해 그를 이끌어서 허물이 없는 지경에 이르고자 해서, 일마다 조심스레 간언한 것[幾諫]이 이 일을 전후해서 한두 번이 아니었다.

○ 김한로(金漢老)를 의금부(義禁府)에 가두었다.

의정부와 육조(六曹)·대간(臺諫)에서 한로를 유사(攸司)에 내려 그 실상을 국문(鞫問)할 것을 청하니 상이 말했다.

"내가 어찌 감히 한로를 용서하려는 마음[饒=宥]을 가지겠느냐? 어제 이미 물어서 모두 알았으니, 설사 유사에 내려 묻더라도 실로 더는 캐낼 실상은 없을 것이다. 내가 장차 그 죄를 헤아려 시행하겠으니 다시는 청하지 말라."

형조와 대간에서 다시 아뢰었다.

"한로가 상의 뜻을 체화하지 않은 채 여색(女色)을 동궁(東宮)에 들였고, 또 물어보았을 때 곧게 대답하지 않았으니 죄줄 것을 청합니다."

상이 윤허하지 않다가 얼마 후에 가두라고 명했다. 공조판서 정진(鄭鎭), 형조참판 이유(李愉), 지사간원사(知司諫院事-사간원 지사) 최사강(崔士康), 사헌집의(司憲執義) 허규(許揆)에게 명해 의금부(義禁府)에서 한로가 범한 바를 안핵(按覈)해 국문(鞫問)하게 했으나, 한로가 모두 승복(承服)하지 않고 또다시 이전의 말을 바꿔 말했다.

"어리(於里)를 데리고 나간 것은 나의 노모(老母)가 아니라 바로 처의 소행이었습니다. 부처(夫妻)가 각각 거처했던 까닭에 지금껏 알지 못했습니다."

의금부에서 아뢰어 말했다.

"이는 모두 의심스러운 단서(端緖)이니, 마땅히 형(刑-고문형)을 가해 문초하면 실상을 얻을 것입니다."

상이 말했다.

"꼭 그렇게까지 할 것은 없다. 다만 그 몰래 숨겨두고 세자를 불의(不義)한 여자에게 빠지게 한 사실과 또 양식과 물건을 준 사실을 공초(供招)받고, 가도(家道)를 바로잡지 못해 부부(夫婦)가 각각 거주했기 때문에 이러한 변고에 이른 사실을 공초받으라."

상이 또 세자와 한로의 아들 경재(敬哉)에게 물어서 사건의 실상을 환하게 알아내고, 마침내 경재를 시켜 아비에게 고해 말했다.

"아무것도 숨기지 말라."

한로가 마침내 공초에서 사실대로 승복했다.

○ 박신(朴信)을 병조판서, 민여익(閔汝翼)을 판한성부사(判漢城府事), 박습(朴習)을 형조판서로 삼았다.

○ 판한성부사(判漢城府事-한성부 판사) 황희(黃喜)에게 명해 물러나 전리(田里)로 돌아가게 했다.

김상녕(金尙寧)이 희(喜)를 대궐에 나아오게 하니 대언(代言) 등에게 명해 희에게 물었다.

"옛날에 내가 한로(漢老)의 계문(啓聞)으로 인해 구종수(具宗秀)가 월장(越墻)해서 세자전(世子殿)에 들어가 기이한 잡기(雜技)와 음흉한 계교(計巧)로써 세자의 마음을 방탕하게 하여 국본(國本-세자)을 그르치게 했음을 알았다. (그러나) 나는 종사(宗社)를 중하게 여겨 어찌 할 수가 없었다. 하지만 생각해보니, 내가 혼자만 알고 있었다면 방(房)에 두고 매를 때려서라도 오히려 제어(制御)할 수 있었겠지만, 이미 대신(大臣)들에게 알려져 계문(啓聞)을 행했으니 비록 이를 덮어 두고자 하더라도 그리 할 수가 있었겠는가? 그래서 이원(李原)과 경(卿)을 불러서 들은 바를 갖춰 설명하게 하자, 원(原)은 말하기를 '마땅히 국문(鞫問)해야 합니다'라고 했는데 경은 손으로써 수염을 만지작거리면서[撚髥] 말하기를 '종수(宗秀)가 한 짓은 매와 개의 일에 지나지 않을 뿐입니다. 만약 세자의 잘못이라면 나이가 어린 탓입니다. 나이가 어린 탓입니다'라고 했으니, 이같이 말한 것이 두 번이었다. 세자를 감쌀 뿐 말하기를 꺼리니 사연(辭緣)이 공정(公正)하지 못하고 다시 다른 말이 없었는데, 그것은 분명 지신사(知申事)였을 때 민씨(閔氏)와 원수가 됐으므로[作隻] 세자에게 아부하려는 계책이 있었기 때문일 것이다. 공신(功臣)이 비록 많지만, 어찌 사람마다 정사를 의논할 수 있겠는가? (그래서) 비록 공신이 아니더라도 승선(承宣-승정원) 출신인 자를 보기를 공신과 같이 했다. 경 같은 자는 다년간 나를 섬겨 나의 마음을 알 것이다. 나는 항상 나를 위해 목숨을 바치리라고 생각했더니, 그 물음에 대답한 것이 곧지 못하고[不直] 이와 같은 것은 어째서인가? 내가 그때 마음이 아파서 듣고서 눈물을 흘렸는데, 경은 그것을 잊었는가?"

희가 말했다.

"그때를 당해 신(臣)이 대답하기를 '세자의 나이가 어린 때문입니다'라고 했습니다. 이제 상의 하교(下敎)가 이와 같으시니, 신(臣)의 얼굴이 붉어지고 눈물이 줄줄 납니다. 신의 마음으로는 세자를 위해 감개(感慨)해 그리된 것이라 생각하는데, 이것은 기억할 수 있으나 그 매와 개의 일은 신이 능히 기억할 수 없습니다. 신은 포의(布衣-벼슬 없는 선비)에서 상의 은혜를 입어 여기에 이르렀는데, 무슨 마음으로 전하를 저버리고 세자에게 아부하겠습니까? 불행하게도 신의 말이 상의 마음에 위배됐습니다."

대언(代言) 등이 이를 듣고서 (상에게) 자세히 아뢰었다. 상이 조말생(趙末生) 등을 불러서 보고[引見] 친히 가르쳐 말하고, 그 참에 희에게 뜻을 전해 말했다.

"남의 임금 된 자[爲人君者]는 신하와 더불어 변증하는 말[辨言]을 하지 않는 법이지만, 경(卿)이 기억하지 못한다[不記]고 대답하니 내가 이원(李原)을 증인(證人)으로 삼겠다. 경은 어찌해 숨기는가[隱諱]? 잘못은 경(卿)에게 있다. 마땅히 유사(攸司)에 내려 국문(鞫問)해야 하나, 내가 인정(人情)을 끊을 수 없으므로 불러서 묻는 것일 뿐이다. 당초에 경의 말을 들은 뒤에 전(殿)에 앉아서 정사를 볼 때 경이 서쪽에 있었는데, 내가 경에게 눈짓하며 말하기를 '지금의 인심(人心)은 대저 옛것을 버리고 새것을 따르는데, 만약 옛것을 버리고 새것을 따른다면 노인(老人)은 생활(生活)하기 어려울 것이다. 자손(子孫)을 위한 계책을 누가 하지 않겠는가마는, 그러나 늙은 자를 버리고 돌아보지 않는다면 또한 어찌 옳겠는가?'라고 했다. 경은 그

때 반쯤 몸을 굽혀 얼굴을 숙이고 바깥을 향하며 이를 들었다. 그날의 말은 너를 위해 발설(發說)한 것이었다. 옛날에 어떤 대신(大臣-하륜)이 너를 가리켜 간사(奸邪)하다고 했으니, 네가 이조판서(吏曹判書)를 거쳐 공조판서(工曹判書)로 (좌천)됐다가 공조판서를 거쳐 평안도 관찰사로 나간 것은 너의 간사함을 미워한 때문이다. 그 임기가 차서 형조판서에 임명했으나 육조(六曹)는 조계(朝啓)의 임무가 있으니, 내가 너의 얼굴을 보기가 싫어서 판한성부사(判漢城府事)에 임명한 것을 너는 어찌 알지 못하는가? 너의 죄를 마땅히 법대로 처치해야 하나, 내가 오히려 차마 시행하지 못해 논죄하지 않는 것이다. 너는 전리(田里)로 물러가 살되, 네 뜻대로 거주하며 종신토록 어미를 봉양(奉養)하도록 하라."

희는 마침내 교하(交河)로 돌아갔다.

○ 형조(刑曹)와 대간(臺諫)에서 교장(交章)해 신효창(申孝昌) 등의 죄를 청했다. 효창(孝昌)과 정용수(鄭龍壽)·박만(朴蔓)·임순례(任純禮)·박문숭(朴文崇)·허형(許衡)·최식(崔湜) 등의 죄를 청하니, 상이 윤허하지 않고 말했다.

"그때 옆에 있던 환관(宦官) 등이 증명했으니 내가 실제로 이를 안다. 너희 대언(代言) 등이 즉시 답(答)해 보내고, 다시 청하지 못하게 하라."

신유일(辛酉日-12일)에 대간(臺諫)과 형조(刑曹)에서 황희(黃喜)를 머물러 두고 그 범한 바를 국문(鞫問)할 것을 청했으나, 허락하지 않고 형조에 뜻을 내려 말했다.

"판한성부사(判漢城府事-한성부 판사) 황희가 난적(亂賊) 구종수(具宗秀)가 범한 바를 가볍게 논했고, 모든 물음에 대답하기를 또 곧게 말하지 않아서 신자(臣子-신하)의 도리에 어그러짐이 있었다. 마땅히 유사(攸司)에 내려 율(律)에 의거해 시행해야 하지만, 그러나 내가 오히려 차마 시행하지 못하고 그냥 두고서 묻지 않기로 했다. 다만 직첩(職牒)을 거두고 폐(廢)해서 서인(庶人)으로 만들며 자손(子孫)을 서용하지 말라."

조말생(趙末生)·이명덕(李明德)에게 명해 박은(朴訔)·한상경(韓尙敬)·이원(李原) 등에게 가르침을 전해 말했다.

"여러 공신(功臣)이 있고 육조(六曹)가 있으나 홀로 삼경(三卿)을 부른 것은 친히 비밀스러운 토의를 하고자 함이다. 우리나라 법에는 대간(臺諫)에서 일을 말해 임금이 따르지 않으면 강청(强請)하기를 그치지 않음으로써 임금으로 하여금 궤이(詭異)한 이름을 얻게 만드니, 임금과 대간의 사이가 기름이 물에 뜨는 것과 같다. 그러나 내가 혹은 대간의 청(請)을 따르지 않는 것은, 어찌 죄 있는 자를 용서하겠는가마는, 다만 죄인으로 하여금 그 실상에 합당하게 해 천심(天心)에 부합하고자 하는 것일 뿐이다. 또 원수(元首-임금)와 고굉(股肱-중한 신하)은 한 몸인데, 대신(大臣)이 대간에서 일을 말할 적에 어찌 이를 알지 못하겠는가마는, 시비(是非)를 말하지 않으니 이것이 유감이다. 지금 한로(漢老)가 곽선(郭璇)의 첩(妾)을 몰래 동궁(東宮)에 출입시켜 아이를 가지도록 하기에 이르렀는데, 그 마음은 대개 사위를 사랑하기 때문이겠지만 나는 친아비이니 어찌 나의 아들을 사랑하지 않겠는가? 한로를 없애버렸다면 이 지경에 이르지는 않았을 것이다. 그러나 어찌 내게 불충(不忠)해서였겠는가? 다만 미혹(迷惑)하고 유벽(幽僻-성질이 은근하고 편벽됨)하기 때문에 그렇게 된 것이리라. 내가 한로를 가둔 것은 대간(臺諫)의 청(請) 때문이 아니라 문안(文案)을 만들어 사람들로 하여금 이를 알도록 하고자 함이니, 죄의 경중(輕重)은 오직 내 마음에 달렸을 뿐이다. 또 내관(內官) 이전기(李全奇)가 몰래 그사이에 음모(陰謀)한 것이 있다. 동궁전(東宮殿) 여관(女官) 모란(牧丹)이 일찍이 아이를 가져 밖으로 나갔는데, 어리(於里)로 하여금 그 이름을 사칭해서 몰래 들어오도록 음모했으니, 내가 모두 죽이고 싶었다. 당(唐)나라 현종(玄宗) 때 양귀비(楊貴妃)가 화란(禍亂)의 근원이 되니 여러 신하가 죽이자고 청했다. 하물며 내가 아비로서 어찌 죽일 수가 없겠느냐?"

은(嚚) 등이 대답해 말했다.

"상의 가르침이 옳습니다. 어리(於里)가 일찍이 지아비를 배반했으니, 이 죄로 죽일 수 있습니다. 대간(臺諫)의 언사(言辭)가 만약 의리에 부합하지 않는다면 신 등이 어찌 감히 말하지 않겠습니까?"

상이 또 가르침을 전해 말했다.

"황희가 이조판서였을 때 내가 찬성(贊成-이원)과 희를 불러 종수(宗秀) 등이 작란(作亂)한 일을 토의하니, 희가 대답하기를 '세자는 나이가 어려서입니다. 종수는 매와 개의 일에 지나지 않습니다'라고 해서 내가 눈물이 났다. 다른 날 조계(朝啓)에서 희를 바라보고[目목] 말하기를 '인신(人臣) 중에 자손(子孫)을 위한 계책(計策)을 쓰지 않는 자가 없다. 임금이 늙었다고 해서 이를 버린다면 장차 어찌 되겠는가?'라고 하니 희가 얼굴을 숙이고 들었다. 희는 오랫동안 지신사

(知申事)로 있으면서 무구(無咎) 등을 주멸(誅滅)하는 일을 주모(主謀)해서 민씨(閔氏) 일족과 원수를 맺었는데, (이번에는) 세자에게 아첨하고 교결(交結)해서 스스로 안전할 계책을 삼고자 했으니 그 간사함이 심하다. 그러므로 내가 내쫓아 평안도 관찰사로 임명했다가 올려서 형조판서로 삼았는데, 그를 더는 보기가 싫어 옮겨서 판한성부사(判漢城府事)로 삼았다. 내가 희에 대해서는 사람이 타인(他人)의 자식을 양육(養育)하는 것과 같이 했고, 또 부모가 자식을 무육(撫育)해 기르는 것과 같이 했다. 대언(代言)에 구임(久任-오래 재임)하게 했다가 전직(轉職)시켜 성재(省宰-재상)에 이르게 한 것은 공신(功臣)에 비(比)할 바가 아니었으니, 그리하여 일찍이 이르기를 '내가 죽는 날에 희가 따라 죽기를 원할 것이다'라고 했다. 길재(吉再)는 전조(前朝)에 주서(注書)의 직임을 받았을 뿐인데도 오히려 충신(忠臣)은 두 임금을 섬기지 않는다고 해서 우리 조정을 섬기지 않았다. 나는 희가 나에 대해 끝내 이와 같이 되리라고는 생각지 못했다."

세월이 흘러[越歲] 임인년(壬寅年-1422년)에, 태종(太宗)께서 우리 전하(殿下-세종)에게 일러 말했다.
월세

"이직(李稷)·황희는 비록 죄를 범했으나 일에 익숙한[諳練=熟達]
암련 숙달
구인(舊人)이므로 버릴 수 없으니, 가히 불러서 쓸 만하다."

드디어 소환(召還)하도록 명해 우리 전하께서 뒤에 둘 다 크게 썼다[大用].
대용
○ 각 도의 진선(進膳)[8]을 정지했다. 상이 말했다.

---

8 각 도에서 서울의 각 전(殿)에 매달 바치던 각종 물선(物膳)을 말한다.

"지금처럼 더운 때는 역로(驛路)에 폐단이 있을 것이다. 경기·황해도·강원도 외의 나머지 각 도에서 각 전(殿)에 매달 예(例)에 의거해 진선(進膳)하는 것과 별선(別膳)하는 것을 일단은 정지하게 하라."

임술일(壬戌日-13일)에 세자에게 명해 한경(漢京)으로 돌아가게 하고, 그 참에 말했다.

"어리(於里)가 도로 들어간 것은 오로지 한로(漢老)의 흉계였으며, 세자의 허물은 적다. 이제 세자가 돌아가니, 의장(儀仗)과 시위(侍衛)는 한결같이 전례(前例)와 같이 하고 서연관(書筵官)과 경승부(敬承府)[9]를 다시 두라."

정징(鄭澄)에게 명해 세자를 따르게 했다. 또 서연 장무(書筵掌務) 조극관(趙克寬)에게 가르쳐 말했다.

"죄는 한로에게 있고 세자의 허물이 아니므로 환도(還都)하도록 명했다. 너희들이 수행해 돌아가라."

극관(克寬)이 아뢰어 말했다.

"전날 분병조(分兵曹-병조의 분사)에 명해 서연과 숙위사가 전(殿)에 들어가는 것을 금지했는데, 만약에 명백한 명이 없다면 분병조에서 반드시 신 등이 들어가는 것을 금지할 것입니다."

상이 말했다.

"그렇구나."

---

9   태종(太宗) 2년 5월에 세자전(世子殿)을 공궤(供饋)하기 위해 특별히 설치한 관청이다. 태종 18년 6월에 양녕대군(讓寧大君) 이제(李禔)가 폐세자(廢世子)가 되면서 순승부(順承府)로 바뀌었다.

드디어 분병조에 뜻을 전했다.

○ 김한로(金漢老)의 직첩(職牒)을 거두고 (경기도) 죽산(竹山-안성)에 부처(付處)했다.

의금부(義禁府)에서 한로(漢老)와 이전기(李全奇)의 죄를 갖춰 아뢰니 상이 말했다.

"전기(全奇)는 풀어주고, 다만 한로의 죄만 안율(按律)하라."

의금부에서 이를 받들어 비부(比附)[10]해 조율(照律)하니 한로는 모반(謀叛)을 공범(共犯)한 율(律)에 따라 참형(斬刑)에 해당됐으나, 상이 불쌍히 여겨 직첩(職牒)만 거두고 먼 지방에 부처(付處-유배)시켰다. 얼마 후에 의금부 부진무(副鎭撫) 이효인(李孝仁)을 시켜서 한로에게 선전(宣傳-뜻을 명백히 전해 알려줌)해 말했다.

"너의 아들 경재(敬哉)와 너에게 설명하는 말을 너는 알겠는가? 의금부에서 너를 나주(羅州)에 유배 보낼 것을 청했으나 나는 근경(近境)에 두었고, 또한 경재를 충청도에 유배 보낼 것을 청했으나 나는 또 조모(祖母)의 집에다 둘 것이다. 너는 마땅히 그 점을 알아야 할 것이다."

한로가 눈물을 흘리며 말했다.

"소인(小人)의 죄는 열 번 죽어도 마땅한데 지금 너그러운 용서를 받으니, 설사 먼 지방에 유배된다 한들 어찌 상의 은혜에 보답하겠습니까?"

---

10 그 죄에 해당하는 법률의 정조문(正條文)이 없을 때 비슷한 조문을 끌어다가 대는 것을 말한다.

효인(孝仁)이 이로써 아뢰니, 명해 말했다.

"한로는 죽산에 부처하고, 경재도 직첩을 거둬 과천(果川) 조모(祖母)의 집에 안치(安置)해서 다른 데 가지 못하도록 하라. 만약 경중(京中)에 들고나면 내가 용서하지 않겠다."

또 명해 전기를 그가 살고 있는 광주(廣州)에서 군역(軍役)으로 정(定)하게 했다.

○ 전 대호군(大護軍) 최점(崔霑)의 직첩을 거두고 내쫓아 전리(田里)로 돌려보내고, 상호군(上護軍) 임상양(林尙陽)에게 장(杖) 100대를 속(贖)바치게 하고 부처(付處)했다.

의금부에서 점(霑)과 상양(尙陽)의 죄를 조율(照律)해 아뢰었는데, 점은 장(杖) 100대에 해당됐으나 태조(太祖) 원종공신(元從功臣)의 아들이므로 직첩만 거두고 전리로 돌려보내라고 명했다. 상양은 사금(司禁)으로서 비단 능히 점을 금지해 막지 못했을 뿐 아니라 점의 말을 거짓으로 칭(稱)해 말했다.

"명을 받고 현신(現身-출현)한 것이다."

그래서 사전(詐傳-임금의 명을 거짓으로 전함)의 율(律)로 조율(照律)했으나, 다만 장(杖) 100대를 속(贖)바치게 해서 방어소(防禦所)에 부처(付處)하라고 명했다.

애초에 상이 유후사(留後司)에 행차했을 때 점이 임진(臨津)의 길가에서 뵈 오니, 상이 이것을 싫어했다. 병조판서 김한로(金漢老)와 참판 이춘생(李春生) 등이 아뢰어 말했다.

"좌사금(左司禁)·우사금(右司禁)이 능히 금제(禁制)하지 못해 점으로 하여금 길에서 뵙게 했으니, 이를 죄줄 것을 청합니다."

상이 말했다.

"이는 다만 사금(司禁) 임상양의 죄다. 경 등이 시비(是非)를 따지지 않고 곡직(曲直)을 논하지도 않은 채 죄를 청하는 것은 어째서인가? 상양이 평소 점과 사이가 좋았기 때문에 짐짓 쫓는 체하고 끝내는 금하지 않았으니, 상양의 죄가 아니고 무엇인가? 경 등의 생각으로는 '우리 임금은 시비를 가리지 않고 아울러 모두 죄준다'라고 여기는가?"

마침내 상양에게 명해 그 집으로 돌아가게 하고 상호군(上護軍) 유연지(柳衍之)로 하여금 그를 대신하게 했다. 점은 함길도(咸吉道) 변방 사람[鄙人]이었는데 무재(武才)로 관(官-벼슬)이 대호군(大護軍)에 이르렀다. 일찍이 사복 소윤(司僕少尹)으로 있을 때 세자와 사통해서, 세자를 아주(我主-우리 주인님)라고 했으며 마침내 (이렇게) 말했다.

"상위(上位-임금)는 키가 작으나 아주(我主)는 키가 크다. 안장의 여러 테두리 선의 길고 짧은 것을 세자와 함께 의논했다."

또 세자가 상이 강무(講武)하느라 도성이 빈 때를 당해서 금천(衿川)·부평(富平) 땅에서 말을 달려 사냥하고 매를 놓고자 하니 점이 세자의 뜻을 봉영(逢迎)해서 말을 바쳐 불의(不義)한 짓을 하도록 인도했는데, 상이 이를 들었으나 죄를 가(加)하지는 않고 다만 직사(職事)를 없앤 적이 있었다. 이때에 이르러 틈을 타서 알현하고 자신이 다시 등용되기를 바랐던[冀=願] 것이다.

계해일(癸亥日-14일)에 형조·대간(臺諫)에서 신효창(申孝昌)·정용수(鄭龍壽) 등의 죄를 청했다. 소는 이러했다.

'(저들이) 병사를 발동하는 계획을 정하는데 이미 의(義)를 들어서 모의(謀議)를 능히 저지하지 못했고, 군사를 쓰고 무리를 움직이는데 목숨을 걸고 절개를 능히 지키지 못했으니, 그 반역(叛逆)한 정상이 이미 드러난 것이요 죄를 용서할 수 없는데 그 직만 파면하는 것이 옳겠습니까?'

상이 말했다.

"내가 어찌 신자(臣子-신하)로 하여금 목숨을 걸고 절개를 지키도록 하고자 아니하겠는가? 그러나 사적(史籍)을 두루 보건대 (이런 사람은) 손가락을 꼽아 헤아릴 정도이고 대개 많지 않은데, 어찌 사람마다 이것을 가지고 책(責)하겠는가? 효창(孝昌) 등을 김한로(金漢老)·황희(黃喜)와 비교한다면 어찌 두 사람보다 낫겠는가? 한로·황희를 나는 수족(手足)이나 이목(耳目)과 같이 보았는데도 지금 죄가 있어 혹은 폄출(貶黜)하고 혹은 폐(廢)해 서인(庶人)으로 만들었는데, 어찌 오로지 효창·용수 등만 홀로 사랑하고 아껴서 죄를 가하지 않는 것이겠는가? 다만 범(犯)한 바가 각각 다르므로 이를 바르게 처리하고자 함이다. 하물며 효창의 무리는 일찍이 아무런 인친(姻親)이 없는 친구이니, 어찌 감히 이를 아끼겠는가? 내가 밖(-조정)에서는 안우세(安遇世)에게, 안에서는 여러 환관(宦官)에게 그 사실을 친히 물었으니 더는 나를 번거롭게 하지 말라."

○ 형조와 대간(臺諫)에서 소를 올려 김한로(金漢老)·황희(黃喜)의 죄를 청했으나, 재계(齋戒) 때문에 (승정원에서 상에게) 아뢰지 않았다.

○ 행대감찰(行臺監察) 등이, 각 도의 수령(守令)이 창고(倉庫)의 쌀·콩을 썩혀 모손(耗損)시킨 죄를 청했으나 논하지 말라고 명했다.

○ 서연관(書筵官)에서 세자에게 강(講)할 것을 청했으나 병을 핑계로 나가지 않았다. 두 번 세 번 청하기에 이르자, 세자가 굳게 사양하며 말했다.

"이에 앞서 상이 나로 인해 동념(動念-근심)하시므로 황공하고 두려워서 몸 둘 바를 몰라 며칠 동안 밥을 먹지 못하다가, 지금에 이르러 비로소 밥을 먹으니 가슴의 명치가 꽉 막혔다[不快]. 후일을 기다려야 나갈 수가 있겠다. 내가 만약 (이 증상이) 우연이라 한다면 어찌 나가서 강(講)을 듣지 않겠는가?"

○ 이관(李灌)을 함길도 도관찰사(咸吉道都觀察使)로 삼았다.

갑자일(甲子日-15일)에 명해 시연(書筵)과 숙위사(宿衛司)의 장무(掌務-실무 담당자)를 가두고, 의금부 부진무(副鎭撫) 이효인(李孝仁)을 한경(漢京-한양)에 보내서 어리(於里)를 내쫓아 그 부모에게 맡기고 세자전(世子殿)과 서로 통할 수 없게 했다.

서연(書筵) 장무(掌務) 정자(正字) 조극관(趙克寬), 숙위사(宿衛司) 장무(掌務) 지통례문사(知通禮門事-통례문 지사) 조모(趙慕) 등을 잡아 의금부에 가두었다. (이에 앞서) 세자가 유후사(留後司-개경)에서 한경으로 돌아갈 때 모(慕)와 극관(克寬)이 따라갔다. 세자가 빠르게 말을 치달려 한경에 이르러서 연화동(蓮花洞) 한로(漢老) 집에 들어가 숙빈(淑嬪)과 어리(於里)를 만나니, 종자(從者)인 호군(護軍) 정중수(鄭中守)가 이를 만류했으나 듣지 않았다. 중수(中守)가 드디어 달려와서 고(告)하니 상이 노해 즉시 효인(孝仁)을 보내고, 또 병조정랑

(兵曹正郎) 서성(徐省)을 경도(京都)에 보내 세자를 꾸짖어 말했다.

"중궁(中宮)과 자녀(子女)들이 눈물을 흘리면서 말하고 나도 차마 법대로 처치하지 못해서 너의 처부(妻父-장인)로 하여금 가볍게 죄를 받게 했다. 처부가 아직 한강(漢江)을 넘지도 않았는데 네가 또 뉘우치지 못해서 바로 전(殿)으로 돌아가지 아니하고 숙빈(淑嬪)의 집에 마음대로 들어갔으니, 그 마음보가 무엇인가? 중수가 오히려 들어가 만나는 것이 잘못이라고 했는데, 너는 어찌하여 종묘(宗廟)와 사직(社稷)을 돌아보지 아니하고 나에게 불효(不孝)하는가?"

마침내 서연(書筵)과 숙위(宿衛)를 폐지하고 사람들이 전(殿) 안에 출입하는 것을 금지했다. 상이 좌우(左右) 신하들에게 일러 말했다.

"숙빈이 무슨 죄가 있겠는가? 그 아이를 사제(私第)로 내쫓은 것은 그 아비를 미워한 때문이다. 내가 세자가 돌아갈 때 숙빈의 일을 말하고 그 참에 말하기를 '내가 사람을 보내 이를 처리할 때까지 기다리라'라고 하니, 세자가 대답하기를 '장차 환관(宦官)으로 하여금 이를 지키소서'라고 했으므로 내가 꾸짖었다. 지금 한로의 죄가 무겁고 아직 한강을 넘지 않았는데도 조금도 걱정하는 기색이 없이 또 그 집에 들어갔으니, 그 뜻이 어찌 숙빈을 위한 것이겠느냐? 바로 어리를 사랑하는 때문이니, 내가 심히 이를 미워한다. 중수는 무부(武夫)인데도 그것이 안 될 일임을 알았는데, 시종(侍從)하는 관원이 어찌 간언해 정지시키지 않았는가? 내가 이 말을 듣고 이미 사람을 보내 극관과 모를 잡아 왔다. 내가 세자에게 한로의 죄를 나라에 알리고자 한다고 말하자 세자가 드러내지 말라고 굳이 청했던 까닭으로 실행하지 않았다. 이제 내가 차마 입을 다물고 있지 못해 여러 경(卿)

에게 알리니, 경들은 이를 들어라.

내가 세자에게 말하기를 '시속(時俗)에서 처부(妻父)를 칭하기를 장인(丈人)이라고 하는데, 너의 장인이 바르지 못해 알지 못한다고 대답하니 형문(刑問)하는 것이 좋겠다'라고 하자, 세자가 말하기를 '지난번에 책망을 당하고도 숙빈의 본집에 다다르니 숙빈과 부모·조모가 함께 있었고 어리도 옆에 있었습니다. 한로가 술잔을 잡아 위로하면서 말하기를 "새 첩을 들인다면 서계(誓戒)를 저버리는 것이니 안 됩니다. 이 여자는 전하가 아시는 바이니 도로 들이는 것이 무엇이 해롭겠습니까? 만약 비밀리에 들이고자 한다면, 가인(家人-부인)과 우리 어머니가 전(殿) 안에 출입할 적에 계집종[婢女]인 것처럼 만들어서 몰래 데리고 출입할 수 있을 것입니다"라고 했습니다' 했다. 내가 묻기를 '김한로가 먼저 말했는가? 네가 한로에게 이러한 흉계를 청했는가?'라고 하니, 세자가 대답하기를 '나는 어리를 보고 싶다고 말했을 뿐이고, 전(殿) 안에 출입하는 음모는 장인이 말했습니다'라고 했다.

그렇다면 간흉한 음모는 한로가 한 것이다. 안문(按問)하기에 이르러 알지 못한다고 대답했기 때문에, 그 아들 경재(敬哉)에게 명해 세자의 말한 바를 전해서 타이른 뒤에야 한로가 복초(服招)했다. 처부(妻父)로서 사위의 첩을 들여주고 사위로서 처부에게 말해 첩(妾)을 들였으니, 심히 인정(人情)에 거슬렸다. 한로로서 해야 할 바람직한 바는 나를 칭탁해서 대답하지 않는 것이었는데, 간흉한 음모가 이같이 심했다. 한로는 나와 급제(及第)의 동년(同年)이요, 서로 안 지도 가장 오래된다. 태조(太祖) 때는 침체(沈滯)됐다가 내가 즉위하자 이에 승선(承宣)을 제수(除授)해서 재보(宰輔)에 이르렀고 또 혼인(婚姻)을 했는데, 금일에 이러한 행동을 하리라고는 생각지도 못했다. 또 사람들이 모두 황희를 간사하다고 했지만 나는 간사하다고 생각하지 않고 심복(心腹)에 두었는데, 이제 한로의 죄가 이미 발각되고 황희도 죄를 면하지 못하게 되니 지금이나 뒷날에 곧 그 사실을 알게 될 것이다. 황희는 이미 늙었으니 오로지 세자에게 쓰이기를 바라지는 않겠으나, 다만 자손(子孫)의 계책을 위해 세자에게 아부한데다 물음에 바른 대로 대답하지 않았기 때문에 이제 폐(廢)해 서인(庶人)으로 삼았다. 남의 신하 된 자로서 어찌 두 마음을 가지고 있겠느냐? 지난번에 유량(柳亮)·이숙번(李叔蕃)이 세자를 항상 보기를 원했으나, 내가 곧 이를 금지시키고 말하기를 '지금 내가 위에 있는데 어찌 세자를 섬기겠느냐?'라고 했다. 이는 남의 신하 된 자가 지켜야 할 마땅함이 아니다."

좌우의 신하들이 모두 한로와 황희의 죄를 청했다.

○ 왕세자(王世子)가 좌문학(左文學) 우승범(禹承範)을 보내서 전(箋-짧은 글)을 받들어 탄일(誕日)을 하례(賀禮)하게 했다. 시복(時服) 차림으로 요속(僚屬)을 거느리고 서연청(書筵廳) 전정(前庭-앞뜰)에서 전(箋)에 배례(拜禮)한 뒤 전송(餞送)해서 중문(中門) 밖까지 이르렀고, 요속(僚屬)들은 전송하느라 남대문(南大門) 밖에까지 이르렀다. 세자가 장차 16일에 이르러 창덕궁(昌德宮)에서 탄일하례(誕日賀禮)를 행하고자 의장(儀仗)을 갖추고 길을 떠나 연화방(蓮花坊) 다리 위에까지 이르렀다가, 서성(徐省)이 오는 것을 보고는 본전(本殿)으로 도로 들어왔다.

○ 신루(新樓)에 나아가 술자리를 베풀었다.

○ 좌의정 박은(朴訔)이 신효창(申孝昌)·김한로(金漢老) 등의 죄를 청했다. 아뢰어 말했다.

"효창(孝昌)의 죄는 너그럽게 용서할 수가 없습니다."

상이 말했다.

"의정(議政)의 말이 옳다. 그러나 그때 태조(太祖)가 마음이 피로하셨으므로 내가 효창·용수로 하여금 떨어지지 말고 시위(侍衛)해서 여러 곳에 배행(陪行)함으로써 태조의 마음을 너그럽게 하라고 했다. 이미 내 명을 받고 갔으니 무슨 죄가 있겠느냐? 그때를 당해 안우세(安遇世)로 하여금 나에게 통기(通奇)하게 한 것도 이 두 사람뿐이었다. 지난번에 이미 죄가 없다고 이를 용서하고 지금 또 죄가 있다고 벌주면 한 번은 옳고 한 번은 그른 것이 되어, 그때는 혼주(昏主-사리에 어두운 임금)였다가 지금은 명주(明主-사리에 밝은 임금)가 되는 것이거나 이때는 혼주(昏主)가 되나 그때는 명주(明主)가 되는 것이니, 한 몸으로서 한 가지 일을 처리하는 데 어찌 앞뒤가 서로 다르겠느냐?"

은(訔)이 말했다.

"지금은 여러 신하의 정(情)이 잘못된 것은 아니니, 법대로 처치해 뒷사람에게 감계(鑑戒)를 보이는 것만 못합니다."

상이 말했다.

"여러 신하의 정(情)이 잘못된 것은 아니나, 내가 따르지 않는 것 또한 잘못된 것이 아니다. 조정(朝廷)에서 법대로 처치하고자 하는 것을 내가 너그럽게 용서하는 것도 족히 후일(後日)의 감계(鑑戒)가 되는 것이다."

조계(朝啓)가 끝나자, 은이 나가서 중사(中使)를 시켜 아뢰어 말했다.

"한로(漢老)의 죄는 용서할 수가 없습니다. 상께서는 이를 용서하고자 하시나 신은 불가(不可)하다고 생각합니다."

뜻을 전해 말했다.

"한로가 비록 은유(恩宥-은혜로운 사면)를 받더라도, 이와 같은 심술(心術)이 있다면 반드시 다른 죄를 지었을 것이니 일단은 기다리라."

은이 말했다.

"큰 죄가 이미 나타났는데 어찌 기다림이 있겠습니까?"

가르쳐 말했다.

"반드시 서둘러 하려고 할 필요는 없다."

은이 마침내 물러갔다.

○ 서성(徐省)이 경도(京都)에서 돌아와 아뢰었다.

"신이 세자에게 뜻을 전하니, 세자가 듣고 말씀하기를 '신이 고의로 범한 것이 아니고, 짐작(斟酌)을 잘못해 매번 불효(不孝)를 범합니다'라고 했습니다. 신이 돌아올 때 동전(東殿-세자)이 신에게 이르기를 '숙빈(淑嬪)이 필시 아버지가 죽음을 당할까 두려워해 눈물을 흘리기를 그치지 않으니 신이 마음으로 생각하기를, 처부(妻父)와 신이 함께 중한 죄를 지었는데 상의 자비를 입어 처부만이 추방되어 쫓겨나고 신은 또한 환전(還殿)하니 기쁘고 다행하기가 비할 데 없었으므로, 상의 은혜를 숙빈에게 설명하고 근심을 풀어주고자 잠깐 그 집에 들른 것이지 별도로 다른 뜻은 없었습니다. 걸핏하면 문득 죄를 범하고 또 종묘(宗廟)에서의 맹세(盟誓)를 저버렸으나 편안히 이곳에 있으니 실로 황공하므로, 물러가 사제(私第)에 거처하고자 합니다'라고 했습니다. 그 참에 말하기를 '상교(上敎)에 다시 무슨 일이 있었느냐?'라고 하기에 신이 대답하기를 '상께서 의금부(義禁府)의 관원(官員)을 보내 조극관(趙克寬)·조모(趙慕) 등을 잡아 왔습니다'라고 했습니다. 세자가 말하기를 '반드시 이 일 때문일 것이다. 극관은 말[馬]이 약(弱)하고 또 비에 옷이 젖어 나에게 미치지 못했으니, 어찌 내가 들어간 것을 알았겠느냐? 모는 집이 이 방(坊)에 있었기 때문에 나에게 미쳐서 따라왔었다. 이때를 당해 정중수(鄭中守)가 만류하는 말을 듣지 못했고, 또 한 사람도 이를 중지하도록 청하지 않았다. 그러므로 중수가 돌아갈 적에 그와 더불어 말하기를 "상께서 나의 행지(行止)를 묻거든 바른 대로 대답하라" 했다'라고 했습니다."

상이 말했다.

"중수가 금지(禁止)했다는 말을 그가 바로 만들어냈다는 것인가? 내가 세자를 어찌 가르쳐야 하겠는가? 그가 사제(私第)로 물러가서 거처하겠다는 말도 거짓이니, 실은 나를 두려워함이다."

○ 이효인(李孝仁)이 경도(京都)에서 돌아오니 상이 물었다.

"조극관(趙克寬)·조모(趙慕)가 길에서 무슨 말을 하던가?"

효인(孝仁)이 아뢰어 말했다.

"극관(克寬)이 말하기를 '세자가 비를 무릅쓰고 하루 만에 서울에 들어갔으나, 나의 말은 나아가지 못했고 또 옷이 젖어 미처 연화방

(蓮花坊)에 이르지 못했다'라고 했고, 모(慕)는 말하기를 '세자가 숙빈(淑嬪)의 집에 들어가므로 나와 환관(宦官) 등이 말하기를 "어찌하여 들어갑니까?"라고 했다'고 했습니다."

상이 극관을 꾸짖어 말했다.

"정중수(鄭中守)는 오히려 그 잘못을 알고 들어가는 것을 막았는데, 너희들은 어찌해 마땅함을 들어 만류하지 않았느냐?"

극관이 대답해 말했다.

"세자가 심히 말을 재촉했으나, 신은 말이 약했기 때문에 미처 따라잡지 못했습니다. 연화방(蓮花坊)에 이르니 세자가 이미 한로(漢老)의 집에 찾아 들었다가 도로 나와서 말에 오르고 있었습니다."

명해 극관·조모 등을 보방(保放-보증인을 세우고 석방함)하고 집에서 대죄(待罪)하게 했다.

병인일(丙寅日-17일)에 우봉(牛峯)에 행차해 대둔산(大芚山)에서 사냥하고, 다음날 궁으로 돌아왔다.

○ 형조판서 윤향(尹向)이 평양(平壤)에서 졸(卒)했다.

애초에 향(向)이 (중국에서) 돌아오다가 가산(嘉山)에 이르러 복통(腹痛)을 앓으니, 상이 의원(醫員) 원학(元鶴)과 향의 사위 박종지(朴從智)에게 명해서 역마(驛馬)를 타고 가보게 했다. 부음(訃音)이 들리자 3일 동안 정조(停朝)하고 중관(中官) 홍득경(洪得敬)을 보내 내폐(內幣)를 가지고 가서 호상(護喪)하게 하니, 그 아들 계동(季童-태종의 사위) 때문에 특별히 대우한 것이다.

향은 파평(坡平) 사람으로, 문하평리(門下評理) 승순(承順)의 아들이다. 용의(容儀)가 공손하고 아름다워 젊어서부터 훌륭한 명예가 있었다. 고론(高論)을 좋아해서 일찍부터 화요(華要)의 직(職)을 두루 거쳤으며, 장상(將相)이 되자 시세(時勢)와 더불어 부침(浮沈)했다. 졸할 때 나이가 45세였다. 소도(昭度)라고 시호(諡號)하고, 쌀·콩 50석(石)과 종이 150권을 부의(賻儀)하고 중관(中官)을 보내 치제(致祭)했다.

무진일(戊辰日-19일)에 지진이 있었다.

○ 하성절사(賀聖節使) 김점(金漸)이 북경(北京)에서 돌아왔다. 통사(通事) 김을현(金乙玄)이 아뢰어 말했다.

"황제가 『보살여래가곡(菩薩如來歌曲)』 300본(本)을 내려주었습니다. 예부상서(禮部尙書)가 점의 손을 붙잡고 말하기를 '이 가곡(歌曲)은 여러 나라에 반포(頒布)하지 않았는데, 오로지 너의 조선(朝鮮)이 예의(禮義)의 나라이고 또 전하를 경애(敬愛)하기 때문에 특별히 내려주는 것이다. 이른바 천리(千里)에 아모(鵝毛-가벼운 기러기 깃털)를 보내는 것이니, 물건은 가벼우나 사람의 뜻은 무겁다'라고 했습니다. 태감(太監) 황엄(黃儼)이 아뢰기를 '이 재상(宰相)은 조선 전하(殿下)와 연혼(連婚)한 자이며, 또 권파파(權婆婆)의 족속(族屬)입니다'라고 하니 황제가 특별히 두텁게 위로했고, 권파파 또한 봉천문(奉天門)까지 나와 점을 불러서 보고 말하기를 '황제께서 전하의 성심(誠心)을 참으로 중(重)히 여기고, 황엄도 매번 전하의 지극한 정성을 아뢰었습니다'라고 하고 인하여 여섯 벌의 표리(表裏-겉감과 안감)를 내렸으니 이는 대개 내전(內殿)에서 내준 것입니다."

○ 중관(中官)을 보내 부정윤(副正尹) 이승(李昇)에게 의대(衣襨)·화(靴)·입(笠-갓)을 내려주었으니, 승(昇)이 소경공(昭頃公)의 무덤을 지키기 때문이다.

○ 의금부(義禁府)에 명해 김경재(金敬哉)를 잡아 오게 했다.

상이 말했다.

"세자가 백성의 집에서 살고자 했으나 나는 그 말을 엄폐(掩蔽)하고자 했다. 그러나 서성(徐省)이 이미 들었으니 능히 엄폐할 수 있겠는가? 한로(漢老)가 갇혀서 심문에 대답한 것이 또한 바르지 못했으므로, 내가 그 아들 경재로 하여금 가서 그가 범한 바를 물어보게 한 뒤에 진무(鎭撫) 이효인(李孝仁)을 시켜 한로에게 가르쳐 말하기를 '경재가 가서 전(傳)한 말을 경(卿)은 알고 있는가? 유사(攸司)에서 경을 먼 지방에 유배할 것을 청했으나 내가 죽산(竹山)에 안치(安置)한 것을 경은 알고 있는가? 유사(攸司)에서 경재를 충청도에 유배할 것을 청했으나 내가 조모(祖母)의 집에 두도록 한 것을 경은 알고 있는가?'라고 했다. 한로가 말하기를 '신이 열 번 죽어도 마땅한데, 상의 은혜를 특별히 입어 여기에 이르렀습니다'라고 하니 내가 이를 듣고 그만둬 경재의 공초(供招)는 받지 않았는데, 지금 생각해보니 경재의 공초를 받아서 한로에게 보이는 것이 마땅하다. 사람을 차견(差遣)해서 공초를 받을까, 경재를 잡아 와서 공초를 받을까?"

대언(代言) 원숙(元肅)·하연(河演) 등이 대답해 말했다.

"삼성(三省)에서 알고 있는 일이니, 모름지기 잡아 와서 취초(取招)하소서."

상이 이를 옳게 여겨서 명해 잡아 오게 했으나, 항쇄(項鏁)는 하지 말게 했다.

　　경오일(庚午日·21일)에 종묘(宗廟)와 문소전(文昭殿)에 곡식[粟米]을_{속미} 천신(薦新)했다.

　　○ 좌의정 박은(朴訔), 우의정 한상경(韓尙敬), 청성부원군(淸城府院君) 정탁(鄭擢), 옥천부원군(玉川府院君) 유창(劉敞)에게 약주(藥酒)를 내려주었다.

　　○ 서연(書筵)과 숙위사(宿衛司)를 없앴다.

　　○ 조극관(趙克寬)을 파직하고, 조모(趙慕)[11]는 논하지 말게 했다. 모(慕)는 공신(功臣)의 아들이있기 때문이다.

　　○ 예조에서 분묘(墳墓)의 보수(步數)를 올리며 말씀했다.

　　"영락(永樂) 12년(1414년) 3월에 본조(本曹)에서 수판(受判)[12]하기를 '문무양반(文武兩班) 조부모 분묘의 품(品)에 따른 보수(步數)와 서인(庶人) 부모 분묘의 보수(步數)를 정하되, 주척(周尺)을 써서 한계를 정한다'라고 했습니다. 그러나 수교(受敎-임금의 가르침을 받음)하되 종실(宗室) 묘지 터의 한계는 상정(詳定)하지 않았고, 문무 양반 각 품(品)의 묘지 보수(步數)도 심히 협착(窄狹)합니다. 빌건대 이제부터 종실(宗室) 1품의 묘지는 4면을 각각 100보(步)씩, 2품은 90보씩, 3품

11　조온(趙溫)의 동생 조연(趙涓)의 아들이다.
12　판지(判旨)를 받는 것을 말한다. 몽고가 고려를 지배할 때 교지(敎旨)를 판지(判旨)로 바꾸었으므로, 곧 교지(敎旨)를 받는 것을 말한다.

은 80보씩, 4품은 70보씩으로 하고, 문무 양반의 묘지는 1품은 4면을 90보씩, 2품은 80보씩, 3품 이하는 각각 정한 보수(步數)에다 배(陪)를 더해 한계를 정하고, 아울러 인호(人戶)에서 100보(步) 안에는 안장(安葬)하지 못하도록 하소서."

그것을 따랐다.

○ 형조·대간(臺諫)에서 김한로(金漢老)·황희(黃喜)의 죄를 청했다. 상이 소를 읽어보고 말했다.

"일단은 그냥 머물러 두라. 황희의 죄는 내가 이를 덮어두려고 했으나 한로(漢老)의 죄로 인해서 아울러 논해짐이 이미 지극하니, 다시 청하지 말도록 하라. 희(喜)의 사람됨은, 나를 오랫동안 섬겨서 그가 승선(承宣) 노릇을 했을 때도 나라를 속이지는 않았다. 근년에 이르러 그 자손을 위해 세자에게 아부하고자 해서 물음에 대답하기를 바르게 하지 않았으므로, 친근(親近)한 대신(大臣)도 희의 정직하지 않은 것을 말해 마침내 이 지경에 이르렀다. 그 한로의 죄는 어리석고 비루(卑陋)하기가 심하니, 구종수(具宗秀)의 일이 발각되지 않았을 때 변계량(卞季良)을 증인(證人)으로 삼아서 눈물을 흘리며 갖춰 아뢰기를 '비록 세자가 그 행동하는 바에 지나침이 있다면 감히 아뢰지 않겠습니까?'라고 했다. 이 말은 순량(順良)했으나 그 뒤에 범한 바는 심히 비루했고, 또 바르게 대답하지 않으므로 내가 경재(敬哉)의 초사(招辭)를 받아 한로에게 보이고자 하는 것이다. 경재로 하여금 돌아가서 노모(老母)를 봉양(奉養)하게 하는 것 또한 인정(人情)이지만, 노모(老母)가 나의 노모가 아닌데 내가 어찌 불쌍히 여기겠는가? 경재가 근기(近畿) 지방에 거주하면 숙빈(淑嬪)으로 인해 내왕

(來往)이 없지 않을 것이니 다른 곳에다 안치(安置)하고자 한다. 너희들은 그리 알라."

마침내 최한(崔閑)에게 명해 승정원에 뜻을 전해 말했다.

"마땅히 경재에게는 전날 세자의 말을 받들어 그 아비에게 고한 언사(言辭)와 그 아비가 회답(回答)한 일을 물어서 취초(取招)하고, 마땅히 이효인(李孝仁)에게는 전날 명(命)을 받들고 한로를 선유(宣諭)한 일과 한로가 회답한 사연을 물어서 취초(取招)해 후일의 고찰(考察)에 증거가 되게 하라. 그 경재는 과천(果川)의 조모(祖母) 집으로 도로 나아가도록 허락하되, 출입하지 말도록 하라. 만약 근신하지 않는 바가 있다면 성명(性命)이 가석(可惜)할 것이니, 삼가도록 하라. 한로를 임용(任用)한 지가 오래되고, 또 세자의 처부(妻父)이기 때문에 내가 중한 형벌을 쓰지 않으려고 한다."

즉시 경재에게 뜻을 전해 말하니, 경재가 초사(招辭)해서 말했다.

"이달 12일에 세자가 나에게 공초(供招)해 말하기를 '너의 아비가 이미 알고 있는 일로서, 불가(不可)한 것을 알지 못했다고 질문에 대답했다. 이제 내가 이미 아뢰었으니 숨기지 말고 바른 대로 계문(啓聞)하는 것이 좋을 것이다. 내가 연화동댁(蓮花洞宅)으로 나갔을 때 판서(判書)가 나와 말하기를 "새 여자라면 불가(不可)하나, 어리(於里)는 새 여자가 아니니 전(殿)에 들어가도 방해될 것이 없습니다. 그 전(殿)에 들어가는 일은 어머니와 아내가 출입(出入)할 때 가히 도모할 수 있습니다"라고 했다. 또 지난해 나의 생일날에 나와 어리(於里)가 같이 앉았는데, 판서가 친히 이를 보았다'라고 했습니다. 이 말을 받들고 아버지에게 갖춰 고(告)하니, 아버지가 말하기를 '지난해 생일에

전(殿) 안에 들어갔다가 종전에 알지 못하던 한 여자가 장지[障子]¹³
_{장자}
안에 앉아 있는 것을 보고 가이(加伊)에게 물으니, 가씨(加氏)가 답하
기를 "이것이 그 여자입니다"라고 했다. 그제야 나도 알았다'라고 했
습니다. 나머지 사연(辭緣)은 아버지가 대답하지 않았습니다."

효인이 초사(招辭)해 말했다.

"이달 14일에 교지(敎旨)를 받들고 김한로를 만나서 묻기를 '경재
가 전해서 말한 것을 경은 알고 있는가? 유사(攸司)에서 전라도의 먼
지방에 부처(付處)하기를 청했으나 내가 충청도에 부처하게 했다. 근
관(近官)이 또한 경재를 충청도의 먼 지방에 부처하기를 청했으나 내
가 조모(祖母)와 한곳에 부처하게 했는데, 경은 그것을 알고 있는가?'
라고 하니, 한로가 땅에 엎드려 말하기를 '신은 이미 알고 있습니다.
신의 죄가 열 번 죽어도 마땅한데, 장(杖) 1대도 받지 않고 가까운
곳으로 내려보내진 은혜를 한 마디로 말씀드리기 어렵습니다'라고 하
고 그 참에 눈물을 흘렸습니다."

대언(代言) 등이 이를 갖춰 아뢰었다.

○ 의금부(義禁府)에 명해 서운관(書雲觀) 시일(視日) 이양일(李良
一), 서령(署令) 고중안(高仲安), 전 함흥소윤(咸興少尹) 고약수(高若
水)를 잡아 오게 했다. 서운부정(書雲副正) 김후(金侯)가 화주(和州)
최씨릉(崔氏陵)의 수보(修補)를 잘못했다고 아뢰었기 때문이다.

○ 대마주(對馬州) 두지포(豆地浦)·요리포(要里浦) 도만호(都萬戶)

---

13 방에 칸을 막아 끼우는 제구다. 미닫이와 비슷하나, 운두가 높고 문지방이 낮게 된 문을
말한다.

사문다라(沙文多羅)의 사인(使人)이 예물(禮物)을 바쳤다.

임신일(壬申日-23일)에 크게 비가 내렸다. 경도(京都-한양)의 개천물이 넘쳐 교량(橋梁)이 떠내려갔다.

○ 명해 한경(漢京) 군영(軍營)의 역사를 없앴다. 판서 박신(朴信), 찬성 이원(李原) 등을 불러 말했다.

"군영을 짓는 것은 지금 바야흐로 무더위가 극성하니 일단은 이를 정지하라."

신(信)이 아뢰어 말했다.

"거의 이뤄졌으니, 일을 끝내는 것이 좋겠습니다."

가르쳐 말했다.

"역사에 나온 자들은 어떠한 사람들인가?"

신이 대답해 말했다.

"보충군(補充軍), 군기감 별군(軍器監別軍), 사재감(司宰監) 기인(其人) 등입니다."

뜻을 전했다.

"잠시 민력(民力)을 쉬게 하고 가을까지 기다리라. 인정전(仁政殿)을 고쳐 짓는 것은 어찌 되었느냐? 매번 사신이 올 때를 맞아 그 협소(狹小)함을 한(恨)스러워했으나, 민력(民力)이 피로할까 두려워서 지금까지 고치지 못하고 있다."

원(原)과 신 등이 아뢰어 말했다.

"신 등도 그 협소한 것을 한스러워했습니다. 군영을 지을 때 그 큰 재목(材木)을 골라 비축(備蓄)해둔다면, 민력(民力)을 괴롭히지 않아도 새로 지을 수 있습니다.”

○ 사복시(司僕寺)에 명했다.

“이제부터 세자가 들고날 때는 반드시 나의 명(命)을 기다려서 마침내 안마(鞍馬-안장 갖춘 말)를 바치라.”

(세자) 우빈객(右賓客) 변계량(卞季良)을 불러 가르침을 전해 말했다.

“서연(書筵)의 빈객(賓客) 등은 누구인가?”

대답해 말했다.

“조용(趙庸)·김여지(金汝知)·탁신(卓愼)과 신(臣)입니다.”

상이 말했다.

“이들을 버릴 경우 다시 달리 구할 수가 없다. 중국에서 구한다면 얻을 수 있을지라도 본국에서 구한다면 다시 얻을 수가 없다. 옛날에 그 어미를 사사(賜死)하고도 아들을 태자(太子)로 삼은 경우가 있었는데, 김한로(金漢老)에게 비록 죄가 있더라도 숙빈(淑嬪)이야 무슨 죄가 있느냐? 전(殿)에 도로 들이게 하고 싶다.”

계량(季良)이 말했다.

“부인(婦人)은 남편 집을 내조(內助)하므로 남편을 중하게 여깁니다. 숙빈의 정(情)이야 어찌 세자의 허물을 드러내고자 했겠습니까? 숙빈이 한 짓은 부도(婦道)에 합당하니, 숙빈을 전(殿)에 돌아오게 함은 심히 지당합니다. 한로가 비록 중한 죄를 입었더라도 숙빈에게야 무슨 해로움이 있겠습니까? 신이 일찍이 이 뜻을 가지고 계달하고자 했으나 감히 아뢰지는 못했습니다.”

상이 말했다.

"세자의 말도 그 어세(語勢)를 볼 때 경(卿)의 말과 같았다. 옛날에도 숙위(宿衛)를 많이 설치할 수 없다는 의견이 있었으니, 숙위사(宿衛司)의 속모치(速毛赤-군기감 하급 관리) 등을 혁파하는 것이 어떠하겠는가?"

계량이 말했다.

"상의 가르침이 옳습니다. 숙위사 속모치는 세자에게 무익(無益)하니, 이를 혁파했다가 스스로 새사람이 되기를 기다려서 다시 세워도 괜찮을 것입니다. 다만 오래도록 서연(書筵)을 파하는 것은 불가(不可)하니, 세자에게 허물이 있다면 더욱 강경(講經)에 부지런해야 합니다. 청컨대 속히 다시 설치하소서."

상이 말했다.

"내 마땅히 다시 설치하겠다. 그 요속(僚屬)을 정밀히 선택(選擇)해서, 조극관(趙克寬)·조모(趙慕) 같은 자를 차하(差下)하지 말라. 효우(孝友)와 온인(溫仁)을 가르치는 것이 좋겠다. 세자가 병조의 관원(官員)이 전교(傳敎)하는 날을 맞아 성언(聲言)하기를 '백성의 집에 거처하고자 한다' 했으니, 그 불공(不恭)함이 이와 같다. 내가 이 말을 듣고 입에서 족히 책할 말이 나오지는 못했으나 경으로 하여금 가서 그 허물을 말하게 하고자 하는데, 경이 경숙(經宿)[14]하면서 수고스럽게 가야 할 것을 염려해 7월 이후로 연기해 보내겠다. 지금은 최한(崔閑)으로 하여금 한경(漢京)에 가서 숙빈을 전(殿)에 돌아오게 하겠으나, 그 본가(本家)의 노비는 1구(口)도 전에 들어가는 것을 허락하

---

14 대궐 밖 다른 곳에서 밤을 지내는 것을 말한다.

지 않을 것이니 경은 그리 알라."

계량이 대답해 말했다.

"세자가 백성의 집에 거처하고 싶다는 것이 어찌 다른 마음이 있어서겠습니까? 세자가 이미 사리를 알기 때문에 자신이 하늘을 속이고 종묘(宗廟)를 속이고 아버지를 속이고 임금을 속인 것을 두려워해서, 스스로 원망하고 스스로 꾸짖다가 이러한 말을 발(發)했을 것입니다. 세자가 어리(於里)에 대해 끔찍이 사랑하다가 질고(疾苦)를 이루었다면 염려하지 않을 수 없지만, 그렇지 않다면 먼 지방에 내쳐서 비밀히 통(通)하는 일이 없도록 해야 할 것입니다. 지난번에 이와 같이 했다면 분명 이러한 일은 없었을 것입니다."

상이 말했다.

"삼성(三省)에서 한로의 죄를 청(請)했지만 내가 마땅히 법대로 처치하지 않았다. 그러나 세자로 하여금 절연(絶緣)해 어버이로 삼지 않도록 하고자 한다."

계량이 아뢰어 말했다.

"비록 지친(至親)이라도 큰 죄를 지으면 절연해서 어버이로 삼지 않는 것이 예(例)인데, 하물며 외척 장인이겠습니까?"

상이 말했다.

"경의 말이 옳다. 나도 마땅히 처치하겠다."

최한을 한경(漢京)으로 보내 숙빈을 본전(本殿)에 도로 들어가게 하고, 또 명해 서연(書筵)을 다시 열게 했다. 한(閑)이 (한경에) 이르러 빈객(賓客) 조용(趙庸)·탁신(卓愼) 등에게 뜻을 전해 말했다.

"이미 지나간 일이라 허물하지 않겠으니[既往不咎]¹⁵, 비록 후회하
더라도 미칠 수가 있겠는가? 세자로 하여금 속히 전날의 허물을 고
쳐서 스스로 새사람이 되는 단서(端緖)를 속히 나에게 들리도록 하
라."

용(庸) 등이 서연(書筵)에 나아가 강(講)하기를 청하자 세자가 발
의 종기를 갖고 사양했다. 굳게 청했으나 또 사양했다. 다시 청해 말
했다.

"비록 편찮으시더라도 잠깐 서연청(書筵廳)에 나와서 저희[某等]의
말을 들으소서."

역시 병을 들어 사양했다. 용과 신(愼)과 서연관(書筵官)과 대간(臺
諫)에서 사연을 같이해서[同辭] 굳게 청하기를 두 번 세 번에 이르렀
으나, 오히려 나오지 않았다. 용 등이 또 청해 말했다.

"저희에게 교지(敎旨)가 있었으니, 편복(便服) 차림으로 서연청에
나오소서."

상의 가르침을 가지고 고(告)했으나 끝내 몸이 아프다고 하며 사양
하니, 사람들이 모두 실망했다[缺望]. 뒤에 며칠 만에 내관(內官) 김
순(金淳)이 서연관에게 말했다.

"세자께서 복통(腹痛)으로 능히 청강(聽講)하지 못합니다."

빈객과 서연관·대간(臺諫)에서 사연을 같이해 굳이 청했으나 몸이
아프다고 사양했다. 용이 눈물을 흘리며 말했다.

"내가 빈객의 자리에 있은 지 이미 여러 해인데도 보도(補導)한 공

---

15 『논어(論語)』 「팔일(八佾)」편에 나오는 공자의 말이다.

효가 없으니, 통분(痛憤)하고 통분합니다. 청컨대 잠깐 나와서 상의 가르침을 들으소서. 만약 저희를 상접하지 않겠다면 저하(邸下)의 뉘우치는 마음이 나타나지 않는 것이니, 상의 뜻을 움직일까 두렵습니다."

세자가 끝내 병을 이유로 사양했다.

○ 명해 윤림(尹臨) 등 25인에게 직첩(職牒)을 도로 주었는데, 최순(崔洵)·이감(李敢)·유선(柳善)·이초(李椒)·김희(金熙)·송기(宋箕)·정곤(鄭坤)·홍도(洪陶)·허항(許恒)·박융(朴融)·송명산(宋命山)·진중성(陳仲誠)·양수(楊脩)·안지(安止)·정지담(鄭之澹)·장윤화(張允和)·유빈(柳濱)·박안신(朴安臣)·권조(權照)·권완(權緩)·조진(趙瑨)·권수기(權守紀)·조원(趙源)·권상온(權尙溫)이다.

○ 김정준(金廷雋)을 함길도 도관찰사(咸吉道都觀察使)로 삼았다.

이관(李灌, 1372~1418년)[16]이 장차 떠나려 하자 상이 어미의 나이를 물으니, 관(灌)이 아뢰어 말했다.

"83세입니다."

상이 말했다.

---

16 1393년(태조 2년) 문과에 급제하고 1401년(태종 1년) 지양주사(知襄州事)가 됐다. 1408년 종부시령(宗簿寺令)으로 충청도경차관(忠淸道敬差官)으로 나가서 도망간 군인들을 추쇄(推刷)했다. 이어 사헌부집의(司憲府執義)·대언(代言)을 지내고 1413년 지신사(知申事)를 지냈으나, 이듬해 파직되고 의금부에서 국문을 당했다. 1417년 경기도관찰사를 지냈으나 이듬해 도량형을 바르게 하는 것을 규찰하지 않았다 해서 또 파직됐다. 이때 함길도 도관찰사를 거쳐 이조참판이 됐으나, 같은 해 말 강상인(姜尙仁)의 옥사에 연루돼 처형됐다.

"어미의 나이가 늙었는데, 어찌해서 말하지 않고 떠나는가?"

관이 말했다.

"감히 아뢰지 못했습니다."

명해 정준으로 하여금 그것을 대신하게 했다.

○ 사헌부에서 소(疏)를 올려 말했다.

'강원도 도관찰사 남금(南琴)은 성질과 행동이 잔혹(殘酷)하고 김 정준(金廷雋)은 소행이 거칠고 음란하니, 모두 감사(監司)의 직임에 합당하지 않습니다. 청컨대 순량(循良-순리를 따르고 선량함)한 사람으로 대신하소서.'

들어주지 않았다.

○ (함길도) 화주목사(和州牧使) 박윤충(朴允忠)을 의금부(義禁府)에 가두고 고중안(高仲安)·이양일(李良一)과 더불어 빙문(憑問)하게 했다.

정유년(丁酉年-1417년)에 순심사(巡審使)[17]가 와서 아뢰어 말했다.

"함길도(咸吉道-함경도)의 8릉(八陵)[18]은 세월이 오래돼 허물어졌으니 속히 수치(修治-수리)하는 것이 마땅합니다."

즉시 서운관(書雲觀)에 내려 길신(吉辰)을 점치게 하니, 함주(咸州)의 의릉(義陵)·이씨릉(李氏陵)·덕릉(德陵)과 화주(和州)의 최씨릉(崔

---

17 지방의 중요한 일을 심의 결정할 때 중앙에서 파견하는 임시관원을 말한다. 주로 성터를 정하는 일, 읍(邑)을 옮기는 일, 농사의 흉풍을 가려 세금을 매기는 등의 일을 맡아보았다.

18 환조(桓祖)의 정릉(定陵), 환조의 비(妃) 의비(懿妃)의 화릉(和陵), 도조(度祖)의 의릉(義陵), 도조의 비 경비(敬妃)의 순릉(純陵), 익조(翼祖)의 지릉(智陵), 익조의 비 정비(貞妃)의 숙릉(淑陵), 목조(穆祖)의 덕릉(德陵), 목조의 비 효비(孝妃)의 안릉(安陵)을 말한다.

氏陵)을 수치(修治)하는 것은 오는 무술년(戊戌年-1418년)이 길신이었다.

이때에 이르러 서운관(書雲觀)에 명해 의릉은 고중안이, 이씨릉(李氏陵)은 이양일이, 덕릉(德陵)은 김후(金候)가 맡게 하고, 함길도 관찰사(咸吉道觀察使) 유사눌(柳思訥)이 화주(和州)에 있는 최씨릉(崔氏陵)의 수치(修治)를 목사(牧使) 박윤충에게 맡기고 또 윤충을 4릉 도차사원(四陵都差使員)으로 삼았다. 얼마 후에 사눌(思訥)이, 윤충이 능히 겸해 판비(辦備)하지 못할까 두려워서 지고원군사(知高原郡事-고원군 지사) 박질(朴質)로 하여금 최씨릉(崔氏陵)을 수치하게 했으나 차첩(差牒-사령장)에 화주(和州)라고 쓰지 않았기에, 질(質)은 고원(高原)의 최씨릉(崔氏陵)을 이르는 것이라 생각하고서 길일(吉日)에 이르러 이를 수치했다. 사눌이 그 잘못된 것을 알고 죄를 얻을까 두려워서 양일·중안 등과 더불어 몰래 모의해 그 잘못된 것을 아뢰지 않았다. 김후가 사눌과 어떤 일로 인해 틈이 있었으므로, 후가 일을 몽폐(夢蔽)한 사유를 갖춰 써서 아뢰니 즉시 의금부에 내려 이를 추핵(推覈)했다. 승정원(承政院)에서 아뢰어 말했다.

"윤충이 서울에 이르러 물음에 대답할 때, 앞서는 말하기를 '사토(莎土)로 담장을 덮었다'라고 하고 뒤에는 말하기를 '기와로 담장을 덮었다'라고 하니 그 말이 곧지 못합니다[不直]."
부직

또 아뢰어 말했다.

"박질이 감사의 문자(文字)를 살피지 아니하고 마음대로 스스로 보수(補修)하고는 감사가 이문(移文)한 착오(錯誤)를 숨겼습니다. 청컨대 의금부로 하여금 국문(鞫問)하게 하소서."

그것을 따랐다.

○ 내섬소윤(內贍少尹) 김흥복(金興福)을 파직(罷職)했다. 흥복(興福)과 아우 신복(申福)이 망령되게 재종형(再從兄)이 물고(物故-사망)했다고 말미[暇-휴가]를 청했으므로 헌사(憲司)에서 죄를 청했으나, 공신(功臣)의 아들이라 해서 그 직(職)만을 파했다.

○ 명해 내자시 판사(內資寺判事) 안종약(安從約), 주부(注簿) 이숙복(李叔福), 직장(直長) 허비(許扉)를 의금부에 가두었으니, 태조(太祖)의 기신제(忌晨祭) 전물(奠物)을 정밀하게 하지 못했기 때문이다. 종약(從約)·숙복(叔福)은 파직하고, 비(扉)는 율(律)에 의거해 과죄(科罪-처벌)했다.

을해일(乙亥日-26일)에 큰바람이 불고 비가 내렸다. 물이 성안에 넘쳐 냇가의 집 가운데 표몰(漂沒-떠내려감)한 것이 수십 채였는데, 모두 가산(家産)을 유실(流失)했다. 또 정인사(靜因寺) 뒷산이 무너져 절을 덮쳐서 승도(僧徒) 중에 죽은 자가 5명이었다.

○ 표범이 한경(漢京)의 개천(開川)에 들어오니, 저자 사람들이 모여 이를 잡아서 병조에 바쳤다.

○ 판광주목사(判廣州牧事-광주목 판사) 우희열(禹希烈)이 수령(守令) 중에서 제언(堤堰)을 수리하지 않은 죄를 아뢰니, 상이 말했다.

"희열(希烈)의 일은 자기 몸을 위한 것이 아니라 온전히 국가를 위한 것이니, 그 마음이 충성스럽다. 비록 말이 실상에 맞지 않는다[不中] 하더라도 허물할 필요는 없다. 각 고을의 수령과 대소 원인(大小員人-높고 낮은 관리)이 모두 이를 싫어해서 비방하는데, 만약 그 이해(利害)를 살피지 않고 비방한다면 엄하게 징계해서 뒷사람에게 보이는 것이 좋겠다. 이는 삼성(三省)의 임무다."

○ 준원전(濬源殿)과 여러 산릉(山陵)의 제사에 사기(砂器)를 쓰라고 명했으니, 함길도 도관찰사(咸吉道都觀察使)의 청을 따른 것이다.

○ (일본) 일기 상만호(一岐上萬戶) 도영(道永)의 사인(使人)이 예물(禮物)을 바치고 본국(本國-조선)의 도망한 백성을 풀어서 돌려보냈다.

병자일(丙子日-27일)에 큰비로 물이 넘쳐서 큰 저자가 내로 되니, 사람들이 다닐 수가 없었다. 승정원(承政院)에 뜻을 전해 말했다.

"내가 밤새도록 잠을 이루지 못했다. 이번 물은 갑신년(甲申年-1404년)과 비교해 어떠한가?"

이명덕(李明德) 등이 아뢰어 말했다.

"이번 물은 갑신년에 미치지 못하며, 더군다나 갑신년은 7월에 곡식이 익을 때 당했는데 이번 물은 묘종(苗種)을 세울 때 당했으므로 그 해가 또한 심하지 않았습니다."

상이 말했다.

"갑신년의 홍수는 바로 7월에 있었는데, 지금 5월을 당해 이와 같다. 뒤에 무슨 일이 있을지 알지 못하니, 이것이 염려스럽지 않을 수 없다. 지호조대언(知戶曹代言)은 절용(節用)하는 데 염려하고, 지공조대언(知工曹代言)은 공역(工役)을 정지하라. 인정전(仁政殿)이 좁아서 새로 짓고자 했으나, 이 전(殿)을 고치지 아니한 지 지금 이미 10여 년인데 어찌 반드시 고쳐 짓겠느냐?"

명덕(明德)이 아뢰어 말했다.

"이번 물은 신의 마음에는 그리 심하지 않다고 여기나, 전하께서 재이(災異)를 만나 두려워하고 그 후환(後患)을 염려하심은 옳습니다."

상이 말했다.

"내가 환(患)을 염려하지 않아도 신하들은 마땅히 염려해야 하며, 내가 비록 염려하지 않더라도 아들이 뛰어나면 마땅히 염려해야 한다. 지금 나의 아들이 뛰어나지 못한 까닭에 내가 이러한 근심이 있는 것이다. 이 뜻을 정부(政府)와 육조(六曹)에 갖춰 유시(諭示)하라."

명덕 등이 재집(宰執)에게 선전(宣傳-널리 선함)했다. 병조판서 박신(朴信), 찬성 이원(李原) 등이 말했다.

"이번 물은 그리 심하지 않습니다. 근년 이래로 여러 번 가뭄 기운이 있어서 그때마다 기우제(祈雨祭)를 지냈는데, 금년에는 기우제를 지내지 않고도 비가 왔기 때문에 혹시 해가 많았는가 합니다. 인정전(仁政殿)을 고쳐 짓지 않는 것과 절용(節用)하는 따위의 일은 각 도에서 치보(馳報)하기를 기다려 물로 인해 손해를 입은 상황을 알아본 뒤에 정하소서."

김효손(金孝孫)이 홀로 말했다.

"이번 물은 곧 재이(災異)인데, 어찌 상사(常事)로 여기겠습니까?"

상이 대언(代言) 등에게 물어 말했다.

"이번 양경(兩京)의 비용(費用)을 조달하는 데 전의 수량보다 더한 것이 얼마나 되는가?"

명덕 등이 아뢰어 말했다.

"공사(公私)의 상용(常用)은 전과 다름이 없으나, 다만 왕래하고 전수(轉輸)하는 폐단이 있을 뿐입니다."

상이 말했다.

"그렇지 않다. 고쳐서 마감(磨勘)해 아뢰어라."

○ 명해 이양일(李良一)·고중안(高仲安)·고약수(高若水)·박윤충(朴允忠)을 보방(保放)했다.

정축일(丁丑日·28일)에 환도(還都)를 토의했다. 의정부(議政府)·육조(六曹)·대간(臺諫)을 명소(命召)[19]해서 조말생(趙末生) 등에게 뜻을 전해 말했다.

"내가 이곳에 온 것은 단지 액(厄)을 피(避)하려는 것이 아니라 성녕(誠寧)이 졸(卒)한 뒤로부터 마음이 평안하지 않은 바가 있었기 때문이다. 어제 수재(水災)가 있으니 더욱 두렵다. 대소 신민(大小臣民)이 양경(兩京)에 나눠 있으니 어찌 비용을 낭비하는 폐단이 없겠으며, 처자(妻子)가 나눠 떨어져 있으니 어찌 원망하는 탄식이 없겠느냐? 점치는 자가 이르기를 '10월에 작은 액(厄)이 있습니다'라고 하나, 어찌 다 믿을 수 있겠느냐? 7월부터 10월을 넘기지 않겠으니, 환도(還都)할 시기를 토의해서 정하라."

정부·육조(六曹)·대간(臺諫)에서 혹은 8월이라 이르고 혹은 9월이

---

19 임금이 비밀리에 의정대신(議政大臣)이나 육조(六調)·대간(臺諫) 등을 대궐로 부르는 일을 말한다.

라 이르고 혹은 10월이라 일러 의견이 통일되지 않았으나, 10월이라 이르는 자가 가장 많았다. 박은(朴訔)이 말했다.

"예로부터 우리나라에서는 무년(戊年)이면 평안하지를 못했습니다. 조용하게 지켜 길일(吉日)을 기다리는 것만 같지 못하니, 입춘(立春) 뒤에 환경(還京)하는 것이 좋겠습니다."

가르쳐 말했다.

"좌의정의 말이 옳다. 그러나 10월로써 정하겠다."

○ 황희(黃喜)를 (전라도) 남원부(南原府)에 옮겨 안치(安置)했다.

형조와 대간(臺諫)에서 소를 올려 말했다.

'충(忠)과 직(直-곧음)은 남의 신하 된 자의 큰 절개이니, 남의 신하가 돼 충직(忠直)한 마음이 없는 자는 하루라도 천지(天地) 사이에 구차스럽게 용납할[苟容] 수가 없습니다. 희(喜)가 다행히 상의 은혜를 받아 지위가 재보(宰輔)에 이르렀으니, 진실로 마음을 다해 상의 은혜에 만에 하나라도 보답하기를 생각해야 마땅합니다. (그러나) 난적(亂賊) 구종수(具宗秀)는 대저 사람들이 함께 주멸(誅滅)해야 할 바인데도 희는 가볍게 논해 상달(上達)했고 또 상께서 친문(親問)할 때를 당해 바른 대로 대답하지 않았으니, 그에게 충직(忠直)한 마음이 없다는 것을 단연코[斷] 알 수가 있습니다. 전하께서 특별히 차마 죄주지 못하는 마음으로 다만 직첩(職牒)만 거두고 폐(廢)해서 서인(庶人)으로 만드니, 그 악을 징계하고 선을 권하는 의리에 있어서 어찌 되겠습니까? 엎드려 바라건대 전하께서는 희의 불충(不忠)하고 곧지 못한[不直] 죄를, 명해 유사(攸司)에 내려 안율(按律)해 시행하소서.'

그래서 이런 명이 있었다. 이어서 사헌 감찰(司憲監察) 오치선(吳致善)을 보내 희에게 선지(宣旨)해 말했다.

"나는 네가 전일에 근신(近臣)이므로 친애(親愛)하던 정(情)을 써서 가까운 땅 교하(交河)에 내쳐 안치(安置)했는데, 이제 대간(臺諫)에서 말하기를 그치지 않으니 남원(南原)으로 옮긴다. 그러나 사람을 보내 압령(押領)해서 가지는 않을 것이니, 노모(老母)를 모시고 스스로 돌아가는 것이 좋겠다."

치선(致善)은 희의 누이의 아들이다.

○ 김한로(金漢老)를 나주(羅州)에 옮겨 안치(安置)했다.

형조와 대간(臺諫)에서 교장(交章)해 말씀을 올렸다.

'저부(儲副-세자)는 나라의 근본[國本]이므로 바르게 기르고 사악(邪惡)한 데 들이지 않게 해야 마땅합니다. 한로(漢老)는 이를 잘 알면서도 아첨하는 짓을 하기를 일삼아 누(累)가 세자에게 미쳤으니, 이는 종사(宗社)에 용서받지 못할 죄요 신 등이 함께 가슴을 치는 바입니다. (그러나) 전하께서 특별히 너그러운 은전(恩典)을 베풀어 다만 직첩(職牒)만 거두고 가까운 땅에 그대로 머물러 두시니 신 등은 깊이 유감(有憾)입니다. 엎드려 바라건대, 전하께서는 한결같이 의금부(義禁府)가 조율(照律)한 것에 의거해서 그 죄를 밝게 바로잡으소서.'

명해 한로 부자를 나주(羅州)에 옮겨 안치(安置)했다.

○ 빈객(賓客) 조용(趙庸)·탁신(卓愼)이 세자에게 문안(問安)하니 세자가 말했다.

"예전의 병이 아직 낫지 않았다."

용(庸) 등이 환자(宦者) 윤덕인(尹德仁)에게 일러 말했다.

"저하(邸下)에게 고(告)하기를 '사람을 보내 행재소(行在所)에 문안하라'라고 하라."

말이 끝나지도 않았는데 환자(宦者) 김순(金淳)이 나와서 말했다.

"세자께서 말씀하시기를 '근래에 오랫동안 문안을 하지 못했으니, 사람을 보내는 것이 어떠한가?'라고 하셨습니다."

용 등이 대답해 말했다.

"바로 저희의 소망과 부합합니다. 그러나 행재소에 문안하면 상께서 반드시 저하(邸下)의 안부를 물을 것인데, 여러 날 편찮았다고 대답하면 상의 마음을 상하게 할까 두렵습니다. 만약 다른 병이 아니고 과연 복통(腹痛)이라면 약(藥)을 복용하고 조리(調理)해서 서연(書筵)에 나와 강(講)을 들음으로써 편찮다는 말이 상총(上聰-임금의 귀)에까지 들리지 않게 하소서."

두 번 세 번 청했으나 굳게 병을 핑계로 사양했다. 용 등이 다시 고(告)해 말했다.

"편찮으시다고 사양하고 약(藥)을 들지 않으신다면 마음의 병이 있는가 합니다."

세자가 말했다.

"상에게 죄를 지었으니 감히 어찌 마음이 평안하겠느냐?"

용 등이 말했다.

"마음의 병을 다스리는 약은 의원도 능히 할 수 없는 것이니, 바라건대 이미 지나간 것을 뉘우치고 개과천선(改過遷善)해서 새사람이 되어 상의 마음을 위로하소서. (마음의) 병을 다스리는 데는 충효(忠孝)를 함께 온전하게 하는 것보다 절실한 것이 없습니다."

세자가 말했다.

"빈객(賓客)이 항상 경계와 근신으로써 나를 가르치나, 나는 사부(師傅)의 가르침을 저버리고 마침내 이 지경에 이르렀다. 그러나 몸이 편찮아 능히 접견(接見)할 수가 없다."

끝내 빈객의 말을 듣지 않았다. 윤덕인이 외부에 선언(宣言)해 말했다.

"저하께서 전(殿)에 돌아온 이래로 즐겨 수라를 들지 않으시고 지게문을 닫고 나오지 않으시니, 그 근심과 분(憤)이 병을 이룰까 두렵습니다."

○ 세자 이사(貳師) 유창(劉敞), 좌빈객(左賓客) 김여지(金汝知), 우빈객(右賓客) 변계량(卞季良)이 아뢰어 말했다.

"김한로(金漢老)는 세자의 장인이면서도 (세자를) 불의(不義)로 이끌었습니다. 바라건대 세자로 하여금 절연(絶緣)해 어버이로 삼지 않게 하소서."

상이 곧바로 형조에 뜻을 내려 말했다.

"세자는 국군(國君)의 저부(儲副)이므로 미리 기르고 평소에 가르치기를 삼가지 않을 수 없다. 간신(奸臣) 구종수(具宗秀) 등이 간사한 소인배와 교결(交結)해 불의(不義)한 짓으로 유혹했으나, 다행히 천지(天地)·종사(宗社)의 도움에 힘입어 일이 발각돼 복주(伏誅)됐다. 그때 세자가 종묘(宗廟)에 고(告)해서 상서(上書)하기를, 허물을 뉘우쳐 새사람이 되겠다고 했다. (그런데) 생각지도 않게 김한로가 세자의 장인으로서 일찍이 이처럼 징계하지 않고, 도리어 간흉(奸譎)한 흉계를 내어 몰래 여색(女色)을 바침으로써 저부(儲副)를 그르치고 종사(宗社)에 죄를 지었다. 정부와 훈신(勳臣)과 육조(六曹)와 대간(臺諫)에서 합사(合辭)해 죄를 청해서 법대로 처치하고자 하나, 나는 오히려 차마 죄주지 못해 우선 외방에 내쳤다. 지금 또 서연관(書筵官)이 고사(故事)를 이끌어서 세자로 하여금 절연해 어버이로 삼지 않게 하기를 청하니, 그 의견이 진실로 합당하다. 세자로 하여금 한로와 절연해 어버이로 삼지 않게 함으로써 미혹(迷惑)하고 오도(誤導)하는 근원을 끊어버리고 중외(中外)에 고(告)하면 종사(宗社)에 다행이겠다."

○ 한경(漢京)과 개성유후사(開城留後司)에서 공처(公處)를 영선(營繕)하는 것을 금했다.

○ 쌀과 포(布)를 가지고 제주(濟州)의 금은(金銀)과 바꾸게 했다. 공조에서 제주의 인가(人家)에 금은기(金銀器)를 많이 비축(備蓄)하고 있다고 아뢰었기 때문에 이러한 명이 있었다.

○ 준원전(濬源殿)과 여러 산릉(山陵)의 제사에 사기(砂器)를 쓰라고 명했으니, 함길도 도관찰사(咸吉道都觀察使)의 청을 따른 것이다.

○ 관음굴(觀音堀)을 조계종(曹溪宗)에 붙이고[屬]^속, 승정원(承政院)에 명해 말했다.

"유능한 간사승(幹事僧-일을 주간하는 승려)을 골라 연복사(演福寺)를 수리하도록 하라."

기묘일(己卯日-30일)에 세자가 내관(內官) 박지생(朴枝生)을 보내 친히 지은 수서(手書-손수 쓴 글)를 올렸다. 글은 이러했다.

'전하(殿下)의 시녀(侍女)들은 다 궁중(宮中)에 들이는데, 어찌 다 중하게 생각해서 받아들이신 것이겠습니까? 가이(加伊)를 내보내고자 하시나, 그가 살아가기가 어려울 것을 불쌍히 여기고 또 바깥에 내보내 사람들과 서로 통하게 하면 성예(聲譽-명예)가 아름답지 못할 것이므로, 이 때문에 내보내지 않았습니다. 지금에 이르러 신(臣)의 여러 첩(妾)을 내보냄으로써 곡성(哭聲)이 사방에 이르고 원망이 나라 안에 가득한데, 어찌 스스로에게서 반성해 구하지 않으십니까? 책선(責善)[20]한다면 이별해야 하고, 이별한다면 상(祥)스럽지 못함이 너무나 클 것입니다. 신은 이와 같은 일이 없었던 까닭으로 악기(樂器)의 줄을 끊는 행동을 차마 할 수가 없었고, 장래 성색(聲色)을 마음대로 할 계책을 오로지 뜻에 따르고 정(情)에 맡겨서 지금에 이르렀습니다.

한(漢)나라 고조(高祖)가 산동(山東)에 머물 때 재물을 탐내고 색(色)을 좋아했으나 마침내 천하(天下)를 평정했고, 진왕(晉王) 광(廣)이 비록 뛰어나다고 칭송받았으나 그가 즉위함에 이르러서는 몸이 위태롭고 나라가 망했습니다. 전하께서는 어찌 신이 끝내 크게 효도하리라는 것을 알지 못하십니까? 이 첩(妾) 하나를 금하다가는 잃는 것이 많을 것이요 얻는 것이 적을 것입니다. 어찌하여 잃는 것이 많다고 하느냐 하면, 능히 천만세(千萬世) 자손(子孫)의 첩(妾)을 금지할 수 없으니 이것이 잃는 것이 많다는 것이요, 첩(妾) 하나를 내보내는 것이니 얻는 것이 적다는 것입니다.

---

20 부모나 친구가 착해지라고 꾸짖는 것을 말한다.

왕자(王者)는 사(私)가 없어야 하는데, 신효창(申孝昌)은 태조(太祖)를 불의(不義)에 빠뜨렸으니 죄가 무거운데 이를 용서했고, 김한로(金漢老)는 오로지 신의 마음을 기쁘게 하기를 일삼았을 뿐인데 포의지교(布衣之交-벼슬하지 않을 때의 사귐)를 잊고 버려서 폭로(暴露)하시니 공신(功臣)들이 이로부터 위험해질 것입니다. 숙빈(淑嬪)이 아이를 가졌는데 죽(粥)도 일절 마시지 아니하니, 하루아침에 변고(變故)라도 생긴다면 보통 일이 아닙니다. 바라건대 이제부터 스스로 새사람이 되어 일호(一毫)라도 임금의 마음을 동요시키지 않을 것입니다.'

상이 이를 읽어보고 육대언(六代言)과 변계량(卞季良)에게 내보이며 말했다.

"이 말은 모두 나를 욕하는 것으로서 이른바 '당신께서는 바름에 입각해서 행하지 않으시는가[夫子未出於正]'[21] 하는 말이니, 내가 만약 (스스로) 부끄러움이 있다면 어찌 감히 이 글을 너희들에게 보이겠느냐? 모두 망령된 일을 가지고 말을 하니 내가 변명(辯明)하고자 한다."

변계량으로 하여금 답서(答書)를 짓게 하니, 아뢰어 말했다.

---

21 『맹자(孟子)』「이루상(離婁上)」에 나오는 말이다. "공손추(公孫丑)가 물었다. '군자가 자식을 (직접) 가르치지 않는 것은 어떤 이유에서입니까?' 맹자가 말했다. '형세상으로 그렇게 해서는 안 되기 때문이다. 가르친다는 것은 반드시 바름으로 행해야 한다. 그런데 바름으로 가르치는데도 (자식이 그 가르침을) 행하지 못하면 (부모는) 이어서 화를 내게 되고, (이처럼 부모가) 이어서 화를 내게 되면 도리어 (자식의 감정을) 상하게 된다. (자식이 생각하기를) "당신께서는 바름으로 저를 가르치면서 정작 당신께서는 바름에 입각해 행하지 않으시는가"라고 한다면 이는 아버지와 자식이 서로 (감정을) 상하게 하는 것이다. 아버지와 자식이 서로 (감정을) 상하면 그것은 나쁜 것이다. 옛날에 (군자들은) 자식을 서로 바꿔서 가르쳤다. 아버지와 자식 사이에는 선한 쪽으로 이끌기 위해 나무라지 않는다. 그런 식으로 나무라다 보면 서로 멀어지게 되고 서로 멀어지게 되면 이보다 좋지 못한 일도 없다.'"

"이 일은 모두 망령된 것인데 어찌 족히 답(答)해줄 것이 있겠습니까? 다만 대신(大臣)으로 하여금 의(義-마땅함)를 들어 꾸짖는 것이 좋겠습니다."

상이 말했다.

"옳다. 세자는 내가 그에게 선(善)하라고 꾸짖는 말을 싫어한다. 옛날에 아들을 바꿔서 가르쳤으니, 금후로는 대신이 이를 가르치고 나는 관대(寬大)할 것이다. 내가 옛날에 내풍류(內風流)²²를 들였는데, 다만 내 몸이 한가로운 데 나아가기 위함이 아니라 태조(太祖)의 오락을 위함이었던 것을 지신사(知申事)가 알고 있는 바다. 형세상 장차 가르치기가 어렵겠으니, 이를 어떻게 처리할까?"

조말생(趙末生) 등 5인이 모두 어리(於里)의 목을 베어 그 유혹을 근절하고자 청했으나, 변계량·김효손(金孝孫)이 이렇게 말했다.

"도리어 어둡고 고집이 세기가 이미 심해 형세상 즉시 중지시키기가 어렵겠으니, 일단은 그 여자를 돌려주소서."

상이 말했다.

"육대언(六代言)의 말과 같이 한다면 그의 원망과 혐의를 가히 두려워하지 않을 수 있겠는가? 내가 장차 사람을 보내 이를 꾸짖겠다."

명해 박지생의 공초(供招)를 받게 하니, 그 공초에서 이렇게 말했다.

"세자가 금후로 만약 계문(啓聞)할 일이 있을 것 같으면 반드시 먼저 보내 계문해서 상이 허락한 뒤에 대궐에 이르러 직달(直達)하고,

---

22 궁내(宮內)에서 노래와 춤을 맡아보는 창기(娼妓)를 말한다.

식(式)에 의거해서 일 이외에 입전(入傳)하거나 상서(上書)하지는 못하게 하겠습니다. 이와 같은 뜻을 윤덕인(尹德仁)과 전내(殿內) 내관(內官)에게 전(傳)해 설명해서 시행하소서. 그러지 못한다면 크게 징계해서 뒷사람에게 감계(鑑戒)가 되게 하고, 만약 모반(謀叛)과 시사(時事)는 이 한계에 두지 마소서."

지생에게 명해 세자에게 전해 유시(諭示)했는데, 그 내용은 이러했다.

"일전에 내가 너에게 한로가 여자를 바친 일을 말하면서 또 이르기를 '이 말이 만약 나간다면 국가에서 반드시 죽이고자 할 것이다'라고 했고, 한로 또한 말하기를 '신의 죄는 열 번 죽어 마땅합니다'라고 했건만, 너는 어찌 한로가 죄가 없다고 생각하는가? 신효창이 왕명(王命)을 받고 태조(太祖)를 수종(隨從)했던 까닭에 유사(有司)가 비록 청(請)하더라도 내 마음에는 옳지 않다고 생각해 윤허(允許)하지 않았는데, 너는 어찌 효창의 죄가 무겁다고 생각하느냐? 숙빈(淑嬪)이 아이를 가졌기 때문에 죄인의 딸이라고 혐의하지 아니하고 전(殿)에 돌아오게 했는데, 비록 죽더라도 내가 어찌 아까워하겠느냐? 네가 어찌 죽(粥)을 먹지 않아 변고(變故)가 있으면 보통 일이 아니라고 한 것은 아마도 내 마음을 동요시키려는 것이냐? 사부(師傅)·빈객(賓客)이 한로와 절연(絶緣)해 어버이로 삼지 않기를 청했기 때문에 절연하고 나주(羅州)로 부처(付處)했다. 만약 다시 청함이 있게 되면 그의 죽음이 반드시 있을 것이다."

지생이 즉시 경도(京都-한양)로 돌아갔다.

세자의 사람됨이 광포(狂暴)하고 미혹(迷惑)하고 음란하고 오락을 즐기며 말을 달리기를 좋아해서, 유생(儒生)을 좋아하지 아니하고 학문(學問)을 일삼지 않았다. 매번 서연(書筵)에는 병이라 칭하고 나오지 않다가, 서연관(書筵官)이 두세 번씩 청한 뒤에야 혹은 나왔다. 강론(講論)하는 스승이 앞에 있으면서 전에 한 말과 지나간 행동을 이끌어다가 되풀이해서 타일러도, 전심(專心)으로 이를 듣지 않았다. 그가 좋아하는 사람은 활 쏘고 말 타고 힘이 센 무사(武士)가 아니면 반드시 편인(偏人-아첨하는 사람)·폐인(嬖人-총애받는 사람)·영인(伶人-광대)의 무리였다. 일찍이 상이 강무(講武)로 평강(平康)에 출행(出行)하던 날에 연고를 칭탁하고 나오지 않기에 도성(都城) 문에서 배송(拜送)하는 예(禮)를 폐(廢)했으나, 그날 즉시 그 군소배(群小輩)를 거느리고 몰래 금천(衿川)·부평(富平) 등지로 가서 말을 달려 사냥하고 매를 놓고 배를 띄우며 즐기다가 3일 만에 돌아왔다. 또 상이 중국 조정(朝廷)의 사신(使臣)들에게 연회를 베풀던 날에 세자에게 명해 시연(侍宴)케 했는데, 바야흐로 창기(倡妓)에게 빠져서 병이라 핑계하고 따르지 않았다. 함길도 절제사(咸吉道節制使)가 훌륭한 매를 바친다는 소문을 듣고는 사람을 시켜 길에서 요구하게 해서 유혹하고 빼앗은 뒤 다른 매를 대신 바치게 했다. 또 4월 8일 밤에 궁(宮)의 담장을 넘어가서 간사한 소인배의 무리와 더불어 탄자(彈子)를 가지고 등(燈)을 쏘는 놀이를 했다. 일찍이 폐인(嬖人) 구종수(具宗秀), 영인(伶人) 이오방(李五方) 등과 몰래 결탁해 담장을 넘어 궁(宮)에 들어오게 해서 바둑을 두고 술을 마시면서 저녁까지 이르렀고, 혹은 달밤에 군소배와 함께 담장을 넘고 나가 길 위에서 비파(琵琶)를 치면서 놀았다. 또 오방 등과 더불어 종수의 집에 가서 술에 취해 새벽 녘까지 이른 적이 두 번이었다. 그 일이 발각되자 종수·오방 등은 모두 복주(伏誅)됐다. 제(禔)가 잘못을 뉘우친다는 뜻으로 맹세의 글을 지어 종묘(宗廟)에 고(告)했으나, 얼마 안 돼 어리(於里)를 한로의 집에 숨겨두고 다시 전(殿)에 들였다가 일이 또 발각됐다. 상이 종사(宗社)의 대계(大計)를 위해 통절(痛切)하게 꾸짖어 거의 스스로 새사람이 되도록 했고, 또 한로를 외방에 유배 보냈다. (이에) 세자가 도리어 원망하고 분개하는 마음을 품고는 드디어 글을 올렸는데, 사연이 심히 패만(悖慢)하고 또 큰 글씨로 특별히 써서 2장이나 널리 진술하니[敷陳] 심히 무례(無禮)했다. 이에 말생에게 명해 세자의 글을 가지고 영의정 유정현(柳廷顯), 좌의정 박은(朴訔) 등에게 보이고 말했다.

"세자가 여러 날 동안 불효(不孝)했으나 집안의 부끄러움[家醜]을 바깥에 드러낼 수 없어 나는 항상 그 잘못을 덮어두고 다만 직접 그 잘못을 말해 뉘우치고 깨닫기를 바랐는데, 이제 도리어 원망하는 마음[怨懟之心]을 가지고 싫어함이 이와 같은 지경에 이르렀다. 내가 어찌 감히 숨기겠는가?"

○ 경기 개성현(開城縣) 북쪽 산에 구덩이가 있었는데, 함몰(陷沒)된 곳이 30여 척(尺)이었으므로 서운관(書雲觀)에 명해 가서 살펴보게 했다.

○ 영전(影殿-어진을 모시는 전)을 (개성) 어배동(於背洞)에 세웠으니, 태조(太祖)가 잠저(潛邸) 때 살던 구택(舊宅)이다.

庚戌朔 上詣齊陵 行端午別祭 遂觀獵于閱馬等處 以所獲獐 授
경술 삭 상예 제릉 행 단오 별제 수 관렵 우 열마 등처 이 소획 장 수

內官崔龍 獻于仁德宮及誠妃殿 又賜昌寧府院君成石璘.
내관 최룡 헌우 인덕궁 급 성비전 우 사 창녕부원군 성석린

辛亥 王世子來見. 先是 上曰: "久不見世子. 第以空國 未得召來.
신해 왕세자 내현 선시 상왈 구 불견 세자 제 이 공국 미득 소래

世子欲於誕日來見 然其時値誠寧百齋 以何心而受朝賀乎? 來月
세자 욕 어 탄일 내현 연 기시 치 성녕 백재 이 하심 이 수 조하 호 내월

初一日發行 初二日到此 端午後還歸."
초일일 발행 초이일 도차 단오 후 환귀

壬子 御新樓視事 世子參啓事. 仍置酒 慰迎右議政韓尙敬 兼餉
임자 어 신루 시사 세자 참 계사 잉 치주 위영 우의정 한상경 겸 향

啓事臣僚.
계사 신료

禮曹上婚姻事宜:
예조 상 혼인 사의

"一 婚姻之人 公然帶銀 有乖定制. 自今本非帶銀者 隨其時散
일 혼인 지인 공연 대은 유괴 정제 자금 본 비 대은 자 수 기 시산

用角帶條兒.
용 각대 조아

一 衾枕以綾段爲之 貧寒者有失時之嘆. 若非本服綾段者 以本土
일 금침 이 능단 위지 빈한 자 유 실시 지 탄 약비 본복 능단 자 이 본토

所産紬與綿布爲之.
소산 주 여 면포 위지

一 炬火 官高者六十 五六品以下四十.
일 거화 관고 자 육십 오륙 품 이하 사십

一 新婚之夕 鋪闖及褥 至以紫綾鋪之 非子壻拜父母之禮也 只設
일 신혼 지석 포계 급 욕 지 이 자릉 포지 비 자서 배 부모 지 례야 지설

單席."
단석

上從之曰: "其衾枕條件 勿論."
상 종지 왈 기 금침 조건 물론

338

刑曹 臺諫交章請申孝昌 鄭龍壽等罪. 疏曰:

'臣等問孝昌以壬午謀叛之事 答云: "其時進金化聞變 卽遣

安遇世以聞." 問於安遇世答云: "壬午十一月 孝昌 龍壽專執凡事

初四日至桃昌驛 四更四點呼遇世及邊顯曰: '裵尙忠 咸承復爲因

抄軍 入于東北面.' 聽此致問: '凡事隨卽上達可也 何初更知之 至

四更乃議乎?' 說訖 卽時密行上京 上達事變 命遇世還歸探變. 奉此

初七日進南山 因夜密見邊顯 趙洪傳敎."

遇世之答如此 則孝昌雖曰在金化 遣遇世上達事變 然遇世非以

孝昌等所遣而來 又抄軍人入歸前 初更知變 而四更乃與遇世開說

事發時顧無憂慮情狀 其後又無一度上達形迹 且勢不得已則逃來

可也 不然則守節伏死亦可也 慮不出此 謀叛明白. 一國臣民 義

不共戴天 請將孝昌 龍壽依律施行. 朴蔓 任純禮 皆以不赦之罪 保

其首領 朴文崇 崔湜 許衡 李良幹等 亦以不赦之罪 特蒙恩宥 濫受

官職 其於宗社大計何如? 伏望殿下 依臣等前日所申 明正典刑.'

不允.

命義禁府 執求禮縣監李芬以來.

初 芬爲典醫注簿 黃州牧使崔允深發背腫 命芬醫治. 至是允深

死 敎曰: "人之死生 原受於天 允深之卒 命也. 然曾遣李芬救療 芬

來曰: '允深背腫圓經[=圓徑]一尺餘 今已治之. 雖不永差 必不死

矣.' 予喜之 今聞其訃 予甚慟焉. 人臣受命在外而不幸 豈不惜哉?"

乃命義禁府執芬以來 鞫問不能治允深腫疾之罪.
내 명 의금부 집분 이래 국문 불능 치 윤심 종질 지죄

禮曹上齋郎及倭學生徒事宜. 啓曰: "成衆處入屬者 滿百日不仕
예조 상 재랑 급 왜학 생도 사의 계왈 성중처 입속 자 만 백일 불사

則軍役定體 故齋郎等受由下鄕 故滿百日額數日減 於大祭行時
즉 군역 정체 고 재랑 등 수유 하향 고 만 백일 액수 일감 어 대제 행시

差備不足. 請自今雖滿百日 論罪還屬. 且倭語學習生徒等 司譯院
차비 부족 청 자금 수 만 백일 논죄 환속 차 왜어 학습 생도 등 사역원

合屬後 自謂所學非一般漢語 亦或受由下鄕 故滿百日 或托故入屬
합속 후 자위 소학 비 일반 한어 역 혹 수유 하향 고 만 백일 혹 탁고 입속

他司 故以元屬生徒十一名 時在者四名. 其入屬他司者及滿百日者
타사 고 이 원속 생도 십일 명 시재 자 사명 기 입속 타사 자급 만 백일 자

竝令論罪 還屬習業." 從之.
병령 논죄 환속 습업 종지

癸丑 以金貴寶爲右軍摠制.
계축 이 김귀보 위 우군총제

前右軍摠制金瞻卒. 瞻字子具 古名九二 光州人 慈惠府尹懷祖
전 우군총제 김첨 졸 첨 자 자구 고명 구이 광주 인 자혜부 윤 회조

之子. 十歲能屬文 及長 博通經史諸子 時人謂之肉通證. 登丙辰第
지자 십세 능 속문 급장 박통 경사 제자 시인 위지 육통증 등 병진 제

歷官至親禦軍護軍 藝文應敎. 壬申夏以詗事鄭夢周見竄 己卯起爲
역관 지 친어군 호군 예문응교 임신 하 이 첨사 정몽주 견찬 기묘 기위

奉常少卿. 數歲之中 驟遷華要 遂拜藝文館提學兼禮曹典書. 甲申
봉상 소경 수세 지중 취천 화요 수 배 예문관제학 겸 예조전서 갑신

夏 女直遺民佟景 王可仁等以我國咸州迤北 古爲遼金之地 奏于帝
하 여직 유민 동경 왕가인 등 이 아국 함주 이북 고 위 요금 지지 주우 제

帝降勅 索十處人民 上遣瞻計稟 乞許仍屬本國.
제 강칙 색 십처 인민 상 견 첨 계품 걸허 잉속 본국

瞻至京 佟景等猶執迷 訴于禮部 瞻告禮部曰: "若考遼金 地理志
첨 지경 동경 등 유 집미 소우 예부 첨고 예부 왈 약 고 요금 지리지

則虛實自明矣." 禮部官然之 乃考二國之志 果無十處地名 具以實
즉 허실 자명 의 예부 관 연지 내 고 이국 지지 과 무 십처 지명 구이 실

報 帝謂瞻曰: "朝鮮之地 亦朕度內 朕何爭焉? 今玆準請." 瞻叩頭
보 제 위 첨 왈 조선 지지 역 짐 도내 짐 하 쟁언 금자 준청 첨 고두

謝. 是日 侍宴奉天門 瞻口號曰:
사 시일 시연 봉천문 첨 구호 왈

"天仗親瞻日表明 陪臣恩遇倍光榮. 靈犀在沼呈奇瑞 馴象當門
천장 친첨 일표 명 배신 은우 배 광영 영서 재소 정 기서 순상 당문

禁. 萬世玉卮斟壽酒 九成韶樂奏歡聲. 下情上達民無憾 一視同仁
금 만세 옥치 짐 수주 구성 소악 주 환성 하정 상달 민 무감 일시동인

享太平."
향 태평

　太監黃儼以奏 出謂瞻曰: "子之詩 帝深奬嘆." 使還 上大悅 賜田
　태감 황엄 이주 출위 첨왈 자지시 제심 장탄 사환 상대열 사전

五十結. 轉僉書承樞府事 改參知議政府事.
오십 결 전 첨서승추부사 개 참지의정부사

　瞻素黨閔氏 及閔氏得罪 瞻亦沈廢終身. 瞻諳練典故 頗曉音律
　첨소 당 민씨 급 민씨 득죄 첨 역 침폐 종신 첨 암련 전고 파효 음률

儀禮詳定 瞻必與焉. 又奉旨校正雅樂 然其學駁雜 好佛氏奉道敎
의례 상정 첨 필여 언 우봉지 교정 아악 연 기학 박잡 호 불씨 봉 도교

嘗上書請去文廟釋奠犧牛 爲有司所劾 士林譏之. 卒年六十五.
상 상서 청거 문묘 석전 희우 위 유사 소핵 사림 기지 졸년 육십 오

一子資敬.
일자 자경

　甲寅 刑曹 臺諫上疏 請申孝昌 鄭龍壽 任純禮 朴蔓 許衡 李良幹
　갑인 형조 대간 상소 청 신효창 정용수 임순례 박만 허형 이양간

等罪 上曰: "從前雖小事 以至公無我爲心 況誠寧卒後 日益敬愼
등죄 상왈 종전 수 소사 이 지공 무아 위심 황 성녕 졸후 일익 경신

欲積陰德 以爲子孫萬世計 何有私心於其間哉? 右人等必無其時
욕적 음덕 이위 자손 만세 계 하유 사심 어 기간 재 우인 등 필무 기시

參謀之事 自今勿論."
참모 지사 자금 물론

　罷平安道都節制使曹恰職. 義禁府請恰失錯敎旨 無賊變而誤徵
　파 평안도 도절제사 조흡 직 의금부 청 흡 실착 교지 무 적변 이 오징

軍馬之罪 以恰原從功臣 只罷其職.
군마 지죄 이 흡 원종공신 지 파 기직

　以金尙旅爲忠淸道兵馬都節制使.
　이 김상려 위 충청도 병마도절제사

　乙卯 觀獵于南郊 世子及兩大君從之.
　을묘 관렵 우 남교 세자 급 양 대군 종지

　丙辰 議政府 六曹請誕日獻壽禮 不允.
　병진 의정부 육조 청 탄일 헌수 례 불윤

　前議政府贊成鄭矩卒. 矩 東萊人 字仲常 監察大夫良生之子. 中
　전 의정부 찬성 정구 졸 구 동래 인 자 중상 감찰대부 양생 지자 중

丁巳乙科第二人 歷仕中外 勸謹明敏 所至有聲績 又善隷草篆書.
정사 을과 제이인 역사 중외 권근 명민 소지 유 성적 우선 예초 전서

戊寅 上以靖安君兼判尙瑞司 思得剛正不附麗者爲僚屬 乃以矩
무인 상 이 정안군 겸 판상서사 사득 강정 불부 려 자 위 요속 내 이구

爲判校書監事兼尙瑞少尹 遂拜承旨兼尙瑞尹 遷都承旨 陞大司憲
위 판교서감사 겸 상서소윤 수 배 승지 겸 상서윤 천 도승지 승 대사헌

累轉至贊成. 矩爲人恬靜樂易 淸貧自守 不以家事嬰心 雖待子弟
누전 지 찬성 구 위인 염정 낙이 청빈 자수 불이 가사 영심 수대 자제

必束帶見之 終日恬然 未嘗見其暴怒. 卒年六十九. 輟朝三日 遣
필 속대 견지 종일 염연 미상 현기 포노 졸년 육십구 철조 삼일 견

中官賜祭 諡靖節. 二子善卿 孝童.
중관 사제 시 정절 이자 선경 효동

江原道都觀察使洪汝方辭職. 汝方以母病辭 以南琴代之.
강원도 도관찰사 홍여방 사직 여방 이 모병사 이 남금 대지

丁巳 夜 大雨.
정사 야 대우

戊午 減內侍府檢校三四品各一 加七品至九品各二. 自檢校通政
무오 감 내시부 검교 삼 사품 각일 가 칠품 지 구품 각이 자 검교 통정

知內侍府事至朝奉同僉內侍府事 每品各除一 乃以內侍府正七品至
지내시부사 지 조봉 동첨 내시부 사 매품 각제일 내이 내시부 정칠품 지

九品 每品各加二焉.
구품 매품 각가 이언

以趙秩爲左軍都摠制 河敬復左軍同知摠制 柳濕平安道
이 조질 위 좌군도총제 하경복 좌군동지총제 유습 평안도

都節制使.
도절제사

命敬承府尹成抑 設佛事于大慈庵 仍賜祭誠寧之墓. 傳旨承政院
명 경승부 윤 성억 설 불사 우 대자암 잉 사제 성녕 지묘 전지 승정원

曰: "昭頃公 平日嗜牛肉 朔望之祭 予欲薦之 然其物甚大 不可
왈 소경공 평일 기 우육 삭망 지제 여욕 천지 연 기물 심대 불가

輕用. 予意以謂 或有燕賓 或祭宗廟之時 薦之如何?" 諸代言對曰:
경용 여의 이위 혹유 연빈 혹제 종묘 지시 천지 여하 제 대언 대왈

"然." 又命曰: "牲用雞 於禮有乎?" 諸代言曰: "雞曰翰音. 牲用雞
연 우 명왈 생용계 어예 유호 제 대언 왈 계왈 한음 생용계

古禮也." 上曰: "昭頃公 又嗜雞肉." 卽命本宮人養雞 五日一首烹
고례 야 상 왈 소경공 우 기 계육 즉명 본궁 인 양계 오일 일수 팽

薦之 以爲恒式.
천지 이위 항식

禮曹參判申商回自北京 啓曰: "尹向在途病革." 於是 其兄坡平君
예조참판 신상 회자 북경 계왈 윤향 재도 병혁 어시 기형 파평군

尹坤及妻弟恭安府尹洪汝方請往相見 從之. 商又啓曰: "遼東人
윤곤 급 처제 공안부 윤 홍여방 청왕 상견 종지 상 우 계왈 요동인

得小石於白頭山 常置囊中 其家屢有災禍 以石爲崇 還置古處. 不
득 소석 어 백두산 상치 낭중 기가 누유 재화 이석 위수 환치 고처 불

數日 往見之 比前差大 他日往見 又差大. 其石有穴 每日飮酒二鐥.
수일 왕 견지 비전 차대 타일 왕견 우 차대 기석 유혈 매일 음주 이선

遼東都司以聞 帝賜物得石之人 輸于京師." 上曰: "此實妖物 何
賞之有?"

己未 命世子出居舊殿. 世子見上之後 上命世子或參朝啓 或
隨駕郊外 又每日侍射. 至是 上怒世子還納於里 且有兒息 使世子
居舊殿 不得進見 囚其殿內官辛德海 鄭澄于義禁府. 是日 御新樓
視事畢 臺諫 列卿以次出 朴訔當出 上曰: "爾代言等皆出. 予欲與
左議政議事." 諸代言皆出 俄而命下世子殿小宦李全奇于義禁府 釋
辛德海 鄭澄. 召左代言李明德曰: "曩者 世子奪郭璇妾於里 納諸
宮中 予卽黜之. 今聞 漢老之母 入見淑嬪之時 挾帶於里 潛納而
有孕 又入殿挾帶而出外生息 還納于殿內. 漢老等忠愛於我 而爲
社稷計乎? 抑愛養世子乎? 予謂卜仲良心行不正 謂弟季良謂心直
使居世子賓師之位. 父不能敎子 師安能敎乎? 然使世子至此 不得
無責矣."

仍召季良 傳曰: "兄之爲庸 卿之爲良 予宿知之. 敎世子不可不
擇人 使卿爲世子賓客 導之以善 今乃不善如此 是雖卿之所不知 爲
賓師者 無乃有愧乎?" 召贊成李原曰: "昔 李茂決罪之際 具宗秀
時爲義禁府都事 公事漏通. 其後踰越宮墻 出入於世子殿事覺. 予
疾之而問於卿及黃喜 卿請問其罪 喜則曰: '不過鷹犬之事.' 更不
請罪 卿其忘乎?" 原曰: "臣不忘也."

上曰: "予於世子如此者 爲宗廟萬世之計. 世子母弟三人 今一子

死矣. 長子長孫傳國 古今之常典 更無他心 有疑於此 天鑑不合也.
사의 장자 장손 전국 고금 지 상전 갱무 타심 유의 어차 천감 불합 야

當告議政以此言." 於是 朴訔與原請曰: "喜當對問之日曰不過鷹犬
당고 의정 이차언 어시 박은 여원 청왈 희당 대문 지일 왈 불과 응견

之事 其心難測. 請鞫問其由."
지사 기심 난측 청 국문 기유

上曰: "予待承宣出身者 如待功臣 故使喜位至二品 厚待之恩
상왈 여대 승선 출신 자 여대 공신 고사 희위 지 이품 후대 지은

一國所知. 然此言甚爲奸曲 黜爲平安道觀察使 今亦爲判漢城而
일국 소지 연 차언 심위 간곡 출위 평안도관찰사 금 역 위 판한성 이

疎之 何更推問其罪?" 訔等復請曰: "喜蒙上恩 而不以直對 其奸
소지 하갱 추문 기죄 은등 부청왈 희몽 상은 이불 이직 대 기간

如此 而上慈不罪 則其他奸臣何所懲乎?"
여차 이 상자 부죄 즉 기타 간신 하 소징 호

上曰: "宜進而問之 然除項鑠等事." 乃遣義禁府都事金尙寧于
상왈 의진 이 문지 연제 항쇄 등사 내견 의금부도사 김상녕 우

漢京拿來. 又曰: "婦人以夫之父母爲重. 淑嬪雖順夫之意 然予意
한경 나래 우왈 부인 이부 지부모 위중 숙빈 수순 부지의 연 여의

豈不知之 潛納於里? 予甚憎之." 乃命內官鄭澄 司謁車允富曰: "如
기 부지 지 잠납 어리 여심 증지 내명 내관 정징 사알 차윤부 왈 여

漢京 出淑嬪于父家 只給奴婢送之. 其長女及長男天恩 留殿依舊
한경 출 숙빈 우 부가 지급 노비 송지 기 장녀 급 장남 천은 유전 의구

供給 末女隨其母以居 又令其妾女隨淑嬪而同居 且奪平壤君所與
공급 말녀 수 기모 이거 우령 기 첩녀 수 숙빈 이 동거 차탈 평양군 소여

婢子而留殿. 問知情參謀侍女一二名來."
비자 이 유전 문지정 참모 시녀 일이명 래

仍令傳教淑嬪曰: "婦人內夫家 汝於去年之事 不告於予 予責之
잉령 전교 숙빈 왈 부인 내부가 여어 거년 지사 불고 어여 여 책지

汝答曰: '信有罪矣 後當改行.' 今汝於此事 又不告於予. 旣欺我 而
여답왈 신유죄의 후당 개행 금 여어 차사 우 불고 어여 기 기아 이

又彰汝夫不德 故出之." 又漢老於前日 受由如漢京 今以命召還
우창 여부 부덕 고 출지 우 한로 어 전일 수유 여 한경 금 이명 소환

來. 上疾之甚曰: "朱紅蟾." 乃促馬亟來矣. 命崔閑 李明德 河演
래 상 질지 심왈 주홍섬 내 촉마 극래 의 명 최한 이명덕 하연

元肅 成揜等同問: "世子又納於里有兒 卿知之乎?" 漢老對曰: "臣
원숙 성엄 등 동문 세자 우납 어리 유아 경 지지 호 한로 대왈 신

實不知. 但當黜之時 世子憂勞 寢食不安曰: '其女之生可惜.' 臣聽
실 부지 단당 출지시 세자 우로 침식 불안 왈 기녀 지생 가석 신청

此言 憐世子之情 許令其女來居蓮池洞家幾一月. 其女買家出居 臣
차언 연 세자 지정 허령 기녀 내거 연지동 가 기일월 기녀 매가 출거 신

344

給口糧. 且不記日月 宗之等伏誅後幾一朔 有一小宦到臣鄕校洞家
급 구량 차 불기 일월 종지 등 복주 후 기 일삭 유일 소환 도신 향교동 가

曰: ‘世子言欲見其女 卿其達于上還納.’ 臣未得間 累日未啓. 小宦
왈 세자 언욕견 기녀 경기 달우 상환납 신 미득간 누일 미계 소환

又來問已啓否 對曰: ‘未也.’ 未幾 小宦見臣於路曰: ‘世子言上許諾
우 내문 이계부 대왈 미야 미기 소환 견신 어로 왈 세자 언상 허락

則可 動念則不可 宜勿啓.’ 臣聽此而已 未知其女之還入殿內.”
즉가 동념 즉불가 의물계 신 청차 이이 미지 기녀 지 환입 전내

　明德等據此以啓 上曰: “卿言未知則已矣 國論及予心以卿爲實
명덕 등 거차 이계 상왈 경언 미지 즉이의 국론 급 여심 이경 위실

不知乎?” 漢老對曰: “以勢觀之 則上心及國論 必以臣爲知.”
부지 호 한로 대왈 이세 관지 즉 상심 급 국론 필 이신 위지

　上曰: “予之嚴於世子 欲如食子之虎 乎! 卿則愛壻 許接其女 給
상왈 여지 엄어 세자 욕여 식자 지호 호 경즉 애서 허접 기녀 급

其糧醬 卿果有德. 向者 命卿敎淑嬪以不告世子之失之過 答曰: ‘果
기 양장 경과 유덕 향자 명경 교 숙빈 이불고 세자 지실 지과 답왈 과

有誤焉.’ 今復如前不從予命 其以夫父爲重乎? 今已差人卿家矣. 予
유오 언 금부 여전 부종 여명 기이 부부 위중 호 금이 차인 경가 의 여

以庸質 爲國之主 有故於外戚 有傷於骨肉 得罪於父王 予甚愧焉
이 용질 위 국지주 유고 어 외척 유상 어 골육 득죄 어 부왕 여심 괴언

然皆非我所致. 今又於子之妻親 敢欲有不善之事乎? 予與卿自少
연 개비 아 소치 금우 어자 지 처친 감욕 유 불선 지사 호 여여 경 자소

交厚 又爲一家. 卿年六十一 予與卿死生先後 蓋不知也. 使世子賢
교후 우위 일가 경년 육십 일 여여 경 사생 선후 개 부지 야 사 세자 현

矣 而卿其安享富貴 今卿不敎之以孝於親 友于兄弟 而使之爲不義
의 이경 기 안향 부귀 금경 불교 지이 효어 친 우우 형제 이 사지 위 불의

如李氏社稷何? 卿之所爲 若以直而陳 則罪之輕重 予當處之 何必
여 이씨 사직 하 경지 소위 약 이직 이진 즉 죄지 경중 여당 처지 하필

下有司問之乎?”
하 유사 문지 호

　漢老心惑 屢變其事 猶以爲未知 命歸其家. 及漢老退 明德等
한로 심혹 누변 기사 유 이위 미지 명귀 기가 급 한로 퇴 명덕 등

啓曰: “臣等已聽言觀色 漢老之曲著矣. 請下義禁府 鞫問其情.”
계왈 신등 이 청언 관색 한로 지곡 저의 청하 의금부 국문 기정

　上曰: “何必不攸司? 爾四代言已同問聽之 予亦知其曲直 毋更
상왈 하필 불 유사 이사 대언 이동 문청 지 여역 지기 곡직 무갱

請之.” 又召漢老 命諸代言更問知情與否 漢老曰: “今日歸家 問於
청지 우소 한로 명제 대언 갱문 지정 여부 한로 왈 금일 귀가 문어

婢佛婢言: ‘前年世子生日 宅主入殿還出 有一侍女繞宅主行出來.’
비 불비 언 전년 세자 생일 택주 입전 환출 유일 시녀 요 택주 행 출래

乃知此女爲入殿還出.” 旣而又言: “前年世子生日後 聞侍女一人繞
내 지 차녀 위 입전 환출 기이 우언 전년 세자 생일 후 문 시녀 일인 요

母親出來 當佛婢問何女 佛婢曰: ‘後入之女.’ 然未知此女之爲於里
모친 출래 당 불비 문 하녀 불비 왈 후입 지녀 연 미지 차녀 지위 어리

也.”
야

代言等以漢老言端不一詰之 漢老反曰: “其實則今日始知.” 據此
대언 등 이 한로 언단 불일 힐지 한로 반왈 기실 즉 금일 시지 거차

具啓 上曰: “在昔 楚宮粧被黜之時 卿請留 卿之爲世子諱惡 予已
구계 상왈 재석 초궁장 피출 지시 경 청류 경 지위 세자 휘악 여 이

知之. 卿以直言之 則卿之罪予乃商量處之.” 漢老曰: “無所發明 當
지지 경 이직 언지 즉 경지죄 여내 상량 처지 한로 왈 무 소발명 당

以知情受罪.” 命歸其家.
이 지정 수죄 명귀 기가

刑曹 司憲府 司諫院詣闕請申孝昌之罪.
형조 사헌부 사간원 예궐 청 신효창 지죄

刑曹 臺諫上疏 請兵曹判書金漢老之罪. 疏曰:
형조 대간 상소 청 병조판서 김한로 지죄 소왈

‘惟我世子 天性聰明 氣宇英偉. 曩 因奸詐之誘 得責於殿下 尋自
유 아 세자 천성 총명 기우 영위 낭 인 간사 지유 득책 어 전하 심자

悔過 誓告宗廟 仍上書于殿下 其遷善自新之心 可謂至矣. 此宗社
회과 서고 종묘 잉 상서 우 전하 기 천선 자신 지심 가위 지의 차 종사

萬世之福 而一國臣民之所共喜也. 今者 漢老以嫡嬪之親 不體殿下
만세 지복 이 일국 신민 지 소공희 야 금자 한로 이 적빈 지친 불체 전하

信重之意: 不念宗社付托之重 至以女色 出入殿內 而隱然不以聞
신중 지의 불념 종사 부탁 지중 지이 여색 출입 전내 이 은연 불 이문

焉. 又當親問 猶以不知爲對 其於向上盡忠之心何? 其於宗社萬世
언 우 당 친문 유 이 부지 위대 기어 향상 진충 지심 하 기어 종사 만세

之計何? 其於匡輔世子之義何? 其於國人視聽何? 其懷不忠之心
지계 하 기어 광보 세자 지의 하 기어 국인 시청 하 기회 불충 지심

明矣. 伏望殿下 命下攸司 鞫問其由 明正其罪.’
명의 복망 전하 명하 유사 국문 기유 명정 기죄

庚申 命世子以單騎歸于漢京 旣而召還. 命留都兵曹鎭撫所 禁
경신 명 세자 이 단기 귀우 한경 기이 소환 명 유도 병조 진무소 금

書筵官 宿衛司毋得入世子殿. 忠寧大君自大慈庵佛事還開城 遇
서연관 숙위사 무 득입 세자전 충녕대군 자 대자암 불사 환 개성 우

世子於馬山驛前路上 世子怒曰: “於里事 必汝啓之.” 大君不對 相別
세자 어 마산역 전 노상 세자 노왈 어리 사 필 여 계지 대군 부대 상별

而行四五里許 別監馳傳召世子還. 世子來入見 上復切責世子 世子
이행 사오 리허 별감 치전 소 세자 환 세자 내 입현 상 부 절책 세자 세자

346

退而忿甚 欲復入訴 語涉不道. 大君恐至傷恩力止之 世子不從 必

欲入訴 大君進執世子袖 反覆曉譬之 世子頗悟而止. 世子還漢京

不忍前忿 遂上書焉. 大君之於世子也 欲引致無過之地 隨事幾諫

前後非一.

囚金漢老于義禁府. 議政府 六曹 臺諫請下漢老于攸司 鞫問其情

上曰: "予何敢有饒漢老之心乎? 昨日已問悉知 雖下攸司問之 固無

復得之情. 予將量罪施行 毋得更請." 刑曹 臺諫復啓曰: "漢老不體

上意 納女色于東宮 又於下問之際 對以不直 請抵罪." 上不允 俄而

命囚之. 命工曹判書鄭鎭 刑曹參判李愉 知司諫院事崔士康 司憲

執義許揆 按問漢老所犯于義禁府 漢老皆不承 又變前言曰: "率

出於里 非我老母 乃妻之所爲. 夫妻各居 故至今未知." 義禁府啓:

"此皆疑端 宜加刑問得情." 上曰: "不須如此 只取其藏匿陷世子於

不義之女 而且給糧物之招 及不正家道 夫婦各居 以致此變之招."

上又問世子及漢老子敬哉而灼知事情 乃使敬哉告父曰: "毋隱."

漢老乃招承以實.

以朴信爲兵曹判書 閔汝翼 判漢城府事 朴習刑曹判書.

命判漢城府事黃喜退歸田里. 金尙寧以黃喜詣闕 命代言等問喜

曰: "昔者 予因漢老之啓 知具宗秀越墻入世子殿 以奇技淫巧 蕩

世子之心 以誤國本 予以宗社之重 無可奈何 以爲 予獨知則在房

鞭撻 猶可制也 旣爲大臣所知 已行啓聞 雖欲掩之 其可得乎? 故

召李原及卿 具說所聞 原曰: '宜當鞫問.' 卿以手撫髥曰: '宗秀所爲
<small>소 이원 급경 구설 소문 원왈 의당 국문 경이수연염왈 종수 소위</small>

不過鷹犬之事耳 若世子之失 則年少年少.' 如是說者再 而綢繆諱說
<small>불과 응견 지사이 약 세자 지실 즉 연소 연소 여시 설자재 이 주무 휘설</small>

辭不公正 更無他語. 其必以知申事時與閔氏作隻 而爲附世子之計
<small>사 불공정 갱무 타어 기필 이 지신사 시여 민씨 작척 이 위부 세자 지계</small>

乎? 功臣雖多 焉得人人而議事? 雖非功臣 出自承宣者 視若功臣
<small>호 공신 수다 언득 인인 이 의사 수비 공신 출자 승선 자 시약 공신</small>

焉. 如卿者多年事予 知予之心. 予常以爲 向予效死 而其 對問不直
<small>언 여경자 다년 사여 지 여지심 여 상이위 향여 효사 이기 대문 부직</small>

如此 何哉? 予其時痛心 聞之流涕 卿其忘歟?"
<small>여차 하재 여기시 통심 문지 유체 경기 망여</small>

喜曰: "當是時也 臣對曰: '世子年少所致.' 今上敎如此 臣面發紅
<small>희왈 당시시야 신 대왈 세자 연소 소치 금 상교 여차 신면 발홍</small>

潛然出涕 臣心以爲 向世子感慨而致然 此則記得 其鷹犬之事 臣
<small>잠연 출체 신심 이위 향세자 감개 이 치연 차즉 기득 기 응견 지사 신</small>

未能記得. 臣自布衣 特蒙上恩 以至於此 有何心背殿下而附世子
<small>미능 기득 신 자포의 특몽 상은 이 지어 차 유 하심 배 전하 이부 세자</small>

乎? 不幸臣言見違於上心."
<small>호 불행 신언 견위 어 상심</small>

代言等聽此具啓 上引見趙末生等親敎 仍傳旨於喜曰: "爲人君者
<small>대언 등 청차 구계 상 인견 조말생 등 친교 잉 전지 어 희왈 위인군자</small>

不與臣辨言 而卿以不記對之 予以李原爲證 卿何以隱諱? 曲在
<small>불여 신 변언 이 경이 불기 대지 여이 이원 위증 경 하이 은휘 곡재</small>

卿矣. 宜下攸司鞫問 予則不能絶人情 召而問之耳. 當初聽卿言
<small>경의 의하 유사 국문 여즉 불능 절 인정 소이 문지 이 당초 청 경언</small>

之後 坐殿視事 卿在西 予目卿而言曰: '今人心 大抵棄舊從新 若
<small>지후 좌전 시사 경재서 여목경 이 언왈 금 인심 대저 기구종신 약</small>

棄舊從新 則老人生活爲艱. 子孫之計 孰不爲之? 然老者棄而不顧
<small>기구종신 즉 노인 생활 위간 자손 지계 숙 불위지 연 노자 기이 불고</small>

亦豈可乎?' 卿其時半俯側面 向外而聞之. 予之其日之言 爲汝發也.
<small>역기 가호 경기시 반부 측면 향외 이 문지 여지 기일 지언 위여 발야</small>

昔有大臣指汝爲奸 汝由吏曹爲工曹 由工曹出于平安道 惡汝之奸
<small>석유 대신 지여 위간 여유 이조 위공조 유공조 출우 평안도 오 여지간</small>

也. 及其箇滿 除拜刑曹. 六曹有朝啓之任 予惡見汝面 尋除判漢城
<small>야 급기 개만 제배 형조 육조 유 조계 지임 여 오견 여면 심제 판한성</small>

汝豈不知? 以汝之罪 宜置於法 予尙不忍而不論 汝可退處田里
<small>여기 부지 이 여지죄 의치 어법 여 상 불인 이 불론 여가 퇴처 전리</small>

隨意而居 終身養母." 喜乃歸交河.
<small>수의 이거 종신 양모 희내귀 교하</small>

刑曹 臺諫交章請申孝昌等罪. 孝昌及鄭龍壽 朴蔓 任純禮 朴文崇

許衡 崔湜等罪 上不允曰: "予以其時在側宦官等爲證 而實知之矣.

爾代言等隨卽答遣 毋令更請."

辛酉 臺諫 刑曹請留黃喜 問其所犯 不許 下旨刑曹曰:

"判漢城府事黃喜輕論亂賊具宗秀之所犯 凡對問又不直言 有乖

臣子之義. 當下攸司 依律施行 然予尙不忍 置而勿問 只收職牒

廢爲庶人 子孫不敍." 命趙末生 李明德 傳教朴訔 韓尙敬 李原等

曰: "有諸功臣焉 獨召三卿者 欲爲親密之議也. 我國家之法 臺諫

有言事而君不從 則强請不已 使君得詭異之名 君與臺諫 如油浮水.

然予或不從臺諫之請 豈赦有罪? 但欲使罪當於其請 合於天心耳.

且元首 股肱一體 大臣於臺諫言事 豈不知之? 然不言是非 是可憾

也.

今漢老以郭璇之妾 潛出入東宮 至使有息 其心蓋愛壻也. 予親父

也 豈不愛吾子? 使無漢老 不至於此. 然豈不忠於我? 但以迷惑

幽僻之致然也. 予囚漢老 非以臺諫之請 欲成文案 使人知之. 罪之

輕重 惟在予心. 又內官李全奇潛謀其間 殿女牡丹 曾有身出外 使

於里誣爲其名 陰謀潛入 予欲皆殺之. 唐玄宗時 以楊貴妃爲禍根

群臣請殺之. 況予以父 豈不能殺?" 訔等對曰: "上敎是矣. 於里

已曾背夫 此罪可殺. 臺諫言辭 若不合於義 臣等安敢不言?"

上又傳敎曰: "黃喜爲吏曹判書時 予召贊成及喜 議宗秀等作亂之

事 喜答曰: ‘世子年少 宗秀不過鷹犬之事.’ 予則下淚. 他日朝啓 予
사 희 답 왈 　 세자 연소 　 종수 불과 응견 지사 　 여즉 하루 　 타일 조계 여

目喜曰: ‘人臣不爲子孫之計子無矣. 以君爲老而棄之 將奈何?’ 喜
목희왈 　 인신 불위 자손 지계 자무의 　 이군 위로 이기지 　 장 내하 　 희

側面而聽. 喜久爲知申事 主謀誅無咎等 與閔族結怨 欲媚結世子
측면 이청 　 희구위 지신사 　 주모 주 무구 등 　 여 민족 결원 　 욕 미결 세자

爲自安計 其奸甚矣. 故予黜任平安道 陞爲刑曹判書 而惡其更見
위 자안 계 　 기간 심의 　 고여 출임 평안도 　 승위 형조판서 　 이오 기갱견

薦爲判漢城. 予於喜也 如人之養育他人之子 又如父母撫育長養
천위 판한성 　 여어 희야 　 여인 지양육 타인 지자 　 우여 부모 무육 장양

久任代言 轉至省宰 以功臣爲比 而嘗謂: ‘予薨之日 喜願從死也.’
구임 대언 　 전지 성재 　 이 공신 위비 　 이 상위 　 여 훙지일 희원 종사 야

吉再於前朝受注書之任 猶以爲: ‘忠臣不事二君.’ 不事我朝 予不意
길재 어 전조 수 주서 지임 　 유 이위 　 충신 불사이군 　 불사 아조 여 불의

喜之於我 乃如是也.”
희지 어아 내 여시 야

越歲壬寅 太宗謂我殿下曰: “李稷 黃喜 雖有犯 皆諳鍊舊人 不可
월세 임인 　 태종 위 아 전하 왈 　 이직 　 황희 수 유범 　 개 암련 구인 　 불가

棄也 可召用之.” 遂命召還 我殿下後皆大用焉.
기야 가 소용 지 　 수명 소환 　 아 전하 후 개 대용 언

停各道進膳. 上曰: “今此熱時 驛路有弊. 京畿 黃海 江原道外
정 각도 진선 　 상왈 　 금차 열시 　 역로 유폐 　 경기 　 황해 　 강원도 외

其餘各道 各殿每朔依例進膳及別膳 姑停之.”
기여 각도 　 각전 매삭 의례 진선 급 별선 　 고 정지

壬戌 命世子還京 仍曰: “於里還入 專是漢老譎計 世子之過少也.
임술 명 세자 환경 　 잉왈 　 어리 환입 　 전시 한로 휼계 　 세자 지과 소야

今世子之還 儀仗侍衛 一如前例 復書筵官及敬承府.” 命鄭澄隨
금 세자 지환 　 의장 시위 　 일여 전례 　 복 서연관 급 경승부 　 명 정징 수

世子. 又敎書筵掌務趙克寬曰: “罪在漢老 非世子之過 故命還都.
세자 　 우교 서연 장무 조극관 왈 　 죄재 한로 　 비 세자 지과 　 고명 환도

汝等隨歸.” 克寬啓曰: “前日命分兵曹 禁書筵及宿衛司入殿 若無
여등 수귀 　 극관 계왈 　 전일 명 분병조 　 금 서연 급 숙위사 입전 　 약무

明降 分兵曹必禁臣等之入矣.” 上曰: “然.” 遂傳旨于分兵曹.
명강 분병조 필금 신등 지입 의 　 상왈 　 연 　 수 전지 우 분병조

收金漢老職牒 竹山付處.
수 김한로 직첩 　 죽산 부처

義禁府具啓漢老及李全奇之罪 上曰: “釋全奇 只按漢老之罪.”
의금부 구계 한로 급 이전기 지죄 　 상왈 　 석 전기 　 지안 한로 지죄

奉此比照 漢老以共犯謀叛之律 當斬 上憐之 只收職牒 付處于
봉차 비조 　 한로 이 공범 모반 지율 　 당참 　 상 연지 　 지수 직첩 　 부처 우

遐方. 俄而 使義禁府副鎭撫李孝仁宣傳於漢老曰: "汝子敬哉 與
汝說導之言 汝知之乎? 義禁府請竄汝于羅州 予置之近境. 又請竄
敬哉于忠淸道 予又置之祖母家 汝當知之." 漢老泣曰: "小人罪當
十死 今蒙寬宥 雖竄遐方 何報上恩?" 孝仁 命(曰): "漢老 付處于
竹山 敬哉亦收職牒 安置于果川祖母之家 使不得他適. 若出入京中
則予不宥之." 又命全奇於所居廣州定軍役.

收前大護軍崔霑職牒 放歸田里; 上護軍林尙陽贖杖一百 付處.

義禁府照律霑及尙陽之罪以聞 霑罪應杖百 以太祖元從功臣之
子 只收職牒 命歸田里; 尙陽以司禁 非特不能禁禦崔霑 又妄稱霑
言曰: "承命現身." 故照詐傳之律 令命只贖杖一百 防禦所付處.

初 上之幸留後司也 罪人崔霑見於臨津道傍 上惡之. 兵曹判書
金漢老 參判李春生等啓曰: "左右司禁不能禁制 使霑得見於道 請
罪之."

上曰: "是但司禁林尙陽之罪也. 卿等不覈是非 不論曲直而請罪
何哉? 尙陽素與霑善 故佯逐而終不禁 非尙陽之罪而何? 卿等之意
以謂 吾君不辨是非 而竝皆罪之乎?"

乃命尙陽歸其家 以上護軍柳衍之代之.

霑 咸吉道鄙人也 以武才 官至大護軍. 嘗爲司僕少尹 私於世子
以世子爲我主 乃曰: "上位身短 我主身長 鞍子諸緣長短議論." 又
世子當上講武空國之時 欲於衿川 富平之地 馳騁放鷹 而霑奉迎

世子之意 進馬導爲不義. 上聞之 然不加罪 只罷職事 至是乘間
이현 이기 기 부용

以見而冀其復用.

　癸亥 刑曹 臺諫請申孝昌 鄭龍壽等罪. 疏曰:

　‘發兵定計 旣不能擧義沮謀 行師動衆 又不能伏死守節 其叛逆狀

已著 罪在不赦 只罷其職可乎?’

　上曰: “予豈不欲使臣子伏死守節? 然歷觀史籍 屈指以數 蓋不多

矣. 豈於人人責之以是乎 以孝昌等比漢老 黃喜 何愈於兩人? 漢老

黃喜 予視猶手足耳目 而今有罪 或貶黜之 或廢爲庶人 何獨於孝昌

龍壽等 獨愛惜而不加罪乎? 但以所犯各異 而欲處之以正也. 矧

孝昌輩 曾無親姻之舊 安敢惜之? 予於外則安遇世 內則諸宦官親問

其實 更不煩予.”

　刑曹 臺諫疏請金漢老 黃喜之罪 以齋戒不啓.

　行臺監察等請各道守令倉庫米豆朽耗之罪 命勿論.

　書筵官請講 世子辭疾不出 請至再三 世子固辭曰: “前此 上因我

動念 惶懼無地 不食數日 及今始食 胸膈不快 待後日可以出矣. 吾

若偶然 何不出而聽講乎?”

　以李灌爲咸吉道都觀察使.

　甲子 命囚書筵及宿衛司掌務.

　遣義禁府副鎭撫李孝仁于漢京 黜於里 囑其父母 不得與世子殿

相通. 執書筵掌務正字趙克寬 宿衛司掌務知通禮門事趙慕等來

囚于義禁府. 世子自留後司還漢京 慕及克寬從之. 世子疾馳而至京
歷入蓮花洞漢老家 見淑嬪及於里 從者護軍鄭中守止之 不聽. 中守
遂奔告 上怒 卽遣孝仁 又遣兵曹正郞徐省于京都 責世子曰: "中宮
與子女涕泣 予不忍置之於法 使汝妻父受罪以輕. 妻父不過漢江 而
汝又不悛 不直還殿 橫入淑嬪家 其心何哉? 中守猶以入見爲非 汝
何不顧宗社 不孝於我乎?" 乃罷書筵及宿衛 禁人出入殿內.

上謂左右曰: "淑嬪有何罪焉? 黜之私第者 疾其父也. 予於世子
之還 說淑嬪之事 仍曰: '待予送人以處之.' 世子答曰: '將以宦守之.'
予叱之. 今漢老罪重 而不過漢江 略無憂色 又入其家 其意豈爲
淑嬪乎? 乃愛於里也. 予甚疾之. 中守武夫也 亦知其不可 侍從之
官何不諫止? 予聞此言 已遣人拿克寬與趙慕以來. 予語世子 以欲
布漢老之罪於國家 世子固請勿露 故不果. 今予不忍含默 以告諸卿
卿等聽之. 予語世子: '俗稱妻父爲丈人 汝丈人不直 而對以不知 可
令刑問.' 世子言曰: '向者 被責 到淑嬪本第 淑嬪及父母祖母咸在
而於里亦在側. 漢老把酒慰之曰: "納新妾 則背誓戒 不可. 此女
則殿下之所知 何害還納? 如欲密納 則家人與吾母出入殿內 若作
婢子 則可潛率出入矣." 予問曰: '漢老先言乎? 汝請漢老以此計
乎?' 世子答曰: '吾說欲見於里耳. 出入殿內之謀 丈人說之.' 然則
譎謀 漢老爲之也. 至於按問 對以不知 故命其子敬哉 以世子所言
傳諭 然後漢老服招. 以妻父納壻妾 以壻說妻父 而納妾 甚拂人情.

爲漢老計者 託予莫對可也 譎謀如此甚矣. 漢老與予 及第同年
위 한로 계자 탁여막대가 야 홀모 여차 심의 한로 여여 급제 동년

相知最久. 在太祖時沈滯 及予卽位 乃授承宣 以至宰輔 且爲婚姻
상지 최구 재 태조 시침체 급여 즉위 내수 승선 이지 재보 차위 혼인

不意今日 乃爲此行. 且人皆以黃喜爲奸 予則不以爲奸 置之腹心
불의 금일 내위 차행 차 인개 이 황희 위간 여즉 불이 위간 치지 복심

今漢老之罪已發 喜亦不免 而今而後乃知其實. 喜已老矣 端不望
금 한로 지죄 이발 희역 불면 이금이후 내지 기실 희 이로 의 단 불망

於世子 但爲子孫之計 附於世子 而對問不直 故今廢爲庶人. 人臣
어세자 단위 자손 지계 부어 세자 이 대문 부직 고금 폐위 서인 인신

豈可有二心哉? 曩者 柳亮 李叔蕃欲常見世子 予乃止之曰: '今予
기가 유 이심 재 낭자 유량 이숙번 욕 상견 세자 여내 지지 왈 금여

在上 何事世子乎?' 此皆非人臣之義也."
재상 하사 세자 호 차개 비 인신 지의 야

於是 左右皆請漢老 黃喜之罪.
어시 좌우 개 청 한로 황희 지죄

王世子遣左文學禹承範 奉箋賀誕日. 以時服率僚屬 出書筵廳
왕세자 견 좌문학 우승범 봉전 하탄일 이시복 솔 요속 출 서연청

前庭拜箋 送至中門外 僚屬送至南大門外. 至乙丑 世子將行誕日
전정 배전 송지 중문 외 요속 송지 남대문 외 지 을축 세자 장행 탄일

賀禮于昌德宮 備儀仗行至蓮花坊橋上 遇徐省來 還入于本殿.
하례 우 창덕궁 비 의장 행지 연화방 교상 우 서성 래 환입 우 본전

御新樓置酒.
어 신루 치주

左議政朴訔請申孝昌 金漢老等罪. 啓曰: "孝昌之罪 不可寬宥."
좌의정 박은 청 신효창 김한로 등 죄 계왈 효창 지죄 불가 관유

上曰: "議政之言是也. 然其時太祖勞心 予使孝昌 龍壽不離侍衛
상왈 의정 지언 시야 연 기시 태조 노심 여사 효창 용수 불리 시위

諸處陪行 以寬太祖之心. 旣承予命而行 則有何罪焉? 當是時 使
제처 배행 이관 태조 지심 기승 여명 이행 즉유 하죄 언 당 시시 사

遇世通於我者 兩人而已. 向者 旣以無罪原之 今又以有罪誅之 則
우세 통어 아자 양인 이이 향자 기이 무죄 원지 금우 이유죄 주지 즉

一是一非 彼時爲昏主 此時爲明主; 此時爲昏主 彼時爲明主. 以
일시일비 피시 위 혼주 차시 위 명주 차시 위 혼주 피시 위 명주 이

一身處一事 何前後之相殊耶?" 訔曰: "今者 群下之情 非誤也.
일신 처 일사 하 전후 지 상수 야 은왈 금자 군하 지정 비오 야

莫若置之於法 垂戒於後."
막약 치지 어법 수계 어후

上曰: "群下之情 非誤也 予之不從 亦非誤也. 朝廷欲置於法 予
상왈 군하 지정 비오 야 여지 부종 역 비오 야 조정 욕치 어법 여

欲寬宥 足爲後日之戒." 朝啓訖 訔出 使中使啓曰: "漢老之罪 不可
욕 관유 족위 후일 지계 조계 흘 은출 사 중사 계왈 한로 지죄 불가

宥也. 上欲原之 臣以爲不可." 傳旨曰: "漢老 雖蒙恩宥 有如此心術
유야 상욕 원지 신이위 불가 전지왈 한로 수몽 은유 유여차 심술

必作他罪 姑待之." 訔曰: "大罪已著 何待之有?" 教曰: "不必欲速."
필작 타죄 고 대지 은왈 대죄 이저 하 대지 유 교왈 불필 욕속

訔乃退.
은 내퇴

　徐省回自京都 啓曰: "臣傳旨世子 世子聽教曰: '臣非故犯 誤失
서성 회자 경도 계왈 신 전지 세자 세자 청교왈 신비 고범 오실

斟酌 每犯不孝.' 臣還時 東殿謂臣曰: '淑嬪必恐父當死 涕泣不已.
짐작 매범 불효 신 환시 동전 위신왈 숙빈 필공 부 당사 체읍 불이

臣心亦以爲 妻父及臣俱有重罪 特蒙上慈 妻父但被放逐 臣亦還殿
신심 역 이위 처부 급신 구유 중죄 특몽 상자 처부 단 피방축 신역 환전

喜幸無比 欲說上恩於淑嬪而解憂 暫入其第 別無他意 動輒犯罪.
희행 무비 욕설 상은 어 숙빈 이해우 잠입 기제 별무 타의 동첩 범죄

且背盟於宗廟 而恬然在此 實爲惶恐 欲退處私第.' 仍曰: '上教更有
차 배맹어 종묘 이 염연 재차 실위 황공 욕퇴처 사제 잉왈 상교 갱유

何事?' 臣對曰: '上遣義禁官員 拿趙克寬 趙慕等來.' 世子曰: '必以
하사 신 대왈 상견 의금 관원 나 조극관 조모 등래 세자왈 필이

此事也. 克寬馬弱 且雨濕衣 不及我來 焉知我之入乎? 慕則家在
차사 야 극관 마약 차 우 습의 불급 아래 언지 아지입호 모즉 가재

此坊 故及我而來. 當是時 未聞中守止之之言 又無一人請止之 故
차방 고급 아이래 당시시 미문 중수 지지 지언 우무 일인 청 지지 고

於中守之還也 與之言曰: "上如問我之行止 則對之以直.""
어 중수 지환야 여지 언왈 상여문 아지 행지 즉 대지 이직

　上曰: "中守禁止之言 其乃造言乎? 予於世子 何以教之? 其退處
상왈 중수 금지 지언 기내 조언 호 여어 세자 하이 교지 기 퇴처

私第之言 亦是詐也. 其實畏予乎."
사제 지언 역시 사야 기실 외여 호

　李孝仁 回自京都 上問曰: "克寬與慕 路間有何言?" 孝仁啓曰:
이효인 회자 경도 상 문왈 극관 여모 노간 유 하언 효인 계왈

"克寬言: '世子冒雨 一日之內入京 吾馬不進 又衣濕 不及到
극관 언 세자 모우 일일 지내 입경 오마 부진 우 의습 불급 도

蓮花坊.' 慕言: '世子入淑嬪之家 吾與宦官等曰: "何以入乎?""
연화방 모언 세자 입 숙빈 지가 오 여 환관 등왈 하이 입호

　上責克寬曰: "中守猶知其非而沮其入 汝等何不擧義止之?" 克寬
상 책 극관 왈 중수 유지 기비 이저 기입 여등 하불 거의 지지 극관

對曰: "世子甚促馬 臣以弱馬不及從之. 及到蓮花坊 世子已歷入
대왈 세자 심 촉마 신이 약마 불급 종지 급도 연화방 세자 이 역입

漢老家 還出上馬也." 命保放克寬 慕等 使待罪于家.
한로 가 환출 상마 야 명 보방 극관 모등 사대죄 우가

丙寅 幸牛峯 田于大芚山 翼日還宮.
병인 행 우봉 전우 대둔산 익일 환궁

刑曹判書尹向卒于平壤.
형조판서 윤향 졸우 평양

初 向還至嘉山患腹病 上命醫元鶴 向壻朴從智乘馹而去. 訃聞
초 향 환지 가산 환복병 상명의 원학 향서 박종지 승일 이거 부문

停朝三日 遣中官洪得敬 齎內幣護喪 以其子季童故 特異之.
정조 삼일 견 중관 홍득경 재 내폐 호상 이기자 계동 고 특이 지

向坡平人 門下評理承順之子. 容儀恭美 少有令名 好高論 早歷
향 파평인 문하평리 승순 지자 용의 공미 소유 영명 호 고론 조력

華要 及爲將相 與時浮沈. 卒年四十五 諡昭度. 致賻米豆五十石 紙
화요 급 위 장상 여시 부침 졸년 사십 오 시 소도 치부 미두 오십 석 지

一百五十卷 遣中官致祭.
일백 오십 권 견 중관 치제

戊辰 地震.
무진 지진

賀聖節使金漸回自北京. 通事金乙玄啓曰: "帝賜菩薩如來歌曲
하성절사 김점 회자 북경 통사 김을현 계왈 제 사 보살 여래 가곡

三百本. 禮部尙書執金漸手曰: '此歌曲 不頒於諸國 惟汝朝鮮 禮義
삼백 본 예부상서 집 김점 수 왈 차 가곡 불반 어 제국 유 여 조선 예의

之邦 且敬愛殿下 故特賜之. 所謂千里送鵝毛 物輕人意重者也.'
지방 차 경애 전하 고 특사 지 소위 천리 송 아모 물경 인의 중자 야

太監黃儼奏: '此宰相 朝鮮殿下之連姻者也. 且權婆婆之族也.' 皇帝
태감 황엄 주 차 재상 조선 전하 지 연인 자야 차 권 파파 지족 야 황제

特厚慰之. 婆婆出奉天門 引見漸曰: '皇帝向殿下誠心珍重 且黃儼
특후 위지 파파 출 봉천문 인견 점 왈 황제 향 전하 성심 진중 차 황엄

每奏殿下至誠.' 因賜六表裏 蓋自內出也."
매주 전하 지성 인 사 육 표리 개 자내 출야

遣中官 賜副正尹昇 衣襨靴笠 以昇守昭頃公之墓也.
견 중관 사 부정윤 승 의대 화립 이승 수 소경공 지묘 야

命義禁府 拿金敬哉以來. 上曰: "世子欲居百姓家 予欲掩其言
명 의금부 나 김경재 이래 상왈 세자 욕거 백성 가 여 욕엄 기언

然徐省已聞之 其能掩乎? 漢老被囚對問 亦不以直 予使其子敬哉
연 서성 이문지 기능 엄호 한로 피수 대문 역 불이직 여사 기자 경재

往質其所犯 然後使鎭撫李孝仁敎漢老曰: '敬哉往傳之言 卿其知
왕질 기 소범 연후 사 진무 이효인 교 한로 왈 경재 왕전 지언 경기지

乎? 攸司淸流卿於退方 予乃置之於竹山 卿其知乎? 攸司淸流敬哉
호 유사 청류 경 어 하방 여내 치지 어 죽산 경기지호 유사 청류 경재

於忠淸道 予乃置之於祖母家 卿其知乎?' 漢老曰: '臣當十死 特蒙
어 충청도 여내 치지 어 조모 가 경 기지 호　　한로 왈 신당 십사 특몽

上恩 以至於此.' 予聽此而已 不敢敬哉之招. 今乃思之 當取敬哉之
상은 이지 어차 여청차 이이 불감 경재 지초 금내 사지 당취 경재 지

招 以示漢老 差人取招乎? 拿敬哉前來取招乎?" 代言元肅 河演等
초 이시 한로 차인 취초 호 나 경재 전래 취초 호 대언 원숙 하연 등

對曰: "三省所知之事 須當拿來取招." 上然之 命拿來 勿項鏁.
대왈 삼성 소지 지사 수당 나래 취초 상 연지 명 나래 물 항쇄

庚午 薦新粟米于宗廟及文昭殿.
경오 천신 속미 우 종묘 급 문소전

賜藥酒于左議政朴訔 右議政韓尙敬 淸城府院君鄭擢 玉川府院君
사 약주 우 좌의정 박은 우의정 한상경 청성부원군 정탁 옥천부원군

劉敞.
유창

罷書筵及宿衛司.
파 서연 급 숙위사

罷趙克寬職 命趙慕勿論. 以慕爲功臣之子也.
파 조극관 직 명 조모 물론 이 모 위 공신 지 자 야

禮曹上墳墓步數 上言:
예조 상 분묘 보수 상언

"永樂十二年三月 本曹受判: '文武兩班祖父母墳墓隨品步數及
영락 십이 년 삼월 본조 수판 문무 양반 조부모 분묘 수품 보수 급

庶人父母墳墓步數定 用周尺定限.' 受敎 然宗室墓地基限 不及詳定
서인 부모 분묘 보수 정 용 주척 정한 수교 연 종실 묘지 기한 불급 상정

且其文武兩班各品墓地步數 亦甚窄狹. 乞自今宗室一品墓地 四面
차 기 문무 양반 각품 묘지 보수 역심 착협 걸 자금 종실 일품 묘지 사면

各一百步 二品九十步 三品八十步 四品七十步. 文武兩班墓地 一品
각 일백 보 이품 구십 보 삼품 팔십 보 사품 칠십 보 문무 양반 묘지 일품

四面九十步 二品八十步 三品以下亦各以前定步數 加一倍定限
사면 구십 보 이품 팔십 보 삼품 이하 역 각 이 전정 보수 가 일배 정한

竝於人戶百步之內 毋得安葬."
병어 인호 백보 지내 무득 안장

從之.
종지

刑曹 臺諫請漢老 黃喜之罪 上覽疏曰: "姑留之. 黃喜之罪 予欲
형조 대간 청 한로 황희 지죄 상 람소 왈 고 유지 황희 지죄 여욕

掩之 因漢老之罪而幷論之已極 毋令更請. 喜之爲人 事予久矣.
엄지 인 한로 지죄 이 병론 지 이극 무령 갱청 희 지 위인 사여 구의

其爲承宣 不欺國 至于近年 爲其子孫欲附世子 對問不直 親近大臣
기 위 승선 불기 국 지우 근년 위 기 자손 욕부 세자 대문 부직 친근 대신

亦言喜之不直 乃至於此 其漢老之罪 則庸陋爲甚. 具宗秀事之
역언희지부직 내지어차 기한로지죄 즉용루위심 구종수사지

未發也 以卞季良爲證 而漢老墮漏具啓曰: '雖世子 其所行有過 則
미발야 이변계량위증 이한로타루구계왈 수세자 기소행유과 즉

敢不啓乎?' 此言爲良. 其後所犯甚陋 又不直對. 予欲取敬哉之招
감불계호 차언위량 기후소범심루 우부직대 여욕취경재지초

以示漢老 使敬哉歸養老母 亦是人情. 然老母非予老母 予何恤乎?
이시한로 사경재귀양노모 역시인정 연노모비여노모 여하휼호

敬哉居近畿 因緣淑嬪不無往來 欲於他處安置 爾等其知之." 乃命
경재거근기 인연숙빈불무왕래 욕어타처안치 이등기지지 내명

崔閑傳旨承政院曰: "當敬哉問 前日承世子之言 告其父之言 辭及
최한전지승정원왈 당경재문 전일승세자지언 고기부지언 사급

其父回答之事而取招. 又當李孝仁問 前日承命宣諭漢老之事及
기부회답지사이취초 우당이효인문 전일승명선유한로지사급

漢老回答之辭而取招 以憑後考. 其敬哉許令還就果川祖母家 毋得
한로회답지사이취초 이빙후고 기경재허령환취과천조모가 무득

出入如有所不謹 則性命可惜 愼之. 漢老任用久矣 且以世子妻父之
출입여유소불근 즉성명가석 신지 한로임용구의 차이세자처부지

故 予不欲用重典."
고 여불욕용중전

　卽傳旨於敬哉 敬哉招辭曰: "今月十二日 世子招我言: '汝父以
즉전지어경재 경재초사왈 금월십이일 세자초아언 여부이

已知之事 對問以不知不可. 今吾已啓 母諱而以直啓聞可也. 吾出
이지지사 대문이부지불가 금오이계 무휘이이직계문가야 오출

蓮花洞宅時 判書與吾言: "新女則不可 於里非親女 入殿不妨 其
연화동댁시 판서여오언 신녀즉불가 어리비친녀 입전불방 기

入殿之事 母及妻出入時可圖." 又於前年吾生日 吾與於里同坐
입전지사 모급처출입시가도 우어전년오생일 오여어리동좌

判書親見之.' 承此具告于父 父曰: '前年生日進殿內 得見有一從前
판서친견지 승차구고우부 부왈 전년생일진전내 득견유일종전

未知女坐在障子內 問於加伊 加氏答曰: "此其女也." 然後我亦
미지여좌재장자내 문어가이 가씨답왈 차기녀야 연후아역

知之.' 餘辭父不答."
지지 여사부부답

　李孝仁招辭曰: "今月十四日 奉旨當漢老問: '子敬哉傳說之言 卿
이효인초사왈 금월십사일 봉지당한로문 자경재전설지언 경

其知乎? 攸司請付處全羅遐方 予乃付處忠淸. 近官亦請付處敬哉
기지호 유사청부처전라하방 여내부처충청 근관역청부처경재

于忠淸道遐方 予乃付處祖母一處 卿其知乎?' 漢老伏地曰: '臣已
우충청도하방 여내부처조모일처 경기지호 한로복지왈 신이

知之 臣罪當十死 不受一杖 近處下送之恩 一口難言.' 仍 墮淚.'
지지 신죄당십사 불수 일장 근처 하송 지은 일구 난언 잉 타루

代言等具此以啓.
대언 등 구차 이계

命義禁府 執書雲視日李良一 署令高仲安 前咸興少尹高若水
명 의금부 집 서운 시일 이양일 서령 고중안 전 함흥 소윤 고약수

以來. 以書雲副正金候啓 和州崔氏陵 修補之誤故也.
이래 이 서운 부정 김후 계 화주 최씨릉 수보 지오 고야

對馬州豆地要里浦都萬戶沙文多羅使人獻禮物.
대마주 두지 요리포 도만호 사문다라 사인 헌 예물

壬申 大雨. 京都開川水溢 橋梁漂沒.
임신 대우 경도 개천 수일 교량 표몰

命罷漢京軍營之役. 召判書朴信 贊成李原等曰: "軍營之作 今方
명파 한경 군영 지역 소 판서 박신 찬성 이원 등 왈 군영 지작 금방

盛熱 姑且停之." 信啓曰: "庶幾成矣 畢事可也." 敎曰: "赴役者
성열 고차 정지 신 계왈 서기 성의 필사 가야 교왈 부역 자

何人?" 信曰: "補充軍 軍器監別軍 司宰監其人等也." 傳旨: "小休
하인 신 왈 보충군 군기감 별군 사재감 기인 등야 전지 소휴

其力 待秋改作仁政殿如何? 每當使臣之來 恨其陜少 恐勞民力
기력 대추 개작 인정전 여하 매당 사신 지래 한 기협소 공로 민력

迨今未改." 原與信等啓曰: "臣等亦且恨其陜少. 作軍營時 擇其
태금 미개 원 여 신 등 계왈 신등 역차 한 기협소 작 군영 시 택기

大材以蓄之 則可不勞民而新之."
대재 이 축지 즉가 불 노민 이 신지

命司僕寺: "自今世子出入 必待予命 乃進鞍馬." 召右賓客卞季良
명 사복시 자금 세자 출입 필대 여명 내 진 안마 소 우빈객 변계량

傳教曰: "書筵賓客等誰歟?" 對曰: "趙庸 金汝知 卓愼及臣也." 上
전교왈 서연 빈객 등 수여 대왈 조용 김여지 탁신 급 신야 상

曰: "捨此更無他求. 求之中國則可得 求於本國則更不得也. 古者
왈 사차 갱무 타구 구지 중국 즉가득 구어 본국 즉갱 부득 야 고자

有賜死其母 而子爲太子者. 金漢老 雖有罪 淑嬪何罪? 欲還納殿."
유 사사 기모 이자 위태자 자 김한로 수 유죄 숙빈 하죄 욕 환납 전

季良啓曰: "婦人內夫家 以夫爲重也. 淑嬪之情 豈欲彰世子之過
계량 계왈 부인 내부가 이부 위중 야 숙빈 지정 기욕 창 세자 지과

乎? 淑嬪所爲 於婦道得矣 淑嬪還殿甚當. 漢老 雖被重罪 於淑嬪
호 숙빈 소위 어 부도 득의 숙빈 환전 심당 한로 수 피 중죄 어 숙빈

何害? 臣嘗有此意 欲啓而不敢也."
하해 신 상유 차의 욕계 이 불감 야

上曰: "世子之言 勢亦如卿之言也. 古者亦有不可多設宿衛之
상왈 세자 지언 세역 여 경 지언 야 고자 역유 불가 다설 숙위 지

議 罷宿衛司速毛赤等何如?" 季良曰: "上敎是矣. 宿衛司速毛赤
무익어세자 파지 이대 자신 이부립 가야 단 구파 서연 불가 세자 유과
無益於世子 罷之 以待自新而復立可也. 但久罷書筵不可 世子有過
우근 강경 청속 부설
尤勤講經 請速復設."

上曰: "予當復設 其僚屬精加選擇 毋以如趙克寬 趙慕者而差下
敎以孝友溫仁可也. 世子當兵曹官員傳敎之日聲言曰: '欲處百姓
之家.' 其不恭如此. 予聞此言 口不足責 然欲使卿往言其過 而慮卿
經宿勞行 期以七月後遣之. 今則欲使崔閑往漢京 還淑嬪于殿 而
其本家奴婢 不許一口得入于殿 卿其知之." 季良對曰: "世子之欲處
百姓家者 豈有他心? 世子已爲識理 故恐其欺天 欺父 欺君 而自怨
自責 發此言也. 世子向於里昵愛成疾 則不可不慮 不然則屛諸遐方
不使密通. 曩 若如此 必無此事."

上曰: "三省請漢老之罪 予當不置於法 然欲使世子絶不爲親."
季良啓曰: "雖至親 若有大罪 則絶不爲親例也 況外舅乎?"
上曰: "卿之言是 予當處之." 遣崔閑于漢京 還入淑嬪于本殿 且
命復書筵. 閑至 傳旨於賓客趙庸 卓愼等曰: "旣往不咎 雖悔可追?
俾世子速改前日之愆 以自新之端 速聞於予." 庸等詣書筵請講
世子辭以足腫. 固請又辭 復請曰: "雖未寧 暫出書筵廳 以聽某等之
言." 亦辭以疾. 庸 愼及書筵官臺諫同辭固請 至再至三 尙不出. 庸
等又請曰: "於某等有敎旨 以便服出書筵廳 告以上敎 終以未寧辭
人皆缺望." 後數日 內官金淳語書筵官曰: "世子以腹病 未能聽講."

賓客及書筵官 臺諫同辭固請 辭以未寧. 趙庸涕泣曰: "吾在賓師

之位 已有年矣 而無補導之效 痛憤痛憤. 請暫出以聽上敎. 若不接

某等 則邸下悔悟之心未著 恐動上意." 世子終以疾辭.

命還給尹臨等二十五人職牒 崔洵 李敢 柳善 李椒 金熙 宋箕

鄭坤 洪陶 許恒 朴融 宋命山 陳仲誠 楊脩 安止 鄭之澹 張允和

柳濱 朴安臣 權照 權緩 趙瑨 權守紀 趙源 權尙溫也.

以金廷儁爲咸吉道都觀察使. 李灌將行 上問母年 灌啓曰:

"八十三歲." 上曰: "母年老 何不言而行乎?" 灌曰: "不敢也." 命以

廷儁代之.

司憲府上疏 曰:

'江原道都觀察使南琴性行殘酷; 金廷儁所行荒淫 皆不合監司之

任 請代循良之人.'

不聽.

囚和州牧使朴允忠于義禁府 令與高仲安 李良一憑問也.

丁酉年 巡審使來啓: "咸吉道八陵 歲久頹缺 宜速修治." 卽下

書雲觀卜吉 咸州義陵 李氏陵 德陵 和州崔氏陵修治 來戊戌年吉.

至是 命書雲觀 義陵高仲安 李氏陵李良一 德陵金候 咸吉道

柳思訥於和州崔氏陵修治. 差牧使朴允忠 又以允忠爲四陵

都差使員. 旣而 思訥恐允忠未能兼辦 使知高原郡事朴質修治

崔氏陵. 然於差牒不書和州 故質意謂 高原之崔氏陵 至吉日修治

之. 思訥知其誤 恐獲罪 與良一 仲安等潛謀 不啓其誤. 金候與思訥

因事有隙 候具書蒙蔽之由以聞 卽下義禁府推之. 承政院: "允忠

到京對問 前則曰莎土蓋墻 後則曰以瓦蓋墻 其言不直." 又啓曰:

"朴質不察監司文字 擅自修補 以隱監司移文之錯. 許令義禁府

鞫問." 從之.

罷內贍少尹金興福職. 興福與弟申福妄以再從兄物故請暇 憲司

請罪 以功臣之子 只罷其職.

命囚內資寺判事安從約 注簿李叔福 直長許扉于義禁府 以太祖

忌辰奠物不精也. 從約 叔福罷職 扉依律科罪.

乙亥 大風以雨 水溢城中 川邊之家漂沒者數十 皆失家産. 又

靜因寺後山頹壓寺 僧徒死者五名.

豹入漢京 市人聚搏之 納于兵曹.

判廣州牧事禹希烈啓守令不修堤堰之罪 上曰: "希烈之事 非爲

其身 全爲國家 其心忠矣. 雖不中 不足過也 各官守令及大小員人

皆厭毁之. 如有不察利害而毁之 則痛懲戒後可也 此三省之任也."

命濬源殿及諸山陵 祭用沙器 從咸吉道都觀察使之請也.

一岐上萬戶道永使人獻禮物 發還本國逃民.

丙子 大雨水溢 大市爲川 人不能行. 傳于承政院曰: "予終夜

不寐. 此水比於甲申年何如?" 李明德等啓曰: "此水不及甲申 況

甲申年當七月穀成之時 此水當立苗 其害又不甚也."

上曰: "甲申之水 乃七月也. 今當五月而如此 後不知有何事 是
상왈　갑신지수　내칠월야　금당오월이여차　후부지유하사　시

不可不慮也. 知戶曹代言慮節用 知工曹代言寢工役. 仁政殿狹隘 欲
불가　불려야　지호조대언　려절용　지공조대언　침공역　인정전　협애　욕

新之 然不改此殿 今已十餘年 何必改作?" 明德啓曰: "此水於臣心
신지　연불개차전　금이십여년　하필개작　명덕계왈　차수어신심

不爲已甚 然殿下遇災而懼 慮其後患是矣."
불위이심　연전하우재이구　여기후환시의

上曰: "予不慮患 臣下當慮之. 予雖不慮 子賢則當慮之. 今吾子
상왈　여불려환　신하당려지　여수불려　자현즉당려지　금오자

不賢 故予有是憂也. 備諭此意於政府 六曹." 明德等宣傳於宰執.
불현　고여유시우야　비유차의어정부　육조　명덕등선전어재집

兵曹判書朴信 贊成李原等曰: "此水不爲已甚. 近年以來 屢有旱氣
병조판서　박신　찬성　이원등왈　차수불위이심　근년이래　누유한기

每祀祈雨 今年不祈而雨 故恐或多害也. 仁政殿不改與節用等事
매사기우　금년불기이우　고공혹다해야　인정전　불개여절용등사

以待各道馳報 知水損之狀而後乃定也." 金孝孫獨曰: "此水乃爲災
이대각도치보　지수손지상이후내정야　김효손독왈　차수내위재

也 何以爲常也?"
야　하이위상야

上問代言等曰: "今兩京費用調度 有加前數者幾何?" 明德等
상문대언등왈　금양경비용조도　유가전수자기하　명덕등

啓曰: "公私常用 不異於前 但有往來轉輸之弊耳." 上曰: "不然 改
계왈　공사상용　불이어전　단유왕래전수지폐이　상왈　불연　개

磨勘以聞."
마감이문

命保放李良一 高仲安 高若水 朴允忠.
명보방　이양일　고중안　고약수　박윤충

丁丑 議還都. 命召議政府 六曹 臺諫 使趙末生等傳旨曰: "予之
정축　의환도　명소　의정부　육조　대간　사조말생등전지왈　여지

來此 非但避厄 自誠寧卒後 心有所未安故也. 今有水災 尤加恐懼.
내차　비단피액　자성녕졸후　심유소미안고야　금유수재　우가공구

大小臣民分于兩京 豈無糜費之弊? 妻子分離 豈無怨咨之嘆? 卜者
대소신민분우양경　기무미비지폐　처자분리　기무원자지탄　복자

云: '十月小厄.' 然豈盡信? 自七月不過十月 議定還都之期."
운　십월소액　연기진신　자칠월불과십월　의정환도지기

政府 六曹 臺諫或云 八月 或云九月 或云十月 論議不一 云十月
정부　육조　대간혹운　팔월　혹운구월　혹운십월　논의불일　운십월

者居多. 朴訔曰: "自古我國家 戊年則不得寧矣. 莫如守靜俟吉
자거다　박은왈　자고아국가　무년즉부득녕의　막여수정사길

立春後還京可也." 敎曰: "左議政之言是矣. 然以十月爲定."
입춘 후 환경 가야　교왈　좌의정 지 언 시의　연 이 십월 위정

移置黃喜于南原府.
이치 황희 우 남원부

刑曹 臺諫上疏曰: '忠直 人臣之大節 爲人臣而無忠直之心者
형조 대간 상소 왈　충직 인신 지 대절 위인신 이 무 충직 지 심 자

不可一日苟容於天地之間也. 喜幸蒙上恩 位至宰輔 固當盡心 思報
불가 일일 구용 어 천지 지 간야　희 행몽 상은 위지 재보 고당 진심 사보

上恩於萬一也. 亂賊宗秀 夫人所共誅 而喜乃輕論上達 又當親問
상은 어 만일 야　난적 종수 부인 소공주 이 희 내 경론 상달 우당 친문

不以直對 其無忠直之心 斷可知矣. 殿下特以不忍之心 只收職牒
불 이직 대 기 무 충직 지 심 단 가지 의　전하 특이 불인 지 심 지수 직첩

廢爲庶人 其於懲惡勸善之義何如? 伏望殿下 將喜不忠不直之罪
폐위 서인 기어 징악권선 지 의 하여　복망 전하 장 희 불충 부직 지 죄

命下攸司 按律施行.'
명하 유사 안율 시행

故有是命. 仍遣司憲監察吳致善 宣旨於喜曰: "予以爾前日近臣
고유 시명　잉견 사헌 감찰 오치선 선지 어 희왈　여 이 이 전일 근신

親愛之情 是用放置于近地交河 今臺諫言之不已 故移于南原. 然不
친애 지 정 시용 방치 우 근지 교하 금 대간 언지 불이 고 이우 남원 연 불

遣人押去 可率老母自歸." 致善 喜之妹子.
견인 압거 가 솔 노모 자귀　치선 희 지 매자

移置金漢老于羅州.
이치 김한로 우 나주

刑曹 臺諫交章上言: '儲副 國本 當養之以正 不納於邪. 漢老唯
형조 대간 교장 상언　저부 국본 당 양지 이정 불납 어 사　한로 유

知 進諂之爲事 而累及於世子 此宗社不赦之罪 而臣等所共拊心也.
지 진첨 지 위사 이 누 급어 세자 차 종사 불사 지죄 이 신등 소공 부심 야

殿下特霈寬恩 只收職牒 留置近地 臣等深有憾焉. 伏望殿下 一依
전하 특패 관은 지수 직첩 유치 근지 신등 심 유감 언　복망 전하 일의

義禁府照律 明正其罪.'
의금부 조율 명정 기죄

命移置漢老父子于羅州.
명 이치 한로 부자 우 나주

賓客趙庸 卓愼問安於世子 世子曰: "前疾未愈." 庸等謂宦者
빈객 조용 탁신 문안 어 세자 세자왈　전질 미유　용 등 위 환자

尹德仁曰: "告于邸下 遣人問安于行在." 語未畢 宦者金淳出自:
윤덕인 왈　고우 저하 견인 문안 우 행재　어 미필 환자 김순 출자

"世子曰: '比來久曠問安 遣人何如?'" 庸等答曰: "正合某等之望 然
세자왈　비래 구광 문안 견인 하여　용 등 답왈　정합 모등 지 망 연

問安於行在 則上必問邸下之安否 答以累日未寧 恐傷上心. 若非
他病 果腹病 服藥調理 出書筵廳講 毋以未寧聞于上總." 請之再三
固辭以疾. 庸等更告曰: "辭以未寧而不服藥 恐有心疾." 世子曰:
"獲罪於上 敢安平心?" 庸等曰: "治心病之藥 非醫所能. 願悔其
旣往 遷善自新 以慰上心. 治病莫切於忠孝俱全." 世子曰: "賓客常
以戒謹訓我 我背師傅之訓 乃至於此. 然猶未寧 未能接見." 終不聽
賓客之言. 尹德仁宣言於外曰: "邸下自還殿以來 不嗜進膳 闔戶
不出 恐其憂憤成疾."

世子貳師劉敞 左賓客金汝知 右賓客卞季良啓曰: "漢老 世子之
舅也 而以不義誘之 願俾世子絕不爲親."

上乃下旨刑曹曰: "世子 國君之儲副 預養素敎 不可不謹. 奸臣
宗秀等交結憸小 誘以不義 幸賴天地 宗社之祐 事覺伏誅. 其時
世子告廟上書 悔過自新 不意漢老以世子之舅 曾不是懲 反生譎計
陰進女色 以誤儲副 得罪宗社. 政府 勳臣 六曹 臺諫合辭請罪 欲置
於法 予尙不忍 姑黜於外. 今又書筵官援引故事 請俾世子絕不爲
親 其議允當. 其令世子絕漢老而不以爲親 以斷迷誤之源 以告中外
以幸宗社."

禁漢京及開城留後司公處營繕.

以米布貿易金銀於濟州. 工曹啓: "濟州人家 多蓄金銀器." 故有
是命.

命璿源殿及諸山陵 祭用砂器 從咸吉道都觀察使之請也.
명 선원전 급 제 산릉 제용 사기 종 함길도 도관찰사 지 청야

以觀音堀屬于曹溪宗. 命承政院曰: "擇能幹事僧 俾修演福寺."
이 관음굴 속우 조계종 명 승정원 왈 택능 간사승 비수 연복사

己卯 世子遣內官朴枝生 上書親製手書.
기묘 세자 견 내관 박지생 상서 친제 수서

辭曰: '殿下侍女 盡入宮中 豈盡重念而納之? 欲出加伊 憐其居生
사왈 전하 시녀 진입 궁중 기진 중념 이 납지 욕출 가이 연기 거생

艱難 且出外與人相通 則聲譽不美 以此不出. 到今出臣數妾 哭聲
간난 차 출외 여인 상통 즉 성예 불미 이차 불출 도금 출신 수첩 곡성

及於四隣 怨望盈於國內 何不反求諸身乎? 責善則離 離則不祥
급어 사린 원망 영어 국내 하 불반 구저신호 책선 즉 이 이즉 불상

莫大焉. 臣無如此 故絶樂器之絃之行 無含忍將來縱意聲色之計 唯
막대언 신무여차 고 절 악기 지현지행 무 함인 장래 종의 성색 지계 유

率意任情 以至於此.
솔의 임정 이지 어차

漢高祖居山東時 貪財好色 乃終定天下; 晉王廣 雖稱其賢 及其
한고조 거 산동 시 탐재 호색 내종 정천하 진왕 광 수칭 기현 급기

卽位 身危國亡. 殿下安知臣之終有大孝也? 禁此一妾 所失多而
즉위 신위 국망 전하 안지 신지 종유 대효 야 금차 일첩 소실 다이

所得少. 何謂所失多? 不能禁千萬世子孫之妾 此所失多也 出一妾
소득 소 하위 소실 다 불능 금 천만 자손 지첩 차 소실 다야 출 일첩

所得少也. 王者無私 申孝昌陷太祖於不義 罪重赦之. 漢老唯以悅
소득 소야 왕자 무사 신효창 함 태조 어 불의 죄중 사지 한로 유 이열

臣心爲事 忘布衣之交 棄之暴也 功臣自此危矣. 淑嬪有孕 一不
신심 위사 망 포의지교 기지 포야 공신 자차 위의 숙빈 유잉 일불

飮粥 一朝有故 則非常. 願自今自新 無一毫動念.'
음죽 일조 유고 즉 비상 원 자금 자신 무 일호 동념

上覽之 出示六代言及卞季良曰: "此言皆辱予 所謂夫子未出
상 람지 출시 육대언 급 변계량 왈 차언 개 욕여 소위 부자 미출

於正之辭也. 予若有愧 何敢示此書於爾等乎? 皆以妄事爲言 予欲
어정 지사야 여약 유괴 하감 시 차서 어 이등 호 개 이 망사 위언 여욕

明辨." 使季良製答書 啓曰: "此事皆妄也 何足與答? 但使大臣擧義
명변 사 계량 제 답서 계왈 차사 개 망야 하족 여답 단사 대신 거의

責之可也."
책지 가야

上曰: "可. 世子惡我責善. 古有易子而教 今後大臣教之 予則
상왈 가 세자 오아 책선 고유 역자이교 금후 대신 교지 여즉

寬大. 予昔納內風流 不爲予身就閑 爲太祖娛也 知申事之所知
관대 여석 납내 풍류 불위 여신 취한 위 태조 오야 지신사 지 소지

也. 勢將難敎 處之若何?" 末生等五人皆請斬於里 以絕其惑. 季良

孝孫言: "蔽固已甚 勢難卽止 姑還其女."

上曰: "如六代言之言 則其儺嫌可不畏乎? 予將送人責之." 命取

枝生招. (招曰): "世子今後如有啓聞事 必先送啓聞 上許然後詣闕

直達 毋令依式事外 入傳及上書. 如此之意 傳說尹德仁及殿內內官

施行 不然則大懲鑑後. 如謀叛及時事則不在此限."

命枝生傳諭世子 其辭曰:

'日者 予告汝以漢老納女之事 且曰: "此言若出 則國家必欲

殺之." 漢老亦曰: "臣罪十死." 汝何以爲漢老無罪乎? 申孝昌承命

隨太祖 故有司雖請 予心以爲未便而不允 予何以爲孝昌罪重乎?

淑嬪有子 故不以罪人之女爲嫌而還殿 雖死 予何惜乎? 汝何以不

飲粥有故非常 恐動我乎? 師傅 賓客請絕漢老 不以爲親 故絕而

付處羅州 如有再請 其死必矣.'

枝生卽歸京都. 世子爲人狂惑淫戲 好馳馬 不喜儒生 不事學問

每於書筵 稱疾不出 書筵官請之再三 然後或出. 論師在前 援引

前言往行 反覆諭之 不專心聽之. 其所好者 非射御有力之士 則

必便嬖伶人之徒. 嘗於上講武出幸平康之日 託故不出 以廢都門

拜送之禮 卽其日率其群小 潛往衿川 富平等處 馳騁放鷹 游舟爲樂

三日而還. 又上之宴朝廷使臣之日 命世子侍宴 方溺於倡妓 辭疾

不從. 咸吉道節制使進俊鷹聞之 使人要於路 誘而取之 代他鷹

進之. 又於四月八日夜 踰宮墻 與憸小之徒 挾彈彈燈爲戲. 嘗陰結
폐인 구종수 영인 이오방 등 사 유장 입궁 박혁 음주 달석 혹어 월야 여

嬖人具宗秀 伶人李五方等 使踰墻入宮 博奕飮酒達夕 或於月夜 與
군소 유장 이 출유 가상 탄 금슬 위희 우 여 오방 등 왕 종수 가 감음 달서

群小踰墻而出遊 街上彈琴瑟爲戲. 又與五方等往宗秀家 酣飮達曙
자 재의 급 기 사각 종수 오방 등개 복주 제이 회과 지의 작서 고우

者再矣. 及其事覺 宗秀 五方等皆伏誅. 褆以悔過之意 作誓告于
종묘 기이 익 어리 어 한로 제 부납 우전 사우각 상이 종사 대계 통절

宗廟 旣而 匿於里於漢老第 復納于殿 事又覺. 上以宗社大計 痛切
책지 서기 자신 차 유 한로 우외 세자 반회 원분 수 상서 사 심 패만 차

責之 庶幾自新. 且流漢老于外 世子反懷怨憤 遂上書 辭甚悖慢. 且
대서 특서 부진 이장 심위 무례 내 명 조말생 재 세자 서 시우 영의정

大書特書 敷陳二張 甚爲無禮. 乃命趙末生 齎世子書 示于領議政
유정현 좌의정 박은 등왈 세자 다일 불효 연 가추 불가 외양 여상

柳廷顯 左議政朴訔等曰: "世子多日不孝 然家醜不可外揚 予常
욕엄 기과 이단 면설 기비 기 회오 금 반유 원대 지 심 위오 지어 여차

欲掩其過 而但面說其非 冀悔悟 今反有怨懟之心. 爲惡至於如此
여 하감 은

予何敢隱?"
경기 개성현 북산 유 감함 처 삼십 여척 명 서운관 왕관 지

京畿開城縣北山 有坎陷處三十餘尺 命書雲觀往觀之.

태종 18년 무술년
6월

六月

경진일(庚辰日) 초하루에 최한(崔閑)을 한경(漢京)에 보내서 좌의정 박은(朴訔), 옥천부원군(玉川府院君) 유창(劉敞), 찬성(贊成) 이원(李原), 예조판서 김여지(金汝知) 등을 불렀다. 최한에게 명해 뜻을 전해 말했다.

"내가 세자의 글을 보니 몸이 송연(竦然)해 가르치기가 어렵겠다[難敎]. 경 등은 이미 사부(師傅)의 직을 겸(兼)했으니, 함께 토의해 잘 가르치도록 하라. 나는 관용을 베풀어[從寬] 그 여자를 돌려주려는데, 어떠하겠는가?"

은(訔)이 아뢰어 말했다.

"어찌 돌려줄 수가 있겠습니까? 일찍이 그 여자를 없애서 그 유혹을 끊어버리는 것만 못합니다."

상이 말했다.

"이 아이가 비록 마음을 고친다고 하더라도, 그 말의 기세[言之勢]를 살펴본다면 정치를 하게 되는 날에는 다른 사람들에 대한 화복(禍福)을 예측하기가 어렵다. 관용을 베풀어 그 여자를 돌려주고, 서연관(書筵官)으로 하여금 간언해 나오게 해서 잘 가르치고 키워야 마땅할 것 같다. 이와 같이 해도 마음을 고치지 않는다면 고례(古禮)에 의거해 이를 처리하겠다."

즉시 한(閑)을 보내 세자의 글을 서연관에게 보이고 그 참에 세자에게 가르침을 내리게 하니, 한이 명(命)을 받들고서 갔다. 세자가 윤덕인(尹德仁)으로 하여금 서연(書筵)에 고(告)하게 했다.

"지난밤에 벼락이 치고 천둥이 쳐서 들어가 잘 수가 없었다. 또 귓가의 태양혈(太陽穴)[1]이 심히 아파 서연(書筵)에 나아가지 못하겠다."

빈객(賓客)이 말했다.

"그저께 이미 말씀하기를 '내일 서연에 나간다'라고 하시고는 실행하지 않으셨고, 어제 또 말씀하기를 '내일 서연에 나간다'라고 하셨는데 금일 또 병으로 사양하시니, 간절히 저하(邸下)를 위해 이를 애석하게 여깁니다. 만약 편찮으시다면 서연을 억지로 열 수는 없습니다. 청컨대 잠시 나와서 저희들을 접견하소서."

대답해 말했다.

"만약 빈객들을 볼 수 있다면 어찌 강(講)을 듣지 않겠는가?"

헌납(獻納) 권맹손(權孟孫)이 말했다.

"그저께 이미 말씀하기를 '내일이다'라고 하셨고 어제 또 말씀하기를 '내일이다'라고 하셨는데, 오늘 다시 병을 가지고 사양하시니 저희들은 저하(邸下)가 신(信-믿음)을 잃는 것이라 생각합니다."

대답했다.

"만약 신(信)을 잃는 것이라고 고집한다면, 다리 아래에 물이 흐르는데[橋下水流]² 어찌 이처럼 말하는가? 서연관(書筵官)은 그리
교하 수류

---

1 귀 위 눈의 옆쪽으로, 곧 음식물을 씹으면 움직이는 곳이다.
2 옛날 중국에서 미생(尾生)이라는 사람이 다리 아래에서 여자와 만나기로 약속하고 기다리던 중 큰물을 만났는데 고지식하게 피하지 않다가 죽었다는 고사(故事)에서 나온 말로, 다리 아래에 물이 흐르니 미생(尾生)처럼 우직(愚直)하게 신(信)을 지키지 않고 그것

알라."

빈객(賓客) 탁신(卓愼)이 말했다.

"헌납(獻納)의 청(請)은 감히 서연(書筵)을 하고자 하는 것이 아닙니다. 병이 만약 조금이라도 나았다면 병을 이기고[力疾] 나와서 빈객(賓客)을 맞이하는 정도에 그치라는 것일 뿐입니다. 청컨대 잠깐이라도 나오시는 것이 어떠하겠습니까?"

대답해 말했다.

"빈객(賓客)의 말이 진실로 옳다. 위에 황천(皇天)이 있으니, 내가 나가지 아니함은 병이 그렇게 만든 것이다."

신(愼)이 눈물을 흘리며 고(告)해 말했다.

"저하(邸下)께서 하늘을 가리켜 맹세하는데 어찌 감히 다시 번거롭게 하겠습니까? 신이 남을 감동시키는 덕(德)이 없어 족히 저하(邸下)의 마음을 움직이지 못합니다. 그러나 태조(太祖)가 창업(創業)하시고, 금상 전하께서 일찍이 온갖 어려움을 겪으시어[備嘗] 오늘날의 태평(太平) 시대에 이르렀습니다. 위로는 중국(中國)에서 정성으로 대접하고, 아래로는 왜놈[倭奴]들이 덕(德)을 사모해 스스로 복속(服屬)하니, 진실로 천 년에 얻기가 어려운 때입니다. 이와 같은 태평한 기업(基業)이 저하에게 이르기를 기대하고 바라는데, 저하께서는 어찌하여 전하의 마음을 체득하지 아니합니까?"

한이 세자전에 이르러서 서연청(書筵廳)에 들어가 세자에게 선전(宣傳-임금의 말을 전함)하고자 하면서, 빈객(賓客)·서연관(書筵官)·대

———
을 피하겠다는 뜻이다.

간(臺諫)으로 하여금 (먼저) 함께 전지(傳旨)를 듣게 하고 또 세자가 올린 글을 내보이니, 세자가 말했다.

"내가 심히 부끄러워하는데, 어찌 반드시 여러 사람이 함께 듣겠는가? 빈객(賓客)과 한두 서연관(書筵官)만 들어도 충분할 것이다."

탁신과 최한이 고(告)해 말했다.

"상의 가르침이 이와 같으니, 한이 다시 무슨 말을 하겠습니까?"

십여 차례나 청(請)한 다음에야 서연청(書筵廳)에 나왔다. 빈객(賓客)·서연관(書筵官)·대간(臺諫)이 함께 들어오니, 한이 선전(宣傳)했다.

"너는 옛날에 지아비가 있는 여자를 담장을 넘어 끌어들이거나 혹은 한밤중에 이르러 담장을 넘어 밖으로 나갔으니, 악공(樂工)의 집에서 하나라도 모르는 바가 없었다. 이로 인해 복주(伏誅)된 자가 몇 사람이고 죄를 입은 자가 몇 사람이었으나, 부자(父子) 사이에는 착한 일을 하도록 책하지[責善] 않기 때문에 내가 이로 인해 말하지 않았다. 네가 또 고(告)하기를 '김한로(金漢老)의 죄는 나라 사람들이 함께 아는 바입니다'라고 했으니, 마땅히 극형(極刑)에 처하기를 청해야 할 터인데 어찌하여 지금은 다르게 말하는가? 내가 병술년(丙戌年-1406년)에 너에게 근심을 부탁하고[屬憂]³ 아침저녁으로 태조(太祖)에게 효도하고자 했으나, 인심(人心)의 악함이 이미 심해서 실행하지 못했으므로 실로 부끄러운 마음[慙愧]이 있다. 신효창(申孝昌)·정용수(鄭龍壽)의 사건을 내가 어찌 알지 못하겠는가마는, 내가 그때

---

3 임금 자리를 넘겨주려 했던 일을 말한다.

효창 등에게 명해 태조를 시위(侍衛)하게 했기 때문에 경중(輕重)을 헤아려 죄를 처치한 것이다. 너는 어찌하여 스스로 새사람이 돼 속히 전날의 허물을 고치지 않는가? 부자(父子) 사이에 어찌 객(客)이 매를 때려서 가르치겠는가? 이제 너의 글을 보니, 또한 사리를 알지 못하는 글이라고는 이를 수 없다. 서연(書筵)은 네가 하고자 한다면 할 수 있고, 하고자 아니한다면 할 수 없다. 날마다 빈객(賓客)을 맞이해 좋은 말을 찾아서 듣도록 하라."

빈객(賓客)과 보덕(輔德)이 글을 보고 나서, 그 밖의 서연관(書筵官)들이 이를 보고자 하니 세자가 막아서서 보지 못하게 했다. 필선(弼善) 이하가 밖으로 나가서야 이를 볼 수 있었다. 탁신이 상서(上書)의 불공(不恭)한 것과, 또 충효(忠孝)로써 뜻을 세워 바른 도리에 따라 스스로 새사람이 돼 허물을 고치는 따위의 말을 극진히 진달(進達)했는데, 간절하게 이를 말했다. 한이 그 글을 가지고 돌아왔다.

○ 명해 권보(權堡)를 목 베게 했다.

상이 말했다.

"권보는 오방(五方-이오방)의 당(黨)인데, 지금까지 오히려 살아 있다."

마침내 의금부 지사(義禁府知事) 신경원(申敬原)을 인동(仁同)에 보내서 보(堡)를 목 베고 가산(家産)을 적몰(籍沒-압수)했다.

○ 의주목사(義州牧事) 박초(朴礎)에게 명해 서울로 돌아오게 했다.

이에 앞서 요동(遼東) 군인들이 사신(使臣)을 맞이하려고 의주에 도착해서는 몰래 민호(民戶)에 들어가 마필(馬匹)을 역환(易換)하고 다투어 빼앗으니, 초(礎)가 이를 금지하고 요동 군사들이 가진 물화(物貨)를 거두고 빼앗자 사신이 크게 노했다. 이때에 이르러 형조에 명해 초로 하여금 사마상경(私馬上京)⁴하게 했으니, 이는 죄를 가하고자 해서가 아니라 요동 도사(遼東都司)와 사신(使臣)으로 하여금 이를 알게 하고자 한 것일 뿐이었다.

신사일(辛巳日-2일)에 큰비가 내렸다.

○ 최이(崔迤)를 의정부 찬성(議政府贊成), 이원(李原)을 이조판서, 민여익(閔汝翼)을 예조판서, 심온(沈溫)을 공조판서, 정진(鄭鎭)을 우군도총제(右軍都摠制), 김여지(金汝知)를 판한성부사(判漢城府事-한성부 판사), 이도분(李都芬)을 개성유후사 유후(開城留後司留後), 이지강(李之剛)을 함길도 도관찰사(咸吉道都觀察使), 박초(朴礎)를 전라도 수군도절제사(全羅道水軍都節制使), 임귀년(任龜年)을 판의주목사(判義州牧事-의주목 판사)로 삼았다.

○ 의정부(議政府)·삼공신(三功臣)·육조(六曹)·삼군도총제부(三軍都摠制府), 각사(各司)의 신료(臣僚) 등이 소(疏)를 올려 세자를 폐(廢)할 것을 청했다.

유정현(柳庭顯)·박은(朴訔)·한상경(韓尙敬)·유창(劉敞)·정탁(鄭擢)과 육조(六曹)·삼군(三軍)·대간(臺諫)이 모두 조계청(朝啓廳)에 나아오니, 조말생(趙末生)·이명덕(李明德) 등이 뜻을 전해 말했다.

---

4 외방에 나가 있는 관리가 죄를 지었을 때 역마(驛馬)를 타지 않고 사마(私馬)로 서울로 올라오는 일을 말한다.

"세자 제(褆)가 간신(奸臣)의 말을 듣고 함부로 여색(女色)에 혹란(惑亂)해 불의(不義)를 자행(恣行)했다. 만약 후일에 생살여탈(生殺與奪)의 권력을 마음대로 한다면 형세를 예측하기가 어려우니, 여러 재상(宰相)은 이를 자세히 살펴 나라에서 바르게 시행하는 것이 마땅하다."

이리하여 의정부·육조·삼공신·삼군도총제부, 문무(文武) 대소 각사(各司) 신료(臣僚) 등이 말씀을 올렸다.

"신 등이 간절히 생각건대 신자(臣子)의 직분(職分)은 충효(忠孝)에 있고 충효가 없으면 사람이 될 수가 없는데, 하물며 세자(世子)이겠습니까? 지난번에 세자가 역신(逆臣) 구종수(具宗秀) 등과 사통(私通)해 불의를 자행했으니 즉시 폐해 추방하는 것이 합당한데, 전하께서 적장(嫡長)이라 해 차마 갑자기 폐하지 못했습니다. 또 세자에게 스스로 그 잘못을 진달(陳達)해 이미 종묘(宗廟)에 고(告)하게 하고 또 글을 올리게 해서 그가 자신(自新)하고 자애(自艾-스스로를 잘 다스림)하기를 바랐으니, 전하의 마음이 자애롭다고 이를 만합니다. 세자로서 마땅히 해야 할 바는 깊이 스스로 각책(刻責)해서 그 허물을 피해 종묘의 중책을 이어받고 군부(君父)의 은혜에 보답하기를 생각하는 것인데, 세자는 일찍이 허물을 뉘우치고 자신(自新)하려는 뜻이 없이 간신 한로(漢老)의 음모를 듣고 다시 전날의 잘못을 저질렀으니 자못 심함이 있었습니다. 그 죄가 하늘을 속이고 종묘(宗廟)를 속이고 임금을 속이고 아버지를 속이는 데 이르렀으니, 그가 종사(宗社)를 이어받아 제사를 주관할 수 없음은 또한 더욱 분명합니다. 전하가 이에 부자(父子)의 사사로운 은의(恩誼)로써 다만 한로를 외방으로 내치기만 했으니, 종사와 국가의 대계(大計)에 있어서 어찌 되겠으며 억조(億兆) 신민(臣民)의 소망(所望)에 있어서 어찌 되겠습니까? 대소 신료(大小臣僚)가 분하고 답답하게 여기지 않음이 없으니, 일이 중한 것을 돌아보아 감히 말을 내는 것입니다.

이제 세자는 오로지 허물을 뉘우치지 아니할 뿐 아니라 도리어 원망하고 노여운 마음을 일으켜 오만하게 글을 올렸는데, 그 사연이 패만(悖慢)하고 조금도 신자(臣子)의 뜻이 없었으니 신 등이 놀라고 두려워하며 전율(戰慄)해 죽음을 무릅쓰고 글을 올립니다. 엎드려 바라건대, 전하께서는 태조의 초창(草創)한 어려움을 생각하고 종사(宗社) 만세(萬世)의 대계(大計)를 생각하셔서, 대소 신료(大小臣僚)의 소망(所望)을 굽어 따르고 대의(大義)로 결단하시어 세자를 폐해 외방으로 내치도록 허락하시면 공도(公道)에 심히 다행하겠으며 종사에 심히 다행하겠습니다."

사간원(司諫院)에서 소를 올려 말했다.

'신 등이 가만히 보건대, 옛날에 태갑(太甲-은나라 2대 임금)이 아형(阿衡-재상 이윤)을 따르지 않고서 욕망을 좇아 법도를 어기고 방종을 좇아 예(禮)를 패하니, 이윤(伊尹)이 말하기를 "이것은 불의(不義)다. 습성이 되어 본성을 이루었으니, 나는 의(儀)를 좇지 않는 사람과는 가까이하지 않겠다"라고 하면서 동(桐) 땅에 궁(宮)을 짓게 했습니다. 태갑(太甲)이 동(桐) 땅에서 스스로를 원망하며 자애(自艾)해서, 3년 동안 인(仁)에 거(居)하고 의(義)로 마음을 바꿔 이윤(伊尹)의 가르침을 들었으므로 다시 박(毫-은나라 수도)에 돌아왔습니다. 신하라면 임금에 대해 오히려 또 이와 같이 해야 하는데, 하물며 지금 세자가 전하에게 순종하지 않는 경우이겠습니까? 엎드려 바라건대 전하께서는 세자로 하여금 허물을 뉘우치고 자신(自新)한 뒤에야 마침내 그 자리를 회복하게 하셔서서 종묘(宗廟)·사직(社稷)의 근본을 튼튼하게 하고 신민(臣民)의 소망을 위로하소서.'

사헌부(司憲府)에서 소를 올려 말했다.

'저부(儲副-세자)를 세우고 곧 문신(文臣)으로써 서연(書筵)을 겸해서 맡게 한 것은 도의(道義)를 강(講)해 밝혀서 날마다 선(善)한 데로 나아가고 사악(邪惡)한 것을 받아들이지 않으려는 것인데, 불행하게도 세자는 간신의 말을 믿고 따라서 불의를 자행했으나 전하께서는 부자의 은의(恩誼)로써 차마 폐출(廢黜)하지 못하셨습니다. 이제 또 (세자가) 분노해 글을 올렸는데 그 사연이 불공(不恭)했으니, 부사의 뜻에 있어서 어찌 되겠으며 대소 신료의 소망에 있어서 어찌 되겠습니까? 인심이 돌아가는 바를 갖고서 천명을 알 수 있습니다. 엎드려 바라건대 전하께서는 대의로 결단해 세자를 폐출해서 외방으로 내치고, 그 서연관(書筵官) 중에서 도성(都城)에 머물고 있는 빈객 이하도 직첩을 거둬 안율(按律)해 시행하소서.'

임오일(壬午日-3일)에 세자 이제(李禔)를 폐해 광주(廣州)에 추방하고 충녕대군(忠寧大君)【휘(諱)】을 왕세자로 삼았다.

상이 말했다.

"백관(百官)이 올린 소장(疏狀)의 사연을 내가 읽어보니 몸이 오그라들었다[竦身]. 이는 천명이 이미 떠나가 버린 것이므로, 마침내 그

송신

것을 따르겠다."

영의정 유정현(柳廷顯), 좌의정 박은(朴訔), 우의정 한상경(韓尙敬), 옥천부원군(玉川府院君) 유창(劉敞), 청성부원군(淸城府院君) 정탁(鄭擢), 찬성 최이(崔迤), 병조판서 박신(朴信), 한평군(漢平君) 조연(趙涓), 평성군(平城君) 조견(趙狷), 장천군(長川君) 이종무(李從茂), 판좌군도총제부사(判左軍都摠制府事) 이화영(李和英), 이조판서 이원(李原), 곡산군(谷山君) 연사종(延嗣宗), 공조판서 심온(沈溫), 도총제(都摠制) 박자청(朴子靑)·이징(李澄), 대제학(大提學) 변계량(卞季良), 지돈녕부사(知敦寧府事) 김구덕(金九德), 형조판서 박습(朴習), 찬찬 김점(金漸), 총제(摠制) 권희달(權希達)·유은지(柳殷之)·최윤덕(崔閏德)·최운(崔沄)·문계종(文繼宗)·홍부(洪敷)·홍섭(洪涉)·이배(李培)·김귀보(金貴寶)·문효종(文孝宗)·윤유충(尹惟忠), 예조참판 신상(申商), 병조참판 이춘생(李春生), 동지돈녕부사(同知敦寧府事) 이담(李湛), 공조참판 이적(李迹), 부윤(府尹) 이원항(李原恒), 호조참판 이발(李潑), 부윤(府尹) 민계생(閔繼生), 사간(司諫) 정상(鄭尙), 집의(執義) 허규(許揆) 등이 조계청(朝啓廳)에 모였다. 지신사(知申事) 조말생(趙末生), 좌대언(左代言) 이명덕(李明德) 등에게 명해 뜻을 전해 말했다.

"세자의 행동이 지극히 무도(無道)해서 종사(宗社)를 이어받을 수 없다고 대소 신료(大小臣僚)가 청(請)했기 때문에 이미 폐(廢)했다. 무릇 사람이 허물을 고치기는 어려우니, 옛사람 중에서 능히 허물을 고친 자는 오로지 태갑(太甲)뿐이었다. 말세(末世)에 해외(海外)의 나라에 있는 내 아들이 어찌 능히 태갑과 같겠는가? 나라의 근본은 정하지 아니할 수가 없으니, 만약 정하지 않는다면 인심이 흉흉(洶洶)

할 것이다. 옛날에는 유복자(遺腹者)를 세워 선왕(先王)의 유업(遺業)을 이어받게 했고, 또한 적실(嫡室)의 장자(長子)를 세우는 것은 고금(古今)의 변함없는 법식이다. 제(禔)는 두 아들이 있는데 장자(長子)는 나이가 다섯 살이고 차자(次子)는 나이가 세 살이니, 나는 제(禔)의 아들로 대신케 하고자 한다. 장자가 유고(有故)하면 그 동생을 세워 후사(後嗣)로 삼을 것이니, 왕세손(王世孫)이라 칭할지 왕태손(王太孫)이라 칭할지 고제(古制)를 상고해 토의해서 아뢰라."

한상경 이하의 군신(群臣)들은 모두 제(禔)의 아들을 세우는 것이 좋다고 했으나, 유정현이 말했다.

"신은 배우지 못해 고사(故事)를 알지 못합니다만, 그러나 일에는 권도(權道)와 상경(常經)이 있으니 뛰어난 사람을 고르는 것[擇賢]이 마땅합니다."
_{택현}

박은이 말했다.

"아비를 폐하고 아들을 세우는 것이 고제(古制)에 있다면 괜찮습니다만, 없다면 뛰어난 사람을 골라야 합니다."

조연·김구덕·심온·김점·유은지·이춘생·최운·문계종·이배·윤유충·이적·이원항·이발·정상·허규 등 15인이 말했다.

"뛰어난 이를 고르소서."

이원이 말했다.

"옛사람들은 큰일이 있을 적에 반드시 거북점[龜占]과 시초점[筮占]을 쳤으니, 청컨대 점을 쳐서 정하소서."

말생 등이 돌아와 내전(內殿)에 들어가니, 상이 좌우(左右)를 물리치고[辟=屛] 말했다.

"여러 경(卿)이 무엇이라고 하던가?"

말생이 여러 신하의 의견들을 바치니, 상이 이를 읽어보고 말했다.

"내가 점을 쳐서 이를 정하겠다."

말생이 나가자 상이 내전으로 들어가서 여러 신하가 뛰어난 사람을 고르자고 청(請)했다는 사실을 왕비에게 말하니, 왕비는 불가(不可)라며 말했다.

"형을 폐하고 아우를 세우는 것은 화란(禍亂)의 근본이 됩니다."

상도 이를 옳게 여겼다. 얼마 후에 마침내 깨닫고서 말했다.

"오늘의 일은 마땅히 뛰어난 사람을 골라야 할 뿐이다."

즉시 최한에게 명해 뒤쫓아가서 말생을 도로 데려오게 했다. (그러나) 한이 아직 이르기 전에 이미 말생이 여러 신하에게 뜻을 전해 일렀다.

"장차 이원의 의견을 따르겠다."

말생이 돌아오니 상이 말했다.

"의견들 가운데 점괘를 따르기를 원한다는 말이 있었기 때문에 나도 이렇게 하고자 했다. 그러나 나라의 근본(根本)을 정하는 것은 뛰어난 사람을 고르지 않을 수가 없다."

마침내 뜻을 전해 말했다.

"나는 제(禔)의 아들로 대신하고자 했으나 여러 경이 모두 말하기를 '불가(不可)하다'라고 하니, 마땅히 뛰어난 사람을 골라서 아뢰어라."

정현(廷顯) 이하 여러 신하가 또 아뢰어 말했다.

"아들을 알고 신하를 아는 것에는 군부(君父) 같은 이가 없습

니다."

상이 말했다.

"옛사람들이 말하기를 '나라에 훌륭한 대군[長君]이 있으면 사직
(社稷)의 복(福)이 된다'라고 했다. 효령대군(孝寧大君)은 자질이 미약
하고 또 성품이 너무 곧아서 개좌(開坐)⁵하는 것이 없다. 내 말을 들
으면 그저 빙긋이 웃기만 할 뿐이므로, 나와 중궁(中宮)은 효령이 항
상 웃는 것만을 보았다. 충녕대군(忠寧大君)은 천성(天性)이 총명하고
민첩하며[聰敏] 자못 배움을 좋아해서 비록 몹시 추운 때나 몹시 더
운 때를 당하더라도 밤새도록 글을 읽으니, 나는 그가 병이 날까 봐
두려워 항상 밤에 글 읽는 것을 금지시켰으나 나의 큰 책(冊)을 모두
청하여 가져갔다. 또한 치체(治體)를 알아서 매빈 큰일에 헌의(獻議-
건의)하는 것이 진실로 합당하고 또 일반 사람들이 할 수 있는 생각
밖에서 나왔으니, 예컨대 중국 사신을 접대할 적이면 신채(身彩)와
언어 동작(言語動作)이 두루 예(禮)에 부합했다. 술 마시는 것이 비록
무익(無益)하나, 중국 사신을 대해 주인으로서 한 모금도 능히 마실
수 없다면 어찌 손님을 권해서 그 마음을 즐겁게 할 수 있겠느냐?
충녕은 비록 술을 잘 마시지 못하지만 적당히 마시고[適中] 그치며,
또 그 아들 가운데 장대(壯大)한 아이가 있다. 효령대군은 한 모금도
마시지 못하므로 이 또한 불가(不可)하다. 충녕대군【휘(諱)】이 대위(大
位)를 맡을 만하니, 나는 충녕을 세자로 정하겠다."

정현 등이 말했다.

---

5 자세하게 조목조목 일을 처리한다는 말이다.

"신 등이 이른바 뛰어난 사람을 고르자는[擇賢] 것 또한 충녕대군을 가리킨 것입니다."

의견이 이미 정해지자, 상이 통곡해 흐느끼다가 목이 멨다[失聲]. 얼마 후에 말생 등에게 가르쳐 말했다.

"대개 이 같은 큰일은 시간을 끌면 반드시 사람을 상(傷)하게 된다. 너는 선지(宣旨-임금의 뜻을 선포함)를 내어 속히 진하(陳賀)하게 함이 마땅하다."

이때에 문무백관(文武百官)이 대궐에 나아와 세자를 정한 것을 하례했다. 상이 즉시 장천군(長川君) 이종무(李從茂)를 경도(京都)에 보내서 종묘(宗廟)에 고(告)해 말했다.

"세자 제(禔)가 지난해 봄에 허물을 뉘우치고 스스로 꾸짖는 글을 지어서 고(告)했으므로 신이 오히려 보존했는데, 1년이 되지 못해 다시 전날의 잘못을 저질러서 자못 심함이 있었으나 신이 또 가볍게 꾸짖어 그가 뉘우치고 깨닫기를 바랐습니다. (그런데) 요즈음 다시 글을 올렸는데 그 사연이 심히 패만(悖慢)해서 전혀 신자(臣子)의 예(禮)가 없으니 대소 신료가 합사(合辭)해서 폐하기를 청했고, 충녕대군【휘(諱)】이 효성스럽고 우애로우며 온화하고 인자해서 진실로 저부(儲副)에 합당하다는 여망이 있으므로, 이를 감히 고(告)합니다."

또한 상호군(上護軍) 문귀(文貴)를 전지관(傳旨官)으로 삼아 최한과 더불어 경도(京都)로 가서 백관(百官)이 폐하자고 청(請)한 장소(章疏)를 제(禔)에게 보이게 하고, 또 폐해 내친다는 뜻을 유시(諭示)하게 했다. 그때 정현 등이 제와 가속(家屬)을 춘천(春川)에 내치도록 청하니, 상이 그것을 따랐다. 한참 있다가 뜻을 전해 말했다.

"중궁이 성녕대군(誠寧大君)이 졸(卒)하면서부터 하루도 눈물을 흘리지 않는 날이 없었는데, 제(禔)를 가까운 고을에 두고 소식이라도 자주 듣기를 바란다고 청했다. 또한 물이 깊어 떠나보내기가 어려우니, 그를 사제(私第)에 내보내 물이 줄어들기를 기다렸다가 그때 가서 보내라."

정현 등이 말했다.

"경도(京都)에는 머물러 둘 수 없습니다."

상이 옳게 여겨 즉시 명해 첨총제(僉摠制) 원윤(元胤)을 배치관(陪置官)으로 삼아 경도로 가게 해서, 제(禔)를 근수비(根隨婢) 13명, 종 6명, 화자(火者) 4명과 함께 광주(廣州)에 내쳐 안치(安置)하게 하고, 마침내 가르침을 내려 말했다.

"저부(儲副)를 뛰어난 사람으로 세우는 것은 곧 고금(古今)의 대의(大義)요, 죄가 있으면 마땅히 폐하는 것은 오로지 국가의 항구한 법식이다. 일에는 하나의 대개(大概-큰 개요)가 있는 것이 아니므로, 사리에 합당하기를 기약할 뿐이다. 내가 일찍이 적장자(嫡長子) 제(禔)를 세자로 삼았는데, 나이가 성년(成年)에 이르도록 학문을 좋아하지 않고 성색(聲色)에 빠졌다. 나는 그가 나이가 어리기 때문이라 여기고 거의 장성(長成)해서 허물을 고치고 스스로 새사람이 되기를 바랐으나, 나이가 스물이 넘어도 도리어 군소배(群小輩)와 사통(私通)해 불의한 짓을 자행했다.

지난해 봄에는 일이 발각돼 죽음을 당한 자가 여러 사람이었다. 제가 이에 그 허물을 모조리 써서 종묘에 고하고, 나에게 글을 올려 스스로 뉘우치고 꾸짖는 듯했으나, 얼마 가지 않아 또 간신 김한로(金漢老)의 음모(陰謀)에 빠져 다시 전철(前轍)을 밟았다. 내가 부자(父子)의 은의(恩誼)로써 다만 한로만을 내쳤으나 제는 이에 뉘우치는 마음이 있지 않고 도리어 원망하고 노여워하는 마음을 품어서 분연(憤然)히 글을 올렸는데, 그 사연이 심히 패만(悖慢)해서 전혀 신자(臣子)된 뜻이 없었다. 정부(政府)·훈신(勳臣)·육조(六曹)·대간(臺諫)·문무백관(文武百官)이 합사(合辭)해서 소장(疏狀)에 서명(署名)해 말하기를 '세자의 행동이 종사(宗社)를 이어받아 제사를 주장하거나 막중한 부탁(付託)을 맡을 수가 없습니다. 엎드려 바라건대 태조(太祖)께서 겪으신 초창(草創)한 어려움을 우러러 생각하고 또 종사(宗社) 만세(萬世)의 대계(大計)를 생각해서, 대소 신료의 소망(所望)에 굽어 따르시어 공의(公義)로써 결단해서 세자를 폐해 외방으로 내치도록 허락하시고, 종실 중에서 뛰어난 자를 골라 즉시 저이(儲貳-세자)를 세워서 인심(人心)을 정(定)하소서'라고 하고, 또 이르기를 '충녕대군(忠寧大君)은 영명공검(英明恭儉)하고 효우온인(孝友溫仁)하며 학문을 좋아하고[好學] 게을리하지 않으니[不倦] 진실로 저부(儲副)의 여망(輿望)에 부합합니다'라고 했다. 내가 어쩔 수 없이 제(禔)를 외방으로 내치고 충녕대군【휘(諱)】을 세워 왕세자(王世子)로 삼는다.

아아! 옛사람들이 말하기를 '화(禍)와 복(福)은 자기가 구(求)하지 않는 것이 없다'[6]라고 했으니, 내가 어찌 털끝만큼이라도 애증(愛憎)의 사심(私心)이 있었겠느냐? 아아! 중외(中外)의 대소 신료는 나의 지극한 생각을 본받으라.'

6   『맹자(孟子)』「공손추상(公孫丑上)」에 나오는 말이다.

충녕대군은 귀 밝고 눈 밝으며[聰明] 배움을 좋아해서 덕망(德望)이 날로 높아지니, 중외(中外)에서 마음이 쏠리고[歸心] 양궁(兩宮-임금과 중궁)이 총애(寵愛)하기를 더욱 성대하게 했다. (반면에) 제(禔)가 그와 같이 광포(狂暴)하고 방종(放縱)해서 나라 사람들[國人-조정 신하]도 그가 부여받은 중임(重任)을 감당하지 못할까 염려했으나, 상은 일찍이 폐(廢)하거나 새로 세울 생각이 없었으므로 군신(群臣)이 청(請)하자 오히려 어렵게 여겼고 중궁(中宮)도 불가하다고 말했다. 그러나 군신(群臣)이 굳게 청(請)하자 마침내 따르니 중외(中外)에서 흡연(洽然)히 기뻐하고 경축(慶祝)했다. 이숙번(李叔蕃)이 일찍이 상에게 사뢰어 말했다.

"사람들이 모두 청하기를 '충녕은 가산(家産)을 다스리지 않으니 곧은 자[直者]라고 이를 만하다'라고 합니다."

상당군(上黨君) 이애(李薆)가 여러 차례 은근한 뜻을 보였고, 성달생(成達生)·이굉(李宏)이 모두 수종(隨從)하기를 원해 공효(功効)를 이룰 뜻을 가졌으며, 이적(李迹) 또한 대군(大君)에게 사뢰어 말했다.

"이적도 인친(姻親)의 연고가 있으니 나아가 뵈올 수가 있습니다."

외인(外人) 중에서도 만나 뵙기를 원했으나 만나지 못한 자가 많았다. 한때 대군(大君)의 덕(德)을 경모(景慕)해서 사람들이 모두 마음을 돌림이 이와 같았다. 대군은 평상시에 거주할 적에 부인(夫人)을 경대(敬待)했으니, 그녀가 나아가고 물러갈 때는 반드시 일어나서 보내고 맞이했다. 그때 상이 창덕궁(昌德宮)에 임어(臨御)하니 대소인(大小人)이 경복궁(景福宮)을 지나면서 하마(下馬)하는 자가 적었으나, 대군은 지날 적마다 반드시 내리기를 비록 저녁이든 밤이든 비가 오든 눈이 오든 폐하지 않았으니, 그 공경함과 신중(愼重)함이 천성(天性)에서 나온 것이 이와 같았다.[7] 사신(使臣) 황엄(黃儼)이 대군을 보고 늘 똑똑하고 밝은 것[分曉]을 칭찬해 말했다.

"영명(英明)함이 뛰어나[絶] 부왕(父王)을 닮았다. 동국(東國)의 전위(傳位)는 장차 이 사람에게 돌아갈 것이다."

이때에 이르러 원민생(元閔生)이 세자를 봉(封)해줄 것을 청(請)하는 표문(表文)을 가지고 연경(燕京)에 이르니 엄(儼)이 그가 오게 된 일을 물었는데, 민생이 말하기를 "세자를 바꾸기를 청합니다"라고 하자 엄이 말했다.

"필시(必是) 충녕을 봉하도록 청하는 것이리라."

○ 봉숭도감(封崇都監)[8]을 두어 세자를 책봉(冊封)하는 의주(儀注)를 마련했다. 찬성 최이(崔迤), 참판 이적(李迹)을 제조(提調)로 삼았다. 영의정 유정현(柳廷顯)이 2품 이상을 거느리고 대궐의 뜰에 나아와 한로(漢老)의 죄를 청했으나 윤허하지 않았다.

○ 직예문관(直藝文館) 이수(李隨, 1374~1430년)[9]를 한경(漢京)에서

---

7 이는 『논어(論語)』 「향당(鄕黨)」편에 나오는 공자의 모습과 통한다. 공자는 임금이 자리에 없어도 임금의 자리를 지나칠 때 낯빛이 변했고, 그 주변에서 말을 하게 될 경우 마치 말을 제대로 하지 못하는 사람처럼 말을 어눌하게 했다.

8 봉숭(封崇)하는 일을 위해 임시로 설치한 일종의 위원회.

9 1396년(태조 5년) 생원시에 제1위로 합격했으며, 1410년(태종 10년) 왕이 경명행수(經明行修)한 사람을 구할 때 대사성 유백순(柳伯淳)의 천거로 뽑혔으나 사퇴했다. 이듬해 지신사(知申事) 김여지(金汝知)가 소명(召命)을 전하자 상경해서 여러 왕자의 교육을 맡아보았다. 1412년 종묘서주부(宗廟署主簿)를 지냈고, 1414년 왕이 성균관에 행차하여 취사(取士)할 때 제4위로 급제, 전사주부(典祀主簿)·공조정랑·예조정랑을 거쳐 1417년 전사소윤(典祀少尹)을 지냈다. 이듬해 세종이 즉위하자 사재감정(司宰監正)·좌군동지총제(左軍同知摠制)가 됐고, 1422년(세종 4년) 황해도관찰사를 거쳐 태종이 세상을 떠나자 고부부

명소(命召-명해서 부름)했다. 수(隨)가 일찍이 세자에게 글을 가르쳤으므로 장차 서연관(書筵官)으로 삼으려는 것이었다.

○ 사헌부(司憲府)에서 소(疏)를 올렸다. 소는 이러했다.

'수령의 직에 백성의 휴척(休戚-평안과 근심)이 달렸습니다. 우리 동방(東方)의 군현(郡縣)은 300여 고을인데, 그 수령들이 어찌 모두 이 백성에게 부모 노릇을 (제대로) 하겠습니까? 그 가운데는 강포(强暴)하고 불법(不法)을 행해 형벌을 잘못 써서 사람을 죽인 자나, 탐오(貪汚)하고 무도(無道)해서 취렴(聚斂-전곡을 거둬들임)해 자기 것으로 들이는 자가 간혹 있습니다. 이민(吏民)으로 하여금 이를 고(告)하게 한다면 도타운 풍속이 없어질 뿐 고알(告訐-남의 잘못을 들춰내 고하는 것)하는 풍속을 기르는 것을 모범으로 삼을 수는 없게 되고, 또 풍헌(風憲-사헌부)의 신하는 풍문(風聞)으로써 탄핵하는 것을 금하고 있어서 감히 추핵(推劾)하지 못하니, 무엇을 꺼리고 두려워하겠습니까? 욕심을 부리고 행동을 방자하게 해서 못하지 않는 바가 없기 때문에 전하의 적자(赤子)들이 슬퍼하고 탄식함을 면하지 못하니, 신 등은 밝은 시대에 유감된 일이라 아니할 수가 없습니다.

가만히 생각건대, 나라에서 풍문(風聞)의 일을 말하는 것을 금지하는 것은 선량한 사람을 상(傷)하게 할까 두려워해서입니다. 만약 정적(情迹)이 애매(曖昧)한 일이라면 그러할 것입니다. 수령이 하는 짓

사(告訃副使)가 되어 명나라에 다녀왔다. 1423년 예문관제학·이조참판, 1425년 중군도총제(中軍都摠制)·참찬의정부사를 역임했다. 1427년 어머니의 상으로 사직했고, 1429년 예문관대제학·이조판서에 재등용됐다가 이듬해 병조판서가 됐으나 취중에 말에서 떨어져 죽었다.

이 한 읍(邑)에 드러나서 이민(吏民)이 함께 알고 눈을 흘기며 원망하는데 오로지 조정(朝廷)만이 알지 못한 채 풍문(風聞)을 가지고 감히 거론해 추핵(推劾)하지 못하게 하니, 비록 (수령을) 삼가고 무겁게 여기는 뜻은 있으나 징계하는 도리는 아닙니다. 빌건대 이제부터 대소 수령(大小守令)이 불법해 백성을 가혹하게 다스리는 따위의 일이 백성의 이목(耳目)에 드러난 자와, 저 감사(監司)의 하는 짓이 불법해 한 도(道)에 드러난 자는 핵실(覈實)해서 과죄(科罪)하도록 허락하소서.'

그것을 따랐다.

계미일(癸未日-4일)에 서연(書筵)의 보덕(輔德) 이하의 관직을 없앴다.

사간원(司諫院)에서 소를 올려 말했다.

'간절히 생각건대, 국가에서 저부(儲副)를 세우고 서연(書筵)을 두는 것은 도의(道義)를 강명(講明)해서 바른 도리로 보도(輔導)하고 사악(邪惡)을 들이지 않으려는 때문입니다. 지금 유도(留都-한양에 머묾)한 빈객(賓客) 행 성균대사성(行成均大司成) 조용(趙庸), 이조참판 탁신(卓愼)과 그 이하 서연관(書筵官)이 저부(儲副)로 하여금 불의(不義)한 짓을 자행하게 했을 뿐 일찍이 보도(輔導)한 공효가 없었고, 또 전하께서 여러 번 중사(中使)를 보내 경비(警備)한 것이 지극했습니다. 저부(儲副)가 글을 올릴 때를 맞아서는 짐짓 듣고도 알지 못하는 체해 한마디 만류하는 말도 없었으니, 그 위임(委任)한 뜻에 어찌 되겠습니까? 또 악(惡)을 없애고 근본에 힘쓰는 것은 국가의 상형(常刑)인데, 금일의 일이 이 지경에 이른 것은 능히 일찍이 화근(禍根)을 없애지 못한 데서 비롯된 것입니다. 엎드려 바라건대 전하께서는 위의 항목의 서연관 조용(趙庸) 등의 죄를 유사(攸司)에 내려서 안율(按律)해 시행하시고, 아울러 어리(於里)라는 계집을 먼 지방에 내쳐 화(禍)의 싹을 막으소서.'

사헌부(司憲府)에서 소를 올려 말했다.

'우리 전하께서 즉위(卽位)하던 처음에 저부(儲副)를 세워 나라의 근본으로 삼고 즉시 문신(文臣)으로써 요좌(僚佐)를 겸해 맡게 해 좌우(左右)에 둔 것은, 미리 기르고 평소에 가르쳐 절차탁마(切磋琢磨)함으로써 날마다 선(善)한 데로 나아가 격물(格物)·치지(致知)·성의(誠意)·정심(正心)의 공효를 이루고자 함이었습니다. 빈객(賓客) 조용(趙庸)·변계량(卞季良)·김여지(金汝知)·탁신(卓愼), 보덕(輔德) 조서로(趙瑞老), 필선(弼善) 유직(柳直)·박서생(朴瑞生), 문학(文學) 우승범(禹承範), 사경(司經) 유구사(柳九思)·유승유(柳升濡), 정자(正字) 이사맹(李師孟) 등은 바른 심술(心術)과 밝은 도학(道學)으로 진강(進講)하지 않고 다만 아부(阿附)와 아첨만 일삼아 그저 예예 하며 무조건 따름으로써 세자로 하여금 불의에 빠지게 했으니, 그 성상(聖上)께서 관부(官府)를 세우고 사부(師傅)를 둔 뜻에 어찌 되겠습니까? 빌건대, 위 항목의 서연관 등은 그 직첩(職牒)을 거두고 안율(按律)해 시행(施行)해서 후래(後來)를 경계시키소서.'

명해 빈객(賓客)은 논하지 말게 하고 그 나머지 서연관은 파직했다.

○ 사헌부(司憲府)·사간원(司諫院)에서 김한로(金漢老)의 죄를 청했다. 간원에서 말씀을 올렸다.

"전날 형조(刑曹)와 대간(臺諫)에서 간신(奸臣) 김한로의 죄를 교장(交章)해 아뢰었으나 전하께서 특별히 너그러운 법전(法典)을 좇아 다만 나주(羅州)에 유배시키도록 하셨으니, 신 등은 배나 간절히 마음 아파합니다. 가만히 생각건대, 한로의 죄는 천지(天地)와 종사(宗社)에서 용서할 수 없는 바이고 대소 신민(大小臣民)이 함께 분하게 여기는 바입니다. 전하께서는 어찌 이 일부(一夫)의 몸과 목숨을 아끼느라 천지와 종사의 영령에 답하지 않으시고 신민의 소망을 위로하지 않습니까? 엎드려 바라건대 전하께서는 한결같이 전의 소장에서 아뢴 바에 의거해서 그 죄를 밝게 바로잡아 뒷사람에게 감계(鑑戒)를 내리소서."

헌부에서도 말씀을 올렸다.

"김한로는 이미 저부(儲副)의 장인으로서 마땅히 규잠(規箴-규범과 경계)의 말을 진언(進言)해서 세자로 하여금 날로 선(善)한 데로 나아가고 끝내 사악(邪惡)을 마음에 들이지 않도록 했어야 합니다. (그런데) 이러한 생각은 하지 않은 채 도리어 아첨하고 잘 보이기에만 마음을 써서, 몰래 여색(女色)을 바쳐 그 음욕(淫欲)을 부리는 마음을 키워주어 그로 하여금 불의(不義)에 빠지게 했습니다. 황천(皇天)이 이를 꾸짖고 종사(宗社)에서 노여워해 전하의 손을 빌려 폐해 외방에 내쳤습니다. 신 등이 가만히 생각건대, 한로의 죄는 천지와 종사에게 용서할 수 없는 바이니 전하께서 사정(私情)을 쓸 수 없는 바입니다. 엎드려 바라건대 전하께서는 대의(大義)로 결단하시어, 한로를 밝게 법대로 처치해 가산(家産)을 적몰(籍沒)해서 천지와 종사의 노여움을 푸시고, 또 어리(於里)는 마음을 미혹(迷惑)시키는 화근(禍根)이요 사람을 상하게 하는 괴물(怪物)이니 아울러 법대로 처치함으로써 자손 만세에 경계를 보이소서."

모두 다 윤허하지 않았다.

○ 소주(燒酒)와 약주(藥酒)를 제(禔)에게 내려보냈다. 또 의원(醫員) 정종하(鄭從夏)·한용진(韓用珍) 등에게 명해 서로 교대로 광주(廣州)로 가서 약(藥)을 시탕(侍湯)해 병을 치료하게 하고, 그 참에 소합원(蘇合圓)·청심원(淸心圓)·양비원(養脾圓)·목향원(木香圓)을 내려보냈다.

○ 판사역원사(判司譯院事-사역원 판사) 정교(鄭喬)를 보내서 왜인에게 사로잡혔던 중국 사람[唐人] 진익원(陳益原) 등 24인을 요동(遼東)으로 압송(押送)했다.
당인

갑신일(甲申日-5일)에 세자(世子)에게 관교(官敎-일종의 임명장)를 내려주고, 심씨(沈氏)를 봉(封)해 경빈(敬嬪)으로 삼았다. 제(禔)를 강봉(降封)해 양녕대군(讓寧大君)으로 삼고 숙빈 김씨(淑嬪金氏)를 삼한국대부인(三韓國大夫人)으로 삼았다. 심씨는 온(溫)의 딸이다.

유정현(柳廷顯)을 영돈녕부사(領敦寧府事-돈녕부 영사), 한상경(韓尙敬)을 영의정부사(領議政府事), 이원(李原)을 우의정으로 삼고, 이지(李枝)를 좌의정으로 치사(致仕)[10]하게 했다. 권홍(權弘)을 판돈녕부사

---

10 나이가 많아 벼슬을 내어놓고 물러나는 것을 말한다. 조선조 때에는 당상관(堂上官)으로

(判敦寧府事), 이지숭(李之崇)을 판우군도총제부사(判右軍都摠制府事), 심온(沈溫)을 이조판서, 정역(鄭易)을 호조판서, 유관(柳觀)을 예문관대제학(藝文館大提學)·세자좌빈객(世子左賓客), 맹사성(孟思誠)을 공조판서·세자우빈객(世子右賓客), 이지강(李之剛)을 호조참판·세자좌부빈객(世子左副賓客), 권우(權遇)를 예문관제학(藝文館提學)·세자우부빈객(世子右副賓客)·판승문원사(判承文院事-승문원 판사), 윤회(尹淮)를 판전의감사(判典醫監事-전의감 판사), 김익정(金益精)을 보덕(輔德)·예문관직제학(藝文館直提學), 유영(柳潁)을 전사시윤(典祀寺尹), 정초(鄭招)를 필선(弼善)·전사소윤(典祀少尹), 권도(權蹈)를 직예문관(直藝文館), 이수(李隨)를 문학(文學), 변계량(卞季良)을 예조판서, 김여지(金汝知)를 판한성부사(判漢城府事), 이맹균(李孟畇)을 충청도 도관찰사, 이발(李潑)을 함길도 도관찰사로 삼았다.

○ 내관(內官) 이촌(李村)에게 명해 양녕대군(讓寧大君)의 관교(官敎)와 김씨(金氏)의 관교를 광주(廣州)에 보냈다.

○ 명해 좌의정(左議政)으로 치사(致仕)한 이지(李枝)에게 제2과(第二科)의 녹(祿)을 주게 했다.

을유일(乙酉日-6일)에 경승부(敬承府)를 순승부(順承府)로 고쳐 세자전(世子殿)에 소속시켰다.

홍여방(洪汝方)·성억(成抑)을 순승부윤(順承府尹)으로 삼고, 우희

치사하는 경우에 예조(禮曹)에서 매달 고기와 술을 급여했으며, 국가의 중대한 정사로 인해 치사하지 못하는 70세 이상된 1품관에게는 궤(几)와 장(杖)을 하사했다.

열(禹希烈)을 판청주목사(判淸州牧事)로, 이배(李培)를 판광주목사(判廣州牧事)로 삼았다.

○ 문귀(文貴, ?~1439년)[11]·최한(崔閑)이 한경(漢京)에서 돌아왔다.

애초에 상이 문귀를 보내면서, 귀(貴)에게 일러 말했다.

"경은 종실(宗室)과 인척(姻戚) 관계에 있으니, 세자가 경을 본다면 반드시 놀라지 않을 것이다. 내가 경을 보내려는 것은 군신(群臣)이 모두 말하기를 '마땅하다'라고 해서다. 경이 가서 나의 말을 세자에게 이야기하라."

그러면서 통곡(痛哭)하느라 목이 메었는데, 마침내 가르쳐 말했다.

"네가 비록 광패(狂悖)했으나 나는 네가 새사람이 되기를 바랐는데, 어찌 뉘우치지 않고 개전(改悛)하지 않아 이 지경에 이르리라고 생각이나 했겠는가[圖]? 백관(百官)이 지금 너의 죄를 가지고 폐(廢)하기를 청했기 때문에 어쩔 수 없이 그것을 따랐으니, 너는 이에 그것을 알아야 할 것이다. 네가 화(禍)를 자취(自取)한 것일 뿐이다. 나와 너는 부자(父子)이지만 군신(君臣)의 도리도 있다. 내가 백관(百官)의 청(請)을 보았더니 나의 몸도 망연자실[爽然] 떨렸다. 네가 옛날에 나에게 고(告)하기를 '나는 (임금) 자리를 사양하고 시위(侍衛)하고 싶습니다'라고 했으나 내가 불가(不可)하다고 대답했는데, 이제 너의 자리를 사양하게 됐으니 네가 평소에 바라던 바다. 효령대군(孝寧大君)은 바탕이 약한데[質弱], 충녕대군(忠寧大君)은 고명(高明)하기 때문에 내가 백관의 청으로 세자로 삼았다. 너는 옛날에 나에게 고(告)

---

11 신의왕후 한씨의 동생의 아들이다. 태종과는 이종사촌 사이다.

하기를 '내가 충녕(忠寧)을 사랑하기를 매우 돈독(敦篤)히 해서, 비록 조그마한 물건이라도 더불어 같이 먹고자 생각합니다'라고 했으니, 이제 충녕(忠寧)으로써 너의 자리를 대신하게 했으니 반드시 너를 대접하는 생각이 두터울 것이다. 회안군이 병인(兵刃-칼)을 가지고 나를 해치고자 했으나 내가 두텁게 대접해 평안히 평생을 보존했는데, 하물며 네가 충녕(忠寧)에게 무슨 죄가 있겠느냐? 일생(一生)을 평안히 누릴 것을 가히 알 수 있다. 군신(群臣)이 모두 너를 먼 지방에 안치(安置)할 것을 청했으나 중궁(中宮)이 울면서 나에게 청하기를 '제(禔)가 어린아이들을 거느리고 먼 지방으로 간다면 안부(安否)를 통하지 못할 것입니다. 빌건대 가까운 곳에 두소서'라고 하고, 나 또한 목석(木石)이 아닌데 어찌 무심(無心)하겠느냐? 이에 군신(群臣)에게 청하자 군신(群臣)들도 잠정적으로 또 따랐기에 너를 광주(廣州)에 안치(安置)하는 것이다. 네가 백관(百官)의 장(狀)을 보면 너의 죄를 알고 또 나의 부득이한 정을 알 것이다. 비자(婢子)는 13구(口)를 거느리되, 네가 사랑하던 자들을 모두 거느리고 살라. 노자(奴子)는 장차 적당히 헤아려서 다시 보내겠다. 전(殿) 안의 잡물(雜物)을 모조리 가지고 가도 상관없겠지만, 옛날에 이러한 예(例)가 없었으니 네가 가졌던 탄궁(彈弓)과 그 나머지 것들은 모두 전(殿)에 두라. 오로지 네 생활의 자량(資糧)은 내가 도모해서 부족함이 없게 하겠다. 비록 후회하더라도 어찌 미칠 수가 있겠는가마는, 그러나 지금 부모(父母)가 살아 있을 때까지는 좋은 이름이 들리면 좋겠다. 세자의 인신(印信)·관교(官敎)·복용(服用-의복)의 모든 물건은 모두 맡은바 관원(官員)으로 하여금 수령(收領)하게 하는 것이 좋겠다. 경(卿-문귀)은 세자에게 전교(傳敎)하고, 최한은 숙빈(淑嬪)에게 전교하라."

이때에 이르러 돌아와 아뢰어 말했다.

"신 등이 상의 가르침을 세자에게 선유(宣諭)하고 또 백관(百官)의 장(狀)을 보이니, 세자가 이를 보고 읽다가 '분노(憤怒)'라는 두 글자에 이르러 말하기를 '이것은 내 마음에 가졌던 것이 아니라 옛날에 사양하기를 청했으나 허락을 얻지 못한 탓에 금일에 죄를 얻은 것입니다'라고 하고, 또 말하기를 '고금천하(古今天下)에 자식으로서 신하가 되어 나와 같은 자가 세상에 살아남을 수 있었던 적이 없습니다'라고 했습니다. 문귀가 말하기를 '상께서 신으로 하여금 백관(百官)의 장(狀)을 가지고서 첫머리에서 끝까지 백관(百官)의 이름을 쓴 곳을 모두 펴 보이게 했으니, 청컨대 마땅히 다시 이를 보소서'라고 하니, 답하기를 '대체(大體)를 이미 알았다. 다시 펴볼 것이 없다'라고 했습니다. 귀가 또 말하기를 '상께서 이미 회안(懷安-방간)을 평안히 보존한 연고와 전일에 사양하기를 청한 말로써 후일에 평안히 생(生)을 누리리라는 것을 말씀하셨는데, 어찌하여 나와 같은 사람이 세상에 살아남을 수 있었던 적이 없었다고 이야기하십니까?'라고 하니, 제(禔)가 말하기를 '옛날에 자리를 사양하겠다는 청(請)과 충녕(忠寧)을 두터이 사랑한다는 말은 신이 아뢴 것입니다'라고 했습니다. 최한으로 하여금 전(殿) 안에서 떠들거나 우는 것[喧泣]을 금지시켰습니다. 다음날 밝지도 않아서 숙빈(淑嬪)과 함께 광주(廣州)로 가니, 귀가 전(殿) 안의 잡물(雜物)을 각사(各司)에 붙였는데 종비(從婢) 13구(口) 외에 4비자(婢子)가 있었습니다. 그 근원을 물으니 모두 시녀(侍女)였으므로, 밖에 나가지 못하게 하고 우선 전(殿) 안에 두었습

니다."

상이 말했다.

"제(禔)가 비탄(悲嘆)스러워하던가?"

귀가 대답해 말했다.

"선교(宣敎)할 때 신은 눈물이 흐르는 것을 참지 못했으나, 양녕(讓寧)은 눈물을 흘리지 않았을 뿐 아니라 조금도 비탄하는 모습이 없었습니다."

상이 다시 그러했는지를 물으니 귀가 대답했다.

"신이 아뢴 바 그대로입니다."

상이 말했다.

"그러니 그처럼 된 것이다. 어찌 허물을 뉘우치겠는가? 4비자(婢子)도 내가 장차 제(禔)가 있는 곳에 보내겠고, 어리(於里)로 하여금 또한 따라서 광주(廣州)에 가게 하겠다."

마침내 내신(內臣) 홍득경(洪得敬)을 한경(漢京)에 보내서, 4비자(婢子)를 광주(廣州)로 보내도록 했다.

원윤(元胤)이 돌아와 아뢰어 말했다.

"양녕(讓寧)이 동대문(東大門)에 이르러 신에게 묻기를 '경은 무슨 일로 오는가?' 하므로 대답하기를 '호송(護送)입니다'라고 했습니다. 양녕이 또 말하기를 '이 땅을 다시 볼 길이 없을 것이다. 아아!'라고 하고, 광나루[廣津]에 이르러서도 배를 타고 눈물을 흘렸습니다. 또 작별할 때 신에게 말하기를 '내가 성질이 본래 거칠고 사나워서 [麤暴] 보통 때 나아가 뵈올 적에 말이 반드시 불공(不恭)했다. 이제 마침내 다시 상서(上書)한 글을 보니 불공(不恭)하기가 이와 같았으니, 죄가 심했으나 죽지 않은 것은 상의 덕택이다. 어떻게 보답하고 사례하겠는가? 내 성질이 겁약(怯弱)하기 때문에 짐작(斟酌)을 잘못해서 자주 불효(不孝)를 범했으니, 어찌 상을 뵙기를 기약하겠는가?' 라고 했습니다. 그 시비(侍婢) 13인이 나라에서 정한 숫자인데, 소아(小兒)로서 더 따라가는 자가 2인 있었으므로 신이 사계(四季) 등 2인을 빼앗아 한경(漢京)으로 보냈습니다."

상이 말했다.

"2인은 모두 그 첩인데, 경이 빼앗은 것은 잘못이다."

즉시 명해 광주(廣州)로 보내게 했다.

병술일(丙戌日-7일)에 사은사(賜恩使) 동지총제(同知摠制) 원민생(元閔生)에게 의복(衣服)과 안장[鞍子]을 내려주었다. 민생(閔生)을 불러 만나보고 말했다.

"동전(東殿-왕비)의 병세가 두려우니 세자로 하여금 8월을 넘기지 않고 조현(朝見)하고 세전(歲前)에 되돌아오게 하려는데, 경이 8월 안에 돌아올 수 있겠느냐? 경이 비록 피로하겠으나 세자의 행차에 반드시 경으로 하여금 수종(隨從)하게 하는 것은, 재상(宰相)이 통사(通事)로서 수종(隨從)하는 전례(前例)가 이미 있기 때문이다. 전에 세자의 행차에는 이현(李玄)이 이 일을 했다."

민생이 대답했다.

"신은 8월 초순에 돌아올 수 있습니다."

○ 판사(判事) 설내(偰耐)를 보내 동문(東門)에서 기청(祈晴-날이 개기를 기도함)했다.

○ 다시 십사(十司)¹²의 중령(中領)을 세우고 각각 호군(護軍) 1인씩을 두었다.

○ 의용위(義勇衛)를 두었다.

장천군(長川君) 이종무(李從茂), 당성군(唐城君) 홍해(洪海), 동지총제(同知摠制) 심정(沈泟)을 절제사(節制使)로 삼았다. 세자에게 명해 이를 감무(監撫)¹³하게 하니, 병조에서 아뢰어 말했다.

"새로 설치한 의용위 충무(忠武) 5령(領), 용무(龍武) 5령(領), 호용(虎勇) 5령(領)에는 호군(護軍) 15명과 갑사(甲士) 166명을 빼내서 나눠 붙이는 것이 어떠하겠습니까? 그 위(衛)의 절제사(節制使) 3인은 삼군진무소(三軍鎭撫所)의 예로써 윤번(輪番)으로 입직(入直)하는 것이 어떠하겠습니까? 그 위(衛)의 진무(鎭武) 15인이 정한 숫자인데, 삼군진무(三軍鎭撫) 5인을 제외한 그 나머지는 가당한 사람으로 채우는 것이 어떠하겠습니까?"

상이 그대로 윤허하고[依允], 병조판서 박신(朴信)에게 명해 말했다.
<small>의윤</small>

"십사(十司)의 중령(中領)을 지금 이미 다시 세웠으니, 십사(十司)의 5령(領)에 대장(隊長)·대부(隊副)를 더해 정하되 인원수 3,000을 더한다면 봄가을에 강무(講武)할 때 외방(外方)의 백성을 구군(驅軍-몰

---

12 의흥친군위(義興親軍衛)에 딸린 좌군(左軍)·우군(右軍)·응양위(鷹揚衛)·금오위(金吾衛)·좌우위(左右衛)·신호위(神虎衛)·흥위위(興威衛)·비순위(備巡衛)·천우위(千牛衛)·감문위(監門衛)를 말한다.

13 세자가 임금을 도와서 나라를 돌보고 군사를 어거하는 일을 말하니, 곧 세자의 직무(職務)를 가리킨다. 감국무군(監國撫軍)이라고도 한다.

이꾼)에 참여시키지 않게 될 것이니, 어떠하겠는가?"

여러 경이 말했다.

"옳습니다."

마침내 병조에 내리라고 명했다.

○ 양녕대군(讓寧大君) 제(褆)에게 반상(飯床)에 쓰이는 은기(銀器) 1벌과 주기(酒器) 1벌을 내려보냈다.

○ 양경(兩京) 사이에 찰방(察訪)[14]을 정했다.

승정원(承政院)에 명해 말했다. "양경(兩京) 사이에 역로(驛路)가 지극히 곤란하니, 폐단되는 일을 토의해 아뢰라."

조말생(趙末生)이 말했다. "(조정을) 분사(分司)해서 오가다 보니 역로(驛路)의 마초(馬草)에 폐단이 있습니다. 역승(驛丞)을 혁파하고, 찰방(察訪)을 정해 순행(巡行)하면서 고찰해 6~7월에 말을 내려주는 것이 어떠하겠습니까?"

상이 말했다.

"찰방을 정해 5일에 한 차례 순행하면서 고찰하고 또 마료(馬料)를 주고, 역승(驛丞)은 그대로 두라[仍置]."
잉치

○ 익위사(翊衛司)를 두었다. 세자 좌사위(世子左司衛), 세자 우사위(世子右司衛)를 고쳐 좌익위(左翊衛)·우익위(右翊衛)로 하고, 좌익위

(左翊衛)·우익위(右翊衛)를 좌익찬(左翊贊)·우익찬(右翊贊)으로 했다.

애초에 가르쳐 말했다.

"위사(衛士)의 수를 더 두어 3분의 1을 세자에게 시위(侍衛)하게 하라. 갑사(甲士) 가운데 가당(可當)한 자를 골라서 차하(差下-임명)하라. 또 공신(功臣) 자제(子弟)를 고르되, 비록 공신이 아니더라도 재상(宰相)의 자제(子弟) 중에서 위사(衛士)에 가당한 자 또한 서용(敍用)하기를 허락하라. 내가 일찍이 겪어보건대 평소 친애(親愛)하던 자는 물러서고 평소 친애(親愛)하지 않던 자가 도리어 충절(忠節)을 나타내니[效], 모두 마음을 쓰는 여하에 달렸을 뿐이다."

○ 좌의정 박은(朴訔)을 세자사(世子師), 옥천부원군(玉川府院君) 유창(劉敞)을 세자이사(世子貳師)로 삼았다.

무자일(戊子日-9일)에 동지총제(同知摠制) 원민생(元閔生)을 보내 중국 서울[京師]에 가서 『보살명칭가곡(菩薩名稱歌曲)』을 내려준 것에 관해 사례했다. 겸해서 세자책봉을 청하는 주본(奏本)을 가지고 갔는데, 그 주본은 이러했다.

'신(臣)의 장자(長子) 제(禔)를 영락(永樂) 3년(1405년)에 삼가 주준(奏准-황제의 허가)을 받아 세워서 세자로 삼았는데, 지금 보니 나이가 이미 장성(長成)했는데도 그 행동하는 바가 후사(後嗣)를 감당하지 못할 것이 많아서 어쩔 수 없이 외방에 내보내 안치(安置)했습니다. 제2자(第二子) 보(補)는 자질이 유약(柔弱)해 중임(重任)을 부탁하기가 어렵고, 제3자(第三子) 【휘(諱)】가 성질이 자못 총명하고 지혜로우며[聰慧] 효제(孝悌)하고 배우기를 좋아해서[好學] 한 나라의

402

신민(臣民)들이 모조리 기대를 거니 후사로 세울 것을 청합니다. 신이 감히 마음대로 처리하지 못해, 이 때문에 삼가 갖춰 주문(奏聞)합니다.'

○ 판해주목사(判海州牧使-해주목 판사) 김유량(金有良)이 졸(卒)하니, 쌀·콩 각각 10석씩과 종이 100권(卷)과 관곽(棺槨)을 부의(賻儀)로 내려주었다. 그 참에 황해도 도관찰사에게 명해서 지나는 곳으로 하여금 조석전(朝夕奠)을 마련하고 (관(棺)을) 전수(轉輸-운반)할 정부(丁夫)를 갖춰주게 했다.

기축일(己丑日-10일)에 서연관(書筵官) 등이 사서(四書)를 진강(進講)하기를 청하니 이를 허락했다. 상이 조계(朝啓)하던 신료(臣僚)들에게 일러 말했다.

"세자의 유모(乳母)가 일찍이 궁중에 들어와 정비(靜妃)에게 사뢰기를, '보통 때 독서(讀書)를 하면 밤 2경(更)에 이르러서야 파(罷)합니다'라고 했다. 이 때문에 일찍이 세자가 학문을 좋아하는 줄을 알아서, 내가 학문을 권장하는 걱정은 없었다."

좌우에서 모두 탄복했다.

○ 구주절도사(九州節度使)의 대관(代官)이 와서 토산물을 바쳤다.

○ 신루(新樓)에 술자리를 베풀었다.

의령부원군(宜寧府院君) 남재(南在)가 한경(漢京)에서 와 (상을) 모시고 앉으니, 상이 농담으로 말했다.

"무인년(戊寅年-1398년 1차 왕자의 난이 일어난 해) 가을에 아무도 죄에 대한 의견을 내는 사람이 없었는데도 재(在)가 겁을 내 도망쳤던 일에 대한 보고서에서 말했다. 남은(南誾)의 난(亂) 때 경은 유후사(留後司-개경)에서 와 어느 편으로 가야 할지를 몰라서 두려워 쩔쩔매고 있었다. 내가 사람을 시켜 우리 집에 잡아두게 했는데, 우리 집에 이르자 지금의 세자(世子-충녕대군)를 안고 홀로 대청(大廳)에 앉아서 겁에 질려 말했다.

'제가 장차 어디로 가겠습니까? 바라건대 숨을 곳에 들어가게 해주소서.'

(이에) 정비(靜妃)가 말하기를 '결코[千萬] 두려워하지 마세요. 만약에 무슨 일이 있게 되면 반드시 사람을 시켜 통지하겠습니다'라고 했다.

재(在)는 끝내 스스로 편안치[自安] 못해 도망쳐버렸다. 나라에서 그 모양을 그려 여러 군현(郡縣)에 펴서, 물색(物色)해 그를 찾아내 장차 의령(宜寧)에 부처(付處)하려고 했다. 재가 미복(微服-평복) 차림으로 걸어가다가 저녁에 한 촌사(村舍)에 투숙했는데, 주인 노파가 자세히 보고 말했다.

'객(客)의 생긴 모양을 보니 지금 나라에서 찾는 남정당(南政堂-정당문학)과 비슷합니다.'

재가 천천히 대답하기를 '내가 이처럼 빈천(貧賤)한데, 만약 남정당(南政堂)이라도 된다면 다행이겠소'라고 했다. (이에) 노파가 말하기를 '내일 아침에 마땅히 주관(州官-고을 관청)에 나아가 고하겠습니다' 하고, 꼭두새벽에 일어나서 보니 재가 떠난 지 이미 오래였다.

마천목(馬天牧)이 남원(南原)으로 가는 도중에 만났는데, 재가 채찍을 때려 말을 모니 천목(天牧)이 말에서 내려 두 손을 모으고 서서 말하기를 '영공(令公)은 어디로 가십니까?'라고 했다. 재가 돌아보지도 않고 가면서 말하기를 '쳇[咄]! 내가 누군 줄 알고?'라고 하니, 천목이 말했다.

'영공(令公)은 멈추소서. 내가 어찌 남정당(南政堂)을 알아보지 못하겠습니까?'

재가 뒤로 물러서서 바로 보며 말하기를 '내가 남재인가?'라고 했고, 천목이 웃으면서 정지시키니 재가 망연(茫然)히 탄식하기를 '너는 정말로 나의 3세(世)에 이어질 원수로다'라고 했다."

여러 경이 다퉈 이를 말하니 재가 능히 대답하지 못한 채 다만 "허허[呵呵]"할 뿐이었고, 상 또한 크게 웃으니 여러 경이 모두 입을 크게 벌리고 웃었다[解頤].

○사헌부에서 소를 올려 우의정 이원(李原)의 반인(伴人-따르는 심부름꾼) 장양수(張良守)가 홍여방(洪汝方)의 어미 집에서 횡포(橫暴)를 부린[肆暴] 죄에 대해 처벌하기를 청했다. 승정원(承政院)에서 그 참에 청해 아뢰어 말했다.

"양수(良守)가 난동을 부린 것은 내섬시(內贍寺) 종 내은달(內隱達)의 딸 때문입니다. 이에 앞서 원(原)이 내은달의 딸을 첩(妾)으로 삼고자 했으나 윤향(尹向)이 첩(妾)으로 삼고자 한다는 소문을 듣고서 그쳤다가, 이때에 이르러 향(向)이 졸하니 다시 첩으로 삼고자 했습니다. 여방(汝方)은 향의 처제(妻弟-동서)이면서도 소행이 이와 같습니다. 모두 불미(不美)스러우니, 청컨대 의금부에 내려 그 죄를 국문(鞫問)하소서."

상이 말했다.

"원은 공신(功臣)이고, 여방은 공신의 아들이다. 비록 그것이 풍속에 아름답지 못하다 하더라도 일이 (종사(宗社)에) 관계되지 않는데, 의금부에 내리면 결국 어떻게 되겠는가?"

여러 대언(代言)이 말했다.

"이원과 홍여방에 대해서는 비록 죄를 주지 않더라도 내은달은 딸 하나를 가지고 두 곳에 혼약(婚約)했고 또 양수는 재상의 집에서 난동을 부렸으니, 청컨대 이들을 처벌해야 합니다."

상이 말했다.

"너희들의 청(請)이 옳다. 그러나 의금부에 내려서 나라 사람들[國人-관리]로 하여금 모두 이를 알게 할 경우 결국 어찌 되겠는가? 너희들이 사헌부 장무(司憲府掌務)에게 내은달과 양수를 보내도록 잘 말한 뒤, 승정원에 잡아 와서 친히 물어서 아뢰라."

지신사(知申事) 조말생(趙末生), 대언(代言) 원숙(元肅) 등이 내섬시(內贍寺) 종 내은달·박소근(朴小斤)·아지(阿只)와, 양수·여방의 집 근처에 사는 이웃 사람들의 말과, 윤향의 서장(書狀) 안의 사연을 갖춰 아뢰었다.

"여방이 비록 말하기를 '작년 11월 12일에 내은달의 집에 와서 잤습니다'라고 했으나 향이 약혼(約婚)한 서장(書狀)이 분명하고, 또 내은달·박소근·아지 등이 곧이곧대로 심문에 대답하기를 '향이 북경(北京)에 갈 때 옷을 벗어서 보냈습니다'라고 하니, 향이 약혼(約婚)한 것은 분명합니다. 여방이 비록 말하기를 '양수 등이 바로 우리 집으로 들어와서 모친과 딸을 두려워 벌벌 떨게 하고서 내은달의 딸을 빼앗아갔습니다'라고 했으나, 양수가 보고하지 않았고 또 사방 이웃

406

들도 모두 알지 못한다고 대답했습니다. 또 그 여자가 있는 집이 각각 떨어져 있어서 분명히 알기 어려웠습니다. 양수가 말하기를, '여방이 몸소 정승댁에 와서 고(告)해 애걸하기를 "내은달의 딸을 추쇄(推刷)하지 말고 나로 하여금 첩(妾)을 삼게 허락하소서"라고 하니 정승이 말하기를 "내가 그 여자를 보지 못했으니 어찌 감히 처분하겠는가?"라고 했습니다. 여방이 돌아간 뒤에 정승이 말하기를 "홍여방의 행동이 가증스럽다. 너희들이 그 여자를 추고(推苦)해서 마음에 들거든 데리고 오라"라고 했습니다. 이 말을 듣고 한안례(韓安禮)와 더불어 추쇄(推刷)해서 찾은 뒤에 빼앗아와 안례(安禮)의 집에 두었습니다'라고 하니, 양수는 정승의 말을 듣고서 범람(汎濫)하게 침탈(侵奪)한 것을 알 수 있습니다."

상이 말했다.

"여방이 친히 정승댁에 이르러 고(告)해 애걸했다고? 고해 애걸했다면 정승이 자고 간 뒤가 분명하다. (그런데) 이는 내가 듣지 못한 것이고, 그 나머지는 내가 모조리 다 알고 있다. 여방이 어찌 감히 향이 약혼한 여자를 빼앗아 첩으로 삼을 수 있겠는가? 여방의 잘못이다. 내은달은 딸 하나를 가지고 여방의 형제(兄弟)에게 추천하고 천거함으로써 윤상(倫常-강상윤리)을 어지럽혔고, 정승이 자는 것을 허락하고서 이를 버리고자 했으니 그 속내가 심히 가증스럽다. (둘 다) 당직청(當直廳)[15]에 내려 5~60대를 때려서 경계하게 하라. 양

---

15 의금부(義禁府)에 속한 관청의 하나로서 도사(都事)가 한 사람씩 번을 들어 소송 사무를 처결하는 곳인데, 궁문(宮門) 가까이에 두었다. 조선 태종 14년(1414년)에 설치했다.

수가 범람(汎濫)한 죄 또한 추방함이 마땅하나, 양수가 죄를 받으면 정승이 반드시 부끄러워할 것이요 또 여방과 분간(分揀)함이 없으니, 양수는 타일러서 놓아 보내라. 내은달의 딸은 내가 장차 구처(區處-조처)하겠으니, 드나들면서 시집가지 말게 하라."

내은달은 큰 장사치[大賈]로 이름을 얻었으며, 그 아내는 김사문(金士文)의 계집종이었다. 소생(所生)이 오로지 딸 하나뿐이었는데, 나이가 13세였다. 판서(判書) 윤향이 취해 첩으로 삼고자 했으나 나이가 어려 실행하지 못했다. 그가 봉명사신(奉命使臣)으로 입조(入朝)할 적에 내은달의 세마포(細麻布) 20필을 받았으니, 이 또한 서로 맺어 첩으로 삼겠다는 약속이었다. 여방은 향의 처제(妻弟)로서 향이 죽자 그를 대신해서 첩으로 삼으려는 마음을 가지고 있다가, 원이 약혼한다는 소문을 듣게 되자 내은달의 딸을 데려다가 자기 집에 숨겨 두었다. 원이 반인(伴人)을 시켜 빼앗아 오니, 여방의 어미가 헌사(憲司)에 호소해서 헌사에서 죄를 청했다. 상이 승정원으로 하여금 핵실(覈實)하게 해서 이같이 처리했는데, 이는 대개 여방을 더럽게 여기고 또 원이 범람(汎濫)한 것을 나무란 것이다. 여방은 본래 술과 계집을 좋아하는 자였다. 원에게 명소(命召)해 출사(出仕)하게 하니, 원이 즉시 대궐에 나아와 아뢰어 말했다.

"여방이 신을 모해(謀害)해 말하기를 '양수가 우리 집에서 난동을 부려 나의 노모(老母)를 놀라 떨게 하고 또 딸로 하여금 태아(胎兒)를 놀라게 해 하혈(下血)했다'라고 하면서 이미 소사(所司)에 고(告)했으니, 빌건대 이 뜻을 가지고 다시 여방을 추국(推鞫)하소서. 또 이 여자는 향이 일찍이 서장(書狀)과 옷을 보내 혼기(婚期-결혼 약속)를 이미 정했으니 실제로 향의 첩인데, 여방이 어찌 이를 다투겠습니까? 향이 졸한 뒤에 내은달이 모두 여방의 말을 따른 것은 다름이 아니라 향이 중국에 입조(入朝)할 때 내은달의 세마포(細麻布) 20필을 가지고 단자(段子)를 교역(交易)해 오다가 중로(中路)에서 졸하니 그 물건이 모두 향의 본가(本家)에 들어갔는데, 내은달이 요구했으나 얻지 못하자 여방이 내은달을 유혹해 말하기를 '내가 매씨(妹氏)에게 청하면 얻을 수 있을 것이다'라고 해서 내은달이 기뻐하며 이를 따른 것입니다."

가르침을 전해 말했다.

"이 뜻은 내가 일찍이 알고 있었다."

원이 말했다.

"상께서 이미 그 까닭을 알고 계신다면 신은 더는 청하지 않겠습니다."

원숙(元肅)이 아뢰어 말했다.

"내은달의 아내 보배(寶排)가 말하기를 '5월 22일에 양수가 남편 부모(父母) 집에 이르러 말하기를 "윤판서(尹判書)가 이미 졸했는데 어찌 지금까지 딸을 내놓지 않는가? 이 일은 양 대군(大君)과 양 정승(政丞)이 모두 알고 있고, 상위(上位-임금)께서도 이를 짐작해 알고 계시다"라고 말해서, 곁에 있던 남편의 4촌인 별감(別監) 이음(李蔭)과 서로 더불어 말로 다투었습니다. 그 실상을 이음과, 비(婢)의 동생(同生)인 박소근·아지 등이 당했으니 이를 물어보소서'라고 했습니다. 이 말을 듣고서 물으니, 사연이 같았습니다. 두 사람은 모두 그 친척이고, 다른 공증(公證)은 없었습니다."

상이 말했다.

"이 말은 족히 헤아릴 바가 못 되니 그대로 두고 묻지 말라. 양수는 부실한 사람[不實之人]인데, 정승은 어찌 (이런 사람을) 반인(伴人)으로 삼은 것일까?"

계사일(癸巳日-14일)에 재인(梓人-목수 우두머리) 오덕해(吳德海)를 강원도에 보내 선군(船軍) 600명을 거느리고 원주(原州)·영월(寧越)·인제(麟蹄) 등지에서 나무를 베게 했는데, 장차 창덕궁(昌德宮)을 수즙(修葺-수리)하려 했기 때문이다.

○ 경빈(敬嬪)의 족친과 종친(宗親), 부마(駙馬)들이 세자전(世子殿)에 출입하는 것을 금하지 말라고 명했다.

○ 쌀 20석, 콩 15석, 정포(正布) 50필을 연복사(演福寺)에 내려주었다. 그때 승도(僧徒)들이 한창 수즙(修葺)하고 있었기 때문에 이러한 하사(下賜)가 있었다.

○ 황해도 도관찰사(黃海道都觀察使)가 해주(海州)의 사의(事宜-긴급현안)를 보고했다.

'해주의 병마(兵馬)는 육지(陸地)의 읍(邑) 안으로 깊숙이 들어와서 둔병(屯兵)하는데, 우현(牛峴) 이남에 있는 거민(居民) 350명의 4~5식(息) 정도(程途-路程)가 연해(沿海)의 들판에 널려 있어 왜구(倭寇)가 노략질할까 두렵습니다. 위의 병마(兵馬)를 요해지(要害地)인 우현(牛峴)·사포(蛇浦) 등지로 옮겨 배치해서, 축성(築城)해 병사를 길러 환(患)에 대비하소서.'

마침내 병조(兵曹)에 내렸다. 토의해 이런 결론을 얻었다.

"해주 읍성(海州邑城)은 이미 쌓았고 한 읍(邑) 안에서 먼 것이 아니니, 새로운 성(城)을 축조(築造)하는 것은 미편(未便)합니다. 해주에 진(鎭)을 설치해서 만약 왜구(倭寇)가 있거든 그 병마(兵馬)를 거느리고 요해처(要害處)에 주둔해 변(變)에 대응하게 하소서."

그것을 따랐다.

갑오일(甲午日-15일)에 양녕대군(讓寧大君)에게 월봉(月俸)을 주도록 명했으니, 호조(戶曹)의 아룀에 따른 것이다.

을미일(乙未日-16일)에 사헌부(司憲府)에서 소를 올려 우의정 이원(李原), 순승부윤(順承府尹) 홍여방(洪汝方) 등의 죄를 청했다. 상이 그것을 읽어보고 조말생(趙末生)을 불러 말했다.

"헌부(憲府)의 소는 이원·홍여방에게 깊이 부끄러움이 있으니[有愧], 마땅히 이 소를 감춰야 할 것이다."
유괴

장령(掌令) 박헌(朴軒)이 아뢰어 말했다.

"이달 초5일에 이원을 세자 사부(師傅)로 임명했는데 초8일에 노예(奴隷-노비)를 시켜 남의 집을 둘러싸서 지키고 남의 첩을 빼앗았으니, 이것이 섭리(燮理)하고 조원(調元-기운을 고르게 하는 것)하는 재상(宰相)의 일이겠습니까? 또 어찌 저부(儲副)를 가까이해 훈도(薰陶)하고 조호(調護-세자 보호)하는 사람이라 하겠습니까? 여방은 윤향(尹向)의 처제(妻弟)인데, 향이 일찍이 이 여자와 맺어 혼인을 약속하고 그 집에 이틀을 자면서 옷을 벗어주어 다른 사람의 범접(犯接)을 막았습니다. 이제 향이 졸한 지 10여 일이 차지 않아 여방이 갑자기 그 여자를 간통했으니, 이것이 인륜(人倫)으로서 차마 할 수 있는 짓이 겠습니까? 더구나 이 여자는 미색(美色)도 아니요, 나이도 장년(壯年)이 아닌데 특별히 그 아비가 큰 장사치[大賈]로 많은 재산을 축적했기 때문에 두 사람이 모두 재상(宰相)으로서 그 이익을 도모해 사사로이 서로 다투어 빼앗았으니, 그 뜻이 탐욕스럽고 더럽습니다. 엎드려 바라건대 원이 가진 우의정 세자사(右議政世子師)의 직임을 거두고 여방의 순승부윤(順承府尹) 직을 거두면 공도(公道)에 심히 다행하겠습니다."

윤허(允許)하지 않고 모두 명소(命召)해 직에 나아오게 했다.

원이 총재(冢宰) 자리에 있으니 이에 조정의 의표(儀表)가 되고 홍여방도 한때의 명신(名臣)인데, 서로 그 첩을 도적질해 정(鄭)나라·위(衛)나라의 음란한 풍속을 자행함으로써 나라의 법을 간범(干犯)했다. 상이 비록 용서했다고 해도 헌사(憲司)로서는 마땅히 이들을 파출(罷黜)하도록 굳이 청해 풍속(風俗)과 교화(敎化)를 바로잡는 것이 가(可)한데, 헌사(憲司)의 여러 신하가 어명(御命)을 듣고 중지했으니 길게 한숨지으면서 탄식(嘆息)할 만한 일이었다.

병신일(丙申日-17일)에 최운(崔沄)을 경상도 병마도절제사(慶尙道兵馬都節制使), 박실(朴實)을 좌군동지총제(左軍同知摠制)로 삼았다.

○ 정전(正殿)에 나아가서 세자(世子)와 경빈(敬嬪)에게 책보(冊寶)를 내려주고 경내(境內-나라 안)를 사유(赦宥)했다. 세자의 책(冊-책문)은 이러했다.

'저이(儲貳)¹⁶를 세우는 것은 인심(人心)에 관계되므로 실로 큰 전
장(典章)이 되니, 원량(元良-으뜸으로 훌륭한 인재)을 골라 나라의 근
본을 바로잡는 것은 오직 지극한 공정(公正)함에 달렸다. 이에[爰=
兹] 융성한 명위(名位)¹⁷를 바로잡아 봉숭(封崇)의 예식을 거행하노라.

아아[咨]! 너 충녕대군(忠寧大君)【휘(諱)】은 관홍장중(寬弘莊重)¹⁸하
고 효제겸공(孝悌謙恭)하다. 사랑과 공경으로 어버이를 섬기고, 도리
를 지켜 공경하고 삼갈 줄 안다[翼翼].

귀 밝고 눈 밝으며 배우기를 좋아해[聰明好學] 오직 날마다 부지런
히 했다. 나랏일을 부탁(付託)함이 마땅하고 신민(臣民)들이 촉망(屬
望)하므로, 이 때문에 너를 책봉(冊封)해 왕세자(王世子)로 삼노라.

아아! 하늘은 밝은 다움[明德]이 있는 자에게 복(福)을 주고, 귀신
은 지극한 정성을 흠향하도다. 제사를 주장하고 종사(宗社)를 계승
하되 오히려 지워진 짐이 어렵고도 큰 것을 생각해서, 깊은 못에 임
(臨)해 얇은 얼음을 밟는 듯이 함으로써[臨深履薄]¹⁹ 길이 복록(福祿)

---

16 세자를 가리키는 말인데, 그 밖에 저부(儲副), 동궁(東宮) 등도 자주 쓰인다.

17 관명과 관위를 말한다.

18 이를 사덕(四德)이라고 한다. 네 가지 다움을 갖고서 어떤 사람을 나타내는 것이다. 행하
는 바가 너그러운 것은 마음가짐은 넓고 크기 때문이고 외모의 장중함은 마음가짐이 무
겁다는 뜻이다.

19 『시경(詩經)』「소민(小旻)」에 나오는 말로, 늘 두려워하고 조심하는 모습을 말한다. 이렇게
함으로써 부모가 물려주신 몸을 잘 간수해서 걱정을 끼쳐드리지 않아야 한다는 말이다.
『논어(論語)』「태백(泰伯)」편에서 증자(曾子)는 이렇게 말한다. "증자가 병환이 있자 문하
의 제자들을 불러 이렇게 말했다. '이불을 걷어내고서 나의 발과 손을 보라. 시경(詩經)
에서 말하기를 "두려워하고 또 두려워하며 조심하고 또 조심해[戰戰兢兢], 마치 깊은 연
못가에 임한 듯하고 얇은 얼음을 밟는 듯이 하라[如履薄氷]"고 했는데, (내 그 뜻에서 크
게 벗어나지 않으며 살았기에) 이제야 나는 (형륙이나 신체 훼손을) 면하게 됐다는 것을 알겠
도다. 제자들아!'"

의 평안을 누릴지어다[膺].'

경빈(敬嬪) 책(冊)은 이러했다.

'공의(公義)를 따라서 원량(元良)을 세우니 저부(儲副-세자)가 곧 정해졌는데, 배필(配匹)을 무겁게 여기는 것은 종사(宗社)를 잇기 때문이다. 위호(位號-지위와 명호)를 마땅히 높여야 하니, 이에 아름다운 칭호(稱號)를 주고 책봉(冊封)해서 떳떳한 법전(法典)을 높이노라.

아아! 너 심씨(沈氏)는 반듯하고 아름다운 성품을 타고나서 단정(端正)하게 몸을 단속했다. 항상 공경하고 두려워하는 마음을 가지니, 일찍부터 근검(勤儉)한 덕(德)이 나타나 능히 부도(婦道)를 돈독히 해서 진실로 가인(家人-집안사람)에 합당했다. 좋은 날을 가려 욕례(縟禮-번거롭고 까다로운 예절)를 갖추었다.

이제 신(臣) 아무개를 보내 책봉해서 경빈(敬嬪)으로 삼는다. 정숙하고 화합해서[肅雍] 내조(內助)하되 정성은 항상 계명(雞鳴)[20]보다 간절해야 할 것이요, 힘써서[黽勉] 서로 이뤄주되 상서(祥瑞)가 인지(麟趾)[21]에 더욱 누릴지어다.'

그 참에 유지(宥旨-사면령)를 내렸다.

'왕(王)은 말하노라[若曰].

세자를 세워 근본을 바로잡음[端本]은 종묘(宗廟)를 받들고 인심

---

20 왕비(王妃)가 임금이 정사(政事)에 부지런하도록 내조(內助)하는 것을 말한다. 애공(哀公)이 황음(荒淫)하자, 현비(賢妃)가 닭이 우니 정청(政廳)에 나아가라고 권고(勸告)한 데에서 나온 것으로, 『시경(詩經)』 「제풍(齊風)」에 노래가 실려 있다.

21 왕비가 임금의 자손을 번창하게 하는 것을 말한다. 중국 주(周)나라 문왕(文王)의 후비(后妃)가 자손의 번창함을 『시경(詩經)』 「주남(周南)·인지지(麟之趾)」에서 노래했다.

(人心)을 안정시켜서 만세(萬世)의 계책을 삼으려는 때문이다. 옛날에 주(周)나라 문왕(文王)이 백읍고(伯邑考)[22]를 두고도 무왕(武王)[23]을 세운 것은 오로지 그가 뛰어났기[賢] 때문이다. 여러 신료(臣僚)에게 물어보고 이에 아들【휘(諱)】을 세워 왕세자(王世子)로 삼아서 이미 중외(中外)에 포고(布告)했다. 전례(典禮)를 상고하니 책명(冊命)을 행하는 것이 마땅하므로 이에 영락(永樂) 16년(1418년) 6월 17일에 책보(冊寶)를 주고, 이러한 성대한 행사에 붙여서 마땅히 너그러운 은전(恩典)을 반포하는 바이다. 영락(永樂) 16년 6월 17일 새벽 이전에, 모반(謀叛)·대역(大逆)한 자, 부모와 조부모를 때려죽인 자, 처첩(妻妾)으로서 남편을 죽인 자, 노비(奴婢)로서 주인을 죽인 자, 고독(蠱毒)[24]·염매(魘魅)[25]한 자, 고의로 사람을 죽인 자를 제외하고 다만 강도(强盜)를 범한 것 외에는 이미 발각(發覺)됐거나 발각되지 않았거나 이미 결정(結正)됐거나 결정되지 않았거나를 막론하고 모두 용서해 면제한다. 감히 유지(宥旨) 전의 일을 가지고 서로 고(告)해 말하는 자는 그 죄로써 죄줄 것이다.

아아! 이미 원량(元良)을 세워 신인(神人-귀신과 백성)의 소망을 위

---

22 주나라 문왕의 맏아들이다.

23 문왕의 둘째 아들이다.

24 뱀·지네·두꺼비 등의 독기(毒氣)가 든 음식을 남에게 몰래 먹여서 복통·가슴앓이·토혈(吐血)·하혈(下血) 등의 증세를 일으켜 죽게 하는 것을 말한다.

25 주문(呪文)이나 저술(詛術)로써 남을 저주(詛呪)해 죽게 만드는 것을 말한다. 염(魘)은 사람의 형상을 만들어놓고 쇠꼬챙이로 심장을 찌르고 눈을 후벼 파며 손발을 묶는 것이고, 매(魅)는 나무나 돌로 귀신을 만들어놓고 저주를 비는 것이다. 압승술(壓勝術)이라고도 한다.

로하니, 이에 허물과 때를 씻어 널리 용서하는 은택(恩澤)을 베푸
노라.'

세자가 전(箋-짧은 글)을 올려 사례(謝禮)했다.

'남면(南面-임금 노릇)해 정좌(正坐)하시고 이에 책명(冊命)을 반포
해서 세자를 세워 근본을 바로잡으셨는데, 어명(御命)이 신의 몸에
그릇되게 미쳤습니다. 진실로 황송하고 두려운 마음이 간절해 점점
더[采=漸] 감격(感激)함이 깊습니다.

엎드려 생각건대, 신 아무개는 식견(識見)이 천박하고 옹졸하며
[淺拙] 성품이 우매합니다. 동상(東廂)²⁶에서 시선(視膳)²⁷하고는 있으
나 어버이를 따르고 받드는 도리를 알지 못하고, 스승에게 경(經)을
배웠으나 깊고 오묘한 정밀함을 아직 구명(究明)하지 못했습니다. 어
찌 밝은 은택(恩澤)이 갑자기 이 누추한 몸에 적시리라고 기대했겠
습니까? 이는 대개 주상 전하(主上殿下)께서 장중하고 중정(中正)하
며 준철(濬哲-깊은 지혜)하고 문덕(文德)이 빛나서, '임금의 자리는 반
드시 돌아갈 곳이 있고 인심(人心)은 마땅히 미리 정한바'라고 생각
하시어 드디어 이 용렬(庸劣)한 사람에게 명해 높은 지위를 책임지
게 하시니, 신은 삼가 마땅히 부탁하신 책임이 가볍지 않은 것을 생
각해서 싫어함이 없이[無斁] 또한 이를 보전하겠으며, 지극히 간절한
훈계(訓戒)를 받들어 길이 잊지 않기[不諼]를 맹세합니다.'

경빈(敬嬪)도 전(箋)을 올려 사례했다.

---

26 정침(正寢)의 동쪽에 있는 당(堂)을 말한다.

27 왕세자(王世子)가 아침저녁으로 임금이 드실 수라상을 몸소 돌보는 일을 말한다.

○ 술자리를 베풀어 종친(宗親)·공신(功臣)·의정부·육조(六曹)를 공궤(供饋-대접)했다.

정유일(丁酉日-17일)에 명해 중외(中外)에서 세자를 책봉(冊封)하는 예(禮)에 대해 하례하는 것을 정지하게 했다.

○ 양부(兩府) 이하 문무백관(文武百官)이 공복(公服)을 갖추고 세자전(世子殿)에 나아가 하례를 드렸다.

○ 내관(內官) 신이희(申以熙)를 보내 주과(酒果-술과 안주)를 방간(芳幹)에게 내려주었다.

○ 대소 사신(大小使臣)에게 명해 노병(老病)에 복약(服藥)하는 것은 모두 술을 쓰도록 했다.

○ 명해 양홍달(楊弘達)·조청(曹聽)·원학(元鶴) 등에게 직첩(職牒)과 과전(科田)을 돌려주게 하고, 박거(朴居)는 다만 영사(令史)만을 면직했다.

무술일(戊戌日-19일)에 각 도 도관찰사(都觀察使)에게 뜻을 전해 정성껏[精白] 비를 빌게 했다.
정백
○ 형조(刑曹)에 뜻을 내려 유지록(宥旨錄)[28]을 고찰해서 가벼운 죄를 아뢰게 했다.

기해일(己亥日-20일)에 왕세자(王世子)가 처음으로 서연(書筵)을 열

---

28 임금의 유사(宥赦-사면령 때)에 죄인을 용서해주는 명부(名簿)를 말한다.

었다.

경자일(庚子日-21일)에 왕세자가 조계(朝啓)에 참여했다.

○ 명해 김만수(金萬壽)는 외방종편(外方從便)[29]하고, 김한로(金漢老) 부자는 청주(淸州)로 옮겨 안치(安置)하고, 장사정(張思靖)은 자원(自願)한 덕천(德川)에 안치(安置)하고, 이은(李垠)·이유희(李有喜)·강종덕(姜宗德)·정지당(鄭之唐)·김익렴(金益濂)·신맹화(辛孟和)·신숙화(辛叔和) 등은 경외종편(京外從便)[30]했다.

○ 의녀(醫女)를 더 두었다.

예조에서 제생원(濟生院) 정문(呈文-건의)에 의거해 말씀을 올렸다.

"의녀(醫女)가 모두 7명인데 재예(才藝)를 이룬 자는 5명이므로, 여러 곳에 나눠 보내면 매번 부족합니다. 빌건대, 각사(各司)의 비자(婢子) 중에서 나이가 13세 이하인 자 10명을 더 정하는 것이 어떠하겠습니까?"

그것을 따랐다.

○ 승정원(承政院)에서 김한로(金漢老)의 죄를 청했다. 아뢰어 말했다.

"그 정상을 따져 올라가 보면[原] 실로 사직(社稷)에 관계되니, 가볍게 용서할 수 없습니다."

---

29 죄수로 하여금 서울 밖의 외방(外方)에서 편(便)한 곳을 택해 살게 하는 제도다. 유(流-유배형)보다 가벼운 것으로, 대개의 경우 그 고향(故鄕)에서 살았다.

30 유배된 죄인을 적소(謫所-유배지)에서 풀어주어 서울 밖의 어느 곳에서든지 뜻대로 살게 하는 일을 말한다.

418

상이 말했다.

"한로는 사람됨이, 비록 과거에 제1과(第一科-장원 급제)라는 이름을 얻었으나 문학(文學-학문)에 있어서는 대개 재주가 결여(缺如)되었고, 또 두드러지거나[稜角] 남보다 뛰어난[拔越] 기운이 없다. 내가 일찍이 농담으로 이 사람에게 말하기를 '마땅히 돈이 많은 노인(老人)이 돼야 한다'라고 했다. 그 죄를 추핵(推覈)하면 사직(社稷)을 위태롭게 하기를 꾀한 데 이르나, 그 정(情)을 따지면 마땅히 이러한 지경에 이르지는 않는다. 내가 농사(農舍)에 옮겨 안치(安置)해서 그의 천년(千年-천수)을 끝마치게 하고자 하니, 경 등은 감히 더는 말하지 말라."

사간(司諫) 정상(鄭尙) 등이 한로의 죄를 청하니, 상이 윤허(允許)하지 않고 말했다.

"내가 (그대들을) 친히 보고서 이야기하고자 했으나 마침 병이 있어서 실행하지 못했다. 유지(宥旨)를 반강(頒降-반포)한 (모반·십악 등의) 조목(條目) 밖의 죄인이 (사유(赦宥)를) 입지 못한 경우가 있으면 소사(所司)에서 마땅히 조목을 갖춰 계문(啓聞)해서 풀어주거나 용서하는 것이 바로 그대들의 직책이다. 한로 같은 자는 그 사위가 쫓겨나서 쓰이지 않게 되었고, 오직 그 딸이 제(禔-양녕대군)의 아내가 됐을 뿐이다. 그러므로 가까운 곳에 옮겨 안치(安置)했고, 영구적으로 서용(敍用)하지 않겠다. 이러한 따위의 사람들은 유지(宥旨)할 때의 조목(條目) 밖에 있는 듯한데, 대사(大赦)를 입지 못한다면 내가 바로 (백성에게) 신뢰를 잃게 된다."

○ 의용위(義勇衛)[31]에서 사복 소윤(司僕少尹) 권이(權移)가 세자전(世子殿)에 출입한 죄를 청했다. 승정원(承政院)에서 아뢰니 상이 말했다.

"제(禔)가 세자로 있을 때 혹 담장을 넘거나 혹 개구멍으로 나가서[出竇] 잠행(潛行)하고, 강(江)을 건너가 몰래 군소배(群小輩)와 불의한 짓을 자행했다. 내가 능히 가르칠 수 없었기에 진무소(鎮撫所)로 하여금 문(門)을 지켜서 금란(禁亂)[32]하게 했다. 지금 세자는 그렇지 않고, 효우(孝友)하고 온공(溫恭)하며 배움을 좋아해서 게으르지 않다. 나는 이미 늙었으니 세자로 하여금 국사(國事)에 참여해 결단케 함으로써 중대한 일을 맡기고자 하는데, 어찌 반드시 전규(前規)에 얽매여[泥] 사람의 출입(出入)을 금지시키겠느냐? 오로지 너희 대언(代言)들은 항상 좌우(左右)에 있으면서도 나의 마음의 취향(趣向)하는 바를 알지 못하는가? 이제부터 앞으로 세자를 만나보고자 하는 자가 있거든, 비록 초야(草野)의 미천한 사람이라도 실로 금지해 물리치지 말고 들어가 만날 수 있게 하라. 모름지기 세자로 하여금 깊이 인심(人心)을 얻게 하는 것, 이것이 나의 뜻이다. 나는 세자를 보호하기를 제(禔)와 같이 하지는 않을 것이다."

---

31 조선 태종(太宗) 18년(1418년)에 세자의 경호를 위해 설치한 군대다. 충무(忠武)·용무(竜武)·호용(虎勇) 5령(領)씩을 뽑아 편성했는데, 지휘관으로는 절제사(節制使)·도진무(都鎮撫)·진무(鎮撫) 등을 두고 좌패(左牌)·우패(右牌)로 나눠 입직(入直)하게 했다가, 바로 이 해인 세종(世宗) 즉위년(1418년)에 삼군부(三軍府)에 병합해서 좌패를 내금위(內禁衛), 우패를 내시위(內侍衛)로 삼았다.

32 법령을 어겨 어지럽히는 행위를 금지하는 것을 말한다.

신축일(辛丑日·22일)에 명해 금주령(禁酒令)을 거듭 밝혔다. 인덕궁(仁德宮)에 공상(供上)하는 술을 제외하고 각 전(殿)에는 일절 모두 금단(禁斷)했으니, 가뭄을 염려해서였다.

○ 길창군(吉昌君) 권규(權跬), 의산군(宜山君) 남휘(南暉)를 의용위 절제사(義勇衛節制使)로 삼았다.

○ 명해 전의 부정(典醫副正) 이헌(李軒)을 (충청도) 홍주(洪州)에 보냈다.

신이희(申以熙)가 홍주에서 돌아왔는데, 상이 맹중(孟衆·방간의 아들)에게 병이 있다는 말을 듣고 즉시 헌(軒)에게 명해 내약(內藥·대궐용 약제)을 주어서 보냈다.

○ 명해 이은(李垠)·이유희(李有喜)·강종덕(姜宗德)·정지당(鄭之唐)·김익렴(金益濂)을 예전 그대로 외방종편(外方從便)시켰으니, 이는 대개 의금부(義禁府)의 계문(啓聞) 때문이다.

○ 명해 김한로(金漢老)를 다시 (전라도) 나주(羅州)에 안치(安置)했다.

형조·대간(臺諫)에서 소를 올려 말했다.

'김한로의 죄는 종사(宗社)에 간범(干犯)되니 법으로는 마땅히 용서할 수 없는데, 전하께서 살리기를 좋아하시는 마음[好生之心=仁]
으로 다만 외방에 유배했습니다. 정부·제조(諸曹)에서 죄를 청하고 대간(臺諫)에서 소장을 갖춰 아뢰었으나 머물러 두고 내려주시지 않았는데, 신 등은 다만 경사(慶事)로 인해 감히 굳게 청하지 못했습니다. (그런데) 지금 한로 부자를 또 청주(淸州)에 안치하도록 하시니, 신 등이 가만히 생각건대[竊謂=竊惟] 한로의 죄는 천지(天地)·종사

(宗社)에서 용서하지 못하는 바인데 어찌 전하께서 사사로이 할 수 있겠습니까? 엎드려 바라건대 대의(大義)로써 결단하시어 한로를 법대로 밝게 처치하고, 가산(家産)을 적몰(籍沒)함으로써 신민(臣民)의 소망을 터주소서.'

그래서 이런 명이 있었다.

○ 평양부(平壤府)에 황충(蝗蟲)이 일었다.

○ 형조·대간(臺諫)에서 소(疏)를 올려 신맹화(辛孟和)·숙화(叔和) 등의 죄를 청했다. 소는 이러했다.

'맹화·숙화가 반역(叛逆)한 집에 아당(阿黨)해 서로 친하고 가까이 하다가 혼인(婚姻)하기에 이르렀는데, 일을 이루지 않으려는 마음이 없었으니 죄를 마땅히 용서할 수 없습니다. 지금 또 경외종편(京外從便)하게 하니 신 등은 유감스럽게 여기지 않을 수 없습니다. 맹화·숙화 등으로 하여금 도로 외방에 안치(安置)하도록 허락하시어 간신(奸臣)으로서 두 마음을 품는 자들에게 경계를 보이소서.'

또 소를 올려 말했다.

'김만수(金萬壽)는 상의 은혜를 지나치게 입어 지위가 도총제(都摠制)에 이르렀습니다. 김여하(金廬遐)가 도망했을 때를 맞아 국가에서 배문(排門-범인의 집에 죄목을 써서 붙임) 분벽(粉壁-죄인의 집 벽에 희게 칠함)해 이를 찾는데, 아침저녁으로 군문(君門)을 드나들면서도 안으로 간휼(奸譎)한 마음을 품고서 숨겨두고 고(告)하지 않았으니, 그 인신(人臣) 됨에 있어 충직(忠直)한 마음이 어찌 되겠습니까? 이러한 마음을 미뤄보건대 그의 거리낌이 없었던 마음을 알 수가 있습니다. 이제 전하께서 특별히 너그러운 형전(刑典)에 따라 외방종편(外方從便)

시키니, 신 등은 이 만수를 용서한다면 인신(人臣)으로서 충직(忠直)함이 없는 자가 이를 본받아 행할까 가만히 두렵습니다. 엎드려 바라건대, 전하께서는 만수를 종편(從便)하라는 명령을 도로 거둬 후래(後來)에 경계를 보이소서.'

또 소를 올려 말했다.

'장사정(張思靖)은 다행히 상의 은혜를 입어서 목숨을 보전(保全)한 것만 해도 다행이라 하겠는데, 지금 또 덕천(德川)에 안치(安置)하게 하셨습니다. 신 등은 그윽이, 장사정의 죄는 종사(宗社)에서 용서하지 못할 바요 신민(臣民)이 함께 분하게 여기는 바인데, 더구나 덕천은 저쪽 땅과 경계가 맞닿았으니 더욱 죄인을 둘 곳이 아니라고 생각합니다. 엎드려 바라건대 전하께서는 미치고 어리석은 말을 채납(採納)해 그대로 상주(尙州)에 둬서 신민(臣民)의 소망을 위로하소서.'

모두 들어주지 않았다.

○ 명해 불충(不忠)·불효(不孝) 외의 범죄인(犯罪人)에게 직첩(職牒)을 돌려주게 했다.

○ 교지(教旨)를 내렸다. 가르침은 이러했다.

"대소 신료(大小臣僚)가 제(禔)를 강화(江華)에 두도록 청했는데, 내가 속으로 '강화는 바로 전조(前朝-고려) 말년에 사람들이 도망쳐 숨던 땅이니 상서(祥瑞)롭지 못한 것 같다'라고 여겼기 때문에 춘천(春川)에 안치(安置)하고자 했다. (그런데) 이제 이에 뒤집어 생각해보니 이러한 계책은 통하지 못한다. 우리나라 조정(朝廷)으로 말한다면 태조(太祖)가 전조를 뒤엎고서 수창궁(壽昌宮)에 입거(入居)했고, 중국

(中國)으로 말한다면 금릉(金陵-남경)은 몇 번이나 흥망(興亡)을 겪어 금일(今日)에 이르렀다. 이로써 논한다면 길흉존망(吉凶存亡)이 어찌 토지(土地)에 달렸겠느냐? 내가 장차 가을을 기다려 강화에 집을 기공(起工)해서 제(禔)로 하여금 거주시켜, 왕래하는 사람을 끊도록 해서 목숨을 보전(保全)하겠다. 경 등은 그리 알라."

그러나 일은 결국 정지됐다[竟寢].
경침

○ 예조(禮曹)에 명해 비를 빌었다.

상이 말했다.

"기후(氣候)가 오랫동안 가무는 것 같으니, 공구수성(恐懼修省)하기를 마땅히 급히 도모해야 한다. 무릇 고전(古典)에 실려 있는 비를 비는 일을 다 들어서 아뢰어라."

예조에서 아뢰어 말했다.

"청컨대 우사단(雩祀壇)과 원단(圓壇)에 제사를 지내 비를 빌고, 또 드러난 뼈를 가려주고 썩은 살을 묻어주며 도랑을 치고 산선(繖扇-베로 만든 우산)을 금단하며 사시(徙市)[33]하소서."

그것을 따랐다. 조말생(趙末生)과 이명덕(李明德) 등에게 가르쳐 말했다.

"하늘이 내리는 재이(災異)와 상서(祥瑞)는 오로지 사람이 부르는 바이니, 지금의 오랜 가뭄이 무슨 연고인지 알지 못하겠다. 과인(寡人)이 구도(舊都)에 오는데, 이사할 즈음에 어찌 공사(公私)에 비용이

---

33 몹시 가물 때 기우제(祈雨祭)를 지내며 시장을 옮기는 일을 말한다.

없었겠느냐? 이 때문에 화기(和氣)를 상하게 하지 않았을까?"

말생(末生) 등이 대답해 말했다.

"공처(公處) 비용의 폐단은 2월에 거가(車駕)가 옮겨오던 날부터 5월까지 오직 저화(楮貨) 500장, 조미(糙米) 3석뿐이었고, 사처(私處)의 비용은 여기 있으나 거기 있으나 어찌 손익(損益)에 다를 바가 있겠습니까?"

상이 말했다.

"나의 이 말은 특별히 민망하거나 애처로운 것을 하소연한 말이 아닌데, 이것은 어린아이 같은 말이다."

뜻을 전해 말했다.

"요사이 잇달아 재계(齋戒)가 있기 때문에 조계(朝啓)를 정지하니 대궐에 나아오지 말도록 하고, 각각 아문(衙門)에 나아가서 자기의 직사(職事)를 닦도록 하라. 내가 듣건대 경상도가 가뭄으로 인해 실농(失農)했다고 하는데, 생각건대 각 도도 모두 그러할 것이니 마땅히 구황(救荒)할 대책을 마련해야 한다."

계묘일(癸卯日-24일)에 우군동지총제(右軍同知摠制) 하경복(河敬復)을 의용위 장군절제사(義勇衛掌軍節制使)로, 좌군도총제 조질(趙秩), 동지총제(同知摠制) 이순몽(李順夢)·성달생(成達生) 등을 의용위 절제사(義勇衛節制使)로 삼았으니, 모두 진급시킨 것이다.

○ 전 부윤(府尹) 오식(吳湜)을 성달생(成達生)을 대신해 전라도 도관찰사(全羅道都觀察使)로 삼았다.

갑진일(甲辰日-25일)에 명해 한경(漢京)의 궁궐(宮闕)을 수리하고 돌을 뜨는[浮石] 군인(軍人)들을 놓아 보내게 했으니, 가뭄 때문이다.

○ 곡산(谷山)·배천(白川) 등의 고을에 황충(蝗蟲)이 일었다.

○ 승전색(承傳色) 최한(崔閑)에게 명해 광주(廣州)로 돌아가게 했다.

을사일(乙巳日-26일)에 사온서령(司醞署令) 고득종(高得宗)을 제주(濟州)에 보내 조미(糙米-메조미쌀) 600석, 목면(木綿) 150필(匹), 여복(女服) 8벌을 민간(民間)의 금은(金銀)과 바꾸었으니, 장차 중국의 세공(歲貢)에 충당하기 위해서였다. 득종(得宗)이 장차 떠나려 하니 단의(單衣) 1벌과 내약(內藥)을 내려주었다.

병오일(丙午日-27일)에 명해 왕세자의 자(字)를 '원정(元正)'이라 했다. 의정부·육조(六曹)·승정원(承政院)에 뜻을 전해 말했다.

"내가 병이 있어 날마다 잇달아 정사를 볼 수 없으니 어떻게 할까? 내가 깊이 이를 걱정해 옛날 제왕(帝王)의 일을 두루 살펴보니, 만약 유고(有故)해 능히 정사를 들을 수가 없을 때라면 혹은 아들로 이를 대신케 한 자도 있었고 혹은 신하로 이를 대신케 한 자도 있었는데, 하물며 세자란 군국(君國)의 저부(儲副-이인자)인 경우이겠는가? 과인이 유고(有故)할 때는 세자로 하여금 대신 정사를 듣게 해서 정사에 임하는 도리를 익히도록 하고자 하니, 그 정사를 듣는 곳과 접대(接待)하는 예(禮)를 경 등이 고례(古禮)에서 상고하라. 만약 고제(古制)에서 상고할 수 없다면 마땅함을 참작해[酌宜] 아뢰어라."

정부·육조(六曹)·승정원(承政院)에서 아뢰어 말했다.

426

"대전(大殿)과 보평청(報平廳)에 남향(南向)해서 어좌(御座)의 빈자리를 설치한 뒤 세자의 자리를 동벽(東壁)에 설치해야 합니다. 처결(處決)할 일이 있더라도 의리상[義] 홀로 결단할 수 없으니, 반드시 내전(內殿)에 고(告)해야 합니다. 이같이 한다면 이치에 어그러지지 않을 것이니, 비록 옛글에서 상고하더라도 이것에 지나지 않을 것입니다."

상이 그것을 따랐다.

○ 한경(漢京)과 개성유후사(開城留後司)에서 무당을 모아 3일 동안 비를 빌었다.

○ 북교(北郊)에서 비를 빌었다.

정미일(丁未日-28일)에 비가 내렸다. 북교제(北郊祭)의 헌관(獻官) 참찬(參贊) 김점(金漸)이 제사를 거행해 비를 얻고는 지인(知印)을 보내 치계(馳啓-말을 달려 보고함)하니, 지인에게 단의(單衣) 1벌을 내려주었다.

○ 내시 별감(內侍別監) 등에게 명해 향축(香祝)을 받들어가서 각도 도관찰사(都觀察使)에게 주어 명산대천(名山大川)에 비를 빌게 했다.

○ 예조에서 아뢰어 말했다.

"제주(濟州) 한라산(漢拏山)에도 제산(諸山)의 초제일(初祭日)에 아울러 제사를 지내소서."

가르쳐 말했다.

"제산(諸山)은 이미 모두 제사 지냈는데, 홀로 이 산만을 어찌하여

제사 지내지 않았는가? 만약 사전(祀典)에 실려 있지 않다면 가볍게 거행하는 것도 마땅하지 않다. 전에는 제주 목관(濟州牧官)이 제사 지내지 않았는가? 그대로 두라. 전규(前規)가 좋다."

○ 한강(漢江)과 백악(白岳)에서 비를 빌었다.

무신일(戊申日·29일)에 중앙 토룡(中央土龍)에 비를 빌었다.

○ 내관(內官) 최한(崔閑)이 광주(廣州)에서 돌아왔다. 양녕대군(讓寧大君)이 가졌던 서책(書冊)을 가지고 왔는데, 다만 『논어(論語)』·『대학(大學)』만을 보도록 허락했다.

○ 농주태수(濃州太守) 평종수(平宗壽)의 사인(使人)이 토산물을 바쳤다.

庚辰朔 遣崔閑于漢京 召左議政朴訔 玉川府院君劉敞 贊成李原
경진 삭 견 최한 우 한경 소 좌의정 박은 옥천부원군 유창 찬성 이원

禮曹判書金汝知等.
예조판서 김여지 등

命崔閑傳旨曰: "予見世子書 竦身難教. 卿等旣兼師傅之任 共議
명 최한 전지 왈 여견 세자 서 송신 난교 경등 기겸 사부 지임 공의

善教之. 予則從寬 還給其女如何?" 訔啓曰: "豈可還與? 不如早除
선교 지 여즉 종관 환급 기녀 여하 은 계왈 기가 환 여 불여 조제

其女 以絶其惑."
기녀 이절 기혹

上曰: "此兒難變. 以其言之勢觀之 則爲政之日 向人禍福難測.
상왈 차아 난변 이기 언지세 관지 즉 위정 지일 향인 화복 난측

從寬還給其女 令書筵官諫而出之 似當成矣. 如此而不變 則依古例
종관 환급 기녀 영 서연관 간이 출지 사당 성의 여차 이불변 즉 의 고례

處之." 卽遣閑齎世子書 示書筵官 仍教世子 閑受命以行. 世子使
처지 즉견 한재 세자 서 시 서연관 잉교 세자 한 수명 이행 세자 사

尹德仁告于書筵曰: "去夜雷動 不得入睡. 且耳邊太陽穴痛甚 未出
윤덕인 고우 서연 왈 거야 뇌동 부득 입수 차 이변 태양혈 통심 미출

書筵." 賓客曰: "前前日旣曰明日出書筵 而不果 前日又曰明日出
서연 빈객 왈 전전일 기왈 명일 출 서연 이불과 전일 우왈 명일 출

書筵 而今日亦以疾辭 竊爲邸下惜之. 若未寧 則書筵不可强也. 請
서연 이 금일 역 이질 사 절위 저하 석지 약 미녕 즉 서연 불가 강야 청

暫出接見某等." 答曰: "若能見賓客 則何不聽講?" 獻納權孟孫曰:
잠출 접견 모등 답왈 약 능견 빈객 즉 하불 청강 헌납 권맹손 왈

"前前日旣曰明日 前日又曰明日 今日更以疾辭 某以邸下爲失言."
전전일 기왈 명일 전일 우왈 명일 금일 갱 이질 사 모 이 저하 위 실언

答曰: "若以不信爲執 則橋下水流 如何此言? 書筵官其知之." 賓客
답왈 약 이불신 위집 즉 교하 수류 여하 차언 서연관 기 지지 빈객

卓愼曰: "獻納之請 非欲敢爲書筵 疾若小愈 力疾出接賓客而止耳.
탁신 왈 헌납 지청 비욕 감위 서연 질약 소유 역질 출접 빈객 이지 이

請暫出何如?"
청 잠출 하여

答曰: "賓客之言誠是. 上有皇天 予之不出 病之使然." 愼涕泣而
답왈 빈객 지언 성시 상유 황천 여지불출 병지사연 신 체읍 이

告之曰: "邸下指天而誓 何敢更煩? 愼無感人之德 未足以動邸下
고지 왈 저하 지천 이서 하감 갱번 신무 감인 지덕 미족이 동저하

之心 然太祖創業 今殿下備嘗艱險 以致今日之太平. 上則中國待之
지심 연 태조 창업 금 전하 비상 간험 이치 금일 지 태평 상즉 중국 대지

以誠; 下則倭奴慕德自服 誠 千載難得之時也. 以如此太平之業
이성 하즉 왜노 모덕 자복 성 천재 난득 지시야 이여차 태평 지업

期望邸下至矣. 邸下何不體殿下之心乎?"
기망 저하 지의 저하 하불 체 전하 지심 호

崔閑至世子殿 欲入書筵廳 宣傳于世子 使賓客 書筵官 臺諫共聽
최한 지 세자전 욕입 서연청 선전 우세자 사빈객 서연관 대간 공청

傳旨 且示其所上書 世子曰: "予甚 慙愧 何必共聽? 賓客與一二
전지 차시 기소상 서 세자왈 여심 참괴 하필 공청 빈객 여 일이

書筵官聽之足矣." 卓愼與崔閑告曰: "上敎如此 閑夫復何言?" 請之
서연관 청지 족의 탁신 여 최한 고왈 상교 여차 한 부부 하언 청지

十餘度 然後出書筵廳. 賓客 書筵官 臺諫俱入 閑宣傳曰:
십여 도 연후 출 서연청 빈객 서연관 대간 구입 한 선전 왈

"汝昔時 有夫之女踰墻引入 或至夜分 踰墻出外 樂工之家 無一
여 석시 유부 지녀 유장 인입 혹지 야분 유장 출외 악공 지가 무일

不知. 因是伏誅者幾人? 被罪者幾人? 父子之間 不責善 故予因
부지 인시 복주 자 기인 피죄 자 기인 부자 지간 불책선 고여인

不言. 汝又告曰: '金漢老之罪 國人所共知.' 則當請置極刑也 何
불언 여우 고왈 김한로 지죄 국인 소공지 즉 당청치 극형 야 하

今言之異歟? 予於丙戌 屬憂於汝 朝夕欲孝太祖 而人心之惡已甚
금언 지이여 여어 병술 속우 어여 조석 욕효 태조 이 인심 지악 이심

不果 實有慙愧. 申孝昌 鄭龍壽之事 予豈不知? 予於是時 命孝昌
불과 실유 참괴 신효창 정용수 지사 여기 부지 여어 시시 명 효창

等侍衛太祖 故已輕重而處罪. 汝何不自新 速改前日之愆乎? 父子
등 시위 태조 고이 경중 이처죄 여 하불 자신 속개 전일 지 건호 부자

之間 豈客杖34而敎之乎? 今見汝之書 亦不可謂之不知書也. 書筵汝
지간 기 객장 이교지 호 금견 여지서 역 불가 위지 부지 서야 서연 여

欲則爲之 不欲則勿爲. 日接賓客 求聞善言."
욕 즉 위지 불욕 즉 물위 일접 빈객 구문 선언

賓客與輔德見書 其他欲見之 世子止之 使不得見 弼善以下出外
빈객 여 보덕 견서 기타 욕견지 세자 지지 사 부득 견 필선 이하 출외

---

34 인터넷 원문에는 容杖으로 돼 있는데, 容은 客의 잘못이다. 옛 원문에는 客으로 돼 있다.
　　　　　　　　　용장　　　　　　　　　　　용　　객　　　　　　　　　　　　　　객

乃得見之. 卓愼極陳上書之不恭 且以忠孝立志之正 自新改過等語
乃得見之. 卓愼極陳上書之不恭 且以忠孝立志之正 自新改過等語
내 득견 지 탁신 극진 상서 지 불공 차이 충효 입지 지정 자신 개과 등어

竊言之. 閑持其書以還.
절 언지 한 지 기서 이환

命斬權堡. 上曰: "權堡 五方之黨也 至今尙在." 乃遣義禁府知事
명참 권보 상왈 권보 오방 지당야 지금 상재 내견 의금부 지사

申敬原于仁同 斬堡 籍其家.
신경원 우 인동 참보 적 기가

命義州牧使朴礎還京. 先是 遼東軍人以迎使臣到義州 潛入民戶
명 의주목사 박초 환경 선시 요동 군인 이영 사신 도 의주 잠입 민호

易換馬匹而爭奪 礎禁之而收取遼軍所挾物貨 使臣大怒. 至是 命
역환 마필 이 쟁탈 초 금지 이 수취 요군 소협 물화 사신 대노 지시 명

刑曹令礎私馬上京 此非欲加罪 欲使都司及使臣知之耳.
형조 령초 사마상경 차 비욕 가죄 욕사 도사 급 사신 지지 이

辛巳 大雨.
신사 대우

以崔迤爲議政府贊成 李原吏曹判書 閔汝翼禮曹判書 沈溫
이 최이 위 의정부 찬성 이원 이조판서 민여익 예조판서 심온

工曹判書 鄭鎭右軍都摠制 金汝知判漢城府事 李都芬開城留後司
공조판서 정진 우군도총제 김여지 판한성부사 이도분 개성유후사

留後 李之剛咸吉道都觀察使 朴礎全羅道水軍都節制使 任龜年
유후 이지강 함길도 도관찰사 박초 전라도 수군도절제사 임귀년

義州牧使.
의주목사

議政府 三功臣 六曹 三軍都摠制府 各司臣僚上疏 請廢世子.
의정부 삼공신 육조 삼군도총제부 각사 신료 상소 청폐 세자

柳廷顯 朴訔 韓尙敬 劉敞 鄭擢及六曹 三軍 臺諫皆詣朝啓廳
유정현 박은 한상경 유창 정탁 급 육조 삼군 대간 개 예 조계청

趙末生 李明德等傳旨曰: "世子褆聽奸臣之言 冒亂女色 恣行不義.
조말생 이명덕 등 전지 왈 세자 제 청 간신 지언 모란 여색 자행 불의

若後日擅生殺予奪之權 則勢難可測 諸相寄審克之 國家當以正
약 후일 천 생살여탈 지권 즉세 난 가측 제상 기심 극지 국가 당 이정

施行."
시행

於是 議政府 六曹 三功臣 三軍都摠制府 文武大小各司臣僚等
어시 의정부 육조 삼공신 삼군도총제부 문무 대소 각사 신료 등

上言:
상언

"臣等竊謂 臣子之職在於忠孝 忠孝有闕 則不可爲人 況世子乎?
신등 절위 신자 지직 재어 충효 충효 유궐 즉 불가 위인 황 세자 호

頃者 世子私通逆臣宗秀等 恣行非義 卽合廢放 殿下以其嫡長 不忍
경자 세자 사통 역신 종수 등 자행 비의 즉합 폐방 전하 이 기 적장 불인

遽廢. 且以世子自陳其失 旣告宗廟而又上書 冀其自新自艾 殿下之
거폐 차 이 세자 자진 기실 기고 종묘 이우 상서 기기 자신 자애 전하 지

心可謂慈矣. 所宜深自刻責 思免厥愆 以承宗廟之重 以答君父之
심 가위 자의 소의 심자 각책 사면 궐건 이승 종묘 지중 이답 군부 지

恩. 世子曾無悔過自新之意 聽用奸臣漢老之謀 復蹈前日之非 殆
은 세자 증무 회과 자신 지의 청용 간신 한로 지모 부도 전일 지비 태

有甚焉. 其罪至於欺天 欺宗廟 欺君 欺父 其不可承祧主鬯 又益昭
유심 언 기죄 지어 기천 기종묘 기군 기부 기불가 승조 주창 우 익소

矣.
의

　殿下乃以父子之私恩 止黜漢老于外 其於宗廟國家之計何; 億兆
전하 내 이 부자 지 사은 지출 한로 우외 기어 종묘 국가 지계 하 억조

臣民之望何? 大小臣僚莫不憤懣 顧以事重 不敢發言. 今世子非惟
신민 지망 하 대소 신료 막불 분만 고이 사중 불감 발언 금 세자 비유

不自悔過 反生怨怒 憤然上書 其辭悖慢 殊無臣子之意. 臣等驚惶
부자 회과 반생 원노 오연 상서 기사 패만 수무 신자 지의 신등 경황

戰慄 昧死上書 伏望殿下 思太祖草創之艱難; 念宗社萬世之大計
전율 매사 상서 복망 전하 사 태조 초창 지 간난 염 종사 만세 지 대계

俯循大小臣僚之所望 斷以大義 許廢世子 放之于外 公道幸甚 宗社
부순 대소 신료 지 소망 단이 대의 허폐 세자 방지 우외 공도 행심 종사

幸甚."
행심

　司諫院上疏曰:
사간원 상소 왈

‘臣等竊觀 昔 太甲不惠于阿衡 欲敗度 縱敗禮 伊尹曰: "玆乃
신등 절관 석 태갑 불혜 우 아형 욕 패도 종 패례 이윤 왈 자내

不義 習性成 予不狎于不順." 營于桐宮 太甲自怨自艾於桐宮 處仁
불의 습성 성 여 불압 우 불순 영우 동궁 태갑 자원 자애 어 동궁 처인

遷義三年 以聽伊尹之訓 已復歸于亳. 臣之於君 尙且如此 況今
천의 삼년 이청 이윤 지훈 이 복귀 우박 신 지어 군 상차 여차 황금

世子不惠於殿下乎? 伏望殿下 使世子悔過自新 然後乃復其位 以固
세자 불혜 어 전하 호 복망 전하 사 세자 회과 자신 연후 내 복 기위 이고

宗社之本 以慰臣民之望.’
종사 지본 이위 신민 지망

　司憲府上疏曰:
사헌부 상소 왈

‘建儲副 卽以文臣兼置書筵者 講明道義 日進於善 不納於邪也.
건 저부 즉 이 문신 겸치 서연 자 강명 도의 일진 어선 불납 어사 야

432

不幸世子信聽姦臣之言 恣行非義 殿下以父子之恩 不忍廢黜 今又
불행 세자 신청 간신 지언 자행 비의 전하 이 부자 지은 불인 폐출 금우

憤怒上書 其辭不恭 其於父子之意何; 其於大小臣僚之望何? 人心
분노 상서 기사 불공 기어 부자 지의하 기어 대소 신료 지망하 인심

所歸 天命可知. 伏望殿下 斷以大義 廢黜世子 放之于外 其書筵
소귀 천명 가지 복망 전하 단이 대의 폐출 세자 방지 우외 기 서연

留都賓客以下 亦收職牒 按律施行.'
유도 빈객 이하 역수 직첩 안율 시행

　壬午 廢世子禔 放于廣州 以忠寧大君【諱】爲王世子. 上曰:
　임오 폐 세자 제 방우 광주 이 충녕대군 휘 위 왕세자 상왈

"百官狀辭 予覽之竦身 是天已去之也 乃從之." 領議政柳廷顯
백관 장사 여람지 송신 시천 이거지 야 내 종지 영의정 유정현

左議政朴訔 右議政韓尙敬 玉川府院君劉敞 淸城府院君鄭擢
좌의정 박은 우의정 한상경 옥천부원군 유창 청성부원군 정탁

贊成崔迤 兵曹判書朴信 漢平君趙涓 平城君趙狷 長川君李從茂
찬성 최이 병조판서 박신 한평군 조연 평성군 조견 장천군 이종무

判左軍都摠制府事李和英 吏曹判書李原 谷山君延嗣宗 工曹判書
판좌군도총제부사 이화영 이조판서 이원 곡산군 연사종 공조판서

沈溫 都摠制朴子靑 李澄 大提學卞季良 知敦寧府事金九德
심온 도총제 박자청 이징 대제학 변계량 지돈녕부사 김구덕

刑曹判書朴習 參贊金漸 摠制權希達 柳殷之 崔閏德 崔沄 文繼宗
형조판서 박습 참찬 김점 총제 권희달 유은지 최윤덕 최운 문계종

洪敷 洪涉 李培 金貴寶 文孝宗 尹惟忠 禮曹參判申商 兵曹參判
홍부 홍섭 이배 김귀보 문효종 윤유충 예조참판 신상 병조참판

李春生 同知敦寧府事李湛 工曹參判李迹 府尹李原恒 戶曹參判
이춘생 동지돈녕부사 이담 공조참판 이적 부윤 이원항 호조참판

李潑 府尹閔繼生 司諫鄭尙 執義許揆等會于朝啓廳. 命知申事
이발 부윤 민계생 사간 정상 집의 허규 등 회우 조계청 명 지신사

趙末生 左代言李明德等傳旨曰:
조말생 좌대언 이명덕 등 전지왈

"世子之行 極爲無道 不可承祧 因大小臣僚之請 已廢之. 凡人
세자 지행 극위 무도 불가 승조 인 대소 신료 지청 이폐지 범인

改過爲難 古之人能改過者 惟太甲而已. 在末世海外之國 吾子安能
개과 위난 고지인 능 개과 자유 태갑 이이 재 말세 해외 지국 오자 안능

似太甲乎? 國本不可不定 若不定 則人心洶洶. 古者 植遺腹 朝委裘
사 태갑 호 국본 불가 부정 약 부정 즉 인심 흉흉 고자 식 유복 조 위구

且立嫡以長 古今之恒規. 禔有二子 長年五歲 次年三歲. 我欲以禔
차 입적 이장 고금 지 항규 제 유 이자 장년 오세 차년 삼세 아 욕 이제

子代之 長有故則立其弟以爲後 稱爲王世孫乎? 王太孫乎? 稽古
자 대지 장 유고 즉 입 기제 이위 후 칭위 왕세손 호 왕태손 호 계고

議聞.

韓尙敬已下群臣皆以立褆子爲可 柳廷顯曰: "臣不學 未知故事

然事有權經 當擇賢." 朴訔曰: "廢父立子 有古制則可 無則擇賢."

趙涓 金九德 沈溫 金漸 柳殷之 李春生 崔沄 文繼宗 李培 尹惟忠

李迹 李原恒 李潑 鄭尙 許揆等十五人曰: "擇賢." 李原曰: "古人有

大事 必以龜筮 請以卜定之."

末生等還入內 上辟左右曰: "諸卿云何?" 末生以群臣之議進 上

覽之曰: "予以卜定之." 末生出 上入內 以群臣擇賢之請語妃不可

曰: "廢兄立弟 亂之本也." 上亦是之. 旣而 乃悟曰: "今日之事 當

擇賢耳." 卽命崔閑 追還末生 閑未至 末生已傳旨於群臣云: "將從

李原議." 末生還 上曰: "議有願從卜筮之言 故予欲爲之 然定國本

不可不擇賢." 乃傳旨曰: "予欲以褆之子代之 諸卿皆曰不可 宜擇賢

以聞." 廷顯以下群臣又啓曰: "知子知臣 莫如君父." 上曰: "古人

有言曰: '國有長君 社稷之福.' 孝寧大君資質微弱 又性甚直 無

開坐. 聞予言但微笑而已 予與中宮見孝寧常笑之. 忠寧大君天性

聰敏 頗好學 雖當盛寒極熱 終夜讀書 予恐其致疾 常禁夜讀 然予

大冊皆請去 且識治體 每於大事 獻議允合 且有出於意料之外. 若

接上國使臣 則身彩言語 動靜周旋合禮. 飮酒雖無益 然對上國使臣

主人不能一飮 則何以勸賓而得其歡心乎? 忠寧雖不能飮 適中而

止 又其子有將大. 孝寧大君不能一飮 是亦不可 忠寧大君【諱】可任

大位. 予以忠寧定爲世子."
<small>대위 여이충녕 정위 세자</small>

廷顯等曰: "臣等所謂擇賢 亦指忠寧大君也." 議旣定 上哭泣
<small>정현 등왈 신등 소위 택현 역지 충녕대군 야 의기정 상 곡읍</small>

失聲. 已而 敎末生等曰: "大抵如此大事 留時則必傷人. 汝出宣旨
<small>실성 이이 교말생 등왈 대저 여차 대사 유시 즉필 상인 여 출 선지</small>

宜速陳賀."
<small>의속 진하</small>

於是 文武百官詣闕 賀定世子 上卽遣長川君李從茂于京都 告于
<small>어시 문무백관 예궐 하정 세자 상 즉견 장천군 이종무 우 경도 고우</small>

宗廟曰: "世子禔 於往歲之春 悔過自責 作書以告 臣尙保焉. 不期
<small>종묘왈 세자제 어왕세지춘 회과자책 작서 이고 신상보언 불기</small>

復蹈前日之非 殆有甚焉. 臣且薄責 冀其悔悟 近復上書 辭甚悖慢
<small>부도 전일 지비 태유심언 신차박책 기기회오 근부 상서 사심패만</small>

全無臣子之禮. 大小臣僚合辭請廢 以忠寧大君【諱】孝友溫仁 允合
<small>전무 신자 지례 대소 신료 합사 청폐 이 충녕대군 휘 효우 온인 윤합</small>

儲副之望 是用敢告."
<small>저부 지망 시용 감고</small>

又命上護軍文貴爲傳旨官 與崔閑齋百官請廢章疏 如京都示禔
<small>우명 상호군 문귀 위 전지관 여 최한재 백관 청폐 장소 여 경도 시제</small>

且諭以廢放之章. 時 廷顯等請禔與家屬放于春川 上從之. 俄而
<small>차유이 폐방 지장 시 정현 등청 제여가속 방우 춘천 상종지 아이</small>

傳敎曰: "中宮自誠寧大君之卒 無日不泣 請置禔于近官 欲數知音
<small>전교왈 중궁 자 성녕대군 지졸 무일불읍 청치 제우 근관 욕삭 지음</small>

問 又水深難以發遣 出其私第 待其水落乃送." 廷顯等 曰: "不可
<small>문 우 수심 난이 발견 출기 사제 대기 수락 내송 정현 등 왈 불가</small>

留在京都." 上然之 卽命僉摠制元胤爲陪置官 如京都 以根隨婢
<small>유재 경도 상 연지 즉명 첨총제 원윤 위 배치관 여 경도 이 근수비</small>

十三名 奴六名 火者四名 放置禔于廣州 乃下敎曰:
<small>십삼 명 노 육명 화자 사명 방치 제우 광주 내 하교 왈</small>

"建儲以賢 乃古今之大義; 有罪當廢 惟國家之恒規 事非一槪
<small>건저 이현 내 고금 지대의 유죄 당폐 유 국가 지항규 사비 일개</small>

期於當理而已. 予嘗建嫡長禔爲世子 迨年旣冠 不好學問 沈于
<small>기어 당리 이이 여상 건적장 제위 세자 태년 기관 불호 학문 침우</small>

聲色. 予以其少也 庶幾長成改過自新 年踰二十 顧乃私通群小
<small>성색 여이 기소 야 서기 장성 개과 자신 연유 이십 고내 사통 군소</small>

恣行非義 往歲之春 事覺誅殺者數人. 禔乃悉書其過 告于宗廟
<small>자행 비의 왕세 지춘 사각 주살 자 수인 제내 실서 기과 고우 종묘</small>

上書於予 似自悔責 未幾又入奸臣漢老之陰謀 復蹈前轍. 予以父子
<small>상서 어여 사자 회책 미기 우입 간신 한로 지음모 부종 전철 여이 부자</small>

之恩 止黜漢老 禔乃罔有悛心 反懷怨怒 憤然上書 辭甚悖慢 全無
지은 지출한로 제내망유 전심 반회원노 분연 상서 사심패만 전무

臣子之義. 政府 勳臣 六曹 臺諫 文武百官合辭署狀以爲: '世子之
신자지의 정부 훈신 육조 대간 문무백관 합사 서장 이위 세자 지

行 不可以承祧主鬯 以任付託之重. 伏望仰思太祖草創之艱難 又
행 불가이 승조 주창 이임 부탁 지중 복망 앙사 태조 초창 지 간난 우

念宗社萬世之計 俯循大小臣僚之所望 斷以公義 許廢世子 放之
념 종사 만세 지계 부순 대소 신료 지소망 단이 공의 허폐 세자 방지

于外 擇宗室之賢者 卽建儲貳 以定人心.' 且謂: '忠寧大君 英明
우외 택종실 지현자 즉건 저이 이정 인심 차위 충녕대군 영명

恭儉 孝友溫仁 好學不倦 允孚儲副之望.' 予不獲已 放禔于外 建
공검 효우 온인 호학 불권 윤부 저부 지망 여 불획이 방제 우외 건

忠寧大君【諱】爲王世子. 嗚呼! 古人有言曰: "禍福無不自己求者."
충녕대군 휘 위 왕세자 오호 고인 유언왈 화복 무불 자기 구자

予豈有一毫愛憎之私心哉? 咨爾中外大小臣僚 體予至懷."
여 기유 일호 애증 지 사심 재 자이 중외 대소 신료 체여 지회

忠寧大君聰明好學 德譽日彰 中外歸心 兩宮寵愛尤盛. 禔狂縱
충녕대군 총명 호학 덕예 일창 중외 귀심 양궁 총애 우성 제 광종

如彼 國人亦憂其不堪負荷 而上曾無廢立之心 及群臣之請 猶難之
여피 국인 역우 기 불감 부하 이상 증무 폐립 지심 급 군신 지청 유 난지

中宮亦言不可 群臣固請 乃從之 中外洽然欣慶. 李叔蕃嘗白上曰:
중궁 역언 불가 군신 고청 내종지 중외 흡연 흔경 이숙번 상백 상왈

"人皆稱忠寧不治家 可謂直者矣." 上黨君李薆屢致殷勤 成達生
인개 칭 충녕 불치가 가위 직자 의 상당군 이애 누치 은근 성달생

李宏皆有願從效力之志. 李迹亦白於大君曰: "迹有姻親之故 得以
이굉 개유 원종 효력 지지 이적 역백어 대군왈 적유 인친 지고 득이

進見矣." 外人願見而不得者多矣. 一時 景慕大君之德 人皆歸心
진현의 외인 원현 이부득 자다의 일시 경모 대군 지덕 인개 귀심

如此. 大君平居 敬待夫人 其進退 必起送迎. 時 上御昌德宮 大小
여차 대군 평거 경대 부인 기진퇴 필기 송영 시 상어 창덕궁 대소

人過景福宮 少有下馬者 大君每過必下 雖暮夜雨雪不廢 其敬愼
인과 경복궁 소유 하마 자 대군 매과 필하 수 모야 우설 불폐 기 경신

出於天性 類此云. 使臣黃儼見大君 每稱分曉曰: "英明絶類父王
출어 천성 유차 운 사신 황엄 견 대군 매칭 분효왈 영명 절유 부왕

東國之傳 將歸於此." 及是 元閔生齎請封世子表 至燕京 儼問其爲
동국 지전 장귀 어차 급시 원민생 재청봉 세자 표 지연경 엄문 기위

來事 閔生曰: "請易世子." 儼曰: "必是請封忠寧也."
내사 민생왈 청역 세자 엄왈 필시 청봉 충녕 야

置封崇都監 備冊封世子儀也. 以贊成崔迤 參判李迹提調.
치 봉숭도감 비 책봉 세자 의야 이 찬성 최이 참판 이적 제조

領議政柳廷顯率二品以上就闕庭 請漢老之罪 不允.
영의정 유정현 솔 이품이상 취 궐정 청 한로 지죄 불윤

命召直藝文館李隨于漢京. 隨嘗授世子書 將以爲書筵官也.
명소 직예문관 이수 우 한경 수상수 세자 서 장 이위 서연관 야

司憲府上疏. 疏曰:
사헌부 상소 소왈

'守令之職 民之休戚係焉. 我東方郡縣三百餘 其守令 豈盡父母
수령지직 민지 휴척 계언 아 동방 군현 삼백 여 기 수령 기진 부모

斯民乎? 其間强暴不法 枉刑殺人者; 貪汚無道 聚斂入己者 容或
사민 호 기간 강포 불법 왕형 살인자 탐오 무도 취렴 입기 자 용혹

有之. 使吏民告之 則無敦厚之風 長告訐之俗 不可爲法. 風憲之
유지 사 이민 고지 즉무 돈후 지풍 장 고알 지속 불가 위법 풍헌 지

臣 又以風聞有禁 不敢推劾 何所忌憚哉? 逞欲恣行 無所不至 殿下
신 우이 풍문 유금 불감 추핵 하 소기탄 재 영욕 자행 무 소부지 전하

之赤子 不免愁嘆 臣等爲明時 不能不爲之憾焉. 竊惟 國家所以禁
지 적자 불면 수탄 신등 위 명시 불능 불위 지감 언 절유 국가 소이 금

風聞言事者 恐傷良善也. 若情迹曖昧之事 則然矣 至於守令所爲
풍문 언사 자 공상 양선 야 약 정적 애매 지사 즉 연의 지어 수령 소위

暴於一邑 吏民共知 側目而怨 獨朝廷不知 而以風聞不敢擧劾 則
폭어 일읍 이민 공지 측목 이원 독 조정 부지 이이 풍문 불감 거핵 즉

雖有謹重之意 而非懲戒之道. 乞自今 大小守令不法虐民等事 暴著
수유 근중 지의 이비 징계 지도 걸 자금 대소 수령 불법 여민 등사 폭저

民之耳目者 與 夫監司所爲不法 暴於一道者 許令覈實科罪.'
민지 이목 자 여 부 감사 소위 불법 폭어 일도 자 허령 핵실 과죄

從之.
종지

癸未 罷書筵輔德以下官職. 司諫院上疏曰:
계미 파 서연 보덕 이하 관직 사간원 상소 왈

'竊謂 國家建儲副設書筵 所以講明道義 輔之以正 不納於邪也.
절위 국가 건 저부 설 서연 소이 강명 도의 보지 이정 불납 어사 야

今留都賓客行成均大司成趙庸 吏曹參判卓愼及以下書筵官 使儲副
금 유도 빈객 행 성균 대사성 조용 이조참판 탁신 급 이하 서연관 사 저부

恣行非義 曾無輔導之效 又殿下累遣中使 警備者至矣. 當儲副上書
자행 비의 증무 보도 지효 우 전하 누견 중사 경비 자 지의 당 저부 상서

之時 故莫聞知 罔有一言及止 其於委任之意何? 且除惡務本 國家
지시 고 막문지 망유 일언 급지 기어 위임 지의 하 차 제악 무본 국가

之常刑 今日之事 至於此者 由不能早除禍根也. 伏望殿下 將上項
지 상형 금일 지사 지어 차자 유 불능 조제 화근 야 복망 전하 장 상항

書筵官趙庸等罪 下攸司按律施行 幷將於里女 放之遐方 以杜禍萌.'
서연관 조용 등 죄 하 유사 안율 시행 병 장 어리 녀 방지 하방 이두 화맹

司憲府疏曰:
사헌부 소왈

'我殿下卽位之初 建儲副爲國本 卽以文臣 兼置僚佐 置諸左右者
아 전하 즉위지초 건저부위국본 즉이문신 겸치요좌 치저좌우자

預養素教 欲其切磋琢磨 日進於善 以成格物致知 誠意正心之功也.
예양소교 욕기 절차탁마 일진어선 이성 격물치지 성의정심 지공야

賓客趙庸 卞季良 金汝知 卓愼 輔德趙瑞老 弼善柳直 朴瑞生 文學
빈객조용 변계량 김여지 탁신 보덕조서로 필선유직 박서생 문학

禹承範 司經柳九思 柳升濡 正字李師孟等不以正心術 明道學爲進
우승범 사경유구사 유승유 정자 이사맹 등불이 정 심술 명도학위진

徒以阿附諂諛爲事 唯唯諾諾 使陷於不義 其於聖上立官置師之意
도이아부 첨유위사 유유낙락 사 함어 불의 기어 성상 입관치사지의

爲如何哉? 乞將上項書筵官等 收其職牒 按律施行 以戒後來.'
위 여하재 걸장 상항 서연관 등 수기 직첩 안율 시행 이계후래

命賓客勿論 其餘書筵官罷職.
명 빈객 물론 기여 서연관 파직

司憲府 司諫院請金漢老之罪. 諫院上言曰:
사헌부 사간원 청 김한로 지죄 간원 상언 왈

"前日 刑曹 臺諫 將奸臣金漢老之罪 交章以聞 殿下特從寬典 只
전일 형조 대간 장간신 김한로 지죄 교장 이문 전하 특종 관전 지

令竄于羅州 臣等倍切痛心. 竊謂 漢老之罪 天地 宗社之所不宥 而
령 찬우 나주 신등 배절 통심 절위 한로 지죄 천지 종사 지 소불유 이

大小臣民之所共憤也. 殿下何惜此一夫之軀命 不答天地宗社之靈
대소 신민 지 소공분 야 전하 하석 차 일부 지구명 부답 천지종사 지령

不慰臣民之望乎? 伏望殿下 一依前章所聞 明正其罪 垂戒於後."
불위 신민 지망호 복망 전하 일의 전장 소문 명정 기죄 수계 어후

憲府亦上言曰:
헌부 역 상언 왈

"金漢老旣以儲副之舅 當進規箴之言 使世子日進於善 終不納
김한로 기이 저부 지구 당진 규잠 지언 사 세자 일진 어선 종 불납

於邪也. 不此之慮 反以諂媚爲心 暗進女色 長其縱欲之心 使陷於
어사 야 불 차지려 반 이 첨미 위심 암진 여색 장기 종욕 지심 사 함어

不義 皇天譴之 宗社怒之 假手於殿下 廢黜於外. 臣等竊謂 漢老之
불의 황천 견지 종사 노지 가수 어전하 폐출 어외 신등 절위 한로 지

罪 天地宗社之所不赦 非殿下之所得而私也. 伏望殿下 斷以大義
죄 천지 종사 지 소불사 비 전하 지 소득이사 야 복망 전하 단이 대의

將漢老明置於法 籍沒家產 以釋天地宗社之怒. 且於里 迷心之禍根
장 한로 명치 어법 적몰 가산 이석 천지 종사 지노 차 어리 미심 지 화근

傷人之怪物 竝置於法 以示子孫萬世之戒."
상인 지 괴물 병치 어법 이시 자손 만세 지계

438

竝皆不允.

賜送燒酒及藥酒于禔. 又命醫員鄭從夏 韓用珍等 相代往於廣州

湯藥治病 仍賜送蘇合圓淸心圓養脾圓木香圓.

遣判司譯院事鄭喬 押送被倭擄唐人陳益原等二十四人于遼東.

甲申 賜世子官敎. 封沈氏爲敬嬪 降封禔爲讓寧大君 淑嬪金氏爲

三韓國大夫人. 沈氏 溫之女也.

以柳廷顯領敦寧府事 韓尙敬領議政府事 李原右議政 李枝

左議政致仕 權弘判敦寧府事 李之崇判右軍都摠制府事 沈溫

吏曹判書 鄭易戶曹判書 柳觀藝文館大提學 世子左賓客 孟思誠

工曹判書 世子右賓客 李之剛戶曹參判 世子左副賓客 權遇

藝文館提學 世子右副賓客 判承文院事 尹淮 判典醫監事 金益精

爲輔德 藝文館直提學 柳穎典祀寺尹 鄭招爲弼善 典祀少尹 權蹈

直藝文館 李隨爲文學 卞季良禮曹判書 金汝知判漢城府事 李孟畇

忠淸道都觀察使 李潑咸吉道都觀察使.

命內官李村 送讓寧大君官敎及金氏官敎于廣州.

命左議政致仕李枝給祿第二科.

乙酉 改敬承府爲順承府 屬于世子殿. 以洪汝方 成抑爲順承府尹

禹希烈判淸州牧事 李培判廣州牧事.

文貴 崔閑回自漢京.

初 上之遣文貴也 謂貴曰: "卿戚連宗室 世子見卿 則必不驚駭.

予欲遣卿 群臣皆曰以爲宜 卿往以予言 說與世子." 因痛哭失聲 乃
_{여 욕견경 군신개왈이위의 경왕이여언 설여세자 인통곡실성 내}

教曰:
_{교왈}

"汝雖狂悖 予欲使汝期於自新 豈圖不悔不悛 以至於此? 百官今
_{여수광패 여욕사여기어자신 기도불회부전 이지어차 백관금}

以汝罪請廢 故不得已而從之 汝其知之 汝自取禍耳. 予與汝父子也
_{이여죄청폐 고부득이이종지 여기지지 여자취화이 여여여부자야}

然有君臣之道焉. 予見百官之請 予身亦爽寒矣. 汝昔告予曰:'我
_{연유 군신지도 언 여견백관지청 여신역 상한의 여석고여왈 아}

欲辭位以侍衛.' 予對以不可也. 今汝之辭位 汝之素願也. 孝寧大君
_{욕 사위 이시위 여대이불가야 금여지 사위 여지소원야 효령대군}

質弱 忠寧大君高明 故予以百官之請 定爲世子. 汝昔告予曰:'我
_{질약 충녕대군 고명 고여이백관지청 정위세자 여석고여왈 아}

愛忠寧甚篤 雖小物 思欲與同喫.' 今忠寧代汝位 必厚待汝. 懷安持
_{애 충녕 심독 수소물 사욕여 동끽 금충녕 대여위 필후대여 회안지}

兵刃而欲害予 然予厚待 安保平生 況汝於忠寧有何罪? 安享一生
_{병인 이욕해여 연여후대 안보 평생 황여어 충녕유 하죄 안향 일생}

可知也. 群臣皆欲置汝於遐方 中宮泣請於予曰:'禔率稚兒輩 歸於
_{가지야 군신개욕치여어하방 중궁읍청어여왈 제솔치아배 귀어}

遐方 則安否不通 乞置近處.' 予亦非木石 豈無心乎? 肆請於群臣
_{하방 즉안부불통 걸치근처 여역비목석 기무심호 사청어군신}

群臣姑且從之 故置汝于廣州. 汝見百官狀 則知汝之罪 且知 予之
_{군신고차종지 고치여우광주 여견백관장 즉지여지죄 차지 여지}

不得已也. 婢子率十三口 汝所愛者 皆率居 奴子將量宜便送. 殿內
_{부득이야 비자솔십삼구 여소애자 개솔거 노자장양의편송 전내}

雜物 悉皆持去不妨 然古典此例 持汝彈弓 其餘皆置於殿. 惟汝
_{잡물 실개지거불방 연고전차례 지여탄궁 기여개치어전 유여}

生資 我其圖之 無使不足也. 雖悔何及? 然迨今父母生時 以善譽聞
_{생자 아기도지 무사부족야 수회하급 연태금부모생시 이선예문}

則可矣. 其世子印信 官教 服用凡物 皆令所掌官收領可也. 卿傳教
_{즉가의 기세자인신 관교 복용범물 개령소장관수령가야 경전교}

世子 崔閑傳教淑嬪."
_{세자 최한 전교 숙빈}

至是回啓曰:
_{지시 회 계왈}

"臣等以上教宣諭世子 又示百官狀 世子見之 讀至憤怒二字曰:
_{신등이 상교 선유세자 우시백관장 세자견지 독지분노이자왈}

'是非我心所有也. 昔日請辭不獲 今日得罪矣.' 又曰:'古今天下
_{시비아심소유야 석일청사불획 금일득죄의 우왈 고금천하}

爲子有臣而如我者 未有生存於世也.' 貴曰: '上使臣將百官狀 自首
위자 유신 이 여아자 미유 생존 어세 야 귀왈 상 사신 장 백관 장 자수

至尾百官着名處 皆披見 請宜更見之.' 答曰: '大體已知矣 更不
지미 백관 착명 처 개피견 청의 갱견 지 답왈 대체 이지 의 갱불

披見.' 貴又曰: '上旣敎以懷安安保之故 與前日請辭之言 後日安享
피견 귀 우왈 상 기교이 회안 안보 지고 여 전일 청사 지언 후일 안향

之事 何以說如我者 未有生存於世也?' 禔曰: '昔 辭位之請 厚愛
지사 하이 설여아자 미유 생존 어세 야 제왈 석 사위 지청 후애

忠寧之言 臣所啓聞也.' 使崔閑禁殿內喧泣 翼日未明 與淑嬪如廣州
충녕 지언 신 소계문 야 사 최한 금전내 훤읍 익일 미명 여 숙빈 여 광주

貴以殿內雜物付各司 從婢十三之外 有四婢 問其根源 皆侍女也.
귀 이 전내 잡물 부 각사 종비 십삼 지외 유 사비 문기 근원 개 시녀 야

故不使出外 姑置殿內."
고 불사 출외 고치 전내

    上曰: "禔悲嘆乎?" 貴對曰: "宣敎之時 臣不忍墮淚 讓寧非惟不
    상왈 제 비탄호 귀 대왈 선교 지시 신 불인 타루 양녕 비유 불

墮淚 略無悲嘆容." 上更問: "然乎?" 貴對曰: "如臣所啓." 上曰:
타루 약무 비탄 용 상 갱문 연호 귀 대왈 여신 소계 상왈

"如彼故如彼 焉得悔過? 四婢 予將送於禔所 使於里亦隨至廣州."
여피 고 여피 언득 회과 사비 여 장송 어제소 사 어리 역 수지 광주

    乃遣內臣洪得敬於漢京 送四婢於廣州.
    내 견 내신 홍득경 어 한경 송 사비 어 광주

    元胤回啓曰: "讓寧至於東大門 問臣曰: '卿爲何事來?' 對曰:
    원윤 회 계왈 양녕 지어 동대문 문신왈 경 위하사 래 대왈

'護送也.' 讓寧又曰: '此地復見無由 嗟乎!' 又到廣津 乘舟墮淚 又於
호송 야 양녕 우왈 차지 부견 무유 차호 우 도 광진 승주 타루 우어

辭別時 語臣曰: '我性本麤暴 常時進見 言必不恭. 今乃再見上書之
사별 시 어신왈 아성 본 추포 상시 진현 언필 불공 금내 재견 상서 지

辭 不恭如此 罪甚不死 上德也. 何以報謝? 我性怯 故誤失斟酌 頻
사 불공 여차 죄심 불사 상덕 야 하이 보사 아성 겁 고 오실 짐작 빈

犯不孝 安有見上之期乎?' 其侍婢十三 國家之定數 而小兒加隨者
범 불효 안유 현상 지기호 기 시비 십삼 국가 지 정수 이 소아 가수 자

二人 故臣奪四季等二人 送于漢京."
이인 고신 탈 사계 등 이인 송우 한경

    上曰: "二人皆其妾也 卿奪之誤矣."
    상왈 이인 개 기첩 야 경 탈지 오의

    卽命送于廣州.
    즉명 송우 광주

    丙戌 賜謝恩使同知摠制元閔生衣服及鞍子. 召見閔生曰: "東殿
    병술 사 사은사 동지총제 원민생 의복 급 안자 소견 민생 왈 동전

病勢可畏 欲令世子 不違八月朝見 歲前回還 卿八月內可回還乎?
병세 가외 욕령 세자 불위 팔월 조현 세전 회환 경 팔월 내 가 회환 호

卿雖勞 世子之行 必使卿隨從. 宰相以通事隨從 已有前例 前世子
경 수로 세자 지행 필사 경 수종 재상 이 통사 수종 이유 전례 전세자

之行 李玄爲之." 閔生對曰: "臣於八月初生 可以回還."
지행 이현 위지 민생 대왈 신 어 팔월 초생 가이 회환

遣判事偰耐 祈晴于東門.
견 판사 설내 기청 우 동문

復立十司中領 各置護軍一人.
부립 십사 중령 각치 호군 일인

設義勇衛.
설 의용위

以長川君李從茂 唐城君洪海 同知摠制沈泟爲節制使 命世子
이 장천군 이종무 당성군 홍해 동지총제 심정 위 절제사 명 세자

監撫之. 兵曹啓: "新設義勇衛 忠武五領 龍武五領 虎勇五領 護軍
감무 지 병조 계 신설 의용위 충무 오령 용무 오령 호용 오령 호군

十五 甲士一百六十六 除出分屬何如? 其衛節制使三 以三軍鎭撫所
십오 갑사 일백 육십 육 제출 분속 하여 기위 절제사 삼 이 삼군진무소

例 輪番入直何如? 其衛鎭撫 十五定數 三軍鎭撫五除出 其餘以
예 윤번 입직 하여 기위 진무 십오 정수 삼군진무 오 제출 기여 이

可當人充之何如?" 依允. 命兵曹判書朴信曰: "十司中領 今已復立
가당 인 충지 하여 의윤 명 병조판서 박신 왈 십사 중령 금이 복립

十司五領隊長 隊副加定 加數三千 則春秋講武之時 外方之民不與
십사 오령 대장 대부 가정 가수 삼천 즉 춘추 강무 지시 외방 지민 불여

於驅軍矣 如何?" 諸卿曰: "然." 乃命下兵曹.
어 구군 의 여하 제경 왈 연 내 명하 병조

賜送讓寧大君禔飯床所用銀器一件 酒器一件.
사송 양녕대군 제 반상 소용 은기 일건 주기 일건

定察訪于兩京間.
정 찰방 우 양경 간

命承政院曰: "兩京間驛路至困 議弊事以聞." 趙末生曰: "分司
명 승정원 왈 양경 간 역로 지곤 의 폐사 이문 조말생 왈 분사

往來 驛路馬草有弊 罷驛丞 定察訪 巡行考察 六七月間賜馬何如?"
왕래 역로 마초 유폐 파 역승 정 찰방 순행 고찰 육칠월 간 사마 하여

上曰: "定察訪 五日一度巡行考察 且給馬料 驛丞仍置."
상왈 정 찰방 오일 일도 순행 고찰 차급 마료 역승 잉치

置翊衛司. 改世子左司衛爲左右翊衛. 左右翊衛爲左右翊贊.
치 익위사 개 세자 좌우 사위 위 좌우 익위 좌우 익위 위 좌우 익찬

初 教曰: "加設衛士之數 以三分之一侍衛世子 擇甲士可當者
초 교왈 가설 위사 지수 이 삼분지일 시위 세자 택 갑사 가당 자

差下. 又擇功臣子弟 雖非功臣 而宰相子弟可當衛士者 亦許敍用.
차하 우 택 공신자제 수 비 공신 이 재상 자제 가당 위사 자 역 허 서용

予嘗驗之 素所親愛者退立 而素所不親愛者反效忠節 皆在立心之
여 상 험지 소 소친애 자 퇴립 이소 소불친애 자 반 효 충절 개재 입심 지

如何耳."
여하 이

以左議政朴訔爲世子師 玉川府院君劉敞爲世子貳師.
이 좌의정 박은 위 세자사 옥천부원군 유창 위 세자이사

戊子 遣同知摠制元閔生如京師 謝賜菩薩名稱歌曲也. 兼齎請封
무자 견 동지총제 원민생 여 경사 사사 보살 명칭 가곡 야 겸재 청봉

世子奏本以行 其奏曰:
세자 주본 이행 기주 왈

'臣長子禔 於永樂三年 欽蒙奏准³⁵ 立爲世子. 見今年旣長成 而
신 장자 제 어 영락 삼년 흠몽 주준 입위 세자 견금 연기 장성 이

其所行 多有不堪爲後者 不獲已出置于外. 第二子補 資質柔弱 難
기 소행 다유 불감 위후 자 불획이 출치 우외 제이 자 보 자질 유약 난

付重任 第三子【諱】性頗聰慧 孝悌好學 一國 臣民 悉皆屬望 請立
부 중임 제삼자 휘 성 파 총혜 효제 호학 일국 신민 실개 속망 청립

爲後 臣不敢擅便 爲此謹具奏聞.'
위후 신 불감 천편 위차 근구 주문

判海州牧使金有良卒 致賻米豆各十石 紙百卷及棺槨. 仍命
판해주목사 김유량 졸 치부 미두 각 십석 지 백권 급 관곽 잉 명

黃海道都觀察使 令所過處 設朝夕奠 具給輪轉丁夫.
황해도 도관찰사 영 소과 처 설 조석전 구급 수전 정부

己丑 書筵官等請進講四書 許之. 上謂朝啓臣僚曰: "世子乳母 上
기축 서연관 등 청 진강 사서 허지 상위 조계 신료 왈 세자 유모 상

入宮中 白靜妃曰: '常時讀書 至二更乃罷.' 因此 曾知世子好學 予
입 궁중 백 정비 왈 상시 독서 지 이경 내 파 인차 증지 세자 호학 여

無勸學之憂 矣." 左右皆歎服.
무 권학 지우 의 좌우 개 탄복

九州節度使代官來獻土物.
구주절도사 대관 내헌 토물

置酒于新樓.
치주 우 신루

宜寧府院君南在來自漢京侍坐 上戲言:
의령부원군 남재 내자 한경 시좌 상 희언

---

35 인터넷 원문에는 準으로 돼 있으나, 准의 잘못이라 바로잡았다.
                  준   준

"在戊寅秋 無人議罪 發怯在逃之狀曰: '南閽之亂 卿來自留後司
재 무인 추 무인 의죄 발겁 재 도지상 왈 남은 지란 경 내자 유후사

不知所之 恐懼踏跛. 予使人押置吾家 到吾家 抱今世子 獨坐大廳
부지 소지 공구 축척 여 사인 압치 오가 도 오가 포 금세자 독좌 대청

恐怯曰: "吾將何之? 願入隱處." 靜妃曰: "千萬毋懼. 若有事則必
공겁 왈 오장 하지 원입 은처 정비 왈 천만 무구 약 유사 즉필

使人通之." 在竟不自安逃去. 國家圖其形 布諸郡縣 物色求之 將以
사인 통지 재경불 자안 도거 국가 도 기형 포저 군현 물색 구지 장이

付處宜寧也.
부처 의령 야

在微服徒行 暮投一村舍 主人嫗熟視曰: "觀客狀貌似是方今所索
재 미복 도행 모투 일 촌사 주인 구 숙시 왈 관객 상모 사시 방금 소색

南政堂." 在徐答曰: "我貧賤如此 若爲南政堂則幸矣." 嫗曰: "明朝
남 정당 재 서답 왈 아 빈천 여차 약위남 정당 즉행의 구왈 명조

當該州官告之." 比曉起視 則行已久矣.
당해 주관 고지 비효 기시 즉행 이구 의

馬天牧遇諸南原途中 在杖策驅馬 天牧下馬控立曰: "令公何之?"
마천목 우저 남원 도중 재 장책 구마 천목 하마 공립 왈 영공 하지

在不顧而行曰: "咄 以我爲何人也?" 天牧曰: "令公且止. 我豈不識
재 불고 이행 왈 돌 이아 위 하인 야 천목 왈 영공 차지 아기 불식

南政堂乎?" 在却立直視曰: "我爲南在歟?" 天牧笑而止之 在茫然
남 정당 호 재 각립 직시 왈 아위 남재 여 천목 소이 지지 재 망연

歎曰: "若眞我之三世讎也.'"
탄왈 약진 아지 삼세 수야

諸卿競言之 在不能答 但呵呵而已 上亦大笑 諸卿皆解頤.
제경 경 언지 재 불능 답 단 가가 이이 상 역 대소 제경 개 해이

司憲府上疏 請右議政李原伴人張良守肆暴於洪汝方母家之罪.
사헌부 상소 청 우의정 이원 반인 장양수 사포 어 홍여방 모가 지죄

承政院仍請啓曰: "良守作亂 以內贍寺奴內隱達女子之故也. 前此
승정원 잉 청 계왈 양수 작란 이 내섬시 노 내은달 여자 지 고야 전차

原欲以內隱達女子爲妾 聞尹向欲爲妾而中止 至是向卒 復欲爲妾.
원 욕이 내은달 여자 위첩 문 윤향 욕 위첩 이 중지 지시 향졸 부 욕 위첩

汝方 向之妻弟也 而其所爲如此 皆爲不美. 請下義禁府 鞫問其罪."
여방 향 지 처제 야 이 기 소위 여차 개위 불미 청하 의금부 국문 기죄

上曰: "原 功臣也; 汝方 功臣之子. 雖其風俗不美 事不關係 下
상왈 원 공신 야 여방 공신 지자 수기 풍속 불미 사 불관계 하

義禁府 其終何如?" 諸代言曰: "李原 汝方 雖不罪之 內隱達以一
의금부 기종 하여 제 대언 왈 이원 여방 수불 죄지 내은달 이일

女子 兩處定約 且良守作亂於宰相家 請罪之."
여자 양처 정약 차 양수 작란 어 재상 가 청 죄지

上曰: "汝等之請可也. 然下義禁府 使國人皆知之 其終乃何?
<small>상왈 여등 지청 가야 연하 의금부 사 국인 개 지지 기종 내하</small>

汝等善辭於司憲府掌務以送 內隱達 良守 承政院拿來親問以啓."
<small>여등 선사 어 사헌부 장무 이송 내은달 양수 승정원 나래 친문 이계</small>

知申事趙末生 代言元肅等具內贍奴內隱達 朴小斤 阿只及良守
<small>지신사 조말생 대언 원숙 등구 내섬 노 내은달 박소근 아지 급 양수</small>

汝方家近四隣人等言及尹向書狀內辭以啓曰: "汝方 雖曰前年十一
<small>여방 가근 사린 인등 언급 윤향 서장 내사 이계왈 여방 수왈 전년 십일</small>

月十二日 來宿內隱達家 而尹向約婚書狀分明. 又內隱達 小斤
<small>월 십이 일 내숙 내은달 가 이 윤향 약혼 서장 분명 우 내은달 소근</small>

阿只等以直對問曰: '尹向赴京時 脫衣送之.' 則向之約婚明矣. 汝方
<small>아지 등 이직 대문 왈 윤향 부경 시 탈의 송지 즉 향지 약혼 명의 여방</small>

雖曰: '良守等直入吾家 恐動母親與女子 掠奪內隱達之女.' 然良守
<small>수왈 양수 등 직입 오가 공동 모친 여 여자 약탈 내은달 지녀 연 양수</small>

不報 且四隣皆以不知答之. 又其女所之之家各別 難以分曉. 良守
<small>불보 차 사린 개이 부지 답지 우 기녀 소재 지가 각별 난이 분효 양수</small>

曰: '汝方身進政丞宅 告乞勿推內隱達之女 許令吾作妾.' 政丞曰:
<small>왈 여방 신진 정승 댁 고걸 물추 내은달 지녀 허령 오 작첩 정승왈</small>

"吾未見其女 何敢處分?" 汝方歸後 政丞曰: "汝方之行可憎. 汝輩
<small>오 미견 기녀 하감 처분 여방 귀후 정승왈 여방 지행 가증 여배</small>

推考其女 幸則率來." 聽此 與韓安禮推尋奪來 置于安禮家.' 則良守
<small>추고 기녀 행즉 솔래 청차 여 한안례 추심 탈래 치우 안례 가 즉 양수</small>

聽政丞之言 汎濫侵奪可知矣."
<small>청 정승 지언 범람 침탈 가지 의</small>

上曰: "汝方親到政丞家告乞乎? 告乞則政丞之宿爲後明矣. 是則
<small>상왈 여방 친도 정승 가 고걸 호 고걸 즉 정승 지숙 위후 명의 시즉</small>

予未聞也 其餘則予悉知之. 汝方何敢以尹向結婚之女 奪爲己妾
<small>여 미문 야 기여 즉 여 실지지 여방 하감 이 윤향 결혼 지녀 탈위 기첩</small>

乎? 汝方誤矣. 內隱達以一女 推稱於汝方兄弟而亂倫 又許政丞之
<small>호 여방 오의 내은달 이 일녀 추칭 어 여방 형제 이 난륜 우허 정승 지</small>

宿而欲去之 其情甚憎. 下當直廳 決打五六十度以戒之. 良守汎濫
<small>숙 이 욕거 지 기정 심증 하 당직청 결타 오륙십 도 이계지 양수 범람</small>

之罪 亦宜決放 然良守受罪 則政丞必有愧 又與汝方無分揀 教良守
<small>지죄 역의 결방 연 양수 수죄 즉 정승 필유 괴 우여 여방 무 분간 교 양수</small>

放送. 其內隱達女子 予將區處 勿令出入嫁夫."
<small>방송 기 내은달 여자 여장 구처 물령 출입 가부</small>

內隱達號爲大賈 而其妻金士文之婢也. 所生唯一女耳 年十三
<small>내은달 호위 대고 이 기처 김사문 지비 야 소생 유일 녀 이 연 십삼</small>

判書尹向欲取爲妾 年幼不果. 其奉使入朝也 受內隱達細麻布二十
<small>판서 윤향 욕취 위첩 연유 불과 기 봉사 입조 야 수 내은달 세마포 이십</small>

匹 是亦結爲妾之約也. 汝方 向之妻弟也. 及向之死 乃有代向爲妾

之心 及聞原之有約 率內隱達之女而匿其家. 原使伴人奪來 汝方之

母訴于憲司 憲司請罪 上令承政院覈實而處之如此 蓋以醜汝方 而

且非原之汎濫也. 汝方本好酒色者也. 召命原出仕 原卽詣闕啓曰:

"汝方謀害臣曰: '良守作亂吾家 驚動我老母 且使女子驚胎下血.'

已告於所司 乞以此意 更推汝方. 且此女 向曾送書與衣 期已定矣

實向之妾也. 汝方何以爭之? 向卒後 內隱達皆從汝方之言 無他 以

向入朝時 將內隱達細麻布二十匹 段子交易 中路而卒 其物盡入於

向本家 內隱達求而未得 汝方誘內隱達曰: '吾請妹氏則可得.' 而

內隱達悅而從之."

傳教曰: "此意 予曾知之."

原曰: "上已知其故 臣不復請." 肅啓曰: "內隱達妻寶排言: '五月

二十二日 良守到夫之父母家曰: "尹判書已卒 何至今不出女乎?

此事 兩大君 兩政丞皆知之 上位亦想知之." 在傍夫之四寸別監

李蔭相與言詰. 其實當蔭及婢之同生小斤 阿只等問之.' 聽此問之

辭同然. 二人皆其親戚 他無公證."

上曰: "此言不足算也 置而勿問. 良守無實之人 政丞何以爲

伴人?"

癸巳 遣梓人吳德海于江原道 率船軍六百名 斫木於原州 寧越

麟蹄等處 將以修葺昌德宮也.

命敬嬪族親及宗親 駙馬出入世子殿者 勿禁.
명 경빈 족친 급 종친 부마 출입 세자전 자 물금

賜米二十石 豆十五石 正布五十匹于演福寺. 時 僧徒方修葺 故有
사미 이십 석 두 십오 석 정포 오십 필 우 연복사 시 승도 방 수즙 고유

是賜.
시사

黃海道都觀察使報海州事宜: "海州兵馬 陸地深入 邑內屯兵.
황해도 도관찰사 보 해주 사의 해주 병마 육지 심입 읍내 둔병

牛峴以南居民三百五十 四五息程途 沿海遍野 倭寇擄掠可畏. 右
우현 이남 거민 삼백 오십 사오 식정도 연해 편야 왜구 노략 가외 우

兵馬於要害之地 牛峴 蛇浦等處移排 築城 養兵備患." 乃下兵曹.
병마 어 요해 지지 우현 사포 등처 이배 축성 양병 비환 내 하 병조

議得: "海州邑城已築 一邑內不遐處 新城造築未便. 於海州設鎭
의득 해주 읍성 이축 일읍 내 불 하처 신성 조축 미편 어 해주 설진

如有倭寇 則領其兵馬 要害處屯住應變." 從之.
여유 왜구 즉 영 기 병마 요해처 둔주 응변 종지

甲午 命給月俸于讓寧大君 從戶曹之啓也.
갑오 명급 월봉 우 양녕대군 종 호조 지 계야

乙未 司憲府上疏 請右議政李原 順承府尹洪汝方等罪. 上覽之
을미 사헌부 상소 청 우의정 이원 순승부 윤 홍여방 등 죄 상 람지

召趙末生曰: "憲府之疏 深有愧於李原 洪汝方也 宜藏此疏." 掌令
소 조말생 왈 헌부 지 소 심 유괴 어 이원 홍여방 야 의 장 차소 장령

朴憲啓曰: "本月初五日 除李原爲世子師 初八日 使奴隷圍把人家
박헌 계왈 본월 초오일 제 이원 위 세자사 초팔일 사 노예 위파 인가

奪人之妾 是燮理調元 宰相之事乎? 又豈密邇儲副 薰陶調護之人
탈 인지첩 시 섭리 조원 재상 지사 호 우 기 밀이 저부 훈도 조호 지인

乎? 汝方於尹向 妻弟也. 向曾於此女 結約爲婚 信宿其家 脫衣
호 여방 어 윤향 처제 야 향 증어 차녀 결약 위혼 신숙 기가 탈의

與之 以防他人. 今向之卒未滿一旬 汝方遽奸其女 是人倫之所可忍
여지 이방 타인 금 향지졸 미만 일순 여방 거간 기녀 시 인륜 지 소가인

爲哉? 況此女亦非美色 年且未壯 特以其父爲大賈 多蓄財産 二人
위재 황 차녀 역비 미색 연차 미장 특이 기부 위 대고 다축 재산 이인

皆以宰相 欲圖其利 私相爭奪 其志貪汚. 伏望收原右議政世子師之
개 이재상 욕도 기리 사상 쟁탈 기지 탐오 복망 수 원 우의정 세자사 지

任 汝方順承府尹之職 公道幸甚."
임 여방 순승부 윤 지직 공도 행심

不允 皆命召就職. 原居冢宰 乃朝廷之表儀也 汝方亦一時之名臣
불윤 개 명소 취직 원거 총재 내 조정 지 표의 야 여방 역 일시 지 명신

也. 相竊其妾 行鄭衛淫亂之風 以干邦憲. 上雖原之 爲憲司宜當
야 상절 기첩 행 정위 음란 지풍 이간 방헌 상 수 원지 위 헌사 의당

固請 使罷黜之 以正風可也 憲司諸臣聞命而止 可爲長太息也.
고청 사 파출 지 이 정풍 가야 헌사 제신 문명 이 지 가위 장 태식 야

丙申 以崔沄爲慶尙道兵馬都節制使 朴實左軍同知摠制.
병신 이 최운 위 경상도 병마도절제사 박실 좌군동지총제

御正殿 賜世子及敬嬪冊寶 宥境內. 世子冊曰:
어 정전 사 세자 급 경빈 책보 유 경내 세자 책왈

'建儲貳 係人心 實爲大典; 擇元良 端國本 惟在至公. 爰正名位之
건 저이 계 인심 실위 대전 택 원량 단 국본 유재 지공 원 정 명위 지

隆 式擧封崇之禮.
륭 식거 봉숭 지례

咨! 爾忠寧大君【諱】寬弘莊重 孝悌謙恭. 愛敬事親 居常翼翼.
자 이 충녕대군 휘 관홍 장중 효제 겸공 애경 사친 거상 익익

聰明好學 惟日孜孜. 付託是宜 臣民屬望[=囑望]. 是用 冊爾爲
총명 호학 유일 자자 부탁 시의 신민 촉망 촉망 시용 책 이 위

王世子. 嗚呼! 天祚明德 神享克誠. 主鬯承祧 尙念負荷之艱大;
왕세자 오호 천조 명덕 신향 극성 주창 승조 상념 부하 지 간대

臨深履薄 永膺福祿之綏將.'
임심이박 영응 복록 지 수장

敬嬪之冊曰:
경빈 지 책왈

'順公義而建元良 儲副卽定; 重配匹以承宗社 位號宜崇. 爰擧
순 공의 이 건 원량 저부 즉정 중 배필 이승 종사 위호 의숭 원 거

徽稱 冊尊彝典.
휘칭 책존 이전

咨! 爾沈氏 貞嘉稟性 端正飭躬. 常存敬畏之心 夙著勸儉之德.
자 이 심씨 정가 품성 단정 칙궁 상존 경외 지심 숙저 권검 지덕

克敦婦道 允孚家人. 穀朝于差 縟禮斯備. 今遣某臣 冊爲敬嬪.
극돈 부도 윤부 가인 곡조 우차 욕례 사 비 금견 모신 책 위 경빈

肅雍內助 誠恒切於雞鳴; 黽勉相成 祥益膺於麟趾.'
숙옹 내조 성항 절어 계명 민면 상성 상 익 응 어 인지

仍下宥旨:
잉 하 유지

'王若曰.
왕 약왈

建儲端本 所以承宗廟 係人心 爲萬世計也. 昔者 周文王舍伯邑考
건저 단본 소이 승 종묘 계 인심 위 만세 계야 석자 주문왕 사 백읍고

而立武王 惟其賢也. 詢諸臣僚 乃立子【諱】爲王世子 已嘗布告中外.
이 립 무왕 유 기현 야 순 저 신료 내 입자 휘 위 왕세자 이상 포고 중외

若稽典禮 當行冊命 肆於永樂十六年六月十七日 授以冊寶. 屬兹
약 계 전례 당행 책명 사어 영락 십육 년 육월 십칠 일 수이 책보 속자

448

盛擧 宜布寬條. 自永樂十六年六月十七日昧爽以前 除謀叛 大逆
及歐殺父母 祖父母 妻妾殺夫 奴婢殺主 蠱毒魘魅 謀故殺人 但犯
强盜外 已發覺未發覺 已結正未結正 咸宥除之. 敢以宥旨前事 相
告言者 以其罪罪之.

嗚呼! 旣建元良 以慰神人之望; 載滌瑕垢 旁施廣蕩[=曠蕩]之恩.'

世子進箋謝曰:

'負扆當陽 誕布冊命; 建儲端本 謬及臣身. 良切悚兢 采增感激.

伏念臣某 識見淺拙 性稟愚蒙. 視膳東廂 罔知順承之道; 傳經外傅
未究蘊奧之精. 何期睿恩 遽霈陋質? 玆蓋主上殿下齋莊中正 濬哲
文明 謂主器必有攸歸 而人心所當預定 遂命庸品 獲荷崇儀.

臣謹當思付托之匪輕 無斁亦保; 奉訓戒之至切 永失不諼.'

敬嬪亦進箋謝.

置酒 餉宗親 功臣 議政府 六曹.

丁酉 命停中外賀封世子禮.

兩府以下文武百官具公服 詣世子殿陳賀.

遣內官申以熙 賜酒果于芳幹.

命大小使臣老病服藥 皆令用酒.

命還給楊弘達 曹聽 元鶴等職牒 科田 朴居只免令史.

戊戌 傳旨各道都觀察使 精白禱雨.

下旨刑曹 考宥旨錄輕罪以聞.

己亥 王世子始開書筵.
기해 왕세자 시개 서연

庚子 王世子參朝啓.
경자 왕세자 참 조계

命金萬壽外方從便 移置金漢老父子于淸州 張思靖自願德川安置
명 김만수 외방종편 이치 김한로 부자 우 청주 장사정 자원 덕천 안치

李垠 李有喜 姜宗德 鄭之唐 金益濂 辛孟和 辛叔和等 京外從便.
이은 이유희 강종덕 정지당 김익렴 신맹화 신숙화 등 경외종편

加置醫女.
가치 의녀

禮曹據濟生院呈上言: “醫女共七名 成才者五名 諸處分遣 每不足
예조 거 제생원 정 상언 의녀 공 칠명 성재 자 오명 제처 분견 매 부족

焉. 乞以各司婢子內 年十三歲以下者十名 加定何如?”
언 걸이 각사 비자 내 연 십삼 세 이하 자 십명 가정 하여

從之.
종지

承政院請金漢老之罪.
승정원 청 김한로 지죄

啓曰: “原其情則實干社稷 不可輕宥.” 上曰: “漢老爲人 雖得
계왈 원 기정 즉 실간 사직 불가 경유 상왈 한로 위인 수 득

第一科名 於文學蓋闕如也 且無稜角拔越之氣. 予嘗戲語此人曰:
제일과 명 어문학 개 궐여 야 차무 능각 발월 지기 여상 희어 차인 왈

‘宜爲富家翁也.’ 推其罪 至於謀危社稷 原其情則不應至此. 予欲
의위 부가옹 야 추 기죄 지어 모위 사직 원 기정 즉 불응 지차 여욕

移置農舍 俾終千年 卿等勿復敢言.”
이치 농사 비종 천년 경등 물부 감언

司諫鄭尙等請金漢老之罪 上不允曰: “予欲親見說之 適有疾
사간 정상 등 청 김한로 지죄 상 불윤 왈 여욕 친견 설지 적 유질

未果. 頒降宥旨條目外罪人 如有未蒙 則所司當條具啓聞放赦 惟
미과 반강 유지 조목 외 죄인 여유 미몽 즉 소사 당조 구 계문 방사 유

其職也. 如漢老者 其壻被黜不用 唯其女子爲禔之妻 故移置近處
기직 야 여 한로 자 기서 피출 불용 유 기 여자 위제 지처 고 이치 근처

然永不敍用也. 此等人 似在宥旨條目之外 而未蒙大赦 則予乃
연 영 불서용 야 차등 인 사재 유지 조목 지외 이 미몽 대사 즉 여내

失信.”
실신

義勇衛請司僕少尹權移出入世子宮之罪. 承政院以聞 上曰: “禔
의용위 청 사복 소윤 권이 출입 세자궁 지죄 승정원 이문 상왈 제

世子時 或踰墻 或出竇 潛行越江 陰與群小恣行非義. 予不能敎
세자 시 혹 유장 혹 출두 잠행 월강 음여 군소 자행 비의 여 불능 교

故令鎭撫所守門禁亂. 今世子不然 孝友溫恭 好學不倦 予亦已老
고 영 진무소 수문 금란 금 세자 불연 효우 온공 호학 불권 여역 이로

欲使世子參決國事 以屬重事 何必泥於前規而禁人出入乎? 惟汝
욕사 세자 참결 국사 이속 중사 하필 니어 전규 이 금인 출입 호 유여

代言等常在左右 不知予心之所向歟? 繼自今有欲見世子者 雖草茅
대언 등 상재 좌우 부지 여심 지 소향 여 계자금 유욕견 세자 자 수 초모

微賤 亦勿禁斥 皆得入見 須使世子深得人心 此予志也. 予保世子
미천 역물 금척 개득 입견 수사 세자 심득 인심 차 여지 야 여보 세자

不如禔之所行也."
불여 제 지 소행 야

　　辛丑 命申禁酒令. 仁德宮 供上酒外 各殿一皆禁斷 以憂旱也.
　　신축 명신 금주령 인덕궁 공상 주외 각전 일개 금단 이 우한 야

　　以吉昌君權跬 宜山君南暉爲義勇衛節制使.
　　이 길창군 권규 의산군 남휘 위 의용위 절제사

　　命遣典醫副正李軒于洪州.
　　명견 전의부정 이헌 우 홍주

　　申以熙回自洪州 上聞孟衆之疾 卽命軒賜內藥以遣.
　　신이희 회자 홍주 상문 맹중 지질 즉명 헌사 내약 이견

　　命李垠 李有喜 姜宗德 鄭之唐 金益濂 依舊外方從便 蓋因
　　명 이은 이유희 강종덕 정지당 김익렴 의구 외방종편 개 인

義禁府之啓也.
의금부 지 계 야

　　命金漢老復置羅州.
　　명 김한로 부치 나주

　　刑曹 臺諫上疏曰: '金漢老罪干宗社 法不當宥 殿下以好生之
　　형조 대간 상소 왈 김한로 죄간 종사 법 부당 유 전하 이 호생 지

心 只流于外. 政府 諸曹請罪 而臺諫具疏以聞 留而不下 臣等第
심 지 유우 외 정부 제조 청죄 이 대간 구소 이문 유이 불하 신등 제

因慶事 不敢固請. 今者 漢老父子 又令安置淸州 臣等竊謂 漢老之
인 경사 불감 고청 금자 한로 부자 우령 안치 청주 신등 절위 한로 지

罪 天地 宗社之所不赦 豈殿下所得而私哉? 伏望斷以大義 將漢老
죄 천지 종사 지 소불사 기 전하 소득 이사 재 복망 단이 대의 장 한로

明置於法 籍沒家産 以快 臣民之望.'
명치 어법 적몰 가산 이쾌 신민 지 망

　　故有是命.
　　고 유 시명

　　平壤府蝗.
　　평양부 황

　　刑曹 臺諫上疏 請辛孟和 叔和等罪. 疏曰:
　　형조 대간 상소 청 신맹화 숙화 등죄 소왈

'孟和 叔和黨於叛逆之家 相爲昵比 至於婚姻 無欲不成 罪當
맹화 숙화 당어 반역 지가 상위 닐비 지어 혼인 무욕 불성 죄당

不宥. 今者又令京外從便 臣等不得不爲之憾也. 許令孟和 叔和等
불유 금자 우령 경외종편 신등 부득 불위 지감 야 허령 맹화 숙화 등

還置於外 以示奸臣懷貳心者之戒.'
환치 어외 이시 간신 회 이심 자지계

又上疏曰:
우 상소 왈

'金萬壽過蒙上恩 位至都摠制. 當慮退之逃也 國家排門 粉壁而
김만수 과몽 상은 위지 도총제 당 여지도 야 국가 배문 분벽 이

推之 朝夕出入君門 內懷奸譎 匿不以告 其於人臣忠直之心 爲如何
추지 조석 출입 군문 내회 간휼 익불이고 기어 인신 충직 지심 위여하

哉? 推此心則將無所忌憚可知矣. 今殿下特從寬典 外方從便 臣等
재 추차심 즉장 무 소기탄 가지 의 금 전하 특종 관전 외방종편 신등

竊恐赦此萬壽 則人臣之無忠直者 效此而爲也. 伏望殿下 還收萬壽
절공 사차 만수 즉 인신 지무 충직 자 효차 이위야 복망 전하 환수 만수

從便之命 垂戒後來.'
종편 지명 수계 후래

又上疏曰:
우 상소 왈

'張思靖幸蒙上恩 保全首領 亦云幸也 今又令安置德川. 臣等
장사정 행몽 상은 보전 수령 역운 행야 금 우령 안치 덕천 신등

竊恐思靖之罪 宗社之所不宥; 臣民之所共憤 況德川境連彼土 尤非
절공 사정 지죄 종사 지 소불유 신민 지 소공분 황 덕천 경련 피토 우비

罪人之所處. 伏望殿下 採納狂瞽之言 仍置尙州 以慰臣民之望.'
죄인 지 소처 복망 전하 채납 광고 지언 잉치 상주 이위 신민 지망

皆不聽.
개 불청

命還給不忠不孝外 犯罪人職牒.
명 환급 불충 불효 외 범죄인 직첩

下敎旨. 敎曰:
하 교지 교왈

"大小臣僚請置禔於江華 予以謂 江華乃前朝之季 人所竄亡之地
대소 신료 청치 제 어 강화 여 이위 강화 내 전조 지계 인 소찬망 지지

似乎不祥 故欲於春川安置 今乃飜然思之 此計不通矣. 以我朝言之
사호 불상 고 욕어 춘천 안치 금 내 번연 사지 차계 불통 의 이 아조 언지

則太祖革前朝而入壽昌宮; 以中國言之 則金陵幾經興亡 而至於
즉 태조 혁 전조 이입 수창궁 이 중국 언지 즉 금릉 기경 흥망 이 지어

今日. 以此論之 吉凶存亡 豈係於土地哉? 予將待秋起第於江華 使
금일 이차 논지 길흉 존망 기 계어 토지 재 여장 대추 기제 어 강화 사

452

禔居之 俾絶往來之人 保全性命 卿等其知之." 然事竟寢.

命禮曹禱雨. 上曰: "氣候似乎久旱 恐懼修省 宜急圖之. 凡古典
所載禱雨之事 盡擧以聞." 禮曹啓請祭雩祀圓壇禱雨 且掩骼埋胔
修溝洫 斷繖扇 徙市 從之. 敎趙末生 李明德等曰: "天之降災祥 惟
人所召 今之久旱 不識何故歟. 寡人來于舊都 移徙之際 豈無公私
之費? 無乃以此而和氣乎?" 末生等對曰: "公處費用之弊則二月
移駕之日至于五月 唯楮貨五百張 造米三石耳 私處之費則在此
在彼 何有損益之殊哉?" 上曰: "予之此言 特以無所控告 憫悼之辭
耳 是乃兒說也." 傳旨曰: "此間連有齋戒 故停朝啓 毋得詣闕 各就
衙門 修其職事. 予聞 慶尙道因旱失農 想各道皆然 宜設救荒之策."

癸卯 以右軍同知摠制河敬復爲義勇衛掌軍節制使 以左軍都摠制
趙秩 同知摠制李順蒙 成達生等爲義勇衛節制使 皆加定也.

以前府尹吳湜 代成達生爲全羅道都觀察使.

甲辰 命放遣漢京宮闕修理浮石軍人 以旱也.

谷山 白川等郡蝗.

命承傳色崔閑 歸于廣州.

乙巳 遣司醞署令高得宗于濟州 將糙米六百石 木棉一百五十匹
女服八件 易換民間金銀 將以充上國歲貢也. 得宗將行 賜單衣一襲
及內藥.

丙午 命王世子字曰元正. 傳旨于議政府 六曹 承政院曰:

"予若有疾 連日不得視事 則如之何? 予深有憂焉. 歷觀古昔帝王
之事 如其有故 不能聽政之時 則或有以子代之者; 或有以臣代之
者 況世子國儲君副乎? 寡人有故之時 欲以世子代之聽政 俾習莅事
之道. 其聽政之所 接待之禮 卿等稽諸古禮 若於古制 未有可考 則
酌宜以聞."

政府 六曹 承政院啓曰: "大殿報平廳 向南設御座虛位 世子坐於
東壁. 至於處決之事 義不可獨斷 必告于內. 若是 則可以不悖於理
矣. 雖稽古文 不過此矣." 上從之.

漢京及開城留後司聚巫禱雨三日.

禱雨于北郊.

丁未 雨. 北郊祭獻官參贊金漸行祭以得雨 遣知印馳啓 賜知印
單衣一.

命內侍別監等 奉香祝 授各道都觀察使 禱雨于名山大川.

禮曹啓: "濟州漢拏山 以諸山初祭日併祭之." 敎曰: "諸山既皆
祭之 獨此一山 何不祭之? 若祀典不載 則不宜輕擧. 前此 濟州牧官
無乃祭之乎? 置之前規可也."

禱雨于漢江 白岳.

戊申 禱雨于中央土龍.

內官崔閑回自廣州 齎讓寧大君所持書冊以來 只許論語 大學
看之.

濃州太守平宗壽使人獻土物.
농주태수　　　평종수　사인　헌　토물

태종 18년 무술년
7월

七月

　기유일(己酉日-1일)에 좌의정(左議政) 박은(朴訔)을 보내 원단(圓壇)에 제사를 지냈다. 원단은 제천(祭天)하는 곳으로, 가물면 나아가서 기우(祈雨)했다. 승도(僧徒-승려 무리)를 흥복사(興福寺)·연복사(演福寺)에 모으고 판수[盲人]를 명통사(明通寺)에 모아서 기우정근(祈雨精勤)[1]을 베풀고, 또 호랑이 머리를 박연(朴淵)에 빠트렸다.

　○ 구언(求言)했다.

　상이 가뭄을 걱정해 뜻을 전해 말했다.

　"지금 바야흐로 오래 가무니, 천기(天氣)를 살펴보면 충재(蟲災)가 있을 것 같다. 정부(政府)·육조(六曹)·대간(臺諫) 및 각사(各司)로 하여금 선군(船軍)·보충군(補充軍)·노비(奴婢)의 일을 제외하고, 화기(和氣)를 감상(感傷-해침)한 일이나 시정(時政)의 실책을 모조리 진술해 숨김이 없게 하라."

　경술일(庚戌日-2일)에 상이 육조(六曹)의 진언(陳言)을 읽어보고 드디어 환도(還都)할 계획을 정했다.

　정부·육조·대간을 불러 말했다.

　"이제 내가 구도(舊都)에 오니, 저치(儲峙-곡물을 비축해 둠)와 공

1　비를 얻기 위해 무당(巫堂)이나 승려들을 모이게 해서 정성을 다해 비는 불교 행사다.

돈(供頓-지원)의 번거로움과, 대소 신민(大小臣民)의 왕래(往來)하고 전수(轉輸-운반)하는 노고와, 저 역로(驛路)의 폐단이 진실로 적지 않다. 또 이제 육조에서 진언한 것 또한 환도하는 일을 선무(先務)로 했다. 대개 7월이면 김매는 일이 이미 끝나므로 바로 농한기[農隙]이 지만, 8월과 9월은 추수(秋收)와 추경(秋耕)으로 농사일이 가장 바쁘니 하루라도 백성을 동원할 수가 없다. 이 도읍에 있다고 해서 유익한 것이 무엇이며, 저 도읍으로 돌아간다고 해서 손해되는 것 또한 무엇인가? 이달 망후(望後-음력 보름날 이후)에 내가 장차 환도(還都)할 것이나, 만일 이달 말까지 환도하지 못하게 되면 오는 8월에 세자(世子)가 조현(朝見)하게 한 뒤에 9, 10월을 지나서 환도하는 것이 어떠한가? 여러 경(卿)은 마땅함을 참작해[酌宜] 아뢰어라."

지사간원사(知司諫院事-사간원 지사) 최사강(崔士康), 사헌집의(司憲執義) 허규(許揆) 등이 말했다.

"7월은 무더위가 사라지지 아니하므로 동가(動駕)하기 어려우니, 9월 보름께가 가장 낫습니다."

우의정(右議政) 이원(李原)과 제경(諸卿)은 모두 10월 그믐께가 좋겠다고 했다. 영돈녕부사(領敦寧府事) 유정현(柳廷顯), 병조판서 박신(朴信)이 말했다.

"바야흐로 지금 두 도읍(都邑) 사이에 왕래하고 전수(轉輸)하는 신민(臣民)의 폐단을 어찌 다 말할 수 있겠습니까? 다만 전하(殿下)께서 성녕대군(誠寧大君)이 졸(卒)할 적에 상심한 바가 있으시고 또 4월은 전하에게 액달[厄朔]이 된다는 말이 있었으므로 신 등이 감히 굳이 청하지 못했습니다. 이제 4월은 이미 지났으니, 전하께서 신민(臣民)

의 폐를 생각하고 기꺼이 환도하려고 함은 매우 융성한 거조(舉措)입니다. 반드시 7월 농한기 때를 기다려 환도하시어 신민의 소망에 답하소서."

상이 옳게 여기고, 명해 도총제(都摠制) 박자청(朴子靑)을 경도(京都)에 보내서 옛 세자전(世子殿)을 수리하게 했다. 유정현(柳廷顯)·이원(李原)·육조판서(六曹判書)·참판(參判)·대간(臺諫)에 명해 각사(各司)에서 진언한 가운데에서 시행할 만한 말을 골라서 아뢰게 했는데, 속히 환도할 것을 청하는 것이 가장 많으므로 상이 이달 19일로 정했다.

○ 병조판서 박신(朴信), 좌군총제(左軍摠制) 최윤덕(崔閏德), 의영고사(義盈庫使) 이계장(李繼長) 등이 수조(收租)의 법을 진언했다.

"수손급손(隨損給損-손실에 따라 조세를 감면해주는 것)함은 이미 이뤄진 법식이 있는데, 각사(各司)의 납공(納貢)함은 비록 흉년을 만나더라도 일찍이 감손(減損)하지 않으니 실로 불편합니다. 다행히 이제 창고(倉庫)가 차고 넘쳐서 진진상인(陳陳相因-세상이 잘 다스려져 물건이 풍부함)하니, 엎드려 바라건대 실농(失農)한 주군(州郡)에 대해서는 특히 교지(敎旨)를 내리어 금년(今年) 잡공(雜貢-잡색공물)의 반을 감하고 창고의 묵은쌀과 콩으로써 무역(貿易)해 그 수를 충당해 민생(民生)을 넉넉하게 하소서."

가르쳐 말했다.

"여러 도(道)에 행문이첩(行文移牒)해 손분(損分)²할 때는 그 풍흉

---

2 손실답험(損實踏驗)할 때 곡식의 손실(損失)된 정도를 등급으로 나눠 매기는 것을 말

(豐凶)을 고찰해서 그 실농(失農)한 주군(州郡)을 기록해 아뢰도록
하라."

○ 지사간원사 최사강(崔士康) 등이 진언(陳言)했다.

"무릇 관리 중에서 장형(杖刑) 이상의 공죄(公罪)를 범한 자와 탐
오(貪汚)하고 불법해 장형 이상의 사죄(私罪)를 범한 자 등은 논해서
모두 직첩(職牒)을 거두고 과전(科田)을 빼앗았습니다. 과전에 오로
지 의뢰(依賴)해 살아가는 자는 하루아침에 갑자기 처자(妻子)들이
굶주린다는 탄식(嘆息)이 있으니, 비록 특지(特旨)가 있더라도 그 과
전에서 다만 3분의 1만 줍니다. 신 등은 생각건대 사죄(私罪)를 범해
과전을 거두는 경우에는 옳으나, 공죄(公罪)를 범한 자도 탐오(貪汚)
한 예(例)에 의해 드디어 그 과전을 거두는 까닭으로 그 사람의 원망
하고 탄식하는 마음이 혹 화기(和氣)를 상합니다. 일찍이 직첩을 (돌
려)받았는데도 과전을 돌려주지 않은 경우에는 아울러 모두 돌려주
어 원망과 탄식을 풀도록 하고, 이제부터 불충(不忠)·불효(不孝) 이외
의 공죄(公罪)를 범한 경우에는 다만 그 죄만을 다스리고 과전은 거
두지 말게 하소서."

"위의 조건에 대해 영돈녕(領敦寧) 신(臣) 유정현(柳廷顯), 우의정(右
議政) 신 이원(李原), 육조(六曹)의 신 박신(朴信) 등이 토의해 다음
과 같은 결론을 얻었습니다. 공죄를 범한 경우에는 유사(宥赦)를 받
고 난 뒤에는 과전의 전과(全科)를 돌려주고, 이미 교지(敎旨)가 있거
나 무릇 이미 직첩(職牒)을 (돌려)받은 자는 유사(攸司)에서 그 일찍

한다.

이 수전(受田)한 것을 즉시 계문(啓聞)해서 돌려주며, 결사관(決事官)은 뇌물을 받고 사정(私情)의 잘못을 알고도 오결(誤決)한 정적(情迹)이 현저한 자를 제외하고는 모두 공죄(公罪)로써 논하는 것이 어떠하겠습니까?"

가르쳐 말했다.

"진언(陳言)하거나 토의해 결론을 얻은 것 안에서 행문이첩(行文移牒)하라."

○ 사헌부 집의(司憲府執義) 허규(許揆) 등이 진언(陳言)했다.

"본조(本朝)의 의금부(義禁府)는 직책의 고하(高下)를 논하지 않고 바로 그 사유를 물어서 비록 장형(杖刑)과 유형(流刑)에 이르더라도 직첩(職牒)을 거두지 않았는데, 지금은 의금부에서 결벌(決罰)한 자는 모두 직첩을 거둡니다. 신 등이 가만히 생각건대 문무관(文武官) 중에서 공죄(公罪)를 범한 경우는, 사정(私情)을 좇아 욕심을 부린 것도 아니고 혹은 각찰(覺察-발각)하는 데 실수를 한 것도 아니며 혹은 시조(施措-조치)를 잘못해서 그러한 것도 아닌데, 이제 율(律)에 장죄(杖罪)를 범했다고 해서 그 직첩을 거두고 또 과전(科田)을 거두는 것은 성대(盛代-성대한 시대)에 선비를 중하게 여기는 아름다운 뜻이 아니라고 생각됩니다. 또 시왕(時王-명나라 황제) 제도에는 문무관으로서 장형(杖刑) 이상의 공죄를 범한 자를 추탈(追奪)하는 선칙(宣勅)의 율(律)이 없습니다. 바라건대 이제부터 의금부에서 문무관 중에서 장형 이상의 공죄를 범한 자를 결벌(決罰)할 경우에는, 교지(敎旨) 안에서 직첩(職牒)을 거둬들이는 것을 제외하고는 한결같이 시왕(時王)의 제도에 의거해 직첩을 거두지 말아서 충신(忠信)을 선비에게 권장하는 도리를 보이소서."

그것을 따랐다.

○ 순승부 판관(順承府判官) 임목(林穆) 등이 진언(陳言)했다.

"단필(段匹)·능라(綾羅)는 본국에서 나는 것이 아니므로 이미 금령(禁令)이 있습니다. 그런데 초자(綃子)와 단목(丹木)과 백반(白磻) 등의 물건 또한 본국에서 나는 것이 아니나 금령이 없으므로, 상고(商賈)와 천례(賤隷)의 무리가 물을 들여서 옷의 안찝[衣裏]을 만듭니다.
의리
바라건대 이제부터 일절 모두 금지하소서."

그것을 따랐다.

○ 예빈시윤(禮賓寺尹) 이진(李蓁) 등이 진언했다.

"예로부터 충신(忠臣)을 구하려면 반드시 효자(孝子)의 문(門-가문)에서 거둔다 했습니다. 빌건대 조야(朝野)에서 그 효행(孝行)이 널리 소문나거나 조용히 안거(安居)해 영달(榮達)을 구하지 않는 자를 천거하게 해서 더욱 높이고 포장(褒奬)하소서."

가르쳐 말했다.

"제도(諸道)에 행문이첩(行文移牒)해서 자세히 찾아 물어 그 성명(姓名)을 기록해 아뢰어라."

○ 내자 소윤(內資少尹) 이영(李寧) 등이 진언했다.

"오직 우리 태조(太祖)께서 창업(創業)하던 처음에 백성의 식량이 넉넉하지 못함을 염려해서, 새로 개간한 토지로 하여금 (세금을) 초년(初年)에는 전제(全除-전액 면제)하고 2년에는 반수(半收-절반을 거둠)하며 3년에는 전수(全收)하는 것을 허락한다고 『육전(六典)』에 실렸으니, 실로 좋은 법입니다. 이제 모두 조세(租稅)를 거둘 때는 바라건대

『육전』에 의해 이 법을 거행하게 하소서."

가르쳐 말했다.

"이는 곧 『육전』에 실린 것인데 관리들이 봉행(奉行)하지 않았을 뿐이다. 제도(諸道)에 이문(移文)해서 이를 거행하도록 하라."

○ 교서관 교리(校書館校理) 김상직(金尙直) 등이 진언했다.

"잠상(蠶桑)은 왕정(王政)의 큰일이기 때문에 국가에서 공상잠실(公桑蠶室)³을 설치해 백성에게 양잠(養蠶)하는 방법을 가르쳐주는 것은 지당합니다. 그러나 공상(公桑)이 왕성하지 못하면 민호(民戶)의 뽕을 따므로 원망과 탄식을 가져오는 수가 간혹 있습니다. 바라건대 한광(閑曠-놀리는 넓은 땅)한 땅을 헤아려 공상(公桑)을 더 심어서, 장성(長盛)하기를 기다린 연후에 양잠(養蠶)하도록 허락해 백성의 소망을 위로하소서."

영돈녕 유정현(柳廷顯), 우의정 이원(李原) 등이 토의해 다음과 같은 결론을 얻었다.

"공상(公桑)이 장성하는 동안에는 각기 잠실이 있는 곳의 산뽕나무[山桑]와 공지(空地)의 뽕나무의 다소를 적당히 헤아려서 양잠하게 하고 각호(戶)의 뽕잎은 빼앗지 말게 하며, 어기는 자는 엄격히 다스리소서."

명해 토의한 결론 안에서 행문이첩(行文移牒)하게 했다.

○ 동지총제(同知摠制) 이순몽(李順蒙)이 진언했다.

---

3 백성에게 누에 치는 법을 가르치기 위해 나라에서 설치해 운영했던 뽕밭과 잠실(蠶室)을 말한다.

"각 도 감사(監司)와 절제사(節制使)가 갈 때 반당(伴黨-수종인)이 공사(公事)로 가지고 가는 것을 빙자해서 포마(鋪馬-역마)가 혹은 20여 필에서 혹은 30필에 이릅니다. 또 도내(道內)의 족친(族親)과 한산원인(閑散員人)이 혹은 공사(公事)로 인해 말을 지급받아 횡행(橫行)하니, 바라건대 이제부터 일절 금하소서."

가르쳐 말했다.

"진언(陳言) 내(內)에 의거해서 행문이첩(行文移牒)하라."

상이 가뭄을 근심해 구언(求言)하자 백관(百官)이 모두 말씀을 올려 시정(時政)의 득실(得失)과 민생(民生)의 휴척(休戚)을 조목(條目)별로 진언하니, 정부와 육조(六曹)에 내려서 토의해 결론을 얻게 했다. 위의 8조(八條)는 곧 그들이 고른 것이다.

○ 지사간원사(知司諫院事-사간원 지사) 최사강(崔士康), 헌납(獻納) 권맹손(權孟孫), 정언(正言) 정재(鄭載) 등이 진언했다.

"경상감사 우균(禹均), 강원감사 남금(南琴)은 본래 혹리(酷吏)라 불리므로 감사의 직임(職任)에 적합치 않으니, 청컨대 파직(罷職)하소서."

상이 조말생(趙末生)에게 뜻을 전해 말했다.

"내가 사람을 등용할 때는 나의 독전(獨專-독단적 판단)이 아니니, 반드시 정조(政曹)⁴의 의견을 따른다. 부시(婦寺)⁵의 족속(族屬)으로

4 문선(文選)을 맡아보는 이조(吏曹)와 무선(武選)을 맡아보는 병조(兵曹)를 통칭하는 말이다.
5 궁중에서 일을 맡아보는 여자와 환관(宦官)을 일컫는 말이다.

관직(官職)을 함부로 받은 자가 몇 사람인가? 내가 어찌 일호(一毫)의 사정(私情)이 있었겠는가? 균(均)과 금(琴)이 중외(中外)에 두루 벼슬해 직질(職秩)이 참의(參議)에 이르렀으나 비방하는 말은 없었다. 다만 균은 남주(南州)에 수령(守令)으로 재임할 때 왕형(枉刑)해 살인한 이름을 얻었으나 지금은 이미 잘못을 뉘우쳤는데, 어찌 반드시 이미 지난 일을 가지고 금고(禁錮)해서 쓰지 않으려는 것이냐? 위의 사람들이 청(請)할 만한 죄가 있거든, 마땅히 무슨 무슨 일이라고 모조리 기록해서 감사의 직임에 적합하지 않다고 분명히 그 죄를 청하는 것은 괜찮다. (그러나) 한갓 혹리(酷吏)라고 함부로 칭하면서도 혹리가 될 만한 사실을 거의 한마디도 언급한 것이 없으니, 이것이 명목도 없이 방(榜)을 붙이는 것과 무엇이 다르겠느냐? 이 두 사람으로 하여금 이 말을 듣게 하면 그 마음이 기쁘겠는가, 원망을 하겠는가? 나의 구언(求言)은 오로지 미재(弭災-재앙을 늦춤)인데, 이것이 미재가 되는 말인가? 만일 사건을 말해서 (실상에) 맞지 않아[不中] 견책(譴責)을 가하게 되면 구언(求言)의 본의(本意)에 어긋날 것이니, 내 마땅히 우선 그냥 두고 논하지 않겠다. 그러나 이런 광망(狂妄)의 무리가 간원(諫院)에 있음은 이조(吏曹)의 허물이 아니겠는가?”

말생(末生)이 아뢰어 말했다.

“이미 지난 것을 허물하지 않고[旣往不咎]⁶ 구악(舊惡)을 염두에 두

---

6 『논어(論語)』「팔일(八佾)」편에 나오는 말이다. “애공이 재아에게 사직에 관해 묻자 재아가 대답했다. ‘하후씨(夏后氏-우임금)는 소나무로 사직의 신주(神主)를 만들어 썼고 은나라 사람들은 잣나무를 썼고 주나라 사람들은 밤나무를 썼습니다. 밤나무를 써서 백성으로 하여금 전율(戰慄)을 느끼게 하려 함이었습니다.’ 공자가 이 말을 전해 듣고는 다른 제자

지 않음[不念舊惡]⁷은 선성(先聖-공자)의 격언(格言)입니다. 이제 전하
께서 사람을 씀은 참으로 옛 성인(聖人-빼어난 이)에 부끄러울 것이
없습니다. 간원의 말은 실로 맞지 않습니다. 그러나 그 광망(狂妄)함
을 신 또한 어찌 일찍이 알았겠습니까? 반드시 일을 주어본 뒤에야
그 사람의 현부(賢否)를 알 수가 있는 것입니다. 옛사람이 말하기를
'가(可)함을 시험한 뒤에 그만둘 것이다'⁸라고 했습니다."

○ 사헌집의(司憲執義) 허규(許揆) 등이 소(疏)를 올려 말했다.

'하늘과 사람은 서로 함께하므로 서로 통달함에 있어 간격이 없으
니, 선사(善事)에 복(福)이 따르고 음사(淫事)에 화(禍)가 미침이 영
향(影響-그림자나 메아리)보다 빠릅니다. 옛사람이 말하기를 '우공(于
公-한나라 사람)이 통곡하니 3년 동안 비가 오지 않았고, 추연(鄒衍)
이 슬퍼하니 6월에 서리가 내렸다'⁹라고 했습니다. (하늘과 사람이) 서
로 감응(感應)하는 이치가 두렵지 않겠습니까? 경상도 도관찰사(慶
尙道都觀察使) 우균(禹均)은 본래 재덕(才德)이 없고, 오로지 가혹하
고 포악함을 일삼아 벼슬살이하는 곳마다 원독(怨讟-원망)이 잇달아
일어났습니다. 일찍이 영천(永川)에서 벼슬살이할 때 다섯 사람을 잘
못 죽였으며, 또 밀양(密陽)에서 벼슬살이할 때에도 네 사람을 죽였

들에게 이렇게 한탄했다. '이미 다 끝난 일(成事)이라 아무 말 않겠으며, 제 마음대로 이
룬 일(遂事)이라 이래라저래라 간(諫)하지 않겠으며, 다 지나간 일이라 허물하지 않겠다.'

7 『논어(論語)』「공야장(公冶長)」편에 나오는 말이다. "공자가 말했다. '백이와 숙제는 구악
을 염두에 두지 않았다. 이 때문에 그들은 원망함이 거의 없었다.'"

8 『서경(書經)』「요전(堯典)」에 나오는 말이다.

9 추연(鄒衍)이 연(燕)나라 혜왕(惠王)을 섬기다가 참소를 당해 옥에 갇혀서 슬퍼하니, 여름
철 6월에 서리가 내렸다는 고사(故事)다.

으니, 그 사람들의 부모와 처자들의 원망이 어찌 우공과 추연보다 적겠습니까? 이제 승진해서 감사(監司)가 돼 여러 군현(郡縣)을 순시하면, 영천·밀양의 사람들이 그들을 사랑하기를 부모와 같이하겠습니까, 원망하기를 원수와 같이하겠습니까? 또 강원도 감사 남금(南琴)은 오리(汚吏)의 밑에서 등용했으니, 한갓 부서기회(簿書期會)[10]하고 편첩(便捷-민첩)하게 응대(應對)하는 데 능할 뿐 그 관홍(寬弘)하고 자애(慈愛)하는 것이 무엇인지를 알지 못합니다. 경박(輕薄)하고 강팍(剛愎)해서 거조(擧措-조치)에 적의(適宜-마땅함)함을 잃으니, 한 지방의 폐단을 이루 말할 수 있겠습니까? 빌건대 모두 파출(罷黜)해 생민(生民)들의 소망을 위로하소서.'

상이 말했다.

"남금(南琴)은 애초에 침장고(沈藏庫)에서 천거했고, 우균(禹均)은 대신(大臣)이 천거했다. 또 사람이 허물을 뉘우치고 스스로 새롭게 되면[自新] 천거해서 쓰는 것이 옛날 제왕들의 사람을 임용하는 법
자신
이다. 두 사람이 거의 개과(改過)했으므로 맡긴 것이다."

지평(持平) 최종리(崔宗理)가 두 사람이 감사(監司)를 맡아 정사(政事)한 것 중에서 실책한 것들을 두루 진달하자, 상이 말했다.

"두 사람은 재상(宰相)이다. 재상을 높인 후에야 임금을 높이는 것이니, 이런 작은 과실로 파출(罷黜)할 수 없다."

○ 집의(執義) 허규(許揆) 등이 또 말했다.

---

10 1년의 회계(會計)를 장부(帳簿)에 기입해서 기일(期日)까지 조정에 보고하는 일이다. 부서(簿書)는 전곡(錢穀)을 출납하는 장부를 말한다.

"안변 대도호부사(安邊大都護府使) 신열(辛悅)이 애초에 제수(除授) 받았을 적에 10일을 지나도록 사은(謝恩)하지 않고 사사로이 이조판서(吏曹判書) 심온(沈溫)의 집을 찾았습니다. 신 등이 핵문(劾問)했으나 피혐(避嫌)하지 않고 부임(赴任)했으니, 실로 마땅하지 않습니다."

상이 들어주지 않고 말했다.

"열(悅)이 한 짓이 이와 같다면 헌사(憲司)에서 죄주자고 청하는 것이 옳겠지만, 사람을 얻기는 쉽지 않고 자주 바꾸는 것 또한 안 된다."

○ 서방 토룡신(西方土龍神)에게 비를 빌었다.

임자일(壬子日-4일)에 비가 오고 천둥이 치고 번개가 쳤다.

○ 세자(世子)에게 명해 한경(漢京)에 가서 종묘(宗廟)에 배알하게 했다. 상이 비밀리에 내선(內禪)할 뜻이 있었는데, 육대언(六代言)이 울면서 말했다.

"무슨 말이십니까? 신료(臣僚)들의 소망이 아닙니다."

상이 말했다.

"너희들은 이 말을 드러내지 말라."

계축일(癸丑日-5일)에 비가 오고 천둥이 치고 번개가 쳤다. 육조(六曹)에서 대궐에 나아와 비가 온 것을 하례하고, 그 참에 술을 들기를 청했으나 윤허하지 않았다. 박은(朴訔)이 아뢰어 말했다.

"전하께서 술을 끊으면 상왕(上王)께서도 술을 끊을 것이요 전하께서 감선(減膳-반찬 가지를 줄임)하면 상왕께서도 감선할 것이니, 모든 식선(食膳-수라)이 한결같아서 어그러짐이 없습니다. 이제 때맞춰 비가 흠뻑 내렸으니, 청컨대 다시 금단(禁斷)하지 말아서 상왕을 위로하소서."

상이 마침내 그것을 허락했다.

○ 병조판서(兵曹判書) 박신(朴信)을 불러 말했다.

"내가 지난번에 인정전(仁政殿)을 고쳐 짓는 역사를 정지하라고 명한 것은 전적으로[專] 가뭄을 근심해서였다. 그러나 가뭄이 비록 심하더라도 일 가운데 마땅히 해야 할 것은 폐지할 수 없다. 더군다나 금년의 가뭄은 그렇게 심한 것이 아니다. 우리 태조(太祖)께서 초창(草創)하던 처음에 곧 경복궁(景福宮)을 지었고, 내가 그 뒤를 이어 곧 창덕궁(昌德宮)을 짓고 능묘(陵廟)까지 갖추지 않은 것이 없다. 오직 이 인정전(仁政殿)이 협착(狹窄)하므로, 마땅히 새로 지어야 할 것이다. 토목(土木)의 역사(役事)는 백성을 괴롭히는 중사(重事)이므로 백성이 심히 괴롭게 여기는데도 속히 영조(營造)하려는 까닭은, 다름이 아니라 요컨대 소민(小民)을 부리는 책임을 나 자신이 떠맡아서 세자가 즉위(卽位)한 뒤로는 비록 한 줌 흙[拳土] 한 조각 나무[寸木]의 역사라도 백성에게 더하지 못하게 해서 깊이 민심을 얻게 하려는 것일 뿐이다."

○ 왕세자(王世子)가 안수산(安壽山)을 보내 상의 기거(起居-안부)를 물었으니, 이는 대개 어젯밤에 뇌우(雷雨)가 너무 심해 상의 마음이 경동(驚動)했을까 두려워해서다.

갑인일(甲寅日-6일)에 교서 교감(校書校勘-교서감 교서) 방문중(房文

仲)¹¹을 전옥서(典獄署)에 가두었다[囚].

문중(文仲)이 글을 올려 진언(陳言)했는데, 대략 이러했다.

"정비(靜妃-원경왕후 민씨)와 명빈(明嬪-후궁 권씨)이 각각 양전(兩
殿)을 설치해, 빈(嬪)으로서 적비(嫡妃)와 나란히 하는 것이 신(臣)이
이해할 수 없는 첫째입니다. 궁중(宮中)에 창기(娼妓)를 많이 불러들
이는 것이 신이 이해할 수 없는 둘째입니다. 후궁(後宮)을 총애(寵愛)
해서 큰 집을 많이 지어 '신전(新殿)'이라 칭함이 신이 이해할 수 없
는 셋째입니다. 천승지가(千乘之家-제후의 왕가)에서도 백성과 이익을
다투는 일은 오히려 하지 않는데, 하물며 나라의 임금이겠습니까?
본궁(本宮)에 서제(書題)¹²를 두어 어량(魚梁)¹³의 세금을 거두지 않
는 것이 없으며, 서제로 하여금 관작(官爵)을 아울러 받게 함이 신이
이해할 수 없는 넷째입니다. 백성을 괴롭혀서 자봉(自奉-자기를 봉양
함)하는 것이 어찌 임금의 뜻이겠습니까? 진우(眞羽)¹⁴의 값은 많게
는 조(粗)가 20두(斗)에 이르며 천아(天鵝-거위)의 값은 많게는 조가
40두에 이르는데, 모두 백성에게서 박탈함이 신이 이해할 수 없는
다섯째입니다."

---

11 방문중은 이 일로 전주 관노비가 되는데, 단종 3년(1455년) 3월 9일 고신을 돌려받았고
세조 때는 풍수 전문가로 활동했다.

12 경각사(京各司-서울에 있는 관아의 총칭)에 속하는 아전(衙前)의 하나다.

13 물살을 가로막고 물이 한 군데로만 흐르게 터놓은 다음 거기에 통발이나 살을 놓아서
고기를 잡는 장치(裝置)를 말한다.

14 화살의 깃으로 사용하는 독수리의 꼬리깃을 가리킨다. 털이 희고 깨끗한 것을 말하며,
빈쯤 흰 것은 반백우(半白羽)라고 한다.

상이 이를 읽어보고 승정원(承政院)에 보이면서 말했다.

"나의 충신은 오로지 문중뿐이다. 만세(萬世) 후에 내가 어찌 죄를 벗어나겠느냐? 대언(代言) 등은 이것을 보라."

모두 깜짝 놀랐다. 문중을 명소(命召)해서 가르쳐 말했다.

"이런 따위의 조건은 내가 하지 않은 일인데, 무슨 마음을 가지고 진술했는가? 내가 만약 이런 일이 있다면, 네가 비록 말하지 않더라도 사필(史筆)에서 벗어나지 못할 것이다."

여러 대언(代言)이 말했다.

"문중이 전하께서 하신 적이 없는 일을 가지고 망령되게 스스로 진언(陳言)했으니 빌건대 하옥(下獄)해 국문(鞫問)하소서."

상이 말했다.

"내가 애초에 중외(中外)에 명할 때 말이 혹 적중하지 않더라도 또한 죄를 더하지 않겠다고 했으니, 지금 어찌 국문(鞫問)하겠느냐? 놓아두고 묻지 말라."

대언 등이 문중에게 물어 말했다.

"옛날에 임금이 비빈(妃嬪)과 잉첩(媵妾)을 두었는데, 어찌해서 적비(嫡妃)와 나란하게 한다고 했는가? 또 어찌하여 창기(娼妓)를 많이 들였다고 했는가?"

문중이 말했다.

"제가 배우지 못해 그런 이치를 알지 못합니다."

또 물었다.

"임금의 서자(庶子)에게 어찌 집이 없겠는가? 또 어찌하여 '신전(新殿)'이라고 칭호했는가?"

문중이 말했다.

"옛날에 권약(權約)의 말을 들으니 '신전(新殿)'이라 했습니다. 나는 외방(外方)의 유생(儒生)이므로 그 사실을 알지 못하고 말했습니다."

또 물었다.

"어느 곳에 본궁(本宮)의 어량(魚梁)이 있는가? 서제(書題)인들 어찌 군직(軍職)을 주지 못할 것이며, 동반(東班-무반)은 잡직(雜職)이 필요하지 않겠는가?"

문중이 말했다.

"나는 그 실상을 알지 못합니다."

또 물었다.

"진우(眞羽)는 외방(外方)에서 방물(方物)로 바치는 것이고, 천아(天鵝)는 종묘(宗廟)에 천신(薦新)하는 것으로서 혹은 외방의 사신(使臣)들이 수시로 진상하는 물건이다. 어찌 임금이 백성에게서 빼앗는다고 했는가?"

문중이 말했다.

"나는 백성이 그것을 구하기 어려워하는 것을 보았으므로 망령되게 임금의 명이라고 생각했습니다."

대언 등이 죄를 청해 마지않으니, 상이 문중의 글을 육조(六曹)에 보이며 말했다.

"지금 사실에 없는 말로 아랫사람에게 속임을 당했으니, 내가 심히 부끄럽다. 그러나 구언(求言)으로 인해 말한 것이니 마땅히 그를 죄주지 말라."

병조판서 박신(朴信), 이조판서 심온(沈溫), 호조판서 정역(鄭易), 예

조판서 변계량(卞季良), 공조판서 맹사성(孟思誠) 등이 문중을 잡아
두고 아뢰어 말했다.

"문중이 군부(君父)의 잘못을 망언(妄言)했으니 신 등의 불공대천
(不共戴天) 원수입니다. 청컨대 국문(鞫問)하소서."

상이 말했다.

"문중이 말한 바는 다 나의 과실이니, 내가 어찌 스스로 밝히겠느
냐? 또 구언(求言)하는 명이 있었으니 그를 죄주는 것은 불가(不可)하
며, 대신들이 죄주자고 청하는 것도 불가하다. 경 등은 더는 말하지
말라. 만일 다시 청하면 나는 장차 먹지 않을 것이요, 먹지 않으면
능히 살 수 있겠느냐?"

신(信) 등이 아뢰어 말했다.

"문중이 망언한 죄를 밝히지 않으면 후세에 반드시 이르기를 '당
시의 대신(大臣)들이 모두 절위(竊位)[15]하고 구록(苟祿)[16]하느라 군상
(君上-임금)의 잘못을 말하지 않고, 홀로 문중만이 구언(求言)했을 때
에 바른말로 극간(極諫)했다'라고 할 것입니다. 청컨대 그 죄를 추핵
(推劾)해서 그 말의 망령됨을 밝히소서."

상이 허락하지 않았다. 조말생(趙末生)과 하연(河演) 등이 서로 더
불어 울면서 말했다.

---

15 『논어(論語)』 「위령공(衛靈公)」편에 나오는 공자의 말에서 따온 것으로, 지위에 어울리는
   일을 하지 않는 자를 가리킨다. "공자가 말했다. '장문중은 지위를 도둑질한[竊位] 자라
   할 것이다. 유하혜가 뛰어남[賢]을 알고서도 더불어 조정에 서지 않았다.'"
16 구차하게 녹만 먹는 신하를 가리키는 말이다. 구종(苟從)은 임금의 말을 옳고 그름을 따
   지지 않고 구차하게 그저 따르기만 하는 신하를 가리키는 말이다.

"우리 전하와 같이 경계(敬戒)하시는데도 마침내 이와 같은 망언을 들었으니 어찌 통탄하지 않겠습니까? 문중은 실로 시수(時數)에 관여하는 요물(妖物)입니다."

신 등이 물러가 문중을 핵문(覈問)하니, 문중이 복초(伏招)했다.

"남에게 들은 바를 가지고 진위(眞僞)를 가리지 않고 말했다."

신 등이 이에 소를 올려 말했다.

"문중이 근거 없는 말을 가지고 군부(君父)의 잘못을 무고하게 드러냈으니, 그 죄가 죽어도 용납될 수 없습니다. 또 명백히 납초(納招)했으니 더는 논의할 것이 없습니다. 청컨대 유사(攸司)에 내려서 율(律)에 의거해 시행하소서."

상이 여러 대언(代言)에게 일러 말했다.

"이 일에 대해 여러 사람이 알지 못하게 하고, 이를 드러내지 말라."

신 등이 드디어 문중을 가두고, 형조(刑曹)로 하여금 일을 다스리게 했다.

○ 육대언(六代言)을 불러 얼굴을 맞대고 명해[面命] 말했다.
면명

"효령대군(孝寧大君)과 최한(崔閑) 등을 시켜 뜻을 전하게 하려고 했으나, 상실(詳悉-상세)하지 못할까 두려워 너희들[若等]을 친히 보
약등
고서 말한다. 문중의 말이 비록 모두 사실은 아닐지라도 나름의 근거가 있으니, 임금의 허물을 드러냈다고 해서 이를 죄준다면 내가 그대로 따르겠으나, 군부(君父)의 과실을 거짓으로 드러냈다고 해서 [誣揚] 이를 죄준다면 내가 이에 윤허하지 않을 것이다. 내 마음으
무양
로는 일태(一笞) 일장(一杖)이라도 모두 죄에 합당하게[當罪] 하고자
당죄

한다. 매번 뇌전(雷電-우레와 번개)을 당할 때는 맹세해 고하여 말하기를 '알지 못하고 오형(誤刑)을 하면 그만이지만, 알고도 실수를 하는 일은 없으리라' 했다. 내가 태조(太祖)에게 어쩔 수 없이 죄를 얻었을 때도 부끄러움이 어찌 이와 같겠는가? 즉위(卽位)한 지 이제 이미 18년인데, 수한(水旱)이 서로 잇따르므로 병술년(丙戌年-1406년)에 전위(傳位)하려 했으나 이루지 못했고, 그 뒤에 제(禔-양녕대군)가 법도에 맞지 않아 항상 염려를 했다. (그런데) 이제 세자의 성품이 본래 순직(純直)하고 정통(精通)하며 남보다 뛰어나니[斗別], 나라를 맡길 수가 있다. 봉숭(封崇)하던 날에 이미 내선(內禪)[17]할 계획을 정했으니 나의 마음이 곧 편안하다. 원민생(元閔生)이 돌아오는 대로 곧 전위(傳位)해서 왕이라 칭하고 조현(朝見)하게 한다면 큰 다행(多幸)이 아니겠느냐?"

그 참에 눈물을 흘리며 말했다.

"대소 신료(大小臣僚)가 나의 성의를 사랑함을 내 이미 알고 있다. 그러나 성녕(誠寧)이 일찍 졸(卒)한 뒤 날마다 생각하지 않은 날이 없었으니, 어찌 나라를 위할 생각이 있겠는가? 또 내선(內禪)의 일은 고사(古事)를 상고할 뿐 신하들이 간쟁(諫諍)하지 말게 할 것이다. 시기를 잃을 수 없으니 너희들은 잡담(雜談)하지 말라. 또 대신들과 한화(閑話)하면서 나의 뜻을 말할 것이니, 나와서 간(諫)하지 말라."

육대언(六代言)이 눈물을 흘리자 상이 말했다.

"너희들은 어찌 눈물을 흘리는가? 신하는 이러한 예(例)가 없으니,

---

17 임금이 살아 있으면서도 그 자제(子弟)에게 왕위를 계승시키는 일을 말한다.

너희들은 모두 나가라."

대언들이 모두 나갔다가 다시 아뢰어 말했다.

"춘추(春秋)가 바야흐로 한창이시고 옥체(玉體)에 병환이 없으시니 마땅히 세자에게 위정(爲政)의 체(體)를 바르게 보일 때인데, 어찌하여 '시기를 잃을 수 없다'라고 하십니까? 또 친왕(親王)이 조현(朝見)함은 예전에 이런 예가 없었습니다. 중국(中國)이 태평(太平)한 때에는 오히려 가하지마는, 만일 태평하지 않은 때에 (앞으로 이) 예(例)를 끌어대고 이를 부른다면 어찌하시렵니까?"

상이 말했다.

"그렇다. 내가 그 폐단을 살피지 못하고 이 말을 했구나. 세자가 조현(朝見)하고 돌아온 뒤에 곧 대사(大事)를 정할 것이다. 너희들은 이 말을 드러내지 말라."

○ 의정부 우의정 이원(李原) 등이 소(疏)를 올려 말했다.

'신 등이 생각건대, 신하가 불충(不忠)한 마음을 가지면 곧 불충(不忠)한 말을 밖에 내게 됩니다. 이제 교서 교감(校書校勘) 방문중(房文仲)이 허언(虛言)을 꾸며 만들어서 전하를 속이고 모욕(侮辱)했으니, 그 불충함이 이보다 큰 것이 없습니다. 하루라도 천지(天地) 사이에 용납할 수 없습니다. 엎드려 바라건대 전하께서는 육조(六曹)의 청을 굽어 좇아서 유사(攸司)에 영을 내리시어 율(律)에 의거해 시행함으로써 만세(萬世)에 훈계를 내리소서.'

○ 사헌집의(司憲執義) 허규(許揆) 등이 소를 올려 말했다.

'불충(不忠)하고 불경(不敬)함은 인신(人臣-남의 신하 된 자)의 큰 죄악이니, 천지에서 용납하지 못할 바요 종사(宗社)에서도 용서하지 못할 바입니다. 이제 우리 전하께서 제때에 비가 내리지 않음을 염려해서 이에 정부·육조(六曹)·대간(臺諫)·각사(各司)에 명령해 시정(時政)의 잘못을 말하게 하자 방문중(房文仲)이 물음에 미치지 못하고 느닷없이 말씀을 올렸는데, 모두 성덕(盛德)께 없는 일을 가지고 붓을 함부로 놀려서 없는 사실을 거짓으로 꾸며[舞文誣飾] 상의 덕(德)에
무문 무식
누(累)를 끼쳤으니, 불충(不忠) 불경(不敬)한 죄가 어찌 이에 더하겠습니까? 문중은 조그마한 미생(微生)으로서 겨우 9품(品)을 받았는데도 그 마음 씀이 이와 같으니, 다른 날에 나아갈 바를 짐작할 수 있습니다. 엎드려 바라건대 전하께서 문중과 공모한 이전(李筌) 등을 본부(本府)에 내려 그 이유를 국문(鞫問)해서 법대로 밝게 처치함으로써 후래(後來)에 경계를 내리소서.'

사간원(司諫院) 우사간대부(右司諫大夫) 정상(鄭尚) 등이 또 소를 올려 말했다.

'인신의 죄 중에 임금의 허물을 드러내는 것보다 큰 것이 없는데, 하물며 이제 방문중(房文仲)이 진언한 문사(文辭)는 모두 허망(虛妄)한 것을 꾸며서 만들어 전하를 속이고 모욕했으니, 그 마음 씀을 따지더라도 실로 난적(亂賊)입니다. 어찌 우리 신자(臣子-신하)들이 함께 대천(戴天-하늘을 머리에 임)할 수 있는 자이겠습니까? 엎드려 바라건대 전하께서 대의(大義)로 결단하시어 극형에 처치함으로써 신민들의 감분(憾憤)한 마음을 위로하소서.'

아울러 모두 윤허하지 않았다.

○ 육조(六曹)에서 소를 올려 말했다.

'삼감으로 마음을 보존하고 사실대로 말을 다 하는 것, 이는 마침

내 신하가 군부(君父)를 섬기는 도리입니다. 만일 털끝만큼이라도 불경스러운 생각이 마음에 자리하면 언사(言辭)의 사이에 나타나서 반드시 사실대로 말하지 못하게 되므로, 그 죄는 천지 사이에 용납할 수가 없습니다. 지금 문중이 경박(輕薄)하고 불초(不肖)한 자질로써 오로지 이름을 낚으려고[釣名] 이미 망언(妄言)을 올려 전하(殿下)의 없는 과실을 드러냈습니다. 그 마음이 심히 간특하고 그 죄가 심히 크니, 법대로 처치하지[寘=置] 않을 수 없습니다. 신 등은 이를 조목별로 논죄할 것을 청합니다.

신묘년(辛卯年-1411년)에 예관(禮官)이 옛 제도를 이끌어다 말하기를 '천자와 제후(諸侯)가 그 비빈(妃嬪)을 많이 두는 것은 대개 널리 계체(繼體-조상의 몸을 이어받음)하려 함인데, 지금은 후궁(後宮)의 액수(額數)가 고제(古制)에 맞지 않으니 빌건대 예전(禮典)에 의해 그 수(數)를 채우소서'라고 했습니다. 그때 전하께서 거듭 그 청을 어기시다가 뒤에 가서 따랐는데, 다만 1빈(一嬪)과 2잉(二媵)을 허락할 뿐이었습니다. 그 비빈(妃嬪)의 칭호의 높고 낮은 분수는 질서정연해서 문란하지 않았습니다. 이것이 실로 전하께서 제가(齊家)하시는 지극한 다움입니다. (그런데도) 문중은 망령되게 두 중궁(中宮)을 두었다 했으니, 그 죄가 하나입니다.

옛날 제왕(帝王)은 모두 양가(良家)에서 골라서 후궁을 채웠는데, 전하께서는 모두 본궁(本宮)과 내자시(內資寺)·내섬시(內贍寺)의 비자(婢子)에게서 고르고 또 경기(京妓) 두 사람으로 그 수를 채워서 겨우 내사(內事)를 갖추었을 뿐이니, 이는 실로 전하의 겸덕(謙德)입니다. 또 궁인(宮人)의 직(職)을 받은 자는 한 사람뿐인데, 문중이 망령되게 창기(倡妓)를 많이 들여 후궁(後宮)의 직을 갖추었다고 했으니, 그 죄가 둘입니다.

공경대부(公卿大夫)[18]는 처(妻)가 있어도 반드시 첩(妾)을 두기 때문에 적자(嫡子)와 서얼(庶孼)이 있으니, 적자는 전가(傳家-집안을 이음)하는 자입니다. 그러므로 반드시 따로 집을 지어 혹은 첩(妾)에게 주고 혹은 얼자(孼子)에게 주는 것이 상례(常例)인데, 하물며 국군(國君)의 지존(至尊)으로서 두 가(家)를 짓도록 명해 시녀(侍女)와 측실(側室)의 아들에게 하사(下賜)했으니 이것이 어찌 의(義)에 해롭다는 것입니까? 더구나 그 집의 규모가 심히 작고, 또 본궁(本宮)의 사재(私財)를 가지고 그 용도를 마련한 경우이겠습니까? 문중이 망령되게, 궁인(宮人)을 위해 실(室)을 지어 '신전(新殿)'이라고 부르는 것이 하나가 아니라고 했으니, 그 죄가 셋입니다.

예로부터 제왕(帝王) 가운데 창업(創業)한 자는 모두 집을 바꿔 나라로 만들어서[化家爲國], 그 계체(繼體)하는 자에게는 그 나라를 전하고 서자(庶子)와 측자(側子)에게는 반드시 잠저(潛邸)와 사재(私財)를 분급(分給)했습니다. 지금 전하께서 사재(私財)를 두심은 대개 이런 예입니다. 그 본궁(本宮)의 사사로운 장획(臧獲-노비)이 사리(私利)를 경영하는 바가 비록 혹시 있을지라도 전하께서 알 수 있는 바가 아닌데, 문중이 망령되게 국군(國君)의 지존으로서 사리(私利)를 영위한다고 했으니, 그 죄가 넷입니다.

---

18 조선조 때 삼공(三公)과 구경(九卿)과 대부(大夫)를 일컫던 말이다. 삼공은 삼정승(三政丞)이고, 구경은 의정부 좌우참찬(議政府左右參贊), 육조판서(六曹判書), 한성판윤(漢城判尹)의 아홉 대신의 총칭이며, 대부(大夫)는 정 1품에서 종 4품까지를 말한다.

전하께서 조상을 높이고 종사(宗社)를 공경하는 정성은 옛날에도 없던 바이니, 사시(四時)에 상향(常享)하는 이외에 반드시 시물(時物)를 천신(薦新)하는데, 천아(天鵝)가 그 하나입니다. 여러 도의 감사(監司)가 모두 월령(月令)으로 진상(進上)[19]함은 대개 이 때문입니다. 예전에는 사철에 사냥이 있었는데, 전하께서 백성을 중하게 여겨 때를 다만 춘추(春秋)만으로 해서 강무(講武)합니다. 여러 도(道)의 절제사(節制使)가 혹은 전우(箭羽)를 진상(進上)하기도 하나, 이것은 전하께서 영을 내려서 그런 것이 아닙니다. (그런데도) 문중이 망령되게 두 가지 일을 가지고 백성을 괴롭혀 자봉(自奉)한다고 했으니, 그 죄가 다섯입니다.

옛사람으로서 임금을 사랑하는 자는 비록 직언(直言)을 하더라도 오히려 나타나게 간(諫)하지 않았으며, 자제들로 하여금 그 초고를 엿보지 못하게 했습니다. (그런데) 지금 문중은 권약(權約)과 서로 더불어 궁금(宮禁-궁궐의 내전)의 일을 몰래 토의했고, 지금 또 상서(上書)를 정광원(鄭廣元)과 이전(李筌)에게 보였으니, 그 불충함이 심합니다. 더군다나 망언으로 군부(君父)의 과실을 드러냈으니, 그 죄가 여섯입니다.

전날 신 등은 그가 자복(自服)했다고 말씀을 올려 죄를 청했으나, 윤허하심을 얻지 못해 분만(憤懣)함을 이기지 못하겠습니다. 신 등은 불공대천(不共戴天)해야 할 사람과 밝은 시대에 함께 용납(容納)되기를 바라지 않습니다. 엎드려 바라건대 전하께서 대의로 결단하시어

---

19 매달 각 도에서 서울의 각 전(殿)에 바치는 물선(物膳)을 말한다.

특히 유사(攸司)에 내려서 율(律)에 의해 시행함으로써 나라의 법을 바로잡고 후래(後來)들을 경계하소서.'

명해 조율(照律)해서 계문(啓聞-보고)하게 했다.

을묘일(乙卯日-7일)에 전사주부(典祀注簿) 정광원(鄭廣元), 양천현감(陽川縣監) 권약(權約)을 전옥서(典獄署)에 내렸다. 약(約)은 일찍이 문중(文仲)과 더불어 후궁(後宮)의 일을 말했고, 광원(廣元)은 평소[素]문중과 친해서[善] 문중이 진언(陳言)의 초고(草藁)를 광원에게 보였기 때문에, 모두 옥에 내려 안문(按問)했다.

○ 형조판서 박습(朴習) 등이 아뢰었다.

"방문중(房文仲)의 간악하고 불충한 죄는 율(律)에 정조(正條-맞는 조항)가 없는데, 조부모와 부모를 비방한 조목(條目)에 비부(比附-비슷한 법의 조항을 끌어다 적용함)하면 교형(絞刑)입니다. 또 문중(文仲)은 임금의 과실을 망령되게 의논하면서 사람들과 논해 말했고 또 상서(上書)를 남에게 보였으며 글의 사연(辭緣)이 패만(悖慢-도리를 어김)했으니, 불경(不敬)하고 불충함이 이보다 심할 수 없습니다. 청컨대 모반율(謀叛律)로 시행하소서."

또 아뢰었다.

"이전(李筌)이 고백하기를 '문중이 진언(陳言)할 때 가부를 토의했다'라고 했으며, 또 말하기를 '말할 일이 있는데도 말하지 않는다면 곧지 못한 것이다'라고 했습니다. 권약(權約)이 고백하기를 '갑오년(甲午年-1414년)부터 을미년(乙未年-1415년) 8월까지 문중과 주자소(鑄字所)에서 같이 일할 때 문중이 먼저 향교동(鄕校洞) 가이옹주(加

伊翁主)의 신전(新殿) 일을 말하므로 약이 대답하기를 "옳지 않다. 가이옹주는 관명(官名)이 가희아(可喜兒)였으나 이제 곧 입내(入內-내전에 들어감)했다"라고 했다'라고 했습니다. 서경옹주(西京翁主) 금영(金英)은 곧 잠저(潛邸) 때 들였는데, 이제 입내(入內)했다고 망칭(妄稱)했습니다. 정광원(鄭廣元)이 고백하기를 '공사(公事)로 인해서가 아니라 향실(香室)에 마음대로 들어간 것이다'라고 했으며, 문중의 진언을 보고도 금하지 않았고 또 남보다 먼저 고발하지도 않았습니다. 이들을 조율(照律)하면 이전과 권약은 '공범죄(共犯罪)를 수죄(首罪)·종죄(從罪)로 나누는 조(條)'로서 문중보다 한 등을 감해 장(杖) 100대와 유배형 3,000리에 해당합니다. 광원은 '궁전문(宮殿門)에 마음대로 들어간 조(條)'로서 장 60대와 도(徒) 1년에 해당하고, 문중의 진언을 보고도 금지하지 아니하고 먼저 고(告)하지 않은 죄는 '응당 아뢰어야 할 것을 아뢰지 아니한 율(律)'로서 장 80대에 해당하는데, 두 죄가 한꺼번에 발생했으니 무거운 형벌을 따릅니다."

아울러 모두 윤허하지 않았다.

○ 의정부·육조·승정원에서 방문중(房文仲)이 패역(悖逆)하고 불충(不忠)하므로 마땅히 극형에 처해야 한다고 청하니, 상이 말했다.

"문중의 말이 나에게 부끄러운 점이 있어 내가 하늘에 살생(殺生)하지 않겠다고 고(告)했다. 난신적자(亂臣賊子)라면 (임금이 명하지 않아도) 남들이라도 죽일 수 있는데, 어찌 나에게 죽이기를 청하는가? 다시 계문(啓聞)하지 말라."

○ 인정전을 고쳐 지었다.

○ 세자(世子)가 조복(朝服) 차림으로 종묘(宗廟)에 배알(拜謁)했다.

병진일(丙辰日-8일)에 순성현(順城縣)을 고쳐서 능성현(陵城縣)이라
하고, 다시 화순현(和順縣)과 교하현(交河縣) 두 현(縣)을 세웠다.

○ 인사를 했다[政=政事].
　　　　　　정　정사

심온(沈溫)을 의정부 참찬(議政府參贊), 정역(鄭易)을 이조판서, 최
이(崔迤)를 호조판서, 조말생(趙末生)을 이조참판, 강상인(姜尙仁)을
병조참판, 탁신(卓愼)을 예조참판, 이지실(李之實)을 중군총제(中軍
摠制), 우박(禹博)을 순승부윤(順承府尹), 이춘생(李春生)을 중군동지
총제(中軍同知摠制), 이명덕(李明德)을 지신사(知申事), 신상(申商)을
경상도 도관찰사(慶尙道都觀察使), 이정간(李貞幹)을 강원도 도관찰
사, 강회중(姜淮仲)을 경기도관찰사 겸 개성부유후(開城副留後)로 삼
았다. 이에 앞서 상이 조계(朝啓)를 마친 뒤에 모든 대언(代言)에게 일
러 말했다.

"내가 본래 재덕(才德)이 없으나 즉위(卽位)한 이래로 좋지 않은
일을 행함으로써 천도(天道)를 어긴 적은 없었는데, 해마다 수한(水
旱)·충재(蟲災)가 서로 잇따르니 내가 그 까닭을 알 수 없다. 지난번
에 세자에게 전위(傳位)하려 했다가 군신(群臣)들이 굳게 간언하는
것을 어기기 어려워 드디어 정지했으나, 이는 천의(天意)가 과연 응
하지 않기 때문이다. 점치는 자가 말하기를 '수명(壽命)이 길지 않아
61세가 되면 마땅히 서거할 것이다'라고 했으니, 내가 숙질(宿疾)이
있으므로 뛰어난 사람을 골라 세자로 세워서 전위(傳位)하려고 생
각한 것이다. 다만 (명나라에) 아직 조현(朝見)하지 못한 것이 염려스
럽다."

이때에 이르러 말생(末生)을 참판(參判)에 제수(除授)하고 말했다.

"우리 같은 노인들은 나가는 것이 마땅하다."

○ 왕세자(王世子)가 한경(漢京)에서 돌아오니 가르쳐 말했다.

"세자가 조현(朝見)하러 길을 떠나는 날을 8월 초6일로 정했으니, 진헌(進獻)할 방물(方物)과 행차(行次)하는 가운데 필요한 제반 일을 늦어지게[稽緩] 하지 말라."
_{계완}

○ 상이 말했다.

"풍우(風雨)가 두려우니, 여러 도(道)에 이문(移文)해서 화곡(禾穀)이 성숙(成熟)하거든 즉시 베어서 거두게 하라."

○ 경덕궁(敬德宮) 북량정(北涼亭)을 세웠다.

○ 덕은현(德恩縣)을 고쳐 은진현(恩津縣)이라 하니, 시진(市津)[20] 사람들의 청에 따른 것이다.

○ 어배동(於背洞)에 행차해 영전(影殿)을 짓는 것을 구경하다가, 그 기둥이 가늘어 이에 고치라고 명했다.

○ 전 사역원 판관(司譯院判官) 최천로(崔天老)를 보내 중국 사람[唐人] 예전심(倪專心) 등 남녀 5명을 요동(遼東)에 인도해서 보냈다.
_{당인}
전심 등은 일본(日本)에서 도망쳐 온 자들이다.

임술일(壬戌日·14일)에 명해 보패갑사(步牌甲士)를 없애게 했다.

○ 예조(禮曹)에서 장일(葬日)을 상정(詳定)했다.

예조에서 서운관(書雲觀) 정문(呈文)에 의거해 아뢰었다[呈啓].
_{정계}

---

20 본래 백제의 가지내현(加知奈縣)이었는데, 신라 경덕왕(景德王) 때 시진현으로 고쳤고, 조선 태조(太祖) 6년(1406년) 덕은현(德恩縣)에 통합됐다가 이때 은진현(恩津縣)으로 개칭됐다.

"안장(安葬)하는 십전대리일(十全大利日)과 그 다음가는 길일(吉日) 이 장서(葬書)와 『극택통서(尅擇通書)』·『원귀집(元龜集)』·『극택전서 (尅擇全書)』에 아울러 모두 실려 있습니다. 이제부터 장일은 음양(陰 陽)의 구기(拘忌)를 제외하고는 십전대리일(十全大利日)을 오로지 임 신(壬申)·계유(癸酉)·임오(壬午)·갑신(甲申)·을유(乙酉)·병신(丙申)· 정유(丁酉)·임인(壬寅)·병오(丙午)·기유(己酉)·경신(庚申)·신유(辛酉) 로 하고, 다음가는 길일(吉日)은 경오(庚午)·경인(庚寅)·임진(壬辰)·갑 진(甲辰)·을사(乙巳)·갑인(甲寅)·병진(丙辰)·기미(己未)로 하소서."

그것을 따랐다.

계해일(癸亥日-15일)에 봉녕군(奉寧君) 복근(福根)을 제릉(齊陵)에 보 내 환도(還都)한다는 뜻을 고했다. 상이 친히 고하려 하다가 비가 와 서 실행하지 못했다[未果].

갑자일(甲子日-16일)에 방문중(房文仲)에게 장(杖) 100대를 때리고, 적몰(籍沒)해 종으로 삼았다. 권약(權約) 이하는 결죄(決罪)하기를 차 등이 있게 했다.

의정부·육조·대간(臺諫)에서 대궐에 나아와 문중(文仲)의 죄를 굳 게 청했으나, 윤허하지 않았다. 정부·육조의 제신(諸臣)이 서로 더불 어 각각 그 의견을 진술했다. 어떤 자가 말했다.

"난신적자(亂臣賊子)는 남이라도 그를 죽일 수가 있는데, 신 등이 죽인 뒤에 아뢰어 천살(擅殺-마음대로 죽이는 일)한 죄를 기다리는 것 이 좋겠습니다."

어떤 자가 말했다.

"지금은 밝은 시대를 맞아서는 괜찮지만, 만일 후세의 권신(權臣)이 우리들이 한 일을 구실로 삼아 무고(無辜)한 이를 천살할 것이니 한심(寒心)해집니다. 신 등이 백관(百官)으로 하여금 그 가부를 토의해서 합사(合辭)해 다시 청하는 것이 좋을 것입니다."

물러가 백관과 합사(合辭)해 소를 올려 말했다.

'신 등이 가만히 생각건대, 방문중·권약·이전의 죄는 귀신이나 사람 모두 함께 분하게 여기는 바로, 천지(天地)에서 용납하지 못할 바요 전하께서 사유(私宥)할 바가 아닙니다. 정부·육조·대간에서 아울러 모두 죄를 청했으나 역시 윤허를 받지 못하니, 대소 신료(大小臣僚)가 분만(憤懣)하지 않음이 없어 반드시 법대로 처치한 후에 그만두고자 생각했습니다. 심지어 먼저 발(發-실행)한 후에 아뢰려는 자까지 있었으나, 후세의 권신이 구실로 삼을 것을 염려해서 감히 임의로 일을 결정하지 못하고 삼가 다시 청을 올립니다. 엎드려 바라건대, 전하께서는 대의(大義)로 결단하시어 특별히 유사(攸司)에 명해율(律)에 의거해서 시행하소서. 정광원(鄭廣元)의 죄 또한 형조(刑曹)의 아뢴 바에 의거함으로써 대소 신료(臣僚)의 분만(憤懣)을 푸시고 만세 신자(臣子)의 강상(綱常)을 삼가게 하소서."

상이 말했다.

"내가 과실이 있는데 어찌 감히 방문중을 죽이겠는가? 죽일 만해서 죽인다면 나라 사람들이 마땅히 죽일 것이니, 누가 천살(擅殺)했다고 하겠는가?"

○ 사간원 우사간대부(司諫院右司諫大夫) 정상(鄭尙), 사헌집의(司憲

執義) 정초(鄭招) 등이 소를 올려 말했다.

'임금과 어버이는 하나요 신하와 아들은 하나이니, 아들이 어버이에 대해 허물이 있으면 마땅히 간하되 오히려 또 소리를 부드럽게 해서 간언함으로써 감히 그 어버이의 허물을 드러내지 않는 것이 천리(天理) 인정(人情)의 지극함입니다. (그런데) 어찌 없는 일을 가지고 거짓으로 망령되게 비훼(非毁-비난하고 헐뜯음)해서 남에게 폭로해 드러내는 도리가 있겠습니까? 아들이 되어 이 같은 자는 반드시 베어야 하고 신하가 되어 이 같은 자도 반드시 베어야 함은 만세에 변함없는 상전(常典)입니다.

엎드려 보건대 방문중(房文仲)은 마음속으로 군부의 마음이 옳지 않다고 생각해서 일찍이 왕년에 권약(權約)과 더불어 망령되게 거짓말로써 성덕(聖德)을 비훼(非毁)했는데, 지금 상서(上書)한 조건은 모두 전하에게 없는 일입니다. 또 그 글을 이전(李篆)·정광원(鄭廣元) 등에게 보여서 사람들에게 폭로해 드러냈으니, 신자(臣子)의 의리가 없어서 그 죄가 위로 하늘에 통(通)합니다. 권약은 거짓말을 조작해 사사로이 서로 의논해서 군부(君父)를 비훼했으며, 이전(李篆)은 그 글을 사사로이 보고 조금도 놀라지 않고 도리어 권장해 일을 이루게 했으니, 만일 평소에 불충(不忠)을 품지 않았다면 어찌 즐겨 이와 같이 했겠습니까? 위의 세 사람은 전하의 신하 된 자로서는 불공대천(不共戴天)하는 바이므로, 정부·육조(六曹)와 신 등이 소를 갖춰 청하는 것입니다. (그런데도) 전하께서는 호생(好生)의 덕(德)[仁] 때문에 주륙(誅戮)을 가하지 않으시니, 일국의 신민(臣民)이 분통(憤痛)해하지 않음이 없습니다. 엎드려 바라건대, 여러 사람의 말을 굽어 따르시어 법대로 밝게 처치해서 강상(綱常)을 바로잡고 신민(臣民)들의 소망을 터주소서.

정광원(鄭廣元)은 그 글을 사사로이 보고도 조정(朝廷)에 고하지 않았으니, 또한 신자(臣子)의 의리가 아닙니다. 엎드려 바라건대, 아울러 율(律)에 의거해 시행하기를 허락해서 후래(後來)를 경계하소서.'

상이 말했다.

"방문중의 죄과(罪過)와 소장의 글을 사필(史筆)에 반드시 기록할 것이나, 나 또한 과실이 없는 것이 아니니 항상 부끄럽게 생각한다. 이제 대간(臺諫)의 장소(章疏)를 보건대 나의 과실은 말하지 않으니, 정부(政府)의 소(疏)와 같다."

그 참에 이명덕(李明德) 등에게 일러 말했다.

"내가 즉위한 지 지금에 18년인데, 밤낮으로 실수가 없게 하려 했으나 방문중의 말은 나의 과실을 스스로 말한 것이 아니라 곧 중국 사신의 말이다. 정부·육조·대간(臺諫)에서 거듭 장소(章疏)를 올려서 죄를 청해 마지않으나, 무슨 면목으로 자주 군신(群臣)을 보겠느냐? 경도(京都)에 돌아가서도 감히 대신(大臣)을 보지 못할 것이요, 그 나라의 정사도 감히 듣고 다스릴 수가 없다."

(지신사) 이명덕 등이 말했다.

"방문중이 망언(妄言)으로 전하의 없는 과실을 거짓으로 드러냈으니, 전하께서는 부끄러울 것이 없습니다. 그런데 '무슨 면목으로 군신(群臣)을 보겠느냐?' 하시니 신 등은 민망합니다."

상이 말했다.

"이제 소사(所司)의 소장 사연에는 조금도 내 몸의 과실이 없으니, 그들이 나를 사랑하는 뜻은 감동할 만하다고 하겠다."

곡산군(谷山君) 연사종(延嗣宗), 참찬(參贊) 김점(金漸), 판서(判書) 박습(朴習), 총제(摠制) 이춘생(李春生)이 의정부·육조·삼공신(三功臣)·삼군도총제부(三軍都摠制府)·백관(百官)의 소장을 받들어서 문중 등의 죄를 청하니, 상이 말했다.

"내가 능히 위로 하늘에 부끄럽지 않을 수 없고 아래로 사람에게 부끄럽지 않을 수 없으니, 그 청을 따를 수 없다. 만일 청하는 것을 윤허(允許)할 뜻이 있다면 그 소사(所司)와 육조에서 소장을 올릴 때 마땅히 윤허(允許)했을 것이지, 어찌 이와 같이 동론(動論)한 연후에 이를 따르려 했겠는가? 나는 실제로 따르지 않겠다. 만일 나라 사람이 동론해서 토죄(討罪-죄를 따져 물음)한다면, 누가 권신(權臣)이 직언(直言)하는 사람을 임의로 죽였다고 이르겠는가?"

명덕(明德) 등에게 명해 말했다.

"문중을 옥에 가둔 지가 오래다. 나의 생각으로는 정부·육조를 일깨워서 그를 용서해 석방시키고자 하는데, 후일에 반드시 그를 베는 자가 있을 것이다."

영돈녕(領敦寧) 유정현(柳廷顯)이 말했다.

"문중이 군부(君父)의 과실을 무망(誣妄)했으니, 신 등에게는 불공대천(不共戴天)의 원수입니다. 마침내 반드시 스스로 보존(保存)하지 못할 것이니, 바라건대 전하께서는 신 등이 진실로 청할 때를 맞아 죄를 주소서. 의견을 내는 자가 말하기를 '난신적자(亂臣賊子)는 다른 사람이라도 그를 죽일 수가 있다'라고 했습니다. 먼저 발동(發動)

하고 뒤에 아뢰는 것이 가하나, 다만 후세에서 구실로 삼을까 두려워하는 까닭으로 반드시 유윤(兪允)하기를 기다린 뒤에 이를 죽이려는 것입니다."

상이 말했다.

"반드시 경 등이 그를 죽일 때가 있을 것이니, 그때를 맞아 그를 죽인다면 곧 두 가지가 온전할 것이다."

정현(廷顯) 등이 말했다.

"전하의 교지(敎旨)가 이러한 데 이르렀습니다. 토죄(討罪)하는 때는 고금이 없으니, 청컨대 일단은 죽이지 않는 것으로써 죄를 주소서."

상이 말했다.

"실상에 맞게 토의해 아뢰어라."

정현 등이 토의해 아뢰었다.

"문중은 장(杖) 100대를 때리고 그 집을 적몰(籍沒)하며, 당사자와 처자를 종으로 삼아 진양(晉陽-진주)의 관노(官奴)에 예속시키고, 권약은 장 100대를 때리고 그 집을 적몰하며 광주(光州)의 관노에 예속시키고, 이전(李筌)은 장 100대를 때려서 고성(固城)에 부처(付處)시키고, 정광원(鄭廣元)은 장 60대를 때리도록 하소서."

그것을 따랐다.

을축일(乙丑日-17일)에 상이 제릉(齊陵)에 배알(拜謁)했는데, 세자가 수가(隨駕)했다.

○ 명해 쌀·콩 100석을 연경사(衍慶寺)에 주었다.

○ 대부(隊副) 한언(韓彦)을 의금부(義禁府)에 가두었다.

언(彦)이 고하기를 "총제(摠制) 문효종(文孝宗)과 자부(姉夫) 강원도
관찰사 이정간(李貞幹)이 사사로이 병마(兵馬)를 모아서 난(亂)을 꾀
했다"라고 하고, 정간(貞幹)의 집 계집종 개괄(開刮)을 증인으로 삼
았다. 명해 언과 개괄을 가두고 형조·대간의 행수(行首-우두머리)와
이조참판 조말생(趙末生)으로 하여금 안문(按問)하게 했다. 의금부에
서 개괄을 형문(刑問)할 것을 계청(啓請)하니, 상이 말했다.

"형문(刑問)은 중대한 일이다. 옛사람이 이르기를 '추초(箠楚-매질)
하면 무엇을 요구한들 얻지 못하겠는가?'라고 했으니, 일태(一笞) 일
초(一楚)라도 마땅히 살펴서 시행하라."

또 효종과 정간을 의금부에 내려 한언과 빙문(憑問)하게 하고, 좌
부대언(左副代言) 원숙(元肅)에게 명해 의금부와 같이 국문(鞫問)하게
했다. 또 의금부에 명해 말했다.

"공자가 이르기를 '중유(仲由-자로)와 염구(冉求-염유)는 아비와 임
금을 죽이는 일에는 또한 따르지 않을 것이다'[21]라고 했으니, 정간과
효종은 모두 단정한 사람[端人]이라 반드시 이런 짓을 하지 않았을
_{단인}

---

21 『논어(論語)』 「선진(先進)」편에 나오는 말이다. "계자연(季子然)이 공자에게 물었다. '중유
와 염구는 대신이라고 이를만합니까?' 공자가 말했다. '나는 그대가 남과는 다른 빼어난
질문을 하리라고 생각했었는데, 기껏 유(자로)와 구(염유)에 관한 질문을 던지는구나! 이
른바 대신이라는 것은 도리로써 군주를 섬기다가 더 이상 도로써 섬기는 것이 불가능해
지면 그만두는 것이다. 지금 유와 구는 숫자나 채우는 신하[具臣]라고 이를 만하다.' 이
에 계자연은 '그렇다면 두 사람은 따르는 사람[從之者]입니까?'라고 물었다. 공자가 말
했다. '아비와 임금을 죽이는 일에는 그들도 또한 따르지 않을 것이다.'"

것이다. 실은 언의 무고(誣告)일 것이니, 그것을 살펴서 조사하라."

언이 과연 무고했다고 자백하니, 정간과 효종의 구속을 풀어주라고 명했다. 의금부에서 조율(詔律)하니, 언이 사죄(死罪)를 무고(誣告)했으나 죽음에는 이르지 않고 장(杖) 100대와 유(流) 3,000리(里)에 도역(徒役) 3년을 더하는 형에 해당됐다. 의정부와 육조에 명해 토의하게 하니 모두 말했다.

"이와 같이 반역(叛逆)을 했다고 무고한 것은 사형에 해당합니다."

의금부 도사(義禁府都事) 김상녕(金尙寧)을 이천(伊川)에 보내 전전서(典書) 이원실(李原實)을 잡아 오니, 대개 언의 공사(供辭)에서 '이원실이 재신(宰臣) 문달한(文達漢)과 노비를 다퉈서 나에게 이런 말을 일러 주었다'라고 인용한 때문인데, 달한은 효종의 아비다.

정묘일(丁卯日-19일)에 왕세자 및 경빈(敬嬪)에게 명해 정비(靜妃)를 모시고 한경(漢京)으로 환궁하게 하고, 또 정부·육조·대간에 명해 아울러 모두 먼저 돌아가게 했다. 상이 말했다.

"환도(還都)할 때 3전(殿)과 더불어서 함께 가면 길이 좁아 반드시 곡식을 손상시킬 것이니, 내가 마땅히 후일에 동가(動駕)하겠다."

병조에서 아뢰어 말했다.

"이제 환도(還都)할 때 전지(田地)를 밟아서 손상시키는 것을 금지하는 조건을, 영락(永樂) 16년(1418년) 4월 18일 본조(本曹)에서 수교(受敎)한 것에 의거해 고찰함이 어떠하겠습니까?"

그것을 따랐다.

○ 상이 이명덕(李明德)에게 일러 말했다.

494

"나의 풍질(風疾)에는 약이(藥餌)가 효험이 없으니, 온천(溫泉)에서 목욕해 병을 고치는 것이 비록 의서(醫書)에는 보이지 않으나 내 장차 (강원도) 이천(伊川) 온천에 가서 목욕해 시험하려는데, 어떠하겠는가?"

명덕(明德)이 말했다.

"비록 의서(醫書)에는 보이지 않으나, 목욕해서 병을 고친 자가 있으니 청컨대 시험해보소서."

이천(伊川) 사람 박은림(朴殷林)을 불러 산천과 도로의 형태를 물었다.

무진일(戊辰日·20일)에 왕세자가 먼저 한경(漢京)에 이르러 장의동(藏義洞) 본궁(本宮)에 들었다.

○ 쌀 150석을 각 역(驛)에 내려주었다.

양경(兩京) 사이에 역로(驛路)의 인마(人馬)가 함께 피곤한 것을 불쌍히 여겨서, 호조(戶曹)에 명해 영서(迎曙)에서 초현(招賢)에 이르는 5역(驛)에 쌀 50석을, 청파(靑坡)·노원(盧原) 두 역에 50석을, 청교(靑郊)·산예(狻猊) 두 역에 50석을 내려주었다.

○ 사옹(司饔)·사선(司膳)에 명해 잡물(雜物)을 실어 나르는 데 호피(虎皮)·표피(豹皮)를 써서 덮지 말게 했다. 이에 앞서 사옹·사선에서 잡물을 실어 나르는 말은 대개 호피·표피를 써서 덮었는데, 상이 말했다.

"호피와 표피는 민간(民間)에서 납공(納貢)하고 값이 비싼 물건이니, 이제부터 일절 금지하라."

기사일(己巳日·21일)에 정비(靜妃)와 경빈(敬嬪)이 한경(漢京)에 돌아오니, 세자가 각사(各司)의 1원(員)을 거느리고 나가서 정비를 모화루(慕華樓)에서 맞이했다. 정비는 경복궁(景福宮)에서 하연(下輦)하고, 경빈은 본궁(本宮)으로 들어갔다. 상이 말했다.

"이달 27일에 환도(還都)할 것이니, 의정(議政) 및 육조 판서·참판, 대간은 모두 직로(直路)를 따라 먼저 돌아가고 수가(隨駕)하지 말라."

또 말했다.

"장마가 개지 않으니, 세자가 조현(朝見)하러 떠나는 날을 오는 8월 18일로 고쳐 정하라."

예조판서 변계량(卞季良)에게 명해 말했다.

"세자는 국본(國本)이요, 세자의 아들은 나에게 장손이 되고 또 마땅히 승계(承繼)할 자다. 하물며 세자가 이제 조현(朝見)으로 만리(萬里)를 가려 하는데, 세자의 아들에게 마땅히 명위(名位)를 정해 인심(人心)을 하나로 해야 할 것이다. 경은 이에[其] 고제(古制)를 참고해 아뢰어라."

신미일(辛未日·23일)에 지진이 있었다.

임신일(壬申日·24일)에 경상도 수군도절제사(水軍都節制使) 박인간(朴仁幹)을 파직했다.

애초에 회안군(懷安君) 방간(芳幹)이 인간(仁幹)의 형 도간(道幹)의 딸을 첩으로 삼았는데, 인간이 숨기고 고하지 않다가 일이 발각돼 유배됐으나 얼마 후에 용서를 받았다. 이때에 이르러 절제사가 돼 대궐에 나아와 고사(告辭)²²하는데, 이명덕(李明德) 등이 아뢰어 말했다.

"인간이 범한 바가 이와 같고 또 군무(軍務)에 맞지 않으니, 청컨대 그 직을 파면하소서."

그것을 따랐다.

○ 형조(刑曹)에 명해 경상도도관찰사 우균(禹均)으로 하여금 사마(私馬)로 서울에 오게 했다.²³ 대개 가뭄으로 인해 화곡(禾穀)이 성(盛)하지 않았으나 한 번도 계문(啓聞)하지 않아서, 상이 위임(委任)한 뜻이 없었기 때문이다.

갑술일(甲戌日-26일)에 서교(西郊)에 행차해 화곡(禾穀)을 구경하고, 여러 대언(代言)에게 가르쳐 말했다.

"내가 군(軍)을 둘로 나눠 하나는 삼군(三軍)에 붙이고 하나는 의용위(義勇衛)에 붙여서, 내가 밖에 있으면 세자가 하나를 장악해 안에 있고 내가 안에 있으면 세자가 하나를 장악해 밖에 있게 하면, 서로 구원하는 마땅함이 있고 피차 허실(虛實)의 근심이 없을 것이니 옳지 않겠느냐?"

또 말했다.

---

22 외방의 관직에 임명된 신하가 임지(任地)에 부임하기 전에 임금에게 하직(下直)인사를 드리는 일을 가리킨다. 사조(辭朝)·배사(拜辭)와 같은 말이다.
23 외방에 나가있는 관리가 죄를 지었을 때 역마(驛馬)를 타지 않고 사마(私馬)로 서울로 올라오게 하는 제도를 말한다.

"내가 등 위의 종기를 제거하고 나면, 그 하나를 마땅히 나의 시위(侍衛)로 삼을 것이다."

을해일(乙亥日·27일)에 바람이 크게 불고 비가 와서 화곡(禾穀)을 손상시켰다.

○ 대가(大駕)가 신도(新都)로 돌아왔다.

병자일(丙子日·28일)에 경상도 선산(善山) 주륵사(朱勒寺)의 주산(主山)에 물이 솟아 모래가 무너져서 절을 덮치니, 돌에 눌려 죽은 자가 중 두 사람이었다.

정축일(丁丑日·29일)에 거가(車駕)가 환궁(還宮)하니, 왕세자가 나가서 양주(楊州) 남평(南坪)에서 맞이했고 백관(百官)은 흥인문(興仁門) 밖에서 맞이했다.

○ 하천추사(賀千秋使) 예문관 제학(藝文館提學) 윤사영(尹思永)이 북경(北京)에서 돌아왔다. 사영(思永)이 아뢰어 말했다.

"신이 전통(箋筒)²⁴을 받들고 처음에 요동에 이르니, 요동에서는 누런 보자기로 밖을 싸서 요동에서 제소(帝所)까지 서로 바꿔가며 쌌습니다. 홀로 우리나라만이 싸지 않고 가니 진실로 잘못입니다. 청컨대 지금 이후로 봉사자(奉使者)는 누런 보자기로 싸서 가게 하소서."

가르쳐 말했다.

---

24 전문(箋文)을 넣는 통을 말한다.

"성지(聖旨-황제의 명)의 통(筒)이 우리나라에 이를 때도 누런 보자 기로 싸는가?"

이명덕(李明德)이 통사(通事) 김을현(金乙玄)에게 물으니, 을현이 말했다.

"그렇습니다."

사영이 또 아뢰어 말했다.

"중국 사람이 서장관(書狀官)의 직질(職秩)이 낮은 것을 가지고 묻기를 '서장관은 그대 나라에 있을 때도 사모(紗帽)를 쓰는가?'라고 했습니다. 이것은 '서장(書狀)' 두 자(字)를 가지고 물은 것이니, 청컨대 서장 두 자를 없애고 종사관(從事官)으로 개칭(改稱)하소서."

가르쳐 말했다.

"서장(書狀)이라는 명칭은 오래됐으니 고칠 수가 없다."

사영이 또 아뢰어 말했다.

"의주(義州)부터 요동(遼東)까지 8참(站)이 있는데, 이에 사신 황엄(黃儼)이 황씨(黃氏)·한씨(韓氏)를 동반해 돌아갈 때 만든 것입니다. 저들 토인(土人)이 만든 결구(結構)[25]는 견실하고 목책(木柵)도 치밀해서, 본국의 사신(使臣)이 모두 이 참(站)에서 자고 신 등도 잤습니다. 평양(平壤)에 도착해 감사(監司)의 말을 들으니 '이제 세자가 조현(朝見)할 때 신참(新站)을 지으려고 한다'라고 했습니다. 신의 마음으로 생각건대, 우리나라 사람으로 하여금 짓게 하면 곧 보통 때는 오히려 능하게 하다가도 창졸(倉卒)할 때 이르면 이같이 주밀(周密)하지는 못

─────────

25 야외(野外)에서 임시로 얽어 맞추어 꾸민 집을 가리킨다.

할 것입니다. 다만 사신의 왕래로 인해 말똥이 많이 쌓여 있으니, 청소하는 도중에 고치는 작업을 조금 더 한다면 역역(力役)이 줄어들고 일도 반이 될 것입니다."

가르쳐 말했다.

"더럽기가 어떠한가?"

명덕이 말했다.

"세자가 조현(朝見)하는 것은 보통 일이 아닌데 하필 저런 사람의 경영에 의지하겠습니까? 원민생(元閔生)이 때마침 아직도 중국에서 돌아오지 않았고 조현(朝見)할 날도 가까이 오지 않았으니, 비록 우리나라 사람을 시켜 짓게 하더라도 오히려 미칠 수가 있을 것입니다."

己酉朔 遣左議政朴訔 祀圓壇. 圓壇 祭天之所也 旱則就祈焉. 聚
기유 삭 견 좌의정 박은 사 원단 원단 제천 지 소 야 한 즉 취기 언 취

僧徒於興福 演福寺 盲人於明通寺 設祈雨精勤 又沈虎頭於朴淵.
승도 어 흥복 연복사 맹인 어 명통사 설 기우정근 우 침 호두 어 박연

求言. 上憂旱傳旨曰: "今方久旱 察其天氣 似有蟲災. 令政府
구언 상 우한 전지 왈 금방 구한 찰 기 천기 사유 충재 영 정부

六曹 臺諫及各司 除船軍 補充軍 奴婢事外 感傷和氣 時政之失
육조 대간 급 각사 제 선군 보충군 노비 사 외 감상 화기 시정 지 실

悉陳無隱."
실진 무은

庚戌 上覽六曹陳言 遂定還都之計. 召政府 六曹 臺諫曰: "今予
경술 상람 육조 진언 수정 환도 지계 소 정부 육조 대간 왈 금여

來于舊都 儲峙供頓之煩 大小臣民往來轉輸之勞與夫驛路之弊 誠
내우 구도 저치 공돈 지번 대소 신민 왕래 전수 지로 여 부 역로 지폐 성

不小矣. 且今六曹陳言 亦以還都之事爲先. 大抵七月則耘事已畢
불소 의 차 금 육조 진언 역 이 환도 지사 위선 대저 칠월 즉 운사 이필

正農隙也. 八月九月則秋收秋耕 農務最劇 不可一日動民也. 在
정 농극 야 팔월 구월 즉 추수 추경 농무 최극 불가 일일 동민 야 재

此都而有益者何事? 還彼都而有損者 亦何事也? 當本月望後 予將
차도 이 유익 자 하사 환 피도 이 유손 자 역 하사 야 당 본월 망후 여 장

還都矣. 若於本月未還 則來八月世子朝見之後 過九十月乃還若何?
환도 의 약 어 본월 미환 즉 내 팔월 세자 조현 지후 과 구 십월 내 환 약하

諸卿酌宜以聞."
제경 작의 이문

知司諫院事崔士康 司憲執義許揆等曰: "七月則炎熱未除 難於
지사간원사 최사강 사헌 집의 허규 등 왈 칠월 즉 염열 미제 난어

動駕 不如九月望時之爲愈也." 右議政李原及諸卿 皆以十月晦時
동가 불여 구월 망시 지 위유 야 우의정 이원 급 제경 개 이 십월 회시

爲可. 領敦寧府事柳廷顯 兵曹判書朴信曰: "方今兩都之間 往來
위가 영돈녕부사 유정현 병조판서 박신 왈 방금 양도 지간 왕래

轉輸 臣民之弊 曷可勝言? 但以殿下於誠寧之卒 有所傷心. 又有
전수 신민 지폐 갈가 승언 단 이 전하 어 성녕 지 졸 유 소상심 우유

四月爲殿下厄朔之言 故臣等未敢固請 今四月已過矣. 殿下慨念
사월 위 전하 액삭 지언 고 신등 미감 고청 금 사월 이과 의 전하 개념

臣民之弊 幡然欲還 甚盛擧也. 須於七月農隙之時還都 以答臣民之
신민 지폐 번연 욕환 심 성거 야 수어 칠월 농극 지시 환도 이답 신민 지

望."
망

上然之 命遣都摠制朴子靑於京都 修古世子殿. 命柳廷顯 李原
상 연지 명견 도총제 박자청 어 경도 수고 세자전 명 유정현 이원

六曹判書 參判 臺諫 擇各司陳言內可行之言以聞 請速還都者最多
육조판서 참판 대간 택 각사 진언 내 가행 지언 이문 청속 환도 자 최다

上以本月十九日爲定.
상 이 본월 십구 일 위정

兵曹判書朴信 左軍摠制崔閏德 義盈庫使李繼長等陳言: "收租之
병조판서 박신 좌군총제 최윤덕 의영고사 이계장 등 진언 수조 지

法 隨損給損 已有成式. 各司納貢 雖値凶荒 未嘗減損 實爲未便.
법 수손급손 이유 성식 각사 납공 수치 흉황 미상 감손 실위 미편

幸今倉庫盈溢 陳陳相因 伏望於失農州郡 特下敎旨 減今年雜貢
행금 창고 영일 진진 상인 복망 어 실농 주군 특하 교지 감 금년 잡공

之半 以倉庫陳米太貿易 以充其數 以優民生." 敎曰: "行移諸道 於
지반 이 창고 진미 태 무역 이충 기수 이우 민생 교왈 행이 제도 어

損分時 令考其豐歉 錄其失農州郡以聞."
손분 시 영고 기 풍겸 녹기 실농 주군 이문

知司諫院事崔士康等陳言: "凡官吏犯公罪杖以上者與貪汚不法
지사간원사 최사강 등 진언 범 관리 범 공죄 장 이상 자여 탐오 불법

犯私罪杖以上者等 論皆收職牒 又取科田. 其中專賴科田資生者
범 사죄 장 이상 자등 논개 수 직첩 우취 과전 기중 전뢰 과전 자생 자

一朝遽有妻子飢餓之嘆 雖有特旨 其科田只給三分之一. 臣等以爲
일조 거유 처자 기아 지탄 수유 특지 기 과전 지급 삼분지일 신등 이위

犯私罪而收田者則然矣 犯公罪者 亦依貪汚之例 遂收其田 故其人
범 사죄 이 수전 자즉 연의 범 공죄 자 역의 탐오 지례 수수 기전 고 기인

怨咨之心 或傷和氣也. 曾受職牒 而不還科田者 竝皆還給 以解
원자 지심 혹상 화기 야 증수 직첩 이 불환 과전 자 병개 환급 이해

怨咨. 自今不忠不孝外 犯公罪者 只治其罪 勿收科田."
원자 자금 불충 불효 외 범 공죄 자 지치 기죄 물수 과전

"右條 領敦寧臣柳廷顯 右議政臣李原 六曹臣朴信等議得: 犯
우조 영돈녕 신 유정현 우의정 신 이원 육조 신 박신 등 의득 범

公罪者蒙宥後 科田全科還給 已有敎旨. 凡已受職牒者 攸司以其曾
공죄 자 몽유 후 과전 전과 환급 이유 교지 범 이수 직첩 자 유사 이기 증

受田 隨卽啓聞還給. 決事官除受贈挾私 知非誤決情迹著現者外 皆
수전 수즉 계문 환급 결사관 제 수증 협사 지비 오결 정적 저현 자외 개

以公罪論何如?" 敎曰: "依陳言及議得內行移."
이 공죄 논 하여　교왈　의 진언 급 의득 내 행이

司憲府執義許揆等陳言: "本朝義禁府 不論職之高下 直問其由
사헌부 집의 허규 등 진언　본조 의금부　불론 직지 고하 직문 기유

雖至杖流 不收職牒 今也此府決罰者 皆收職牒. 臣等竊謂 文武官
수지 장류 불수 직첩 금야 차부 결벌 자 개수 직첩 신등 절위 문무관

犯公罪者 非循私逞欲 或失於覺察 或短於施措之致然也. 今律
범 공죄 자 비 순사 영욕 혹 실어 각찰 혹 단어 시조 지 치연 야 금율

犯杖罪 收其職牒 亦收科田 恐非盛代重士之美意也. 且時王之制
범 장죄 수 기 직첩 역수 과전 공비 성대 중사 지 미의 야 차 시왕 지제

文武官犯公罪 杖以上者 無追奪宣勅之律乎. 願自今義禁府決罰
문무관 범 공죄 장 이상 자 무 추탈 선칙 지율호 원 자금 의금부 결벌

文武官犯公罪 杖以上者 除敎旨內職牒收取外 一依時王 之制 勿收
문무관 범 공죄 장 이상 자 제 교지 내 직첩 수취 외 일의 시왕 지제 물수

職牒 以示忠信勸士之道." 從之.
직첩 이시 충신 권사 지도 종지

順承府判官林穆等陳言: "段匹 綾羅 非本國所産 已有禁令. 但
순승부 판관 임목 등 진언　단필 능라 비 본국 소산 이유 금령 단

絹子及丹木 白礬等物 亦非本國所産 而未有禁令 商賈賤隷之徒 染
초자 급 단목 백반 등물 역비 본국 소산 이 미유 금령 상고 천례 지도 염

爲衣裏. 願自今一皆禁止." 從之.
위 의리 원 자금 일개 금지 종지

禮賓寺尹李蓁等陳言: "自古求忠臣 必收孝子之門. 乞於朝野 擧
예빈시 윤 이진 등 진언　자고 구 충신 필수 효자 지문 걸어 조야 거

其孝行著聞 恬靜無求者 尤加崇獎." 敎曰: "行移諸道 備細訪問 錄
기 효행 저문 염정 무구 자 우가 숭장 교왈 행이 제도 비세 방문 녹

其姓名以聞."
기 성명 이문

內資少尹李寧等陳言: "惟我太祖創業之初 慮民食之不裕 許令
내자 소윤 이영 등 진언　유아 태조 창업 지초 여 민식 지 불유 허령

新墾之地 初年全除 二年半收 三年全收 載諸六典 實爲良法. 今皆
신간 지지 초년 전제 이년 반수 삼년 전수 재저 육전 실위 양법 금개

收租 願依六典 擧行此法." 敎曰: "此乃六典所載 官吏不奉行耳.
수조 원의 육전 거행 차법 교왈 차내 육전 소재 관리 불 봉행 이

移文諸道 擧而行之."
이문 제도 거이 행지

校書校理金尙直等陳言: "蠶桑 王政之大者也. 故國家設
교서교리 김상직 등 진언　잠상 왕정 지 대자 야 고 국가 설

公桑蠶室 其示民養蠶之方者至矣. 然公桑未盛 摘取民戶之桑 以致
공상잠실 기 시민 양잠 지 방자 지의 연 공상 미성 적취 민호 지상 이치

怨咨者 容或有之. 願度閑曠之地 加植公桑 以待長盛 然後許令

養蠶 以慰民望." 領敦寧柳廷顯 右議政李原議得:"公桑長盛間 各

其蠶室在處山桑及空地桑木多少 量宜養蠶 勿奪各戶桑葉 違者

痛治." 命依議得內行移.

同知摠制李順蒙陳言:"各道監司 節制使之行 伴黨公事齎持

依憑鋪馬 或二十餘匹 或至三十匹. 且道內族親及閑散員人 或因

公事 給馬橫行 願自今一禁." 教曰:"依陳言內行移." 上憂旱求言

百官皆上言 條陳時政得失 民生休戚 下政府 六曹 議得右八條 乃

其所擇也.

知司諫院事崔士康 獻納權孟孫 正言鄭載等陳言曰:"慶尙監司

禹均 江原監司南琴 素稱酷吏 不合監司之任 請罷其職."

上傳于趙末生曰:"予之用人 非我獨專 必從政曹之議. 婦寺之族

濫受官職者幾人歟? 予豈有一毫之私哉? 禹均 南琴歷仕中外 秩至

參議 無有毀言. 但禹均則守任南州之時 得枉刑殺人之名. 然今已

悔過 何必以旣往之事 禁錮而不用? 右人等有可請之罪 當悉書某某

之事 不合監司之任 明請其罪可也. 徒以酷吏濫稱 而所以爲酷吏

之實 略無一言及之 此與無名示榜何異哉? 使二人聞此言 則其心

喜歟 怨歟? 予之求言 專以弭災也. 此爲弭災之言乎? 若以言事

不中 加以譴責 則違於求言之本意. 予當姑置而勿論 然此狂妄之輩

在於諫院 非吏曹之過乎?"

末生啓曰: "旣往不咎 不念舊惡 先聖之格言. 今殿下之用人 誠

無愧於古之聖人 諫院之言 誠爲不中矣. 然其狂妄 臣亦何嘗知哉?

必也授之以事 然後可以知其人之賢否矣. 古之人有言曰: '試可乃

已.'"

司憲執義許揆等上疏曰:

'天人相與 通達無間 福善禍淫 捷於影響. 古人有言曰: "于公

痛哭而三年不雨; 鄒衍含悲而六月飛霜." 感應之理 可不畏哉?

慶尙道都觀察使禹均 素無才德 專任苛暴 所歷之處 怨讟迭興. 曾

任永川 枉殺五人 又任密陽 亦殺四人. 其人之父母 妻子之怨 豈

下於于公 鄒衍乎? 今陞爲監司 巡諸郡縣 永川 密陽之人 愛之如

父母歟? 怨之如仇讎歟? 且江原道監司南琴 擧於汚吏之下 徒以

簿書期會 便捷應對爲能 其寬弘慈愛 則不知其爲何事也. 輕薄剛愎

而擧措失宜 則一方之弊 可勝言哉? 乞皆罷黜 以慰生民之望.'

上曰: "南琴始擧於沈藏庫; 禹均大臣之所擧也. 且人悔過自新 擧

而用之 古昔帝王任人之法也. 二人庶幾改之 故任之."

持平崔宗理歷陳二人任監司爲政之失 上曰: "二人 宰相也. 宰相

尊而後君尊 不可以此小過而罷黜也."

執義許揆等又言: "安邊大都護府使辛悅 其始除也 經十日而不

謝恩 私謁於吏曹判書沈溫之家. 臣等劾之 不避嫌而赴任 固不當

矣." 上不聽曰: "悅之所爲如此 而憲司請罪之是矣 然得人不易

數易亦不可也."

禱雨西方土龍之神.

壬子 雨雷電.

命世子如漢京 謁宗廟. 上密有內禪之志 六代言泣曰: "何謂也?

非臣僚之所望." 上曰: "爾等勿露此言."

癸丑 雨雷電. 六曹詣闕賀雨 仍請進酒 不允. 朴訔啓曰: "殿下

斷酒 則上王亦斷酒; 殿下減膳 則上王亦減膳 凡食膳一遵無違. 今

時雨霈然 請勿復斷禁 以慰上王." 上乃許之.

召兵曹判書朴信曰: "予向者命停仁政殿改創之役 專以憂旱也.

然旱雖太甚 事之所當爲者則不可廢也. 況今年之旱 非太甚也? 我

太祖草創之初 乃營景福宮 予承其緖 乃營昌德宮 以至陵廟 無

所不備 惟此仁政之殿狹隘 在所當新. 土木之役 勞民之重事 民甚

病之. 所以欲速營之者 無他 要使小民之責 當我之身 而世子卽位

之後 雖拳土寸木之役 不加於民 以深得民心耳."

王世子遣安壽山問起居 蓋以昨夜雷雨太甚 恐上心之驚動也.

甲寅 囚校書校勘房文仲于典獄署. 文仲上書陳言 略曰:

'靜妃 明嬪各設兩殿 以嬪竝嫡 臣之未解一也. 宮中多納倡妓

臣之未解二也. 寵愛後宮 多作大家 號曰新殿 臣之未解三也.

千乘之家 與民爭利 尙且不爲 況國君乎? 置本宮書題 魚梁之稅

無不爲之 使書題竝受官爵 臣之未解四也. 勞民自奉 豈天意乎?

眞羽之直 多至粗二十斗; 天鵝之直 多至粗四十斗 皆剝於民 臣之
진우 지치　다지 조 이십 두　천아 지치　다지 조 사십 두　개 박 어민　신 지

未解五也.'
미해 오야

上覽之 以示承政院曰: "予之忠臣 唯文仲耳. 萬世之下 予何
상 람지　이시 승정원 왈　여지 충신 유 문중 이　만세 지하 여하

逃罪?"
도죄

代言等見之 皆驚駭.
대언 등 견지 개 경해

命召文仲敎曰: "此等條件 予所不爲之事 將何心以陳之乎? 予若
명소 문중 교왈　차등 조건 여 소불위 지사 장 하심 이 진지 호　여약

有此 汝雖不說 無所逃於史筆矣."
유차 여 수 불설 무 소도 어 사필 의

諸代言啓: "文仲將殿下所無之事 妄自陳言 乞下獄鞫問."
제 대언 계　문중 장 전하 소무 지사 망자 진언 걸 하옥 국문

上曰: "予始令中外 言或不中 亦不加罪 今何鞫問? 置而勿問."
상왈　여 시영 중외 언 혹 부중 역 불 가죄 금하 국문　치 이 물문

代言等問文仲曰: "古者人君有妃嬪 媵妾 何以曰竝嫡乎? 又何以
대언 등 문 문중 왈　고자 인군 유 비빈 잉첩 하이 왈 병적 호　우 하이

曰多納倡妓乎?" 文仲曰: "我未學 不知其理也." 又問: "人君之庶子
왈 다납 창기 호　문중 왈　아 말학 부지 기리 야　우문　인군 지 서자

豈無家? 又何以新殿稱號哉?" 文仲曰: "昔聞 權約之言 言新殿. 我
기 무가 우 하이 신전 칭호 재　문중 왈　석문 권약 지언 언 신전 아

外方儒生 不知其實而言之." 又問曰: "何處有本宮魚梁? 雖書題
외방 유생 부지 기실 이 언지　우 문왈　하처 유 본궁 어량　수 서제

豈不授軍職及東班不要雜職乎?" 文仲曰: "我不知其實也." 又問:
기 불수 군직 급 동반 불요 잡직 호　문중 왈　아 부지 기실 야　우문

"眞羽 外方方物之獻; 天鵝 宗廟薦新 或外方使臣隨時進上之物.
진우 외방 방물 지헌　천아 종묘 천신 혹 외방 사신 수시 진상 지물

何以言上之剝民乎?" 文仲曰: "我見人民難得 妄以爲上命也."
하이 언상 지 박민 호　문중 왈　아견 인민 난득 망 이위 상명 야

代言請罪不已 上以文仲書示六曹曰: "今以無實之言 被欺於下
대언 청죄 불이 상 이 문중 서시 육조 왈　금 이 무실 지언 피기 어하

吾甚慙焉. 然因求言而發 宜勿罪之."
오 심 참언 연 인 구언 이발 의물 죄지

兵曹判書朴信 吏曹判書沈溫 戶曹判書鄭易 禮曹判書
병조판서 박신　이조판서 심온　호조판서 정역 예조판서

卞季良 工曹判書孟思誠等 執文仲而啓曰: "文仲妄言君父之失
변계량 공조판서 맹사성 등 집 문중 이 계왈　문중 망언 군부 지실

臣等不共戴天之讎也. 請問之."
<small>신등 불공대천 지수야 청문 지</small>

上曰: "文仲所言 皆吾過也. 予何自明也哉? 且有求言之命 言而
<small>상왈 문중 소언 개오과야 여하 자명 야재 차유 구언 지명 언이</small>

罪之不可 大臣之請罪 亦不可也 卿等勿復言. 若復請 則予將不食
<small>죄지 불가 대신 지청죄 역불가야 경등 물부언 약 부청 즉여장 불식</small>

矣. 不食則其能生乎?"
<small>의 불식 즉기 능생 호</small>

信等曰: "不明文仲妄言之罪 則後世必謂時之大臣 皆竊位苟祿
<small>신등왈 불명 문중 망언 지죄 즉 후세 필위 시지 대신 개 절위 구록</small>

而不言君上之非 獨文仲當求言之時 直言極諫也. 請推核其罪 以明
<small>이 불언 군상 지비 독 문중 당 구언 지시 직언 극간 야 청 추핵 기죄 이명</small>

其言之妄." 不允.
<small>기언 지망 불윤</small>

末生 河演等相與泣曰: "以我殿下之敬戒 終負如是之妄言 豈不
<small>말생 하연 등 상여 읍왈 이아 전하 지경계 종부 여시 지망언 기불</small>

痛哉? 文仲實關時數之妖物也." 信等退而覈問文仲 文仲伏招曰:
<small>통재 문중 실관 시수 지요물 야 신등 퇴이 핵문 문중 문중 복초 왈</small>

"以所聞於人者 勿辨眞僞而言之." 信等乃上疏曰: "文仲以無根之
<small>이 소문 어인자 물변 진위 이 언지 신등 내 상소 왈 문중 이무근 지</small>

言 誣揚君父之失 罪不容誅. 且明白納招 無復可議. 請下攸司 依律
<small>언 무양 군부 지실 죄 불용주 차 명백 납초 무부 가의 청하 유사 의율</small>

施行."
<small>시행</small>

上謂諸代言曰: "此事不可使衆知也 勿露之." 信等遂囚 文仲 俾
<small>상위 제 대언 왈 차사 불가 사중지야 물 노지 신등 수수 문중 비</small>

刑曹治之.
<small>형조 치지</small>

召六代言 面命曰: "欲令孝寧大君及崔閑等傳旨 恐未得詳悉
<small>소 육대언 면명 왈 욕령 효령대군 급 최한 등 전지 공 미득 상실</small>

親見若等言之. 文仲之言 雖不盡實 皆有其根 以揚君之過 罪之則
<small>친견 약등 언지 문중 지언 수불 진실 개유 기근 이양 군지과 죄지 즉</small>

予從之 誣揚君父之失 罪之則予乃不允. 予心以謂 一答一杖 皆欲
<small>여 종지 무양 군부 지실 죄지 즉역 내 불윤 여심 이위 일태 일장 개욕</small>

當罪. 每當雷電之時 誓告曰: '不知而誤刑則已矣 知而失之則無矣.'
<small>당죄 매당 뇌전 지시 서고 왈 부지 이오형 즉 이의 지이 실지 즉무의</small>

予於太祖 不獲已而獲罪 何愧如此? 卽位今已十八年 而水旱相連
<small>여 어 태조 불획이 이 획죄 하괴 여차 즉위 금이 십팔년 이 수한 상련</small>

歲在丙戌 欲傳位未得 厥後褆不中度 常以爲慮. 今世子性本純直
<small>세재 병술 욕 전위 미득 궐후 제 부중도 상 이위 려 금 세자 성본 순직</small>

精通斗別 可以任國 封崇之日 已定內禪之計 予心乃安. 元閔生
정통 두별 가이 임국 봉숭 지일 이정 내선 지계 여심 내안 원민생

回還則傳位 稱王朝見 無乃大幸乎?" 因流涕曰: "大小臣僚愛我之
회환 즉 전위 칭왕 조현 무내 대행 호 인 유체 왈 대소 신료 애아 지

誠 予已知之. 然誠寧早卒 無日不懷 豈有爲國之念? 且內禪之事 稽
성 여이 지지 연 성녕 조졸 무일 불회 기유 위국 지념 차 내선 지사 계

諸古事 臣不得諍之. 時哉 不可失 爾等毋得雜談. 且與大臣因閑話
저 고사 신 부득 쟁지 시재 불가 실 이등 무득 잡담 차 여 대신 인 한화

說予之志 毋得進諫."
설 여지지 무득 진간

六代言涕泣 上曰: "爾何涕泣? 臣無如此之例 爾等皆出." 代言皆
육대언 체읍 상왈 이하 체읍 신무 여차 지례 이등 개출 대언 개

出 復啓曰: "春秋鼎盛 玉體無疾 當正示世子以爲政之體之時 何以
출 부계 왈 춘추 정성 옥체 무질 당 정시 세자 이 위정 지체 지시 하이

日時哉 不可失乎? 且親王朝見 古無此例. 上國太平之時 猶之可也
왈 시재 불가 실호 차 친왕 조현 고무 차례 상국 태평 지시 유지 가야

如不平之時 援例召之 則何以爲之?"
여 불평 지시 원례 소지 즉 하이 위지

上曰: "然. 予未察其弊 而爲此言也. 世子朝見回還後 乃定大事
상왈 연 여 미찰 기폐 이위 차언 야 세자 조현 회환 후 내정 대사

爾等勿露此言."
이등 물로 차언

議政府右議政李原等上疏曰:
의정부 우의정 이원 등 상소 왈

'臣等謂 人臣有不忠之心 則不忠之言 發之於外. 今校書校勘
신등 위 인신 유 불충 지심 즉 불충 지언 발지 어외 금 교서 교감

房文仲造飾虛言 欺侮殿下 其爲不忠 莫大於此 不可一日容於天地
방문중 조식 허언 기모 전하 기위 불충 막대 어차 불가 일일 용어 천지

之間. 伏望殿下附從六曹之請 下令攸司 依律施行 垂戒萬世.'
지간 복망 전하 부종 육조 지청 하령 유사 의율 시행 수계 만세

司憲執義許揆等上疏曰:
사헌 집의 허규 등 상소 왈

'不忠不敬 人臣之大惡 天地所不容 宗社所不赦者也. 今我殿下
불충 불경 인신 지 대악 천지 소불용 종사 소불사 자야 금 아 전하

慮時不雨 乃命政府 六曹 臺諫 各司 俾言時政之失. 房文仲問不及
여시 불우 내명 정부 육조 대간 각사 비언 시정 지실 방문중 문 불급

之 而率然上言 皆以盛德所無之事 而舞文誣飾 以累上德 不忠不敬
지 이 솔연 상언 개이 성덕 소무 지사 이 무문 무식 이루 상덕 불충 불경

之罪 孰加於此哉? 文仲蕞爾微生 纔受九品 其設心若是 他日所就
지죄 숙 가어 차재 문중 최이 미생 재수 구품 기 설심 약시 타일 소취

其可量乎? 伏望殿下 將文仲與其共謀李筌等 下於本府 鞫問其由
기 가량 호 복망 전하 장 문중 여기 공모 이전 등 하어 본부 국문 기유

明置於法 垂戒後來.'
명치 어법 수계 후래

司諫院右司諫大夫鄭尙等亦上疏曰:
사간원 우사간대부 정상 등 역 상소 왈

'人臣之罪 莫大於揚君之過 矧今房文仲陳言文辭 皆羅織虛妄
인신 지죄 막대 어양 군지과 신금 방문중 진언 문사 개 나직 허망

欺侮殿下 原其設心 實是亂賊 豈吾臣子所共戴天者乎? 伏望殿下
기모 전하 원기 설심 실시 난적 기오 신자 소공대천 자호 복망 전하

斷以大義 置之極刑 以慰臣民憾憤之心.'
단이 대의 치지 극형 이위 신민 감분 지심

竝皆不允.
병개 불윤

六曹上疏曰:
육조 상소 왈

'存心以敬 盡言以實 此乃臣子事君父之道也. 如有一毫不敬之念
존심 이경 진언 이실 차내 신자 사 군부 지도야 여유 일호 불경 지념

根於中 則見於言辭之間者 必不以實 其罪無所容於天地之間矣. 今
근어 중 즉현어 언사 지간자 필불이 실 기죄 무소용 어천지 지간의 금

文仲以輕薄不肖之資 專欲釣名 乃進妄言 以揚殿下所無之失 其心
문중 이 경박 불초 지자 전욕 조명 내진 망언 이양 전하 소무 지실 기심

甚姦 其罪甚大 不可不實於法. 臣等請得而條之.
심간 기죄 심대 불가 불치 어법 신등 청득 이 조지

歲在辛卯 禮官援引古制以謂: "天子諸侯 所以衆其妃嬪者 蓋
세재 신묘 예관 원인 고제 이위 천자 제후 소이 중기 비빈 자 개

爲廣繼體也. 今後宮之額 不稱古制 乞依禮典 以充其數." 其時
위광 계체 야 금 후궁 지액 불칭 고제 걸의 예전 이충 기수 기시

殿下重違其請 從之 然只許一嬪二媵而已. 其妃嬪之號 尊卑之分
전하 중위 기청 종지 연지허 일빈 이잉 이이 기 비빈 지호 존비 지분

秩然不紊 此實殿下齊家之至德也. 文仲妄謂有二中宮 其罪一也.
질연 불문 차 실 전하 제가 지 지덕 야 문중 망위 유이 중궁 기죄 일야

古者 帝王皆選良家 以充後宮 殿下則皆選本宮及內資內贍之婢
고자 제왕 개선 양가 이충 후궁 전하 즉개선 본궁 급 내자 내섬 지비

又以京妓二人充其數 僅備內事而已 此實殿下之謙德. 且其受宮人
우이 경기 이인 충 기수 근비 내사 이이 차실 전하 지 겸덕 차기 수 궁인

之職者 一人而已. 文仲妄謂多納倡妓 以備後宮之職 其罪二也.
지직자 일인 이이 문중 망위 다납 창기 이비 후궁 지직 기죄 이야

公卿大夫 有妻必有妾 故有嫡子 有庶孽. 嫡子 傳家者 故必別
공경대부 유처 필 유첩 고유 적자 유 서얼 적자 전가 자 고필 별

作舍 或以與妾 或以與孽子 其常也. 況以國君之尊 命營二家 以賜
작사 혹이여첩 혹이여 얼자 기상 야 황이 국군 지존 명영 이가 이사

侍女與側室之子乎 此何害於義哉? 況其家之規模甚少 且以本宮之
시녀 여 측실 지자호 차 하해 어의 재 황기가 지규모 심소 차이 본궁 지

私財 備其用乎? 文仲妄謂爲宮人築室 號爲新殿者非一 其罪三也.
사재 비 기용 호 문중 망위 위 궁인 축실 호위 신전 자비일 기죄 삼야

自古帝王之創業者 皆化家爲國 其繼體者則傳其國 庶子與側子
자고 제왕 지 창업 자개 화가위국 기계체 자즉전 기국 서자 여 측자

則必以潛邸私財分給. 今殿下之有私財 蓋此例也. 其本宮私臧獲
즉 필이 잠저 사재 분급 금 전하 지유 사재 개 차례 야 기 본궁 사 장획

所營私利 雖或有之 非殿下所得而知也. 文仲妄謂以國君之尊 而營
소영 사리 수혹 유지 비 전하 소득이 지야 문중 망위 이 국군 지존 이영

私利 其罪四也.
사리 기죄 사야

殿下尊祖敬宗之誠 曠古所無 於四時常享之外 必薦時物 天鵝其
전하 존조 경종 지성 광고 소무 어 사시 상향 지외 필천 시물 천아 기

一也. 故諸道監司皆以月令進之 蓋以此也. 古者四時有田 殿下重
일야 고 제도 감사 개이 월령 진지 개 이차 야 고자 사시 유전 전하 중

民時 只於春秋講武 諸道節制使或進箭羽 此非殿下出令而然. 文仲
민시 지어 춘추 강무 제도 절제사 혹진 전우 차 비 전하 출령 이연 문중

妄以二事爲勞民自奉 其罪五也.
망이 이사 위 노민 자봉 기죄 오야

古人之愛君者 雖以直言 尙不顯諫 不使子弟得窺其藁. 今文仲
고인 지 애군 자 수이 직언 상 불 현간 불사 자제 득규 기고 금 문중

相與權約潛議宮禁之事 今又以上書示諸鄭廣元及李筌 其不忠
상여 권약 잠의 궁금 지사 금 우이 상서 시저 정광원 급 이전 기 불충

甚矣. 況以妄言 揚君父之失乎? 其罪六也.
심의 황이 망언 양 군부 지실 호 기죄 육야

前日 臣等以其自服 上言請罪 未蒙兪允 不勝憤懣. 臣等不欲與
전일 신등 이기 자복 상언 청죄 미몽 유윤 불승 분만 신등 불욕 여

不共戴天之人 竝容於昭代 伏望殿下 斷以大義 特下攸司 依律施行
불공대천 지인 병 용어 소대 복망 전하 단이 대의 특하 유사 의율 시행

以正邦憲 以戒後來.'
이정 방헌 이계 후래

命照律啓聞.
명 조율 계문

乙卯 下典祀注簿鄭廣元 陽川縣監權約于典獄署. 約嘗與文仲言
을묘 하 전사 주부 정광원 양천현감 권약 우 전옥서 약 상여 문중 언

後宮之事 廣元素與文仲善 文仲以陳言藁 示廣元 故皆下獄按問.
후궁 지사 광원 소여 문중 선 문중 이 진언 고 시 광원 고개 하옥 안문

刑曹判書朴習等啓: "房文仲 姦惡不忠之罪 律無正條 比罵祖父母父母條絞. 又文仲妄議君過 與人論說 且以上書示人 書辭悖慢 不敬不忠 莫甚於此. 請以謀叛律施行." 又啓: "李筌白: '房文仲陳言時 可否議論 且曰: "有可言之事 而不言則不直." 權約白: '自甲午至乙未八月 與文仲同仕鑄字所 文仲先言鄕校洞加伊翁主新殿之事 約答曰: "不是 加伊翁主官名 可喜兒 今乃入內." 西京翁主金英乃潛邸時所納 妄稱今入.' 鄭廣元白: '非因公事 擅入香室' 見文仲陳言而不禁 且不首告. 得此照律以共犯罪分首從條 李筌 權約減文仲一等 杖一百 流三千里; 廣元以宮殿門擅入條 杖六十 徒一年 見文仲陳言 不禁不首之罪 以應奏不奏之律杖八十 二罪俱發從重."

竝皆不允.

議政府 六曹 承政院請房文仲悖逆不忠 宜寘極刑 上曰: "文仲之言 有愧於我 我告天以不殺. 亂臣賊子 人得而誅之 何請殺於予乎? 毋得更啓."

改營仁政殿.

世子以朝服 謁見于宗廟.

丙辰 改順城縣爲綾城 復立和順 交河兩縣.

政. 沈溫爲議政府參贊 鄭易吏曹判書 崔迤戶曹判書 趙末生吏曹參判 姜尙仁兵曹參判 卓愼禮曹參判 李之實中軍摠制 禹博

順承府尹 李春生中軍同知摠制 李明德知申事 申商慶尙道
都觀察使 李貞幹江原道都觀察使 姜淮仲京畿都觀察使兼開城
副留後.

先是 上罷朝啓後 謂諸代言曰: "予本無才德 然卽位以來 無作
不善 以違天道 而比年水旱蟲災相繼 予未知其故也. 曩者 欲傳位
於世子 重違群臣固諫 遂寢 是天意果不應也. 卜者云: '壽命不長 至
六十一當逝.' 予有宿疾 選賢而立世子 思欲傳位 但以未朝見爲慮."

至是 除末生參判曰: "若吾曹老人等 可以出矣."

王世子還自漢京 敎曰: "世子朝見發行日 以八月初六日爲定 進獻
方物及行次內諸事 毋致稽緩.

又曰: "風雨可畏 移文諸道 禾穀成熟 隨卽 刈穫."

作敬德宮北涼亭.

改德恩縣爲恩津 從市津人之請也.

幸於背洞 觀影殿經營 以其柱細 命改之.

遣前司譯院判官崔天老 管送唐人倪專心等男女五名于遼東.

專心等自日本逃來者也.

壬戌 命除步牌甲士.

禮曹詳定葬日.

禮曹據書雲觀呈啓: "安葬十全大利日 次吉日於葬書及剋擇通書
元龜集 剋擇全書 竝皆載錄. 自今葬日除陰陽拘忌 專用十全大利日

壬申 癸酉 壬午 甲申 乙酉 丙申 丁酉 壬寅 丙午 己酉 庚申 辛酉及
임신 계유 임오 갑신 을유 병신 정유 임인 병오 기유 경신 신유 급

次吉日庚午 庚寅 壬辰 甲辰 乙巳 甲寅 丙辰 己未.” 從之.
차길일 경오 경인 임진 갑진 을사 갑인 병진 기미 종지

癸亥 遣奉寧君福根于齊陵 告以還都之意也. 上欲親告 以雨
계해 견 봉녕군 복근 우 제릉 고이 환도 지의야 상욕 친고 이우

未果.
미과

甲子 杖房文仲一百 籍沒爲奴; 權約以下決罪有差. 議政府 六曹
갑자 장 방문중 일백 적몰 위노 권약 이하 결죄 유차 의정부 육조

臺諫詣闕 固請房文仲之罪 不允. 政府 六曹諸臣相與各陳其議
대간 예궐 고청 방문중 지죄 불윤 정부 육조 제신 상여 각진 기의

有曰: “亂臣賊子 人得而誅之. 臣等誅而後聞 以待擅殺之罪可也.”
유왈 난신적자 인득이 주지 신등 주 이후문 이대 천살 지죄 가야

有曰: “當今昭代則可 若後世權臣以臣等藉爲口實 擅殺無辜 則
유왈 당금 소대 즉가 약 후세 권신 이 신등 자위 구실 천살 무고 즉

可爲寒心. 臣等令百官議其可否 合辭更請可也.” 退而百官合辭上疏
가위 한심 신등 영 백관 의기 가부 합사 갱청 가야 퇴이 백관 합사 상소

曰:
왈

‘臣等竊謂 房文仲 權約 李筌之罪 神人之所共憤 天地之所不容
신등 절위 방문중 권약 이전 지죄 신인 지 소공분 천지 지 소불용

非殿下所得而私宥也. 政府 六曹 臺諫竝皆請罪 未蒙兪允 大小
비 전하 소득이 사유 야 정부 육조 대간 병개 청죄 미몽 유윤 대소

臣僚 無不憤懣 必欲寘之於法而後已 至有欲先發後聞者. 第恐後世
신료 무불 분만 필욕 치지 어법 이후이 지유 욕 선발 후문 자 제공 후세

權臣藉爲口實 未敢擅便 謹更上請 伏望殿下 斷以大義 特命攸司
권신 자위 구실 미감 천편 근갱 상청 복망 전하 단이 대의 특명 유사

依律施行. 廣元之罪 亦依刑曹所申 以解大小臣僚之憤懣 以謹萬世
의율 시행 광원 지죄 역 의 형조 소신 이해 대소 신료 지분만 이근 만세

臣子之綱常.’
신자 지 강상

上曰: “予有過失 何敢殺文仲乎? 可以殺而殺之 則國人所當誅
상 왈 여유 과실 하감 살 문중 호 가이 살이 살지 즉 국인 소당주

誰得謂擅殺乎?”
수 득위 천살 호

司諫院右司諫大夫鄭尙 司憲執義鄭招等上疏曰:
사간원 우사간대부 정상 사헌 집의 정초 등 상소 왈

‘君親一也 臣子一也. 子之於親 有過當諍 猶且柔聲以諫 未敢顯
군친 일야 신자 일야 자 지어 친 유과 당쟁 유차 유성 이간 미감 현

514

其親之過 此天理人情之至也. 豈有以所無之事 誣妄非毀 暴揚於人
기친 지과 차천리 인정 지지야 기유 이 소무 지사 무망 비훼 폭양 어인

之道乎? 爲子而如此者必誅; 爲臣而如此者必誅 萬世不易之典也.
지도호 위자 이 여차 자 필주 위신 이 여차 자 필주 만세 불역 지전야

伏見房文仲 內懷不是君父之心 曾於往年 與權約妄以誣辭 非毀
복견 방문중 내회 불시 군부 지심 증어 왕년 여 권약 망이 무사 비훼

聖德 今上書條件 皆殿下所無之事 又以其書宣示李荃 廣元等 暴揚
성덕 금상서 조건 개 전하 소무 지사 우이 기서 선시 이전 광원 등 폭양

於人 無臣子之義 其罪上通於天. 權約造作誣辭 私相議論 非毀
어인 무 신자 지의 기죄 상통 어천 권약 조작 무사 사상 의론 비훼

君父; 李荃私視其書 略不驚恐 反以奬勸成就 若非素懷不忠 安肯
군부 이전 사시 기서 약불 경공 반이 장권 성취 약비 소회 불충 안긍

如是哉? 右三人者 爲殿下之臣者 所不共戴天. 政府 六曹臣等具疏
여시 재 우 삼인 자 위 전하 지신자 소불공대천 정부 육조 신등 구소

以請 殿下以好生之德 不加誅戮 一國臣民 莫不憤痛. 伏望俯從
이청 전하 이 호생지덕 불가 주륙 일국 신민 막불 분통 복망 부종

僉言 明實於法 以正綱常 以快臣民之望. 廣元私視其書 不告於朝
첨언 명치 어법 이정 강상 이쾌 신민 지망 광원 사시 기서 불고 어조

亦非臣子之義 伏望幷許依律施行 以戒後來.'
역비 신자 지의 복망 병허 의율 시행 이계 후래

上曰: "文仲罪過狀辭 史筆必書 予亦不無過失 常以爲愧. 今見
상왈 문중 죄과 장사 사필 필서 여역 불무 과실 상 이위 괴 금견

臺諫章疏 不言吾過 與政府之疏同也."
대간 장소 불언 오과 여 정부 지소 동야

仍謂李明德等曰: "吾卽位十有八年于玆 日夜欲無失也. 然文仲
잉위 이명덕 등왈 오 즉위 십유 팔년 우자 일야 욕 무실 야 연 문중

之言吾過 非其自言也 乃天使之言也. 政府 六曹 臺諫再上章疏
지언 오과 비기 자언 야 내 천사 지언 야 정부 육조 대간 재상 장소

請罪不已 何面目數見群臣乎? 還京都 亦不敢見大臣 其國政則敢不
청죄 불이 하 면목 삭견 군신 호 환 경도 역 불감 견 대신 기 국정 즉 감불

聽治." 明德等曰: "文仲以妄言 誣揚殿下所無之失 而曰: '何面目見
청치 명덕 등왈 문중 이 망언 무양 전하 소무 지실 이왈 하 면목 견

群臣?' 臣等觖望."
군신 신등 결망

上曰: "今所司狀辭 略無予身之過 其愛我之志 可謂感動."
상왈 금 소사 장사 약무 여신 지과 기 애아 지지 가위 감동

谷山君延嗣宗 參贊金漸 判書朴習 摠制李春生齎奉議政府 六曹
곡산군 연사종 참찬 김점 판서 박습 총제 이춘생 재봉 의정부 육조

三功臣 三軍都摠制府 百官狀 請文仲等罪 上曰: "我不能上不愧
삼공신 삼군도총제부 백관 장 청 문중 등 죄 상왈 아 불능 상 불괴

於天 下不怍於人 不可從其請也. 如有允請之意 則其於所司 六曹
어천 하부작어인 불가종기청야 여유윤청지의 즉기어소사 육조

之狀 當允之矣. 豈欲如此動論 然後從之乎? 予實不從. 若國人
지장 당윤지의 기욕여차동론 연후종지호 여실부종 약국인

動論討罪 則誰得謂權臣擅殺直言人乎?"
동론토죄 즉수득위권신천살직언인호

　命明德等曰: "文仲繫獄久矣. 以予意諭政府 六曹宥釋之.
　　명 명덕등왈 문중계옥구의 이여의유정부 육조유석지

後日必有誅之者." 領敦寧柳廷顯曰: "文仲誣妄君父之失 臣等
후일필유주지자 영돈녕유정현왈 문중무망군부지실 신등

所不共戴天之讎也 終必不能自保. 願殿下 當臣等固請之時罪之.
소불공대천지수야 종필불능자보 원전하 당신등고청지시죄지

議者曰: '亂臣賊子 人得而誅之.' 先發後聞可也. 但恐後世藉爲口實
의자왈 난신적자 인득이주지 선발후문가야 단공후세자위구실

故必待兪允 然後誅之."
고필대유윤 연후주지

　上曰: "必有卿等誅之之時. 當其時誅之 則兩全矣." 廷顯等曰:
　　상왈 필유경등주지지시 당기시주지 즉양전의 정현등왈

"殿下之敎 至於如此 討罪時無古今 請姑以不死罪之."
전하지교 지어여차 토죄시무고금 청고이불사죄지

　上曰: "擬議以聞."
　　상왈 의의 이문

　廷顯等議啓: "杖文仲一百 籍其家 身及妻子爲奴 屬晉陽官奴; 杖
　　정현등 의계 장문중일백 적기가 신급처자위노 속진양관노 장

權約一百 籍其家 屬光州官奴; 杖李筌一百 付處于固城; 杖廣元
권약일백 적기가 속광주관노 장이전일백 부처우고성 장광원

六十."
육십

　從之.
　　종지

　乙丑 上謁齊陵 世子隨駕.
　　을축 상알제릉 세자수가

　命給米豆一百石于衍慶寺.
　　명급미두일백석우연경사

　囚隊副韓彦于義禁府. 彦告摠制文孝宗與姊夫江原道觀察使
　　수대부한언우의금부 언고총제문효종여자부강원도관찰사

李貞幹私聚兵馬謀亂 以貞幹家婢開刮爲證 命囚彦及開刮 使
이정간사취병마모란 이정간가비개괄위증 명수언급개괄 사

刑曹 臺諫行首與吏曹參判趙末生按問. 義禁府啓請刑問開刮 上
형조 대간행수여이조참판조말생안문 의금부계청형문개괄 상

曰: "刑問 重事也. 古人云: '箠楚之下 何求不得?' 雖一笞一楚宜審施行." 又下孝宗 貞幹于義禁府 與韓彦憑問. 命左副代言元肅與義禁府同問. 又命義禁府曰: "孔子謂: '仲由 冉求 弑父與君亦不從也.' 貞幹 孝宗皆端人也. 必不爲此 實彦之誣告也. 其審覈之." 彦果服其誣 命釋貞幹 孝宗囚. 義禁府照律 彦誣告死罪 而不至死 當杖一百 流三千里 加役三年. 命議政府 六曹擬議 皆曰: "如此誣告叛逆當死." 遣義禁府都事金尙寧于伊川 拿前典書李原實以來 蓋韓彦辭引原實與宰臣文達漢爭奴婢 故教我以此說. 達漢 卽孝宗之父也.

丁卯 命王世子及敬嬪 侍靜妃還漢京 且命政府 六曹 臺諫竝皆先還.

上曰: "還都時 與三殿俱行 則路狹必致損穀 予當後日動駕."

兵曹啓: "今還都時 田地踏損禁止條件 依永樂十六年四月十八日曹受教 考察何如?" 從之.

上謂李明德曰: "予之風疾 無藥餌之效. 浴溫泉理疾 雖不見於醫書 予將往浴伊川溫水以驗如何?" 明德曰: "雖不見醫書 然有浴而去疾者 請試之." 召伊川人朴殷林 問山川道路之形.

戊辰 王世子先至漢京 入于莊義洞本宮.

賜米一百五十石于各驛. 上恤兩京間驛路人馬俱困 命戶曹自迎曙之招賢五驛 賜米五十石 靑坡 蘆原二驛五十石 靑郊 狻猊二驛五十

石.
석

命司饔司膳 馱載雜物 勿用虎豹皮覆之. 先是 司饔司膳雜物載持
명 사옹 사선 태재 잡물 물용 호표피 복지 선시 사옹 사선 잡물 재지

之馬 率用虎豹皮覆之 上曰: "虎豹皮 民間納貢價重之物 自今一皆
지마 솔용 호표피 복지 상왈 호표피 민간 납공 가중 지물 자금 일개

除之."
제지

己巳 靜妃與敬嬪還漢京. 世子率各司一員 出迎靜妃于慕華樓
기사 정비 여경빈 환한경 세자 솔 각사 일원 출영 정비 우 모화루

靜妃下輦于景福宮 敬嬪入于本宮. 上曰: "以本月二十七日還都矣.
정비 하연 우 경복궁 경빈 입우 본궁 상왈 이 본월 이십 칠일 환도 의

議政及六曹判書 參判 臺諫 皆從直路先還 毋得隨駕." 且曰: "霖雨
의정 급 육조판서 참판 대간 개종 직로 선환 무득 수가 차왈 임우

不霽 世子朝見發行之日 以來八月十八日改定." 命禮曹判書卞季良
부제 세자 조현 발행 지일 이내 팔월 십팔일 개정 명 예조판서 변계량

曰: "世子乃國本 而 世子之子 於予爲長孫 又當承繼者也. 況世子
왈 세자 내 국본 이 세자 지자 어여 위 장손 우당 승계 자야 황 세자

今以朝見 將行萬里 世子之子 宜定名位 以一人心 卿其參考古制
금 이 조현 장행 만리 세자 지자 의정 명위 이일 인심 경기 참고 고제

以聞."
이문

辛未 地震.
신미 지진

壬申 罷慶尙道水軍都節制使朴仁幹職.
임신 파 경상도 수군도절제사 박인간 직

初 懷安君芳幹以仁幹兄道幹之女爲妾 仁幹匿不告 事覺被流
초 회안군 방간 이 인간 형 도간 지녀 위첩 인간 익 불고 사각 피류

旣而蒙宥. 至是爲節制使 詣闕告辭. 李明德等啓曰: "仁幹所犯如此
기이 몽유 지시 위 절제사 예궐 고사 이명덕 등 계왈 인간 소범 여차

且不合軍務 請罷其職." 從之.
차 불합 군무 청파 기직 종지

命刑曹令慶尙道都觀察使禹均私馬赴京 蓋因旱而禾穀不盛 一不
명 형조 영 경상도 도관찰사 우균 사마 부경 개 인한 이 화곡 불성 일불

啓聞 無委任之意故也.
계문 무 위임 지의 고야

甲戌 幸西郊觀稼 教諸代言曰: "予欲分軍爲二 一屬三軍 一屬
갑술 행 서교 관가 교 제 대언 왈 여욕 분군 위이 일속 삼군 일속

義勇衛. 予在外則世子掌一在內 予在內則世子掌一在外 有相濟
의용위 여 재외 즉 세자 장일 재내 여 재내 즉 세자 장일 재외 유 상제

之義 無彼此虛實之虞 無乃可乎!" 又曰: "予若去背上之瘇 則其一
당위 여 시위 의

當爲予侍衛矣."

乙亥 大風以雨 損傷禾穀.

還駕新都.

丙子 慶尙道善山朱勒寺主山 水湧 沙崩沒寺 石壓而死者二僧.

丁丑 車駕還宮 王世子出迎于楊州南坪 百官迎于興仁門外.

賀千秋使藝文館提學尹思永回自北京. 思永啓曰: "臣奉箋筒 初

到遼東 遼東以黃袱裹外 自遼東至帝所 相遞而裹. 獨我國不裹以行

誠爲未便. 請自今以後 奉使者以黃袱裹行."

教曰: "聖旨筒到我國時 亦裹黃袱乎?"

李明德問於通事金乙玄 乙玄曰: "然." 思永又啓曰: "中國之人以

書狀官秩卑而問曰: '書狀官在汝國 亦著紗帽乎?' 此以書狀二字而

問也. 請除書狀二字 而改稱從事官."

教曰: "書狀之名久矣 不可改也."

思永又啓曰: "自義州至遼東有八站 乃使臣黃儼陪黃氏 韓氏入歸

時 彼土人所作. 結構堅實 木柵亦密 本國使臣皆宿此站 臣等亦

宿焉. 到平壤聞監司之言曰: '今世子朝見之時 欲造新站.' 臣心以謂

使我國之人造之 則常時猶可以能 至於倉卒之時 不能如此其周密

也. 但因使臣之往來 馬糞多積 掃除而小加修葺之功 則力役省而事

半矣."

教曰: "陋如之何?"
교왈   누 여지하

明德曰: "世子朝見非常事也. 何必賴彼人之營乎? 元閔生時猶
명덕 왈   세자 조현 비 상사 야   하필 뇌 피인 지영호   원민생 시 유

不還 朝見之日亦且不逼 雖使我國之人造之 猶可及也."
불환 조현 지 일 역 차 불핍 수 사 아국 지 인 조지 유 가급 야

태종 18년 무술년
8월

八月

무인일(戊寅日) 초하루에 원단(圓壇) 보사제(報祀祭)[1]를 거행했다. 청성부원군(淸城府院君) 정탁(鄭擢)이 아뢰어 말했다.

"신 등이 행하는 원단제(圓壇祭)는, 이것이 하늘에 제사 지내는 것이니 그 예(禮)가 작지 않습니다. 단(壇)에는 난장(欄檣)과 문(門)이 없고 또 돼지[豚]가 살찌지 않았으니, 거의 하늘을 섬기는 뜻이 없습니다."

예조에 명해 이를 수리하게 했다.

○ 상이 인덕궁(仁德宮)에 나아가 기거(起居)하다가 드디어 창덕궁(昌德宮)에 행차해 인정전(仁政殿) 짓는 상황을 돌아보았다. 그 참에 광연루(廣延樓)에 나아가 감독하는 관리와 시위(侍衛)하는 신료(臣僚)들에게 공궤(供饋-음식 공급)하고 고기와 술을 역사(役事)하는 무리에게 내려준 뒤 날이 저물어 경복궁에 돌아왔다. 이에 앞서 상이 이명덕(李明德)에게 물어 말했다.

"내가 인덕궁에 가려는데, 성녕(誠寧)의 집이 길가에 있으니 이를 보면 반드시 애훼(哀毁-슬퍼서 마음이 상함)하는 마음이 생길 것이다. 나는 진실로 너희들이 나를 조소할 줄 알지만, 그러나 차마 볼 수가

---

1 기우제(祈雨祭)를 지낸 뒤 비가 오면 그로부터 3일 안에 수퇘지를 잡아 지내는, 천신(天神)의 은혜에 감사드리는 제사를 말한다.

없다. 숭례문(崇禮門)으로 나가려고 하는데, 서전문(西箭門)으로 돌아들어가 알현(謁見)한 연후에 서전문으로 돌아 나와서 인정전을 개조(改造)하는 역사(役事)를 보는 것이 어떠할까?"

명덕(明德)이 대답해 말했다.

"전하께서 슬퍼하고 그리워하는 마음을 일찍이 조금도 늦추지 않으셨는데, 이를 보면 더욱 절실한 것입니다."

상이 그 말을 따라서 가고 오는 것을 모두 숭례문(崇禮門) 쪽으로 했다.

○ 중외(中外)의 행차에 창패(槍牌)가 시위(侍衛)하라고 하교(下敎)했다.

경진일(庚辰日-3일)에 술 50병과 말린 노루와 사슴 고기 각각 5구(口)씩을 성균관(成均館)에 내려주었다. 성균관(成均館)에서 잣[松子]과 생리(生梨)를 바쳤으므로 이러한 하사품이 있었다.

상이 말했다.

"내가 젊었을 때 이 관(館)에 있었는데, 술을 마시면 반드시 노래하고 춤춰 흥을 일으켰다. 이제 이것을 마시는 자 또한 마땅히 그같이 해야 한다."

이에 본관(本館)과 예문관(藝文館)·교서관(校書館)·승문원(承文院)의 관리·생원(生員)·유학(幼學) 100여 인이 모여서 마시다가 해가 지고서야 마쳤다.

○ 호조(戶曹)에서 조전(漕轉)의 사의(事宜)를 아뢰었다. 호조에서 충청도 도관찰사의 보고에 의거해 아뢰었다.

"조전의 폐단을 각 고을에 물으니, 모두 말하기를 '세전(歲前)에 수납(收納)해서 세후(歲後)에 상납(上納)하는 것은, 포(浦)에 수납한 것이 겨울을 지나는 폐단이 있으며 도적(盜賊)도 두렵다'라고 했습니다. (그렇다고) 세전에 상납하면 손실(損實)을 심험(審驗)하기 전에 세금을 정해서 독촉해 바치게 되니, 추수(秋收)와 추경(秋耕)과 곡식을 거둬들이는 데 방해가 돼 장차 살아갈 방도를 잃을 것입니다. 만일 세후에 수납해 정월 그믐 때 비로소 포(浦)에서 내다가 상납한다면 추경(秋耕)·추수(秋收)·구황(救荒)²의 일이 하나도 빠뜨림이 있지 않아서 기근(飢饉)의 고생을 면할 수가 있을 것입니다."

조계(朝啓)하는 여러 신하가 각각 소견을 고집해 의논(議論)이 분분(紛紛)하므로, 상이 말했다.

"그 도(道)의 감사(監司)가 보고한 대로 따르라."

○ 박광연(朴光衍)을 경상도 수군도절제사(慶尙道水軍都節制使)로 삼았다.

이에 앞서 김을화(金乙和)를 수군도절제사로 삼으니, 평양부원군(平陽府院君) 김승주(金承霆)가 아뢰어 말했다.

"을화(乙和)는 재주가 특이(特異)한 것이 없고 술로 인한 잘못이 있으니 방어(防禦)의 직임에 적합하지 않고, 이숙번(李叔蕃)의 5촌숙(五寸叔)입니다. (그런데) 숙번(叔蕃)이 지금 경상도로 유배 가 있으니, 을화가 방어의 권력을 잡으면 그 마음을 예측하기 어려우므로 보낼 수

---

2 흉년이 들어 기근이 심할 때 나라에서 진제미(賑濟米)를 내어 이를 구제하는 일을 말한다.

없습니다."

상이 말했다.

"나도 평소에 을화가 숙번의 5촌인 것을 알았는데, 또 술로 인한 잘못이 있다면 보낼 수가 없다. 다른 사람으로 바꾸도록 하라."

지신사(知申事) 이명덕(李明德)이 아뢰어 말했다.

"정간(鄭幹)은 재주와 지혜가 모두 방어의 직임에 꺼릴 것이 없으니 대신하게 할 수 있습니다. 다만 일찍이 이 직임을 경상도에서 지냈습니다."

상이 말했다.

"간(幹)이 이미 지냈다면 불가하니, 정신(廷臣) 가운데서 감당할 수 있는 자를 골라서 아뢰어라."

마침내 광연(光衍)으로 대신했다.

○ 일본국(日本國) 대내전덕웅(大內殿德雄)·다다량도웅(多多良道雄) 등이 사신을 보내 토산물을 바쳤다.

신사일(辛巳日-4일)에 이정간(李貞幹)에게 명해 직사에 나아오게 했다.

○ 공조판서 맹사성(孟思誠)이 아비의 병 때문에 사직했다.

사성(思誠)의 아비 희도(希道)는 (충청도) 온수현(溫水縣)에 살았는데, 내약(內藥-궁정에서 쓰는 약)을 내려주고 또 역마를 주어 보냈다.

임오일(壬午日-5일)에 비가 크게 내리고 천둥이 쳤다.

○ 명해 효녀(孝女) 효양(孝養)을 문려(門閭-마을 어귀의 문)에 정표

(旌表-선행 표창)하고 복호(復戶)³했다. 효양은 충청도 홍주(洪州) 임내(任內) 신평현(新平縣) 사람 권지(權至)의 딸이다. 나이 13세에 아비가 죽으니 무덤 옆에 여묘(廬墓)살이를 해서 3년 동안 거우(居憂)했고, 25세에 어미가 죽으니 또 그와 같이 했다. 관찰사가 아뢴 까닭으로 이런 명이 있었다.

○ 손실경차관(損實敬差官)을 여러 도(道)에 나눠 보냈다.

계미일(癸未日-6일)에 큰비가 내렸다.

○ 의정부·육조가 경회루(慶會樓)에서 헌수(獻壽)했으니, 이는 대개 환도(還都)했기 때문이다.

○ 다시 취각(吹角)⁴의 운(運-부대 편제)을 만들어 서립(序立-차례대로 늘어섬)하는 법을 세웠다.

병조판서 박신(朴信) 등이 병제(兵制)를 올리며 말했다.

"안에서 취각의 소리가 처음 발(發)하면 입번(入番)한 병조(兵曹)에서 각(角)으로써 이에 응(應)하고, 세자전(世子殿)에서도 각(角)으로써 이에 응합니다. 다음으로 의용위(義勇衛)에 입번한 장군절제사(掌軍節制使)가 전문(殿門)에 들어가 영(令)을 내면, 좌패절제사(左牌節制使)·우패절제사(右牌節制使)와 각 영(領)의 호군(護軍)이 각각 군사를 거느리고 전문 밖에서 운(運)을 만들어 서립(序立)합니다. 왕세자가

---

3 조선조 때 충신(忠臣)과 효자(孝子), 절부(節婦)가 태어난 집의 호역(戶役)을 면제해 주는 일을 말한다.
4 비상시에 군사를 모으기 위해 취라치(吹螺赤)가 각(角)을 불면 시위군사(侍衛軍士)들이 갑병(甲兵)을 갖추고 지정된 장소에 급히 달려 나오는 제도를 말한다.

갑주(甲冑)를 입고 군사를 거느려 궐문 밖에 이르면, 삼군(三軍)의 군사가 운(運)을 지은 뒤에 따로 일진(一陣)을 만들고 명을 기다립니다. 만일 명소(命召)하면 신패(信牌)를 고험(考驗)한 뒤 좌패(左牌)·우패(右牌) 및 익위사(翊衛司)를 거느리고 대궐에 들어갑니다. 출번(出番)한 절제사(節制使)와 군사(軍士)는 그 들리는 각(角) 소리에 따라서 앞뒤로 분주하게 모이되, 의용위(義勇衛)의 서립도(序立圖)에 의해 운(運)을 만듭니다.”

가르쳐 말했다.

“요즈음 오랫동안 취각(吹角)하지 않아서 군마(軍馬)가 허술하다. 이제 세자가 새로 세워졌으니 마땅히 취각(吹角)해서 그 군마를 고르게 하라. 취각의 날을 당해 만일 허술한 낌새가 있으면 잠시라도 너그러이 용서함이 없을 것이니, 이 뜻을 각 군(軍)에 전(傳)해 알리라.”

○ 왕세자가 조현(朝見)할 날을 토의해 정했다.

상이 이명덕(李明德)에게 일러 말했다.

“이제 흙비[霾雨]가 개지 않고 길이 진흙탕이어서 가기가 어려우니, 오는 18일에 세자가 출발하면 다만 길을 가기가 어려울 뿐 아니라 방물(方物) 같은 것도 수송하기 어려울 것이다. 우리 지경(地境) 안에서는 그래도 운반해 들일 수 있겠지만 저들의 지경은 요동(遼東) 평야에 물이 넘치면 더욱 가기가 어려울 것이고, 더구나 원민생(元閔生)이 그때에 돌아오지 못할 것이다. 이달 28일이나 다음달 초1일이 모두 길(吉)하니, 이 양일(兩日)을 골라 출발하면 거의 민생(閔生)이 (중국에서) 돌아온 말을 들을 것이요, 장마가 걷혀서 길을 다니기에

도 편할 것이다. 이와 같이 하면 10월에 이르러서야 조현(朝見)할 수가 있을 것인데, 10월로부터 계산하면 정조(正朝-정월 초하루)가 멀지 않으므로 황제(皇帝)가 머물러두었다가 정조(正朝)가 지난 뒤 돌려보낼까 두렵다. 그러나 세자가 '중궁(中宮)이 편치 않다'라고 핑계한다면 황제가 어찌 억지로 머물게 하겠는가? 이 뜻을 가지고 정부·육조에 전(傳)해 일러서 의논해 아뢰어라."

박은(朴訔)과 이원(李原) 등이 말했다.

"조현(朝見)은 늦출 수가 없습니다. 민생이 (중국에서) 돌아오는 것이 18일 전에 있을 것이니, 18일에 출발하는 것이 마땅합니다. 만일 18일 후에 있다면 마땅히 전하가 전교(傳敎)한 바와 같이 해야 할 것입니다."

찬성(贊成) 심온(沈溫)이 말했다.

"18일은 수사(受死)의 날이나, 3흉(三凶)은 이제 쓰지 않는 바이므로 대사(大事)를 당해 감히 발언을 하지 못했습니다. 이제 흙비가 개지 않아 길을 가기가 실로 어려우니, 28일이나 초1일 중에 출발하면 흙비도 걷히고 삼흉(三凶)도 피할 수 있을 것입니다."

참찬(參贊) 김점(金漸)이 말했다.

"다만 흙비뿐 아니라 경빈(敬嬪)이 미월(彌月)⁵의 상서로움이 있으니, 진실로 전하의 전교(傳敎)와 같이 한다면 한꺼번에 두 가지가 온전할 것입니다."

이조판서 정역(鄭易)이 말했다.

---

5 잉태해 10개월을 마쳤다는 말이다.

"세자가 조현(朝見)할 때를 당해 황제(皇帝)가 후의(厚意)를 보이고자 한다면 반드시 머무르게 해서 정조(正朝)를 지나게 할 것이니, 10월에 조현해 두 달이나 머물러 있는 것은 옳지 않은 것 같습니다. 10월에 출발해 11월에 조현(朝見)한다면 다만 한 달을 지날 뿐입니다. 이렇게 하면 따로 정조(正朝)의 공물(貢物)을 갖출 필요가 없을 것이며, 천하(天下)의 회동(會同)⁶하는 모습을 크게 볼 것입니다. 비록 중궁(中宮)이 편찮다고 핑계하더라도, 황제가 반드시 약(藥)을 내려주어 먼저 사람을 보내게 할 것입니다."

병조판서 박신(朴信), 호조판서 최이(崔迤), 예조판서 변계량(卞季良), 형조판서 박습(朴習) 등이 말했다.

"어찌 기꺼이 약을 내려주고 머물게 하겠습니까?"

역(易)이 말했다.

"신이 일찍이 정조사(正朝使)로서 입조(入朝)해 하례(賀禮)를 행한 뒤에 40일을 머물렀는데, 이제 세자의 행차에 후의(厚意)를 보이려고 한다면 어찌 강제로 머물게 할는지를 알겠습니까?"

명덕(明德)이 갖춰 아뢰니, 상이 가르쳐 말했다.

"어찌 약(藥)을 내려주고 강제로 머물게 하겠는가? 이달 28일로 정하라."

○ 박신(朴信)이 아뢰어 말했다.

"인정전(仁政殿)을 개조하는 재목(材木)이 모두 500장(章)인데,

6　여러 나라에서 사신(使臣)이 와 황제나 임금에게 알현(謁見)하고 예물(禮物)을 드리는 일을 말한다.

500장으로는 오히려 부족하다고 합니다. 하물며 그 안의 50장은 세자전(世子殿)을 수리할 때 이미 사용한 경우이겠습니까? 그 밖의 잡목(雜木)은 강원도에 쌓아놓았으니, 이제 큰물을 당해 흘러내리게 할 수 있습니다. 그러나 그것도 한갓 선군(船軍)만으로는 힘을 지탱할 수 없을 것이니, 청컨대 민력(民力)을 쓰게 하소서."

가르쳐 말했다.

"얼마 전에 이미 민력을 사용했는데, 지금은 사방에 좋은 일은 없고 늘 흉년 소문만 들리니 차마 민력을 사용할 수 있겠는가? 일찍이 이럴 줄 알았더라면 헐지 않는 것이 가장 나을 뻔했다. 윤첨(尹瞻)이 본궁(本宮)의 종을 시켜 재목 100여 장(章)을 준비했으니, 실로 만약 부족하거든 우선 이 나무를 사용하라."

○ 좌부대언(左副代言) 원숙(元肅)이 아뢰어 말했다.

"우균(禹均)이 이제 이미 사마(私馬)로 올라왔으니, 청컨대 그 범한 바를 추핵하소서."

가르쳐 말했다.

"비가 개기를 기다려서 내가 마땅히 친히 물은 뒤에 이를 추핵하라."

○ 이명덕(李明德)에게 가르쳐 말했다.

"희화궁주(義和宮主)가 늙고 병이 있어서 약주(藥酒)를 떠나지 않는다[不離]. 이제부터 묵은 술[陳酒]을 쓰지 말고 새 술을 바치도록 하라."

불리

진주

궁주(宮主)는 전조(前朝-고려) 현릉(玄陵-공민왕)의 정비(定妃) 안씨(安氏)다.

갑신일(甲申日-7일)에 지진이 있었고, 큰비가 내리고 천둥과 번개가 쳤다. 물이 교외(郊外)에 넘쳐서 목장의 말들이 빠져 죽고 곡식이 크게 손상당했다.

○ 기청제(祈晴祭)[7]를 거행했다.

예조에서 아뢰었다.

"백곡(百穀)이 결실할 때를 당해 음우(陰雨-음산한 비)가 날마다 내리니, 8일에 기청제를 행하소서."

그것을 따랐다.

○ 해괴제(解怪祭)[8]를 대굴포(大掘浦)에서 거행하도록 했다.

전라도 도관찰사가 보고했다.

'나주(羅州) 대굴포는 6월 27일부터 7월 14일까지 포구(浦口)의 물이 만조(滿潮)해서 색깔이 피와 같이 붉어졌습니다.'

이 때문이다.

을유일(乙酉日-8일)에 큰비가 내렸다.

○ 상이 세자에게 국보(國寶)를 주고, 연화방(蓮花坊)의 옛 세자궁(世子宮)으로 이어(移御-임금이 거처하는 곳을 옮김)했다.

이에 앞서 상이 내선(內禪)의 거조(擧措-결단)를 행하고자 경회루(慶會樓) 아래에 나아와서 지신사(知申事) 이명덕(李明德), 좌부대언

---

7 입추(立秋) 후까지 장마가 계속되면 지내는, 날이 개기를 비는 나라의 제사를 말한다.
8 나라에서 괴이한 사건이 생겼을 때 지내는 제사를 말한다.

(左副代言) 원숙(元肅), 우부대언(右副代言) 성엄(成揜) 등을 불러 말했다.

"내가 재위(在位)한 지 지금 이미 18년인데, 비록 덕망(德望)은 없으나 의롭지 못한 일을 행하지는 않았다. 그런데도 능히 위로 천의(天意)에 보답하지 못해 여러 번 수재(水災)·한재(旱災)와 충황(蟲蝗)의 재앙이 찾아왔다. 또 묵은 병이 있어 근래에 더욱 심하니, 이에 세자에게 전위(傳位)하려고 한다. 아비가 아들에게 전위(傳位)하는 것은 천하고금(天下古今)에 늘 있는 일[常事]이니, 신하들이 의견을 내거나 간쟁(諫諍)할 수 없는 것이다.

임신년(壬申年-1392년 정몽주 살해)·무인년(戊寅年-1398년 1차 왕자의 난)의 일은 모두 경들이 아는 바인데, 그중에서도 무인년의 일은 죽음을 면하고 살고자 해서 한 일이다. 지금 돌이켜 생각하면 그 사직(社稷)을 정하는 것이 어찌 사람의 힘으로 되겠는가? 하늘이 실로 정한 것이다. 나의 상(像)과 모습은 임금의 상이 아니다. 위의(威儀)와 동정(動靜)이 모두 임금에 적합하지 않다. 「무일(無逸)」[9]을 가지고 상고한다면, 재위(在位)한 것이 혹은 10년이요 혹은 20년이다. 20년이면 나라를 누린 것이 장구한 임금이니 나의 경우 나라를 누린 지 오래다. 그간에 태조(太祖)가 매우 귀여워하던 두 아들을 잃고 상심(傷心)하던 것을 생각해도 비록 내 몸이 영화로운 나라의 임금이 됐지만, 어버이를 뵙지 못하니, 혹은 백관(百官)을 거느리고 전(殿)에 나

---

9   조금도 게을리하지 않음이라는 뜻으로, 주공(周公)이 조카 성왕(成王)에게 천자의 지위를 돌려주면서 전한 글의 제목이기도 하다. 여기서도 그 글을 가리킨다.

아갔다가 들어가 뵙지 못하고 돌아올 때는 왕위를 헌신짝 버리듯 버리고 필마(匹馬)로 관원 하나를 거느린 채 혼정신성(昏定晨省)[10]해서 나의 마음을 드러내고자 생각했다. 마침내 병술년(丙戌年-1406년)에 세자에게 전위하려 했으나 백관이 중지하기를 청하고 모후(母后)의 영혼이 눈물을 흘리면서 꿈에 나타났고, 또 양촌(陽村-권근)이 사연(辭緣)을 갖춰 글을 올리고 민씨(閔氏)의 사건이 비로소 일어나 대간(臺諫)에서 굳이 간언했으므로 실행에 옮기지 못했다.

이제 내가 생각건대, 원민생(元閔生)이 (중국에서) 돌아오고 세자가 조현(朝見)한 뒤에 전위(傳位)한다면 마땅히 두 가지가 온전할 것이다. 그러나 미편(未便)한 것이 있으니, 동전(東殿-중궁)의 병이 위독하고 나의 병이 다시 발작하니 세자가 어찌 경사(京師-명나라 수도 북경)에 입조(入朝)할 수 있겠는가? 하물며 회안(懷安) 부자(父子)가 있는 경우이겠는가? 또 양녕(讓寧)이 비록 지친이라 변란을 일으킬 의심은 없으나, 어제까지 명분(名分-세자)의 지위에 있다가 이제 이에 폐출(廢黜)돼 외방에 있으니 어찌 틈을 엿보는 사람이 없겠는가? 그러므로 조현(朝見)하는 것을 정지하고 내선(內禪-선위)을 행하고자 한다.

이미 하늘에 고하고 종묘(宗廟)에 고했으니, 내선(內禪)의 일은 신하들이 의견을 낼 수 있는 것이 아니다. 원민생(元閔生)이 중국 경사(京師)에 있을 때 비록 세자의 조현(朝見)을 말했으나 명문(明文)이

---

10 조석(朝夕)으로 부모의 안부를 물어서 살피는 것으로, 저녁에는 잠자리를 봐드리고 아침에는 문안을 드리는 일을 말한다.

없고, 말뿐이었다. 또 세상의 사고는 때가 없이 생기고, 또 만기(萬機-萬機親覽)의 몸은 가볍게 길을 갈 수가 없다. 황제가 어찌 외국(外國)의 일을 가지고 힐난하겠느냐? 내가 8월 초4일에 병(病)이 났다고 핑계하고 자문(咨文)을 보내 주문(奏聞)하면 황제가 반드시 고명(誥命)을 내려줄 것이니, 지금 판비(辦備)한 금(金)·은(銀)·마필(馬匹)로 사례해야 할 것이다. 만일 정조(正朝)의 진하사(進賀使)라면 우의정(右議政) 이원(李原)으로 이를 삼아야겠지만, 민생이 돌아오거든 사은사(謝恩使)는 마땅히 찬성(贊成) 심온(沈溫)을 차견(差遣-파견)해야 할 것이다. 전위(傳位)한 뒤에도 내가 마땅히 노상(老相-나이든 재상)들과 더불어 임금을 보익(輔翼)하고 일을 살필 것이다[省事].

당(唐)나라 예종(睿宗)[11]이 5일에 한 번씩 조회를 받은 것을 반드시 본받을 필요가 없다. 너희들은 간언하지 말고, 각각 나의 말을 기록해 정부 대상(大相-큰 대신)에게 갖춰 전해서 나의 뜻을 생각하게 하라."

대언(代言) 등이 아뢰어 말했다.

"안 됩니다."

상이 말했다.

"18년 동안 호랑이를 탔으니[騎虎], 실로 이미 충분하다."

---

11 고종(高宗)의 여덟 번째 아들이다. 훈고(訓詁)에 밝았고 초서와 예서를 잘 썼다. 처음에 은왕(殷王)에 봉해졌다가 예왕(豫王)으로 바꾸었다. 어머니 무후(武后)가 형 중종(中宗)을 폐하자 즉위했다. 나라 이름을 주(周)로 바꾸고 성씨도 무씨(武氏)를 내려받으며 황사(皇嗣)가 됐다. 중종이 방주(房州)에서 돌아오자 다시 황태자가 되고, 안국상왕(安國相王)에 봉해졌다. 중종이 피살당하자 그 아들 이융기(李隆基-당 현종)가 병사를 일으켜 위후(韋后)를 살해한 뒤에 마침내 제위에 올랐다. 3년 동안 재위하고 태자 이융기에게 양위했다.

명덕(明德) 등이 눈물을 흘리면서 나가서 정부·육조에 선전(宣傳)했다. 영의정 한상경(韓尙敬), 좌의정 박은(朴訔), 우의정 이원(李原) 등과 육조판서·육조참판(六曹參判)이 말을 같이해서[同辭] 대답해 말했다.

_{동사}

"상께서 춘추가 노모(老耄-노쇠)함에 이르지 않았고, 병환도 정사(政事)를 폐지할 정도에 이르지 않았습니다. 또한 원민생(元閔生)을 보내 세자를 세우도록 청하고 또 세자가 조현(朝見)한다고 아뢰게 한 지 몇 달이 못 돼서 전위(傳位)하고 자일(自逸-스스로 편안하게 지냄)하심은 결단코 옳지 않습니다. 더구나 내선(內禪)은 나라의 큰일이니, 마땅히 인심을 순(順)하게 해야 하며 억지로 간쟁(諫諍)하지 못하게 하는 것도 옳지 않습니다. 전하가 천조(踐祚-즉위)한 이래로 백성이 평안하고 물건이 부성(阜盛-번성)하며 해구(海寇)가 복종(服從)하니, 오늘날과 같이 태평한 적이 없었습니다. 혹은 수재(水災)와 한재(旱災)가 있었지만, 어찌 전하의 덕(德)이 천심(天心)을 누리지 못해 그러한 것이겠습니까? 요(堯)임금·탕(湯)임금[12]도 면치 못한 바였을 뿐입니다."

상이 말했다.

"아비가 아들에게 전(傳)하는 것이니 신하들이 간쟁(諫諍)할 수 없는 것이다. 신하의 간쟁하는 법이 어느 경전(經典)에 실려 있는가? 나의 뜻을 이미 결정한 지 오래니, 고칠 수가 없다. 다시는 이를 말하지 말라."

---

12 두 임금 모두 큰 자연재해를 겪었다.

일오(日午-정오)에 이르자 상이 의관을 정제한 뒤 지팡이를 짚고 보평전(報平殿)으로 이어(移御)해서 승전 환자(承傳宦者) 최한(崔閑)으로 하여금 승정원에 가르쳐 말했다.

"오늘 개인(開印-도장 궤짝을 열어 도장을 찍음)할 일이 있으니, 속히 대보(大寶-옥새)를 바치라."

대언(代言) 등이 소리 내어 울면서 보평전 문밖에 이르니, 상이 문을 닫고 들이지 않았다. 내신(內臣)으로 하여금 세자를 부른 뒤 상서사(尙瑞司)[13]에 명해 대보(大寶)를 바치라고 재삼 독촉하니, 영돈녕(領敦寧) 유정현(柳廷顯) 및 정부·육조(六曹)·공신(功臣)·삼군총제(三軍摠制)·육대언(六代言) 등이 문을 밀치고 바로 들어가서 보평전 문밖에 이르러 호천통곡(呼天痛哭)하면서, 내선(內禪)의 거조(擧措)를 정지할 것[停寢]을 청하며 함께 대보를 붙잡고 바치지 못하게 했다. 상이 큰 소리로 명덕을 윽박질러[勅] 말했다.
_{정침}
_칙

"임금의 명(命)이 있는데 신하가 듣지 않는 것이 의리인가?"

명덕이 어쩔 수 없이 대보(大寶)를 상 앞에 바쳤다. 세자가 급히 명소(命召)한 것이 무슨 일인지를 알지 못한 채 허둥지둥 급히 와서 서쪽 지게문으로 들어가니, 상이 세자를 보고 말했다.

"얘야! 이제 대보(大寶)를 주겠으니 이를 받아라."

세자가 부복(俯伏)한 채 일어나지 않으니, 상이 세자의 소매를 잡아 일으켜서 대보를 주고는 곧바로 안으로 들어갔다. 세자가 몸 둘

---

13 조선 초엽에 부인(符印)과 제배(除拜)의 일을 맡아보던 관아다. 태종 5년(1405년)에 전주(銓注)를 이조와 병조에 돌림에 따라 보새(寶璽)·부인(符印)만 맡아보는 관아가 됐다.

바를 알지 못하다가 대보를 안(案-탁자)에 놓고 안으로 따라 들어가서 지성(至誠)으로 사양하고, 여러 신하도 통곡해 마지않으며 국새(國璽)를 되돌려 받도록 청해 말했다.

"(중국에) 세자를 봉(封)하도록 청해서 주준(奏准-주문을 올려 승인을 받음)을 받지 못했건만, 어찌 이리 급박하게 하십니까?"

상이 말했다.

"어찌 (중국에) 주문(奏聞)할 기회가 없겠는가?"

마침내 최한(崔閑)으로 하여금 대소 신료(大小臣僚)에게 가르쳐 말하게 했다.

"내가 이미 국왕과 서로 마주 보고 앉았으니, 경 등은 더는 청하지 말라."

세자에게 명해 대보(大寶)를 받고 궁(宮)에 머물게 했다. 그 참에 홍양산(紅陽傘-임금 전용의 붉은 양산)을 내려주고, 상서관(尙瑞官)과 대언(代言) 한 사람에게 명해 대보(大寶)를 지키면서 자게 했다. 가종(駕從-수레를 따르는 종) 10여 기(騎)에 명해 서문(西門)으로 나가서 연화방(蓮花坊)의 옛 세자전(世子殿)으로 행차하게 하니, 백관(百官)이 따라서 전정(殿庭)에 이르러 통곡하면서 복위(復位)를 청했다. 세자가 대보(大寶)를 받들고 전(殿)에 나아가, 대보를 바치며 굳게 사양했다. 밤이 되자 상이 말했다.

"나의 뜻을 유시(諭示)한 것이 이미 두세 번이나 되는데, 어찌 나에게 효도할 것을 생각하지 않고 이같이 어지럽게 구느냐? 내가 만일 신료(臣僚)들의 청을 들어 복위(復位)하려 한다면, 나는 장차 그 죽음을 얻지도 못할 것이다."

마침내 두 손을 맞잡아 북두성(北斗星)을 가리키고 이를 맹세하며 다시 복위(復位)하지 않을 뜻을 보였다. 최한(崔閑)으로 하여금 명(命)을 전하게 했다.

"내가 이러한 거조(擧措)를 천지(天地)와 종묘(宗廟)에 맹세해서 고(告)했으니, 어찌 감히 변하겠느냐?"

세자가 황공하고 두려워서 명덕을 돌아보며 말했다.

"어찌할까?"

명덕이 대답해 말했다.

"상의 뜻이 이미 정해졌으니, 효도를 다하심[盡孝]이 마땅합니다."

세자가 명덕으로 하여금 대보를 받들고 나가서 경복궁으로 돌아가게 하고, 대언(代言) 김효손(金孝孫)으로 하여금 대보를 지키면서 자게 했다. 대간(臺諫)에서 소(疏)를 올려 내선(內禪)을 정지할 것을 청했다. 그 소(疏)의 피봉(皮封-겉면)에 쓰기를 '상전개탁(上前開拆)'[14]이라 하니, 상이 말했다.

"나는 이미 사위(辭位-퇴위)했는데, '상전개탁(上前開拆)'이라 함은 무엇인가? 만일 '상왕전 개탁(上王前開拆)'이라 한다면 내가 마땅히 읽어볼 것이다."

마침내 그 소를 물리쳤다.

이날 저녁에 정비(靜妃)가 연화방(蓮花坊) 옛 세자전(世子殿)으로 이어(移御)했다.

---

14 임금에게 상소를 올릴 때 밀봉(密封)해서 반드시 임금 앞에서 뜯어보게 하는 것을 말한다.

병술일(丙戌日-9일)에 사간원(司諫院) 우사간대부(右司諫大夫) 정상(鄭尚), 사헌집의(司憲執義) 정초(鄭招) 등이 소(疏)를 올려 내선(內禪)의 거조(擧措-조치)를 중지할 것을 청했다. 그 소는 이러했다.

'나라를 (후사에게) 전해주는 일은 큰일이니, 반드시 인심(人心-백성의 마음)을 따르고 천도(天道-하늘 같은 도리)에 부합한 연후에야 마침내 행할 수가 있는 것입니다. 엎드려 살펴보건대, 전하께서는 춘추가 바야흐로 한창이시고[鼎盛] 청단(聽斷)하심이 바야흐로 밝으신데 갑자기 만기(萬機-만기친람)를 싫어하시어 드디어 전위(傳位)하고자 하시니, 대소 신료(大小臣僚) 중에 이를 듣는 자는 슬퍼서 울지 않는 이가 없습니다. 인심이 이와 같으니 하늘의 뜻을 알 수가 있습니다. 또 전하께서는 천자의 명(命)을 받들어 나라를 소유하셨으니[有國], 고(告)하지 않고 전위할 수는 없습니다. 이제 만일 고하지 않고 전위한다면 장차 어떻게 아뢰겠습니까? 하물며 전날 세자를 세울 것을 청하기 위해 사신을 보내 아뢰고는 사신이 돌아오지도 않았는데 마침내 이런 일을 행하시니, 이는 곧 종사(宗社)의 대계이므로 가벼이 할 수는 없습니다. 또 전하께서는 매번 하나의 영(令)을 내리셔도 반드시 대신들과 상의하셨는데, 대사(大事)에 이르러서는 대신들과 상의하지 않으시니 어찌 자손을 위해 계책을 남기는[貽謀] 도리이겠습니까? 빌건대 전하께서는 인정(人情)을 굽어살피고 천명(天命)을 우러러 살펴서 도로 거둬들인다는 명(命)을 내리시면 종사(宗社)에 심히 다행이겠습니다.'

의정부·육조(六曹)·삼공신(三功臣)·삼군도총제부(三軍都摠制府)·문무백관(文武百官) 등이 소를 올려 말했다.

'신 등이 창졸(倉卒)간에 하교(下敎)를 엎드려 듣고는 놀라고 두려워하며 전율(戰慄)해서 상세히 아뢸 겨를이 없었습니다. 우선 대개(大槪-큰 골격)를 들어 뒤에 조목별로 진술하겠습니다.

전하께서는 이미 뛰어나고 다움이 있는 자[有德]를 골라 동궁(東宮-세자)으로 정했으니, 나라의 근본이 이미 굳어지고 인심이 이미 안정돼 더는 염려할 것이 없습니다. (그런데) 지금 전하께서 내선(內禪)의 거조(擧措)를 행하고자 하시나, 연세가 아직 노모기(老耄期-늙은 나이)에 이르지 않고 병환이 정사(政事)를 폐할 정도에 이르지도 않았는데 갑자기 중임(重任)을 내려놓고 한가히 지내려 하시니, 이것이 그 옳지 않은 것의 첫째입니다.

우리 태조(太祖)께서 집을 바꿔 나라로 만드시고[化家爲國] 전하(殿下)에 이르러 비로소 (명나라로부터) 고명(誥命)을 받으셨습니다. 황제가 우리나라의 사신이 이르면 반드시 전하의 지성(至誠)을 칭찬했으니, 군신(君臣)이 서로 만나는 것이 진실로 천년에 한때뿐임에도 진실로 전하의 사대(事大)하는 예(禮)가 지성(至誠)에서 나오고, 이에 앞서 옛날에는 없었던 일이기 때문입니다. (그런데) 지금 국가를 서로 전(傳)함에 있어 갑자기 부득이한 큰 사고가 있었던 것도 아닌데 일찍이 중국 조정(朝廷)에 아뢰지 않고 마음대로 스스로 이를 행한다면, 전하의 20년 동안 사대하고 공근(恭謹)하는 예(禮)가 하루아침에 허물어질 것입니다. 반드시 중국 조정의 힐책(詰責)이 있을 것이니, 장차 어찌 대답하겠습니까? 이것이 그 옳지 않은 것의 둘째입니다.

하늘이 본다[天視]고 함은 우리 백성이 보는 것[民視]에서 나오고 하늘이 듣는다[天聽]고 함은 우리 백성이 듣는 것[民聽]에서 나온다고 했으니[15], 이는 성인(聖人-빼어난 이)의 격언(格言)이요 만세(萬世)의 큰 교훈입니다. 옛날 제왕(帝王)은 모두 거사(擧事)가 있으면 반드시 민심을 따르기를 천도(天道)가 제세승평(躋世昇平-상승하는 세상)하는 것과 같이했기 때문에 역년(歷年)이 유구(悠久)했습니다. (이는) 방책(方策)에 실려 있어 자세하게 상고할 수 있으니, 모두 전하께서 환히 보시고 묵지(默識-말없이 기억함)하시는 것입니다. 전하께서 즉위하신 이래로 20년 동안 내려오면서 백성이 평안하고 물건이 부성(阜盛-번성)하며 해구(海寇)가 복종해왔습니다. 천자가 예(禮)를 우대하니, 동한(東韓-우리나라) 백성이 성택(聖澤-황제의 은혜)에 흠뻑 젖어 태평(太平)을 노래합니다. (그런데) 전하께서 까닭 없이 내선(內禪)의 예(禮)를 행하고자 하시니, 온 나라 신민들이 호천통곡(呼天痛哭)하며 마땅함을 따를 뿐 명(命)을 따르지 않겠다 하면서 유윤(兪允-그대로 윤허함)하기를 반드시 기약해서, 죽더라도 그것이 불가함을 고집하고 있습니다. 인심(人心)의 따르지 않음이 이 같은 지경에 이르렀으니, 따라서 상천(上天)의 뜻을 알 수 있습니다.

대체로 임금의 도리는 반드시 신린(臣隣-신하)들과 더불어 도유우불(都兪吁咈)[16]해야 능히 구제(救濟)할 수 있습니다. 작은 일도 오히려 그러한데, 하물며 나라를 서로 전하는 일이겠습니까? 예나 지금이나 천하(天下) 국가의 일은 하늘의 뜻을 따르고 백성의 욕망을 따라야

---

15 『서경(書經)』「태서(泰誓)」에 나오는 말로, 『맹자(孟子)』「만장상(萬章上)」에서도 다시 언급됐다.
16 『서경(書經)』에 나오는 말로, 도유(都兪)는 찬성의 감탄사이고 우불(吁咈)은 반대의 감탄사다. 군신(君臣)이 서로 허심탄회하게 심의 토의하는 것을 말한다.

흉(凶)한 일이 없으니, 천명을 거역하고 민심을 어기면 길(吉)한 일 또한 없습니다. 맹자(孟子)는 문왕(文王)·무왕(武王)이 취(取)하고 취하지 않음을 논할 때 곧 민심이 기뻐하고 기뻐하지 않는 바로써 했으니, 이는 대개 인심이 돌아가는 바에 곧 천명이 있기 때문입니다. 전하께서 비록 말씀하시기를 "하늘에 고하고 종묘(宗廟)에 고했다"라고 하시지만, 그러나 신 등은 정확히 상천(上天)이 반드시 따르지 않으리라는 것과 종묘(宗廟)가 반드시 회답하지 않으리라는 것을 압니다. 옛사람이 말하기를 "하늘은 말을 하지 않고 행하니, 일을 주어서 이를 나타낸다"[17]고 했기 때문입니다. 지금 온 나라 신민의 마음이 이와 같으니, 하늘과 종묘(宗廟)의 뜻이 여기에 벗어나지 않을 것입니다. 전하께서는 이러한 거조(擧措)를 위로 천자에게 아뢰지 않고 아래로 인심에 따르지 않으니, 그 옳지 않음이 분명합니다.

인심이 향하는 바가 곧 천명(天命)이 있는 바요, 인심을 따르지 않는 바가 곧 천명을 따르지 않는 바입니다. 공손히 생각건대, 태조께서 홍업(洪業-대업)을 초창(草創)하신 것은 천명을 따르고 인심을 따른 것입니다. 전하께서 즉위하신 이래 20년 동안 한 가지 일도 천명을 따르지 않고 인심을 따르지 않은 것이 없었는데, 지금 국가를 서로 전하는 큰일은 곧 천명을 어기고 인심을 거스른 채 뜻대로 마음대로 하시니, 신 등은 오직 대죄(待罪)하리라는 것을 알면서도 결단코 명(命)을 받들지 못하겠습니다. 엎드려 생각건대 전하께서는 천지(天地)·종사(宗社)의 무거운 부탁(付托)과 황제의 융성한 권애(眷愛-

---

17 『맹자(孟子)』「만장상(萬章上)」에 나오는 말이다.

총애)를 생각하시고 온 나라 신린(臣隣)의 애통해하는 지극한 정을 굽어 따르시어, 퇴피(退避)해 자일(自逸)하려는 계책을 쓰지 않으신다면 종사(宗社)에 심히 다행할 것이요 신민(臣民)에게 심히 다행할 것이요 만세(萬世)에 심히 다행할 것입니다.'

상이 읽어보지 않고 이를 물리쳤다. 참찬(參贊) 김점(金漸)이 손으로 소(疏)를 잡아 다시 이명덕(李明德)에게 주며 말했다.

"상께서 이 소장을 읽어보지 않고 물리치시니, 신민(臣民)들은 장차 어찌할 것인가?"

그 참에 곡(哭)하며 울다가 목이 메니, 연성군(蓮城君) 김정경(金定卿, 1345~1419년)[18]이 웃으며 말했다.

"잘못이로다. 저 객(客)이 이번 공사(公事)에 어찌 홀로 유난스레 구는가[獨別]?"
독별

점(漸)이 정경(定卿)의 허물을 드러내어 말하며 대간(臺諫)을 사주(使嗾)해 탄핵하게 했다.

○ 예문관 대제학(藝文館大提學) 행 성균대사성(行成均大司成) 조용(趙庸) 등이 석전제(釋奠祭)[19] 때문에 성균관(成均館)에서 치재(致齋)

---

18 일찍이 고려 때 벼슬했으나, 새 왕조 창업에 찬성하고 이성계(李成桂)를 지지했다. 조선 개국 후 삼군절도사를 거쳐 이조전서를 지냈는데, 인사관리를 잘했다. 1396년(태조 5년) 판예빈시사(判禮賓寺事)가 돼 전라도와 충청도 각지의 성을 수축하고 군비를 점검하는 한편 병선(兵船)의 허실을 조사했다. 1400년 이방간(李芳幹)의 난이 일어나자 한성부윤으로서 이방원(李芳遠-태종)에 협력해 이를 진압, 좌명공신 4등에 책록되고 연성군(蓮城君)에 봉해졌다. 그 뒤 공안부윤(恭安府尹)이 됐는데, 병을 핑계로 명나라의 사행을 회피해 대간의 탄핵을 받기도 했다. 1404년(태종 4년) 좌군도총제(左軍都摠制), 1408년 개성부유후(開城府留後)를 역임하고, 1410년 성절사로 명나라에 다녀왔다. 용맹하고 매사에 적극적이었으나, 재물을 좋아해 사람들로부터 비난을 받았다.

19 음력 2월과 8월의 상정일(上丁日)에 문묘(文廟)에서 선성(先聖)·선사(先師)에게 지내는 큰

하다가, 학관(學官) 및 학생(學生)들과 같이 소를 올려 말했다.

'엎드려 보건대, 영락(永樂) 16년(1418년) 8월 초8일에 주상 전하께서 보위(寶位)를 왕세자에게 내선(內禪)하려 하시니 조야(朝野)의 신하 중에 놀라지 않는 이가 없습니다. 신 등이 간절히 생각건대, 내선(內禪)은 역대(歷代)에 드물게 보는 바로서 당(唐)나라 고조(高祖)가 태종(太宗)에게 넘겨준 것은 임호(臨湖)의 변란[20]에서 나왔고 송(宋)나라 광종(光宗)이 영종(寧宗)에게 넘겨준 것은 위독한 병을 의구(疑懼)한 뒤에 나왔습니다. 대개 이 같은 유(類)는 변고(變故)가 절박해 모두 어쩔 수 없는 것이었으니, 후세에 의견을 내는 자는 오히려 취하지 않았습니다. 요(堯)임금이 순(舜)임금을 시험한 것은 재위한 지 70년이나 되어서 늙은 나이에 정사에 부지런하기가 귀찮았던 때문입니다. 그러나 오히려 거섭(居攝-임금을 대신해 정사를 살펴봄)하게 했을 뿐이요, 일찍이 제위(帝位)를 명하지는 않았습니다. 문왕(文王) 같은 성군은 나이가 90세를 넘겼고, 무왕(武王)이 동궁에 있은 것 또한 80년이었습니다. 그러나 또한 대위(大位)를 선양(禪讓)하지 않은 것은 천하 만세의 군신(君臣)과 부자의 대륜(大倫)을 보여주려는 것이 이와 같았기 때문입니다.

공손하게 생각건대, 주상 전하께서 총명하신 성지(聖智)로 정신을 가다듬어 정치를 다스려서 동식물(動植物)까지 모두 밝은 은택(恩澤)

제사를 말한다.

20 진왕(秦王) 이세민(李世民)이 황태자(皇太子) 건성(建成)과 제왕(齊王) 원길(元吉) 등을 죽인 사건을 말한다. 이결과 당 고조(高祖)가 태종(太宗-이세민)에게 선위(禪位)했다.

에 젖는데, 어찌 금일에 도모하기를 갑자기 이와 같이 하십니까? 또 전하께서 연세가 겨우 중년(中年)이고 몸이 강녕(康寧)해서 부지런하고 강건(康健)하기가, 요(堯)임금의 나이가 많아서 권태(倦怠)하던 것과 문왕(文王)의 나이가 100세이던 것과는 비교가 되지 않는데도 이에 태평무사(太平無事)한 날을 당해 만승(萬乘-천자의 자리)의 짐을 벗고자 하시니, 신 등은 전하께서 어찌하여 이런 뜻을 내시는지 알지 못하겠습니다. 신 등이 엎드려 보건대, 경광(耿光-다움이 성대한 모습)도 오히려 이런 의혹(疑惑)이 있는데 하물며 후세이겠습니까?

신 등이 또 생각건대, 전하께서는 지성으로 사대(事大)해 무릇 중대한 일이 있으면 반드시 천자에게 대문(待聞)한 뒤에 곧 감행했는데, 하물며 전하의 지위를 조종(祖宗)에 내전(內傳)하고 위로 천자에게서 받은 것이겠습니까? 천자로 하여금 이를 듣게 한다면 능히 전하께서 나를 의심하는 마음이 없다고 기필(期必)할 수 있겠습니까?

신 등이 반복해 생각해도 전하의 이러한 거조(擧措)는 하나도 옳은 것이 없습니다. 엎드려 바라건대, 특별히 예단(睿斷)을 돌이켜 내선(內禪)한다는 명(命)을 정파(停罷)해서 신민의 소망에 부응(副應)하신다면 심히 다행함을 이기지 못할 것입니다.'

상이 모두 읽어보지 않았다. 자리에 있던 문무(文武) 대소 신료(大小臣僚)와 전함(前銜) 2품(二品) 이상이 전정(殿庭)에 나아가서, 상전(上前)에 들어가 친히 계청(啓請)하기를 청했다. 상이 문(門)을 닫아서 내외(內外)의 말이 통하지 못하게 되자, 군신(群臣)들이 통곡(痛哭)하면서 울다가 땅에 주저앉았다. 상이 최한(崔閑)으로 하여금 가르침을 전하게 했다.

546

"내가 이미 황천(皇天)과 종묘(宗廟)에 맹세해 고(告)했으니, 맹세한 것을 고치지 못한다."

박은(朴訔)이 말했다.

"백성은 오로지 나라의 근본입니다. 신이 듣건대, 나라를 전(傳)하는 것은 백성을 서로 전하는 것이요, 맹세로써 서로 전하지는 않습니다. 인심(人心)이 있는 곳이 곧 천심(天心)이 있는 곳입니다. 하늘과 사람은 이치가 하나이므로 통달(通達)해 틈이 없으니, 황천(皇天)과 종묘는 반드시 전하가 맹세할 바가 아닙니다."

유정현(柳廷顯)이 말했다.

"전하께서 즉위하신 이래로 해구(海寇-왜구)가 침입하지 않아 변경(邊境)에 근심이 없고, 백성이 평안하고 물건이 부성(阜盛)해서 임금의 덕(德)이 지극히 우악(優渥)합니다. 나라를 서로 전함은 나라의 큰 일인데, 연세가 늙은 나이가 아닌데 신민(臣民)에게 알리지 않고 갑자기 전위하시니, 신이 간절히 생각건대 전하의 이러한 거조(擧措)는 큰 덕(德)의 누(累)입니다. 전하께서 신을 죽이시더라도 신이 죽으면 그만이려니와, 죽기 전에는 굳게 청하지 않을 수 없습니다."

상이 말했다.

"내가 일찍이 나라를 전할 뜻을 황천(皇天)과 종묘(宗廟)에 맹세해 고(告)했는데 제신(諸臣)이 나에게 이를 고치라고 청하니, 이것은 나더러 하늘을 속이고 종묘를 속이라는 것인가?"

창녕부원군(昌寧府院君) 성석린(成石璘)이 말했다.

"하루에 만기(萬機)가 생기는데 전하께서 정사(政事)를 듣지 않으시고 이에 이르렀으니, 나랏일이 장차 결휴(缺虧-결여)할 것입니다."

김점(金漸)이 말했다.

"이제 국가와 변경에 근심이 없고 중국에서 정성으로 대접하는 것은 모두 전하께서 지성으로 사대(事大)하신 아름다운 덕(德)입니다. 금년 6월에 세자를 바꿔 세우고 8월에 전위(傳位)한다면, 중국에서 반드시 의심할 것이요 후세에 듣는 자가 또한 반드시 의심할 것입니다."

상이 말했다.

"내가 비록 전위(傳位)하더라도, 나라에 큰일이 있으면 마땅히 대신과 토의해서 그 미치지 못하는 점을 도울 것이다."

2품(品) 이상의 제신(諸臣)이 중문(中門) 내정(內庭)에 들어와 종일토록 굳게 청하자, 상이 말했다.

"나라를 아들에게 전(傳)하는 것은 고금의 큰 법이다. 그 서로 전할 때 더불어 나라를 함께한 바요, 대신이 중지하기를 청하는 것 또한 인정으로서 반드시 도달할 바다. 그러나 두 번 세 번 청해도 듣지 않으면 그치는 것이 옳은데, 어찌 이와 같이 강제로 떠들어대어 불순(不順)하는가?"

군신(群臣)이 모두 크게 통곡했는데, 곡성(哭聲)이 궁정(宮庭)을 진동했다. 상이 말했다.

"제신(諸臣)이 젊어서부터 땅에 앉는 것에 익숙하지 않았는데, 이제 종일 비습(卑濕)한 땅에 앉아 있으니 병을 얻지 않겠는가? 내가 심히 가슴 아프니, 어찌 곧 이와 같이 강제로 청하는가? 만약 내일 또 오면 나도 내 몸을 아끼지 않고 땅에 대좌(對坐)하겠다."

여러 신하는 날이 저물자 곧 물러갔다.

○ 상이 대언(代言) 등으로 하여금 경복궁(景福宮)으로 돌아가게 했다. 대언 원숙(元肅)이 대보(大寶)를 경복궁에서 지키면서 잠을 잤다. 이튿날 새벽[未明]에 왕세자가 내관(內官) 노희봉(盧希鳳)에게 명해 전(殿)에 나아가 문안을 청하게 했으나, 상이 윤허하지 않았다.

정해일(丁亥日-10일)에 왕세자가 내선(內禪)을 받고 근정전(勤政殿)에서 즉위했다.

상이 최한(崔閑)을 보내 승여(乘輿)와 의장(儀仗)을 보내고, 또 명해 궐내(闕內)에 시위(侍衛)하던 사금(司禁)·운검(雲劍-임금의 호위무사)·비신(備身)·홀배(笏陪-호위무사)를 보내 왕세자를 맞이해 오게 했다. 세자가 이에 한(閑)으로 하여금 사양하기를 청하게 한 뒤 오장(烏杖)과 청양산(靑陽傘)으로 전(殿)에 나아가니, 상이 내신(內臣)을 시켜 이를 보게 하고는 노하여 말했다.

"명을 따르지 않으려거든 오지 말라."

세자가 마지못해 주장(朱杖)과 홍양산(紅陽傘)으로 앞을 인도하게 해서 왔다. 상이 세자를 불러들이자 세자가 친히 소매에서 사전(辭箋-사양하는 짧은 글)을 바쳤는데, 그 글은 이러했다.

'신이 성품과 자질이 어리석고 둔하며[愚魯] 학문이 아직 이뤄지지 못해서 위정(爲政)하는 방도를 몽연(懞然)히 깨닫지 못한 채 저부(儲副-세자)의 지위에 외람되이 거(居)하게 되니[叨居], 이른 아침부터 밤 늦게까지 걱정하고 근심해서 오히려 그 자리에 합당하지 못할까 두려운데 어찌 오늘 같은 일이 있으리라 헤아렸겠습니까? 마침내 왕위를 맡겨 내려주시는 어명(御命)이 있으시니, 일이 뜻밖에 나온 것이라 정신이 없고 몸 둘 곳이 없습니다. 삼가 생각건대, 주상 전하(主上殿下)께서는 춘추가 바야흐로 한창이시고 성덕(聖德)이 바야흐로 융성하신데 갑자기 만기(萬機)를 귀찮아하시어 종묘(宗廟)·사직(社稷)의 중책을 어리석은 이 몸에 맡기고자 하시니, 어찌 오직 신하이자 자식 된 자의 마음에 두렵고 황송함이 갑절이나 더하지 않겠습니까? 진실로 조종(祖宗)의 영(靈)이 경동(驚動)할까 두렵습니다. 또 나라를 서로 전(傳)하는 일은 실로 오직 나라의 대사(大事)인데, 모두 갑자기 이와 같이 하신다면 중외(中外)의 신하와 백성이 놀라지 않음이 없을 것입니다. 거듭 생각건대, 전하께서는 신(臣)을 세워 후사(後嗣)로 삼을 때도 오히려 감히 마음대로 하지 못하고 천자(天子)에게 아뢰었는데, 하물며 군국(軍國)의 중함을 신에게 마음대로 주시니 신이 사대(事大)의 예를 또한 잃을까 두렵습니다. 엎드려 바라건대 전하께서는 어리석은 신의 지극한 정을 살피시고 국가의 대계(大計)를 생각하시어 종사(宗社)와 신민(臣民)들의 소망을 위로하소서.'

상이 윤허하지 않았다. 그때 정부·육조(六曹)·삼군도총제부(三軍都摠制府)·문무백관(文武百官) 및 전함(前銜) 2품 이상이 모두 전문(殿門)에 나아가니, 문을 지키는 갑사(甲士)가 지키고 막아서서 들이지 않았다. 유정현(柳廷顯)이 문지기를 꾸짖고 들어가려 했으나, 문지기가 굳게 막았다. 정현(廷顯)이 문을 밀치고 들어가니, 여러 신하가 전정(殿庭)에 따라 들어와 복위(復位)를 굳게 청하면서 호곡(呼哭)해 마지않았다. 상이 좌대언(左代言) 하연(河演), 도진무(都鎭撫) 이춘생(李春生)에게 명해 갑사로 하여금 중문(中門)을 굳게 지키게 해서 대소 신료가 들어오는 것을 막았다. 상이 한상경(韓尙敬)·박은(朴訔)·

이원(李原)과 육조판서(六曹判書)에게 명해 새 임금이 즉위하는 모든 일을 같이 토의하게 했다. 은(訔)이 말했다.

"전하께서 군신(群臣)의 청을 굳게 거절하시니, 어찌할 것인가? 어찌할 것인가? 형세상으로 마침내 청을 얻지 못한다면, 육조(六曹)와 더불어 즉위(卽位)할 여러 일을 토의해야 할 것이다."

석린(石璘)·정현과 군신(群臣)들이 또 중문(中門)을 헤치고 내정(內庭)에 들어가서 호곡(呼哭)하니, 그 소리가 어좌(御座)에까지 들렸다. 상이 효령대군(孝寧大君)으로 하여금 명(命)을 전(傳)해 말했다.

"내가 이성(異姓)의 임금에게 전위한다면 경들의 청이 옳겠지만, 내가 아들에게 전위하는데 어찌 이와 같이 하는가? 지난번에 내가 전 세자(世子)에게 전위하려 했으나 아들을 아는 것은 아비와 같은 이가 없으므로, 내가 제(禔)의 불선(不善)한 것을 알았던 까닭으로 전위하지 않았다가 이제 전위하는 것이니 더는 청하지 말라."

여러 신하가 더욱 통곡하면서 물러가지 않았다. 김점(金漸)이 말했다.

"전하의 이러한 거론(擧論)은 전하와 세자에게 모두 실덕(失德)함이 있습니다. 왜냐하면 신이 중국에 봉명사신(奉命使臣)으로 갔을 때 황제가 전하에 대해 권고(眷顧-아껴줌)하는 마음이 간곡해 마지않았습니다. 원민생(元閔生)이 세자를 세우는 청을 가지고 이제 아직도 반명(反命-복명)하지 않았는데, 전하께서 하루아침에 왕위를 물러나시고 세자가 하루아침에 즉위한다면 황제의 마음이 어떠하겠습니까? 이것이 모두 실덕(失德)함이 있는 까닭입니다. 청컨대 우선 민생이 돌아올 때까지 기다리소서."

상이 모두 윤허하지 않고, 친히 충천각모(衝天角帽-익선관)를 세자에게 씌워주고 드디어 세자로 하여금 국왕의 의장(儀仗)을 갖춰 경복궁(景福宮)에 가서 즉위(卽位)하게 했다. 왕세자가 어쩔 수 없이 명(命)을 받고 내문(內門)을 열라고 명해, 나와서 말했다.

"내가 어리고 어리석어[幼沖愚魯] 큰일을 감당하기가 어려우므로 지성으로 사양하기를 청했으나, 마침내 윤허를 받지 못하고 어쩔 수 없이 경복궁으로 돌아간다."

여러 신하는 세자가 충천모(衝天帽)를 쓴 것을 보고는 곡성(哭聲)을 멈추고, 혹은 꿇어앉고 혹은 땅에 엎드려 서로 돌아보면서 한마디 말도 없었다. 세자가 홍양산(紅陽傘)으로 경복궁에 가니, 박은(朴訔)이 말했다.

"세자는 우리 임금의 아들이시다. 굳게 사양했으나 윤허하지 않았고 이미 상위(上位)의 모자를 쓰셨으니, 신 등이 굳이 다시 청할 이유가 없다."

여러 신하가 모두 말했다.

"어쩔 수 없는 일이다."

마침내 즉위와 관련된 여러 가지 일을 토의했다.

○ 상이 하연(河演)과 병조판서 박신(朴信)에게 명해 양전(兩殿)을 시위(侍衛)하는 모든 일을 마감(磨勘)해서 아뢰게 했다.

○ 병조에서 아뢰었다.

"청컨대 의흥부(義興府)를 고쳐 의건부(義建府)로 하고, 사금(司禁)을 사엄(司嚴)으로 하소서."

그것을 따랐다. 또 아뢰었다.

"중군(中軍)의 의흥사(義興司)·충좌사(忠佐司)·웅무사(雄武司)·충무사(忠武司)와 좌군(左軍)의 용양사(龍驤司)·용기사(龍騎司)·용무사(龍武司)에 일사(一司)를 더하고, 우군(右軍)의 호분사(虎賁司)·호익사(虎翼司)·호용사(虎勇司)에 일사(一司)를 더하고, 그 참에 재전갑사(在前甲士) 626명에 374명을 더하고, 호군(護軍) 10명과 대장(隊長)·대부(隊副) 350명을 더하는 것이 어떠하겠습니까?"

그것을 따랐다. 또 아뢰었다.

"의건부(義建府)의 좌패(左牌)는 내금위 절제사(內禁衛節制使)와 군관(軍官)을 그전대로 하고, 우패(右牌)는 내시위 절제사(內侍衛節制使)와 군관(軍官)을 그전대로 하는 것이 어떠하겠습니까?"

그것을 따랐다. 또 아뢰었다.

"병조의 의건부(義建府)에 입직(入直)할 때 그 부(府)의 진무소(鎭撫所)와 삼군진무소(三軍鎭撫所)는 전례(前例)에 의거해 군사를 고찰하고, 의용위 도진무(義勇衛都鎭撫)와 의용위 진무소(義勇衛鎭撫所)를 삼군도진무(三軍都鎭撫)와 삼군진무소(三軍鎭撫所)로 하고, 삼군도진무와 삼군진무소를 의건부 도진무(義建府都鎭撫)와 의건부 진무소(義建府鎭撫所)로 하고, 의용위 좌패(義勇衛左牌)를 내금위(內禁衛)로 하고, 의용위 우패(義勇衛右牌)를 내시위(內侍衛)로 하는 것이 어떠하겠습니까?"

그것을 따랐다. 또 아뢰었다.

"삼군(三軍)에서 2품(二品) 이상과 첨총제(僉摠制)는 반(半)으로 해서 도총제부(都摠制府)와 의건부에 입직(入直)하고, 상호군(上護軍)·대호군(大護軍)을 각각 그 사(司)의 나눠 소속한 곳에 입직(入直)하게 하는 것이 어떠하겠습니까?"

그것을 따랐다. 또 아뢰었다.

"별시위(別侍衛)·응양위(鷹揚衛) 또한 반으로 나누는 것이 어떠하겠습니까?"

그것을 따랐다. 또 아뢰었다.

"삼군(三軍) 각 영(領) 안에 있는 중령(中領)의 사직(司直) 1인, 부사직(副司直) 1인은 정품(正品)으로 차하(差下)하고, 그 나머지 각 품(品) 및 삼군(三軍)의 오원십장(五員十將)²¹은 아울러 종품(從品)으로 차하하는 것이 어떠하겠습니까?"

그것을 따랐다.

○ 최헌(崔閑)에게 명해 박은(朴訔) 등에게 가르침을 전해 말했다.

"주상(主上)이 아직 장년(壯年)이 되기 전에 군사(軍事)는 내가 친히 청단(聽斷)할 것이다. 또 나라에서 결단하기 어려운 일은 의정부·육조로 하여금 토의하게 해서 각각 가부(可否)를 진달(陳達)하게 해 시행하고, 나도 마땅히 가부(可否)에 한 사람으로서 참여하는 것이 좋겠다."

은(訔)이 대답해 말했다.

"신은 일찍이 이러한 가르침을 들었습니다."

마침내 이원(李原)과 더불어 아뢰어 말했다.

"상의 전위(傳位)는 한가롭게 일락(逸樂)하시고자 하려는 것으로

---

21 고려 말, 조선 초에 군대의 영(領)에 속해 있던 중간 계층의 장교다. 8품의 산원(散員) 5인과 7품의 별장(別將) 6인, 6품의 낭장(郎將) 4인을 말한다. 5품의 중랑장(中郎將) 이하에서 9품의 위(尉)·정(正) 이상의 무관 참외(參外) 계급이다.

신 등이 생각했는데, 이제 곧 상이 뜻한바 대계(大計)를 알겠습니다. 청컨대 교서(敎書)를 지어 왕위를 물려주시는 뜻을 유시(諭示)해 신민의 소망을 넉넉하게 하소서."

상이 말했다.

"나의 뜻 또한 그러하다."

마침내 예조판서 변계량(卞季良)에게 명해 전위(傳位)의 교서(敎書)를 짓게 했다. 또 여러 대언(代言)에게 뜻을 전해 말했다.

"병조 당상(堂上)은 모두 나를 시종(侍從)하고, 대언(代言) 등은 속히 경복궁(景福宮)으로 가라."

여러 대언이 아뢰어 말했다.

"신 등도 반(半)으로 나눠 시위(侍衛)하겠습니다."

상이 가르침을 전해 말했다.

"예로부터 승선(承宣-승지)은 인주(人主)를 따르는 것이다. 따로 행(行)할 이치가 없으니, 모름지기 속히 가야 한다."

여러 대언이 또 아뢰어 말했다.

"군사는 모두 전(殿)에 속하니, 바라건대 지병조대언(知兵曹代言) 하연(河演)을 머물게 하소서."

상이 말했다.

"비록 병조는 겸(兼)할 수 있으나, 어찌 승선을 나눠 두겠는가?"

그 참에 하연에게 명해 급히 사금(司禁)을 거느리고 주장(朱杖)과 임금의 의장(儀仗)을 가지고 가게 하니, 여러 대언이 모두 배사(拜辭)했다. 변계량(卞季良)이 교서를 지어 의정부·육조(六曹)와 같이 토의해서 바쳤다. 상이 말했다.

"오늘 조하(朝賀)를 받으려면 일이 심히 번극(繁劇-번잡)하니, 마땅히 속히 반교(頒敎)하라."

이에 대소 신료(大小臣僚)가 조복(朝服)을 갖추고 전정(殿庭)에 반서(班序-서열에 따라 늘어섬)하니, 전위(傳位)의 교서(敎書)를 반강(頒降)했다.

'왕(王)은 말하노라. 내가 부덕(否德)한 몸으로 태조의 홍업(洪業)을 이어받아 아침저녁으로 삼가고 두려워하며 정성을 가다듬어 잘 다스리기를 도모한 지 대개 이미 18년에 이르렀으니, 은택이 백성에게 미치지 못해 여러 번 재변(災變)이 일어났고 또 몸에 숙질(宿疾)이 있었는데 근일에 심해져서 청정(聽政)을 감당할 수 없게 됐다. 세자【휘(諱)】가 영명공검(英明恭儉)하고, 효제관인(孝悌寬仁)해 대위(大位)에 오르기에 합당하므로, 이미 영락(永樂) 16년(1418년) 무술(戊戌) 8월 초8일에 친히 대보(大寶-옥새)를 주어 기무(機務)를 오로지 맡아보게 하고, 오직 군국(軍國)의 중요한 일만은 내가 친히 청단(聽斷)하기로 했다. 아아! 너희 중외(中外)의 대소 신료는 모두 나의 지극한 마음을 잘 이어받아 한마음으로 협력하고 도와서 유신(維新)의 경사를 맞이하게 하라. 그러므로 이에 교시(敎示)하니, 깊이 생각해서 마땅히 그리 알라.'

백관(百官)에게 명해 경복궁(景福宮)에 가서 진하(陳賀)하게 했다. 이날 경시(庚時)에 문무백관(文武百官)이 조복(朝服)을 갖추고 경복궁 전정(殿庭)에 반서(班序)하니, 세자가 강사포(絳紗袍)와 원유관(遠遊冠)을 착복하고 근정전(勤政殿)에 나아가서 백관의 조하(朝賀)를 받았다. 의정부 영의정(領議政) 신 한상경(韓尙敬) 등이 전(箋)을 올려 진하(陳賀)했다. 상이 조회(朝會)받기를 마치고, 상왕(上王)을 높여 '태상왕(太上王)'이라 하고, 부왕(父王)을 '상왕(上王)'이라 하고, 모후(母后)를 '대비(大妃)'라 하고, 경빈(敬嬪)을 봉해 비(妃)로 삼았다.

○ 심온(沈溫)을 청천부원군(靑川府院君)으로 삼고 온(溫)의 처 안씨(安氏)를 삼한국대부인(三韓國大夫人)으로 삼았다.

○ 박신(朴信)을 찬성(贊成), 박습(朴習)을 병조판서, 조말생(趙末生)을 형조판서로 삼았다.

무자일(戊子日-11일)에 상이 지신사(知申事) 이명덕(李明德)으로 하여금 부왕(父王)에게 아뢰게 했다.

"존호(尊號)를 태상왕(太上王)이라 올리고, 이참에 대언(代言) 세 사람으로 하여금 날을 바꿔 시측(侍側)하게 해서 공상(供上-토산물 진공)을 보살피기를 원합니다."

부왕이 말했다.

"상왕(上王)을 태상왕(太上王)으로 하고, 나를 상왕(上王)으로 하는 것이 마땅하다. 내가 감히 겸덕(謙德)해서가 아니라 천륜(天倫)의 차서(次序)다. 주상(主上)이 나에게 효도하고자 하거든 모름지기 나의 말을 따라야 한다. 그러나 내가 내 임의로 하는 것은 아니니, 마땅히 재상(宰相)의 여러 의견을 따르도록 하라. 또 주상이 대언(代言) 세 사람으로 하여금 내 옆에서 시중들게 하려고 하나, 주상이 새로 즉위해 일을 바꾸지 말 것을 너희들은 어찌 말하지 않는가? 부왕의 뜻이 만일 진실로 주상의 말과 같다면, 이는 나라에 두 임금이 있는 것이니 옳지 않다."

이명덕이 반명(反命)하니 상이 말했다.

"부왕(父王)이 나에게 효도하라는 가르침은 따르지 않을 수 없다. 그러나 그것을 정부·육조로 하여금 토의해 아뢰게 하라."

명덕이 명을 받아 정부·육조에 물으니, 유정현(柳廷顯)·박은(朴訔)·이원(李原)·박습(朴習)·조말생(趙末生) 등이 말했다.

"상왕(上王)이 비록 먼저 즉위했으나 부왕(父王)의 공덕(功德)이 깊고 무거운데, 하물며 주상께서 왕위를 부왕에게서 받은 경우이겠습니까? 마땅히 가까운 데서부터 먼 데에 미쳐야 하니[由親而及疎], 마땅히 부왕을 높여 태상왕(太上王)으로 삼아야 할 것입니다. 상왕은 그대로 상왕이 되는 것입니다."

변계량(卞季良), 정역(鄭易), 참판(參判) 탁신(卓愼)·이적(李迹)·이지강(李之剛)·한상덕(韓尙德), 대언 원숙(元肅) 등이 말했다.

"후사(後嗣)가 되는 것은 아들이 되는 것이니, 마땅히 즉위(卽位)한 선후(先後)로써 논해야지 덕(功德)으로써 논할 수가 없습니다. 마땅히 상왕(上王)을 높여 태상왕(太上王)으로 하고, 부왕(父王)을 상왕(上王)으로 해야 할 것입니다."

명덕이 여러 의견을 가지고 아뢰었다. 얼마 있다가 상왕(上王)도 사람을 보내 말했다.

"태상(太上)이라는 글자는 내가 감당할 바가 못 되니 실로 지나침이 있다."

마침내 인덕궁(仁德宮-정종)에 대해 태상왕(太上王) 존호(尊號)를 (올리는 것을) 중지했다.

戊寅朔 行圓壇報祀祭. 淸城府院君鄭擢啓曰: "臣等行圓壇祭 此
무인 삭 행 원단 보사제　청성부원군　정탁 계왈　신등 행 원단 제 차

祭天也 其禮不小. 壇無欄檣與門 且豚不充肥 殊無事天之義." 命
제천 야 기례 불소　단무 난장 여문 차 돈 불 충비 수무 사천 지의　명

禮曹修治之.
예조 수치 지

上詣仁德宮起居 遂幸昌德宮 觀仁政殿經營之狀 仍御廣延樓 饋
상 예 인덕궁 기거 수행 창덕궁 관 인정전 경영 지 상 잉어 광연루 궤

監督官吏及侍衛臣僚 賜魚酒于役徒 至暮還幸景福宮. 先是 上問於
감독 관리 급 시위 신료 사 어주 우 역도 지모 환행 경복궁 선시 상 문어

李明德曰: "予欲詣仁德宮 誠寧之家在路邊 見之則必生哀毁之心.
이명덕 왈　여 욕예 인덕궁 성녕 지 가재 노변 견지 즉 필생 애훼 지심

予固知汝等之笑予 然不能忍視也. 欲出崇禮門 回入西箭門謁見
여 고지 여등 지 소여 연 불능 인시 야 욕출 숭례문 회입 서전문 알현

然後還出西箭門 而來觀仁政殿改造之役何如?" 明德對曰: "殿下
연후 환출 서전문 이 내관 인정전 개조 지 역 하여　명덕 대왈　전하

悲念之心 未嘗小弛 見之則愈切矣." 上從其言 皆由崇禮門.
비념 지심 미상 소이 견지 즉 유절 의 상 종 기언 개유 숭례문

敎中外行幸 槍牌侍衛.
교 중외 행행 창패 시위

庚辰 賜酒五十瓶 乾獐鹿各五口于成均館. 成均館獻松子與生梨
경진 사주 오십 병 건장 록 각 오구 우 성균관 성균관 헌 송자 여 생리

乃有是賜.
내 유 시사

上曰: "予少時游於是館 飮酒則必歌舞而發興 今飮此者 亦當
상 왈　여 소시 유어 시관 음주 즉 필 가무 이 발흥 금 음 차자 역당

如之." 於是 本館與藝文校書館 承文院官吏 生員 幼學百餘人會飮
여지 어시 본관 여 예문 교서관 승문원 관리 생원 유학 백여 인 회음

竟日乃罷.
경일 내 파

戶曹啓漕轉事宜. 戶曹據忠淸道都觀察使報以啓曰: "漕轉之弊
호조 계 조전 사의 호조 거 충청도 도관찰사 보이 계왈　조전 지 폐

問於各官 咸曰: '歲前收納 歲後上納 則浦所收納 過冬有弊 且盜賊
문어 각관 함왈 세전 수납 세후 상납 즉포 소수납 과동 유폐 차 도적

可畏.' 歲前上納 則損實審驗前 定稅督納 有妨秋收 秋耕 拾粟 而將
가외 세전 상납 즉 손실 심험 전 정세 독납 유방 추수 추경 습속 이장

失生理矣. 若歲後收納 正月晦時始出浦上納 則秋耕 秋收 救荒之
실 생리 의 약 세후 수납 정월 회시 시출포 상납 즉 추경 추수 구황 지

事 無有闕一 而得免飢饉之苦矣." 朝啓諸臣 各執所見 議論紛紜 上
사 무유 궐일 이 득면 기근 지고 의 조계 제신 각집 소견 의론 분운 상

曰: "從其道監司所報."
왈 종 기도 감사 소보

以朴光衍爲慶尙道水軍都節制使. 先是 以金乙和爲
이 박광연 위 경상도 수군도절제사 선시 이 김을화 위

水軍都節制使. 平陽府院君金承霔啓曰: "乙和才無特異 而有酒失
수군도절제사 평양부원군 김승주 계왈 을화 재무 특이 이유 주실

不合防禦之任 又於李叔蕃五寸叔也. 叔蕃今謫慶尙道 乙和執防禦
불합 방어 지임 우어 이숙번 오촌 숙야 숙번 금적 경상도 을화 집방어

之權 則其心難測 不可遣也." 上曰: "予亦素知乙和爲叔蕃之五寸
지권 즉 기심 난측 불가 견야 상왈 여역 소지 을화 위 숙번 지 오촌

且有酒失 則不可遣. 可改以他人." 知申事李明德啓曰: "鄭幹才智
차 유 주실 즉 불가 견 가개이 타인 지신사 이명덕 계왈 정간 재지

俱能 不憚防禦之任 可使代之 但曾經此任於慶尙道." 上曰: "幹
구능 불탄 방어 지임 가사 대지 단 증경 차임 어 경상도 상왈 간

已經則不可 擇廷臣可當者以聞." 乃以光衍代之.
이경 즉 불가 택 정신 가당 자 이문 내이 광연 대지

日本國大內殿德雄 多多良道雄等遣使來獻土物.
일본국 대내전덕웅 다다량도웅 등 견사 내헌 토물

辛巳 命李貞幹就職.
신사 명 이정간 취직

工曹判書孟思誠以父病辭. 思誠父希道居溫水縣 賜內藥 且給傳
공조판서 맹사성 이 부병 사 사성 부 희도 거 온수현 사 내약 차 급전

以送.
이송

壬午 大雨雷.
임오 대우 뇌

命旌表孝女門閭 復其戶. 孝養 忠淸道洪州任內新平縣人 權至
명 정표 효녀 문려 복 기호 효양 충청도 홍주 임내 신평현 인 권지

之女也. 年十三父死 廬於塚傍 居憂三年 年二十五 母死亦如之.
지 녀야 연 십삼 부사 여어 총방 거우 삼년 연 이십오 모사 역 여지

觀察使以聞 故有是命.
관찰사 이문 고유 시명

分遣損實敬差官于諸道.
분견 손실경차관 우 제도

癸未 大雨.
계미 대우

議政府 六曹獻壽于慶會樓 蓋以還都也.
의정부 육조 헌수 우 경회루 개 이 환도 야

更立吹角作運序立之法.
갱립 취각 작운 서립 지법

兵曹判書朴信等上兵制曰: "內吹角聲初發時 入番兵曹應之以角
병조판서 박신 등 상 병제 왈 내 취각 성 초발 시 입번 병조 응지 이각

世子殿亦應之以角. 次義勇衛入番掌軍節制使入殿門出令 左右牌
세자전 역 응지 이각 차 의용위 입번 장군 절제사 입 전문 출령 좌 우패

節制使及各領護軍各率軍士 於殿門外作運序立; 王世子服甲胄率
절제사 급 각령 호군 각 솔 군사 어 전문 외 작운 서립 왕세자 복 갑주 솔

軍士 詣闕門外 三軍軍士作運之後 別作一陣待命. 若命召則驗信牌
군사 예 궐문 외 삼군 군사 작운 지후 별작 일진 대명 약 명소 즉 험 신패

率左右牌及翊衛司入闕. 出番節制使及軍士 隨其聞角先後 奔走
솔 좌우 패 급 익위사 입궐 출번 절제사 급 군사 수 기 문각 선후 분주

聚會 依義勇衛序立圖作運."
취회 의 의용위 서립도 작운

敎曰: "近者久不吹角 軍馬虛疎 今世子新立 宜吹角而齊其軍馬
교왈 근자 구 불 취각 군마 허소 금 세자 신립 의 취각 이 제 기 군마

也. 當吹角之日 若有虛疎之勢 則暫不寬宥 將此意傳諭於各軍."
야 당 취각 지일 약유 허소 지세 즉 잠 불 관유 장 차의 전유 어 각군

議定王世子朝見日. 上謂李明德曰: "今霾雨不霽 泥濘難行 來
의정 왕세자 조현일 상 위 이명덕 왈 금 매우 부제 이녕 난행 내

十八日世子發行 則非獨行路之難 至於方物亦難輸也. 在我境內
십팔일 세자 발행 즉 비독 행로 지난 지어 방물 역 난수 야 재 아 경내

猶可以輸 入彼境 遼野水溢 則尤難行也. 況元閔生時 未回還乎?
유 가이 수 입 피경 요야 수일 즉 우 난행 야 황 원민생 시 미 회환 호

是月二十八日 來月初一日皆吉. 擇此兩日而發行 則庶聞閔生之
시월 이십팔일 내월 초일일 개길 택 차 양일 이 발행 즉 서문 민생 지

回話 霖霖收而行路便矣. 如此則及至十月 可以朝見也. 從十月而
회화 음림 수 이 행로 편의 여차즉 급지 십월 가이 조현 야 종 십월 이

計之 則正朝不遠 恐皇帝留之 過正朝而後遣還. 然世子托言中宮
계지 즉 정조 불원 공 황제 유지 과 정조 이후 견환 연 세자 탁언 중궁

未寧 則皇帝何須强留之? 以此意 傳諭於政府 六曹 擬議以聞."
미녕 즉 황제 하수 강 유지 이 차의 전유 어 정부 육조 의의 이문

朴訔 李原等曰: "朝見不可緩也. 閔生之還 在於十八日之前 則
박은 이원 등 왈 조현 불가 완 야 민생 지환 재어 십팔일 지전 즉

十八日宜乎發行 若在十八日之後 當如殿下之所敎也."
십팔일 의호 발행 약재 십팔일 지후 당여 전하 지 소교 야

贊成沈溫曰:"十八日 受死日也. 然三凶今所不用 故當於大事而
찬성 심온 왈 십팔일 수사일 야 연 삼흉 금 소불용 고 당어 대사 이

不敢發言 今霾雨不霽 行路實難. 二十八日 初一日中發行 則霾雨收
불감 발언 금 매우 부제 행로 실난 이십팔일 초일일 중 발행 즉 매우 수

而亦避三凶矣."
이 역 피 삼흉 의

參贊金漸曰:"非獨霾雨 敬嬪有彌月之祥 苟如殿下之敎 則一擧
참찬 김점 왈 비독 매우 경빈 유 미월 지상 구여 전하 지교 즉 일거

而兩全矣."
이 양전 의

吏曹判書鄭易曰:"當世子之朝見也 皇帝欲示厚意 則必留之
이조판서 정역 왈 당 세자 지 조현 야 황제 욕시 후의 즉 필 유지

使過正朝. 十月朝見 留至兩朔 似乎不可. 十月發行 十一月朝見 則
사과 정조 십월 조현 유지 양삭 사호 불가 십월 발행 십일월 조현 즉

只經一朔矣. 如此則不必別備正朝之貢 且大觀天下之會同也. 雖
지경 일삭 의 여차즉 불필 별비 정조 지공 차 대관 천하 지 회동 야 수

托以中宮之不寧 皇帝必賜藥 先使送人也."
탁이 중궁 지 불녕 황제 필 사약 선사 송인 야

兵曹判書朴信 戶曹判書崔迤 禮曹判書卞季良 刑曹判書朴習等
병조판서 박신 호조판서 최이 예조판서 변계량 형조판서 박습 등

曰:"豈肯賜藥而留之乎?" 易曰:"臣嘗以正朝使入朝 行賀禮後 留
왈 기긍 사약 이 유지 호 역왈 신상 이 정조사 입조 행 하례 후 유

四十日. 今世子之行 欲示厚意 則安知强留之乎?"
사십 일 금 세자 지행 욕시 후의 즉 안지 강류 지호

明德具以聞 敎曰:"豈賜藥强留之有乎? 以本月二十八日爲定."
명덕 구 이문 교왈 기 사약 강류 지유호 이 본월 이십팔일 위정

朴信啓曰:"仁政殿改造材木 凡五百章 而以五百章 猶曰不足 況
박신 계왈 인정전 개조 재목 범 오백 장 이이 오백 장 유왈 부족 황

其內五十章 世子殿修理時 已用之乎? 其他雜木 積於江原道 今當
기내 오십 장 세자전 수리 시 이용 지호 기타 잡목 적어 강원도 금당

大水 可以流下. 然徒以船軍 力不能支 請用民力." 敎曰:"前日已用
대수 가이 유하 연 도이 선군 역 불능 지 청용 민력 교왈 전일 이용

民力 今於四方未有美事 而每聞凶荒 其可忍用民力乎? 曾知如此
민력 금어 사방 미유 미사 이 매문 흉황 기가 인용 민력 호 증지 여차

則不如不毀之爲愈也. 尹瞻役本宮之奴 備材木百餘章 誠若不足 則
즉 불여 불훼 지위유 야 윤첨 역 본궁 지노 비 재목 백여 장 성약 부족 즉

姑用此木."
고용 차목

左副代言元肅啓曰: "禹均今已私馬上來 請推其所犯."
좌부대언 원숙 계왈 우균 금이 사마 상래 청추 기 소범

教曰: "待雨晴 予當親問 然後推之."
교왈 대 우청 여당 친문 연후 추지

教李明德曰: "義和宮主老且有疾 不離藥酒. 自今勿用陳酒 以
교 이명덕 왈 희화궁주 노차 유질 불리 약주 자금 물용 진주 이

新酒進焉." 宮主 前朝玄陵定妃安氏也.
신주 진언 궁주 전조 현릉 정비 안씨 야

甲申 地震. 大雨 雷電 水遍郊野 牧馬溺死 禾稼大傷.
갑신 지진 대우 뇌전 수편 교야 목마 익사 화가 대상

行祈晴祭. 禮曹啓: "當百穀結實之時 陰雨連日 當八日行
행 기청제 예조 계 당 백곡 결실 지시 음우 연일 당 팔일 행

祈晴祭." 從之.
기청제 종지

命行解怪祭于大掘浦. 全羅道都觀察使報: "羅州大掘浦 自六月
명행 해괴제 우 대굴포 전라도 도관찰사 보 나주 대굴포 자 육월

二十七日至七月十四日 浦水潮滿 則色赤如血." 故也.
이십 칠일 지 칠월 십사일 포수 조만 즉 색 적 여혈 고야

乙酉 大雨.
을유 대우

上授世子國寶 移御于蓮花坊古世子宮.
상 수 세자 국보 이어 우 연화방 고 세자궁

先是 上欲行內禪之舉 御慶會樓下 召知申事李明德 左副代言
선시 상 욕행 내선 지거 어 경회루 하 소 지신사 이명덕 좌부대언

元肅 右副代言成揜等曰:
원숙 우부대언 성엄 등 왈

"予在位今已十八年 雖無德望 然無非義之舉 而未能上答天意
여 재위 금이 십팔 년 수무 덕망 연무 비의 지거 이 미능 상답 천의

屢致水旱 蟲蝗之災. 且有宿疾 近來尤劇 玆欲傳位于世子. 父傳於
누치 수한 충황 지재 차유 숙질 근래 우극 자욕 전위 우 세자 부 전어

子 天下古今之常事 臣下不得議諍.
자 천하 고금 지 상사 신하 부득 의쟁

壬申 戊寅年事 皆卿等所知 其戊寅年事則免死欲生而爲之也. 今
임신 무인년 사 개 경등 소지 기 무인년 사 즉 면사 욕생 이 위지 야 금

反思之 其定社稷 豈人力所爲? 天實定之也. 予之像貌 非君像也
반 사지 기정 사직 기 인력 소위 천 실 정지 야 여지 상모 비 군상 야

威儀動靜 皆不合於人君.
위의 동정 개 불합 어 인군

以無逸考之 在位或十年 或二十年. 二十年則享國長久之主也 予
이 무일 고지 재위 혹 십년 혹 이십년 이십년 즉 향국 장구 지주 야 여

之享國久矣. 其間思念太祖喪失鍾愛二子之傷心 雖予身爲國主之
지 향국 구의 기간 사념 태조 상실 종애 이자 지 상심 수 여신 위 국주 지

榮 而不得見於親 或率百官詣殿 不得入見還來 思欲去位如棄敝屣
영 이 부득 견 어친 혹 솔 백관 예전 부득 입견 환래 사 욕 거위 여기 폐사

騎匹馬率一官 昏定晨省 以表予心.
기 필마 솔 일관 혼정신성 이표 여심

乃於丙戌 欲傳位世子 而百官請止 母后之靈涕泣見夢. 又陽村
내 어 병술 욕 전위 세자 이 백관 청지 모후 지 령 체읍 현몽 우 양촌

具辭上書 閔氏之事始起 臺諫固爭 是用不果. 今予以謂 元閔生
구사 상서 민씨 지 사 시기 대간 고쟁 시용 불과 금 여 이위 원민생

回還 世子朝見後傳位 則當兩全矣. 然有所未便者 東殿危病 予疾
회환 세자 조현 후 전위 즉 당 양전 의 연 유 소미편 자 동전 위병 여질

復作 世子豈可朝京? 況懷安父子在焉 又讓寧 雖至親 而無疑於
부작 세자 기가 조경 황 회안 부자 재언 우 양녕 수 지친 이 무의 어

生變 昨居名分之地 今乃廢黜在外 豈無窺伺之人乎? 故欲停朝見
생변 작 거 명분 지지 금내 폐출 재외 기무 규사 지인 호 고 욕정 조현

無明文言語而已. 且世故無時而生 又萬機之身 不可輕行 皇帝豈以
무 명문 언어 이이 차 세고 무시 이생 우 만기 지신 불가 경행 황제 기이

外國之事爲詰? 予以八月初四日 發病爲辭 移咨奏聞 皇帝必降誥命
외국 지사 위힐 여 이 팔월 초사일 발병 위사 이자 주문 황제 필강 고명

以今所辦金銀 馬匹爲謝. 若正朝進賀使 以右議政李原爲之 元閔生
이 금 소판 금은 마필 위사 약 정조 진하사 이 우의정 이원 위지 원민생

回還 則謝恩使當以贊成沈溫差遣. 傳位之後 予當與老相輔翼省事.
회환 즉 사은사 당 이 찬성 심온 차견 전위 지후 여 당여 노상 보익 성사

唐睿宗五日受朝 不必効也. 爾等毋得諍之 各記予言 備傳于政府
당 예종 오일 수조 불필 효야 이등 무득 쟁지 각기 여언 비전 우 정부

大相 令思予意."
대상 영사 여의

代言等啓曰: "不可."
대언 등 계왈 불가

上曰: "十八年騎虎 亦已足矣."
상왈 십팔 년 기호 역이 족의

明德等涕泣而出 宣傳于政府 六曹. 領議政韓尙敬 左議政朴訔
명덕 등 체읍 이출 선전 우 정부 육조 영의정 한상경 좌의정 박은

右議政李原等及六曹判書參判同辭對曰: "上春秋未至老耄 病未至
우의정 이원 등 급 육조판서 참판 동사 대왈 상 춘추 미지 노모 병 미지

廢政 且遣元閔生請立世子 又令奏世子朝見. 不數月 傳位自逸 絶
폐정 차 견 원민생 청립 세자 우 령 주 세자 조현 불 수월 전위 자일 절

爲不可. 況內禪國之大事 當順人心 不可勒令不諍. 自殿下踐祚
위 불가 황 내선 국지 대사 당 순 인심 불가 늑령 부쟁 자 전하 천조

564

以來 民安物阜 海寇賓服 未有若今日之太平也. 其或有水旱 豈
이래 민안 물부 해구 빈복 미유 약 금일 지 태평 야 기 혹유 수한 기

殿下之德 未享於天心而然歟? 堯湯亦有所未免耳."
전하 지덕 미향 어 천심 이연 여 요 탕 역유 소미면 이

上曰: "父傳於子 非臣下所得諍也. 臣諍之法 載何經典? 予志
상왈 부 전어 자 비신하 소득 쟁야 신쟁 지법 재하 경전 여지

已定久矣. 不可改爲 毋更言之." 至日午 上正衣冠扶杖 移御報平殿
이정 구의 불가 개위 무갱 언지 지 일오 상정 의관 부장 이어 보평전

使承傳宦者崔閑教承政院曰: "今日有開印事 速納大寶."
사 승전환자 최한 교 승정원 왈 금일 유 개인 사 속납 대보

代言等號泣至報平殿門外 上閉門不納 令內臣召世子 命尙瑞司
대언 등 호읍 지 보평전 문외 상 폐문 불납 영 내신 소 세자 명 상서사

進大寶 督之再三. 領敦寧柳廷顯及政府 六曹 功臣 三軍摠制
진 대보 독지 재삼 영돈녕 유정현 급 정부 육조 공신 삼군총제

六代言等排闥直入 至報平殿門外 呼天痛哭 請寢禪擧 共執大寶 令
육대언 등 배달 직입 지 보평전 문외 호천통곡 청침 선거 공집 대보 영

不得進.
부득 진

上大聲勅明德曰: "君有命 臣不聽 義乎?" 明德不獲已而進大寶
상 대성 칙 명덕 왈 군유명 신 불청 의호 명덕 불획이 이 진 대보

于上前 世子未知命召之急爲何事 顚倒而來 由西戶而入. 上見世子
우 상전 세자 미지 명소 지 급 위 하사 전도 이래 유 서호 이입 상 견 세자

曰: "兒乎! 今授大寶 受之." 世子俯伏不起 上執世子袖起之 而授以
왈 아호 금 수 대보 수지 세자 부복 불기 상 집 세자 수 기지 이 수이

大寶 卽入于內. 世子罔知所措 卽置大寶于案 隨入于內 至誠請辭
대보 즉 입 우내 세자 망지 소조 즉치 대보 우안 수입 우내 지성 청사

群臣亦痛哭不已 請還國璽曰: "請封世子 未見奏準 如何遽迫乎?"
군신 역 통곡 불이 청환 국새 왈 청봉 세자 미견 주준 여하 거박 호

上曰: "豈無奏聞之故乎?"
상왈 기무 주문 지고 호

乃令閑教大小臣僚曰: "予已與國王相對而坐 卿等勿復請也." 命
내 령 한교 대소 신료 왈 여 이여 국왕 상대 이좌 경등 물부청 야 명

世子受寶留宮 仍賜紅陽傘 命尙瑞官及代言一人守寶而宿 命駕從
세자 수보 유궁 잉사 홍양산 명 상서관 급 대언 일인 수보 이숙 명가 종

十餘騎 出自西門 幸蓮花坊古世子殿.
십여 기 출자 서문 행 연화방 고 세자전

百官隨至 詣殿庭痛哭 請復位 世子奉大寶詣殿 進寶固辭. 至夜
백관 수지 예 전정 통곡 청 복위 세자 봉 대보 예전 진보 고사 지야

上曰: "諭予之意 已至再三 何不以孝我爲念 而紛紛然若是乎? 予若
상왈 유 여지의 이지 재삼 하불이 효아 위념 이 분분 연 약시 호 여약

欲聽臣僚之請而復位 則予將不得其死矣."
육청 신료 지청이 복위 즉여장 부득 기사 의

乃拱手指北斗而誓之 以示更不復位之意 令閑傳命曰: "予以此擧
내 공수 지북두 이서지 이시 갱불 복위 지의 영한 전명 왈 여이 차거

誓告于天地 宗廟矣 何敢變乎?"
서고 우 천지 종묘 의 하감 변호

世子惶懼 顧謂明德曰: "奈何?" 明德對曰: "上意已定 宜當盡孝."
세자 황구 고위 명덕 왈 내하 명덕 대왈 상의 이정 의당 진효

世子令明德奉寶而出 還于景福宮 令代言金孝孫守寶宿焉. 臺諫
세자 령 명덕 봉보 이출 환우 경복궁 영 대언 김효손 수보 숙언 대간

上疏 請止內禪 其疏皮封 書上前開拆.
상소 청지 내선 기소 피봉 서 상전개탁

上曰: "予已辭位 乃曰上前開拆何也? 若曰上王前開坼 則予當
상 왈 여이 사위 내왈 상전개탁 하야 약왈 상왕전개탁 즉 여 당

覽之."
람지

乃却其疏. 是夕 静妃移御于蓮花坊古世子殿.
내 각 기소 시석 정비 이어 우 연화방 고 세자전

丙戌 司諫院右司諫大夫鄭尙 司憲執義鄭招等上疏 請止內禪之
병술 사간원 우사간대부 정상 사헌 집의 정초 등 상소 청지 내선 지

擧 其疏曰:
거 기소 왈

‘傳國 大事也. 必順於人心 合於天道 然後乃可以行. 伏觀 殿下
전국 대사 야 필순 어 인심 합어 천도 연후 내 가이 행 복관 전하

春秋鼎盛 聽斷方明 遽厭萬機 遂欲傳位 大小臣僚聞者 莫不悲泣
춘추 정성 청단 방명 거염 만기 수욕 전위 대소 신료 문자 막불 비읍

人心如此 天意可知. 且殿下承天子之命而有國 不可不告而傳之.
인심 여차 천의 가지 차 전하 승 천자 지명 이 유국 불가 불고 이 전지

今若不告而傳之 將何以聞? 況前日以請立世子 遣使以聞 使者未還
금 약 불고 이 전지 장하 이문 황 전일 이 청립 세자 견사 이문 사자 미환

乃行此事 此乃宗社之大計 不可輕也. 又殿下每降一令 必與大臣
내 행 차사 차 내 종사 지 대계 불가 경야 우 전하 매강 일령 필여 대신

謀之. 至於大事 不與大臣謀之 豈所以貽謀之道也? 乞殿下 俯察
모지 지어 대사 불여 대신 모지 기 소이 이모 지 도야 걸 전하 부찰

人情 仰稽天命 收還成命 宗社幸甚.’
인정 앙계 천명 수환 성명 종사 행심

議政府 六曹 三功臣 三軍都摠制府 文武百官等上疏曰:
의정부 육조 삼공신 삼군도총제부 문무백관 등 상소 왈

‘臣等於倉卒之際 伏聞下敎 驚惶戰慄 不暇致詳 姑擧大槪 條陳
신등 어 창졸 지제 복문 하교 경황 전율 불가 치상 고거 대개 조진

于後. 殿下旣擇賢有德者 定爲東宮 國本已固 人心已定 無復可慮.

今殿下欲爲內禪之擧 然年未至於耄期 病未至於廢政 遽釋重任 欲此暇逸 此其不可者一也.

我太祖化家爲國 至於殿下 始受帝命. 帝於我朝使臣之至 必親殿下之至誠 君臣相遇 誠爲千載一時. 良由殿下事大之禮 出於至誠前古所未有也. 今以國家相傳 非有急遽不獲已之大故. 曾不以聞于朝政 擅自行之 殿下二十年事大恭謹之禮 一朝而廢之 必有朝政之詰責 將何以對之? 此其不可者二也.

天視自我民視 天聽自我民聽 此聖人之格言 而萬世之大訓也. 古之帝王 凡有擧事 必順民心 以若天道. 躋世昇平 歷年悠久 載諸方策 昭然可考 皆殿下洞觀而默識者也. 殿下卽位以來 垂二十年民安物阜 海寇賓服 天子優禮 東韓之民游泳聖澤 歌詠太平. 殿下無故欲行內禪之禮 一國臣民 呼天痛哭 從義而不從命 期於兪允 死執不可. 人心之不順 至於如此 上天之意 從可知矣.

大抵人君之道 必與臣隣都兪吁咈 能有所濟. 小事尙然 況於以國相傳乎? 古今天下國家之事 順天意 從民欲而凶者 未之有也; 逆天命 拂人心而吉者 亦未之有也. 孟子論文武之取不取 乃以民心之悅不悅 蓋人心之所歸 卽天命之所在也. 殿下雖曰嘗以告天 告宗廟 然臣等的知上天之必不從 宗廟之必不報. 何者? 古人有言曰: "天不言 以行與事示之." 今擧國臣民之心如此 天與宗廟之意

不外是矣. 殿下此擧 上不聞于天子 下不順乎人心 其不可也昭昭

矣. 人心所向 卽天命所在也; 不順人心 卽不順天命. 恭惟太祖草創

洪業 順天命也 順人心也. 殿下卽位以來二十年間 無一事不順天命

不順人心. 今於以國家相傳之大事 乃欲違天命 逆人心 以肆己意

臣等惟知待罪 斷不承命. 伏惟殿下 念天地 宗社付托之重 皇帝

眷愛之隆 俯循擧國臣隣哀痛之至情 勿爲退辭自逸之計 宗社幸甚

臣民幸甚 萬世幸甚.'

上不覽而却之. 參贊金漸手執疏 更授李明德曰: "上不覽此狀而

却之 則臣民將奈何?" 仍哭泣嗚咽 蓮城君金定卿笑曰: "誤哉 彼客!

於此公事 胡乃獨別乎?" 漸揚言定卿之失 嗾臺諫劾之.

藝文館大提學行成均大司成趙庸等 以釋奠祭致齋于成均館 與

學官 學生等 同上疏曰:

'伏觀永樂十六年八月初八日 主上殿下欲以寶位內禪于王世子

朝野臣民罔不驚駭 臣等竊謂 內禪之事 歷代所罕見. 唐高祖之授

太祖 出於臨湖之變; 宋光宗之授寧宗 出於危疾疑懼之後. 凡若

此類 迫於變故 皆非得已 後之議者 猶不取焉. 至若帝堯之試大舜

由在位七十載 耄期倦于勤 然猶俾之居攝而已 未嘗命以帝位; 文王

之聖 年踰九十 武王之在東宮 亦且八十 然亦不以大位禪支 所以示

天下萬世君臣父子之大倫者如此.

恭惟 主上殿下聰明聖智 勵精圖治 至于動植 咸濡睿澤 何圖今日

遽欲如此? 且殿下年甫中身 康寧勤健 非帝堯耄倦 文王百齡之譬.
거 욕 여차　차 전하 연보 중신　강녕 근건　비 제요 모권　문왕 백령 지 비

乃當太平無事之日 而欲脫屣萬乘 臣等未知殿下何爲出此意也.
내 당 태평 무사 지일　이욕 탈사 만승　신등 미지 전하 하위 출 차의 야

臣等伏覩 耿光猶且有此疑惑 況後世乎? 臣等又謂 殿下至誠事大
신등 복도　경광 유차 유차 의혹　황 후세 호　신등 우위　전하 지성 사대

凡有重事 必待聞于天子而後乃敢 矧殿下之位 內傳之于祖宗 上
범유 중사　필 대문 우 천자 이후 내감　신 전하 지위　내전 지우 조종　상

受之於天子 使天子有聞 殿下能必其無疑我之心乎? 臣等反覆籌之
수지 어 천자　사 천자 유문　전하 능필 기무의 아지심 호　신등 반복 주지

殿下此擧 無一可者. 伏望特回睿斷 寢罷內禪之命 以副臣民之望
전하 차거 무일 가자　복망 특 회 예단　침파 내선 지명　이부 신민 지망

不勝幸甚.'
불승 행심

　上皆不覽. 在位文武大小臣僚與前銜二品以上 詣殿庭請入上前
상개 불람　재위 문무 대소 신료 여 전함 이품 이상　예 전정 청입 상전

親請 上閉門不通內外之言 群臣痛泣坐地. 上使閑傳敎曰: "予已
친청 상 폐문 불통 내외 지언　군신 통읍 좌지　상사 한전 교왈　여이

誓告于皇天 宗廟誓 不可改也." 誾曰: "民惟邦本. 臣聞傳國以民
서고 우 황천　종묘 서 불가 개야　은왈　민유 방본　신문 전국 이민

相傳; 未聞以誓相傳也. 人心所在 卽天心之所在 天人一理 通達
상전　미문 이서 상전 야　인심 소재 즉 천심 지 소재　천인 일리　통달

無間. 皇天 宗廟必不是殿下之失也."
무간　황천 종묘 필 불시 전하 지 실야

　廷顯曰: "殿下卽位以來 海寇不侵 邊境無虞 民安物阜 德至渥
정현 왈　전하 즉위 이래　해구 불침　변경 무우　민안 물부　덕 지악

也. 以國相傳 國之大事 而年未耄期. 不布告臣民 遽以傳之 臣竊謂
야　이국 상전　국지 대사　이연 미 모기　불 포고 신민　거 이 전지　신 절위

殿下此擧 大德之累也. 殿下殺臣而臣死則已 未死之前 不可不固請
전하 차거　대덕 지 루야　전하 살신 이 신사 즉이　미사 지전　불가 불 고청

也."
야

　上曰: "我嘗以傳國之意 誓告皇天 宗廟. 諸臣請予改之 是以我
상왈　아 상 이 전국 지의　서고 황천 종묘　제신 청여 개지　시이 아

欺天 欺宗廟乎?"
기천　기 종묘 호

　昌寧府院君成石璘曰: "一日萬機 殿下不聽政 而至於如此 國事
창녕부원군 성석린 왈　일일 만기　전하 불 청정　이 지어 여차　국사

將以顧矣." 金漸曰: "今國家邊境無虞 上國待之以誠 皆殿下至誠
장이 고의　김점 왈　금 국가 변경 무우　상국 대지 이성　개 전하 지성

事大之美德. 今年六月 易置世子 八月傳位 則上國必疑之; 後世
<small>사대 지 미덕 금년 육월 역치 세자 팔월 전위 즉 상국 필 의지 후세</small>

聞者 亦必有疑矣."
<small>문자 역필 유의 의</small>

上曰:"予雖傳位 國有大事 則當與大臣議之 以輔其不逮也."
<small>상왈 여수 전위 국유 대사 즉당 여대신 의지 이보 기 불체 야</small>

二品以上諸臣 入中門內庭 終日固請 上曰:"傳國於子 古今之
<small>이품 이상 제신 입 중문 내정 종일 고청 상왈 전국 어자 고금 지</small>

大法也. 其相傳之際 所與共國大臣請止之 亦人情之所必至. 然
<small>대법 야 기 상전 지제 소여 공국 대신 청지 지 역 인정 지 소필지 연</small>

請之再三而不聽 則可以已矣 何若是之强聒不順哉?"
<small>청지 재삼 이 불청 즉 가이 이의 하 약시 지 강괄 불순 재</small>

群臣皆大哭 聲振宮庭.
<small>군신 개 대곡 성진 궁정</small>

上曰:"諸臣自少不習坐地 今終日坐於卑濕之地 無乃得疾乎? 予
<small>상왈 제신 자소 불습 좌지 금 종일 좌어 비습 지지 무내 득질 호 여</small>

甚痛之 胡乃强請如此乎? 若明日又來 則予亦不愛身 而對坐於地
<small>심통 지 호내 강청 여차 호 약 명일 우래 즉 여 역불 애신 이 대좌 어지</small>

矣."
<small>의</small>

群臣至日沒乃退.
<small>군신 지 일몰 내 퇴</small>

上令代言等歸景福宮. 代言元肅守大寶于景福宮宿焉. 翼日未明
<small>상 령 대언 등 귀 경복궁 대언 원숙 수 대보 우 경복궁 숙언 익일 미명</small>

王世子命內官盧希鳳 請詣殿問安 上不允.
<small>왕세자 명 내관 노희봉 청 예전 문안 상 불윤</small>

丁亥 王世子受內禪 卽位于勤政殿.
<small>정해 왕세자 수 내선 즉위 우 근정전</small>

上遣崔閑 送乘輿儀仗 又命遣闕內侍衛司禁 雲劍 備身 笏陪 迎
<small>상 견 최한 송 승여 의장 우 명견 궐내 시위 사금 운검 비신 홀배 영</small>

王世子來 世子乃使閑請辭以烏杖 靑陽傘詣殿. 上令內臣視之
<small>왕세자 래 세자 내 사한 청사 이 오장 청양산 예전 상 령 내신 시지</small>

怒曰:"不從命則勿來也." 世子不得已 以朱杖 紅陽傘前導而來 上
<small>노왈 부종명 즉 물래 야 세자 부득이 이 주장 홍양산 전도 이래 상</small>

召世子入. 世子親袖辭箋以進 其辭曰:
<small>소 세자 입 세자 친수 사전 이진 기사 왈</small>

'臣性資愚魯 學問未成 爲政之方 懜然無覺. 叨居儲副之位 夙夜
<small>신 성자 우로 학문 미성 위정 지방 몽연 무각 도거 저부 지위 숙야</small>

惕厲 猶懼不稱 何圖今日 乃有付畀之命? 事出意外 顚倒無措. 恭惟
<small>척려 유구 불칭 하도 금일 내유 부비 지명 사출 의외 전도 무조 공유</small>

主上殿下春秋鼎盛 聖德方隆 邊倦萬機 欲以廟社之重 委諸顕蒙之
주상전하 춘추 정성 성덕 방륭 거권 만기 욕이 묘사 지중 위저 전몽 지

軀 豈惟臣子之心 倍加兢惶 誠恐祖宗之靈 有以驚動. 且以國家而
구 기유 신자 지심 배가 궁황 성공 조종 지령 유이 경동 차이 국가 이

相傳 實惟國家之大事 恩遽乃爾 中外臣庶罔不駭愕. 重念 殿下立
상전 실유 국가 지대사 총거 내이 중외 신서 망불 해악 중념 전하 입

臣爲後之時 猶以不敢擅便 奏于天子 況以軍國之重 擅授於臣 臣恐
신 위후 지시 유이 불감 천편 주우 천자 황이 군국 지중 천 수어 신 신공

事大之禮 亦且有失. 伏望殿下 察愚臣之至情 慮國家之大計 以慰
사대 지례 역차 유실 복망 전하 찰 우신 지 지정 여 국가 지 대계 이위

宗社 臣民之望.'
종사 신민 지망

　上不允. 時 政府 六曹 三軍都摠制府 文武百官及前銜二品以上
상 불윤 시 정부 육조 삼군도총제부 문무백관 급 전함 이품 이상

咸造殿門 把門甲士把截不納. 廷顯叱門者欲入 門者固拒 廷顯排闥
함조 전문 파문 갑사 파절 불납 정현 질 문자 욕입 문자 고거 정현 배달

而入 群臣隨入殿庭 固請復位 呼哭不已. 上命左代言河演 都鎭撫
이입 군신 수입 전정 고청 복위 호곡 불이 상 명 좌대언 하연 도진무

李春生 令甲士堅守中門 禁入大小臣僚 命尙敬 嘗 原及六曹判書
이춘생 영 갑사 견수 중문 금입 대소 신료 명 상경 은 원급 육조판서

同議新君卽位諸事.
동의 신군 즉위 제사

　嘗曰: "殿下堅拒群臣之請 奈何奈何? 其勢終不得請 欲與六曹
은 왈 전하 견거 군신 지청 내하 내하 기세 종 부득 청 욕여 육조

議卽位諸事." 石璘 廷顯及群臣又排中門入內庭呼哭 聲徹御座.
의 즉위 제사 석린 정현 급 군신 우배 중문 입 내정 호곡 성철 어좌

　上使 孝寧大君傳命曰: "予傳位于異姓之君 則卿等之請然矣. 予
상 사 효령대군 전명 왈 여 전위 우 이성 지군 즉 경등 지청 연의 여

傳位于子 何以如此. 往者 予欲傳位于前世子 然知子莫如父 予知
전위 우자 하이 여차 왕자 여욕 전위 우전 세자 연 지자 막여 부 여지

禔之不善 故不傳 而至于今乃傳 勿以爲請."
제 지 불선 고 부전 이 지우 금 내전 물이 위청

　群臣愈哭不退. 金漸曰: "殿下此擧 於殿下 世子俱有失德. 何則?
군신 유곡 불퇴 김점 왈 전하 차거 어 전하 세자 구유 실덕 하즉

臣奉使中原 皇帝之於殿下 眷顧之心懇懇無已. 元閔生將建儲之請
신 봉사 중원 황제 지어 전하 권고 지심 간간 무이 원민생 장 건저 지청

今未反命 殿下一朝解位 世子一朝卽位 其在帝心 以爲如何? 是皆
금 미 반명 전하 일조 해위 세자 일조 즉위 기재 제심 이위 여하 시개

有失德也. 請姑待閔生之還."
유 실덕 야 청 고대 민생 지환

上皆不允. 親加衝天角帽于世子 遂令世子備國王儀仗 往景福宮
상 개 불윤 친가 충천각모 우 세자 수령세자비국왕 의장 왕 경복궁

卽位. 王世子不獲已承命 命開內門出曰: "我幼沖愚魯 難堪大事 故
즉위 왕세자 불획이 승명 명개 내문 출왈 아 유충우로 난감 대사 고

至誠請辭 終不蒙允 不得已歸景福宮矣."
지성 청사 종 불 몽윤 부득이 귀 경복궁 의

群臣見世子着衝天帽 止哭聲 或跪或伏地 相顧無一言. 世子以
군신 견세자착 충천모 지 곡성 혹궤혹복지 상고 무일언 세자 이

紅陽傘 如景福宮. 訔曰: "世子 吾君之子也. 固辭不允 已着上位之
홍양산 여 경복궁 은왈 세자 오군지자야 고사 불윤 이착 상위 지

帽 臣等固無更請之理." 群臣皆曰: "不獲已也." 乃議卽位諸事.
모 신등 고무 갱청 지리 군신 개왈 불획이 야 내 의 즉위 제사

上命河演與兵曹判書朴信 磨勘兩殿侍衛諸事以聞.
상 명 하연 여 병조판서 박신 마감 양전 시위 제사 이문

兵曹啓: "請改義興府爲義建府 司禁爲司嚴." 從之. 又啓: "中軍
병조 계 청개 의흥부 위 의건부 사금 위 사엄 종지 우계 중군

義興司 忠佐司 雄武司 忠武祠 左軍龍驤司 龍騎司 龍武司加
의흥사 충좌사 웅무사 충무사 좌군 용양사 용기사 용무사 가

一司 右軍虎賁司虎翼司虎龍司加一司. 因在前甲士六百二十六 加
일사 우군 호분사 호익사 호용사 가 일사 인 재전 갑사 육백 이십 육 가

三百七十四 護軍十 隊長隊副三百五十何如?" 從之. 又啓: "義建府
삼백 칠십 사 호군 십 대장 대부 삼백 오십 하여 종지 우계 의건부

左牌則內禁衛節制使及軍官仍舊 右牌則內侍衛節制使及軍官
좌패 즉 내금위 절제사 급 군관 잉구 우패 즉 내시위 절제사 급 군관

仍舊何如?" 從之. 又啓: "兵曹入直於義建府與其府鎭撫所及三軍
잉구 하여 종지 우계 병조 입직 어 의건부 여 기부 진무소 급 삼군

鎭撫所 依前例軍士考察 以義勇衛都鎭撫及鎭撫所 爲三軍都鎭撫
진무소 의 전례 군사 고찰 이 의용위 도진무 급 진무소 위 삼군 도진무

及鎭撫所 以三軍都鎭撫及鎭撫所爲義建府都鎭撫及鎭撫所 以
급 진무소 이 삼군 도진무 급 진무소 위 의건부 도진무 급 진무소 이

義勇衛左牌爲內禁衛 以右牌爲內侍衛何如?" 從之. 又啓: "三軍
의용위 좌패 위 내금위 이 우패 위 내시위 하여 종지 우계 삼군

二品以上及僉摠制爲半 入直於都摠制府及義建府 以上 大護軍
이품이상 급 첨총제 위반 입직 어 도총제부 급 의건부 이상 대호군

入直於各其司分屬處何如?" 從之. 又啓: "別侍衛 鷹揚衛亦令分半
입직 어 각 기사 분 속처 하여 종지 우계 별시위 응양위 역 령 분반

何如?" 從之. 又啓: "三軍各領內 中領司直一 副司直一 以正品
하여 종지 우계 삼군 각령 내 중령 사직 일 부사직 일 이 정품

差下 其餘各品及三軍五員十將 竝以從品差下何如?" 從之.
차하 기여 각품 급 삼군 오원십장 병이 종품 차하 하여 종지

命崔閑傳教朴訔等曰: "主上未壯之前 其軍事 予親聽斷. 且國家
명 최한 전교 박은 등 왈 주상 미장 지전 기 군사 여친 청단 차 국가

難斷之事 令議政府 六曹各陳可否而施行 予當參與於可否之一
난단 지사 영 의정부 육조 각진 가부 이 시행 여 당 참여 어 가부 지일

可也."
가야

訔對曰: "臣嘗聞此教." 乃與李原啓曰: "上之傳位 臣等以謂 欲爲
은 대왈 신 상문 차교 내 여 이원 계왈 상지 전위 신등 이위 욕위

暇逸 今乃知上意之大計. 請作教書 諭以辭位之意 以寬臣民之望."
가일 금 내지 상의 지 대계 청작 교서 유이 사위 지의 이관 신민 지망

上曰: "予意亦然."
상 왈 여의 역연

乃命禮曹判書卞季良作傳位教書 又傳旨於諸代言曰: "兵曹堂上
내 명 예조판서 변계량 작 전위 교서 우 전지 어 제 대언 왈 병조 당상

皆侍從於予 代言等速去景福宮."
개 시종 어여 대언 등 속거 경복궁

諸代言啓曰: "臣等亦分半侍衛."
제 대언 계왈 신등 역 분반 시위

上傳教曰: "自古承宣從人主 無別行之理 須速去."
상 전교 왈 자고 승선 종 인주 무 별행 지리 수 속거

諸代言又啓曰: "軍士皆屬於殿下 願留知兵曹代言河演."
제 대언 우 계왈 군사 개 속어 전하 원류 지병조 대언 하연

上曰: "雖兼兵曹 豈以承宣分置乎?" 仍命演急領司禁 朱杖及
상 왈 수겸 병조 기이 승선 분치 호 잉 명 연 급령 사금 주장 급

人君儀仗以去 諸代言皆拜辭. 季良製教書 與議政府 六曹同議以進
인군 의장 이거 제 대언 개 배사 계량 제 교서 여 의정부 육조 동의 이진

上曰: "今日受朝賀 事甚繁劇 宜速頒教." 於是 大小臣僚俱以朝服
상 왈 금일 수 조하 사 심 번극 의속 반교 어시 대소 신료 구이 조복

班序殿庭 頒降傳位教書:
반서 전정 반강 전위 교서

'王若曰 予以否德 纘承太祖之洪業 夙夜祗懼 勵精圖治 蓋已十八
왕 약왈 여이 부덕 찬승 태조 지 홍업 숙야 지구 여정 도치 개 이 십팔

年于茲矣. 澤未及民 屢致災變 且有宿疾 近日乃劇 不堪聽政. 世子
년 우자 의 택 미급 민 누치 재변 차 유 숙질 근일 내 극 불감 청정 세자

【諱】英明恭儉 孝悌寬仁 合登大位 已於永樂十六年戊戌八月初八日
휘 영명 공검 효제 관인 합등 대위 이어 영락 십육 년 무술 팔월 초팔일

親授大寶 俾專機務 唯軍國重事 予親聽斷. 咨爾中外大小臣僚 咸
친수 대보 비전 기무 유 군국 중사 여친 청단 자이 중외 대소 신료 함

體至懷 同心協輔 以迓惟新之慶. 故茲教示 想宜知悉.'
체 지회 동심 협보 이아 유신 지경 고자 교시 상 의 지실

命百官 詣景福宮陳賀. 是日庚時 文武百官具朝服 班序景福宮
명 백관 예 경복궁 진하 시일 경시 문무백관 구 조복 반서 경복궁

殿庭 世子服絳紗袍 遠遊冠 御勤政殿 受百官朝賀. 議政府領議政
전정 세자 복 강사포 원유관 어 근정전 수 백관 조하 의정부 영의정

臣韓尙敬等上箋陳賀 上受朝訖 尊上王爲太上王 父王爲上王 母后
신 한상경 등 상전 진하 상 수조 흘 존 상왕 위 태상왕 부왕 위 상왕 모후

爲大妃 封敬嬪爲妃.
위 대비 봉 경빈 위비

以沈溫爲靑川府院君 溫妻安氏爲三韓國大夫人.
이 심온 위 청천부원군 온 처 안씨 위 삼한국대부인

以朴信爲贊成 朴習兵曹判書 趙末生刑曹判書.
이 박신 위 찬성 박습 병조판서 조말생 형조판서

戊子 上使知申事李明德 啓於父王曰: "願上尊號爲太上王 因使
무자 상 사 지신사 이명덕 계어 부왕 왈 원상 존호 위 태상왕 인사

代言三人輪日侍側 省視供上." 父王曰: "當以上王爲太上王 以予爲
대언 삼인 윤일 시측 성시 공상 부왕 왈 당 이 상왕 위 태상왕 이 여 위

上王. 予非敢謙德 以天倫之序也. 主上欲 孝於我 須從我言. 然非
상왕 여 비감 겸덕 이 천륜 지서야 주상 욕 효어 아 수종 아언 연비

予所自擅 當從宰相之僉議也. 又主上欲使代言三人 侍予之側 主上
여 소자천 당종 재상 지 첨의 야 우 주상 욕사 대언 삼인 시 여지측 주상

新卽位未更事 汝等盍言之乎? 父王之意 若曰苟如主上之言 則是
신 즉위 미 경사 여등 합 언지호 부왕 지의 약왈 구여 주상 지언 즉시

國有兩君 不可也."
국유 양군 불가 야

明德反命 上曰: "父王孝我之敎 不可不從 然其令政府 六曹擬議
명덕 반명 상왈 부왕 효 아 지교 불가 부종 연기 령 정부 육조 의의

以聞." 明德承命 問於政府 六曹 柳廷顯 朴訔 李原 朴習 趙末生
이문 명덕 승명 문어 정부 육조 유정현 박은 이원 박습 조말생

等曰: "上王雖先卽位 父王功德深重 況上受位於父王 則當由親而
등 왈 상왕 수선 즉위 부왕 공덕 심중 황상 수위 어 부왕 즉당 유친 이

及疎 宜尊父王爲太上王 上王則仍爲上王也."
급소 의존 부왕 위 태상왕 상왕 즉잉 위 상왕 야

卞季良 鄭易 參判卓愼 李迹 李之剛 韓尙德 代言元肅等曰:
변계량 정역 참판 탁신 이적 이지강 한상덕 대언 원숙 등 왈

"爲之後者爲之子 則當論卽位之先後 不可以功德論也. 宜尊上王爲
위지 후자 위지 자 즉 당론 즉위 지 선후 불가 이 공덕 논야 의 존 상왕 위

太上王 父王爲上王." 明德將僉議以啓 旣而 上王亦遣人曰: "太上
태상왕 부왕 위 상왕 명덕 장 첨의 이계 기이 상왕 역 견인 왈 태상

二字 非予所敢當 實有過焉."
이자 비여 소감당 실유 과언

於是 寢仁德宮太上王尊號.
어시　침　인덕궁　　태상왕　존호

KI신서 10011

이한우의 태종실록 재위 18년

1판 1쇄 인쇄 2021년 12월 15일
1판 1쇄 발행 2021년 12월 29일

옮긴이 이한우
펴낸이 김영곤
펴낸곳 (주)북이십일 21세기북스
출판사업부문 이사 정지은
인문기획팀 양으녕 최유진
디자인 표지 씨디자인 **본문** 제이알컴
출판마케팅영업본부장 민안기
마케팅2팀 엄재욱 나은경 정유진 이다솔 김경은 박보미
출판영업팀 김수현 이광호 최명열
제작팀 이영민 권경민

출판등록 2000년 5월 6일 제406-2003-061호
주소 (10881) 경기도 파주시 회동길 201 (문발동)
대표전화 031-955-2100 **팩스** 031-955-2151 **이메일** book21@book21.co.kr

(주)북이십일 경계를 허무는 콘텐츠 리더

21세기북스 채널에서 도서 정보와 다양한 영상자료, 이벤트를 만나세요!
페이스북 facebook.com/jiinpill21   포스트 post.naver.com/21c_editors
인스타그램 instagram.com/jiinpill21   홈페이지 www.book21.com
유튜브 youtube.com/book21pub

서울대 가지 않아도 들을 수 있는 **명강**의! 〈서가명강〉
유튜브, 네이버, 팟캐스트에서 '**서가명강**'을 검색해보세요!

© 이한우, 2021

ISBN 978-89-509-9843-1 (04900)
      978-89-509-7105-2 (세트)